Dietmar Hansch

Psychosynergetik

Dietmar Hansch

Psychosynergetik

Die fraktale Evolution des Psychischen.
Grundlagen einer
Allgemeinen Psychotherapie

mit einem Geleitwort von
Hermann Haken und Michael Stadler

Westdeutscher Verlag

Für meine Eltern

Der Westdeutsche Verlag ist ein Unternehmen der Bertelsmann Fachinformation GmbH.

http://www.westdeutschervlg.de

Gedruckt auf säurefreiem Papier
Umschlaggestaltung: Horst Dieter Bürkle, Darmstadt

ISBN-13:978-3-531-12752-1 e-ISBN-13:978-3-322-83258-0
DOI: 10.1007/978-3-322-83258-0

Inhalt

TEIL III

Geleitwort

Ganz zweifellos befinden sich die Naturwissenschaften und nicht nur diese in einer Revolution des Denkens. Waren solche Revolutionen zu Beginn dieses Jahrhunderts die Entwicklung der Quantentheorie sowie der Relativitätstheorie oder auch Freuds Psychoanalyse, so sind dies heute die neuen Konzepte der Selbstorganisation. An die Stelle des Studiums einfacher Systeme ist das der komplexen Systeme getreten. Wir behandeln heutzutage offene, nichtlineare, auch zufallsbedingte Systeme anstelle von geschlossenen, linearen und rein deterministischen. All diese neuen Eigenschaften sind Charakteristika für das Phänomen der Selbstorganisation, das heißt der spontanen Entstehung von Strukturen und Verhaltensformen aus einem System ohne direkte Einwirkung der Umgebung auf das betrachtete System.

Die wohl am weitesten vorangeschrittene Theorie derartiger Selbstorganisationsprozesse ist die Synergetik, die Lehre vom Zusammenwirken, die zunächst auf naturwissenschaftliche Vorgänge im physikalischen, chemischen und biologischen Bereich aber auch im soziologischen Bereich ihre Anwendung fand. Schon frühzeitig wurden die Bezüge zwischen der Synergetik und der Gestalttheorie erkannt.

Dietmar Hansch ist einer der Wissenschaftler, zu denen auch Schiepek, Tschacher, Brunner und Kruse gehören, die die Möglichkeiten der Anwendungen der Synergetik auf die Psychologie und Psychotherapie erkannten. Ganz zweifellos handelt es sich hier um ein Gebiet, das sehr viele Möglichkeiten in sich birgt und es ist sicherlich nicht möglich, diese in einem Buch auszuschöpfen. Es ist aber das Verdienst von Herrn Hansch, hier einen wichtigen Beginn gemacht zu haben, und wir glauben, daß die Darlegungen, die durchaus auch Anlaß zu Diskussionen geben können, mit dazu beitragen, eine neue Denkrichtung in der Psychologie und Psychotherapie zu begründen. In seinem Buch ist es Herrn Hansch gelungen, sich nicht nur gut in die grundlegenden Konzepte der Synergetik einzuarbeiten, sondern diese auch für psychologische Aspekte fruchtbar zu machen und hier neue Denkanstöße zu geben.

Während bei früheren Versuchen die Synergetik auf Bereiche der Psychologie anzuwenden, primär basale Funktionen wie Wahrnehmung, Kognition und Motorik im Vordergrund standen, stellt das Buch von Hansch die Anwendung auf höhere kognitive Prozesse, das Denken und emotionale Prozesse in den Vordergrund. Dies ist insofern eine wesentliche Ergänzung vorhandener Ansätze, als das Zusammenwirken von kognitiven Prozessen des Erkennens und emotionalen Prozessen des Bewertens bei der Konstitution von bedeutungsvollen Eigenwelten eine wichtige Rolle spielt. Gerade der Bewertungsteil ist dabei in der Psychotherapie der wesentliche Ansatzpunkt.

Wir wünschen dem Buch von Dietmar Hansch viele Leser, die eine umfassende theoretische Perspektive auf der Grundlage naturwissenschaftlicher Erkenntnisse für die Psychologie suchen.

Prof. Dr. Dr. h.c.mult. Hermann Haken
Institut für Theoretische Physik und Synergetik der Universität Stuttgart
Center for Complex Systems, Florida Atlantic University, Boca Raton, USA

Prof. Dr. Michael Stadler
Institut für Psychologie und Kognitionsforschung der Universität Bremen

Prolog

Ein wesentliches Moment der Krisen- und Methodendiskussion, die die Entwicklung der wissenschaftlichen Psychologie von Anbeginn begleitet, ist der Streit zwischen atomistisch-mechanizistischen Denkansätzen einerseits und dem ganzheitlich-organismischen Denken andererseits. Schien mit den Fortschritten der Gestaltpsychologie und der Verbreitung der Arbeiten Jean Piagets bis in die 50er Jahre hinein letztere Position an Boden zu gewinnen, etablierte sich nach dem Siegeszug des Computers dann die »Informationsverarbeitungs-Psychologie« als dominierendes Paradigma – und bewirkte im Gefolge der »Kognitiven Wende« viel Positives. Ein entscheidender Durchbruch schien erreicht, und auch der Zeitgeist ließ kaum Kritik an diesem Ansatz zu: »Informationsverarbeitung« war zum Synonym für »Fortschritt« geworden.

Allein, Zweifel gab es immer, und in den letzten Jahren mehren sie sich. Impliziert die »Computer-Metapher« nicht immer noch (oder erneut) wesentliche Züge des alten »Maschinendenkens«? Mag ein Artefakt wie der Computer ein dramatischer *technologischer* Fortschritt sein – garantiert schon dies einen vergleichbaren wissenschaftlichen Fortschritt, wenn man ihn als Modell, Analogie oder Metapher für *Naturprozesse* nimmt? Und psychoneurale Prozesse sind doch ein natürliches Evolutionsprodukt. Maschinelle Vorgänge, auch die im heutigen Von-Neumann-Computer, lassen sich beschreiben als reversible, deterministische, linear-kausale Strukturtransformationen ohne Spontanaktivität bei vollständiger (algorithmischer) Berechenbarkeit. Genau dies sind aber die Charakteristika des mechanistischen Weltbildes der Physik aus dem vorigen Jahrhundert, das heute als überwunden gilt. Und tatsächlich findet man in natürlichen komplex-dynamischen Systemen wie dem menschlichen Gehirn maschinenhafte Prozesse der o.g. Art nicht, nirgendwo. Erscheinen Gehirn und Computer aus dieser Sicht nicht fundamental wesensverschieden? Können denn Maschinen, Algorithmen und Logik als Produkte des Denkens gleichzeitig seine Grundlage sein?

Die moderne Naturwissenschaft sieht auf allen Ebenen des materiellen Seins Instabilität, Diversifikation und Evolution. Sie kennt irreversible, stochastische Prozesse und zeigt prinzipielle Grenzen für deren Berechenbarkeit auf. Materielle Prozesse sind nicht mehr vorinstruierte deterministische Strukturtransformationen, sondern emergente Strukturkreationen. *Spontanaktivität und Kreativität werden so zu genuinen Eigenschaften der Materie.* Ilya Prigogine spricht von einer »Darwinschen Krise« der Physik. Auch in den Neurowissenschaften ist eine solche »Darwinsche Wende« im Gange – scheint sie nicht auch für die Psychologie überfällig?

Einerseits wächst in allen Bereichen die Unzufriedenheit mit dem konventionellen Informationsverarbeitungsansatz, und nirgendwo werden seine Grenzen deutlicher als im eingestandenen Scheitern der KI-Forschung. Andererseits: Aus o.g. moderner Physik sind durch Verallgemeinerung leistungsfähige Theorien der Selbstorganisation komplexer dynamischer Systeme hervorgegangen, wie die von Hermann Haken entwickelte Synergetik. In den letzten Jahren wird in den Neurowissenschaften, in Physiologie und Psychologie mit zunehmendem Erfolg auf der Basis dieser Konzepte experimentiert. Den inzwischen erreichten beachtlichen Stand dieser Forschungen dokumentieren zwei jüngst erschienene Monographien von Hermann Haken (1996) und Scott Kelso (1995). In der Psychomotorik-Forschung beginnt dieser »emergent approach« das etablierte Motorprogramm-Denken zu verdrängen, so daß bekannte Vertreter dieses Forschungsbereichs von einem beginnenden Paradigmenwechsel sprechen. Im führenden »Journal of Motor Behavior« etwa erscheinen seit Anfang der 90er Jahre mehr Arbeiten, die dem »emergent approach« zugehören, als Arbeiten im Rahmen des alten Motorprogramm-Paradigmas auf der Basis des Informationsverarbeitungs-Ansatzes. Was sich für die grundlegende Arbeitsweise des Gehirns im methodisch gut zugänglichen Motorik-Bereich als richtig erweist – es sollte für die anderen psychoneuralen Funktionsbereiche wie Wahrnehmung und Denken nicht auch gelten? Scheint dies schon aus prinzipiellen Gründen naheliegend, so gibt es inzwischen auch eine Menge experimentelle Evidenz dafür. Dieser Paradigmenwechsel könnte für die Psychologie insgesamt von grundlegender Bedeutung sein und u.U. den Übergang von einer »instruktionistischen Psychologie« zu einer »emergentistischen Psychologie« einleiten.

Vor diesem Hintergrund wird im vorliegenden Buch versucht, aus einem evolutionistischen Ableitungsgang heraus Begriffe, Konzepte, Modelle und schließlich eine ganzheitliche Rahmenvorstellung für eine solche emergentistische Psychologie zu entwickeln, die einerseits eine Assimilation und Interpretation o.g. Experimentaldaten erlaubt und andererseits die Verbindung zu Alltagspsychologie und Praxis (Selbstmanagement, Pädagogik, Psychotherapie) herstellt. Im Zentrum werden dabei die emergentistischen Prinzipien der Wechselwirkung höherer kognitiver Prozesse mit emotionalen Prozessen stehen, wobei Phänomene wie intrinsische Motivation, Intuition und ästhetisches Empfinden eine neuartige Interpretation erfahren. Psychosynergetik knüpft dabei wesentlich an das Denken der Gestaltpsychologie an und versucht, dieses zu reinterpretieren, zu differenzieren und weiterzuentwickeln. Ganz besonders gilt dies für die grundlegenden Denkansätze Wolfgang Köhlers. Die von ihm eingeführten Grundbegriffe »Dynamik« und »Schranken« sowie das Konzept des »psychophysischen Isomorphismus« werden sich in weiterentwickelter Form als konstituierend erweisen. »Dynamik« wird konkretisiert als Selbstorganisationsdynamik dissipativer Strukturen (die von Ordnungsparametern reguliert wird); und *dissipative Strukturen* werden zur neuen *Schlüsselmetapher* der emergentistischen Psychologie. Sie zeigen auf faszinierende Weise in Vorformen Eigenschaften des Biologischen und Geistigen und scheinen psychischen Prozessen um Dimensionen wesensnäher als alle Ausformulierungen der Computer-Metapher. Gerade im Umgang mit so komplexen und methodisch unzugänglichen Phänomenen wie dem menschlichen Gehirn sind diese z.T. unbewußten metaphorischen Grundlagen unseres Denkens von entscheidender Bedeutung sowohl für die Inspirationen des Laborwissenschaftlers als auch für die ganzheitlichen Intuitionen des Praktikers.

Indem sich somit Eigenschaften wie Kreativität, Autoregulationsvermögen, Anpassungsfähigkeit oder Historizität als *genuin materielle Eigenschaften* erweisen, wird deutlich, daß man umgekehrt diese Eigenschaften auch im Zusammenhang mit komplexeren psychosozialen Vorgängen in letzter Instanz nicht erklären kann, ohne Rekurs auf materielles Geschehen. Wer im Sinne der instruktionistischen Psychologie Informationsprozesse als immaterielle algorithmische Symboltransformationen auffaßt, der nimmt seinen wissenschaftlichen Erklärungen buchstäblich die Kraft. »Man denke daran: Keine Erklärung ohne Mechanismus und kein Mechanismus ohne Materie« (Bunge & Ardila 1990, S. 210). Entsprechend werden Informationsprozesse im Rahmen der emergentistischen Psychologie als eine spezifische Form der Evolution materieller Strukturen interpretiert, die sich in grundsätzlicher Hinsicht nicht von der Evolution anderer materieller Strukturen unterscheidet. Wo Begriffe wie »Informationsverarbeitung«, »Code«, »Kanal«, »Repräsentation« usw. im Zusammenhang mit den hier entwickelten Modellen zur Anwendung kommen, sind sie stets im Sinne einer solchen *analog-dynamischen* Informationsverarbeitung zu verstehen.

Ein weiteres zentrales Moment der o.g. »perennierenden« Krisen- und Methodendiskussion ist der Streit, ob es die Sachfragen oder die Methodenfragen sind, denen das Primat in der Forschung gebührt. Nicht ganz zu Unrecht macht man der akademischen Psychologie oft den Vorwurf, mit sauberen wissenschaftlichen Methoden an den eigentlich relevanten Problemen »vorbeizuforschen«. Hier wird mit aller Konsequenz die Auffassung vertreten, daß es eine Bringschuld der Wissenschaft gegenüber der Praxis gibt, daß sich die Wissenschaft immer auch rückhaltlos der »unreduzierten« Fragen und Probleme anzunehmen hat, die die Praxis stellt. Denn diese Praxis ringt den in ihr Handelnden immer explizit oder implizit Antworten ab; und unter diesen »notgeborenen« Antworten, Vorstellungen und Modellen gibt es immer solche, die mit den Beständen des »gesicherten« Wissens gut kompatibel sind und andere, für die das so nicht gilt. Auch an diesen »schmutzigen« Grenzfronten hat der Wissenschaftler Stellung zu beziehen und mitzuentscheiden, unabhängig von allen »sauberen« methodischen Standards. Aufreißende Wissenslücken müssen mit ad hoc rekrutierten »kalkulierten Spekulationen« geschlossen werden – einen anderen Weg gibt es nicht.

Das organisierende Moment, nach dem das Wissen im hier vorliegenden Text zusammengefügt wird, sind eben diese Erfordernisse der Praxis. Hauptziel ist ein Rahmenmodell, ein modernisiertes »Strukturmodell«, das Antworten auf wichtige Probleme der Alltagspsychologie ermöglicht, die sich im Selbstmanagement, in der Pädagogik und vor allem natürlich im psychotherapeutischen Bereich stellen. Ein solches Rahmenmodell hätte nach meiner Überzeugung die Grundlage einer *»Allgemeinen Psychotherapie«* zu sein – ein Konzept, das in den letzten Jahren vor allem von Klaus Grawe und Mitarbeitern immer wieder in die Diskussion gebracht wurde. In diesem Sinne wird in einer ersten Annäherung versucht, vor dem Hintergrund des hier entwickelten psychosynergetischen Strukturmodells wichtige psychotherapeutische Konzeptionen zu reinterpretieren und diese in modifizierter Form zu einer neuen Einheit, einer »Allgemeinen evolutionistischen Psychotherapie« zu integrieren. Dabei werden sich die im Vorfeld erarbeiteten neurowissenschaftlichen Konzepte als geeignete Grundlagentheorie vor allem für die kognitiven und humanistischen Therapieansätze erweisen.

Damit sind die wichtigsten Zielstellungen dieses Buches knapp umrissen. Es bleibt all jenen Dank zu sagen, die auf unterschiedliche Weise zu seinem Entstehen beigetragen haben: Prof. Dr. Dr. h.c. mult. Günter Tembrock, Prof. Dr. K.-F. Wessel, Prof. Dr. Werner Ebeling, Prof. Dr. Wolfgang Rüdiger, Prof. Dr. Peter Bartsch, Prof. Dr. Lothar Sprung, Dr. Edith Zuhrt, Prof. Dr. Dr. h.c. mult. Hermann Haken und Prof. Dr. Michael Stadler. Mein Dank gilt dem Direktor des Deutschen Herzzentrums Berlin, Herrn Prof. Dr. Roland Hetzer, dessen freundliche Zustimmung zu einer individuellen Arbeitszeitregelung die Endabfassung dieses Buches erst ermöglicht hat. Den Mitarbeitern des Westdeutschen Verlages, insbesondere Herrn Dr. Bernd Schäbler und Frau Birgit Hasenauer, danke ich für die ausgezeichnete Zusammenarbeit.

Berlin, 19. 4. 1997 Dietmar Hansch

TEIL I

1. Methodologische Vorüberlegungen: die drei Phasen der Annäherung ans Komplexe; über abgeschlossene und offene Phase-2-Modelle

> »All das geschieht in der Hoffnung, daß auf diese intuitive Weise erfaßbar wird, was explizit nicht darstellbar ist. Dieses Vorgehen ist dem eines Schriftstellers oder darstellenden Künstlers nicht unähnlich: auch er versucht, Unsagbares einsichtig zu machen, indem er umschreibt, Beispiele gibt und so unter Ausnutzung der Erfahrung und Assoziationsfähigkeit des Lesers oder Betrachters eine Wirklichkeit erfahrbar macht, die mit den Vehikeln des Ausdrucks, derer er sich bedient, nicht darstellbar ist.«
>
> Wolf Singer, 1994, S. VIII

Während in besagter Krisen- und Methodendiskussion von der Fraktion der »Maschinendenker« fast ausschließlich quantitativ-nomologische Methoden eingefordert werden, sind es die Anhänger der organismisch-ökologischen Denktradition, die nicht selten ein qualitativ-hermeneutisches Herangehen für angemessener halten. Diese gegensätzlichen Positionen werden dabei oftmals mit einem Ausschließlichkeitsanspruch vertreten. Geht man davon aus, daß die Angemessenheit einer Methode durch bestimmte Gegenstandseigenschaften bestimmt wird, implizieren solche Entweder-Oder-Positionen eine Homogenität des Gegenstandes bezüglich seiner methodenrelevanten Charakteristika. Insbesondere auch die in vorliegender Studie zu erbringenden Resultate werden zeigen, daß diese Annahme nicht zutrifft. Verkürzt und vereinfacht gesagt: Gehirn und Psyche sind integraler Bestandteil eines fraktal evolvierenden Universums, eines Universums, in dem sich die Evolution auf ihrem Weg von der Kosmogenese zur psychischen Aktualgenese auf *immer kleineren Raum-Zeit-Skalen fraktal einfaltet*, unter Erhaltung einer Selbstähnlichkeit bezüglich der Grundprinzipien. In permanenter Wechselwirkung verbleibend, durchdringen die evolvierenden Sphären einander und aktualgenetisches Verhalten ist dann stets die emergente Resultante dieser Wechselwirkung. Dies hat zur Folge, daß die äußeren Bereiche dieser fraktalen Enkapsis (Verschachtelung) gekennzeichnet sind durch: *1. geringere Komplexität* (geringere Anzahl sich durchdringender evolutiver Sphären) *2. ubiquitärere Strukturen* (größere Raumskalen) und *3. dauerhaftere Strukturen* (größere Zeitskalen). Umgekehrt werden im Innern der Enkapsis die Prozesse immer komplexer und die evolvierenden Strukturen zunehmend singulär, immer schneller veränderlich und in ihrer weiteren Entwicklung unvorhersagbar. Aus dieser Sicht scheint nun folgende prinzipielle Aussage möglich: Gehört das wissenschaftlich zu untersuchende Phänomen zu Evolutionssphären, deren Skalen *größer* sind, als das Raum-Zeit-Fenster des Beobachters, ist eine nomothetische Modellierung möglich, schließt dieses Phänomen dagegen *kleinerskalige* Evolutionssphären ein, kann es *als Ganzes* nur hermeneutisch-interpretierend erfaßt werden. Im Gehirn durchdringen sich nun *alle* existierenden Evolutionssphären, wobei verschiedene Verhaltensformen unter unterschiedlichen Bedingungen aber in sehr unterschiedlichem Maße von diesen Sphären geprägt werden. Die Kindchenschema-Reaktion (K. Lorenz) etwa dürfte überwiegend von phylogenetisch gewordenen Strukturen abhängen und damit eher einer nomothetischen Beschreibung zugänglich sein, während die ästhetische Reaktion auf ein komplexes Kunstwerk überwiegend durch ontogenetisch akkumulierte Strukturen und aktualgenetische Fluktuationen bestimmt ist und damit nur dem hermeneutischen Zugang offen steht. Will man also entscheiden, ob bestimmte psychologische Phänomene nomothetisch oder hermeneutisch zu beschreiben sind, ist dies keine prinzipielle Entweder-Oder-Entscheidung in bezug auf einen vermeintlich einheitlichen Gegenstand. Vielmehr hat man zunächst in sehr differenzierter Weise festzustellen, von welchen strukturellen Ebenen des Gehirns die zu beschreibenden Phänomene hauptsächlich determiniert werden und welche Methoden der entsprechenden evolutiven Sphäre angemessen sind.

Dies setzt freilich im Sinne des bereits in der Einleitung Gesagten voraus, daß die Psychologie nicht Erleben und Verhalten als *immaterielle* Phänomene untersucht, die einem quasiplatonischen Reich ewig-universaler Algorithmen entstammen, sondern ihren Gegenstand im Rahmen einer integrierten emergentistischen Neurowissenschaft findet: Erleben und Verhalten als Funktionsebenen des materiellen Gehirns, eines komplexen dynamischen Systems. In vorliegender Arbeit werden innerhalb dieses komplexen Systems verschiedene Strukturebenen herausgehoben, ihre Bezüge zu den Sphären der fraktalen Evolution erläutert und wichtige Grundprinzipien ihrer Wechselwirkung aufgewiesen. Vielleicht kann man hieraus einen Ansatz entwickeln, der die Nomothetik-Hermeneutik-Debatte zumindest in einigen grundlagentheoretischen Aspekten klärt. Es muß hier allerdings mit diesen verkürzten und sehr abstrakten Grundsatzbemerkungen sein Bewenden haben; in vieler Hinsicht wird die vorliegende Abhandlung die erläuternde Untersetzung nachliefern.

Vereinfacht gesagt, sind Untersuchungsgegenstände der Wissenschaft unter methodologischen Gesichtspunkten also wesentlich auf einer Dimension zu rangen, die von den folgenden zwei Polen begrenzt wird: geringe Komplexität/ubiquitäre Strukturen/langsame Veränderlichkeit einerseits und Komplexiät/unikale Strukturen/schnelle Veränderlichkeit andererseits. Am ersten Pol, dem Pol der Nomothetik, stehen »abbildende Momente« der Erkenntnis im Vordergrund, an letzerem Pol der Hermeneutik überwiegen die konstruktiven Momente der Erkenntnis. Eine integrierte emergentistische Neurowissenschaft wird einerseits nomothetisch-empiristisch über Nervenleitung und Synapsenprozesse arbeiten und sich andererseits, etwa im psychotherapeutischen Bereich, mit der unreduzierten Komplexität unikaler Individuen konfrontiert sehen.

Wenn bis hierher begründet ist, daß beide Pole bzw. methodologischen Positionen in bezug auf definierte Fragestellungen berechtigt sind und nicht aufeinander reduziert werden können, bleibt das schwierige Problem nach ihrer Vermittlung: Wie kann die Kluft zwischen beiden Polen überwunden werden? Wie stehen die beiden Welten des C.P. Snow in Verbindung? Wie hat sich die Annäherung ans Komplexe auf der Basis unseres heutigen Wissens zu gestalten?

Die »galileiischen Puristen«, die subsumtionstheoretisch an Kleinstdetails forschen und mit Alleinvertretungsanspruch jede andere Form wissenschaftlichen Arbeitens als »Spekulation« ablehnen – an den komplexeren Aufgaben einer integrierten Neurowissenschaft müssen sie scheitern. Seit wir wissen, daß schon der Genauigkeit von Wettervorhersagen sehr enge *prinzipielle* Grenzen gesetzt sind, ist der (Alp-)Traum von einer »Planetenbahnen-Nomothetik« des menschlichen Verhaltens erst recht ausgeträumt. Aber auch die klassischen geisteswissenschaftlichen Interpreten, die sich um die Niederungen naturwissenschaftlichen Basiswissens nicht scheren und schwungvoll von aller Empirie losgelöste Luftschlösser aus abstrakten Begriffen konstruieren – auch sie werden scheitern.

Was wir brauchen, ist offenbar eine in der Sprache der modernen Systemtheorie formulierte konstruktiv-integrierende Zwischenebene, die zwischen der einzelwissenschaftlichen Detailforschung und dem praktischen Umgang mit der komplexen Ganzheit psychosozialer Phänomene vermittelt. Die Funktion einer solchen Zwischenebene wird von Wolfgang Prinz (1994, S. 7) wie folgt beschrieben: »In den hermeneutisch-interpretativen Ansätzen besteht eine entscheidende Voraussetzung ... darin, daß ein allgemein akzeptiertes System allgemeiner und universaler theoretischer Konstrukte zur Verfügung steht, auf das die singulären Erscheinungen wie auf ein Raster abgebildet werden.« Die Chancen für das Gelingen eines solchen Integrationsprojektes scheinen heute besser denn je: aus der Nichtgleichgewichtsphysik haben sich moderne Theorien komplexer dynamischer Systeme wie die Synergetik hervorentwickelt, deren Konzepte das »Wesen« komplexer biopsychosozialer Phänomene in bisher nicht gekannter Weise treffen.

Man könnte so von einer *Annäherung ans Komplexe in drei Phasen* sprechen: *Phase 1* wäre die »normale« einzelwissenschaftliche Forschung nach den nomothetisch–empiristischen Standards der Experimentalwissenschaft im Bereich niedriger bzw. experimentell reduzierter Komplexität. *Phase 3* wäre der praktische Umgang mit ganzheitlichen psychosozialen Phänomenen im Bereich unreduzierter Komplexität (Selbstmanagement, Pädagogik, Psychotherapie, Psychosomatik, Management, Politik usw.).

Konstituierend für die zwischen beiden vermittelnde *Phase 2* wären dann in der Sprache moderner Systemtheorien formulierte Modelle, die wir hier als *Phase-2-Modelle* bezeichnen wollen. Ihr Hauptcharakteristikum ist, daß sie versuchen, komplexe biopsychosoziale Phänomene auf eine *ganzheitliche* und *geschlossene* Weise zu beschreiben. Sinn und Funktion solcher Phase-2-Modelle lassen sich näherhin wie folgt bestimmen: Einerseits ist durch die moderne Systemsprache die Verbindung zu Phase 1 gegeben; Phase-1-Resultate können an das Phase-2-Modell assimiliert werden und die übergreifenden Muster, die das Phase-2-Modell sichtbar macht, dienen zur heuristischen Ausrichtung von Phase-1-Aktivitäten. Denn: Phase-1-Ergebnisse in den Neurowissenschaften sind oft widersprüchlich und allein von ihrer Ebene aus nicht eindeutig interpretierbar. Von zwei sich widersprechenden Befunden auf Phase-1-Ebene ist dann derjenige zu präferieren, der sich besser in das übergreifende Muster einfügt, das von einem Phase-2-Modell aufgewiesen wird. Streng genommen sind derartige ganzheitlich-systemische Phase-2-Modelle sogar eine conditio sine qua non für ein wirkliches Verständnis neurowissenschaftlicher Phase-1-Ergebnisse. Denn auch Kleinstdetails, die im Rahmen der Neurowissenschaft in Phase 1 untersucht werden, sind in Systemfunktionen integriert. Und Systemfunktionen kann man immer erst verstehen, wenn alle anderen Systemfunktionen gleichzeitig verstanden sind, wenn also ein ganzheitliches Verständnis des Gesamtsystems vorliegt. Ohne dieses Gesamtverständnis sind alle ermittelten signifikanten Korrelationen zwischen Systemparametern nahezu wertlos. Beispielsweise kann man unschwer statistisch absichern, daß Kinder mit größeren Füßen auch über bessere Rechenfähigkeiten verfügen. Also muß die Rechenfähigkeit irgendwie mit den Füßen in Verbindung stehen, ja womöglich ihren »Sitz« in den Füßen haben. Neurowissenschaftliches Schlußfolgern allein im Rahmen von Phase 1 vollzieht sich leider nicht selten nach diesem Muster. (Die Frage, ob o.g. Kondition nicht an prinzipielle Beschränkungen unseres Erkenntnisvermögens rührt, sei besser gar nicht erst gestellt.)

In bezug auf Phase 3 dienen Phase-2-Modelle nun als jenes notwendige allgemeine »Raster«, durch das die vielfältigen unikalen Oberflächenphänomene des Komplexen im biopsychosozialen Bereich erst interpretierbar werden und auf das sie dann auch abgebildet werden können. Geschlossene Phase-2-Modelle ermöglichen einen ökonomischen, ganzheitlich-intuitiven praktischen Umgang mit dem Komplexen, insbesondere deshalb, weil sie den Problemraum (und mögliche Lösungen) auf eine implizit-genetische Weise definieren; hierauf wird unter 10.7. noch einmal eingegangen. Darüber hinaus entsprechen Phase-2-Modelle mit ihrem ganzheitlich-geschlossenen Charakter grundlegenden funktionellen Dispositionen unseres kognitiven Apparates (kurz: Streben nach »Prägnanz«). Der »innere Umgang« mit ihnen verbindet sich mit positiven Erlebensphänomenen: mit »mentaler Funktionslust« und Gefühlen der Sicherheit und Geborgenheit (sofern Bezüge zum »Weltbild« bestehen, und meist ist das der Fall). Dies kann hier zunächst so verkürzt stehen bleiben – die neuropsychologischen und systemtheoretischen Grundlagen hierfür sind Thema des vorliegenden Textes.

In Letztgenanntem gründet auch die Tatsache, daß es eine »spontane« Neigung zur Schaffung kognitiver Strukturen gibt, die Phase-2-Charakter tragen: Mythen, Religionen, Ideologien und klassische philosophische Systeme sind Beispiele dafür. Das Problem ist nur, daß sie in einer Phase-1-inkompatiblen Sprache formuliert sowie oft explizit als Dogmen konzipiert sind, so daß weder ein Austausch mit Phase 1 noch mit Phase 3 möglich ist. Man kann deshalb von spontanen und *abgeschlossenen Phase-2-Modellen* sprechen.

Die modernen Systemsprachen in Verbindung mit »dogmenfeindlichem« Evolutionsdenken ermöglichen nun *offene Phase-2-Modelle*: Der Austausch mit den beiden »Grenzphasen« wird explizit angestrebt und kann durch einen Regelkanon reguliert werden, durch einen neuen und adäquateren Regelkanon für eine Wissenschaft vom Komplexen, der auch jene Mechanismen unserer Psyche explizit integriert, die gerade für den Umgang mit Komplexität und Unbestimmtheit evolutiv geworden sind.
In einer ersten, unfertigen und unvollständigen Annäherung möchte ich dafür folgende Vorschläge unterbreiten:

1. *Das Prinzip der evolutionistischen Ableitung:* Die Konstrukte von Phase-2-Modellen sollten im Ergebnis eines evolutionistischen Ableitungsganges stehen und mit dem Konzept der fraktalen Evolution bzw. einem evolutionistischen Weltbild kompatibel sein. Es wird hier davon ausgegangen, daß ganzheitliche Phänomene der biopsychosozialen Sphäre über eine ahistorisch-deskriptive Oberflächenanalyse ihrer höchsten evolutiven Entwicklungsstadien im Hier und Jetzt nicht erschlossen werden können. Vielmehr müssen diese komplexen Hochformen in ihrem evolutiven Gewordensein schrittweise aus den einfachen Anfangszuständen rekonstruiert werden. So können die Enststehungsbedingungen und Arbeitsprinzipien grundlegender Funktionssysteme erschlossen werden, deren integriertes Zusammenwirken in den höchsten evolutiven Entwicklungsstadien dann jene als solche nicht durchdringbare Oberflächenvielfalt des Komplexen erzeugt. Wenn schon die Konstrukte von Phase-2-Modellen nicht ohne weiteres wie Phase-1-Befunde empirisch belegbar sind, so gestattet das Prinzip der evolutionistischen Ableitung zumindest einen schrittweisen Nachvollzug auch des »Konstruktionsprozesses« und ermöglicht so eine sachliche und differenzierte Kritik schon auf Ebene des Ableitungsganges.
2. *Das Prinzip der kalkulierten Spekulation:* Im Gegensatz zu Phase 1 sollte in Phase 2 konsequent den praktisch relevanten Sachfragen vor den Methodenfragen und dem Ganzen vor den Teilen das Primat eingeräumt werden. Dies muß zwangsläufig zum »Aufreißen« von Lücken führen, die sich nicht mit Phase-1-Wissen schließen lassen.

Der einzige Weg, diese Lücken zu füllen, ist die Spekulation. Nun kann man die Spekulationen scheiden in solche, die mit dem »gesicherten« Phase-1-Wissen schlecht kompatibel sind – »wilde Spekulationen« – und solche, die damit gut verträglich sind – »kalkulierte Spekulationen«. Diese kalkulierten Spekulationen sollen aber nicht nur mit dem engeren »disziplinären« Phase-1-Wissen gut kompatibel sein; da sie aus diesem Wissensbestand eben nicht »abgesichert« deduzierbar sind, können und müssen weitere Kriterien geltend gemacht werden. Phase-2-Modelle beschreiben biopsychosoziale Phänomene als Ganzheit und tragen deshalb notwendig einen interdisziplinären Charakter. Es sollten daher diejenigen Spekulationen als kalkulierte Spekulationen präferiert werden, die eine Geschlossenheit jener Phase-2-Modelle herstellen, die auch mit dem Phase-1-Wissen angrenzender Disziplinen gut kompatibel sind. Schließlich sollten normative Kriterien in Anschlag gebracht werden (Verträglichkeit mit ethischen Normen) wie auch pragmatische (»Handhabbarkeit« der Modelle in der Praxis).

3. *Das Prinzip der Explikation von Metaphern,* Analogien, »handhabbaren Vorstellungen« usw. Es ist längst überfällig, sich von der Idee zu verabschieden, man könne komplexe Phänomene im biopsychosozialen Bereich mit jenen wissenschaftlichen Mitteln erfassen, wie sie für die Physik des 19. Jahrhunderts charakteristisch waren. Mindestens in einer Übergangsphase, wahrscheinlich aber bleibend, werden Metaphern und Analogien die wichtigsten Erkenntnisinstrumente sein, um Systeme wie das menschliche Gehirn in seinen ganzheitlichen Funktionen wenigstens intuitiv erfaßbar zu machen. Bei der Konstruktion von Modellen für die Praxis wird man sich auf »handhabbare Vorstellungen« einigen müssen, die sehr selektiv auf die im jeweiligen Aufgabenzusammenhang relevanten Aspekte fokussieren. Das vorangestellte Wort des bekannten Neurophysiologen Wolf Singer bringt diese Gedanken sehr deutlich zum Ausdruck und zeigt zugleich, daß sich auch anerkannte »Phase-1-Forscher« dieser Notwendigkeiten bewußt sind. Das Finden übergreifender Muster, das Ausformulieren »wesensnaher« Metaphern, kalkuliertes Spekulieren, das zur Konstruktion geschlossener Modelle führt, die eine effiziente ganzheitlich-intuitive Arbeit in der Praxis ermöglichen, all dies sind unverzichtbare Erkenntnisschritte, und das Bemühen darum ist wissenschaftliche Arbeit par excellence, auch wenn dadurch der riesige Berg statistisch signifikanter Daten nicht vergrößert wird. Es ist dies in keinem Sinne »Vorwissenschaft«, nicht mehr jedenfalls, als auf einen Untersuchungsgegenstand völlig inadäquate Methoden anzuwenden. Zum Teil werden dabei lediglich Prozesse ans Licht des wissenschaftlichen Diskurses geholt, die sich implizit und unkontrolliert, eingestanden oder uneingestanden, bewußt oder unbewußt ohnehin abspielen, weil Erkenntnis ohne sie nicht möglich ist. Wir müssen lernen, unsere Erkenntnisprozesse ganzheitlicher, d.h. unter Einschluß auch ihrer unscharfen, intuitiv-emotionalen Momente zu erfassen und sie quasi von einer Metaebene aus zu optimieren. Es geht letztlich darum, unsere »Denkzeuge« bewußter und effizienter beherrschen zu lernen. Wesentlich auch zu diesen Fragen will das vorliegende Buch einen Grundlagenbeitrag leisten.

4. *Das Prinzip der kumulativ-ganzheitlichen Evidenz:* Hiermit ist gemeint, daß für Phase 2 ein Einzelbefund nicht denselben Stellenwert hat, wie innerhalb von Phase 1. Einzelne Phase-1-Befunde, die gegen ein bestimmtes Phase-2-Modell sprechen, rechtfertigen noch längst nicht die Aufgabe dieses Modells. Dies sollte erst dann erfolgen, wenn sich innerhalb einer Häufung widersprechender Befunde ein neues

übergreifendes Muster abzeichnet, das als Grundlage eines neuen ganzheitlich-geschlossenen Phase-2-Modells dienen kann.

Interessanterweise kann man die Metapsychologie (insbesondere das Strukturmodell) der Psychoanalyse als ein nahezu klassisches Phase-2-Modell bezeichnen – der ganzheitlich-geschlossene Charakter der Modellvorstellung wäre gegeben, anstelle eines modernen Systemismus treffen wir freilich noch auf einen larvierten Animismus. Insbesondere war auch zu Entwicklungsbeginn der Austausch sowohl mit Phase 1 als auch mit Phase 3 sehr rege. Inzwischen ist aus diesem offenen Quasi-Phase-2-Modell allerdings ein »halboffenes« Modell geworden: Der Austausch mit Phase 1 ist weitgehend zum Erliegen gekommen, weil die Diskrepanzen und Inkompatibilitäten inzwischen so groß geworden sind, daß die Metapsychologie auch unter dem Aspekt einer kumulativ-ganzheitlichen Evidenz nicht mehr zu halten ist. Führende Vertreter der Psychoanalyse räumen dies auch ein, geben dann aber ehedem sehr fortschrittliche Positionen auf und versuchen, Psychoanalyse als reine Hermeneutik bzw. ausschließlich als Methode zu interpretieren. Im Kern sind dies wohl lediglich Fassadenkorrekturen, die sich weder praktisch noch theoretisch konsequent durchhalten lassen. Ich hege den Verdacht, daß die Metapsychologie in der einen oder anderen Form mehr oder weniger eingestanden und bewußt als »intuitive Krücke« in den Köpfen vieler Analytiker heute die gleiche Rolle spielt, wie vor 70 Jahren. Denn gerade in der Phase-2-Struktur des psychoanalytischen Denkens, die von eben dieser Metapsychologie geprägt wird, liegt eine seiner wesentlichen Stärken. Wir hatten oben im Vorgriff auch auf Ergebnisse der vorliegenden Untersuchung formuliert, daß Phase-2-Denken sowohl mentale Funktionslust spendet als auch das Gefühl der Aufgehobenheit in einer deutbaren Welt. Ich sehe hierin eine der wichtigsten »tiefenpsychologischen« Ursachen für die anhaltende Attraktivität der Psychoanalyse wie auch für die besondere Emotionsgeladenheit, mit der sich manche ihrer Vertreter gegen Kritik zur Wehr setzen. Der richtige Weg aus der Krise wäre damit nicht das hermeneutisch-methodologische Verleugnen der Metapsychologie, sondern ihre moderne Rekonstruktion über heutigem Phase-1-Wissen. Das vorliegende Buch will in erster Annäherung einen diesbezüglichen Vorschlag unterbreiten, der die Aufhebung auch wichiger Elemente psychoanalytischen Denkens ermöglichen soll.

Ich möchte diese skizzenhaften methodologischen Bemerkungen, die, wie gesagt, durch den Fortgang der vorliegenden Abhandlung noch illustriert werden, im Sinne des Prinzips der Explikation von Analogien mit dem folgenden Bild abschließen. Man stelle sich vor, es soll eine futuristische Stadt aus Stahl und Glas mit der ausgeklügeltsten Gebäudetechnik gebaut werden. Nehmen wir an, wichtige Teile der Rahmenkonstruktionen wären bereits aufgerichtet. Nun aber tun sich auf verschiedenen Ebenen Schwierigkeiten auf. Viele Detailarbeiten werden noch geraume Zeit in Anspruch nehmen und an mancher Stelle ist auch noch unklar, wie und ob überhaupt weiter gebaut werden kann. In dieser Situation entschließt man sich, einen Verhüllungskünstler zu engagieren, der durch provisorische Verhüllung der unfertigen Gebäudeskelette mit Stoffbahnen so gut es geht die Illusion einer schon bewohnbaren Stadt erzeugen soll. Seine Aufgabe ist es, einen Kompromiß zu finden zwischen entdifferenzierender Verhüllung des Unfertigen und Ungewissen einerseits und differenzierender Nach- bzw. Vorformung des Gewissen oder sicher Kommenden andererseits, der soweit als möglich schon Lebensfunktionalität herstellen soll. Die Arbeit in Phase 2 wäre der Aufgabe eines solchen Verhüllungskünstlers in vieler Hinsicht vergleichbar.

2. Psychophylogenese: auf der Suche nach den richtigen Fragen

»Man könnte sich vorstellen, daß die Funktionslust, von ihrer teleonomen Leistung befreit, als selbständiger Faktor in das große Spiel eintritt, in dem nichts festliegt, außer den Spielregeln. Es wäre denkbar, daß die menschliche Kunst ihre Fähigkeit zum Erschaffen von Niedagewesenem dadurch erlangt hat, daß sich ihr stärkster Antrieb, die Funktionslust, aus den Banden ihrer teleonomen Bestimmtheit befreit hat.« Konrad Lorenz 1978, S. 265

2.1. Das Konzept des primären Antriebs und die kognitive Projektion primärer Bedürfnisse

Die Notwendigkeit, sich hochkomplexen Forschungsgegenständen wie dem menschlichen Psychophysikum auf dem Wege einer evolutionistischen Ableitung zu nähern, wurde im vorangegangenen Kapitel begründet. Entsprechend folgt nun eine Rekonstruktion der Psychophylogenese, wobei in zweierlei Hinsicht Beschränkungen unvermeidlich sind. Die erste erwächst aus der wichtigsten Zielstellung des Buches: Grundlagen für eine allgemeine evolutionistische Psychotherapie zu schaffen. Nun sind die von der Mehrheit der Patienten und Klienten beklagten psychopathologischen Phänomene überwiegend emotional-motivationaler Natur und gründen weniger in Detailaspekten kognitiver Prozesse. Entsprechend müssen Schwerpunkt und Ordnungsprinzip dieses Kapitels wie der gesamten Abhandlung in der Evolution und Funktion der emotional-motivationalen Systeme liegen. Generell werden wir kognitive Prozesse nur unter jenen Kernfragen behandeln, die sich im Rahmen der hier geführten grundlegenden Paradigmendiskussion stellen. Dort freilich, wo es für das Verständnis der Wechselwirkung zwischen emotional-motivationalen Prozessen und kognitiven Prozessen von Wichtigkeit ist, wird auch ins Detail zu gehen sein. Ausführliche Besprechungen der Evolution der kognitiven Kapazitäten des Menschen findet man bei Lorenz (1977) und bei Klix (1993). Die zweite Beschränkung ergibt sich aus dem Charakter des Buches, ein »Versuchsballon« für das neue Paradigma einer emergentistischen Psychologie zu sein. Ein solches Buch muß sich darauf beschränken, mit gebotener Knappheit dasjenige vorzutragen, was es an Neuem mitteilen zu können glaubt und kann seine Aufgabe nicht darin sehen, mit der Ausführlichkeit eines Standardwerkes bekanntes Wissen auszubreiten. Grundkonzepte der Ethologie wie »Angeborener Auslösemechanismus«, die inzwischen zum wissenschaftlichen Gemeingut gehören, können deshalb im folgenden nur sehr knapp erläutert werden. Als Hintergrundliteratur hierzu kann genannt werden: Lorenz (1977, 1978), Eibl-Eibesfeldt (1987) und insbesondere auch die »Grundlagen der psychologischen Motivationsforschung 1« von Ute Holzkamp-Osterkamp (1981). Die engere Zielstellung dieses Kapitels liegt zum einen darin, mit dem Konzept des primären Antriebs ein Phase-2-Modell zu formulieren, das die »biologischen Grundtriebe« des Menschen adäquat erfaßt, die etwa Nahrungsaufnahme, Sexualität usw. betreffen. Zum anderen soll uns die evolutionistische Analyse an jene heuristisch entscheidenden Fragestellungen heranführen, deren Ausarbeitung schließlich eine Klärung auch der »höheren« emotional-motivationalen Prozesse des Menschen ermöglichen soll: intrinsische Motivationen, ästhetisches Empfinden, Intuition, Liebe und Glück.

Nach Leontjew (1973) beginnt die Entwicklung des Psychischen mit dem Übergang von der elementaren Reizbarkeit zur Sensibilität. Der nur einfach reizbare, primitive Organismus reagiert lediglich auf solche Umwelteinwirkungen mit aktiven Prozessen, die infolge ihrer stofflichen oder energetischen Eigenschaften für die Selbsterhaltung und Reproduktion unmittelbar relevant sind (z.B. Nahrungsstoffe, Licht oder Gifte). Im Entwicklungsstadium der *Sensibilität, der Urform des Psychischen,* vermag der Organismus nun auch auf solche Umweltgegebenheiten zu reagieren, die nicht direkt zur Lebenserhaltung beitragen, aber zu den erstgenannten, unmittelbar lebenserhaltenden Umweltgegebenheiten in einem gesetzmäßigen Zusammenhang stehen. So ist z.B. der Organismus eines Frosches nicht nur reizbar gegenüber der unmittelbaren Einwirkung von Nahrungsstoffen (im Verdauungstrakt), sondern er zeigt sich auch sensibel etwa gegenüber dem Zirpen einer Grille, das gesetzmäßig mit solchen Nahrungsstoffen verbunden ist und daher für ihre Bereitstellung genutzt werden kann. Im Zuge einer solchen von entsprechenden motorischen Effektorsystemen getragenen und von den Organen der Sensibilität gesteuerten Nahrungsbereitstellung wird dann auch der selbst stoffwechselirrelevante Erdboden als Vermittler der Lokomotion genutzt.

Jene Umweltgegebenheiten, die aufgrund ihrer stofflichen oder energetischen Eigenschaften direkt der Erhaltung der Strukturidentität und Reproduktionsfähigkeit des Organismus dienen, wollen wir kurz *Primärobjekte (PO)* nennen; jene Umweltgegebenheiten, die nicht direkt lebenserhaltend sind, aber in gesetzmäßiger Beziehung zu PO stehen, seien kurz *Sekundärkomplexe (SK)* genannt. Organismen können SK zur PO-Erschließung nutzen, und zwar auf prinzipiell zwei Wegen: SK können als Hinweise auf PO dienen: *indikative Funktion;* und durch aktiven Eingriff in SK-Strukturen können PO direkt zugänglich gemacht werden: *operative Funktion.*

Nach allem, was wir heute wissen, ist Evolution kein zielgeleitetes, teleologisches Geschehen, sondern ein kausaler statistischer Prozeß, der jene Genotypen begünstigt, die einen größeren Beitrag zum Genbestand der nächsten Generation leisten. Dementsprechend gibt es auch keine notwendige Höherentwicklung in der Evolution im Sinne eines deterministischen Gesetzes; es lassen sich aber *Evolutionstrends* erkennen, denen man vielleicht den Charakter statistischer Gesetze zusprechen kann. Die wichtigsten dieser Trends sind *Umwelterweiterung,* Zunahme der »Informationsverarbeitungskapazität« und Komplexitätszunahme (Zunahme von Differenziertheit und Integration). Unter Nutzung der oben eingeführten Terminologie stellt sich damit die Evolution zum Menschen als ein Prozeß dar, in dem sich die organismischen Systemkapazitäten zur PO-Erschließung durch immer ausgedehnteren Einbezug von SK sowohl unter dem indikativen als auch unter dem operativen Aspekt ständig erhöhten. Voraussetzung für diese Umwelterweiterung ist die integrierte Entwicklung differenzierter motorischer Effektorsysteme einerseits und zunehmend leistungsfähiger »Informationsverarbeitungssysteme« in Form spezialisierter Nervensysteme andererseits.

Auf dem Entwicklungsniveau der einfachen Sensibilität vollzieht sich die Erweiterung dieser Systemkapazitäten in einem langsamen phylogenetischen Prozeß einer statistischen Koinzidenzfixierung über den Mutations/Selektions-Mechanismus. Auf der nächsten Entwicklungsstufe des rezeptorischen Lernens wird der Einbezug neuer SK ins Verhalten unter dem indikativen Aspekt in schneller ontogenetischer Entwicklung möglich, und auf der Stufe des motorischen Lernens ist diese Möglichkeit dann auch für den operativen SK-Einbezug gegeben. Die vierte Entwicklungsstufe des Psychischen stellt schließlich das bei Primaten in Vorformen und beim Menschen vollständig ausgeprägte Einsichtlernen dar. Hier wird die bewußte Reflexion und interne Rekonstruktion von immer längergliedrigeren SK-...-SK-PO-Beziehungen möglich, was die Effizienz der PO-erschließenden Tätigkeit dramatisch steigert. Entsprechend dieser intern erzeugten

Modelle überformt der Mensch immer weitergreifend externe SK-Strukturen für den operativen Eingriff und gestaltet sie zu Produktions- und Erlebnismitteln um. Die hier genannten Stufen des Lernens werden später noch kurz erläutert.

Auf der Entwicklungsstufe der Sensibilität entwickelten sich nun die sogenannten *angeborenen Auslösemechanismen* oder kurz *AAM's* und die ihnen zugrunde liegenden neuralen Strukturen. AAM's fungieren als angeborene Reizfilter, wobei definierte Reizmuster, sogenannte *Schlüsselreize,* artspezifisch erblich fixierte Aktivitätssequenzen, sogenannte Instinktbewegungen oder *Erbkoordinationen,* in Gang bringen.

Das Verhalten eines Organismus auf einen Schlüsselreiz hängt aber nicht ausschließlich von diesem äußeren Reiz ab, ist also keine starre und zwanghafte Reaktion (von wenigen Ausnahmen abgesehen). Es wird vielmehr ebenso vom *inneren Zustand* des Organismus bestimmt, vom Ausmaß des jeweiligen Ungleichgewichtszustandes und seiner verhaltensbahnenden Wirkung. Organismische Ungleichgewichte und daraus resultierende Bedarfszustände versetzen den Organismus in einen Zustand erhöhter Aktivität, in eine spezifische *bedarfsbezogene Verhaltensbereitschaft.* In diesem Zustand, der in der Ethologie auch als *»Stimmung«* bezeichnet wird, ist die Ansprechschwelle für jene bedarfsspezifischen Schlüsselreize erniedrigt, die zu einem spannungslösenden Verhalten führen. Ist der Bedarf dann in der Folge dieses Instinktverhaltens gedeckt, erhöht sich seine Auslöseschwelle wieder und eine erneute Konfrontation mit dem Schlüsselreiz würde nun zu einer abgeschwächten oder überhaupt keiner Verhaltensreaktion mehr führen. So wird ein nahrungsdeprivierter Organismus sehr sensibel schon auf schwache Nahrungsreize reagieren, ein nahrungsgesättigter hingegen wenig oder gar nicht. Durch die bedarfsspezifische Verhaltensbereitschaft werden die zugehörigen Schlüsselreize aus dem jeweiligen Reizgesamt herausgehoben; es erfolgt eine *Wertung* des Reizgesamts mit Bezug auf den jeweils aktuellen organismischen Zustand.

Diese Wertungsprozesse bilden die Elementarform des Emotionalen, aus der sich schließlich auch jene Funktionen hervorentwickeln, deren subjektive Repräsentation wir Menschen als Emotionen reflektieren (Holzkamp-Osterkamp 1975). *Emotionen wären danach wertend aktivierende Vermittlungsinstanzen zwischen Kognition (des Reizgesamts) und Verhalten.*

Der emotionalen Wertungsdynamik im Verhaltensverlauf lassen sich bestimmte *positive oder negative Valenzen* zuordnen. So kommt einer zunehmenden Bedarfsspannung negative Valenz zu; der Schlüsselreiz hat eine positive Valenz, sofern die Spannung durch eine Annäherung gelöst werden kann (z.B. Nahrung) bzw. eine negative Valenz, wenn der Spannungszustand nur durch Abwendung vom Schlüsselreiz reduziert werden kann (z.B. Freßfeind); und die Spannungslösung in der konsumatorischen Endhandlung schließlich ist mit positiven Zustandswertungen verbunden. Auf diese Weise wird über Lust/Unlust-Mechanismen ohne jede »Einsicht« die Einhaltung der biologischen Imperative des Verhaltens gesichert.

Die evolutive Höherentwicklung primärer Emotionalität besteht nun wesentlich darin, daß sich verschiedene, mehr oder weniger voneinander unabhängige Bedarfssysteme herausdifferenzieren (Bedarf nach Nahrung, Flüssigkeit, Sauerstoff, einer bestimmten Umgebungstemperatur, Schlaf, sexueller und anderer sozialbezogener Bedarf etc.). Der Organismus vermag aber nach wie vor zu einem gegebenen Zeitpunkt nur eine einheitliche Verhaltensbereitschaft und das ihr entsprechende Verhalten zu realisieren. Dem emotionalen System kommt nun hier die wichtige Aufgabe zu, bei Aktivierung mehrerer Bedarfssysteme durch »Verschmelzung« der verschiedenen emotionalen

Teilwertungen eine emotionale Gesamtwertung zu vollziehen, aus der nur eine einheitliche Verhaltensbereitschaft erwächst. Es ist also eine *»komplexqualitative Verrechnung«* (Holzkamp-Osterkamp) der Teilwertungen zu leisten, bei der sich unter den konkurrierenden Tendenzen das je biologisch situationsadäquateste Verhalten resultierend durchsetzt. Während bei primitiven Organismen die emotionale Wertung noch mit der automatischen Aktivitätsumsetzung quasi identisch ist, muß sie in diesem Entwicklungsstadium nun als selbständig abgehobene »emotionale Information« gegeben sein, gegenüber der sozusagen ein gewisser »Freiraum« bezüglich der Aktivitätsumsetzung besteht.

Die den einzelnen Bedarfssystemen mit ihren emotional wertenden und verhaltensauslösenden Mechanismen zugrunde liegenden neuronalen Strukturen werden wir im weiteren als *primäre Antriebe* [1] bezeichnen.

Bei Säugetieren sind nach Ehrhardt (1975) folgende primäre Antriebe nachgewiesen: Nahrungsantrieb (Nahrungssuche und -aufnahme), Trinkantrieb (Flüssigkeitssuche und -aufnahme), Atemantrieb, Temperaturantrieb (Verhalten zur Konstanthaltung der Temperatur), Schlafantrieb, Aggressionsantrieb (Drohen, Angreifen, Kämpfen), Angstantrieb (Vermeidungsverhalten mit Ausweichen, Deckungsuchen, Flucht) und Sexualantrieb. Höchstwahrscheinlich, aber noch nicht neurophysiologisch-experimentell verifiziert, ist ein Explorationsantrieb (Erkundung, Manipulieren, Spiel), ein Ekelantrieb (Vermeidung und Erbrechen bei Kontakt mit schädlichen Stoffen) sowie ein bzw. mehrere sozialbezogene Antriebe (Suche nach Sozialkontakt, Kommunikationsverhalten etc.). Auch damit ist diese Liste mit großer Wahrscheinlichkeit noch nicht vollständig. Als Zonen relativer Verdichtung in weitverzweigten neuronalen Netzwerken sind diese Antriebe bei höheren Säugetieren relativ konstant in subkortikalen Gebieten des ZNS, vor allem im Hypothalamus lokalisiert und können experimentell gereizt bzw. ausgeschaltet werden. Durch reizelektrische Erregungserhöhung in einem primären Antrieb lassen sich die gleichen Verhaltensweisen (von einfachen Konsumationsakten bis zu komplexem Appetenzverhalten), vegetativen Reaktionen und subjektiven Erlebensphänomene auslösen, die auch unter natürlichen Deprivationsbedingungen auftreten.

Entsprechend einem von Ehrhardt (1975) entwickelten Modell hat jeder primäre Antrieb drei Eingangsvariablen:

1. *Antriebsbezogene Innenreize:* Hierbei handelt es sich um solche organismusinternen Reize, die als Nervenimpulse von spezifischen Interorezeptoren (z.B. Osmorezeptoren, Glukorezeptoren, Thermorezeptoren u.a.) oder inneren Organen oder auch als humorale Einflüsse in funktioneller Beziehung zu einem oder mehreren Antrieben stehen. Es geht dabei hauptsächlich um Meldungen über die Homöostase des inneren Milieus und um die periodische hormonelle Auslösung von Aktivitäten im Funktionskreis der Fortpflanzung.
2. *Antriebsbezogene zentralnervöse Potentiale:* Gemeint sind alle zentralnervösen Zuflüsse, die in funktioneller Beziehung zu einem Antrieb stehen und nicht direkt in die Impulsübertragung von Interorezeptoren oder Exterorezeptoren eingeschaltet sind. Auf diesem Wege könnten höhere kognitive Steuerungsfunktionen in die An-

[1] Wir benutzen den Begriff »Antrieb« hier also aus sprachökonomischen Gründen zur Kennzeichnung dessen, was in der Literatur zumeist als »Antriebsstruktur« o.ä. bezeichnet wird, also als physiologischen Begriff. Wenn wir die psychologischen Resultate einer Antriebsaktivierung meinen, werden wir dagegen von Bedarfszuständen oder – beim Menschen – von Bedürfnissen sprechen.

triebsregulation eingreifen, periodisch aktivierende Einflüsse wirksam werden, wie etwa die Lorenzschen aktionsspezifischen Energien, auf die wir noch eingehen, u.ä.

3. *Antriebsbezogene Außenreize:* Hierunter wären dann alle Umweltreize zu verstehen, die für einen bestimmten Organismus in funktioneller Beziehung zu einem oder mehreren der Antriebe stehen, im einfachen Falle also wieder angeborene Schlüsselreize.

Aus der Summe dieser Zuflüsse ergibt sich dann die Aktivierungsstärke eines Antriebs, die als *Antriebsspannung* bezeichnet wird, wobei die einzelnen Antriebe in unterschiedlichem Maße von den drei Eingangsvariablen abhängen. So werden z.B. Atemantrieb und Temperaturantrieb vorwiegend von antriebsbezogenen Innenreizen bestimmt, während Aggressions- und Angstantrieb normalerweise überwiegend von Außenreizen abhängen.

Die Ausgangsvariablen eines jeden Antriebs sind dann folgende vier antriebsbezogene Reaktionen (nach Ehrhardt 1975):

1. *Antriebsbezogenes Verhalten:* jedes durch die quergestreifte Muskulatur des Skelett- oder Vokalsystems ausgeführte Verhalten, das von einem Antrieb aktiviert wird.
2. *Antriebsbezogene vegetative Reaktionen:* alle über das vegetative Nervensystem oder humoral vermittelten Reaktionen von glatten Muskeln, Herz und Drüsen, die regelmäßig mit der Steigerung einer Antriebsspannung verbunden sind.
3. Erlebensmäßige Repräsentation einer Antriebsspannung in Form einer *antriebsbezogenen primären Emotion.*
4. *Allgemeine Aktivierung:* unspezifische zentralnervöse Aktivierungsprozesse, die vom ARAS (ascending reticular aktivation system) ausgehen (vgl. Abb. 2.1).

Abb. 2.1 (nach Ehrhardt 1975, verändert) Erläuterung im Text

Die antriebsbezogenen Verhaltensweisen, Emotionen und ein Teil der vegetativen Reaktionen sind dabei sehr antriebsspezifisch, während die allgemeine Aktivierung und bestimmte vegetative Reaktionen einen unspezifischen Charakter tragen. Je stärker die Spannung eines Antriebs ist, desto stärker sind die antriebsbezogenen primären Emotionen, vegetativen Reaktionen und aktivierenden Wirkungen, mithin die endogene Verhaltensbereitschaft. Je höher die endogene Verhaltensbereitschaft, desto höher ist die Auftretenswahrscheinlichkeit und Intensität des antriebsbezogenen Verhaltens. Das antriebsbezogene Verhalten ist eine Funktion der endogenen Verhaltensbereitschaft und der antriebsbezogenen Außenreize (z.B. Schlüsselreize). In der Ethologie bezeichnet man dies als Prinzip der doppelten Quantifizierung. Später treten dann noch kognitive Steuerungsfunktionen hinzu. Drei Faktoren wirken unabhängig voneinander und additiv vermindernd auf eine Antriebsspannung (nach Ehrhardt 1975):

1. Die Beseitigung eines physiologischen Ungleichgewichts. Die Wirkung erfolgt über eine Verminderung der spannungsfördernden Zuflüsse antriebsbezogener Innenreize.
2. Der motorische Ablauf der Konsumationshandlung. Die motorischen Reafferenzen wirken direkt hemmend auf den Antrieb.

3. Bestimmte Veränderungen der Außenreizkonstellation: etwa die Beseitigung stimulierender Schlüsselreize.

Nun ist bekannt, daß Tiere nicht erst bei Konfrontation mit dem Schlüsselreiz aktiv werden, sondern regelrecht auf die Suche nach diesem Schlüsselreiz gehen, also ein sogenanntes *Appetenzverhalten* zeigen, und dies in vielen Fällen schon zu einem Zeitpunkt, wo noch kein physiologischer Mangelzustand, mithin keine antriebsbezogenen Innenreize vorliegen. Raubtiere begeben sich beispielsweise bereits auf Jagd, wenn sie noch gar nicht hungrig sind. Der Antrieb muß folglich durch zentralnervöse Potentiale aktiviert worden sein. Zur Erklärung dieser Spontanaktivität hat Konrad Lorenz das Konzept der *aktionsspezifischen Energie* entwickelt, nach dem jede einzelne Instinkthandlung (damit, in unserem Sinne, auch jedes Bedarfssystem mit seinem Antrieb) ein eigenes »Energiereservoir« besitzt. Ist in einem solchen Reservoir eine bestimmte bedarfsspezifische »Energiestauung« entstanden, wird das entsprechende Appetenzverhalten in Gang gesetzt und nach Auffinden des Schlüsselreizes und dem Ansprechen des AAM erlischt die jeweilige Verhaltensbereitschaft, denn das Energiereservoir wurde in diesem Vollzug entladen. Wir wollen uns also vorstellen, daß solche aktionsspezifischen Energien als spontan erzeugte, sich aufsummierende zentralnervöse Potentiale primäre Antriebe (neben den beiden anderen Eingangsvariablen) aktivieren und nach dem Ablauf des antriebsbezogenen Verhaltens parallel zur Antriebsspannung reduziert werden. Spontane zentralnervöse Erregungsbildungen sind experimentell seit langem belegt (v. Holst 1969). Jedes dieser aktionsspezifischen Energiepotentiale lädt sich nach Lorenz sodann spontan wieder auf, wobei die Aufladegeschwindigkeit für jede Instinkthandlung gesondert phylogenetisch programmiert ist und der Häufigkeit entspricht, mit der das Auftreten dieser Instinkthandlung biologisch notwendig ist. Eine Verhaltensaktivierung nach derartigen phylogenetisch ermittelten »Bedarfsplänen« (Leyhausen) würde dann dem Entstehen lebensbedrohlicher Mangelzustände infolge ungünstiger Umstände vorbeugen.

Wird ein adäquater Schlüsselreiz nicht gefunden, so kann es bei maximaler Stauung aktionsspezifischer Energie sogar zum Hervorbrechen der Instinkthandlung als »Leerlaufreaktion« kommen, die dem biologisch sinnvollen, am adäquaten Objekt vollzogenen Verhalten gleicht.

Zusammenfassend stellt sich nun die Regulation des Instinktverhaltens in einem bestimmten Bedarfssystem so dar, daß in der Regel durch das Aufsummieren aktionsspezifischer zentralnervöser Potentiale ein primärer Antrieb aktiviert wird, wobei als zusätzliche, aber nicht notwendige Bedingungen antriebsbezogene Innen- und/oder Außenreize hinzutreten können, was über antriebsbezogene Emotionen und andere Mechanismen eine negativ-valente Verhaltensbereitschaft erzeugt, die einerseits zum Appetenzverhalten und andererseits über eine Schwellenerniedrigung des AAM zur wertenden Identifikation des positiv- (bzw. negativ) valenten Schlüsselreizes führt, woraufhin ein weiteres Appetenzverhalten oder die konsumatorische Endhandlung ausgelöst wird. Der positiv-emotional gewertete Vollzug der Endhandlung reduziert dann die Antriebsspannung sowie die aktionsspezifische Energie, und die Verhaltensbereitschaft erlischt.

Vor diesem Hintergrund seien nun einige grundsätzliche Bemerkungen zum Phänomen »Lernen« aus ethologischer Sicht gemacht. Vernachlässigt man die Habituation als quasi selbstimmanente Elementarfunktion des neuralen Apparates, ist die phylogenetisch älteste Form des Lernens das *rezeptorische Lernen.* Rezeptorisches Lernen heißt nun in unserem Kontext, daß es in Abhängigkeit von individueller Erfahrung zur Bildung neuer funktioneller Verbindungen zwischen bisher antriebsneutralen Außenreizen (SK) und primären Antrieben kommt, wobei diese bisher neutralen Außenreize somit zu antriebsbezogenen Außenreizen werden. In diesem Prozeß erfolgt also eine erfahrungsabhängige Modifikation der angeborenen Schlüsselreize. Aus AAM's werden erfahrungsabhängig modifizierte AAM's, kurz EAAM's. Einfachste Formen rezeptorischen Lernens, die noch nicht einer Erfolgsrückmeldung unterliegen, kann man als selektive Fixierung bezeichnen. Die sogenannten Prägungen sowie durch Trauma erworbene Vermeidungsreaktionen infolge elementarer Assoziationsbildungen gehören hier hinein. Nach dem Alles-oder-Nichts-Prinzip werden hierbei aus einem Set potentiell antriebsauslösender Außenreize einige als antriebsbezogene Reize fixiert, während alle anderen neutral bleiben.

Auf der nächsten Stufe eines Lernens mit Erfolgsrückmeldung nun, wandelt sich dies zum *selektiven Differenzierungslernen,* wobei wir annehmen wollen, daß das Knüpfen der funktionellen Verbindungen den bekannten Prinzipien des klassischen Konditionierens folgt. Alle auslösenden Objekte bleiben nun als Verhaltensalternativen verfügbar. Das Verhalten spricht jeweils auf die zur Bedarfsbefriedigung geeignetsten Objekte unter den aktuell vorhandenen an. So lernen höhere Organismen aufgrund gelernter Zusatz-SK zwischen schmackhafteren und weniger schmackhaften Nahrungsmitteln zu unterscheiden und die je schmackhaftesten zu bevorzugen. Man kann dies so erklären, daß verschiedene auslösende Objekte in Abhängigkeit von ihren individuell verschiedenen PO-Eigenschaften die Antriebsspannung in Verbindung mit unterschiedlichen emotionalen Wertungen verschieden stark reduzieren und die bedingten Verbindungen ihrer Zusatzmerkmale zum Antrieb folglich ebenso in unterschiedlichem Maße verstärkt werden. Jene Objekte, die die Antriebsspannung am stärksten reduzieren, sind mit den positivsten emotionalen Wertungen verbunden und die Verbindungen ihrer Zusatz-SK zum Antrieb werden am meisten verstärkt, mithin ist bei Antriebsaktivierung für sie die Auslöseschwelle des EAAM am niedrigsten und sie werden bevorzugt.

Wenn nun nicht mehr nur die Eingangsseite primärer Antriebe, sondern auch die Ausgangsseite in den Lernprozeß einbezogen wird, sind wir auf der Stufe des *motorischen Lernens,* auf der sich die Willkürmotorik entwickelt. Zunächst kommt es zu einem »Aufbrechen« der starr nach linearen Stimmungshierarchien festgelegten instinktiven Aktivitätssequenzen in kleinere, erbkoordinierte Verhaltenseinheiten, die jederzeit abrufbar und auch über die Grenzen der Funktionskreise hinweg frei kombinierbar werden. Aus den linearen Stimmungshierarchien werden so »relative Stimmungshierarchien« (Leyhausen).

Nach Lorenz (1977) zeigt sich in der weiteren Evolution der Motorik nun ein stetiges Kleinerwerden bzw. eine immer weitergehende Zerlegung dieser frei verfügbaren Verhaltenseinheiten. Das sich dabei einstellende »Minimum separabile« ist abhängig vom Grad der Homogenität bzw. Heterogenität der artspezifischen Umwelt. Bei schnell laufenden Steppentieren wie den Pferden ist es recht groß, bei gewandten Bergkletterern wie Gemsen schon sehr viel kleiner und bei den baumlebenden Affen, die sehr schnell und außerordentlich präzise ins Geäst greifen müssen, ist dieser kleinste, unabhängig verfügbare Teil der Erbkoordination vielleicht am kleinsten. Er liegt aber, wie Lorenz betont, immer noch hoch über der Integrationsebene einer fibrillären Zuckung und umfaßt wohl meist noch die Kontraktion mehrerer Synergisten. Wir wollen annehmen, daß die erfahrungsabhängige Herstellung der funktionellen Verbindungen zwischen primärem Antrieb und bestimmten Kombinationen frei verfügbarer Verhaltenseinheiten den bekannten Prinzipien des operanten Konditionierens folgt: Bei Verminderung der Antriebsspannung infolge äußeren Erfolgs wird die Verbindung verstärkt, im umgekehrten Falle abgeschwächt. Weiter unten werden wir sehen, daß dieses quasi extrinsische Reinforcement zur Erklärung der entwickeltsten Formen der Willkürmotorik nicht ausreicht. Es erweist sich hier als viel zu »grobmaschig« um eine adäquate Feinkoordination zu bewirken und muß durch ein intrinsisches Reinforcement ergänzt werden.

Betrachtet man entwickeltes rezeptorisch-motorisches Lernen als integrierten organismischen Gesamtprozeß, kann man in ihm einen eigenständigen Prozeß der Selbstorganisation als Evolution einer synaptischen Matrix erkennen: Das Probierverhalten im Rahmen von Appetenz-, Explorations- und Spielaktivitäten erzeugt immer neue Input-output-Variationen, und durch die genetisch festgelegte Wertungsfunktion der Antriebe erfolgt eine Selektion der je biologisch geeignetsten Kombinationen. Dies werden wir in Abschnitt 6.6.2. noch ausführlicher darstellen. Bereits dieser stark verkürzte Abriß der ethologischen Lerntheorie deutet an, daß Lernen hier, anders als vom Behaviorismus, als ein qualitativ abgestuftes und komplexes Phänomen abgebildet wird (zur Kritik der behavioristischen Lerntheorie aus ethologischer Sicht vgl. auch Lorenz 1977, S. 115 und Holzkamp-Osterkamp 1981, S. 146 ff.). Vollends aber versagt das Reflexdenken, wenn es um das Verständnis aller Formen des Einsichtlernens geht. Wir werden in diesem Buch zu zeigen versuchen, daß man für das Einsichtlernen eine neuartige Arbeitsweise des neuronalen Substrates fordern muß, die auf komplexen dynamischen Prozessen innerhalb großer Neuronenmassen beruht und sich von der simplen konnektionistischen neuronalen Arbeitsweise, die allen oben genannten Lernformen zugrundeliegt, auf ganz grundsätzliche Weise unterscheidet.

Es ist nun in unserer Ableitung ein Stand erreicht, an dem das Konzept *»Motivation«* eingeführt werden kann.

Dort nämlich, wo sich auf der Entwicklungsstufe des selektiven Differenzierungslernens ein echtes tierliches Bevorzugungsverhalten gegenüber individualisierten Bedarfsobjekten entsprechend dem Befriedigungswert ihrer Eigenschaften herausbildet, liegt nach Holzkamp-Osterkamp jene Entwicklungs- und Ausprägungsform des Emotionalen vor, die man als motivational zu bezeichnen hat. Eine Bestimmung der Art »Motivation ist Emotion plus Handlungsrichtung« (Reykowski 1973, S. 42) wäre danach zu allgemein. Von motiviertem Verhalten sollte man erst dann sprechen, »wenn die bereits im Appetenz- und Instinktverhalten liegende, phylogenetisch programmierte Gerichtetheit durch gelernte Individualisierung der emotionalen Valenzen so spezifiziert ist, daß das Tier andere Befriedigungsmöglichkeiten aufgrund der lernbedingten Antizipation der mit diesem einen Objekt verbundenen höheren Befriedigung verweigert.« (Holzkamp-Osterkamp 1981, S. 171)

Einer aus einem primären Antrieb generierten und mit primären Emotionen verbundenen selektiv zielgerichteten Tätigkeit läge dann also eine *primäre Motivation* zugrunde, die aus dem Entstehen eines primären Bedarfszustandes resultiert. Unter *Bedarfszuständen* (bzw. beim Menschen: *Bedürfnissen*) verstehen wir Mangelzustände, die auf dem Nichtbesitz von objektiv (oder subjektiv) Notwendigem beruhen.

Es seien nun noch zwei primäre Antriebssysteme etwas eingehender besprochen, die insofern eine gewisse Sonderstellung einnehmen, als sie nicht direkt und spezifisch auf bestimmte PO (bzw. ihre Indikator-SK) fixiert sind, wie wir das bisher aus Gründen der Einfachheit und Kürze generell unterstellt haben: die sozialbezogenen Antriebe und der Explorationsantrieb.

Der Zusammenschluß zu kooperierenden sozialen Strukturen bringt in vielerlei Hinsicht Selektionsvorteil für das Individuum und/oder die Gruppe. Soziale Kooperation steigert die Effizienz von Lebenssicherungsaktivitäten wie Jagd oder Verteidigung und schafft im Rahmen der Jungenaufzucht günstigere Entwicklungsbedingungen und Überlebenschancen für den Nachwuchs. Innerhalb komplexerer Sozialverbände muß nun weiter der Entstehung eines Regelkodexes für das Verhalten im Verband ein Selektionsvorteil für die Gruppe zukommen: Im Rahmen der Ausbildung von Rangordnungen z.B. sichert er einen weitgehend störungsfreien Ablauf der Lebensvollzüge durch Reduzierung von Rivalität und anderen wechselseitigen Beeinträchtigungen (Tembrock 1971); er führt über Fortpflanzungsprivilegien zu einer genetischen Begünstigung der ranghöchsten, mithin stärksten und auch in der Lebenssicherung erfolgreichsten Tiere, u.a.m.

Sich in diesem Zusammenhang ausbildende soziale Aktions- und Reaktionsweisen der Tiere beruhen auf der Evolution von sozialen AAM's und ihren Schlüsselreizen, die als sogenannte *Auslöser* von Artgenossen ausgehen. Häufig sind diese Auslöser Bewegungen des Artgenossen, sogenannte Signalbewegungen, die sich aus »normalen« instinktiven »Gebrauchsbewegungen« durch Ritualisierung unter Betonung besonders auslösewirksamer Bewegungselemente hervorentwickelt haben. So können z.B. sogenannte Intentionsbewegungen (Heinroth), Instinktbewegungen also, die nur angedeutet, nicht aber ausgeführt werden, mithin biologisch sinnlos sind, dadurch einen Selektionsvorteil gewinnen, daß sie in ihrer »Intention« von den Artgenossen »verstanden« und durch »intentionsgerechtes« Verhalten beantwortet werden. Auslöser und AAM's differenzieren sich wechselseitig aufeinander bezogen, wie Zähne eines Räderwerkes ineinandergreifend: Die Instinkthandlung des einen Tieres ist der Auslöser für die Instinkthandlung des anderen Tieres und umgekehrt. Auf der Basis derartiger zwischenorganismischer Instinktverschränkungen entstehen dann mit der evolutiven Höherentwicklung sehr differenzierte soziale Verhaltenssysteme.

Während sich die Geschlechtspartner primitiver Organismen nur zur Kopulation begegnen, bilden sich über die Brutpflege allmählich relativ dauerhafte Beziehungen zwischen männlichen und weiblichen Sexualpartnern sowie zwischen Eltern und Jungtieren heraus, d.h. es kommt zur Familienbildung mit vielfältigen Sender-Empfänger-Koordinationen. Eine globale Funktionsteilung setzt sich durch, wobei beim männlichen Tier das Schwergewicht auf Dominanz-, Führerschafts-, Verteidigungs- und Angriffsaktivitäten liegt und das Weibchen für Brut und Junge sorgt. Das Verhalten innerhalb größerer Verbände wird durch verschiedene Ausprägungsformen von Rangordnungen und damit zusammenhängender Ritualisierungen koordiniert: Drohgebärden, Turnierkämpfe mit geringem Verletzungsrisiko, Demutsgesten unter Darbietung verletzlicher Körperstellen, die intraspezifische Aggressionshemmungen auslösen etc. Wieder andere Signalsysteme regulieren die Kooperation bei Jagd, Angriff und Verteidigung.

Bei höheren Tieren können diese angeborenen Signalsysteme dann auch wieder durch Lernen erfahrungsabhängig modifiziert werden. Das motorische Lernen ermöglicht im Anschluß an Instinktbewegungen die ontogenetische Abwandlung bzw. Neuschaffung von Signalbewegungen und kooperativen Verhaltensweisen. Im Ergebnis des rezeptorischen Lernens entstehen Erkennungssysteme für diese abgewandelten Signale. Das rezeptorische Lernen ermöglicht vor allem auch die individuelle Erkennung der Gruppenmitglieder untereinander, was zur *Individualisierung der Beziehungen* zwischen Eltern und Jungen, zwischen Geschwistern, Verwandten und Kumpanen führt. So zeigen Primaten einen starken Bedarf nach dominanzbekundender Aktivität. Wird nun, z.B. durch ein zufälliges Gähnen, das die Zähne freilegt, der Rivale bereits aus dem Felde geschlagen und damit die Antriebsspannung gelöst, kommt es zur funktionellen Verknüpfung dieser Verhaltensweise mit dem Antrieb und auch zur Ankopplung der rezeptorischen Individualmerkmale des Kontrahenten. In der Folge wird er als Rangniederer erkannt und ein entsprechendes Verhalten ermöglicht.

Insgesamt zeigt sich, daß der indikative und operative SK-Einbezug im Sozialbereich denselben Grundprinzipien folgt, die schon besprochen wurden und eben nur speziell als Entwicklung von Kommunikation und Sozialverhalten in Erscheinung tritt. Bei höheren Tieren wie den Primaten sollte daher der hohen Differenziertheit des Sozialverhaltens (und den ihm zugrunde liegenden primären Antrieben und Verhaltensbereitschaften) eine ebenso hohe Differenziertheit sozialbezogener Bedarfszustände und primär-emotionaler Reaktionen entsprechen, die als wertende Vermittlungsinstanzen das Verhalten auf der Grundlage der Kognitionen aktivieren und regulieren.

So entsteht ein starker Bedarf nach sozialer Geborgenheit durch Gruppenzugehörigkeit sowie spezifische Bedarfszustände nach individualisierten Bindungen zu Eltern, Geschwistern, Verwandten und Kumpanen mit entsprechenden emotionalen Wertungen der Trauer bzw. der Freude bei Verlust bzw. Wiedergewinn dieser Sozialbezüge. Bei Schimpansen lassen sich charakteristische, freudig-emotionale Lautbildungen der Begrüßung nach der Abtrennung vom Trupp, beim Wiedersehen eines Kumpans oder – nach Lawick-Goodall (1975) besonders ausdrucksstark – beim Wiedersehen eines Geschwisters nach längerer Trennung nachweisen. Ja es wurden sogar emotional ausdrucksstarke Lautbildungen verbunden mit Umarmungen vor einem lebensgefährlichen Kampf mit einem Leoparden beobachtet (Kortlandt 1968). Besonders stark ist, wie wir sagten, der Bedarf nach sozialer Dominanz und entsprechend intensiv sollten die mit seiner Befriedigung verbundenen emotionalen Reaktionen des »Stolzes«, der »Überlegenheit« und eines hohen »Selbstgefühls« sein (Schimpansen verfügen mindestens über ein körperbezogenes Ichkonzept, denn sie erkennen sich im Spiegel). Weiterhin müssen emotionale Reaktionssysteme zur Regulierung der Partnerbeziehungen von differenzierten Emotionen sexueller Attraktion bis hin zu »Eifersuchtsreaktionen« angenommen werden. Gleiches gilt für emotionale Wertungen der »Vertrauensbereitschaft« beim Kontakt mit Kumpanen bzw. der »Scheu« beim Kontakt mit noch unbekannten Artgenossen. Auch angeborene Dispositionen für emotionale Reaktionen der Zuwendung gegenüber Jungtieren (entsprechend dem bekannten »Kindchenschema« nach Lorenz) wie auch des »Mitleids« gegenüber in Bedrängnis geratenen Artgenossen, die altruistisches Verhalten auslösen, müssen gefordert werden. Und sicher ist auch damit die Liste der primären sozialbezogenen Reaktionsdisposistionen noch nicht vollständig; wir wollen aber nicht weiter spekulieren, die riesigen methodischen Probleme bei der Abgrenzung und sicheren Identifikation solcher Phänomene sind evident. Sicher jedenfalls ist: Dieses differenzierte System sozialbezogener primärer Antriebe ist unter Überformungen auf den Menschen überkommen und bildet die Grundlage für jene *»universale Grammatik des menschlichen Sozialverhaltens«*, von der Eibl-Eibesfeldt (1995) spricht.

Auch der Explorationsantrieb nimmt, wie bereits erwähnt, eine gewisse Sonderstellung unter den primären Antrieben ein. Er entsteht auf der Stufe des motorischen Lernens und erzeugt zur Kompensation der evolutiven Risiken des Lernens ein sogenanntes Neugier-, Spiel- und Explorationsverhalten. Wie schon Meyer-Holzapfel (1940) postuliert auch Konrad Lorenz (1977) für das Neugier- und Explorationsverhalten eine eigenständige Antriebsgrundlage, eine eigenständige aktionsspezifische Energie, durch welche viele oder alle verfügbaren Verhaltenseinheiten aus allen Funktionskreisen aktiviert werden können. So kommt es, daß Jungtiere innerhalb eines großen Teils ihrer Zeit sehr aktiv ihre gegenständliche Umwelt erkunden, an neuen, unbekannten Gegenständen manipulieren, vielfältige soziale Spiele (Kontaktspiele, Verfolgungsspiele, Suchspiele) durchführen und auch ihren eigenen Körper im Bewegungsspiel kennen und beherrschen lernen. Indem die Tiere an fremdartigen Objekten die verfügbaren instinktiven oder erlernten Verhaltenseinheiten durchprobieren, finden sie allmählich unter den umweltgegebenen Objekten die biologisch relevanten heraus und erlernen den adäquaten Umgang mit ihnen. Das Neugier- und Explorationsverhalten ist also, wie Günter Tembrock (1961, S. 190) es ausdrückt, *»triebgebunden«* und nicht »objektgebunden«, und das eben macht die Sonderstellung des Explorationsantriebs aus.

Ein junger Kolkrabe z.B., dem man einen ihm völlig unbekannten Gegenstand bietet, zeigt erst einmal jene Verhaltensweisen, mit denen ein Altvogel auf einen Raubfeind »haßt«. Er nähert sich vorsichtig an, um nach dem Ausführen eines gewaltigen Schnabelhiebes sofort wieder zu fliehen. Reagiert das Objekt nicht mit Verfolgung, geht der Rabe mutig nun seinerseits wieder zum Angriff über, indem er weitere kräftige Schnabelhiebe ausführt. Erweist sich das Objekt schließlich als »bereits tot«, wird es unter den Instinktbewegungen des Zerkleinerns auf Eßbarkeit untersucht und schließlich versteckt (nach Lorenz 1977, S. 187). Katzen üben spielerisch in den ersten vier Lebenswochen die Verhaltensweisen des Beutefangens, wie Lauern, Schleichen, Anspringen usw. in den verschiedensten Kombinationen (Leyhausen 1971). Junge Affen »erfinden« in spielerischer Exploration das Termitenangeln mit Zweigen oder, wie Itani (1958) berichtet, das Auswaschen von Weizenkörnern aus Sand im Wasser; sie lernen das Abwaschen von Kartoffeln in Salzwasser, wodurch diese gleichzeitig an Geschmack gewinnen u.a. Das während des Neugier- und Explorationsverhaltens in spielerischer Form »nebenbei« Gelernte kann dann auch bei »Ernstfallaktivitäten« adäquat eingesetzt werden. Man spricht hier von latentem Lernen.

Eine klare Unterscheidung zwischen Neugier- und Explorationsverhalten einerseits und Spielverhalten andererseits scheint dabei nicht möglich. Vielleicht kann man sagen, daß das Explorationsverhalten mehr *objektbezogen* und das Spielverhalten mehr *bewegungsbezogen* ist, wobei der Umgang mit einem Objekt anfangs mehr explorativen Charakter trägt und nach Erreichen eines bestimmten Vertrautheitsgrades mit dem Objekt sich in einen mehr spielerischen Charakter wandelt.

Betont werden muß, daß der Explorationsantrieb offenbar nur während einer bestimmten Zeit in der Jugendphase der tierlichen Ontogenese sozusagen spontanaktiv ist. Es sind vorwiegend die generell sehr aktiven Jungtiere, die eine ausgesprochene Appetenz nach Neuem zeigen und regelrecht auf die Suche nach unbekannten, explorierbaren Objekten gehen. Im Erwachsenenalter dagegen stellt der Explorationsantrieb seine Spontanaktivität weitgehend ein und unterhält nun lediglich eine *Explorationsbereitschaft.* Neugierreaktionen und Exploration sind jetzt wesentlich seltener zu beobachten, nur noch bei Gelegenheit zufälliger, nicht selbst herbeigeführter Konfrontationen mit neuartigen Objekten oder ungewohnten, widerständigen Situationen. Dies gilt auch für den Schimpansen, den nächsten Verwandten des Menschen (Welker 1956), für den das Maximum der explorativen Spontanaktivität allerdings erst beim halberwachsenen Tier beobachtet wird. Generell nimmt die Angstbereitschaft in der Ontogenese zu. Nach Hebb (1946) gibt es einen ganzen Katalog von Objekten und Situationen, denen gegenüber erwachsene Schimpansen dauerhaft ausgeprägtes Vermeidungsverhalten zeigen. Verschiedentlich kann sich das vor allem bei alten Tieren bis zu einer regelrechten »Angstneurose« oder »Neophobie« (Barnett 1958) steigern. Die Tiere zeigen dann gegenüber neuen und ungewohnten Sachverhalten prinzipiell Vermeidungsreaktionen. Die »normale« Lernfähigkeit im Ernstfall wird durch diese Entwicklung allerdings nicht beeinträchtigt.

Auf den Entwicklungsstufen der Reizbarkeit, der Sensibilität und des rezeptorischen Lernens konnte sich das Tier prinzipiell nur gegen Dinge verhalten, auf die direkt ein primärer Bedarf bezogen ist. Durch die Hinzuentwicklung von »triebgebundenen« Explorationsantrieben auf der Stufe des motorischen Lernens gelangt es nun in den Stand, sich vor allem in der Jugendphase gegen völlig neue SK zu verhalten, auf die keiner der »objektgebundenen« primären Antriebe von vornherein fixiert ist und diese individuell lernend sowohl unter indikativem wie vor allem auch unter operativem Aspekt in das PO-erschließende Verhalten einzubeziehen. Die Entwicklungsbeschränkung liegt in der begrenzten Kapazität zur internen Rekonstruktion von längerkettigen SK-...-SK-PO-Beziehungen. Auf der Entwicklungsstufe der Sensibilität vollzieht sich diese auf der Basis einer statistischen Koinzidenzfixierung im Prozeß der Darwinschen Evolution, der langsam ist und überindividuell, sich also lediglich auf eine durchschnittliche artspezifische Umwelt bezieht. Dieser phylogenetische Prozeß wird dann auf der Entwicklungsstufe des reflektorischen rezeptorischen und motorischen Lernens von dem ontogenetischen Evolutionsprozeß einer synaptischen Matrix überlagert. Dieser ontogenetische Prozeß ist nun schneller und auf die je individuelle Umwelt bezogen, schließt aber noch den gesamten Rückkoppelungskreis des äußeren Verhaltens ein. Auf der Stufe des Einsichtlernens überlagert sich dieser ontogenetischen »synaptischen Evolution« nun nochmals eine eigengesetzliche neue Prozeßschicht in Form einer »episynaptischen Evolution«, deren neuronale Grundlagen später noch ausführlich besprochen werden. Schnelle Dynamiken in riesigen Neuronenverbänden simulieren hier ein Handeln im Vorstellungsraum. Diese Prozesse sind sehr schnell und vom äußeren Handeln unabhängig. In der Vorstufe des bildhaften Denkens finden wir dies bereits bei Primaten. Der SK-Einbezug ist dabei aber im wesentlichen auf das aktuale Wahrnehmungsfeld beschränkt, und die internen Modelle sind wenig komplex, weil ahierarchisch.

Diesen beschränkten Erkenntnismöglichkeiten entspricht eine in gleichem Maße beschränkte Antriebsgrundlage. Der Explorationsantrieb ist lediglich in der Jugendphase spontanaktiv und realisiert dann nur noch eine Explorationsbereitschaft. Es wäre nicht teleonom, weiterhin spontan riskantes und energieaufwendiges Explorationsverhalten gegen SK zu generieren, wenn die vorhandenen kognitiven Potenzen ausgeschöpft sind und das Umfeld entsprechend den artspezifischen Möglichkeiten beherrscht wird. Im wesentlichen, so läßt sich resümieren, verhalten sich also erwachsene Tiere nur gegen Dinge, auf die ein primärer Bedarf fixiert ist. Die Durchbrechung dieser Entwicklungsbeschränkung markiert den evolutionären Weg zum Menschen. Aus dem bildhaften Denken der Primaten wird das Denken auf Basis von Sprachbegriffen, was offenbar die Stabilisierung sehr komplexer hierarchischer Modellstrukturen erlaubt und den indikativ-operativen Einbezug sehr weiträumiger SK-...-SK-PO-Netze ermöglicht. Dieser dramatischen Steigerung des kognitiven Potentials geht offenbar eine ebensolche Erweiterung der Antriebsgrundlage parallel, die lebenslang ein permanentes motiviertes Verhalten gegen neuartige SK generiert. Es gilt nun, Natur und evolutive Wurzeln dieser erweiterten Antriebsgrundlage menschlichen SK-bezogenen Verhaltens aufzuklären.

Stellen wir uns vor, ein steinzeitlicher Jäger ist unter vielen erfolglosen Versuchen bemüht, von einem Feuerstein eine Klinge abzuschlagen, die nach weiteren Bearbeitungsschritten als Spitze eines Speeres dienen soll. Fragen wir uns nach den Antriebsquellen dieser Tätigkeit. Der Stein ist weder Schlüsselreiz eines »objektgebundenen« primären Antriebs noch Objekt des »triebgebundenen« Explorationsantriebes – schon Hunderte solcher Steine sind durch die Hände des Jägers gegangen. Es gibt kein primäres Bedürfnis, welches auf diesen Feuerstein gerichtet ist und ein bestimmtes antriebsbezogenes Verhalten auslöst. Auf der Grundlage der bisher besprochenen Mechanismen ist dieses Verhalten also nicht erklärbar.

Zunächst einmal scheint unstrittig, daß die besprochenen phylogenetisch entstandenen primären Antriebe und die mit ihnen verbundenen primären Emotionen auf den Menschen überkommen sind. In zweierlei Hinsicht ist dabei eine überformende Entwicklung erfolgt. Zum ersten werden die antriebsbezogenen Außenreize in kulturellen Lernprozessen sehr stark erfahrungsabhängig modifiziert, d.h. ihre funktionellen Beziehungen zum Antrieb beruhen zum geringeren Teil auf angeborenen und zum größeren Teil auf bedingten Verbindungen, die oft schon in früher Kindheit erworbenen werden. Auch das antriebsbezogene Verhalten konstituiert sich überwiegend aus willkürmotorisch gelernten »gekonnten Bewegungen«. Weder aktiviert das Rezeptorbild der meisten modernen, kulturell verfremdeten Nahrungsmittel vor aller Lernerfahrung den Nahrungsantrieb des Menschen, noch ist ihm das »kultivierte« Essen bereits als Erbkoordination in die Wiege gelegt. Wenig oder gar nicht modifizierte angeborene Schlüsselreize und Erbkoordinationen bilden die Ausnahme; vielleicht kann man hier den Saugreflex nennen, die Atembewegungen, einige wenige Abwehr- und Fluchtreaktionen oder das »Kindchenschema«. Die Beziehung zwischen primärem Antrieb und primärer Emotion aber bleibt weiterhin lernunabhängig. Gelernt werden kann lediglich die introspektive Diskrimination primärer Emotionen und ihre assoziative Zuordnung zu PO (bzw. zu den indizierenden SK). Im Zusammenhang damit werden zum zweiten in bewußter Reflektion interne *begriffliche Repräsentationen* der primären Bedürfnisse und Emotionen erzeugt, die in die begriffliche Denktätigkeit eingebunden sind. Auf dieser Basis können primäre Antriebe dann auch einsichtig durch *abstrakt-begriffliche »Ansteuerung«* aktiviert werden, sowie durch *bildhafte Vorstellungen* antriebsbezogener Außenreize. So bekommt der Mensch nicht nur Angst, wenn er plötzlich einem leibhaftigen Zirkuslöwen gegenübersteht, sondern u.U. bereits dann, wenn er im Lokalradio hört, daß ein solcher entlaufen ist oder wenn er sich diese Situation bildlich vorstellt.

Vor diesem Hintergrund bietet sich uns nun eine Erklärungsmöglichkeit für die Antriebsgrundlage des Verhaltens unseres Steinzeitjägers. Da der Jäger über interne Repräsentanten, z.B. des Nahrungsbedürfnisses und seiner zugehörigen PO verfügt sowie über die Fähigkeit zur einsichtigen Rekonstruktion langgliedriger Kausalketten, kann er sein Nahrungsbedürfnis auf jene SK projizieren, die in ihrer kausalen Sequenz die antriebsbezogenen PO verfügbar machen, d.h. auf jene Umweltgegenstände, die aufgrund vorhandener oder produktiv zu schaffender Gebrauchseigenschaften zur Bedürfnisentspannung führen. Der Jäger hat also Hunger (bzw. erinnert oder antizipiert diesen) und »sieht« hinter dem Feuerstein die Speerspitze und hinter dem Speer das zu jagende Wild, welches den Hunger stillt. Wir bezeichnen diesen grundlegenden Mechanismus als *kognitive Bedürfnisprojektion.* Es ist zu betonen, daß es sich hierbei um einen Prozeß auf der Ebene des Einsichtsverhaltens handelt, der dem neuronalen Arbeitsprinzip »episynaptische Evolution« unterliegt. Kognitive Bedürfnisprojektion hat also nichts zu tun mit dem Verstärken oder Löschen bedingter Verbindungen (Arbeitsprinzip »synaptische Evolution« – vgl. Abschnitt 6.6.3.).

Sämtliche primären Bedürfnisse können so auf beliebige SK projiziert werden, wenn immer sie nur in kognizierten Kausalbeziehungen zu Auslösern primärer Antriebe stehen. Der Jäger könnte auch sein Bedürfnis nach sozialer Anerkennung auf den Feuerstein projizieren, denn ein besonders treffsicherer und durchschlagkräftiger Speer bzw. eine erfolgreiche Jagd verhilft zu Ruhm und Ehre in der Gesellung. Wie bei Primaten der Dominanzantrieb einen starken Verhaltenseinfluß ausübt, ist auch beim Menschen das Streben nach hohem sozialen Rang ein unerhört wirksames Motiv. Ebenso könnte er das Streben nach einer von ihm begehrten Frau projizieren und auch das aus dem Angstantrieb resultierende Sicherheitsbedürfnis, denn mit einem scharfen Speer ist man wehrhaft gegen den Feind.

Die Kognition ermöglicht also über den Mechanismus einer einsichtigen Projektion von primären Bedürfnissen auf beliebige Tätigkeitsgegenstände ein permanentes, lebenslanges Verhalten des Menschen gegenüber neuartigen SK. Eine entscheidende Entwicklungsbeschränkung ist aufgehoben. Der Mensch ist imstande, sich durch kognitive Bedürfnisprojektion lebenslang gegen Dinge zu verhalten, für deren Betätigung gar keine eigene und spezielle Antriebsgrundlage existiert. Unser Steinzeitmensch hat kein auf den Stein bezogenes Bedürfnis, er hat Hunger. Würde er seinem primären Trieb folgen, liefe er hungrig dem Wild nach, gesättigt aber streckte er sich auf seinem Lager. Zweifellos wird ihn im »entspannten Feld« (Bally) auch die zunehmend in Involution begriffene Spiel- und Explorationslust noch einmal überkommen und manche neue Erkenntnis und Anregung liefern. Die ausdauernde Kraft hingegen, die nötig ist, um Naturgegenstände in einer Weise zu verändern, daß sie sich im existentiellen Ringen mit Naturwidrigkeiten exakt und scharf bewähren, kann nur im »gespannten Feld« durch kognitive Bedürfnisprojektion aus »brennender Leibesnot« erwachsen.

Die kognitive Bedürfnisprojektion versetzt den Menschen damit in den Stand, partiell *entgegen seiner aktuellen Bedürftigkeit in ihrer unmittelbaren Gerichtetheit* zu handeln. Und das ist, wie wir noch sehen werden, die entscheidende Voraussetzung für die Entwicklung der Bedürfnisse, für die Entstehung neuer Bedürfnisse. Eine Bedürftigkeit, die sich wie beim Tier immer nur selbst auf gleichem Niveau reproduziert, kann sich nicht entwickeln.

2.2. Sekundäre Bedürfnisse, motorische Funktionslust und der »perfection-reinforcing-mechanism« (PRM)

Ist das aber schon die »ganze Wahrheit«? Wird das Verhalten des Menschen ausschließlich durch primäre gewebedefizitäre und sozialbezogene Bedürfnisse und ihre einsichtige kognitive Projektion bestimmt? Die Entwicklung des Menschen bis zum heutigen Tage belegt, daß die Beziehung zwischen PO und den sie erschließenden SK in den meisten Tätigkeitsbereichen immer vermittelter, für den einzelnen immer undurchschaubarer wird und zudem heute der Hauptteil der bewußten Zeit vieler Menschen von der Arbeit im Rahmen solcher vermittelnder SK-Strukturen bestimmt wird. Die vom Menschen erkennend geknüpften und technologisch umgesetzten SK-...-SK-PO-Netze reichen von den Elementarteilchen bis zur Strahlung der Sonne; und weltweit knüpfen hunderttausende Forscher engagiert, ja z.T. besessen diese Netze weiter, schieben die

Grenzen des Erreichbaren immer weiter in den Mikro- und Makrokosmos hinaus. Die Erklärung der Antriebsgrundlage menschlichen Verhaltens allein mittels der kognitiven Bedürfnisprojektion verträgt eine so starke Verschiebung der Relationen nicht, sie »greift« nicht weit genug, um Derartiges hervorzubringen. Gäbe es nur diesen Mechanismus, dürften die meisten Menschen keine Freude an ihrer Arbeit haben; sie täten sozusagen alles nur um des Geldes, des Ruhmes oder der Frauen (bzw. der Männer) willen. Bis auf jene Momente des Essens, der Begegnung zwischen Mann und Frau sowie die Augenblicke entgegengenommener Huldigung wäre das Leben trist und öde. Jeder weiß, daß dies glücklicherweise nicht der Fall ist.

Was bewegt Menschen dazu, unermüdlich und selbstvergessen an wissenschaftlichen oder künstlerischen Werken zu arbeiten? Was bewegt sie, u.U. auch dann unbeirrbar an diesem Tun festzuhalten, wenn sie auf Unverständnis stoßen und kaum Aussicht ist, den Unterhalt auf diese Weise zu verdienen. Und nicht selten handelt es sich dabei ja um Menschen, die über genügend intellektuelles Potential verfügen, um auch gut Verkäufliches produzieren zu können, das dem Zeitgeist schmeichelt. Was war es für ein Antrieb, der Ernst Bloch noch am vorletzten Tage seines 92 Jahre währenden Lebens sein wissenschaftliches Werk fortschreiben ließ; und was brachte Mendelejew dazu, in der entscheidenden Phase der Entdeckung des Periodensystems der Elemente drei Tage und Nächte fast ununterbrochen zu arbeiten, um nach dem genialen Werk in einen langen Erschöpfungsschlaf zu fallen? Jedenfalls müssen es starke Kräfte sein, die hier wirken, denn sie vermögen sich im Einzelfall offenbar extrem lange Zeit gegen existentielle Forderungen basaler primärer Bedürfnisse zu behaupten.

Es ist schlicht unmöglich, all die vielen mehr oder weniger spekulativen Deutungen und Erklärungen anzuführen, die die menschliche Ideengeschichte zur Selbsterklärung ihrer Schöpferkraft hervorgebracht hat, mehr in Literatur, Feuilleton und Geisteswissenschaft freilich, denn in den Naturwissenschaften. Wonach der Mensch zufolge dieser Quellen strebt, ist etwas wie »Vollendung«, »Absolutheit«, »Gottgleichheit« oder »letzte Wahrheit«. Und wir alle wissen und spüren, was damit gemeint ist und daß sich mehr dahinter verbirgt, als nur eine Fiktion. Irgend etwas zumindest gefühlsmäßig Wohldefiniertes gibt es da. Doch wie dies scharf mit dem Verstande fassen? Alle eben genannten Begriffe sind außerordentlich komplex und unscharf, vollständig jenseits der heute vorstellbaren naturwissenschaftlichen Ableitungszusammenhänge. So scheint nicht erkennbar, wie ein solcher Vollendungsdrang evolutiv entstanden sein soll, wo doch das Tier ruht, wenn es gesättigt ist und gar nichts weiß von »ewiger Wahrheit«. Und noch viel weniger kann man sich vorstellen, wie ein neuronaler Mechanismus funktionieren sollte, der so verschwommene Bestimmungen in Verhalten umsetzt.

Eine andere Argumentationsrichtung behauptet, es sei ein »Streben nach gesellschaftlichem Fortschritt«, das die Kraft des Genies speise, der tiefsitzende Wunsch, etwas zu tun für die Befreiung aller Menschen von Not, Unterdrückung und Krieg. Die Geschichte scheint reich an rühmlichen Beispielen hierfür. Auch dies, so spüren wir, muß irgendwie ein Teil der Wahrheit sein. Wollte man hierfür eine phylogenetisch gewordene Basis einsichtig machen, ließe sich unschwer auf sozialbezogene primäre Antriebe rekurrieren, die auf altruistisches Fürsorgeverhalten gerichtet sind. Für alle nicht direkt charitativ-sozialen Tätigkeiten schafft dies allerdings auch nur wieder eine extrinsische Motivation im Sinne einer kognitiven Bedürfnisprojektion, und dies hatten wir als nicht hinreichend erachtet. Vor allem aber: Es war kein Geringerer als Goethe, der uns riet, unser Werk zuerst für uns und um seiner selbst willen zu leisten. Wenn es hernach auch noch für andere nützlich sein könne, so wäre es gut. Und von dem österreichischen Zoologen Alfred Kühn stammt das schöne Wort, daß die Wissenschaft wohl goldene Früchte tragen könne, aber nur für den, der sie ausschließlich um ihrer Blüten willen kultiviert. Was die eigentliche menschliche Schöpferkraft ausmacht, muß damit wohl den Charakter einer *intrinsischen Motivation* tragen, die in und an dem Gegenstand der Tätigkeit selbst liegt, die Freude und Schmerz schafft aus der Tätigkeit an sich, aus der Tätigkeit als Selbstzweck. Wenn dann noch projizierte primäre Bedürfnisse hinzukommen, kann dies stark förderlich sein, wo diese jedoch allein wirken, wird etwas mehr schlecht als recht zu Ende gebracht. Große produktive Leistungen bei rein SK-bezogener Tätigkeit werden nur dort vollbracht, wo zusätzlich zu projizierten primären Bedürfnissen oder aber auch ohne sie, jene geheimnisvolle *Hingabe an die Sache selbst* am Wirken ist.

Ein wenig in diese Richtung weist der häufig gemachte Versuch, wissenschaftliches Schöpfertum aus dem tierlichen Neugier- und Explorationsverhalten abzuleiten (z. B. Lorenz 1977, Eibl-Eibesfeldt 1995). Auch Ute Holzkamp-Osterkamp (1975) versucht, die gesamte produktive Tätigkeit des Menschen auf der Basis genereller »produktiver Bedürfnisse« aus einem »human verwandelten Bedarf nach Umweltkontrolle« abzuleiten, dessen Wurzel sie im tierlichen Neugier- und Explorationsverhalten sieht. So reizvoll und naheliegend dies auf den ersten Blick auch sein mag – es lassen sich bei genauerem Hinsehen gewichtige Zweifel anmelden. Ganz sicher ist die genetische Disposition für Neugier- und Explorationsverhalten auf den Menschen überkommen. Wenn jemand etwa ein wichtiges neues Buch in attraktiver Aufmachung erworben hat, so wird er es nach dem Kauf oft in die Hand nehmen, um es zu betrachten, er wird in ihm blättern, sich von den vielversprechenden Abbildungen und den markigen Schlagworten der Überschriften faszinieren lassen und Zusammenfassungen lesen, um die Grundgedanken des Buches zu erfahren. Das ist Neugier, aber dort endet sie auch. Wenn der Betreffende dann mit dem Äußeren und der Ausstattung des Buches vertraut ist, wenn er einige Kapitel gelesen hat und weiß, was an grundsätzlichen Aussagen zu erwarten ist, legt sich diese primäre Attraktion. Es beginnt die angestrengte wissenschaftliche Arbeit mit dem Buch, die vielleicht darauf gerichtet ist, ein kompliziertes wissenschaftliches Problem in einer einfacheren und prägnanteren Form darzustellen. Wenn der Betreffende dieses angestrebte Ziel erreicht, wird er eine tiefe Befriedigung empfinden. Aber dies hat natürlich wesensmäßig nichts mehr mit der Befriedigung von Neugier zu tun. Man ist neugierig gespannt auf prinzipielle und schnell faßliche Erklärungen neuer, womöglich spektakulärer Phänomene, nicht aber auf die pedantische Ausarbeitung der ihnen zugrunde liegenden Theorien. Elementare Neugier ist gebunden an den Reiz des Neuen: Ist man mit einem Problembereich vertraut, erlischt sie schnell. Die strukturierende und gestaltende Feinarbeit aber wird trotzdem fortgesetzt und befriedigt tief, so sie gelingt. Primäre Neugier ist stark oberflächen- und phänomengebunden. Wie erklärt sich dann die schöpferische Arbeit eines Mathematikers, der sich gar nicht mit »dieser Welt« beschäftigt oder das Schaffen eines Komponisten? Elementare Neugier realisiert sich, wie wir sahen, im entspannten Feld, ist immer spielerisch und lustbetont. Wissenschaftliche Arbeit ist das zwar oft auch, aber ebenso oft ist sie langweilig-monoton oder anstrengend, nimmt die Lösung eines Problems zwanghaft-quälenden Charakter an.

Und vor allem: Berufene Forscher sind oft bis ins höchste Alter fast unvermindert aktiv. Die tierlichen Explorationsaktivitäten auch des Schimpansen gehen jedoch, wie wir sahen, beim älteren Tier stark zurück. Das Spontanverhalten wandelt sich in eine

Verhaltensbereitschaft. Und dies gilt auch für den Menschen. Während Kleinkinder und Kinder sich durch die lebhafteste spontane Aktivität auszeichnen, mit scheinbar nicht zu erschöpfender Energie unentwegt beschäftigt sind und den Erwachsenen mit ihren vielen Fragen oft »auf die Nerven gehen«, nimmt im späteren Schulalter die Aktivität und Neugier bereits sehr merklich ab (Jersild und Tasch 1949), um beim Erwachsenen schließlich nur noch bei direkter Konfrontation mit Neuem in Erscheinung zu treten. Ein Erwachsener tollt nicht herum wie ein Fünfjähriger. Viele ältere Menschen sind körperlich und geistig nur noch sehr wenig aktiv. Und dies deutet auf ein weiteres gravierendes Problem: Alle gesunden Kinder sind sehr spontanaktiv und »reizhungrig«; alle gesunden Erwachsenen zeigen Neugier in Begegnung mit Neuem und Ungewohntem. Was das primäre Neugier- und Explorationsverhalten angeht, gibt es also keine übermäßigen individuellen Unterschiede. Wie bei allen anderen primär bedingten Verhaltensweisen liegen die Intensitätsunterschiede der Verhaltensausführung hier also innerhalb einer Variationsbreite, wie man sie auch von anderen artspezifischen Merkmalen mit vergleichbarer funktioneller Relevanz kennt. *Unerhört große individuelle Differenzen* gibt es jedoch in bezug auf die Motivationsstärke für schöpferische Tätigkeit. Es gibt Menschen, die nur eben das tun, was zur Vermeidung gesellschaftlicher Sanktionen unbedingt notwendig ist, sich durch jedes Abweichen von der alltäglichen Routine gestört fühlen und keinerlei anspruchsvollere Interessen oder Hobbys pflegen. Ihnen stehen andere Menschen gegenüber, denen ein Leben lang die Tage zum Forschen, Denken und kreativen Gestalten zu kurz sind, die zwischen Arbeit und sogenannter Freizeit nie einen Unterschied kennengelernt haben und für die es nichts Gräßlicheres unter der Sonne gibt als Routine. Wie verträgt sich eine solche »0–100%-Variation« überhaupt mit der Annahme einer biologischen Antriebsbasis, über die doch alle Menschen zumindest in ähnlichem Maße verfügen müßten?

Es zeigt sich jedenfalls, daß produktive menschliche Tätigkeit und wissenschaftliches Schöpfertum einen deutlich anderen Charakter tragen, als das primäre, phylogenetisch überkommene Neugier- und Explorationsverhalten, mithin auch schwerlich eine Art Verwandlungsform desselben darstellen können. Viel eher scheint die Annahme zuzutreffen, daß der Explorationsantrieb wie alle anderen primären Antriebe in den beschriebenen engen Grenzen human überformt wurde und parallelisiert zu den produktiven und schöpferischen Motivationen fortexistiert. Zugleich ist damit klar, daß er menschliches Forschen initiieren kann, dieses auch zwischenhin, beim Auftreten neuer und interessanter Phänomene und Sachverhalte, zu fördern vermag und daß sich aus seiner Projektion manche längere Handlungsfolge motivieren mag. Den primären Explorationsantrieb jedoch zur generellen Triebkraft produktiven menschlichen Verhaltens zu erheben, ist nicht mehr, als eine Verlegenheitserklärung.

Damit stehen wir also vor der schwer abweisbaren Tatsache, daß weder die objektgebundenen primären Antriebe noch der triebgebundene Explorationsantrieb bzw. ihre kognitiven Projektionen oder humanen »Verwandlungen« die höheren und höchsten Formen menschlichen Verhaltens in Form etwa wissenschaftlich-künstlerischen Schöpfertums zu erklären vermögen. Es ist bis heute eines der faszinierendsten wissenschaftlichen Rätsel geblieben, wie jene vor Jahrmillionen naturgeschichtlich gewordene biotische Basis beschaffen sein mag, die heutigentags kulturgeschichtlich gewordenen Inhalt in Verhalten umzusetzen vermag, die die Brücke schlägt zwischen dem biologischen und dem psychosozialen Werden.

Da die momentan einsehbaren phylogenetisch gewordenen Antriebsgrundlagen das höhere menschliche Verhalten nicht vollständig zu erklären vermögen, haben wir also in Ergänzung zum Mechanismus der kognitiven Projektion primärer Bedürfnisse für das SK-bezogene Verhalten eigenständige Bedürfnisse zu fordern, die ein dauerhaftes und engagiertes Verhalten gegenüber jenen SK-Strukturen ermöglichen, die zu Auslösern primärer Antriebe nur noch in sehr vermittelter Beziehung stehen. Diese also direkt auf Sekundärkomplexe bezogenen Bedürfnisse wollen wir *sekundäre Bedürfnisse* (in Verbindung mit *sekundären Emotionen)* nennen – in Abhebung gegen die primären Bedürfnisse. Die hypothetische neuronale Basis der sekundären Bedürfnisse bezeichnen wir als *sekundäre Antriebe* – in Gegenüberstellung zu den besprochenen primären Antrieben.

Sekundäre Bedürfnisse sind nicht primär genetisch vorgegeben. Kein Mensch kommt mit dem Bedürfnis zur Welt, Schach oder Klavier zu spielen, Mathematik zu betreiben oder einen bestimmten Tanz aufzuführen. *Folglich entstehen und entwickeln sich sekundäre Bedürfnisse erst im Prozeß der Tätigkeit selbst.* Unser Gehirn muß über einen Mechanismus verfügen, der im Prozeß des Umgangs mit einem bestimmten sekundären Gegenstand eine eigenständige, auf den Umgang mit eben diesem Gegenstand bezogene sekundäre Antriebsgrundlage auszubilden vermag und diesen Gegenstand damit zum eigenständigen Motiv unseres Handelns macht.

Die Wechselwirkung zwischen der kognitiven Bedürfnisprojektion und der Entstehung sekundärer Bedürfnisse beschreibt die Dynamik der Bedürfnisentwicklung: Phylogenetisch wie ontogenetisch nimmt dieser Prozeß seinen Ausgang bei angeborenen primären Bedürfnissen. Zunächst werden durch den kindlichen primären Explorationsantrieb, der hier noch spontanaktiv ist, im Zusammenhang mit elterlich gesteuerter Übermittlung sozialer Erfahrung die motorischen, rezeptorischen und kognitiven Fähigkeiten bis zu einem Punkt entwickelt, an dem die Kognition derart verhaltensbestimmend eingreift, daß primäre Bedürfnisse auf beliebige neue Gegenstände projiziert werden, für die noch kein selbständiges Bedürfnis existiert. Im Prozeß der Tätigkeit bildet sich ein auf diese Gegenstände bezogenes sekundäres Bedürfnis, das nun seinerseits zum Ausgangspunkt einer kognitiven Projektion werden kann.

Vielleicht ist auch aus unserem Steinzeitjäger irgendwann im Rahmen einer Arbeitsteilung der »Steinschlagespezialist« der ganzen Gesellung geworden. Dann wird auch er eines Tages ein auf diese Tätigkeit bezogenes sekundäres Bedüfnis ausgebildet haben, dann nämlich, wenn ihm die Arbeit flüssig und gekonnt von der Hand geht, wenn der Stein exakt nach den inneren Vorgaben unseres Steinschlägers zerspringt, weil er dessen Materialeigenschaften genauestens verinnerlicht hat.

Diese sekundären Bedürfnisse repräsentieren die spezifisch menschliche Qualität der Bedürfnis- und Emotionsstruktur des Menschen in Abhebung gegen das tierliche Niveau.

Es stellt sich nun die entscheidende Frage, ob alle denkbaren Gegenstände gleichermaßen geeignet sind, Motive sekundärer Bedürfnisse zu werden, welche invarianten Eigenschaften der SK es sind, an die die sekundären Emotionsmechanismen unseres Gehirns »ankoppeln« und auf welche Weise sie dies tun.

Wie wir wissen, ist das Spektrum der SK, auf die bezogen der Mensch sekundäre Bedürfnisse ausbilden kann, außerordentlich weit: Es gibt leidenschaftliche Tänzer, Schachspieler, Musiker und Mathematiker. Bei der gesuchten Invariante müßte es sich also um etwas sehr Allgemeines, nur sehr abstrakt Formulierbares handeln, das vielen, womöglich allen SK in bestimmtem Maße zuzuschreiben ist. Es ist allerdings kaum vorstellbar, daß es eine Objekteigenschaft sensu stricto geben könnte, die einerseits so spezifisch ist, daß ein neuronaler Apparat auf sie anspricht, und andererseits so verschiedenen Gegenständen, wie Tanzbewegungen, musikalischen Tönen und mathematischen Formeln zukommt. Zudem sagten wir, daß sekundäre Bedürfnisse sich im Tätigkeits*prozeß* ausbilden.

Es scheint damit nur eine Lösung möglich: Es muß eine bestimmte sehr allgemeine Charakteristik des Tätigkeitsprozesses, eine *allgemeine Prozeßeigenschaft* sein, bei deren Herausbildung es im Zusammenwirken mit einem spezifischen neuronalen Detektormechanismus zur Entstehung eines sekundären Antriebes kommt.

Und dies ist nun der heuristisch entscheidende Quellpunkt, an dem in die Tiefe gefragt werden muß; von hier aus scheint ein adäquater Aufschluß unseres Problemfeldes möglich. Entsprechend unserem evolutionistischen Herangehen haben wir zunächst wieder in die Phylogenese Rückschau zu halten. Gibt es im Verhalten der höheren Tiere Hinweise auf Entwicklungsansätze für Bedarfszustände, die erst im Verlaufe einer Tätigkeit bzw. eines Verhaltens entstehen?

Die Antwort ist eindeutig »ja«! So schildert z.B. Eibl-Eibesfeldt (1987) Beobachtungen an einem Jungdachs, der einmal zufällig an einem Abhang vornüberrollte, und dann diese Fähigkeit so lange übte, bis er in ganzen Purzelbaumserien den Wiesenhang hinunterrollen konnte; ein andermal geriet er aus Versehen auf einer abschüssigen, vereisten Straße ins Schlittern und wiederholte und vervollkommnete dies dann unermüdlich. In ähnlicher Weise berichtet Konrad Lorenz über Flugspiele bei Raben, »die individuell verschiedene, oft ungemein elegante Figuren des Kunstfluges schöpferisch produzieren« (Lorenz 1978, S. 262). Seelöwen und Delphine haben als Säugetiere des Meeres lange vor dem Menschen das Wellenreiten »erfunden«. Sie schnellen sich unermüdlich mit dem Bauch auf die Vorderseite hoher Wellen und gleiten nach dem Prinzip des Wasserskifahrens auf ihnen herab. Delphine lieben es, sich von der Wasserwelle, die größere Schiffe vor sich herschieben, vorantreiben zu lassen. Karen Pryor (1975) berichtet von unzähligen Fällen spielerischer Bewegungsakrobatik ihrer Delphine. Vor allem auch bei den höheren Affen ist der Drang zum Bewegungsspiel stark entwickelt. Aufschlußreich sind hier die Experimente H. Harlows. Er ließ Makaken Manipulationstätigkeiten verschiedenen Schwierigkeitsgrades durchführen. Nach perfektioniertem Beherrschenlernen der Manipulationen führten die Tiere diese immer und immer wieder aus, jetzt ohne weitere äußere Belohnung, zum bloßen »Vergnügen«. Harlow nennt dies *»manipulation-drive«*. Es zeigte sich hier eine regelrechte *Appetenz*, ganz analog zu instinktiven Bedarfszuständen, die mit dem Schwierigkeitsgrad der Aufgabe und dem Grad des Könnens wuchs (Harlow & Meyer 1950).

Worum handelt es sich bei diesen Verhaltensphänomenen, was ist ihr Wesen, ihre evolutionäre Wurzel?

Ein wesentliches Merkmal der Entwicklung der motorischen Lernfähigkeit und Willkürmotorik ist nach Lorenz (1977) der Übergang von der bloßen Vollzugsrückmeldung zur Erfolgsrückmeldung und damit die Möglichkeit zur gelernten Vervollkommnung des Handlungsablaufs in Richtung einer immer größeren Objektadäquatheit. Damit ergibt sich ein eigenständiger Befriedigungswert aus der objektadäquaten Gekonntheit, Zügigkeit und Flüssigkeit des Bewegungsablaufes selbst. Die involvierten Objekte gewinnen eine »Gefügigkeitsqualität« oder »Umgangsqualität« (Holzkamp-Osterkamp), die als zusätzliche emotionale Valenz motiviertes Verhalten mit ausrichtet. Man bezeichnet dieses Phänomen nach Karl Bühler (1922) als *»motorische Funktionslust«*. Es tritt als

Begleiterscheinung »ernstfallbezogenen« Verhaltens und in sozusagen verselbständigter Form im Rahmen des Spiel- und Explorationsverhaltens auf, wobei es, einmal erworben, als treibende und unterhaltende Kraft auf dieses rückwirkt. Konrad Lorenz (1966) sieht in der motorischen Funktionslust den subjektiven Ausdruck für das Wirken einer Instanz, die er als *»perfection-reinforcing mechanism« (PRM)* bezeichnet. Für dieses Belohnungssystem lassen sich damit zwei Funktionen voneinander abheben: Zum einen, quasi als Nebeneffekt, trägt es zum »Erkenntnisgewinn« bei, zur operativen Erschließung umweltvorgegebener SK, d.h. zur motorischen Umweltkontrolle, indem es die triebgebundene Verhaltensaktivierung gegen SK durch den Explorationsantrieb nun *sekundär objektgebunden* verstärkt. Seine Hauptfunktion aber, die letztlich seinen Selektionswert ausmacht, besteht nach Lorenz im Erwerb *»gekonnter Bewegungen«* per se, die so eingeschliffen sind, daß sie ohne Verzögerung durch Reaktionszeiten »abschnurren« können. Es handelt sich hierbei um jenes intrinsische Reinforcement für die motorische Feinkoordination, dessen Notwendigkeit wir oben bereits angedeutet hatten. Es muß das dort ausführlich besprochene »grobmaschige« extrinsische Reinforcement ergänzen, da dieses lediglich für eine antriebsbezogene Ausrichtung größerer Verhaltenseinheiten sorgt. Am stärksten in Richtung eines solchen perfection-reinforcing mechanism sollten Selektionsdrücke bei Organismen gewirkt haben, die in kompliziert strukturierten, variablen Biotopen leben. Dies trifft in besonderem Maße für die baumlebenden Affen und Halbaffen zu, von denen sich bekanntlich phylogenetisch auch der Mensch herleitet. Die außerordentlich komplizierten, von Sekunde zu Sekunde wechselnden motorischen Anforderungen, wie sie sich bei greifhändiger, schneller Fortbewegung durch das Geäst ergeben, könnten keinesfalls von starren Erbkoordinationen gemeistert werden. Und allein durch jene »Augenblicksinformation liefernden Mechanismen«, von denen Lorenz (1977) spricht, wird allenfalls das sehr langsame Klettern nächtlicher Halbaffen, wie des Potto gesteuert. Alle rasch beweglichen und vor allem alle springenden Affen und Halbaffen sind dagegen vollendete Meister der gekonnten Bewegung. Der individuell lernende, willkürmotorische Erwerb dieser komplizierten Koordinationen allerdings ist ohne einen die »Perfektion« verstärkenden Mechanismus nicht vorstellbar. Neben der großen *Schnelligkeit* der gekonnten Bewegung (etwa auf der Flucht im bekannten Territorium) liegen weitere evolutionäre Anpassungswerte in ihrer hohen *Stabilität, Präzision und Energieökonomie.* Insbesondere sind es offenbar jene Bewegungsweisen, die möglichst große motorische Effekte unter möglichst geringem Energieverbrauch realisieren, die vom PRM bekräftigt werden. Dies »...bringt es mit sich, daß gerade die ›reinsten‹ Spiele, bei denen das Explorieren von Objekten in den Hintergrund tritt, auf dem Ausnutzen von Energiequellen beruhen, die außerhalb des Organismus gelegen sind und ihn nichts kosten« (Lorenz 1978, S. 262). Die erwähnten Flugspiele der Raben, das Wellenreiten der Delphine und die Purzelbäume des Dachses geben Zeugnis davon.

Bedeutsam ist, daß dieses Phänomen der motorischen Funktionslust exakt dieselbe Entstehungs- und Entwicklungsdynamik aufweist, wie die sekundären Bedürfnisse: Der in der Jugendphase spontanaktive Explorationsantrieb generiert Verhalten an SK; Makaken manipulieren mit kompliziertem Spielgerät, Dachse lernen das Schlittern und Purzelbäume machen usw. Im Zuge dieses Verhaltens wird Flüssigkeit und Gekonntheit der Tätigkeit erworben, die damit selbständigen Befriedigungswert erlangt. Es entsteht sozusagen ein sekundärer Bedarf nach dem Umgang mit Objekten positiver Gefügigkeitsqualität (einschließlich des eigenen Körpers) aus der Tätigkeit heraus. Auf der Grundlage dieser sekundären Bedarfsstrukturen kommt es dann auch beim erwachsenen Tier zu

Bewegungsspielen, wenn auch etwas weniger häufig und intensiv, als beim Jungtier. Der Umfang des Auftretens solcher Bewegungsspiele und ihre Differenzierung korreliert nach Lorenz positiv mit der Lernfähigkeit der betreffenden Tierart. Durch situationsanpassendes Modifizieren besagter Bewegungsspiele können neue Elemente in die sekundären Bedarfsstrukturen aufgenommen werden. Sofern diese neuen Elemente positive Gefügigkeitsqualität erlangen, ist ein sekundärer Bedarf auf der Basis eines bereits seinerseits sekundären Bedarfs entstanden.

Wir finden also bei höheren Tieren im Rahmen des motorischen Lernens und Spielverhaltens sekundäre »Bedürfnisse«, die exakt die von uns geforderten Charakteristika aufweisen. Im Verlauf des Tätigkeitsprozesses selbst entsteht ein Bedarf nach dem Umgang mit einem Gegenstand, auf den von vornherein kein primärer Bedarf fixiert gewesen ist. Nach längerem Nichtgebrauch dieses Gegenstandes stellt sich ein deutliches auf seinen tätigen Gebrauch gerichtetes instinktanaloges Appetenzverhalten ein.

Wie nicht anders zu erwarten, ist gerade auch der Mensch in höchstem Maße fähig, diese motorischen sekundären Antriebe auszubilden. »Eines der stärksten Motive, das Menschen dazu treibt, zu tanzen, eiszulaufen oder sonstigen Sportarten zu frönen, ist die nach einer ganz bestimmten wohleingeschliffenen Bewegung gerichtete Appetenz, deren Intensität mit der Gekonntheit der Bewegung und mit dem Grade ihrer Schwierigkeit zunimmt« (Lorenz 1977, S. 140). »Wie wir von uns selbst wissen, stellt jede Vervollständigung der Bewegung, jedes Glätten einer noch vorhandenen Rauhigkeit – was immer eine Ersparnis an aufgewendeter Arbeit bedeutet – einen ganz erheblichen Lustgewinn dar. Die Vervollkommnung einer Bewegung ist somit ihre eigene Belohnung, es muß einen Vervollkommnung bestärkenden Mechanismus (perfection-reinforcing mechanism) geben ...«, so lesen wir bei Konrad Lorenz (1978, S. 251).

Wäre es denkbar, daß eben diese motorischen sekundären Bedürfnisse die Keimzelle auch der höheren geistigen sekundären Bedürfnisse des Menschen bildeten? In der Tat ist ja »perfection« eine sehr allgemeine Prozeßcharakteristik im Sinne der von uns gesuchten Invariante. Wir werden daher in den folgenden Kapiteln versuchen, etwas genauer zu klären, was sich hinter dem unscharfen Begriff »perfection« für die Motorik verbirgt. Im Anschluß daran wäre zu prüfen, ob sich die so gewonnenen Bestimmungsstücke auch auf die höheren Formen menschlicher Tätigkeit anwenden lassen und ob sich mit ihnen auch hier etwas wie *»höhere, mentale Funktionslust«* verbindet.

3. Zur Koordination der menschlichen Motorik: Was ist »perfection«?

3.1. Regulation der Psychomotorik – wichtige Experimente und Fakten

Pionierarbeiten zur zentralnervösen motorischen Koordination leistete in den 30er Jahren der deutsche Verhaltensphysiologe Erich von Holst. Er wandte sich entschieden gegen die damals dominierenden Vorstellungen von der »Reflexkette« als einzigem zentralnervösen Organisationsprinzip und betonte die spontane Eigenaktivität des Nervensystems.

E. v. Holst zeigte an vollständig deafferentierten Bauchmarkstücken des Regenwurms wie auch in verschiedenen anderen Versuchsanordnungen, daß in der Tat eine spontane geordnete Erregungsbildung im Nervengewebe stattfindet, die reizunabhängig zu einer sinnvoll koordinierten Bewegung führt. Selbst spezifische Reflexe, die unter normalen Bedingungen ganz unrhythmisch sind, können auf ähnlichen automatisch-rhythmischen Einrichtungen wie etwa der Atemrhythmus beruhen, nur daß ihre Tätigkeit durch Inhibition aus höheren zentralnervösen Instanzen und durch Reize entsprechend modifiziert wird. So zeigte sich ein unrhythmischer Abwehrreflex des Sargus (ein Lippfisch), der in einem kräftigen Spreizen der vorderen Rückenstrahlen besteht, unter Bedingungen des O_2-Mangels als ein gleichmäßiger Bewegungsrhythmus. Auch aus der menschlichen Neuropathologie ist bekannt, daß Greifbewegungen der Hand, Saugbewegungen des Mundes u.ä. ununterbrochen ablaufen können, wenn bestimmte zentrale Hemmungen ausfallen, z.B. im Gefolge einer Encephalitis oder anderer Schädigungen.

Die Ergebnisse v. Holsts legen nahe, daß endogene Reizproduktion und zentrale Koordination die Grundlage der lokomotorischen Bewegungselemente bilden und all ihre phänomenale Formenvielfalt auf einem »Mantel der Reflexe« (v. Holst) beruht, einer Vielfalt von überlagernden, hemmenden und enthemmenden Prozessen also, die die zeitlich-räumliche Feineinpassung in die Umwelt besorgen. Demzufolge sind längst nicht alle Verhaltensäußerungen im ZNS fest »verdrahtet« und es gibt so etwas wie eine »dynamische Selbstordnung«. Diese folgt offenbar sehr allgemeinen und grundlegenden dynamischen Gesetzen, die für die Lokomotionssysteme von Organismen unterschiedlichster Gattung und Entwicklungshöhe in gleichem Maße Gültigkeit besitzen. Wenn man dem Hundertfuß Lithobius Beine entfernt, so bewegen sich die übrigbleibenden keineswegs in der gewohnten Weise weiter; vielmehr erfolgt eine sofortige Umstellung und Anpassung der Koordination. So kann man aus einem Lithobius, wenn man ihm 4 Beinpaare läßt, ein nach Spinnenart laufendes Tier machen, und, läßt man ihm derer 3, ein Insekt, während er mit 2 Beinpaaren wie eine Eidechse oder ein Hund im Kreuztrab läuft. Und zwar ist dabei der anatomische Abstand zwischen den erhalten gebliebenen Beinen innerhalb weiter Grenzen ohne Einfluß (nach v. Holst 1948, S. 377). Überraschend einheitlich waren auch die Ergebnisse der Analyse gefilmter Bewegungen verschiedener Tierarten (Insekten, Hundert- und Tausendfüßler, Fische und Säuger): »...die angegebenen Ordnungsformen, »Gangarten«, bezeichnen allenthalben nur ein statistisches Durchschnittsverhalten, um das die tatsächliche Ordnung mehr oder weniger weit, je nach dem Grade der inneren Aktivität und nach den äußeren Umständen, herumpendelt« (v. Holst 1948, S. 374). Die zugrunde liegenden dynamischen Gesetze sind dabei offenbar so hochgradig allgemeingültiger Natur, daß es v. Holst (1955) gelang, ein *physikalisches* Modell zu ihrer genauen Simulation zu entwickeln.

Die Feinanalyse der Koordinationsphänomene leistete Erich v. Holst in über l0jähriger Arbeit am Modell des »Medullafisches«, bei dem das ZNS in Höhe der Medulla oblongata durchtrennt wurde (Zusammenfassung in v. Holst 1969). Hierbei handelt es sich sozusagen um ein »Präzisionspräparat« ohne modulierenden Einfluß höherer Hirnzentren, dessen Flossen nach der Dezerebration wieder eine rhythmische, offenbar automatisch generierte Tätigkeit aufnehmen. Die Schwingungen der einzelnen Flossen wurden von einem Schreibhebel auf ein Kymographion übertragen; die dabei entstehenden Schwingungsbilder dienten als Grundlage der sorgfältigen Auswertungen. Es zeigte sich, daß die Schwingungen der verschiedenen Flossen nicht ohne Beziehung voneinander erfolgten, sondern sich wechselseitig beeinflußten, mit Folge von charakteristischen Periodenbildungen in den Schwingungsbildern. Jeder spontanen oder reizbedingten Änderung des Frequenzverhältnisses der beteiligten Rhythmen geht eine charakteristische Änderung der Periodenform parallel.

Sämtliche beobachteten Phänomene lassen sich nach v. Holst auf zwei einfache Erklärungsprinzipien zurückführen: auf den Magnet-Effekt und das Prinzip der Superposition. Bei »Magnet-Effekt« handelt es sich um einen rein phänomenologischen Begriff, der keinerlei Aufschluß über Kausalzusammenhänge geben soll. Gemeint ist eine gegenseitige Frequenzbeeinflussung zweier (oder mehrerer) Rhythmen entgegen der jedem von ihnen innewohnenden Beharrungstendenz auf der Eigenfrequenz, was zu quasiharmonischen Schwingungsbildern führt. Beide Rhythmen streben eine identische, zwischen ihren Eigenfrequenzen liegende Koaktionslage (Synchronisation) an, die näher an der Eigenfrequenz desjenigen Rhythmus liegt, von dem der stärkere Magnet-Effekt ausgeht (in manchen Fällen ist dieser führende Rhythmus so stark, daß er von dem abhängigen Rhythmus, der dann als einziger Periodenbildungen zeigt, scheinbar unbeeinflußt bleibt). Die den vorauseilenden Rhythmus verzögernden und den zurückbleibenden Rhythmus beschleunigenden Kopplungskräfte sind dabei im Phasenabstand beider Rhythmen von π und 0 gleich Null, bei $\pi/2$ (1/4 Vollschwingung) dagegen maximal. Im Phasenabstand 0 handelt es sich um ein stabiles Gleichgewicht, d.h. jeder Abweichung von der Koaktionslage wirken rückstellende Kräfte entgegen, wohingegen im Phasenabstand π ein labiles Gleichgewicht vorliegt, bei dem jede Abweichung verstärkt wird. Da sich der abhängige Rhythmus bei Vorliegen eines Frequenzunterschiedes immer gleitend zum dominierenden Rhythmus verschiebt und damit alle möglichen Phasenbeziehungen zu ihm durchläuft, erfolgt periodisch seine Beschleunigung oder Verzögerung.

Sind die Kopplungskräfte so stark, daß beide Rhythmen streng frequenz- und phasensynchronisiert im Gleichtakt (Koaktion) schwingen, spricht v. Holst von *absoluter Koordination.* Ist das nicht der Fall, liegen aber infolge des Magnet-Effektes gesetzmäßige Phasen- bzw. Frequenzannäherungen zwischen beiden Rhythmen vor, nennt v. Holst dies *relative Koordination.*

Im Beispiel von Abb. 3.1 sehen wir das spontane Schwingen dreier Flossen (rechte und linke Brustflosse, Rückenflosse) eines decerebrierten Fisches (Labrus). Der Rückenflossenrhythmus (untere Kurve) zeigt unter dem Einfluß beider Brustflossenrhythmen quasiharmonische (frequenzgekoppelte) Schwingungen. In a ist bei x die Schreibfläche vorübergehend angehalten und durch einmaligen Druck auf den Rücken die Brustflossenautomatie gehemmt, worauf die Rückenflosse unbeeinflußt und periodenfrei in ihrem

Eigenrhythmus weiterschwingt. In b geht bei + der quasiharmonische Rückenflossenrhythmus spontan in Koaktion mit den Brustflossenrhythmen über, d.h. es erfolgt ein Umschlag von relativer in absolute Koordination.

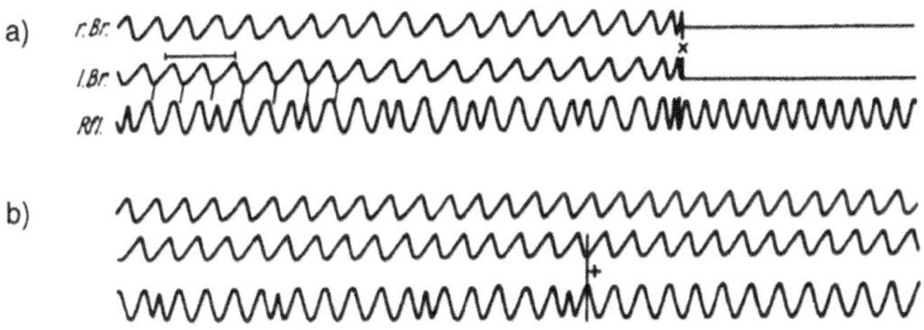

Abb. 3.1 (nach v. Holst 1939) Zeitmarke 2 s; Erläuterung im Text

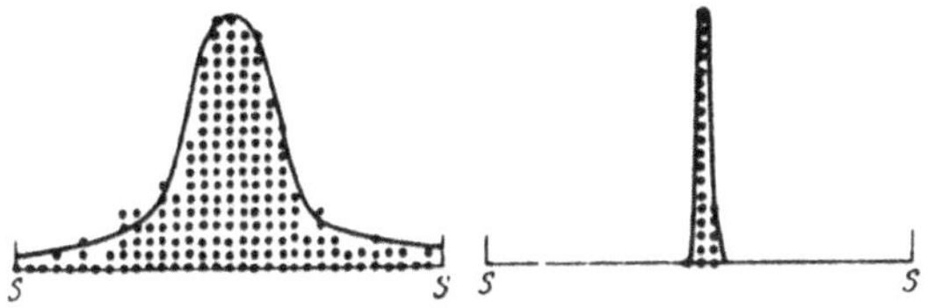

Abb. 3.2 (nach v. Holst 1939) Erläuterungen im Text

Um die Natur von absoluter und relativer Koordination weiter zu erhellen, wurde aus einem längeren Kurvenstück, dem auch Abb. 3.1 entstammt, variationsstatistisch die Häufigkeit der verschiedenen möglichen Lagebeziehungen zweier definierter Punkte ermittelt und in ein Variationspolygon eingetragen (Abb. 3.2).

Die Strecke s–s steht dabei für den gesamten Variationsbereich, d.h. für die Strecke von einem zum nächsten jener zwischen der zweiten und dritten Kurve in Abb. 3.1 a eingetragenen Bezugsstriche. Links sehen wir die Auswertung für ein Kurvenstück in relativer Koordination und rechts für ein Kurvenstück in absoluter Koordination. Es wird deutlich, daß in absoluter Koordination die unter relativer Koordination variablen Phasenbeziehungen auf diejenige konstante Phasenbeziehung eingeschränkt sind, die in relativer Koordination am häufigsten auftritt. Die relative Koordination ist eine Ordnungsform, in der die bei absoluter Koordination ständig und für jede Teilaktion gültige Beziehung nur eine statistische Beziehungsregel darstellt.

Das zweite von v. Holst herangezogene Erklärungsprinzip ist die Superposition. Hierbei kommt es durch Überlagerung zweier oder mehrerer sinusförmiger rhythmischer Vorgänge zur Bildung harmonischer Schwingungen, wobei keine gegenseitige Frequenzbeeinflussung erfolgt. Als Beispiel zeigt Abb. 3.3 die Schwingungen der hinteren Brustflosse (oben) und das harmonische Schwingungsbild der Rückenflosse eines decerebrierten Labrus.

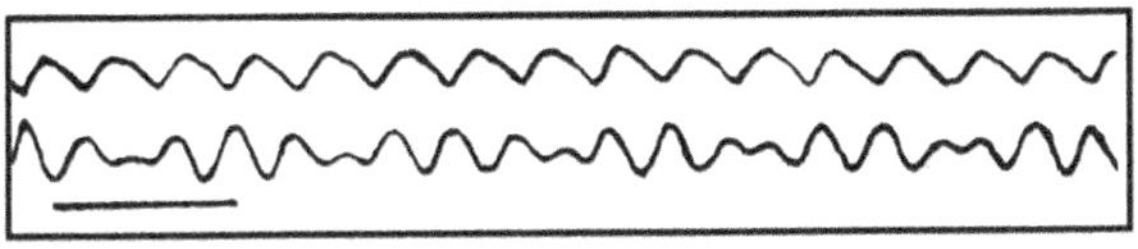

Abb. 3.3 (nach v. Holst 1948) Erläuterungen im Text

Dabei wirken der Magnet-Effekt und das Superpositionsprinzip in der Regel sinnvoll zusammen: »Jene Ordnung, in die der Magnet-Effekt beide Rhythmen hineinzuziehen sucht..., ist auch stets dieselbe Phasenbeziehung, in der bei Superposition ein Rhythmus den anderen verstärkt, und jene andere Phasenlage, aus der die Abstoßung erfolgt, ist dieselbe, in welcher die Superposition umgekehrt eine Abschwächung des unabhängigen Rhythmus bewirkt. Der Magneteffekt gibt so dem Superpositionsphänomen auch erst den rechten biologischen Sinn, indem er beide Rhythmen fortlaufend in jener Beziehung festhält, in der der eine die Aktion des anderen steigert« (v. Holst 1969, S. 26).

Erich v. Holst faßt seine Theorie kurz so zusammen: »Am Lokomotionsvorgang sind zweierlei Ganglienelemente beteiligt, die motorischen und die automatisch-rhythmischen. Erstere bestimmen durch ihre Zahl und Aktionsfrequenz lediglich die Amplitude der Bewegung, letztere die Frequenz (und außerdem durch ihre Zahl ebenfalls die Amplitude).

Die automatischen Elemente sind zu kleinen Gruppen zusammengeschlossen, die sich indessen gelegentlich noch weiter aufteilen können. Die Einzelelemente einer Gruppe arbeiten synergistisch. Je zwei schließen sich zu einem antagonistisch (alternierend) arbeitenden Paar zusammen, das abwechselnd Phase und Gegenphase der zentralen Aktion ausführt. Die benachbarten Paare arbeiten in gewissen, geringen Phasenabständen. Eine größere Reihe solcher Gruppenpaare ist zu einem größeren Verband, der relativ fest ist (Automatismus) zusammengeschlossen. Er versorgt die Muskulatur einer Flosse. Zwischen den verschiedenen derartigen Verbänden im Rückenmark bestehen analog wie zwischen den Gruppen eines Automatismus bestimmte Phasenbeziehungen, die je nach den jeweils verglichenen Teilelementen beider Automatismen verschieden sind. Alle genannten Beziehungen beruhen auf einem gegenseitigen Magneteinfluß der Gruppen. Diesem wirkt die Beharrungstendenz der automatischen Gruppe entgegen, die je nach ihrem jeweiligen Aktivitätsgrade in sehr verschiedener Eigenfrequenz zu arbeiten streben.

Innerhalb eines unbeeinflußt arbeitenden Automatismus überwiegt gewöhnlich die gegenseitige Magnet-Wirkung: Alle Elemente arbeiten in absoluter Koordination, in Koaktion. Zwischen verschiedenen Automatismen überwiegt bei unseren Objekten oft das Beharrungsvermögen der einzelnen Rhythmen: Die Frequenzen bleiben verschieden, jedoch macht sich der Magnet-Einfluß in der Erzeugung charakteristischer Periodenbilder bemerkbar. Bleiben alle Elemente des beeinflußten Rhythmus in ihrem, wenn auch durch den fremden Rhythmus periodisch modifizierten, Arbeitstakt, dann handelt es sich um reine Magnet-Wirkung. Eine andere Möglichkeit ist, daß einige Teilelemente jeder Gruppe dem Magnet-Einfluß des anderen Rhythmus ganz unterliegen (ebenso wie sie sich ja auch sonst absondern können) während die übrigen selbständig bleiben. In diesem Falle bildet der eine Automatismus im anderen einen kleineren oder größeren »Ableger«, der mit ihm in Koaktion arbeitet. Der beeinflußte Automatismus zerfällt somit in zwei Teile verschiedener Frequenz, die sich in ihrer Wirkung auf die motorischen Zellen jeweils überlagern: reine Superposition. Erfährt in diesem Falle, was sehr häufig ist, der selbständig bleibende Teil auch noch Magnet-Einfluß (reine Magnet-Wirkung), dann entstehen insgesamt kombinierte Superposition und Magnet-Wirkung« (v. Holst 1969, S. 102 ff.).

Erich v. Holst entwirft also das Bild einer hierarchischen neuronalen Organisation in Form eines dreidimensionalen funktionellen Synchronisations-Desynchronisations-Musters, dessen Ober- und Untersysteme einerseits eine Eigendynamik entwickeln und sich andererseits in unterschiedlichem Maße wechselseitig beeinflussen. Innere Struktur und koordinatives Interaktionsmuster dieses Systems sind hochvariabel und können in dynamischer Anpassung an wechselnde innere und äußere Bedingungen von einer Form in die andere umspringen.

Die Theorie v. Holst's trägt sehr allgemeinen Charakter. Selbst die reziproke Innervation, d.h. die alternierende Innervation antagonistischer Muskeln, kann als Spezialfall in eine allgemeine Koordinationstheorie aufgenommen werden, die in einheitlicher Weise alle möglichen Phasenbeziehungen (unter ihnen auch Synergismus und Antagonismus) zu deuten vermag. Verständlich werden im Rahmen dieser Vorstellung auch alle komplizierten Periodenformen, welche sich aus der nichtlinearen Wechselwirkung von mehr als zwei verschiedenen Oszillatoren ergeben. Die generelle Gültigkeit dieser Koordinationsprinzipien über die Motorik hinaus auch für die funktionelle Organisation der verschiedensten biochemisch-physiologisch-nervalen Integrationsebenen des Organismus konnte Rainer Sinz (1978) in umfangreichen Untersuchungen belegen. Es ist heute möglich, die von v. Holst angegebenen Prinzipien im Rahmen einer universellen, mathematisch formulierbaren Theorie der Selbtorganisation dynamischer Muster zu reinterpretieren (Kelso 1995, Haken 1996) – darauf wird später noch einzugehen sein.

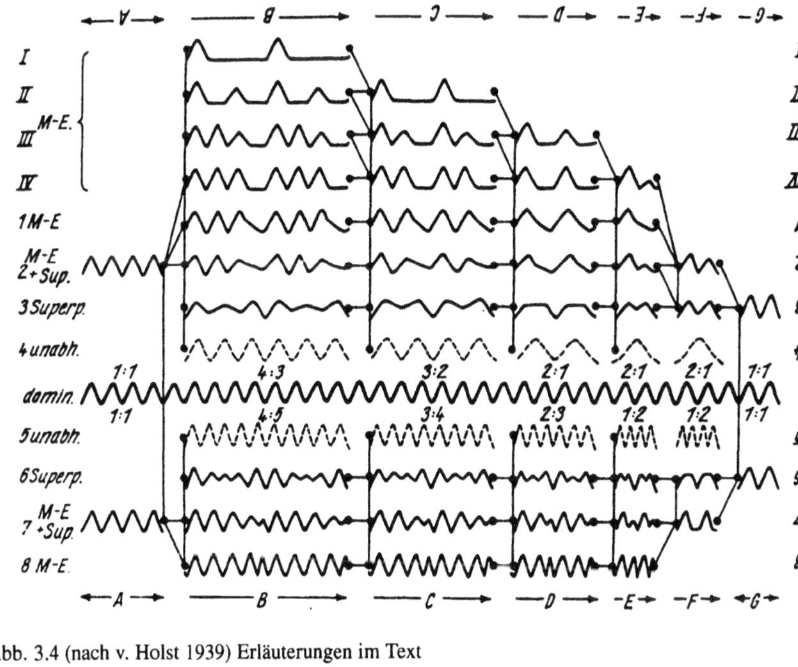

Abb. 3.4 (nach v. Holst 1939) Erläuterungen im Text

Die möglichen Typen einfacher Periodenformen einschließlich ihrer möglichen Übergänge für zwei Oszillatoren (wobei einer dominierend und der andere abhängig ist) sind in folgendes Schema eingeordnet, das in allen seinen Teilen mit tatsächlichen Fischflossenrhythmen belegt ist: Abb. 3.4. Der für alle anderen dominierende Rhythmus (mit »domin.« bezeichnet) ist dick ausgezogen. Alle übrigen Kurven sind von diesem abhängig. Die aus dieser einseitigen Beeinflussung entstehenden Periodenformen werden zum ersten von der Frequenz der abhängigen Rhythmen (Reihen 4 und 5) bestimmt, zum anderen von der Art der Beeinflussung selbst (Reihen 1 u. 8 – reine Magnet-Wirkung; Reihen 3 u. 6 – reine Superposition; Reihen 2 u. 7 – Kombination aus Superposition und Magnet-Wirkung). Zur Erläuterung des Schemas sei exemplarisch der Einsatz eines zeitweilig gehemmten abhängigen Rhythmus vom Alles-oder-Nichts-Typ betrachtet: Nach ersten vereinzelten Aktionen (IB) und ihrer Verdichtung (IIC) wird die Relation 2:1 (IVD) erreicht, die über eine 3:2 – (IVC) und 4:3 – (IVB) Koordination in die absolute Koordination von 1:1 (A) übergeht. Wenn es sich um einen geschwächten, leicht auch unvollständige Aktionen ausführenden Rhythmus handelt, ist auch folgender Weg möglich: IB, IIC, IIID, IIIC, IIIB, IVB, A (1:1). Löst sich der abhängige Rhythmus vom dominierenden infolge einer Erhöhung seiner Eigenfrequenz, wird folgender Weg beschritten: A, 8B, 8C, 8D, 8E, womit die Relation 1:2 erreicht ist. Falls hierbei ein Teil des abhängigen Automatismus im Takt des dominierenden festgehalten wird, geht die Entwicklung nicht nach Reihe 8, sondern über Reihe 7. Eine ausführlichere Erläuterung findet sich in v. Holst (1939, 1969).

Wie hier bereits deutlich wird und in Übereinstimmung mit allen anderen Versuchsergebnissen zeigt sich eine systemimmanente Tendenz des Übergangs in *kleine ganzzahlige Frequenzverhältnisse: 1:1, 1:2, 2:3 usw.* Auch für drei Rhythmen (dessen schnellster nicht mehr als sechs Aktionen pro Periode ausführt) sind von den 19 möglichen Varianten nur wenige Fälle häufig verwirklicht: 1:2:4, 1:2:3, 1:3:4, 2:3:4, 3:4:6, die wieder in Abhängigkeit von Art und Stärke der Beeinflussung in ganzen Serien verschieden ausgebildeter Perioden auftreten können.

Diese aus der Vielzahl der Möglichkeiten angestrebten Fälle kleiner ganzzahliger Frequenzverhältnisse sind durch eine besondere *Stabilität* gekennzeichnet: Bei allmählicher Abänderung der äußeren oder inneren Aktionsbedingungen wahrt die Periode ihre charakteristische Gestalt besonders lange, um dann an einem kritischen Instabilitätspunkt meist sprunghaft in eine andere dynamische Gleichgewichtslage (Periodenform) überzugehen, die nun ihrerseits wieder in einem bestimmten Bedingungsbereich ihre Form stabil erhält.

Es besteht eine allgemeine systemimmanente Tendenz zum Übergehen in immer stabilere Koordinationsverhältnisse. *Der Grad der Stabilität nimmt mit der Einfachheit der Frequenzbeziehungen zu.* Unter sonst gleichen Bedingungen ist die stabilste Ordnungsform die absolute Koordination, d.h. das Verhältnis 1:1 (für drei Rhythmen 1:1:1), gefolgt von 1:2 (bzw. 1:1:2 oder 1:2:4), dann 1:3, 2:3 usw. mit steigendem Komplikations- und sinkendem Stabilitätsgrad. Jede Änderung an einer Stelle (z.B. Ausfall einer kleinen automatischen Zellgruppe) verändert die Periodenform *als Ganzes,* hat also Einfluß auf räumlich wie zeitlich entfernte Teilvorgänge. Erich v. Holst weist in diesem Zusammenhang auf interessante Analogien dieser dynamischen Periodenganzheiten zu jenen Phänomenen hin, die von den Gestaltpsychologen als »Gestalt« bezeichnet wurden: eine gehörte Melodie etwa oder die Wahrnehmung einer regelmäßigen Figur. Auch bei derartigen Zeit- und Raumgestalten im Wahrnehmungsprozeß zeigt sich eine innere Ordnungstendenz, ein »innerer Gestaltdruck« in Richtung auf einfache und stabile Formen. Ein eingedellter Kreis erscheint z.B. im Nachbild völlig rund (v. Holst 1948). Man findet überlokale Varianz (z.B. optische Täuschungen) und sprunghafte Ordnungswechsel (z.B. Kippbilder).

Bevor wir diese bedeutsamen Beziehungen weiterverfolgen, seien einige Belege für die schon erwähnte Gültigkeit der v. Holstschen Koordinationstheorie auch für die Lokomotion der Säuger und des Menschen angegeben.

Die Gangarten der Säuger folgen in der Regel absoluter Koordination. Sorgfältige Auswertungen von Filmaufnahmen von Pferden und Hunden zeigten allerdings im Rahmen des Schrittes, des Paßganges und des Trabes, v.a. aber im Zusammenhang mit dem Wechsel dieser Koordinationsformen auch die Phänomene der relativen Koordination im Sinne einer einseitigen bzw. beidseitigen Magnetbeeinflussung, so daß das Zugrundeliegen derselben Koordinationsfaktoren wie bei den Fischrhythmen angenommen werden muß (detaillierter in v. Holst 1969). Von neueren Untersuchungen wird dies bestätigt (Haken 1996).

R. Jung (nach Sinz 1978, S. 295) stellte anhand von Muskelaktionsstrommessungen und Gliedmaßenbewegungen beim Tremor Parkinson-Kranker relative Koordination als Auswirkung von Superposition und Magnet-Effekt fest. Die Parallelität zum Koordinationsverhalten der Medullafische legt eine phylogenetische Deutung im Sinne eines Abbaus höherer Ordnungsinstanzen nahe, gefolgt von einer Verselbständigung niederer Mechanismen, die sonst modifiziert in die normale Bewegung integriert sind.

E. v. Holst (1948) veranlaßte unvoreingenommene Personen, mit geschlossenen Augen beide Arme in verschiedenem Takt zu bewegen, was den meisten nicht oder nur unvollkommen gelang. Der deutlich dabei gespürte Widerstand ist als subjektives Korrelat des zwischen beiden Armen wirkenden Magnet-Effektes anzusehen. Wo es doch gelang, zeigten sich Periodenbilder, die auf starke Magnet-Wirkung mit Superposition schließen lassen. In Abb. 3.5 sehen wir willkürliche rhythmische Armbewegungen im Taktverhältnis 1:2. Es entstehen harmonische Schwingungen anstelle der angestrebten gleichmäßigen Einzelschwingungen.

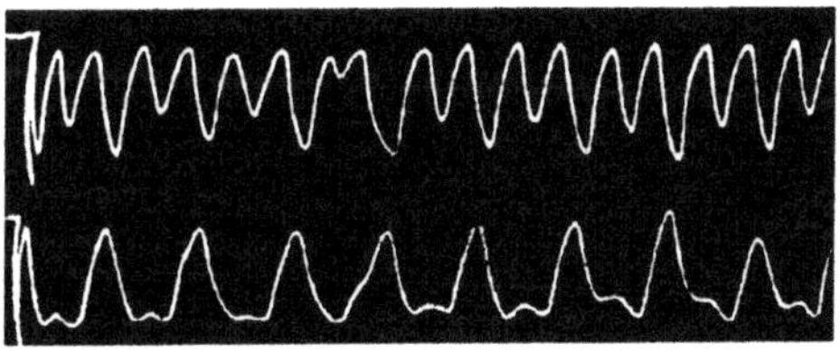

Abb. 3.5 (nach v. Holst 1948)
Erläuterungen im Text

De Montpellier (1935) zeigte auch für komplexere Bewegungsformen eine Rhythmisierung in einfachen ganzzahligen Frequenzverhältnissen unter zunehmender Stabilisierung und Automatisierung der Bewegungen. Hier gestalteten sich die Wegzeiten dann nicht mehr proportional zu den Wegstrecken; das Verhältnisschema der Wegzeiten war sehr viel einfacher als das der Strecken. Ungleiche Strecken wurden entweder in gleichen Zeiten zurückgelegt, oder die Differenzen wurden so weit vergrößert, daß die Zeiten ein Verhältnis von 1:2 bildeten.

Fraisse (1956) bestätigte diese Ergebnisse in etwas modifizierter Form: Er bot Probanden akustisch drei sukzessive Intervalle an, deren Zeitdauer unterschiedlichste Verhältnisse bildete, die dann klopfend möglichst genau reproduziert werden sollten. Im Ergebnis zeigte sich die deutliche Tendenz einer Deformation der Intervallängen durch Verlängerung und Verkürzung zu zwei in sich gleichen Klassen, die ein Zeitverhältnis von 1:2 bildeten. Nur jene Intervalle, die von vornherein in diesem Verhältnis angeboten wurden, konnten genau reproduziert werden.

Konrad Lorenz weist in diesem Zusammenhang auf die Schwierigkeiten hin, die ein Klavierspieler hat, der mit einer Hand Triolen und mit der anderen Hand Achtel spielen soll. »Es sind eben diese Funktionen der relativen Koordination und des Magnet-Effekts, die sowohl jeder gut gekonnten erlernten Bewegung wie der von Lernvorgängen unabhängigen Instinktbewegung jene arbeitssparende und elegante Form verleihen, die unser Schönheitsempfinden so sehr anspricht« (Lorenz 1977, S. 138).

Greifen wir nun die Hinweise v. Holsts auf die Parallelen zur Gestaltpsychologie auf, die sich etwa in den 20er Jahren dieses Jahrhunderts als psychologische Schule etabliert hatte. Ihr Hauptanliegen war, dem atomistisch-zergliedernden Herangehen der damaligen von Wilhelm Wundt geprägten Psychologie ein Ganzheitskonzept der Psyche entgegenzustellen, das vor allem den Aspekt des wechselweisen Zusammenhangs aller psychischen Phänomene in den Vordergrund rückt. In Entgegensetzung zu »undsummenhaften« Gebilden, bei denen die Beziehungen zwischen den Konstituanten vernachlässigt werden können, wurden unter der Bezeichnung »Gestalt« vielfältige Phänomene v.a. in Wahrnehmung und Denken mit wesenskonstituierenden Interdependenzqualitäten beschrieben, bei denen das »Ganze mehr ist, als die Summe seiner Teile«. Als klassische Gestaltkriterien gelten nach Christian von Ehrenfels »Übersummenhaftigkeit« und »Transponierbarkeit« (klassisches Beispiel: eine Melodie wird auch in einer anderen Tonlage als dieselbe erkannt), wobei von anderen Autoren eine Fülle weiterer Kriterien genannt wird. Der Gestaltbegriff hebt also wesentlich auf jene Gegenstandseigenschaften ab, die man heute grob als »Systemhaftigkeit« bezeichnen würde. Entgegen ihrer häufigen umgangssprachlichen Gleichsetzung hat »Gestalt« in diesem spezifisch wissenschaftssprachlichen Sinne also nichts zu tun mit »Form«. Eine etwas unglückliche und mißverständliche Namengebung also für einen der faszinierendsten Begriffe der Ideengeschichte, die aus der wahrnehmungspsychologischen Grundorientierung der Gestaltpsychologie resultiert.

Wir werden in Kapitel 6 versuchen, gestaltpsychologisches Denken aus der Sicht moderner systemtheoretischer Konzepte zu reinterpretieren. Um aber die richtige Einordnung des nun folgenden Befundmaterials zu erleichtern, sei bereits an dieser Stelle eine vorläufige, etwas »modernisierte« Begriffsbestimmung gegeben: »Gestalten« sind *dynamische Systeme,* die sich durch *überlokale Varianz* (d.h. lokale Veränderungen ziehen auch Veränderungen an anderen Stellen des Ganzen nach sich) bzw. *Interdependenz* der Systemelemente auszeichnen (= »Übersummenhaftigkeit«). Diese Systeme weisen einen mehr oder minder hohen Grad an innerer *Stabilität* auf, d.h. über einen definierten Bedingungsbereich bleiben bestimmte qualitative ganzheitliche Systemcharakteristika gegen quantitative Veränderungen invariant (=»Transponierbarkeit«). Das System tendiert zum *Übergang in immer stabilere Zustände,* was oftmals mit der Erscheinung einer *relativen Vereinfachung* korreliert (= Tendenz zur »Prägnanz« der Gestalt). Gestalten integrieren sich aus Teilelementen im Tätigkeitsprozeß, der, mindestens phasenweise, den Charakter eines stochastischen Prozesses trägt (Wechselspiel zwischen zufälliger Variation und Selektion).

Obwohl das Hauptbetätigungsfeld der Gestaltpsychologen, wie schon gesagt, auf dem Gebiet der Wahrnehmungspsychologie liegt, können wir auch auf einige wenige Arbeiten über Psychomotorik zurückblicken. Diese sind für uns v.a. deshalb von hohem Interesse, weil sie neben der Charakteristik der motorischen Gestalten auch eine genaue Protokollierung des introspektiven Erlebens dieser Gestalten durch den Probanden enthalten.

Der größte Teil der Untersuchungen, die wir hier referieren wollen, entstammt der Leipziger Schule der Gestaltpsychologie und entstand in den 30er Jahren unter Leitung von Felix Krueger und Otto Klemm.

Voigt (1938) analysierte Anlaufzielsprünge mittels Chronoskop, Tachograph und Zeitlupenfilm. Die vom gesamten Sprungablauf gewonnenen Geschwindigkeits- und Impulskurven zeigen charakteristische, stabil-reproduzierbar gegliederte Veräufe, die von Individuum zu Individuum variieren. Es erwies sich, daß die so untersuchten motorischen Vollzüge in der Tat als Gestalten anzusprechen sind: Die den Sprungverlauf in seiner Zielerreichung bestimmenden Teilelemente Absprunggeschwindigkeit und Absprungwinkel integrieren sich durch wechselseitige Kompensation zu einem übergeordneten Ganzen von hoher Konstanz, eben der »motorischen Sprunggestalt«. »Die Streuungswerte der Sprungweite unserer Zielsprünge liegen mit 1/85 bzw. 1/100 merklich unter dem Streuungswert von 1/55, der sich rechnerisch aus den Einzelstreuungen der Teile ergibt...« (Voigt 1938, S. 30), wenn man sie als isoliert-additiv nebeneinanderstehend behandelt. Ferner sind flüssige, gelungene Sprünge durch eine von Schritt zu Schritt wachsende, gleichmäßig ansteigende Impulskurve gekennzeichnet. Auch die Filmaufnahmen zeigen einen gleichmäßigen und einheitlichen Verlauf. »Umkehrstellen, wie etwa das Vorreißen der Arme aus der hinteren Lage beim Landen, fügen sich harmonisch in einen Schwung ein, der wieder das Ganze sinnvoll unterstützt. Das innige Zusammenspiel von Armen und Beinen, von Kopf und Schultern läßt sich im einzelnen durch die Phasen verfolgen« (ebd. S. 24). Bei diesen Sprüngen mit gleichmäßig ansteigender Impulskurve handelte es sich exakt um diejenigen, die auch lustbetont und befriedigend erlebt wurden. Besonders wichtig in der zweiten Hälfte des Sprungs war, ob sich die Landung auf das Ziel organisch aus dem Gesamtsprung ergab oder ob diese durch willkürliches Steuern der Füße auf das Ziel »künstlich angesetzt« werden mußte (was sich auch sofort in Unregelmäßigkeiten der Impulskurve zeigte). Je weniger sich eine solche willkürliche Lenkung nötig machte, desto gelungener und flüssiger war der Sprung. »Vollbefriedigt ist man erst, wenn man ganz allein aufs Ziel kommt. Man muß die Augen schließen können« (ebd. S. 13) – so eine Versuchsperson. Willkürliche Korrekturen, zu starke bzw. zu schwache Tretimpulse oder auch Fehltritte am Anfang zeigen sich in unregelmäßigen, unausgeglichenen auf- und absteigenden Kurvenbildern und waren stets mit negativen Befindenswerten, mit »Unstimmigkeitsgefühlen« verbunden.

In einem weiteren Versuchsteil wurden die Sprünge im Dunkeln durchgeführt, womit die optische Kontrolle und willkürliche Lenkung der Füße ausgeschlossen wurde (nur das Ziel war bis zum Moment des Absprungs erleuchtet). Zwar waren hier die Zielabweichungen etwas größer, aber die Mehrzahl der Versuchspersonen empfand den Dunkelsprung »›...sicherer, leichter, angenehmer ... alles ging beschwingter, froher und leichter.‹ – Die Bestimmtheit, mit der manche Versuchspersonen die Dunkelsprünge beurteilten, läßt auf eine mit scharf charakterisierter Gesamtqualität erlebte Bewegungseinheit schließen« (ebd. S. 22).

Insgesamt wird das Bewegungserlebnis wie folgt charakterisiert: »Man hat vielmehr das Ganze gefühlsmäßig in sich und verläßt sich auf sein sehr zuverlässiges Körpergefühl, das man in einem starken, mächtigen Ziehen, Drehen, Schwingen, Drängen und Stoßen am ganzen Leibe verspürt, das einem die ganze Bewegung als flüssig und locker: gelungen oder andererseits als schwerfällig und gehemmt erscheinen läßt. Je inniger, organischer sich die Teilstücke in dem Sukzessivganzen ein- und unterordnen, um so gelungener, gestalteter wird der Ablauf erlebt« (ebd. S. 29).

Die Versuche von Walter Haferkorn (1938) zeigen, daß bestimmte Teilleistungen des Körpers, z.B. die Reaktionsschnelligkeit von Gliedmaßen als Momente einer übergeordneten, komplexeren Bewegungsgestalt im Vergleich zu ihrer isolierten Ausführung eine deutliche Leistungssteigerung erfahren können.

Interessant sind ferner die Untersuchungen von Kern (1938). Den Versuchspersonen wurden in einem dunklen Raum geometrische Figuren unterschiedlicher Art auf einem Schirm vorgegeben. Sie hatten die Aufgabe, diese mit der Hand frei in der Luft unter optischer Kontrolle genau nachzufahren. Am Zeigefinger war ein Leuchtelement befestigt; die Bewegungen wurden durch ein besonderes fotografisches Verfahren aufgezeichnet.

In einer Versuchsreihe sollten die Versuchspersonen die Figuren nach einer kurzen Zeit des Einprägens mit geschlossenen Augen umfahren, so daß die optische Bindung an die vorgeschriebene Form fehlte. »Die Bewegung ist nun nicht mehr ›anstrengend‹ und ›ermüdend‹, sondern ›beschwingt, spielend, rhythmisch‹« (Kern 1938, S. 95). In der Auswertung dieser Reihe ergab sich ein Abrücken vom Objekt, es zeigte sich, wie mehr die »Bewegung an sich« durchbricht.

In weiteren Versuchsreihen lautete die Instruktion, die Objekte schneller, langsamer, größer oder kleiner nachzufahren. Die bewußte Kontrolle hierbei gelang nur in einem bestimmten subjektiven Tempo. »Beim Befehl ›schneller‹ hatte ich das Gefühl, daß das jetzt angenehm werden kann. Aber ich hatte Angst, daß ich die Form nicht gut genug herauskriegen würde, daß es mir zwar angenehm in die Hand eingínge, daß ich aber die gewollte Figur nicht richtig erzeugen würde« (ebd. S. 95) – so Versuchsperson Kr. Allgemein wuchsen mit größeren und schnelleren Bewegungen die Loslösung vom Objekt wie auch das angenehme Bewegungserleben. »Wer sich einmal vom Objekt freigemacht hat, sucht offenbar nicht gern die Anlehnung. In der großen Bewegung liegt so viel angenehmer Schwung, daß der Rückgang zu kleineren Bewegungen eine Hemmung bedeutet« (ebd. S. 97). »Raschere und größere Bewegungen werden mit höherer körperlicher und gefühlsmäßiger Anteilnahme ausgeführt und werden rhythmisiert« (ebd. S. 103).

Es zeigte sich der Drang, die Bewegung komplexer zu gestalten und den ganzen Körper einzubeziehen. »Ich habe mit dem ganzen Körper mitgeschwungen, nicht bloß mit dem Arm, am liebsten hätte ich mich auch mit den Beinen betätigt.« (Versuchsperson E. Bu.) »Bei den Zickzacklinien habe ich im Anfang dazu gezählt, die Zungenspitze habe ich bei den Auf- und Abwärtsbewegungen von links nach rechts bewegt«, so Versuchsperson Kn. (ebd. S. 97).

Ferner ergab sich: »Runde Linien begünstigen den Bewegungsfluß. Die Gestaltungsform braucht nicht erst gesucht zu werden, sie ist vorgegeben. Natürlich entstehen dabei nie objektgleiche Bewegungen, wir sahen in unseren Figuren verschiedenartige Abweichungen von den einfachen geometrischen Formen. Es wird ein Schwung ausgeführt, der durchaus eigengesetzlich verläuft. Die Versuchspersonen haben Lust, so ›bewegt‹ nachzufahren, was besonders deutlich wird, wenn auf gerade Objekte krumme folgen. Diese werden meistens mit einem aufatmenden ›Aha‹ begrüßt. ›Die Kurven waren schön. Das war ein Genuß. Bögen sind angenehmer, weicher.‹ – so Versuchsperson He. Versuchsperson Li.: ›Die schnellere und rundliche Bewegung macht mir Freude. Ich habe immer Lust dabei zu singen, habe gar nicht das Gefühl der Anstrengung‹« (ebd. S. 102).

Wie sich schon in den bereits geschilderten Untersuchungen Voigts andeutete, gibt es offenbar *zwei miteinander konkurrierende Tendenzen* in der Steuerung der Motorik: Der bewußt-willkürlichen, objektanpassenden Kontrolle steht ein eigengesetzlicher innerer

Bewegungsdrang gegenüber, der stets mit positiven Emotionen verbunden ist, so man sich ihm anheimgibt. Besonders plastisch macht dies der Bericht der Versuchsperson Dü.: »Zwei verschiedene Arten des Nachfahrens: eine bezogen auf die dastehende Figur, Versuch die sichtbare nachzuziehen. Im anderen Falle Wiederholen der aufgefaßten Bewegung von innen her ohne restlose Bindung an die sichtbare. Diese beiden Formen streiten bisweilen miteinander. Bestimmte Bewegungen, die motorisch als wichtig empfunden werden, erscheinen in der Bezogenheit auf die optische plötzlich als übertrieben und falsch. Die motorische Form hat mehr den Charakter einer Ausdrucksbewegung. Die andere Form hat mehr etwas Zielendes und sklavisch an eine Vorlage Gebundenes. Wo sie auftritt, habe ich stets das Gefühl einer gewissen Unfreiheit ... Ich bemerkte zuweilen, daß, in der motorischen Form befangen, ich gar nicht mehr auf die dastehende Figur achtete. Es war wie das Sichentfalten eines gefühlsmäßig in mich hereingenommenen und in mir lebendig gewordenen Ganzen. Bei der motorischen Form erfolgt die Bewegung ohne gegenständliche Kontrolle ... Stets fehlte, wo die motorische Form sich vollzog, das Gefühl des Fertigwerdens, eines motivierten Schlusses; es lag das Bedürfnis vor, noch weiter zu gehen« (ebd. S. 99). Nach Kern werden beide Tendenzen alternierend wirksam. Völlige Objektgleichheit sowie bloßer Bewegungsschwung kommen nie zustande. Die Auswertungen ergaben vielmehr eine gesetzmäßige Veränderung der Objekte in dem Sinne, daß Geraden regelmäßig leicht gebogen und Umkehrstellen abgerundet wurden.

Die Analyse von Zielwürfen stand im Mittelpunkt der Untersuchungen Stimpels (1938). Eine spezielle Versuchsanordnung gestattete die Registrierung des Abwurfwinkels, der Anfangsgeschwindigkeit und der Zielabweichung.

Obwohl sich die Versuchspersonen, wie auf Befragen versichert wurde, immer nur auf das Ziel, nie auf die Wurfstärke oder den Wurfwinkel eingestellt hatten, erfolgte bei allen Werfern ein allmähliches Herantasten an den Winkel von 45°, bei welchem man bekanntlich mit dem geringsten Energieaufwand ans Ziel gelangt. In diesem Bereich der geringsten Muskelkraft ist entsprechend dem Weberschen Gesetz wahrscheinlich zudem die präziseste Steuerung möglich.

Darüber hinaus zeigte die Entwicklung der einzelnen Werfer folgende Resultate: Die Würfe werden genauer. Dies ergibt sich zum einen aus einer Verfeinerung der Teilstücke (die Streuungen von Winkel und Wurfstärke werden geringer, der Winkel geht gegen 45°). Und: »Der geübte Werfer unterscheidet sich vom nicht geübten nicht nur ... durch die größere Sicherheit in der Beherrschung der Teilstücke – Schwankungen zeigen sich auch bei ihm – aber die Teilstücke schwanken nicht mehr zufällig nebeneinander, sondern unter der bindenden Kraft des Ganzen so, daß die entstehenden Fehler sich ausgleichen ... Glückt die Kombination der Teilstücke so sicher, daß die Qualität des Ganzen dauernd hochwertig bleibt, dann hat eben der Werfer die Wurfgestalt erlernt« (Stimpel 1938, S. 129). Die wachsende Zuordnung von Winkel und Wurfstärke wurde durch Korrelationsrechnungen gesichert. Wie schon bei den Sprunguntersuchungen Voigts fiel die tatsächliche Gesamtstreuung kleiner aus als die theoretische, die sich bei isoliertem Wirken von Winkel und Wurfstärke ergeben müßte.

Das Wurferlebnis wird folgendermaßen charakterisiert: »Die Regulierung und innere Formung des Bewegungsablaufes kommt nicht aufgrund bewußten Vergleichens und Anpassens der Teilstücke zustande, sondern unter der Leitung einer übergreifenden Zieleinstellung vollzieht sich, nicht ohne Anteil des Gefühls, ganz von innen heraus die richtige Paarung zwischen Winkel und Stärke« (ebd. S. 129). »Die motorische Gestalt ist nicht durch eine erlebbare Gliederung von sinnlich Wahrnehmbarem charakterisiert, sondern sie entfaltet sich als ungegliederte Ganzheit, die wesentlich diffus und gefühlsstark geartet ist« (ebd. S. 131). »Es macht mir Freude, wenn keine Störungen in der Reihe eintreten. Dadurch reihen sich die Einzelwürfe viel organischer aneinander und die Reihe wird gebundener und im Ganzen besser« (ebd. S. 132).

In der letztgenannten Äußerung der Versuchsperson M. deutet sich ein weiteres interessantes Phänomen an. Arrangierte man die Bedingungen so, daß eine flüssige, rhythmische Abfolge der einzelnen Würfe möglich war, lagen die Wurfergebnisse dieser Serie deutlich über denjenigen von Serien, die durch Pausen zerrissenen wurden. Außerdem wurden diese rhythmisch gebundenen Wurfserien, in denen sich die Teilgestalten der Würfe zu einer übergeordneten, komplexeren Ganzheit integrierten, sehr viel angenehmer erlebt. »Die ideale Wurfreihe betrachteten wir als einen motorischen Sukzessivkomplex, dessen rhythmisch zusammengefaßte Einzelwürfe unter der bindenden Kraft einer übergreifenden Gesamteinstellung an Sicherheit und Genauigkeit gewinnen und folglich die Reihe im Ganzen verbessern. Innerhalb einer komplexen Wurfreihe erleben wir eine für den ganzheitlichen Verlauf derselben bedeutsame, gefühlsartige Verbindung von Wurf zu Wurf« (ebd. S. 133).

Die Ergebnisse, die Drill (1938) bei der Untersuchung des Hammerschlags erhielt, sind wie folgt zusammenzufassen:

- Die räumliche Formung des Hammerschlags ist abhängig von den jeweiligen Arbeitsbedingungen und wird auch durch Änderungen des Selbstgefühls des Arbeitenden beeinflußt. Bahnkurven von zu Gruppen verbundenen Schlägen sind gegen solche Einflüsse resistenter.
- Die Streuungen der Zeitdauer von Hubphase und Schlagphase zusammen sind größer als die Gesamtstreuung der Schlagzeit. Die Streuung einzelner Schläge ist wesentlich größer als die Streuung von Schlägen im rhythmischen Verbund. Das Verhältnis der maximalen Hubgeschwindigkeit zur maximalen Schlaggeschwindigkeit ist vor allem bei Schlagfolgen sehr konstant und viel weniger variabel als die absoluten Geschwindigkeiten. Also: »In solche Reihen gehen die einzelnen Schläge als Teilganzheiten ein. Die Ganzheit der Reihe prägt sich jedem der einzelnen Schläge auf, und schleift die individuellen Merkmale ab, ohne sie jedoch völlig aufzuheben. Hierbei steigt die Gleichmäßigkeit der Gestaltung weit über jene Grenzen hinaus, die für isolierte und mit Bewußtsein ausgeführte Einzelschläge gezogen sind« (Drill 1938, S. 198).
- Ungeübte Hämmerer machen unökonomische Bewegungen und ermüden schnell.
- Nach wenigen Schlägen fassen die Versuchspersonen den Hammer in der Nähe des Drehpunktes, wo das ökonomischste Arbeiten möglich ist. »Fragt man sie, weshalb sie den Hammer gerade an dieser Stelle halten, so können sie nur sagen, sie fühlten, es müsse so sein« (ebd. S. 172). »Vom mechanischen Standpunkt aus ist es am zweckmäßigsten, den Nagel mit langsamer aufeinanderfolgenden, aber desto kräftigeren Schlägen hineinzutreiben. Unsere Handwerker tun es auch gefühlsmäßig, wobei die Kurve des Tempowechsels fast genau dem Wechsel des Einschlagwiderstandes entspricht. Es ist doch wunderbar, wie genau das, was der Mensch gefühlsmäßig tut, die objektive Zweckmäßigkeit erfüllen kann« (ebd. S. 195).
- Einzelne Schlagbewegungen führen introspektiv kaum zu beschreibbaren Gefühlstönungen, rhythmische Schlaggruppen dagegen tun dies.
- »Bei einer längeren Arbeitsdauer beobachteten wir die Tendenz, die einzelnen Schläge einer Reihe zu betonen oder von den übrigen zu trennen, um auf diese Weise

die Arbeit zu rhythmisieren« (ebd. S. 198). Diese Rhythmisierung erfolgte durch die Bildung von Schlaggruppen mittels akzentuierter Schläge oder eingeschobener Pausen. Nicht selten hat die rhythmische Gruppe eine Dominante, einen Hauptakzent also, der meist mit dem größten Arbeitsgang zusammenfällt.

Der Speerwurf schließlich stand im Mittelpunkt der Experimente Oesers (1938); wieder wurden Zeitlupenaufnahmen aus verschiedenen Positionen genutzt sowie Geschwindigkeits- und Impulsauswertungen bestimmter Körperpunkte (entsprechend dem Ansatz wesentlicher Muskelgruppen).

Die Würfe eines technisch perfekten Werfers zeichneten sich durch eine gleichmäßig ansteigende Impulskurve aus, die sich der Exponentialfunktion annäherte. Dabei wurden die Einzelimpulse der verschiedenen Körperteile treppenförmig nacheinander wirksam, so daß man sagen könnte, die Kraft lief wellenförmig vom Fuß bis zur Hand. Die Bewegungsbahnen der einzelnen markierten Punkte strebten in der Zeitspanne der Kraftentfaltung ihrer zugehörigen Muskeln danach, zur Abwurfrichtung parallel zu werden. Beim Ungeübten dagegen zeigte sich die Impulskurve unruhig, wechselhaft und von der Exponentialkurve verschieden; die Bewegungsbahnen der markierten Punkte liefen wirr durcheinander, wobei der Schlußteil der Bewegung relativ besser gestaltet war (das Werfen allein mit dem Arm wurde ja von Kindheit an geübt).

Im Erleben des Wurfes erweist sich der Bewegungsvollzug als hierarchisch unter eine bewußte Zielvorstellung subordiniert. Die Hand ist dabei das gewichtigste Glied – ihre Impulskurve ist auch am wenigsten von der Gesamtimpulskurve verschieden; zum Fuß hin nimmt die Wichtung ab. Jede bewußte Abweichung von der Einstellung auf das Gesamtziel, d.h. Konzentration weg vom Ganzen auf einzelne Glieder, stört die Gestalt und schafft einen Stimmungswechsel von »lustvoll betont« zum »Unbehagen«. Die Störungen waren bei der Instruktion, sich auf die Hand zu konzentrieren am geringsten, bei Konzentration auf den Fuß am größten.

Allgemein zeigt sich wieder: Jede geringfügige Abweichung von der optimalen Bewegungskoordination führt zu einem gefühlsmäßigen Umschlagen von Lust zu Unlust. »Unstimmigkeiten im Bewegungsablauf werden überhaupt erst an der gefühlsmäßigen Umfärbung des Ganzen bemerkt. Einen mißlungenen Wurf erleben die Versuchspersonen als ›abgehackt‹, ›ruckend‹, ›unflüssig‹ oder ›unrhythmisch, gestört‹« (Oeser 1938, S. 218). »Das spannungsvolle Gefühl der Nichtendgültigkeit ist es auch, das den Werfer immer wieder zur Ausführung ein und derselben Körperbewegung drängt. Er will die Idealgestalt erreichen. In diesem Drang nach optimaler Gestaltung, der auch bei optischen und akustischen Gestaltbildungen festgestellt worden ist, liegt ein Hauptwert des sportlichen Werfens« (ebd. S. 231).

Abschließend sei noch auf die Untersuchungen von Katz (1969) verwiesen, die sehr eindrucksvoll die Transponierbarkeit der motorischen Handlungsgestalten aufweisen. Unter anderem wurde mittels eines Skriptochronographen die Transponierbarkeit der Handschrift nachgewiesen. Die Schreibgeschwindigkeit paßt sich der Schreibgröße erstaunlich genau an, so daß sie direkt proportional mit der Schriftgröße wächst. »Der Bewegungsrhythmus wird also beibehalten, er wird in nahezu idealer Weise transponiert« (Katz 1969, S.128). Dies gilt allerdings nur in einem definierten Bedingungsbereich. Bei zu großem oder zu kleinem Schreiben zerfällt der individuelle Rhythmus der Handschrift.

Wir wollen hier die unter unserer Blickrichtung wesentlichen Ergebnisse dieser ursprünglich als Beiträge zur Gestalttheorie intendierten Versuche noch einmal zusammenfassen:

- Motorische Vollzüge sind gestaltet, d.h. sie sind übersummativ-systemhaft und transponierbar.
- Zumindest in den angeführten Fällen entspricht die optimale Bewegungsgestalt, der sich der Übende gefühlsgeleitet annähert, gleichzeitig einem energieökonomischen Optimum.
- Im Erleben des Subjektes ist die Bewegungsgestalt als emotional getöntes, zielausgerichtetes Ganzes mit hierarchisch subordinierten Gliedern gegeben.
- Ein positives Bewegungserleben setzt eine flüssige Gebundenheit des Ablaufes voraus. Zu lange Pausen zerstören die Gestalt.
- Es zeigt sich ein deutliches Bestreben, motorische Abläufe zu rhythmisieren, ihnen also eine Zeitstruktur aufzuprägen, da sich dies mit angenehmem Empfinden verbindet.
- Die Entwicklung einer motorischen Gestalt ist gekennzeichnet durch eine zunehmende Integration von Teilmomenten zu stabilen, präzise reproduzierbaren übergeordneten Ganzheiten. Je integrierter die Gestalt ist, je synergistischer die Teilmomente interagieren, desto positiver das Bewegungserlebnis.
- Dabei zeigt sich ein Streben nach zunehmender Komplexität des Bewegungsablaufes; dies steigert einerseits das Lustempfinden und trägt andererseits zur Konstanz und Effizienz der Teilmomente bei (vgl. Haferkorn 1938).
- Es existiert eine eigengesetzliche Organisationstendenz der Motorik, ein »innerer Gestaltdruck« in Richtung auf optimale Gestaltung und Prägnanz, der im Erleben als konkurrierend mit jener bewußt-willkürmotorischen Kontrolle empfunden wird, die auf genaue Objektanpassung zielt. Denn diese bewußte Kontrolle zerstört das positive Bewegungserleben, dessen man im Anheimgeben an die motorische Eigengesetzlichkeit teilhaft wird.
- Insgesamt wird deutlich, wie eng die Gestaltqualitäten in der Motorik mit dem emotionalen Erleben verbunden sind. In der Terminologie der Gestaltpsychologen: »Gute Gestalt« ist regelhaft mit positivem Empfinden und »schlechte Gestalt« mit negativem Empfinden verbunden. Das Subjekt erweist sich als hochempfindlich gegen geringste Abweichungen vom Optimalganzen, die durch negative Emotionen in Form von Unstimmigkeitsgefühlen angezeigt werden.

Wir sehen, um noch einmal die Beziehung zu den Ergebnissen von v. Holst herzustellen, daß es viele Bewegungsgestalten gibt, die auf der phänomenalen Ebene der Gliedbewegungen nicht durch hierarchische Frequenzabstimmungen gekennzeichnet sind, aber dennoch dieselben phänomenalen dynamischen Charakteristika zeigen, wie v. Holsts Schwingungsperioden, d.h. eben den Gestaltkriterien genügen. Es muß der Klärung durch künftige Forschungen vorbehalten bleiben, ob am Zustandekommen der Gestaltmerkmale von nichtrhythmischen Bewegungsformen wie dem Wurf auf Organisationsniveaus unterhalb der ganzheitlichen Extremitätenbewegung (letztlich auf der Ebene der neuronalen Trägerprozesse) nicht doch wieder nichtlineare Frequenzkopplungen von Oszillatoren entscheidenden Anteil haben, oder ob dies als eine Erscheinungsform allgemeiner dynamischer Gesetze eben nur *ein* dynamisches neurales Organisationsprinzip ist, neben anderen.

Das ebenenübergreifende Muster, das alle hier betrachteten Erscheinungen verbindet, ist jedoch die Integration von synergistisch wirkenden Teilelementen zu einer übergeordneten, mehr oder weniger stabilen Ganzheit. Auch die Frequenzsynchronisation ist ein Spezialfall dieses allgemeinen Musters. Das übergeordnete Ganze ist hier die gemeinsame Koaktionsfrequenz. Unter Zugrundelegung der Abb. 3.2 könnte man es cum grano salis so formulieren: Je mehr der auftretenden Phasenbeziehungen kooperieren, d.h. je kleinzahliger das Frequenzverhältnis wird, desto stabiler ist die Ganzheit. Wenn alle auftretenden Phasenbeziehungen kooperieren, ist der stabilste Zustand, die absolute Koordination im Frequenzverhältnis 1:1 erreicht.

Es seien nun noch einige Befunde aus der Sportpädagogik referiert, wie sie unter anderen von Meinel (1977) angegeben werden. Wenn ein Sportler vor eine Bewegungsaufgabe gestellt ist, z.B. eine ihm vom Trainer vorgeführte neue Barrenübung oder das Kugelstoßen, beginnt zunächst in Abhängigkeit vom Ausgangszustand der Körperbeherrschung ein mehr oder weniger zufallsbestimmtes Probieren. Die Versuche eines Sportlers, der bereits über Koordinationen für andere Barrenübungen verfügt, fallen sehr viel zielgerichteter aus, als bei einem Sportler, der erstmalig an einen Barren tritt. Der Ungeübte kann zielerreichende Innervationssequenzen nicht bewußt zusammenstellen und hat noch kein Gefühl für die Bewegungsaufgabe. Er ist damit zunächst gezwungen, probierend irgend einen sinnlich wahrnehmbaren Handlungseffekt zu erzielen, irgend etwas mit dem Zielbild grob Vergleichbares zu leisten, als Ausgangspunkt für Korrekturen. Über das zunächst additiv-getrennte Erwerben von Teilbewegungen wird dann das Stadium der Grobkoordination erreicht. Auch dieses ist dann noch deutlich durch einen mehr oder weniger starken Zerfall in Einzelaktionen gekennzeichnet; der Bewegungsfluß und -rhythmus ist mangelhaft, zwischen den einzelnen Phasen entstehen Pausen (etwa zwischen Angleiten und Stoß beim Kugelstoßen). Die Teilbewegungen sind nicht aufeinander abgestimmt, übermäßiger und z.T. falscher Krafteinsatz führt zu schneller Ermüdung. Die Koordination ist instabil, sämtliche Bewegungsparameter und die relativ schwache Leistung sind sehr starken Schwankungen unterworfen (in diesem Stadium wird die Kugel aus dem Stand oft weiter gestoßen als beim Stoß mit Angleiten). Ferner ist das Gelingen des Bewegungsablaufes an feste objektive und subjektive Ausgangsbedingungen gebunden, leichte Veränderungen führen zu Störungen (etwa eine schwerere Kugel beim Kugelstoß).

Durch längeres Training wird schließlich das Stadium der stabilisierten Feinkoordination erreicht. Hierbei entstehen nun zwischen den Teilbewegungen immer mehr stabilisierende, synergistische Wechselbeziehungen. Die einzelnen Muskeln wirken zunehmend synergistisch auf einen gemeinsamen Zustand für die von ihnen bewegten Extremitäten hin, die »Innervationsmuster« stimmen sich immer besser ab. Es erfolgt eine zunehmende Ausnutzung äußerer Kräfte wie der Schwerkraft, der Reibungskraft oder der Luft- und Wasserkräfte. Impulserhaltende Schwungübertragungen (Kugelstoß, Dreierhopp) werden zunehmend nutzen gelernt; es kommt zum Einsatz der Körperträgheit beim passiven Bremsen von Teilbewegungen. So entsteht ein komplexes, dynamisch gleichgewichtiges System von ausbalancierten Wirkvektoren verschiedener Ebenen, die synergistisch ein übergeordnetes Ganzes tragen. Die Feinkoordination ist ausgezeichnet durch Glätte, Flüssigkeit, einen konstanten Bewegungsrhythmus, Reproduzierbarkeit und Konstanz der nunmehr hohen Leistung sowie aller anderen Bewegungsparameter, problemlose Einsetzbarkeit unter wechselnden inneren und äußeren Bedingungen (»Transponierbarkeit«) und hohe Energieökonomie. Sie ist eine aus anfangs »fluktuativ«

produzierten Bewegungselementen organisierte dynamische Struktur, die von einer Vielzahl möglicher Zustände auf der Basis definierter Randbedingungen einen ausgezeichneten Zustand hoher dynamischer Stabilität verwirklicht.

Auch Meinel (1977, S. 176) betont: »Bemerkenswert ist, daß die Abgestimmtheit der Kraftimpulse, daß der Grad des Bewegungsflusses subjektiv erlebt und empfunden wird. Das betrifft einerseits den Ausübenden, bei dem sich die Empfindung eines fließenden Bewegungsverlaufs oder weitgehend kontinuierlicher Übergänge zwischen den dynamischen Akzenten auch emotional niederschlägt und ausgesprochen freudebetont und anregend wirkt. Ein gestörter oder unterbrochener Bewegungsfluß ruft demgegenüber meist Unlustempfindungen hervor. Andererseits werden ähnliche Reaktionen auch beim Beobachter ... ausgelöst, wobei sich diese z.T. mit ästhetischen Wertungen ... verbinden.«

3.2. »Perfection« ist Synergität: phänomenale Synergität und Synergitätsbewertungssystem (SBS)

Ausgangspunkt für das bisher in diesem Kapitel Vorgetragene war die Frage, nach welchen Kriterien der von Konrad Lorenz postulierte PRM den motorischen Prozeß bewertet, was sich also hinter dem Begriff »perfection« verbirgt. Zweifellos tragen die verfügbaren Befunde z.T. lediglich qualitativen und, wo es um das emotionale Erleben geht, introspektiven Charakter und sind z.T. recht intuitiv. Gleichwohl erlauben sie eine erste phänomenologisch-deskriptive Annäherung an o.g. Begriff. Es scheinen vor allem die folgenden Charakteristika des motorischen Tätigkeitsprozesses zu sein, die vom PRM mit positiven sekundären Emotionen belohnt werden:

1. Der Prozeß weist eine hohe *Dynamik* auf. Er ist durch flüssigen, weitgehend pausenlosen Ablauf gekennzeichnet.
2. Der Prozeß ist in hohem Maße *systemhaft*, d.h. er besteht aus Elementen, die durch relevante Wechselwirkungen verbunden sind. Die Folge sind Übersummenhaftigkeit und überlokale Varianz. Man erinnere sich exemplarisch an die kompensatorische Abhängigkeit zwischen Wurfstärke und Wurfwinkel, die sich beim gekonnten Wurf sukzessive herausbildet.
3. Das System besitzt einen hohen Grad an *Komplexität*, die zumeist *hierarchisch* organisiert ist, sowohl als Simultan- wie auch als Sukzessivstruktur (Zeitstruktur, Rhythmus). Der Prozeß tendiert bei Erhöhung der Komplexität zur Verringerung der Komplikation, d.h. zu relativer Vereinfachung mit Ausbildung von Regelhaftigkeiten (= »Prägnanz«).
4. Vor allem aber: *Elemente und Subsysteme sind durch einen hohen Anteil synergistischer Beziehungen (Ⓐ $\xrightarrow{1}$ Ⓑ $\xleftarrow{1}$ Ⓒ) zu einem übergeordneten Ganzen integriert,* welches sich
5. in einem Zustand *hoher dynamischer Stabilität* mit konstanten, präzise reproduzierbaren Parametern befindet. Diese Stabilität gegen quantitative Veränderungen in einem definierten Bedingungsbereich ermöglicht die Anwendung eines motorischen Vollzuges auch auf veränderte äußere Bedingungen (= »Transponierbarkeit«).

Man kann weiter annehmen, daß diese hohe dynamisch-strukturelle Eigenstabilität des motorischen Prozesses als physikalisch-mechanisches System eine Verminderung der aktiv-muskulären Stabilisierung zuläßt und so zu einem günstigen Aufwand-Effekt-Quotienten, d.h. zur Energieökonomie der Bewegung beiträgt. (Vermutlich erklärt dies aber nur z.T. die hohe Energieökonomie der gekonnten Bewegung. Es ist davon auszugehen, daß die Bedingung minimaler muskulärer Innervation als spezifische, genetisch fixierte Randbedingung im motorischen System neural repräsentiert ist und in die sich formierende Dynamik eingeht. Im Zusammenhang mit der Komplexitätsbedingung resultiert dann das Prinzip »Maximaler Effekt bei minimalem Aufwand«.)

Wir wollen diese fünf Kriterien unter einen neuen, eigenständigen Begriff subsumieren, unter den Begriff »Synergität«. Alle motorischen Tätigkeitsprozesse, bei denen diese Kriterien in hohem Maße ausgebildet sind, bezeichnen wir als *synerg.*

Alle motorischen Tätigkeitsprozesse, die sich durch adynamische Zerrissenheit, beziehungslose Additivität der Teilbewegungen, Simplizität, Labilität und Zufälligkeit sowie durch einen hohen Anteil nichtkooperativer, zufälliger Beziehungen auszeichnen, bezeichnen wir als *asynerg.*

Störungen und Spannungen, antagonistische Beziehungen (Ⓐ$\xrightarrow{1}$Ⓑ$\xleftarrow{2}$Ⓒ) im Rahmen synerger Gefüge (etwa die gleichzeitige Aktivierung von Antagonisten), bezeichnen wir dagegen als *Dyssynergitäten.*

Die Begriffe »Synergität«, »synerg«, »dyssynerg« und »asynerg« werden im folgenden stets im hier festgelegten spezifischen Sinne gebraucht. Unter den in der Literatur vorfindlichen Begriffsbildungen kommt dem Synergitätsbegriff der Begriff der »guten Gestalt« am nächsten. In Abschnitt 7.2.2. werden wir den hier erarbeiteten phänomenologischen Synergitätsbegriff in einem erweiterten theoretischen Rahmen interpretieren und weiter präzisieren. Als unabhängige und irreduzible Hauptkonstituanten werden sich dann »(evolutive) Stabilität« und »Komplexität« erweisen, so daß wir uns bereits hier auf die folgende »Kurzformel« einigen wollen: *Synergität ist hohe dynamisch-strukturelle Stabilität und Komplexität.* Diese beiden Konstituanten sind es auch, für die sich unmittelbar ein evolutiver Überlebenswert einsichtig machen läßt: Dynamische Stabilität des motorischen Vollzuges ist evidentermaßen eine unmittelbare Voraussetzung für seinen resultativen Erfolg und die Komplexitätsbedingung folgt aus der Zwecksetzung des motorischen Lernens. Es ist teleonom, viele, möglichst alle Muskeln des Körpers koordiniert zu beherrschen und in die willkürmotorischen gekonnten Bewegungen einzubeziehen.

Damit ergibt sich eine erste zentrale These dieser Arbeit: *Je größer die Synergität eines motorischen Tätigkeitsprozesses, desto stärker die mit ihm verbundene positive (sekundäre) Emotion. Je größer die Dyssynergität (d.h. je größer die durch eine Störung destruierte Synergität), desto stärker die mit ihr verbundene negative (sekundäre) Emotion. Asynerge motorische Tätigkeitsprozesse sind (sekundär) emotionsneutral.* Diese (sekundären) Emotionen sind Output des PRM und entsprechen im Falle einer positiven Valenz jenem Phänomen, das wir als motorische Funktionslust bezeichnet hatten. In dem erweiterten theoretischen Rahmen, der in dieser Arbeit gesetzt wird, wollen wir den PRM hinfort als *Synergitätsbewertungssystem (SBS)* bezeichnen.

Im normalen Lebensalltag des durchschnittlichen Erwachsenen treten diese motorikbezogenen emotionalen Phänomene nur noch wenig ins Bewußtsein. Wo liegen die Gründe hierfür?

Zum einen erleben wir (sekundäre) Emotionen im Zusammenhang mit der motorikbezogenen Synergitätsbewertung in der Tat zumeist weniger intensiv und qualitativ andersartig als die u.U. sehr intensiven, »umgrenzt-lokalisierten« und antriebsspezifisch »gefärbten« primären Emotionen. Die Bewertung erfolgt gerade so deutlich in Form von leichten *Stimmigkeits- oder Unstimmigkeitsempfindungen,* als zur allmählichen Korrektur der Koordination nötig ist. Zudem werden diese Stimmigkeits- und Unstimmigkeitsgefühle durch die ihnen stets parallelgehenden kinästhetischen Empfindungen ein wenig maskiert. Klar und deutlich abgehoben als motorische Funktionslust treten sie lediglich im Zusammenhang mit Betätigungen auf, die speziell in Richtung Maximierung der Synergität zielen: beim Tanz oder Sport. Gleichwohl: Wenn Sie einmal beim ganz normalen Gehen die bewußt-kognitive Wegkontrolle aufgeben und sich ganz auf Ihr Bewegungsempfinden konzentrieren, werden Sie feststellen, daß Sie ein schwaches, aber untrügliches Gefühl dafür haben, ob Sie harmonisch oder verkrampft laufen. Sie sind anhand dieses Bewegungsempfindens in der Lage, ihre Koordinationen in Richtung eines freudbetonten, harmonisch-fließenden Gehens zu verändern.

Zum zweiten hat es den Anschein, daß positive Emotionen vor allem in Momenten deutlicher Synergitätssteigerungen entstehen, und bei automatisierter, mechanischer Ausführung einer Habituation unterliegen. Die fest eingeschliffene gekonnte Alltagsbewegung muß nicht mehr positiv belohnt werden, es genügt, wenn im Falle von Störungen Unstimmigkeitsgefühle die Aufmerksamkeit entsprechend aktivieren. Ein Skifahrer vom Bergrettungsdienst, der sich beim freizeitlichen Abfahrtslauf selbstvergessen der Bewegungsfreude hingibt, wird im Dienst derartiges nicht erleben, wenn er sich um das schnellstmögliche Erreichen der Unfallstelle bemüht und die jahrzehntelang eingeschliffene motorische Regelung überwiegend unbewußt-automatisiert abläuft. Die motorische Funktionslust sollte also vor allem in der frühen Ontogenese, wo sich der allmähliche Erwerb komplexer gekonnter Bewegungen vollzieht, erlebensmäßig im Vordergrund stehen; beim Erwachsenen hingegen wird sie nur noch bei besonders komplexen motorischen Betätigungen wie Tanz oder Sport merklich in Erscheinung treten. Das SBS stellt also so etwas wie einen *phasisch reagierenden Synergitätssensor mit Adaptation* dar.

Unter dem Aspekt des evolutiven Anpassungswertes scheint diese geringere Intensität motorischer (sekundärer) Emotionen im Vergleich zu primären Emotionen plausibel. Das Erreichen einer hohen Koordinationsgüte ist ja kein Selbstzweck, sondern nur Mittel zur Erreichung primärer biologischer Ziele. Es genügt, wenn sich diese hohe Koordinationsgüte tendenziell während der längeren, elterlich behüteten Jugendphase auf spielerischem Wege durchsetzt. Kurzfristige Anpassungsvorteile zu intensiver, durch zu hohe Funktionslust unterhaltener Bewegungsspiele würden durch zunehmende Anpassungsnachteile infolge wachsender Risiken und Energieverluste sehr schnell wieder aufgewogen. Auch in der »biologischen Akutsituation« müssen sich primäre Emotionen wie etwa die Angst stets sofort verhaltensbestimmend durchsetzen. Eine »verspielte Mutante«, die selbst im Angesicht des Raubfeindes nicht vom Bewegungsspiel lassen kann, fiele schnell der Selektion anheim.

3.3. Das Zusammenspiel von Konkret-kognitivem Code (KKC) und Abstrakt-emotionalem Code (AEC) bei der Kontrolle komplexer Bewegungen

Wie lassen sich unsere bisherigen und vorläufigen Erkenntnisse über die Regulation der Motorik kurz zusammenfassen?

Zunächst gehen im Zusammenhang mit spontaner zentralnervöser Erregungsbildung und zentraler Koordination »dynamische Selbstordnungskräfte« in die Modellierung der motorischen Efferenz ein, die, wie die Arbeiten v. Holsts zeigen, auf das Erreichen einer möglichst hohen dynamischen Stabilität gerichtet sind. Diese dynamische Eigenstabilität ermöglicht im Zusammenhang mit dem »Mantel der Reflexe« eine autoregulative Feinanpassung an variable Umwelten. Diese Eigendynamik wird nun zunächst durch ein »Korsett fester Verdrahtungen« geschient, welches den Erbkoordinationen und ihren Verbindungen zu primären Antrieben, Schlüsselreizen und Auslösern entspricht. So wird für die Grobeinpassung in die Umwelt gesorgt und das Gesamtverhalten biologisch sinnvoll ausgerichtet. Mit zunehmender Entwicklung von Willkürmotorik und Einsichtlernen wird dieses Erbkorsett nun schrittweise durch Steuerungsimpulse übergeordneter bewußter Instanzen ersetzt, die nun ihrerseits wie »Schranken« (Köhler 1971) für die freie Dynamik der zentralen Koordination wirken. Nun ist aber nicht nur für Myriapoden oder Lippfische, sondern viel mehr noch für den baumlebenden Affen oder den Menschen die dynamische Stabilität seiner komplexen motorischen Vollzüge eine elementare Frage des Überlebens. Die bewußten Instanzen der Willkürmotorik benötigen also eine zuverlässige Information darüber, ob sich die von ihnen gesetzten Steuerungsanforderungen mit den Erfordernissen der dynamischen Stabilität auf den untergeordneten Ebenen der zentralen Koordination im Einklang befinden, oder nicht; die Willkürinstanz muß wissen, wann eine zu erlernende komplexe Bewegung im Sinne einer »gekonnten Bewegung« (Lorenz) beherrscht wird. Diese Information liefert das SBS in Form von Stimmigkeits- oder Unstimmigkeitsgefühlen. SBS und Synergitätsbewertung vermitteln also die stets notwendige Kompromißbildung zwischen den je partiell eigengesetzlichen Systemebenen der bewußten Motorikkontrolle einerseits, die auf maximale Objektanpassung zielt, und der untergeordneten motorischen Eigendynamik andererseits, die auf maximale dynamische Stabilität zielt.

Es sind somit zwei Hauptbeiträge, aus denen sich die motorische Efferenzmodellierung rekrutiert: aus der Eigendynamik der motorischen Ebene und aus den Steuerungsimpulsen (Schranken) von der höheren Ebene bewußter Kontrollinstanzen. Und sie unterliegt drei wesentlichen Reafferenzen: der kinästhetischen Reafferenz, der resultativen Reafferenz und der Synergitätsbewertung durch das SBS.

Die kinästhetische Reafferenz ist nicht weiter erläuterungsbedürftig. Gemeint sind alle rezeptorischen Zuflüsse, die am Aufbau eines kinästhetischen Modells von Körper und Bewegung teilhaben (somatoviszerale Sensibilität). Bei Sportlern kann sich dieser kinästhetische Sinn hoch differenzieren – sie sind fähig, z.B. die Winkelstellung von Gelenken sehr genau anzugeben.

Resultative Reafferenz meint das einsichtige Erfassen des Handlungsresultates sowie die unmittelbaren Effekte der veränderten Reizsituation auf die Aktivierung primärer Antriebe; zwischen beiden können kognitive Projektionen vermitteln. Stellen wir uns einen Kugelstoßer vor, der bei einem Wettkampf die Siegerweite erzielt. Er wird diesen Erfolg zum einen einsichtig verarbeiten und z.B. beschließen, nun endgültig bei einer bestimmten Korrektur der Fußstellung zu bleiben. Es werden sozialbezogene primäre Antriebe aktiviert: Die Zuschauer jubeln, der Trainer lobt, die Freundin strahlt, und der Sportler ist stolz und freut sich. Es erfolgen kognitive Bedürfnisprojektionen: Mit dem Sieg und der Siegprämie könnte der endgültige »Durchbruch« und eine weitere wirtschaftliche Unabhängigkeit erreicht sein, was Unsicherheit und Zukunftsangst reduziert. Der Sportler sieht hinter der 23-Meter-Marke den neuen Werbevertrag und hinter der Siegprämie den abgezahlten Kredit für das Haus. Dies ist das extrinsische Reinforcement, von dem bereits die Rede war. In der psychologischen Literatur wird das motorische Lernen mit wenigen Ausnahmen ausschließlich auf der Basis dieser Rückmeldung des äußeren Erfolges erklärt (kognizierter Grad der Zielerreichung bzw. Objektanpassung, Weisungen des Trainers usw.). Der Streit geht lediglich darum, ob sich diese Rückmeldung in »open loops« oder in »closed loops« vollzieht und um ähnliche Fragen.

Dies ist freilich unzureichend und läßt das eigentliche Kernproblem motorischen Lernens außen vor. Wie bereits festgestellt, erfolgt dieses extrinsische Reinforcement viel zu »grobmaschig«: Es bewertet den Kugelstoß als Ganzes. Nun existiert aber eine unendlich große Schar von Trajektorien, die das Bewegungssystem des Sportlers, dessen Gelenkmechanik mit Hunderten von Freiheitsgraden ausgestattet ist, vom Ausgangs- in den Endzustand transformieren. Welche davon ist die richtige? Externes Reinforcement stellt kein Auswahlkriterium für diese interne Entscheidung zur Verfügung und der Sportler müßte alle Trajektorien der Reihe nach durchtesten – eine offensichtliche Unmöglichkeit. Es folgt zwangsläufig die Existenz eines intrinsischen Reinforcements für die Koordinationsgüte in Form eines SBS mit Synergitätsbewertung. Der Sportler braucht quasi einen »Instinkt« für die richtige Trajektorie – es sei noch einmal an das o.g. Zitat von Meinel erinnert. Nicht selten reißen Kugelstoßer die Arme bereits siegesgewiß nach oben, wenn die Weite noch gar nicht angezeigt ist. Sie fühlen es einfach, eine Trajektorie getroffen zu haben, die auch bei maximaler Kraftentfaltung stabil bleibt; sie haben schon während des Stoßes ein sicheres Gefühl dafür, was dieser »in sich trägt«. Dies also ist die dritte und wichtigste Form der o.g. Reafferenzen.

Nach dem von Lorenz gewählten Argumentationsgang über die Stimulation des motorischen Lernens durch motorische Funktionslust ist dies ein zweiter, über die Kombinatorik führender Weg, um die Notwendigkeit eines PRM bzw. SBS aufzuweisen. Es gibt noch einen dritten Ableitungsweg, der von der begrenzten Kapazität unseres Gehirns zur bewußten simultanen Informationsverarbeitung ausgeht. Wir werden ihn zu einem späteren Zeitpunkt ausführlicher darstellen, müssen hier aber wenigstens auf das zugrunde liegende Problem aufmerksam machen. Die »Kanalbreite« des menschlichen Bewußtseins beträgt ca. 7 bit; auf dieser Basis können wir etwa. 126 bit pro Sekunde verarbeiten. Dieser nur sehr enge Bewußtseinskanal erlaubt es uns allenfalls, sehr einfache und langsame Bewegungen wie das Greifen nach einem Kugelschreiber in allen Einzelheiten bewußt zu kontrollieren. Wir nutzen hierbei jene »Augenblicksinformation verwertenden Mechanismen« zur Bewegungskontrolle, von denen Konrad Lorenz (1978) spricht. Was ist aber mit schnellen und komplexen (Ganzkörper-)Bewegungen? Eine konkret ausgegliederte und bewußte Kontrolle solcher Bewegungen würde unsere Kapazitäten zur bewußten simultanen Informationsverarbeitung um Größenordnungen übersteigen! Deshalb müssen schnelle komplexe Bewegungen zu gekonnten Bewegungen stabilisiert werden und können dann automatisiert ablaufen. Heißt dies, daß diese nun vollständig von der Bewußtseinskontrolle abgeschnitten sind? Gewiß nicht, denn das wäre natürlich fatal. Auf »Hintergrundebenen« des Bewußtseins erfolgt eine ganzheitliche Kontrolle komplexer und automatisierter Bewegungen durch Stimmigkeits- und Unstimmigkeitsempfindungen – treten Dyssynergitäten auf, wird die Aufmerksamkeit aktiviert und auf die Störquelle fokussiert. Die Enge des Bewußtseinskanals ist also die eigentliche Ursache für das Phänomen »gekonnte Bewegung«: Weil wir komplexe Bewegungen nicht simultan, auf »einen Schlag« erwerben können, müssen sie sukzessive durch Übung aufgebaut werden. Und weil wir sie nicht simultan konkret-bewußt ausgegliedert kontrollieren können, muß ihre Komplexität irgendwie in faßlicher Form komprimiert und verdichtet werden, z.B. zu einem Stimmigkeits- oder Unstimmigkeitsgefühl, wie es das SBS erzeugt. Der komplexe Gesamtprozeß wird durch Abstraktion auf die funktionell bedeutsamsten Parameter wie eben die dynamische Stabilität psychisch kontrollierbar gemacht.

Diese *Kontrolle des Komplexen* ist ein weiterer wesentlicher Aspekt der Funktion des SBS und der Synergitätsbewertung. Es zeigt sich hier ein fundamentales Prinzip, dem wir in den folgenden Kapiteln immer wieder begegnen werden. Die Regulierung der Psychomotorik arbeitet offenbar auf der Basis zweier verschiedener grundlegender Modi der Informationsverarbeitung einem *»Konkret-kognitiven Code« (KKC)* zur willkürlich-bewußten Feineinpassung der Teile und einem *»Abstrakt-emotionalen Code« (AEC)* zur Regulierung des Ganzen, zur jederzeitigen Kontrolle der Einpassung des konkret-kognitiv bewußten Teils ins Ganze sowie zur Lenkung der konkret-kognitiven Aufmerksamkeit auf gestörte Teilabläufe durch Unstimmigkeitsgefühle während des motorischen Tätigkeitsprozesses. Im integrativen Zusammenwirken dieser beiden Informationsverarbeitungssysteme liegt eine unbedingte Voraussetzung für Erlernen und wiederholendes Gelingen schneller komplexer Bewegungsabläufe. Um die Ganzheit des motorischen Prozesses psychisch beherrschbar zu machen, muß seine Komplexität abstraktiv auf die Kriterien der Synergität, insbesondere die dynamische Stabilität, reduziert werden. Schnelle und komplexe automatisierte Bewegungsabläufe sind damit lediglich außerhalb der Kontrolle durch den KKC, werden aber ständig vom AEC überwacht.

Abschließend sei noch kurz die Frage angerissen, welche Gehirnmechanismen der Synergitätsbewertung zugrunde liegen könnten. Wie bereits gesagt, in der psychologischen Literatur wird dieses faszinierende Phänomen einer Sensibilität für die Koordinationsgüte von Bewegungen mit wenigen Ausnahmen (z.B. Klix 1993, S. 152) kaum zur Kenntnis genommen. Wie könnte eine Antwort auf o.g. Frage im Rahmen der Informationsverarbeitungs-Psychologie aussehen? Diese Antwort würde sicher im Motor-Programm-Denken wurzeln und wäre eine »digitale« Antwort, d.h. die Synergitätsbewertung müßte in irgendeiner Form das Ergebnis einer vergleichenden »Berechnung« sein. Entsprechend lesen wir bei Klix »Die Re-Afferenzen der Ausführung werden mit dem Ausführungsprogramm des Gedächtnisses verglichen und nach ihrer Übereinstimmung mit ihm bewertet ... Auf der subjektiven Bewertungsskala der Erlebnisseite ist es die mit dem Wort »gelungen« zu bezeichnende Qualität einer Bewegungsausführung.« Von Kapitel 6 an werden wir uns wiederholt mit instruktionistischen Konzeptionen dieses Grundmusters aus emergentistischer Perspektive auseinandersetzen. An dieser Stelle nur soviel: Wird die Computer-Metapher in Anschlag gebracht, sollte dies aber auch in jeder Hinsicht mit Konsequenz erfolgen. Computer arbeiten Bit- und Pixelgenau. Jede konkret ausgeführte gekonnte Bewegung wird nun aber unter unikalen äußeren Bedingungen realisiert: Wind, Bodenunebenheiten, die Körperhaltung ... all dies und mehr variiert von Mal zu Mal mindestens geringfügig. Eine gekonnte Bewegung ist nur dann perfekt, wenn sie sich an diese unikalen Bedingungen anpaßt und somit selbst zu einer unikalen Bewegung wird, die es in genau dieser Form vorher nie gab und auch nie wieder geben wird. Es müßte also unendlich viele abgespeicherte Gedächtnis-Muster für gekonnte Bewegungen geben! Die nächste Frage wäre dann: Wo kommen diese Muster-Programme eigentlich her? Das instruktionistische Denken versagt an dieser Stelle. Wir müssen wohl oder übel nach einer *Analog-Lösung* im Rahmen eines emergentistischen Ansatzes suchen. Es war oben von »Komplexitätsreduktion durch Abstraktion« die Rede. Dies ist nun streng genommen zunächst eine Analogiebildung zu höheren geistigen Symbolprozessen. Gibt es denn vielleicht so etwas wie eine »natürliche Abstraktion« durch »phylogenetische Invariantenbildung« bereits auf niederen Integrationsebenen des Organismus? Es gibt sie: Die besprochene phylogenetische Konstruktion von Schlüsselreizen wäre ein erstes sehr treffendes Beispiel. Ein weiteres Beispiel: Verschiedene Formen der zellulären Minderversorgung (Sauerstoffmangel, Minderperfusion, Glukosemangel) führen zu den verschiedensten biochemisch-physiologischen Folgeveränderungen, eine aber ist ihnen allen gemeinsam: die Produktion von Wasserstoffionen und damit eine Erniedrigung des pH-Wertes. Im pH-Wert wird also der aktuelle Versorgungszustand (mit den verschiedensten Substraten) von Milliarden von Körperzellen gemittelt und somit die Substratversorgung des Körperganzen erfaßt und kontrolliert. Die Phylogenese hat nun für diese Invariante »pH-Wert« einen Rezeptor »entwickelt«, der am Boden des IV. Hirnventrikels sitzt und bei pH-Erniedrigung Atem- und Kreislaufzentrum stimuliert. Durch diese »natürliche Abstraktion« wird also auf einfache und elegante Weise eine ungeheuere Komprimation von Komplexität erreicht. (Eine konsequente Informationsverarbeitungs-Lösung müßte wohl für jedes Substrat und jede Zelle einzeln den Bedarf errechnen und summieren, was freilich jede vorstellbare Rechenleistung überstiege.) In ähnlicher Weise könnte man sich vorstellen, daß alle synergen motorischen Prozesse auf spezifische Weise durch bestimmte invariante neurophysiologische Parameter gekennzeichnet sind, für die das SBS als Rezeptor fungiert. Wenn wir all dies später vor einem erweiterten theoretischen Hintergrund nochmals diskutieren, wird sich zeigen, daß es erste experimentelle Hinweise hierfür gibt.

Mit diesen Betrachtungen wollen wir die Analyse der menschlichen Psychomotorik unter den für uns relevanten Gesichtspunkten zunächst beenden. Wir hatten versucht zu ergründen, was sich hinter »perfection« verbirgt, welche phänomenal zugänglichen Charakteristika des motorischen Prozesses es sind, die spezifisch mit emotionalen Bewertungen einhergehen. Es bleibt nun in den folgenden Kapiteln zu untersuchen, inwieweit die hierbei gewonnenen fünf Kriterien des phänomenologischen Synergitätsbegriffs auch für andere menschliche Tätigkeiten – zunächst für das Denken – emotiogene Relevanz besitzen.

4. Synergität und Denktätigkeit

Um die Frage zu klären, inwieweit unsere aus der Motorik gewonnenen Synergitätskriterien überhaupt sinnvoll auf Denkprozesse anwendbar sind, muß es bei der hochgradigen Verwandschaft zwischen Gestalt- und Synergitätsbegriff produktiv sein, zunächst wieder auf Ergebnisse der Gestaltpsychologie zu rekurrieren. Die wenigen, aber exzellenten Arbeiten von Gestaltpsychologen zur Psychologie des Denkens finden auch heute noch große Beachtung.

David Katz (1969) wies in einigen eindrucksvollen Versuchen über Additionstätigkeit den Gestaltcharakter mentaler Tätigkeitsprozesse nach und zeigte, daß die Gestaltgesetze der Wahrnehmung auch für das Denken Gültigkeit besitzen.

In einer Versuchsreihe (Experiment I) sollten die Probanden 20 einstellige, 20 zweistellige und 20 dreistellige Zahlen so schnell wie möglich addieren, wobei die Zeit für die Addition der einzelnen Kolumnen und die Fehleranzahl registriert wurde. Bei Zugrundelegung eines »atomistischen« Tätigkeitskonzeptes hätte man gleiche Werte für alle Kolumnen zu erwarten. Es zeigte sich aber, daß die Zeit, die zur Addition der Einer benötigt wurde, bei den zweistelligen Zahlen länger war als bei den einstelligen und bei den dreistelligen wieder länger als bei den zweistelligen. Mit der Zunahme der Zeit war eine Abnahme der Fehlerquote verbunden. Wie auch in der Wahrnehmung wird das Teil also durch das übergeordnete Ganze, hier die umfassende Aufgabenstellung, bestimmt. Die sich unreflektiert durchsetzende »Arbeitsgestalt der Addition« ist dabei auf eine Erhöhung von Effizienz und Stabilität des Gesamtprozesses gerichtet, denn je mehr zu addierende Kolumnen noch folgen, desto schwerer wiegt ein schon bei den Einern gemachter Fehler, da dann alle noch folgende korrekte Rechenarbeit vergebens ist. Wurde der gekonnte Rechenrhythmus gestört, etwa durch Verwendung römischer Ziffern als Summanden, zerfiel die Gestalt, d.h. die charakteristischen Differenzen zwischen den Additionszeiten der einzelnen Kolumnen verschwanden. Die synergistische Integration von Teilfunktionen zur übergeordneten stabileren Ganzheit ist also wie auch in der Motorik an Übung und Erfahrung gebunden.

Ferner ergab sich, daß das Verhältnis zwischen den Additionszeiten für die einzelnen Kolumnen in charakteristischer Weise mit der Anzahl der Summanden variiert (Experiment III). Zum Beispiel war bei zweistelligen Zahlen der Quotient zwischen den Additionszeiten der beiden Kolumnen bei einer mittleren Summandenzahl am größten und nahm von dort mit zunehmender oder abnehmender Anzahl der Summanden ab. Man könnte also sagen, daß die Arbeitsgestalt der Addition für jene mittlere Summandenzahl am prägnantesten ist. Es ließ sich weiter zeigen, daß starken und schwachen Wahrnehmungsgestalten starke und schwache Arbeitsgestalten entsprechen, daß auf beiden Gebieten Auflockerungserscheinungen unter gleichen Bedingungen eintreten, und selbst für das »Gesetz der guten Kurve oder des gemeinsamen Schicksals« konnte in einem sehr beeindruckenden Experiment eine Analogie aufgezeigt werden (Experiment VI).

Katz betont nachdrücklich, daß es sich hier nicht nur um gewisse allgemeinste Analogien handelt, wie sie auch zwischen disparaten Tatsachenkreisen auftreten können, sondern um tiefliegende wesentliche Gemeinsamkeiten in Form gleicher allgemeiner Gesetze der dynamischen Wechselwirkung.

Weitere repräsentative Behandlungen des Denkens unter gestalttheoretischem Gesichtspunkt geben Wertheimer (1957) und Duncker (1963). Auf ihre Befunde werden wir uns hauptsächlich stützen, wenn im folgenden die Anwendbarkeit der Synergitätskriterien auf Denkprozesse im einzelnen geprüft wird.

Zunächst leuchtet ein, daß produktive Denkprozesse *dynamische* Prozesse (Krit. 1, vgl. Abschnitt 3.2.) sind, die durch Unterbrechungen und Störungen als Sinneinheit zerfallen. Man muß einen langen Satz, den man liest oder ausgesprochen hört, als dynamische Ganzheit in sich aufnehmen, um ihn verstehen zu können.

Hochentwickelte menschliche Denksysteme erfüllen zwanglos die Forderung nach *Systemhaftigkeit* und überlokaler Varianz (Krit. 2). Setzt man beispielsweise in der Euklidischen Geometrie den Satz »Die Winkelsumme im Dreieck ist 180°« als Axiom, wird das euklidische Parallelenaxiom beweisbar, und umgekehrt läßt sich aus der Voraussetzung des Parallelenaxioms der Winkelsummensatz beweisen. Als Albert Einstein die Lichtgeschwindigkeit als zwischen den verschiedenen Bezugssystemen vermittelnde Invariante in das Zentrum des physikalischen Theoriengebäudes rückte, kam es hinsichtlich der inneren Bezogenheit, der Getrenntheit, der Zentrierung und Gruppierung der physikalischen Kategorien zu einem radikalen strukturellen Wandel des physikalischen Theoriensystems. Aus der klassischen Physik entstand die relativistische Physik. Die Raumgeometrie wurde mit der Zeitdimension zu einem vierdimensionalen System verschmolzen, welches mit den faktischen physikalischen Geschehnissen eine innig zusammenhängende neue Struktur bildete. Teilsachverhalte und Kategorien wie Zeitfluß, Raum- und Zeitmessung, Masse, Energie erfuhren einen vertiefenden Bedeutungswandel, einen Wechsel ihrer Rolle, Stellung und Funktion im Gesamtsystem (nach Wertheimer 1957).

Aus dem Wesen von Abstraktion und Begriffsbildung folgt die evidente Tatsache, daß es sich bei Denk- und Theoriensystemen um mehr oder weniger *komplexe hierarchische Strukturen* (Krit. 3) handelt, die sich aus abstrakteren und konkreteren Kategorien formieren.

Zur Prüfung des 4. und 5. Kriteriums empfiehlt es sich, etwas weiter auszuholen. Betrachten wir die Dynamik kognitiver Problemlösungsprozesse unter Verarbeitung des von Duncker und Wertheimer zusammengetragenen Materials am Beispiel der Aufgabe, die Fläche eines Parallelogramms zu berechnen. Das Problemfeld befindet sich zunächst in einer definierten Ausgangslage, gleichzeitig existiert eine mehr oder weniger klare Zielvorstellung. Dies muß sich der Denkende zunächst bewußt machen: »Ziel- und Voraussetzungsexplikation« (Duncker). So verfügt der Schüler über bestimmte mathematische Lehrsätze und Formeln, u.a. die Formel zur Flächenberechnung des Rechtecks $A = a \times b$, Sätze über die Kongruenz von Flächen und die Gleichheit von Winkeln unter bestimmten Bedingungen usw. Dann erfolgt durch tastendes Probieren eine Transformation bzw. Umstrukturierung des Problemfeldes, bis seine Struktur der Zielstruktur entspricht. Solche Transformationen können z.B. sein: Austausch von Funktionen zwischen verschiedenen Teilsachverhalten des Ganzen; Umgliederung als Ersatz einer Einteilung des Ganzen durch eine andere; Umzentrierungen usw. (nach Metzger 1971, S. 171 f., der die Ergebnisse der Gestaltpsychologie für diesen Punkt zusammenträgt). Die Schüler einer Klasse, in der Wertheimer Untersuchungen machte, versuchten es beispielsweise durch Zerschneiden und Neuzusammenlegen der Figur, durch Einzeichnen mehr oder weniger sinnvoller Hilfslinien, durch das Anwenden verschiedener ihnen bekannter Lehrsätze usw.

Diese Transformationen führen über einen Punkt, den Duncker mit dem Terminus »Einschnappen« kennzeichnet. An diesem Punkt wird die Lösung irgendwie »vorgefühlt«, das Lösungsprinzip erstmalig erfaßt und zwar zunächst gefühlsmäßig. In unserem Beispiel »sieht« der Schüler in diesem Moment über dem Parallelogramm ein Rechteck, zu dem sich ein überstehendes und ein fehlendes Dreieck ergänzen: Abb. 4.1 (angeregt vielleicht durch bestimmte spielerisch-probierend eingezeichnete Hilfslinien).

Abb. 4.1 Erläuterungen im Text

Jetzt schließt sich die differenzierte »Ausgliederung« der zunächst ganzheitlich-gefühlsmäßig erfahrenen Lösung in ihren Details an, d.h. die Kongruenz der Dreiecke wird im einzelnen nachgewiesen und die Formel (A=Grundlinie mal Höhe) abgeleitet. Wichtig ist, daß sich im Vollzuge der Transformationen bis zum Ziel nur synergistische Relationen ($Ⓐ \xrightarrow{1} Ⓑ \xleftarrow{1} Ⓒ$) ergeben dürfen, d.h. hier: »kognitive Konsonanz«, formallogisch widerspruchsfreie Aussagenverknüpfungen sowohl innerhalb der direkten Ableitungsfolge wie auch zu allen »angrenzenden« kognitiven Inhalten (im Parallelogrammproblem z.B.: kongruente Figuren haben gleiche Flächen; beide Dreiecke sind kongruent; beide Dreiecke können sich wechselweise vertreten, da eine Verschiebung nicht die Fläche der Dreiecke oder der Restfigur verändert usw.).

Synergistische Beziehungen, die verschiedene Teilsachverhalte genau passend ineinandergreifen lassen, bezeichnet Wertheimer als »Rho-Relationen« und verweist auf Parallelen zur Wahrnehmungstätigkeit, wo z.B. Kinder einen starken Drang entwickeln, Teilfiguren zusammenzulegen, die sich zu einer übergeordneten Ganzfigur vereinigen lassen. Auch die Gruppen von jeweils vier Elementen aus Abb. 4.2 werden auf die Weisung, je zwei beliebige Paare zu bilden, in charakteristischer Weise immer so zusammengefaßt, wie es die Klammern zeigen.

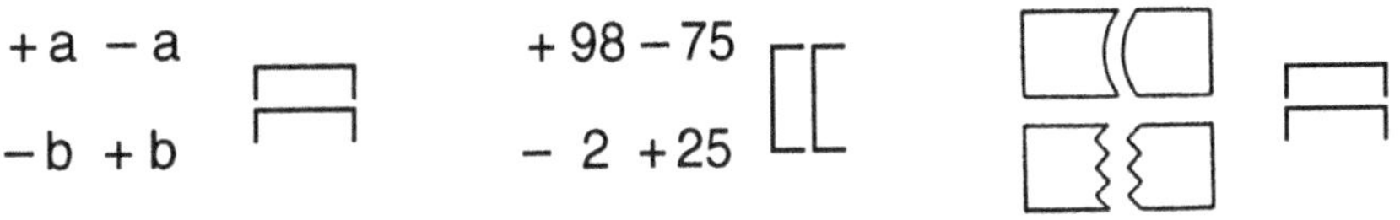

Abb. 4.2 (nach Wertheimer 1957) Erläuterungen im Text

Je neuer, unbekannter das Problem, desto ungerichteter und zufälliger sind die probeweisen Transformationen, je vertrauter hingegen das Problem und seine Voraussetzungen, desto zielgerichteter und geordneter die »gedanklichen Fluktuationen«.

Intelligente Schüler sind in der Lage, das Lösungsprinzip sofort zu verallgemeinern und auf neue Aufgaben anzuwenden: Zurückführen der Berechnung einer Fläche für die keine Formel bekannt ist, auf die Berechnung einer Fläche mit bekannter Formel durch Addition und Subtraktion kongruenter Teilflächen. Die in den Voraussetzungen additiv-unverbunden gegebenen Elemente (Flächenformeln, Kongruenzsätze usw.) haben sich also zu einer stabilen übergeordneten Ganzheit integriert, die auf neue Bedingungen anwendbar, d.h. transponierbar ist.

Unter den Schülern einer Klasse, die nach der Flächenformel für das Rechteck die des Parallelogramms kennengelernt hatten und auch die im Unterricht gestellten Aufgaben zur Flächenberechnung von Parallelogrammen korrekt zu lösen vermochten, konnte Wertheimer im nachhinein durch das Stellen von Zusatzaufgaben zwei Gruppen differenzieren. Die erste Gruppe war bis zu dem oben genannten Grad des Verständnisses fortgeschritten und zeigte sich fähig, sicher zu unterscheiden, ob sie die folgenden Flächen berechnen könnten oder nicht, wobei dies für Flächen des Typs A zu bejahen und für Flächen des Typs B zu verneinen war (Abb. 4.3).

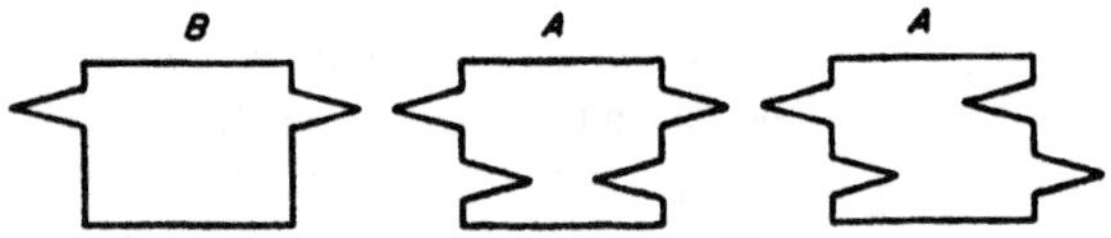

Abb. 4.3 (nach Wertheimer 1957) Erläuterungen im Text

Die andere Schülergruppe dagegen schritt entweder zu unsinnigen Lösungsversuchen oder lehnte die Aufgaben von vornherein als nicht im Unterricht behandelt ab. Bei diesen Schülern bildeten die Rechteckflächenformel, die Parallelogrammflächenformel, die übrigen assoziierten Teilsachverhalte und das neue Problem offenbar ein beziehungsloses, isoliert-additives Nebeneinander, ohne sich zu einem stabilen übergeordneten kognitiven Schema integriert zu haben. Die Parallelogrammflächenformel wurde im Unterricht nur mechanisch ohne Erfassung der wesentlichen strukturellen Problemzusammenhänge angewandt.

All dies zeigt: Der durch die Transformationen erreichte Zustand des gelösten und verstehend verallgemeinerten Problems zeichnet sich also im Vergleich zum Ausgangszustand durch einen höheren dynamisch-strukturellen Ordnungs- und Stabilitätsgrad aus. Vormals additiv Nebeneinanderstehendes wurde systemhaft integriert zu einer von synergistischen Beziehungen getragenen *übergeordneten Ganzheit* von mehr oder weniger hoher *dynamischer Stabilität*, d.h. Anwendbarkeit, Transponierbarkeit auf neue Problemsituationen (Krit. 4 u. 5).

Wolfgang Metzger (nach Wertheimer 1957) berichtet ein von ihm in den Vorlesungen angewandtes Verfahren, das die bewegende Dynamik gedanklicher Ordnungsbildungen und Ordnungswechsel treffend verdeutlicht. Den Studenten wurden langsam beispielsweise die Worte: »... Kochherd ... Küchenschrank ... Glasflasche ... Chemikalien ... Reißbrett ... Tinten ... Geldscheine ... Verhaftung ...« vorgesprochen, verbunden mit der Aufgabe, die Situation zu erraten. Bis zum 3. Wort glaubt man sich in eine Küche versetzt, in die dann stückhaft Fremdkörper eindringen, bis sie sich spätestens ab dem 6. Wort mit einem Gefühl der Unsicherheit – der Küchenschrank paßt nicht recht – in ein Labor verwandelt. Zum Labor sind dann die Geldscheine und die Verhaftung nur zufällige, summenhafte, störend erlebte Beifügungen, bis dann, mit einem erleichternden »Aha« alles nochmals umschlägt und wir eine soeben ausgehobene Falschmünzer-Werkstatt vor Augen haben, in der jetzt alle Einzelheiten richtig sitzen, die – nunmehr gefälschten – Geldscheine das Zentrum des Ganzen bilden und nichts mehr rein summenhaft »auch noch da ist« oder gar »stört«.

Diese Dynamik gilt in gleichem Maße für Erkenntnissysteme von größerer Ausdehnung als die Flächenberechnung des Parallelogramms, für wissenschaftliche Theorien und ganze Wissenschaften. Mindestens in grober Tendenz scheint die Entwicklung aller Wissenschaften in »idiographischer« Form (Windelband), d.h. als überwiegend summatives Zueinander gesammelter Fakten zu beginnen und nach einer gewissen Reifezeit in eine »nomothetische« Phase zu treten, in der diese Fakten durch die Konstruktion von Gesetzesbeziehungen in systemhafte Ordnung gebracht werden. Theoriensysteme weisen wiederum in der Anwendung auf neues wissenschaftliches Faktenmaterial über einen definierten Bedingungsbereich eine mehr oder minder hohe Stabilität auf. Bei zunehmender Konfrontation mit neuem, nicht erklärbaren oder gar widersprechenden Faktenmaterial zerfällt die alte Theorienstruktur und wird in der Regel in eine neue überführt, ein Prozeß den Thomas Kuhn »wissenschaftliche Revolution« genannt hat. So war die klassische Physik bis zum Ausgang des 19. Jahrhunderts über den bekannten physikalischen Daten stabil. Dann aber wurden zunehmend Ergebnisse beigebracht, die sich nicht einordnen ließen und zu Widersprüchen führten (Maxwellsche Elektrodynamik, Michelson-Versuch u.a.). Durch den von Einstein vollzogenen Strukturwandel zur modernen relativistischen Physik wurde die Ordnung und Stabilität auf höherer Stufe wieder hergestellt und zunehmend gefestigt durch den Einbezug weiteren Faktenmaterials, durch die Ausführung neuer spezieller Experimente, durch immer bessere Integration des Gesamtsystems.

Die höhere Stabilität hoch geordneter kognitiver Systeme drückt sich aber nicht nur in der Transponierbarkeit aus, sondern auch in der wohlbekannten Tatsache, daß sich das, was man »richtig verstanden hat, besser einprägt«. Experimentelle Untersuchungen zum Gedächtnis zeigen, daß gestaltetes, strukturiertes Material besser behalten wird als homogenes und sinnvolles besser als sinnloses (Köhler 1971, S. 92 f.).

Wenn ein Lösungsprinzip wirklich verstanden und verallgemeinert wurde, gibt es eine mehr oder weniger große Klasse von Problemen, auf die es kurzerhand anwendbar ist. Es muß nicht mehr für jedes Problem dieser Klasse eine neue Lösung oder die alte nochmals gefunden werden, d.h. die zur Problemlösung nötige Zahl an Denkschritten verringert sich, das Denken wird »ökonomischer«. Das Streben des menschlichen Geistes nach möglichst einfachen Erklärungen ist als Phänomen seit langem für die Wissenschaft interessant. Bereits Morgan (1894) formuliert ein »Prinzip der sparsamsten Erklärung«. Ernst Mach (1910) setzt die »Denkökonomie« als eigentliche Triebkraft der Wissenschaftsentwicklung. Piaget (1983) betont die Tendenz der Entstehung kognitiver Strukturen, die mit möglichst einfachen Transformationen auf einen möglichst großen Problembereich anwendbar sind, was schließlich zu den logisch-mathematischen Strukturen führt. Auch Wertheimer differenziert zwischen »schönen« und »häßlichen« Problemlösungen. So wird von seinen Schülern die Formel $A = a^2 + b^2 - (a\text{-}b)^2 \ 1/2$ zur Berechnung der Rechteckfläche entrüstet zurückgewiesen, obwohl sie ebenso korrekt, allgemeingültig und beweisbar ist wie die »schöne«, sinnvolle und verständliche Formel $A = a \times b$. Es ist offensichtlich, daß mit der verstehenden Erfassung der wichtigen und wesentlichen Problemrelationen, mit der Abstraktion vom Unwesentlichen immer eine Komplikationsreduktion, eine Zunahme an Überschaubarkeit und Faßlichkeit, d.h. eine relative Vereinfachung, eine Prägnanzzunahme des Problemfeldes verbunden ist.

Insgesamt zeigt sich, daß auch die Synergitätskriterien 4 und 5 auf Denkprozesse angewendet werden können. Der Synergitätsbegriff erfaßt auf spezifische Weise wichtige dynamisch-strukturelle Charakteristika von Denkprozessen. Es sei ausdrücklich auf die sich daraus ergebenden Analogien zur Motorik hingewiesen. Der Prozeß des Problemlösens verläuft unter dynamisch-strukturellem Aspekt, im Wechselspiel von Zufall (»psychische Mutagenese« – Simonov 1975) und Notwendigkeit unter Entstehung immer höher geordneter und stabilerer Strukturen nicht anders das motorische Lernen. Auf der hier fokussierten sehr abstrakten Beschreibungsebene lassen sich stabile, gekonnte motorische Bewegungen durchaus mit der gekonnten »inneren Bewegung« des flüssig-spielerischen Anwendens eines Lösungsprinzips auf immer neue Aufgaben vergleichen. Auch die Denktätigkeit kostet Konzentration, Anstrengung und letztlich Energie. Das Prinzip der Denkökonomie ist eine Konkretisierung des bei der Besprechung der Psychomotorik abgeleiteten allgemeinen Synergitätsprinzips »Maximaler Effekt durch minimalen Aufwand«.

Die wohl differenzierteste zum Umfeld der Gestaltpsychologie gehörige Theorie der Entwicklung des Denkens stammt von dem berühmten Schweizer Psychologen Jean Piaget (1976, 1983).

Eine Basiseinheit seiner Konzeption ist das »Verhaltensschema« als die funktionelle Form der Auseinandersetzung des Organismus mit der Umwelt. Diese Schemata und Unterschemata sind, wie Piaget zeigt, zu zyklischen, interdependenten und hierarchisch strukturierten Systemen der Form: (A x A')→ B; (B x B')→ C; ... ; (Z x Z')→ A usw. organisiert, wobei A, B, C, usw. die konstituierenden Teile des Zyklus sind und A', B', C' usw. die zu ihrem Unterhalt notwendigen Elemente aus der Umwelt. Unter diese Verhaltensschemata subsumiert Piaget nun sensomotorische Schemata, die man auf neue äußere Gegenstände anwendet wie auch begriffliche oder logisch-mathematische Schemata – etwa die besprochenen »Lösungsprinzipien« – die auf neue Aufgaben bezogen werden. Entscheidend für die Fortexistenz eines solchen mehr oder weniger stabilen Zyklus ist ein Gleichgewicht zwischen der konstruierenden Assimilation neuer äußerer Elemente an die Schemata einerseits und der Akommodation der Schemata an diese neuen Elemente andererseits, die dabei notwendig auftretende Störungen (Lücken oder Hindernisse) kompensiert, um das Gleichgewicht des Systems wieder herzustellen, um das System also zu »äquilibrieren«.

Es ist Piagets zentrale Idee zur Erklärung der kognitiven Entwicklung, daß vorläufig etablierte Gleichgewichte bzw. Stabilitäten auf einer bestimmten Stufe gestört und auf der nächsthöheren Stufe in verbesserter Form wiederhergestellt werden und zwar durch schrittweise tastendes Versuchen, das die Erfolge festhält und die Mißerfolge ausscheidet (wobei die Regulierungen anfangs charakteristisch schwanken, um sich dann zu stabilisieren). Da notwendig immer neue innere oder äußere Störungen entstehen, kommt dieser Prozeß nie zum Abschluß; Piaget spricht von »majorierender Äquilibration«, womit sich eine Tendenz zur Komplexitätszunahme der Schemata verbindet, zum Einbegriff aller Elemente, die mit der Natur dieser Schemata verträglich sind.

Piaget unterscheidet drei große, miteinander verbundene Gleichgewichtsformen: das Gleichgewicht zwischen den Schemata des Subjekts und den zu assimilierenden Objekten, das Gleichgewicht der Koordinationen zwischen den Unterschemata und Schemata einer Ebene und das Gleichgewicht zwischen der Differenzierung und der Integration, als Äquilibration des Ganzen und seiner Teile in hierarchischer Struktur.

Ein elementares Beispiel der Koordination zweier Schemata mit dem Ergebnis der stabil-äquilibrierten Erhaltung eines übergeordneten Ganzen ist die Entwicklung der Mengenerhaltung. Ein 5–6jähriges Kind wird von einer Wurst, die es aus einer Knetekugel geformt hat, sagen, sie enthalte mehr Knetmasse, weil sie länger geworden ist. Wird die Wurst noch länger ausgerollt, wähnt das Kind die Masse geringer, weil sie dünner geworden ist. Diese Umkehrung bewirkt nun allmählich, daß das Länger- und das Dünnerwerden miteinander in Verbindung gebracht werden, was schließlich zum stabilen kompensatorischen Ausgleich »länger x dünner = dieselbe Menge« führt. Zwischenhin etablieren sich labile Gleichgewichte, wo beide Betrachtungsweisen in Abhängigkeit davon, auf welche sich das Kind im Moment konzentriert, ineinander umschlagen.

In ähnlicher Weise entwickeln sich nach Piaget, ausgehend von der sensumotorischen Intelligenz über das vorbegriffliche und begriffliche Denken bis hin zum logisch-mathematischen Denken, sämtliche kognitiven Strukturen des Menschen, ja selbst der Gegenstandsbegriff, die Konstituanten des euklidischen Raumes und der Zeitbegriff, die dem Erwachsenen als absolut und unveränderlich gegeben erscheinen. Und immer entsteht das neue, leistungsfähigere Niveau durch die Koordination elementarer Schemata zu »Gruppierungen«, die zunächst noch labil sind und dann immer generalisierter anwendbar werden, d.h. durch Integration von kooperierenden Teilen zu einem übergeordneten und zunehmend stabilen Ganzen.

Das Bedürfnis ist nach Piaget der Ausdruck für das momentane Nichtfunktionieren eines Schemas infolge von Störungen. Im Grenzbereich zwischen dem, was assimiliert wurde und dem, was zumindest aktuell bedeutungslos bleibt oder verdrängt wird, gibt es eine Menge von nur verschwommenen Erkenntnissen und schlecht gelösten Problemen, die dauernd zum Forschen anregen, um eine bessere Äquilibration des Gesamtsystems zu erreichen.

Piaget weist auf den interessanten Umstand hin, daß in allen vitalen kognitiven Bereichen die Gesamtform stabiler als ihre Komponenten zu sein scheint. Nach Piaget, der die entsprechenden Quellen zitiert, läßt sich mathematisch zeigen, daß es Systeme gibt, die vollständig und widerspruchsfrei sind, obwohl sie sich aus z.T. unbestimmten Untersystemen konstituieren. Ferner: Eine allgemeinere mathematische Theorie, die weniger allgemeine Theorien enthält, hat eine höhere Erklärungskraft als diese, gleich, ob man sie einzeln oder miteinander verbunden nimmt. »Es ist somit kein Zirkelschluß (genauer: es ist zwar ein Zirkel, aber kein circulus vitiosus), wenn man annimmt, die Ganzheit eines Systems spiele den Teilregulierungen gegenüber die Rolle des Regulators, denn sie auferlegt diesen eine äußerst zwingende Norm: sich der Erhaltung des Ganzen unterordnen, sich also in den geschlossenen Zyklus der Interaktionen einordnen, oder von einer mit dem Tod des Organismus vergleichbaren allgemeinen Zersetzung fortgerissen werden« (Piaget 1976, S. 30). Im letzteren Falle würde also die »Akkommodationsnorm« des Schemas, d.h. der Bedingungsbereich seiner Stabilität überschritten werden.

In seinem 1975 erschienenen Spätwerk »Die Äquilibration der kognitiven Strukturen« findet Piaget zu einer visionären Bezugsetzung, deren Bedeutung sich uns später voll erschließen wird. In Abgrenzung gegen das mechanische Gleichgewicht und das thermodynamische Gleichgewicht im Sinne des II. Hauptsatzes sieht er die von ihm beschriebenen kognitiven Gleichgewichte »näher bei den stationären, aber dynamischen Zuständen, von denen Prigogine spricht, mit Austauschvorgängen, die imstande sind, ›eine funktionelle und strukturelle Ordnung in einem offenen System zu konstruieren und aufrecht zu erhalten‹ (Glansdorff & Prigogine 1971, S. 271)« (Piaget 1976, S. 11).

Diese kurze Zusammenfassung für unsere Fragestellungen wesentlicher Aspekte der sehr subtil ausgearbeiteten theoretischen Vorstellungen Piagets mag genügen, um noch einmal deutlich zu machen, daß die dynamisch-strukturellen Aspekte der Synergität auf einer bestimmten abstrakten Ebene sehr spezifisch mentale Tätigkeitsprozesse charakterisieren.

Im vorangegangenen Kapitel war wiederholt von einem »inneren Gestaltdruck«, von einer Eigengesetzlichkeit des motorischen Prozesses die Rede, die sich nicht selten in

Konkurrenz zu den übergeordneten, auf Objektanpassung zielenden Steuerungsanforderungen begibt. Finden wir im Denken etwas hierzu Vergleichbares? Offenbar. Lesen Sie bitte die folgende von W. Poppelreuter (zit. nach Metzger 1986, S. 187) im Jahre 1912 entworfene Geschichte. Wenn Sie Spaß an einem kleinen Experiment haben, prägen Sie sich den Text so genau wie möglich ein, und versuchen Sie, ihn hernach aus dem Gedächtnis wiederzugeben.

»Ein Knabe weidete ein Rind auf einem Grasplatz neben einem Garten. Als er nun in die Höhe sah nach einem Kirschbaum, merkte er, daß reife Kirschen daran hingen. Ein reicher Mann brachte seine Nachbarin, eine arme Witwe, um ihren einzigen Acker, um damit seinen Garten zu vergrößern. Die glänzten ihm rötlich entgegen, und es gelüstete ihn, sie zu pflücken; da ließ er das Tier allein und kletterte auf den Baum. Als er am anderen Tag auf dem Acker umherging, kam die arme Witwe mit einem leeren Kornsack und sprach zu ihm mit weinenden Augen: Die Kuh aber, als sie den Hirten nicht sah, ging davon und brach in den Garten und fraß Blumen und Kräuter nach ihrem Gelüste, anderes zertrat sie mit den Füßen. Ich bitte Euch, laßt mich von meinem väterlichen Erbteil nur soviel Erde nehmen, als in diesen Sack hineingeht. Der Reiche sagte: Diese törichte Bitte kann ich Euch wohl gewähren. Als der Knabe das sah, war er entrüstet, sprang von dem Baum, lief hin, ergriff das Rind und schlug es jämmerlich. Die Witwe füllte den Sack mit Erde und sprach dann: Ich habe eine Bitte, helft mir den Sack auf die Schulter nehmen. Da trat der Vater, der alles gesehen hatte, zu dem Knaben und sagte ernst: Dieses versuchte der Reiche, doch vergebens, der Sack war zu schwer. Gebührt die Züchtigung Dir oder dem Tier, das nicht weiß, was Recht und Unrecht ist? Bist Du nicht ebenso Deinem Gelüste gefolgt wie das Tier? Da sprach die Witwe mit Nachdruck: Da Euch dieser Sack voll Erde zu schwer ist, wie wird erst der ganze Acker Euch in der Ewigkeit drücken? Da schämte sich der Knabe und versprach dem Vater, nie wieder solches Unrecht zu tun. Der Mann aber erschrak über ihre Rede und gab ihr den Acker zurück.«

Ihnen ist sicher sogleich aufgefallen, daß es sich eigentlich um zwei selbständige Geschichten handelt, die alternierend erzählt werden. So Sie sich an dem Experiment versucht haben, werden Sie, wie schon viele andere vor Ihnen, festgestellt haben, daß die damit verbundene Aufgabe nicht erfüllt werden kann. Es ist völlig unmöglich, die Mischgeschichte in der Reihenfolge ihrer Darbietung wiederzugeben, auch wenn man das unmittelbar im Anschluß an das Lesen versucht. Sofort bei Aufnahme werden die Bestandteile der beiden Geschichten auseinandergegliedert und in einer Weise neu zusammengefügt, daß zwei in sich jeweils sinnvolle Strukturen entstehen. Offenbar entspringt dies einer unwillkürlichen Eigendynamik der kognitiven Prozesse, vergleichbar mit der sofortigen Entmischung zweier Phasen wie Öl und Wasser. Die übergeordnete, aufgabenspezifische Steuerungsanforderung, beide Sinngebilde in durchmischtem Zustand zu erhalten, läßt sich gegen diese Eigendynamik nicht durchsetzen, wie sehr Sie sich auch mühen!

Die Konkurrenz zwischen Objektanpassung und kognitiver Eigengesetzlichkeit zeigt sich ferner in folgenden Phänomenen, die allzu bekannt sind, als daß sie in aller Breite erläuterungsbedürfig wären. Wissenschaft betreiben heißt wesentlich, möglichst viele Erscheinungen unter möglichst wenige theoretische Ordnungsprinzipien zu subsumieren. Das resultierende Streben, ein bestimmtes Ordnungsschema möglichst weitgehend durchzuhalten, führt auf den verschiedensten Ebenen des kognitiven Prozesses zur Deformierung der zu assimilierenden Sachverhalte: selektive Wahrnehmung, kompatible Interpretation von Mehrdeutigem, verzerrte Wahrnehmung bis hin zu Fehlwahrnehmungen und »Verdrängungen«. Dies mag von Fall zu Fall in stark unterschiedlichem Ausmaß in Erscheinung treten, ist aufs Ganze gesehen aber unvermeidlich und in gewissem Maße wohl sogar eine Voraussetzung eines jeden Theoriebildungsprozesses.

Nachdem somit deutlich ist, wie sich unser abstrakter Synergitätsbegriff in der Denktätigkeit konkret umsetzt, ist es fast müßig, festzustellen, daß er auch hier wieder mit entsprechenden emotionalen Phänomenen im Sinne von Stimmigkeits- und Unstimmigkeitsgefühlen verbunden ist. Zwar sind mir keine wissenschaftlichen Arbeiten bekannt, in denen dieser faszinierende Zusammenhang gesondert im Blickpunkt des theoretischen oder experimentellen Interesses gestanden hätte. Gleichwohl: Die »introspektive Beweislast« ist erdrückend. Es gibt kaum eine gestaltpsychologische Arbeit, die umhinkäme, explizit oder implizit auf diese direkte Verknüpfung zwischen genuin strukturellen Qualitäten und emotionalen Bewertungsprozessen hinzuweisen – die häufig verwendeten Begriffe »gute Gestalt« und »schlechte Gestalt« geben Zeugnis davon. Ungezählte Erlebnisberichte von Physikern oder Mathematikern weisen auf die ästhetischen Qualitäten theoretischer Strukturen und ihre Bedeutung im kreativen Prozeß hin – wir werden darauf zurückkommen. Jeder geistig aktive Mensch, der seine theoretische Arbeit mit einem Mindestmaß an introspektiver Sensibilität reflektiert, kann den hier behaupteten Zusammenhang zwischen den Synergitätskriterien und sekundären Emotionen im Alltag erfahren.

Das sprichwörtliche »Aha-Erlebnis«, das dem oben erwähnten Moment des »Einschnappens«, d.h. einer sprunghaften Synergitätserhöhung entspricht, ist ein ausgesprochen freudbetontes Erlebnis, auch wenn nicht jeder gleich unbekleidet und »Heureka« rufend durch die Straßen läuft, wie Archimedes es einst getan haben soll, als er beim Bade das Auftriebsgesetz fand.

Wie oft lernt sich der Studierende aus einem vielleicht didaktisch ungeschickt gestalteten Lehrmaterial Fakten und Formeln an und ist trotz intensiven Bemühens nicht imstande, die inneren Zusammenhänge zu erkennen und das Problemfeld zu synergisieren. Es entsteht ein Gefühl der spannungsvollen Unlust, eines tiefgreifenden Unbefriedigtseins. Das Erleben der Tätigkeit schlägt radikal um, nachdem dann ein Meister des Fachs mittels einfacher, folgerichtiger und vielleicht sehr anschaulicher Modellvorstellungen die wesentlichen Zusammenhänge aufgezeigt hat, die vormals additiven Fakten jetzt synerg auseinander hervorgehen, das nunmehr aller Beziehungslosigkeit und Kontingenz bare interdependente Wissenssystem auf neue Probleme angewendet und zum früheren Wissen in sinnvolle Beziehung gesetzt werden kann. Alles macht nun plötzlich wieder großen Spaß, das Wissensgebiet wird wieder als faszinierend empfunden, und der Betreffende setzt sich sogleich wieder an die Bücher, um weitere Fakten zu assimilieren, einem Drang folgend, das Gedankengebäude noch komplexer zu gestalten.

Bei der Arbeit mit amerikanischen Schulklassen zeigte sich, daß sowohl die Lernergebnisse als auch die Lernfreude ganz erheblich stiegen, wenn die in den 40er Jahren dort noch vorherrschenden »drillmäßigen« Unterrichtsmethoden, die sich ja im Einklang mit den Lehren der »assoziationistischen« Psychologie befanden, durch gestalttheoretisch begründete Verfahren ersetzt wurden, bei denen die Entdeckung der sinntragenden Beziehungen und des strukturellen Gehalts von Aufgaben im Vordergrund steht (Stern 1949).

Wir werden versuchen zu zeigen, daß sich hinter dem von Wertheimer berichteten spontanen Gebrauch des Adjektivs »schön« für sinnvolle, strukturell einsichtige Problemlösungen und des Adjektivs »häßlich« für umständliche, indirekte und strukturell uneinsichtige Lösungen tatsächlich ein gesetzmäßiger Zusammenhang zum ästhetischen Empfinden verbirgt.

Es gibt Berufsfelder (etwa die Ingenieurberufe) mit komplexen Tätigkeitsgegenständen, die sich aus einer Vielzahl von interdependenten, synerg ineinandergreifenden Elementen konstituieren und Arbeitsprozesse ermöglichen, bei denen sich ständig etwas verändert, entwickelt und komplexer wird, die also kreative Gestaltungsfreiräume für permanente Synergitätssteigerungen bereithalten. Derartige hochsynerge Tätigkeiten werden sehr viel lieber ausgeführt, machen mehr Spaß und verschaffen mehr Erfüllung und Befriedigung als weitgehend asynerge Berufstätigkeiten, wo von allem o.g. das Gegenteil der Fall ist (etwa bei der sprichwörtlichen Fließbandarbeit).

Wie oft geschieht das Folgende: Wir haben zu einem bestimmten wissenschaftlichen Problembereich eine abgeleitete, differenzierte und in sich stimmige theoretische Konzeption. Nun lesen wir eine Abhandlung, die dieses Problem aus einer anderen Perspektive beleuchtet, z.T. die gleichen Sachverhalte mit anderen Begriffen und aus anderen Zusammenhängen abgeleitet behandelt. Obwohl wir sowohl unsere Interpretation als womöglich auch die fremde in sich für stimmig halten, d.h. logische Widersprüche im eigentlichen Sinne vielleicht gar nicht erkennbar sind, erwächst für uns aus ihrem unverbundenen Zueinander ein Unbehagen, ein starker Drang, beide Konzepte wechselseitig ordnend in Beziehung zu setzen, genau abzugrenzen, was in den eigenen Vorstellungen schon vorhanden und was möglicherweise neu oder richtiger am fremden Konzept ist, schließlich festzustellen, wie das schon Vorhandene im eigenen Konzept nun genau formuliert ist und wie dieses Neue in die eigene Terminologie zu übersetzen wäre, kurz: das fremde Konzept zu assimilieren und damit das eigene System »majorierend zu äquilibrieren«. Ist dies im gefühlsmäßigen Auf und Ab der Erfolge und Mißerfolge gelungen, stellt sich ein tiefes Gefühl der Befriedigung und Stimmigkeit ein, auch wenn sich aus all dem keinerlei positive weiterführende Konsequenzen ergeben mögen; es mußte nur die strukturelle Ordnung und Stabilität des kognitiven Systems wieder optimiert werden.

Weiter lassen sich insbesondere folgende Phänomene durchgängig beobachten: In Konfrontation mit einem neuen kognitiven Element (ob von außen herangetragen oder selbst produziert), welches sich nicht in eine komplexe, vorbestehende Ordnung einpaßt, also zu logischen Widersprüchen führt, entstehen negative Emotionen; die Konfrontation mit einem kognitiven Element, das eine vorbestehende Ordnung stützt und erweitert erzeugt dagegen positive Emotionen. *Kognitive Konsonanz bzw. Dissonanz (Festinger 1978) sind die wichtigsten Konkretisierungen von Synergität bzw. Dyssynergität bei Denkprozessen.*

Wie schon im Bereich der Psychomotorik läßt sich also feststellen, daß Dyssynergitäten negativ-valente Unstimmigkeitsgefühle auslösen, verbunden mit einem Drang zu ordnen. Die »Betätigung« synerger, hochgeordneter und stabiler kognitiver Systeme macht dagegen Freude. Je komplexer und differenzierter das System ist, um so intensiver positives Stimmigkeitserlebnis und mentale Funktionslust. Vor allem der Moment einer sprunghaften Synergitätserhöhung (»Aha-Erlebnis«) wird lustbetont erlebt, wohingegen gewohnheitsmäßig-automatisierter Umgang mit einfachen kognitiven Schemata nicht mehr von spezifischen Erlebensphänomenen begleitet ist, was wiederum auf eine Habituation, auf ein phasisches Antwortverhalten der zugrunde liegenden Emotionsmechanismen hinweist. Es handelt sich hierbei tatsächlich um tausendfach bestätigte Alltagserfahrungen.

Für den Bereich der Psychomotorik läßt sich ein evolutiver Anpassungswert der Synergitätsbewertung durch den PRM bzw. das SBS unschwer einsichtig machen; wir hatten die entsprechende Argumentation von Konrad Lorenz wiedergegeben. Wie aber kommt es zu einer Synergitätsbewertung im Zusammenhang mit Denkprozessen? Die sparsamste Erklärung wird dies im Sinne eines Epiphänomens deuten: Motorik und Denken haben in den Eigenschaften der Synergität prozessuale Gemeinsamkeiten und sind anatomisch-funktionell eng vermascht – Denkprozesse könnten so quasi »unbeabsichtigt« von der Bewertungsfunktion des PRM/SBS »miterfaßt« werden. Eine ausführlichere Diskussion dieser Probleme erfolgt zu einem späteren Zeitpunkt.

Eine weitere außerordentlich interessante Frage schließt sich an: Wie wir sahen, spielt das SBS bei der Regulation der Willkürmotorik eine entscheidende Rolle für die Äquilibration von Teil und Ganzem. Wie ist es nun im Bereich des Denkens? Warten auf das »unbeabsichtigt« interferierende SBS hier ähnlich subtile aktualgenetische Regulierungsaufgaben, die über die Bereitstellung einer intrinsischen Motivationsbasis für lebenslanges Forschen hinausgehen?

Wir hatten oben gesagt, daß mit dem »Einschnappen« die Lösung zunächst gefühlsmäßig erfaßt, »vorgefühlt« wird. Lange bevor wir imstande sind, die Einzelheiten der Lösung in exakt-begrifflicher Form auszudrücken, sagt uns ein »Stimmigkeitsgefühl«, daß genau in dieser und keiner anderen Richtung die Lösung zu suchen ist. Diese Tatsache zieht sich wie ein roter Faden durch die Schilderungen des produktiven Denkens bei Wertheimer und Duncker. So wird etwa Albert Einstein mit folgenden Worten zitiert: »Während all dieser Jahre hatte ich ein Richtungsgefühl, das Gefühl gerade auf etwas Bestimmtes zuzugehen. Es ist natürlich sehr schwer, dieses Gefühl in Worten auszudrücken, aber es war ganz entschieden der Fall, und klar unterscheidbar von der Art der späteren Überlegungen über die rationale Form der Lösung. Natürlich ist hinter solch einer Gerichtetheit immer etwas Logisches; aber ich habe es in einer Art von Überblick, gewissermaßen sichtbar vor Augen« (nach Wertheimer 1957, S. 213, der intensive persönliche Gespräche mit Einstein führte). Wie aus den Schilderungen Wertheimers hervorgeht und ein jeder an sich selbst beobachten kann, treten auch die Stimmigkeits- oder Unstimmigkeitsempfindungen, die in Konfrontation mit neuen kognitiven Elementen im Prozeß der differenzierenden Erweiterung unserer Wissenssysteme entstehen, bereits vor den im einzelnen prüfenden Denkschritten auf. Wie oft liest man einen Zeitschriftenartikel und spürt sofort deutlich: Irgendetwas »stimmt hier nicht« – der hier vertretene Ansatz ist mit dem eigenen irgendwie nicht kompatibel. Nicht selten bedarf es dann noch anstrengender geistiger Arbeit, ehe man im einzelnen sagen kann, was da »nicht stimmt«.

Die Phänomene, von denen hier die Rede ist, entsprechen wohl dem, was umgangssprachlich als »Intuition« oder die berühmte »wissenschaftliche Spürnase« bezeichnet wird. Durch Übertragung der im vorigen Abschnitt im Zusammenhang mit der Motorik gewonnenen Erkenntnisse scheint eine exaktere Interpretation dieser unscharfen, im hochkomplexen kognitiven Geschehen schwer isolierbaren Phänomene möglich. Es scheint sinnvoll hierbei die Konzepte KKC und AEC zu verallgemeinern. Im KKC, der nur über eine sehr begrenzte Kanalbreite verfügt, erfolgt die bewußte, konkrete bildhafte bzw. begriffliche Denktätigkeit. Zusätzlich informiert das SBS als AEC in Form von sekundären Stimmigkeits- oder Unstimmigkeitsgefühlen über den Grad an dynamisch-struktureller Ordnung und Stabilität, mit der sich die begrenzte Zahl der im Zentrum der Aufmerksamkeit stehenden kognitiven Elemente in die nicht aktuell bewußte, aber latent mitaktivierte kognitive Gesamtstruktur einfügt. Der AEC macht damit eine »Vorselektion« dieser kognitiven Elemente sowie eine »Grobsteuerung« der kreativen Suchprozesse möglich. Man muß sich vor Augen halten, welch außerordentlich komlexe kognitive Strukturen der Mensch etwa mit den logisch widerspruchsfreien Theoriensystemen der modernen Mathematik und Physik geschaffen hat. Zielgerichtete Veränderungen dieser hochgradig interdependenten Systeme oder gar komplexe Umstrukturierungen, wie sie Einstein vollzog, sind nach meiner Überzeugung allein durch die bewußte ikonisch-begriffliche Informationsverarbeitung im Rahmen unseres engen Gegenwartsbewußtseins nicht befriedigend erklärbar. Bei lokalen kognitiven Umstrukturierungen in einem komplexen theoretischen Gefüge alle relevanten globalen Interdependenzen bewußt auf ihre logische Widerspruchsfreiheit durchzuprüfen, wäre ebenso unmöglich, wie das Durchprobieren aller möglichen Trajektorien für die Koordination komplexer motorischer Bewegungen. Woher weiß der Denkende dann aber, daß es nicht viele verborgene »virtuelle Widersprüche« gibt, woher weiß er, daß die lokalen Veränderungen in ihren globalen »virtuellen Konsequenzen« tatsächlich in die gewünschte Richtung einer höheren Integration des Theorieganzen gehen? Lassen wir den genialen französischen Mathematiker, Physiker und Astronomen Henri Poincaré (1910, S. 20) antworten: »Wir brauchen eine Gabe, die uns von weitem das Ziel sehen läßt, und diese Gabe ist die Intuition.«

Folgender Vergleich macht das Wesen dieses Problems auf das Anschaulichste deutlich: In einem anderen Sinnzusammenhang berichtet Wertheimer (1957, S. 140), daß vom Flugzeug aus ein vorgeschichtlicher Ringwall entdeckt wurde, und zwar auf Feldern, die jahrelang bebaut worden waren, ohne daß den Bauern irgendetwas Bemerkenswertes aufgefallen wäre. Die Betrachtungsperspektive der Menschen auf dem Felde ist vergleichbar mit der Informationsverarbeitung im KKC, der Fakten eines nur sehr *engen Bereichs* erfaßt, aber mit *hoher Detailschärfe*. Die Informationsaufnahme aus der Vogelperspektive wäre der Arbeit des AEC analog, der das *Ganze im Überblick* erfaßt, aber dafür nur *unscharf im Detail,* also unter Abstraktion auf bestimmte allgemeine Struktur- und Ordnungsmerkmale der Ganzheit. Die definitive Erkenntnis, daß sich in einem bestimmten Bereich auf den Feldern ein Ringwall aus einem bestimmten vorchristlichen Jahrhundert befindet, wurde *nur aus dem Zueinander* beider Perspektiven möglich. Vom Flugzeug aus war lediglich die Existenz einer über die Felder ziehenden bogenförmigen Struktur festzustellen. Nur dies aber konnte das Interesse auf jene aus der Nahperspektive unverdächtigen Bodenbezirke lenken, die dann nach gezielten Grabungen das entsprechende archäologische Material freigaben.

Abschließend können wir feststellen, daß auch im Bereich der menschlichen Denktätigkeit die Synergität auf die in unserer These beschriebene spezifische Weise mit emotionalem Erleben verbunden ist. Es konnten tiefgehende funktionelle Analogien bezüglich der ganzheitsbezogenen Regulierungsfunktion wahrscheinlich gemacht werden, die diese emotionalen Bewertungsmechanismen bei psychomotorischen Prozessen und menschlichen Denkprozessen ausüben.

Schon hier sei darauf hingewiesen, daß die beschriebenen emotionalen Effekte auch im Zusammenhang mit persönlich vollständig bedeutungslosen Problemen auftreten, mit denen man durch irgendeinen Zufall konfrontiert wird, deren Lösung in keiner Weise die Wahrscheinlichkeit irgendeiner Zielerreichung oder Bedürfnisbefriedigung beeinflußt und deren Bewältigung auch keine lebensrelevanten Ist/Soll-Diskrepanzen oder Informationsdefizite u.ä. verringert, wie dies in der Literatur vertretene Konzepte zumeist implizieren. Es handelt sich primär um *rein strukturbezogene* Bewertungsvorgänge, die freilich im komplexen funktionellen Kontext zumeist persönliche Bedeutung transportieren.

Bevor wir all dies in einem entwickelteren theoretischen Rahmen reformulieren, ist die Beziehung zwischen Synergität und Wahrnehmungstätigkeit zu untersuchen.

5. Synergität und Wahrnehmungstätigkeit

Wie schon in den beiden vorangegangenen Kapiteln werden wir auch hier wieder überwiegend auf Ergebnisse der Gestaltpsychologie zurückgreifen. Da die Erforschung der Wahrnehmung gewissermaßen die Domäne der Gestaltpsychologie war, ist das für diesen Bereich vorliegende Material so umfangreich, daß hier aus einer Vielzahl stützender Befunde lediglich eine kleine Auswahl geboten werden kann.

Beginnen wir mit der visuellen Wahrnehmung. Zunächst ist das Sehen auch äußerlich kein passives, adynamisches Geschehen, wie es prima vista scheinen könnte. Die Augen tasten vielmehr in ständigen rhythmischen Bewegungen das jeweilige Objekt der Betrachtung ab. Diese ständige Bildverschiebung auf der Retina ist eine existentielle Voraussetzung des Sehvorganges. Wird sie durch spezielle Vorrichtungen unterdrückt, kommt es nach einigen Sekunden zu reversibler Erblindung. Auch bei scheinbar starrem Fixieren stehen die Augen keineswegs still, sondern vollführen einen Bewegungsrhythmus, der als physiologischer Fixationsnystagmus bezeichnet wird und aus einer langsamen Abdrift und einer schnellen Rückbewegung besteht (Sakkade). Diese Sakkaden sind dann nochmals von Mikrosakkaden überlagert (Krit. 1, vgl. Abschnitt 3.2.).

Das durch den Sehvorgang erzeugte visuelle Wahrnehmungsfeld zeichnet sich weiterhin durch Systemhaftigkeit (Interdependenz und überlokale Varianz) aus (Krit. 2). Klassischer Beleg hierfür ist das Phänomen der optischen Täuschungen, die ja genau darauf beruhen, daß die Wahrnehmung eines Teils des Gesichtsfeldes durch die Reizkonstellation in umliegenden Gesichtsfeldbereichen beeinflußt, in diesem Falle verzerrt wird. So erscheinen in Abb. 5.1 a die Quadratseiten in Abhängigkeit vom Untergrund nach außen bzw. nach innen gekrümmt und in Abb. 5.1 b zwei gleichgroße Kreise größendifferent infolge eines unterschiedlichen Umfeldes.

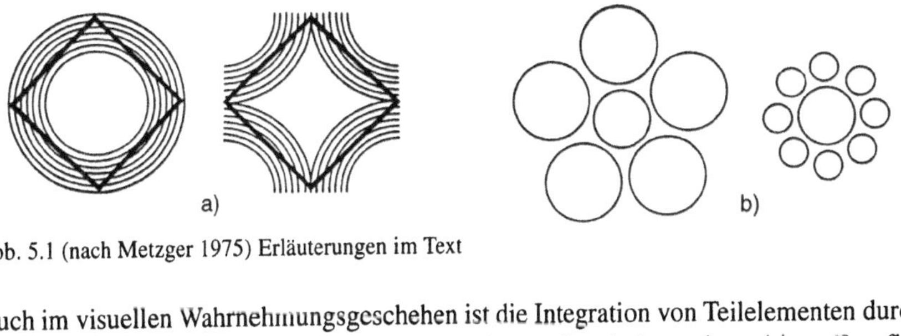

Abb. 5.1 (nach Metzger 1975) Erläuterungen im Text

Auch im visuellen Wahrnehmungsgeschehen ist die Integration von Teilelementen durch synergistische Relationen zu stabilen übergeordneten Ganzheiten mit positiven Empfindungen verbunden (Krit. 4). Wertheimer (1957) schildert Experimente mit Erwachsenen, denen u.a. die in Abb. 5.2 gezeigten Figuren dargeboten wurden. Weiß auf schwarzem Grund wurden sie langsam und geradlinig aufeinander zu bewegt.

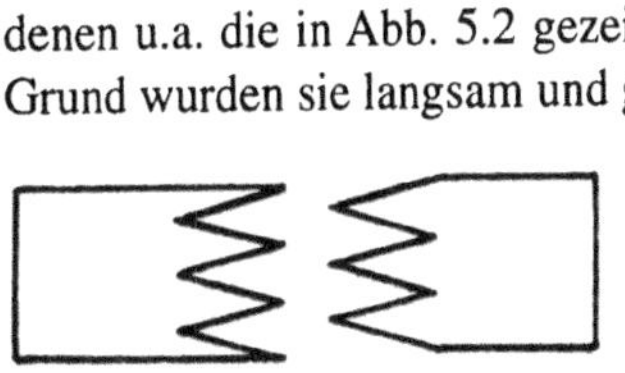

Abb. 5.2 (nach Wertheimer 1957) Erläuterungen im Text

Manche Erwachsene fuhren spontan auf und gingen fast leidenschaftlich korrigierend dazwischen, wenn kurz vor dem Ineinandergreifen das geradlinige Zueinander durch schräges Abweichen gestört wurde. Ein angenehmes Gefühl der Befriedigung und Stimmigkeit stellte sich ein, sobald der Spalt durch genaue Passung verschwand.

Ein analoger »Drang nach passgenauem Zusammenfügen« von Teilstücken zu übergeordneten stabilen Ganzheiten unter starker emotionaler Beteiligung zeigte sich auch bei Kindern, denen z.B. die Figuren der Abb. 5.3 vorgelegt wurden. Die Kinder machten sich z.T. bereits unaufgefordert daran, die entsprechenden Flächen passend ineinander zu fügen. Falls der Versuchsleiter darauf bestand, die Flächen falsch zusammenzulegen, protestierten sie leidenschaftlich. Zwei kongruente Dreiecke wurden von den Kindern im Spiel derart zusammengefügt, daß sie sich zu einem Rechteck ergänzen, während sich andere Formen der Zusammenlegung seltener fanden.

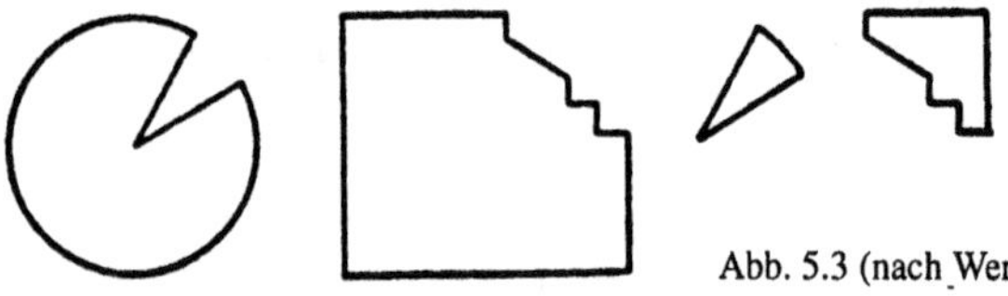

Abb. 5.3 (nach Wertheimer 1957) Erläuterungen im Text

Den spezifischen Verbund zwischen sinnlos-zufälliger bzw. sinnvoll auf ein Ganzes hin geordneter Wahrnehmungsstruktur und negativen bzw. positiven Erlebensphänomenen zeigt auch ein Versuch Wertheimers (1933), der eigentlich zur Verdeutlichung wesentlicher Charakteristika von Denkprozessen konzipiert wurde. Die Versuchspersonen bekamen zunächst eine einfache Punktfigur dargeboten, zu der sich nach und nach weitere Punkte gesellten, darunter zunächst solche, die sich vernünftig der Figur anschlossen, hier und dort mit Leerstellen, bittend um passende Ergänzung. Zwischenhin aber tauchten auch Punktgruppen auf, die dem Beobachter zunächst als unsinnig und verwirrend, als nicht in die werdende Ganzstruktur passend erscheinen mußten. Welch ein Wandel, was für eine plötzliche Erleichterung dann, wenn nach einigen weiteren Hinzufügungen plötzlich alle Teile des Feldes in eine einheitliche, klar und sinnvoll aufgebaute Gesamtstruktur umschlugen unter Neuorientierung, Umordnung und Umzentrierung, in der alle Teile eine strukturelle Funktion erfüllten. Bei vielen Versuchspersonen zeigten sich zunächst deutliche Zeichen von Spannung, Ungewißheit und Mißbefindlichkeit, dann positive Überraschung und am Ende plötzliche Erleichterung in Begleitung der an sich wert- und bedeutungsneutralen Umstrukturierungen ihres Wahrnehmungsfeldes. Wenn die Versuchspersonen nachher den Vorgang beschrieben, wiesen sie nach Wertheimer mit den lebhaftesten Ausdrücken auf die beeindruckenden Strukturänderungen hin.

Sind nun diese regelmäßigen und prägnanten Formen, auf die unsere Wahrnehmungstätigkeit offenbar hinstrebt, wieder durch eine gegenüber anderen Formen ausgezeichnete Stabilität gekennzeichnet? Es gibt eine große Zahl von Befunden, die dies bestätigen (Krit. 5).

Bereits Epikur soll festgestellt haben, daß eckige Gegenstände aus großer Entfernung, d.h. unter eingeschränkten Wahrnehmungsbedingungen, rund gesehen werden (davon berichtet Lucretius Carus, nach Sander 1962a).

In diesem Prinzip gründen auch die Experimente Sanders zur Aktualgenese und zum Zerfall von Gestalten, die v.a. deshalb hier nicht unerwähnt bleiben dürfen, weil sie noch einmal sehr explizit den Zusammenhang zwischen Ordnungsbildung im Wahrnehmungsfeld und Emotionalität herstellen (zusammenfassend in Sander 1962a). Aktualgenetische Untersuchungen lassen sich überall dort durchführen, wo es gelingt, die Wirksamkeit der Reizbedingungen so weit einzuschränken, daß sie den Wahrnehmungsvorgang zwar einleiten, aber noch nicht absolut zu dominieren vermögen. Dies kann z.B. geschehen, indem man die Objekte allmählich aus maximaler Verkleinerung zu gemäßer Größe anwachsen läßt, sie nur tachistoskopisch darbietet, sie aus völligem Dunkel heraus langsam heller werden läßt oder auch, indem man ein optisches Gebilde aus der Gesichtsfeldperipherie stufenweise in die Mitte des deutlichsten Sehens rückt.

All diesen Versuchen ist gemeinsam, daß der Beobachter unmittelbar das Werden der endgültigen Wahrnehmungsfiguren aus ganzheitlichen Vorformen, sogenannten »Vorgestalten«, mehr oder weniger gefühlsstark miterlebt. Nach Sander (1962a) steht in ausgeprägten Fällen am Beginn der Aktualgenese ein verschwommener »wogender Lichtnebel«, dessen Kontur sich allmählich kreisförmig stabilisiert, dabei aber lebendig bewegt bleibt, als wenn sie »drängende Fülle« umhüllte. Im weiteren Verlauf geht die Kreiskontur zumeist in eine regelmäßige Polygonstruktur über, die auch bei objektiv offenen Figuren ihre Geschlossenheit wahrt. Schließlich beginnt sich das bisher noch diffuse Innere durchzugliedern, wiederum zunächst unter Vorherrschen regelmäßiger Formungen mit rechten Winkeln usw. Nach weiterer Zunahme des »Drucks« der äußeren Reizkonfiguration kippen diese Gebilde dann ruckartig in die der objektiven Figur entsprechende Lage um. Diesem Umsprung geht eine starke Bewegtheit vor allem an jenen Stellen voraus, an denen die objektive Reizkonfiguration von der vorgestaltlichen Regelmäßigkeit und Geschlossenheit abweicht.

Die Ursache für diese Dynamik sieht Sander in einem spannungsvollen Widerstreit zwischen den Anforderungen der äußeren Reizkonstellation und den eigendynamischen Gestaltungstendenzen, die auf einfache, regelmäßige, geschlossen-stabile und rationale geometrische Formen hindrängen. Ein ähnliches Phänomen der Konkurrenz zwischen Objektanpassung und inneren dynamischen Selbstordnungskräften war uns bereits bei der Besprechung von Psychomotorik und Denken begegnet. Wie bei dem beschriebenen sprunghaften Wechsel der Periodenformen v. Holst's oder plötzlichen Einsichten (Aha-Erlebnissen) finden wir auch hier diesen charakteristischen sprunghaften Übergang aus einem stabilen dynamischen Systemzustand in einen anderen, wenn durch den Wechsel der äußeren Bedingungen der Stabilitätsbereich überschritten wird. Auffällig ist die zunehmende instabile Bewegtheit kurz vor dem Strukturumschlag. Später werden wir hierin »kritische Fluktuationen« wiedererkennen, wie sie vor sogenannten Nichtgleichgewichts-Phasenübergängen typisch sind.

Mit dem Umschlag in die differenzierte Endgestalt kühlt sich auch die starke emotionale Beteiligung des Beobachters während des Vorgestalterlebens ab, die mit Gefühlen der »gespannten Nichtendgültigkeit«, des »Dranges nach Klarheit«, »vorwärtsdrängenden Werdens und Lösens« beschrieben wird. Diese Emotionsbeteiligung hängt wohl mit der ungewohnten experimentellen Dehnung eines Prozesses zusammen, der normalerweise blitzschnell verläuft und verweist auf die existentielle Bedeutung einer stabilisierten Wahrnehmung.

Das Phänomen eines echten Gestaltzerfalls, d.h. den Übergang einer Wahrnehmungsgestalt an den Grenzen ihres Stabilitätsbereichs nicht in eine andere Gestalt, sondern ins »Chaos«, kann man z.B. erreichen, wenn man eines der beiden Doppelbilder eines Stereoskops aus der gestalthomologen Lage herausdreht, unter der die beiden Doppelbilder als eine Gestalt gesehen werden (Sander und Iinuma 1938). Dabei bleibt das einheitliche Ganze noch bis zu einem bestimmten Drehwinkel mehr oder weniger stabil, um beim Überschreiten einer exakt feststellbaren Grenze zu zerfallen. Wichtig für uns ist zum einen, daß diese Zerfallsgrenze von der »Gestalthöhe« abhängig ist. Höherorganisierte, d.h. komplexere, dabei regelmäßigere und einheitlichere, d.h. prägnantere Figuren, setzen dem Zerfall einen größeren Widerstand entgegen als gestaltärmere. Wichtig ist zum anderen die damit einhergehende Erlebensdynamik, die Sander wie folgt beschreibt: »Diese Veränderungen des erscheinungsmäßigen Bestandes sind eingebettet in eine gefühlsartige Gesamtlage des Erlebenden, die charakterisiert ist durch quälende Unruhe, nervöse Erregtheit, fast Angst und den dumpf geballten Drang, das optische Gebilde und damit zugleich sich selbst in dem vorangegangenen Stand zu erhalten« (Sander 1962a, S. 117). Ähnliche Ergebnisse lassen sich auch beim Zerfall rhythmischer und musikalischer Gestalten erbringen (Sander 1933).

Nach Sander (1962b) wird eine kontinuierlich variierende Reizreihe mit diskontinuierlich erlebten »Gestaltbereichen« belegt, in deren Grenzen eine ganze Gruppe sich gering unterscheidender Figuren als phänomenal gleich erlebt wird. Beim Überschreiten der Grenze schlägt das phänomenale Erleben sprunghaft in einen anderen Gestaltcharakter um. Im Zentrum jedes solchen Bereichs steht eine ausgezeichnete Figur von besonderer Prägnanz, Symmetrie und Regelmäßigkeit wie etwa das Quadrat oder das Rechteck in den Proportionen des Goldenen Schnitts. Rechtecke, die sich nur wenig vom Quadrat unterscheiden, werden also phänomenal als Quadrate erlebt. Verlängert man ein Seitenpaar über eine bestimmte Grenze der Stabilität hinaus, schlägt das Erleben sprunghaft zum Rechteck um.

Zum gleichen Ergebnis kommt Koffka (1925), wenn er feststellt, daß ein Winkel von 75° noch lange kein rechter Winkel, ein Winkel von 85° dagegen bereits ein solcher sei, wenn auch ein »schlechter«. Ein 85°-Winkel unterscheidet sich also qualitativ anders von einem 75°-Winkel, als sich etwa 75° von 65° unterscheiden. Phänomenal gibt es weder Winkel von 85° oder 95°, statt dessen zu kleine und zu große rechte Winkel. Entspricht eine Gestalt der ausgezeichneten Gestalt eines Gestaltbereichs, löst sie eine positive Empfindung der Stimmigkeit, Endgültigkeit, des In-Ordnung-Seins aus. Weicht sie dagegen davon ab, wie etwa ein »unsauberes Quadrat«, wird eine spannungsvolle Empfindung der Unstimmigkeit, eines unruhigen Gedrängtseins hervorgerufen. Es konnte nachgewiesen werden, daß diese angenehmen, ausgezeichneten Gestalten gegen Veränderungen der äußeren Reizbedingungen am unempfindlichsten, also am stabilsten waren. Als die labilsten Gestalten erwiesen sich dagegen jene, die an den Grenzen der Bereiche lagen.

Die Tatsache, daß ein Winkel von 85° noch als ein rechter gesehen wird und Punkte, die nur annähernd auf einer Kreislinie liegen, als Kreis, daß ein quadratnahes Rechteck noch als Quadrat erscheinen kann usw., diese Tatsachen können wir als Transpositionen visueller Wahrnehmungsgestalten bezeichnen. Wir müssen annehmen, daß ihnen so etwas wie eine autoregulative Eigenstabilität jener funktionell-dynamischen neuronalen Prozesse zugrunde liegt, die den Wahrnehmungsprozeß realisieren. Das interne Wahrnehmungsschema »Quadrat« kann als stabiles dynamisches System auf verschiedene leicht differierende äußere Reizkonfigurationen angewendet werden, ohne instabil zu werden und zu zerfallen – nicht anders, als wir ein motorisches Schema oder das Schema eines Lösungsprinzips in einem bestimmten Stabilitätsbereich auf variierende äußere bzw. innere Aufgabenbedingungen anwenden können.

Wie schon in anderen Bereichen – etwa im Tanz – kommt es in Form der Ornamentik auch in der Wahrnehmung zu Verselbständigungen von Tätigkeiten, die autotelisch auf Maximierung von Synergität gerichtet sind. Man findet sie in der Kunst aller Völker und aller Zeiten.

Primitive Ornamentik, deren Anfänge bis ins Paläolithikum zurückdatieren, ist durchweg abstrakt-geometrisch und starr-linear. Es finden sich Dreiecke, Quadrate, Rechtecke, Kreise und Ellipsen, parallele Geraden, Zickzacklinien, Wellenlinien, Spiralen, regelmäßige Punktkombinationen u.a. mit vielfachen Symmetrien, Regelhaftigkeiten und Wiederholungen in der Anordnung, so daß man nachgerade von räumlichen Rhythmen sprechen kann. Streckenteilungen in ganzzahligen Verhältnissen und im Goldenen Schnitt treten im Vergleich zu anderen Teilungsformen gehäuft auf. Diese Präferenz konnte auch experimentell, z.B. durch Fraisse (1956), bestätigt werden, der Versuchspersonen verschieden lange Raumintervalle vorgab, die dann bei der Reproduktion durch die Versuchsperson regelmäßig durch Streckenverlängerung oder -verkürzung derart deformiert wurden, daß ganzzahlige Verhältnisse von 1:1 und 1:2 entstanden, genauso, wie er es auch für die zeitliche Rhythmik der Motorik gefunden hatte. Er betont diese bemerkenswerten Übereinstimmungen nachdrücklich.

Die Ornamentik in der Kunst ist durchaus als ein selbständiges Phänomen eigener Genese zu betrachten und nicht als ein abstrahierendes frühes oder spätes Entwicklungsstadium naturalistischer Wirklichkeitsabbildung, da es bei vielen Stämmen und in vielen Epochen parallel zur naturalistischen Zeichenkunst existiert (Kainz 1927). Kainz argumentiert, daß die Ornamentkunst nur aus der Annahme einer dispositionellen Veranlagung des Menschen vollständig erklärt werden kann, deren Auffaltung durch natürliche und technische Realformen lediglich angeregt wird. Der ornamentale Besitz der verschiedensten Völker, bei denen z.T. ein Austausch aus zeitlichen und räumlichen Gründen ausgeschlossen werden kann, gleicht sich oft in der erstaunlichsten Weise. Gleiche geometrische Formen haben bei verschiedenen Völkern ganz unterschiedliche Namen, Bedeutungen und natürliche Bezüge. Sie sind somit wohl nicht aus der Naturnachahmung entstanden, sondern Naturdinge wurden erst nachträglich in sie »hineingesehen«, wie man in Wolken Gesichter und in Sterngruppen Tierkörper »hineinsehen« kann.

Christian von Ehrenfels, einer der Pioniere des Gestaltdenkens, sagt in diesem Zusammenhang: »Was wir Schönheit nennen, ist nichts anderes als ›Höhe‹ der Gestalt ... Die Höhe der Gestalt wächst mit dem Produkt ihrer Konstituanten, ihrer Einheitlichkeit und der Mannigfaltigkeit ihrer Teile« (nach Matthaei 1929, S. 35). »Häßlich ist das, was disharmonische, d.h. untereinander widerstreitende Gestaltelemente einschließt – Elemente nämlich, von denen ein jedes nur den Teil einer Gestalt darstellt, welcher Ergänzung zu einer Einheit fordert, jedoch nach einer mit derjenigen des anderen Elements unverträglichen Richtung« (ebd. S. 67). Abb. 5.4 mag diese Sätze illustrieren. Sie zeigt in a 12 Viertelkreise, die als »Undsumme« angeordnet sind und daher kaum zu spezifischen sekundären Emotionen Anlaß geben. Die gestalthaften Arrangements von b und c hingegen, in denen diese Viertelkreise nach einem bestimmten Ordnungsprinzip in Relation gesetzt sind, vermitteln uns derartige Empfindungen in Form ästhetischer Wertungen. Während wir b, in der alle Viertelkreise dieselbe Orientierng aufweisen, als geschlossen-einheitlich, ruhig, stabil und harmonisch empfinden, mutet uns c infolge der zu den äußeren Viertelkreisen entgegengesetzten Orientierung der inneren Viertelkreise sperrig, relativ instabil-gefügelocker und unruhig-zerflatternd an. Mit Bezugnahme auf unser Synergitätskonzept könnte man sagen, daß Abb. 5.4 b deshalb als angenehmer und stabiler erlebt wird, weil der Anteil der synergistischen Relationen am Aufbau der übergeordneten Einheit (gleicher Drehsinn) höher ist als in c, wo gegenläufige Orientierungen wirksam werden.

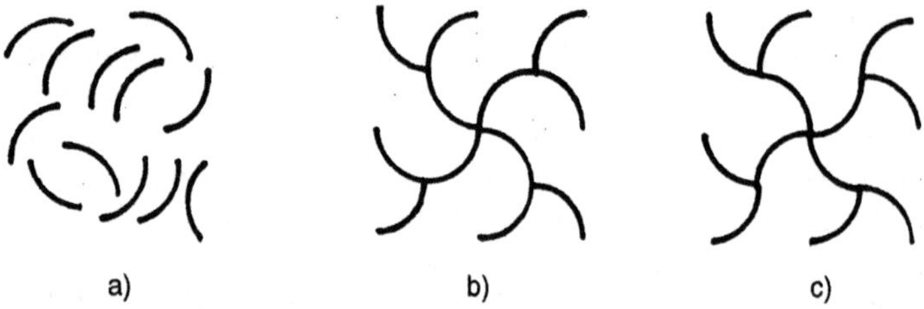

Abb. 5.4 Erläuterungen im Text

In den oben zitierten Worten des Ch. v. Ehrenfels wird auch auf unser Komplexitätskriterium (Krit. 3) verwiesen (»Produkt der Konstituanten«). Tatsächlich hätten die vier inneren Viertelkreise von Abb. 5.4 b allein einen deutlich geringeren ästhetischen Wert als alle zwölf. Es läßt sich als generelles Prinzip formulieren, daß der ästhetische Wert von Ornamenten, ja von Kunstwerken überhaupt, mit ihrer Komplexität wächst. Bei der Vielschichtigkeit der hier ablaufenden Wertungsprozesse gilt dies natürlich nur in der Tendenz. Und es gilt auch nur bis zu jener Komplexitätsgrenze, die vom Betrachter auch als innerer Beziehungsreichtum rekonstruiert werden kann; über dieses individuell verschiedene Maß hinaus entsteht der Eindruck von »Überladenheit«. Komplexere Ornamente, wie etwa in der orientalischen Kunst, sind dann in aller Regel auch hierarchisch organisiert als Enkapsis aus übergeordneten Formelementen, die untergeordnete einschließen – dies erst ermöglicht eine effektive interne Rekonstruktion des Reichtums an synergistischen Beziehungen.

Sowohl im Bereich Psychomotorik als auch im Zusammenhang mit Denkprozessen war aufgefallen, daß sich ganzheitliche Verhaltensschemata in Konfrontation mit Neuem in einer Art stochastischem Probierprozeß neu organisieren, der wesentlich durch ein Wechselspiel von Zufall und Regel gekennzeichnet ist. Prima vista könnte man glauben, daß es ähnliches bei visuellen Wahrnehmungsprozessen nicht geben sollte – im Alltag jedenfalls begegnet uns derartiges nicht.

Allenfalls bei der kreativen Erzeugung von Wahrnehmungsfiguren scheint sich wieder eine solche Entwicklungsdynamik zu zeigen. Die Zeichentätigkeit eines jeden Kleinkindes beginnt mit einem zufälligen, probierenden Gekritzel, ehe sich bestimmte konstante Formen stabilisieren. Will jemand ein neues komplexes Muster z.B. für einen Teppich oder einen Stoff entwerfen, beginnt er zunächst damit, die Wirkung der allerverschiedensten Elementkombinationen zu testen. Hat sich dann eine bestimmte Grundidee stabilisiert, eine grobe Ordnung durchgesetzt, werden die »probatorischen Fluktuationen« immer stärker vom Ganzen reguliert, d.h. sie erscheinen zunehmend gerichtet, bis auch die Feinordnung vollends stabil ist.

In besonderen Reizsituationen allerdings tritt eine solche charakteristische stochastische Dynamik auch im unmittelbaren Wahrnehmungsprozeß selbst phänomenal zutage. So demonstriert Abb. 5.5 a sehr eindrucksvoll, wie der Wahrnehmungsprozeß in einer mehrdeutigen Reizsituation quasi durch unwillkürliche elementar-physiologische fluktuative »Probierprozesse« die unterschiedlichsten Interpretationen auf Stabilität testet. Da wir auf diese Vorgänge später noch einmal zurückkommen, sei an dieser Stelle auf weiterführende Erläuterungen verzichtet. Auch bezüglich Abb. 5.5 b muß sich der Betrachter zumeist erst durch mühevolles Herumprobieren im Wechselspiel von Zufall und Regel an eine stabile Interpretation herantasten (ein Reiter auf einem Roß, das von rechts nach links durch das Bild läuft).

a)

b)

Abb. 5.5 (nach Stadler & Kruse 1990) Erläuterungen im Text

Im Bereich der akustischen Wahrnehmung kann die Musik als Analogon zur Ornamentik gelten. Auch hier verselbständigt sich der Drang nach komplex-stabiler Ordnung um der Ordnung willen, nach Synergität also.

Der Prozeß der Musikwahrnehmung ist nun wieder ein dynamischer Prozeß (Krit. 1). Würde man an den sieben Tagen der Woche je einen Ton einer siebentonigen Melodie hören, es käme kein Musikempfinden zustande. Die Töne einer Melodie werden erst dann zum positiven Stimmigkeits- oder negativen Unstimmigkeitserlebnis, wenn sie sich in der Präsenzzeit des Kurzspeichers als dynamisches interdependentes System organisiert haben, in dem der letzte Ton von den vorangegangenen abhängig ist, wenn unser Gehör etwa nach der Lösung einer Dissonanz oder nach der Rückkehr zum Leitton verlangt (Krit. 2).

Ebenso wie bei den anderen betrachteten Tätigkeitsprozessen zeigen sich auch in der akustischen Wahrnehmung immanente dynamische Selbstordnungstendenzen. Besonders deutlich wird dies im Phänomen der »subjektiven Rhythmisierung« (Koffka 1909). Eine regelmäßige Folge objektiv völlig gleichartiger Pendel- oder Metronomschläge wird nicht als »Undsumme« aufgefaßt; nach kurzer Zeit hört man vielmehr einen Schlag stärker betont, so daß eine jambische oder trochäische Alternation entsteht. In eine rhythmisch indifferent gespielte Skala läßt sich ein 3/4-Takt hineinhören, bisweilen so zwingend, daß man glaubt, den 3/4-Rhythmus als objektiv gegeben zu hören. Wie subjektiv dies allerdings ist, wird daran deutlich, daß es mit konzentrierter Anstrengung gelingt, dieselbe Skala im 4/4-Takt zu hören (Kainz 1927). In Musikwerken wird dieser subjektiven Disposition bekanntlich durch objektive Rhythmisierung im Taktsystem entsprochen. Vor allem die afrikanische Musik ist für ihre komplizierten hierarchischen Rhythmensysteme aus Grundrhythmen und vielfachen sich überlagernden Rhythmen bekannt.

Die Strukturierung setzt sich fort auf der Dimension der Tonhöhe. Obwohl wir in der Lage sind, bereits sehr kleine Frequenzveränderungen festzustellen (gerade merkbare Differenz 0,5%), ist es ein Kennzeichen praktisch aller Musikkulturen, diskrete Tonhöhenzentren in Form von Tonleitern zu schaffen, deren Schritte sich um ein Vielfaches der Auflösungsgrenze unterscheiden (Roederer 1993). Diese Tonsysteme sind dann wieder hierarchisch strukturiert. So ist ein Ton durch sein Chroma (z.B. c, g, oder f), d.h. seine Stellung in der Oktave, gekennzeichnet und durch die Höhe der Oktave (z.B. »Subkontra-F« oder »Zweigestrichenes D«). Die Zwölftonskala der »westlichen« Musik bildet eine Art übergeordnetes Schema, von dem Unterschemata abgeleitet werden können (Dur- und Molltonleiter, Dreiklänge in Dur und Moll usw.), welche ihrerseits wieder Familien von Subschemata sind, die durch Transpositionen in Verbindung stehen (Deutsch 1985).

Nicht nur die zugrunde liegenden Tonsysteme, sondern auch konkrete tonale Musiksequenzen selbst, sind hierarchisch strukturiert: Töne bauen Akkorde auf, eine komplexere Melodie als ein übergeordnetes, sich im Endpunkt lösendes Spannungssystem gliedert sich in oftmals relativ selbständige Teilmotive, die oft in Variationen unter schrittweiser Lösung der eingebauten spannungserzeugenden Momente wiederholt werden. Schließlich entstehen komplexe übergeordnete Themen. Auch die interne Repräsentation von Musik erfolgt entsprechend in hierarchischer Form (Deutsch & Feroe 1981). Diese hierarchische Strukturierung des »Tonraumes« ermöglicht erst die Komposition und Rezeption so komplexer Tonschöpfungen, wie sie der Mensch hervorgebracht hat (Krit. 3).

Auch hier wächst das angenehme ästhetische Empfinden, die ergreifende Intensität des Musikerlebens mit der Komplexität des Musikwerks. Löst ein einfacher Dreiklang nur ein wenig intensives Empfinden aus, vermag ein eingängiger Schlager schon richtig »mitzureißen«, allerdings nicht lange, denn die schnelle »Eingängigkeit« setzt immer eine gewisse Einfachheit voraus, so daß es bald zu »Habituation« und »Sättigung« kommt. Ein komplexes sinfonisches Werk dagegen ist erst mit viel Musikerfahrung sowie nach mehrmaligem Hören vollständig zu erschließen und entfaltet erst dann seine volle Erlebnispotenz; entsprechend erfolgt »Sättigung« nur langsam oder überhaupt nicht, da sich immer wieder neue innere Bezüge entdecken lassen. Übersteigt die Komplexität des Musikstücks ein bestimmtes Maß oder fehlt die Musikerfahrung und die sich daraus ergebenden »Rezeptionswerkzeuge« (in Form innerer Repräsentationen der benutzten Tonsysteme), kann der potentielle Beziehungsreichtum des Objektes nicht mehr in Komplexität des Wahrnehmungsprozesses umgesetzt werden. Er bleibt damit zu großen Teilen asynerg und vermittelt nur wenig Erlebnis. Aus diesen und anderen Überlegungen ergibt sich eine umgekehrt U-förmige Beziehung zwischen Komplexität von Kunstwerken und ästhetischer Präferenz, die experimentell bestätigt werden konnte (Walker 1980).

Auf der Grundlage der internen Repräsentation formieren sich im Prozeß des Musikhörens, der immer ein ganzheitlich-interpretierender, auf eine wahrscheinliche Endgestalt vorweggestaltender Prozeß ist, antizipatorische Erwartungsmodelle. Diese antizipatorischen »Richtungsempfindungen« haben ihre Basis wahrscheinlich überwiegend in der Erfahrung, in der Gewöhnung an bestimmte kultur- und stilspezifische Klangmuster und in dem Aufbau entsprechender innerer Repräsentationen. Wird diesen Erwartungen entsprochen, entsteht ein Stimmigkeitsgefühl, das man in Unterscheidung von der unten noch zu besprechenden sensorischen Konsonanz als »funktionale Konsonanz« bezeichnen kann: Funktionale Dissonanzen verlangen also nach Auflösung durch funktionale Konsonanzen. (Unten werden wir noch Hinweise darauf finden, daß auch erfahrungsunabhängige funktionelle Dispositionen des auditorischen Systems die Spezifik komplexer funktionaler Konsonanzen zumindest mitprägen. Wie bei den elementaren sensorischen Konsonanzen finden sich nämlich auch hier bestimmte einfache Regularitäten.)

Die Tatsache der Formierung solcher antizipatorischer Erwartungsmodelle konnte durch elektrophysiologische Untersuchungen bestätigt werden. Wenn ein bestimmtes Ereignis einer vorher erlernten Reizfolge erwartet wird, aber nicht eintritt, entsteht trotzdem in der Hirnrinde eine neuronale Aktivität, die der gewöhnlich von dem erwarteten Ereignis induzierten Aktivität praktisch identisch ist (Chistovich 1962). Neuerdings wird versucht, derartige Prozesse mit lernenden neuronalen Netzen zu simulieren (Eberlein 1990). Zajonc (1968) postuliert, daß eine bloße Darbietung von Reizen eine hinreichende Bedingung zur Entwicklung einer positiven Einstellung sei (»mere-exposure«-Paradigma). Dies ließe sich aus unserem Konzept begründen. Ein Wahrnehmungsprozeß, bei dem ein quasi vorauseilend aktiviertes Erwartungsmodell kongruent zur »einlaufenden« Reizfolge ist, weist einen höheren dynamisch-strukturellen Stabilitäts- und Komplexitätsgrad auf, als ein Wahrnehmungsprozeß ohne Beteiligung eines solchen quasi »schienenden« Modells und muß nach unserer Hypothese auch mit einem positiveren Erleben verbunden sein. Je differenzierter die internen Modelle sind, die sich synerg mit der aktualen Reizsequenz verbinden, desto intensiver ist das positive Erleben. Es ist immer mit einer Steigerung des Genusses verbunden, wenn es gelingt, einen polyphonen Dialog, eine kontrapunktische Stimmführung oder einen Dialog von Haupt- und Seitenthema im klassischen Sonatensatz zu erkennen und mitzuvollziehen. Wird die Erwartung dagegen enttäuscht, durch eine unerwartete Passage, einen Patzer beim Vorspielen oder schlecht gestimmte Instrumente, kommt es zu Dyssynergitäten zwischen Reizfolge und Modell und damit zu negativ-valenten Unstimmigkeitserlebnissen. Ich vermute, daß eine derartige synerge bzw. dyssynerge Aktivierung von Erwartungsmodellen generell bei gekonntem, eingeschliffenem Verhalten und den dabei entstehenden Emotionen eine wichtige Rolle spielt.

Eine Melodie, eine Melodiekontur erscheint uns im Prozeß ihrer Wahrnehmung wieder als eine übergeordnete, durch synergistische Relationen der sie aufbauenden Töne getragene Ganzheit von einer bestimmten Stabilität in Verbindung mit einer entsprechenden Transponierbarkeit (Krit. 4 u. 5). Man erkennt eine bestimmte Melodie wieder, wenn sie auf einem leicht verstimmten Instrument gespielt wird, wenn einige Töne falsch gesetzt sind, wenn man sie schneller oder langsamer spielt oder in eine andere Tonlage transponiert. Bei tonaler Beantwortung in der Fuge oder in Sequenzen bleibt die Kontur der Motive erhalten und sie werden wiedererkannt, obgleich sich einige Intervalle tatsächlich dabei verändern. Die Ganzheit der Melodiekontur ist im Langzeitgedächtnis wesentlich stabiler als die »Teile«, und das Nachsingen ganzer Motivstrukturen fällt oft leichter als das Treffen bestimmter Töne oder Intervalle. Bestimmte eingängig-prägnante mithin stabile Melodiekonturen perseverieren oft derart hartnäckig, daß man sich gestört fühlt (der sogenannte »Ohrwurm«).

Es ist anzunehmen, daß diese interne Musikrepräsentation in stabil-transponierbaren hierarchischen Systemen eine effizientere, ökonomischere mithin »energiesparendere« Informationsverarbeitung gewährleistet (Deutsch 1980).

Gibt es nun auch in der Musik Phänomene der relativen Einfachheit, Regelmäßigkeit und Symmetrie, der Prägnanz also, wie wir dies im Vorausgegangenen so häufig finden konnten? Tatsächlich zeigen sowohl die Zeitdimension als auch die Dimension der Tonhöhe auf das eindruckvollste derartige einfache Regelmäßigkeiten. Das System der Notenwerte und Pausen entspricht ganzzahligen Zeitverhältnissen. Die Zeitwerte von z.B. Ganzen-, Halben- und Viertelnoten bilden Zeitverhältnisse von 4:2:1. Fraisse (1956) hat gezeigt, daß in der zeitgenössischen Musik die ein Melodienmotiv tragenden Notenzeitwerte zu 80–99 % Verhältnisse von 1:2 oder 1:3 bilden, obwohl dem Komponisten Werte von der ganzen Note bis zu einer vierundsechzigstel Note zur Verfügung stehen.

Schon Pythagoras hatte vor zweieinhalbtausend Jahren entdeckt, daß die in der musikalischen Praxis benutzten Grundintervalle wie z.B. Oktave, Quinte und Quarte genau dann entstehen, wenn eine Saite in den Verhältnissen 2:1, 3:2 bzw. 4:3 geteilt wird. Nach der pythagoräischen Philosophie liegen dem Weltenbau eben solche rationalen Verhältnisse zugrunde und so wurde die Musik zum Abbild der Weltordnung, zur »Sphärenmusik«. Selbstverständlich haben sich in der jahrtausende langen Musikgeschichte vor aller Mathematik genau jene Tonintervalle durchgesetzt, deren Zusammenklang das angenehmste, stimmigste, harmonisch-stabilste Klangerlebnis vermittelt, kurz die konsonantesten Intervalle. Und im Nachhinein stellt sich dann heraus, daß die Töne dieser Intervalle einfache rationale Frequenzverhältnisse bilden (Tab. 1).

Tab. 1	**Intervall**	**Verhältnis der Grundfrequenzen**	
	Einklang	1:1	vollkommene Konsonanzen
	Oktave	2:1	
	Quinte	3:2	
	Quarte	4:3	
	Große Sexte	5:3	unvollkommene Konsonanzen
	Große Terz	5:4	
	Kleine Terz	6:5	
	Kleine Sexte	8:5	

Die Intervalle werden dabei um so konsonanter und stabiler empfunden, je kleiner die Zahlen sind, die das Grundverhältnis ausdrücken. Große Zahlen und nichtrationale Verhältnisse werden dagegen als dissonant, unangenehm, instabil und auflösungsbedürftig erlebt. Im Gegensatz zur bereits angesprochenen komplexeren funktionalen Konsonanz handelt es sich hierbei um das elementare Phänomen der »sensorischen Konsonanz«. Dies ist, wenn man so will, die »eigentliche« Konsonanz und es wird allgemein davon ausgegangen, daß sie weitgehend erfahrungsunabhängig in basalen funktionellen Dispositionen des auditorischen Systems gründet.

Zur Erklärung dieses Phänomens sind in der Literatur verschiedene konkurrierende Theorien entwickelt worden. Insgesamt erscheinen die Befunde und Meinungen recht widersprüchlich, was nicht verwundert, sind doch diese schwer objektivierbaren Sonanzempfindungen nur introspektiv zugänglich und immer auch von individuellen Faktoren wie Musikalität und musikalischem Ausbildungsstand mitbeeinflußt. Eine erste Theoriegruppe könnte man als *»Kohärenztheorien«* bezeichnen. Über Pythagoras, Galileo Galilei und Leonard Euler, der eine Formel zur Berechnung des Konsonanzgrades entwickelte, sieht man hier in der kleinzahligen Rationalität des Frequenzverhältnisses selbst die Erklärung für das Konsonanzempfinden. Im 20. Jahrhundert wurden diese Vorstellungen präzisiert. Mit Bezug auf den experimentellen Nachweis einer Synchronisation auditorischer Nervenaktivität mit der Periode von dargebotenen Sinustönen wurde von verschiedenen Autoren die Hypothese entwickelt, daß eine *Kohärenz der Impulsmuster in der zentralen Hörbahn* die Grundlage des Konsonanzempfindens sei (Hesse 1972, 1985).

Demgegenüber wird im Rahmen der »*Schwebungstheorien*«, die auf Hermann von Helmholtz zurückgehen, die Dissonanzwahrnehmung mit dem Vorhandensein von Schwebungen begründet, die bei komplexeren Frequenzverhältnissen zunehmen. Von einigen Autoren wird dieser Ansatz heute favorisiert (Eberlein 1993). Allerdings kommt es auch bei binauraler Tonapplikation (jedes Ohr hört nur einen der beiden Töne) zu Konsonanz- und Dissonanzempfindungen, die den monauralen Sonanzempfindungen sehr ähneln (Husmann 1953), wobei o.g. periphere Schwebungseffekte aber ausgeschlossen sind. Und: Mögen ja Schwebungen am Zustandekommen von Dissonanz beteiligt sein, vielleicht neben weiteren Faktoren wie Grundtonmehrdeutigkeiten u.a., so erklärt dies nicht, wieso wir nun im Zusammenhang mit schwebungsfreien kleinrationalen Intervallen ins Positive gekehrt Konsonanzerlebnisse haben, ja weshalb wir überhaupt etwas empfinden, wenn wir Töne bzw. Musik hören. Diese Erklärung liefert die Kohärenztheorie für sich freilich auch noch nicht. Sie fügt sich allerdings ausgesprochen zwanglos in unser psychosynergetisches Rahmenkonzept; und in diesem Verbund macht das Ganze dann Sinn, wie wir noch sehen werden.

Es muß in diesem Zusammenhang nachdrücklich auf die frappierende Übereinstimmung zur Motorik hingewiesen werden. Sowohl in der Motorik als auch in der akustischen Wahrnehmung sind möglichst kleine, stabile ganzzahlige Frequenzverhältnisse mit positiv-valenten Stimmigkeitserlebnissen verbunden. Sollte es sich hierbei wirklich nur um einen oberflächlichen Zufall handeln, der nicht auf tiefliegende gemeinsame Prinzipien hindeutet und beim Versuch zu erklären unbeachtet bleiben kann? Dies scheint sehr unwahrscheinlich.

Oben wurde angedeutet, daß man auch bei jenen Richtungserwartungen, die wir als funktionale Konsonanzen bezeichnet hatten, auf einfache pythagoräische Regularitäten stößt, die zumindest auf eine Mitbeteiligung auch lernunabhängiger dispositioneller Faktoren hindeuten. So herrscht etwa in einer Tonsequenz eine bestimmte Tonhöhe vor und es besteht der Drang, die Sequenz mit diesem Leitton zu beenden. Zum Beispiel »bittet« C-G-C-G-C-G ... darum, auf C beendet zu werden und C-F-C-F-C-F ... auf F (nach Roederer 1993). Lipps (1905) fand nun heraus, daß die Bevorzugung bestimmter melodischer Abschlüsse und die Tonika-Vorherrschaft durch zahlenmäßige Eigenschaften der Frequenzverhältnisse der melodischen Intervalle zu erklären sind. Es dominiert derjenige Ton, dessen Frequenz einer Potenz von 2 in dem ganzzahligen Verhältnis entspricht. Dies gilt auch für die obigen Beispiele: fG:fC = 3:2 und fF:fC = 4:3.

Es sind übrigens analoge Regelhaftigkeiten, die in der Wortkunst die Poesie von der Prosa unterscheiden. Nach Fraisse (1975) basierte die griechische Verslehre auf der Kombination von kurzen und langen Silben, wobei eine lange zeitmäßig genau zwei kurzen Silben entspricht. Bräuer (1926) zeigte in einer umfangreichen Studie, daß Poesie sehr viel stärker und gleichmäßiger gegliedert ist als Prosa. Es ist ein sehr häufig zu beobachtendes Phänomen, daß vor allem Kinder und Angehörige von Naturvölkern einfache Prosasätze durch Rhythmisierung ästhetisieren, indem sie streng alternierend eine betonte auf eine unbetonte Silbe folgen lassen.

Die Entwicklungsdynamik der Produktion akustischer Wahrnehmungsstrukturen zeigt wieder jenen charakteristischen Übergang zu einer immer stabileren Integration von Teilfunktionen zu einem Ganzen unter wesentlicher Beteiligung eines immer zielgerichteteren Probierverhaltens. Nach der spielerisch-zufälligen Produktion ausgehaltener Töne und ihrer allmählichen zeitlichen Organisation stabilisiert sich in der Entwicklung der Singfähigkeit des Kindes – etwa im Alter von 18 Monaten – die Produktion gleichbleibender melodischer Konturen, wobei sich aber das Tonhöhenniveau noch ständig variierend verschiebt und es häufig zu Unterbrechungen kommt. Im Alter von 5–6 Jahren werden stabile tonale Zentren erworben und mit 8 Jahren entwickelt sich die Repräsentation der Tonleiter. Schrittweise stabilisiert sich der Umgang mit immer komplizierteren Liedformen (Dowling 1985). Während hier die Entwicklung der Wiedergabefähigkeit mitbeteiligt ist, handelt es sich beim Komponieren um die reine Kreation von akustischen Mustern, was am stochastischen Grundverlauf nichts ändert. Durch freies, oft sehr ungerichtetes Improvisieren entsteht zunächst eine »Generalidee«. Diese Grobordnung wird dann im folgenden immer weiter ausdifferenziert und stabilisiert, wobei sich das Improvisieren immer zielgerichteter gestaltet, weil es immer stärker unter den regulatorischen Einfluß des Ganzen gelangt.

Zusammenfassend läßt sich wieder feststellen: Die phänomenalen Gestalten der Wahrnehmung sind interdependente dynamische Systeme, die sich in den Schranken des Reizmusters in einem mindestens phasenweise stochastischen Prozeß durch zunehmende Integration von Teilelementen als mehr oder weniger stabile und hierarchisch-komplexe Ganzheiten organisieren. Wieder lassen sich typische Konkurrenzphänomene zwischen einer Eigendynamik und der »Reizanforderung« feststellen (Bsp.: optische Täuschungen, Aktualgenese, subjektive Rhythmisierung). Und insbesondere dort, wo Wahrnehmungsstrukturen von übergeordneten funktionellen Zwängen befreit, um ihrer selbst willen geschaffen werden (Ornamentik, Musik), zeigt sich auf das deutlichste jene uns schon aus Motorik und Denken bekannte Verbindung zwischen Emotionalität und Ausprägung der Synergitätskriterien. Es ist faszinierend zu sehen, wie sich dort, wo absolute gestalterische Freiheit besteht, genau wieder Strukturen formieren, die auf einer abstrakt-prozessualen Ebene den hochsynergen »guten Gestalten« in Motorik und Denken gleichen – »Gödel-Escher-Bach«, um die treffende Kurzformel von Douglas Hofstadter (1985) zu gebrauchen (der den bestehenden Zusammenhang freilich anders akzentuiert).

Und wieder stehen wir vor der Frage, wie die Herausbildung einer Synergitätsbewertung von Wahrnehmungsprozessen phylogenetisch erklärt werden kann und welche Funktion sie in diesem Zusammenhang erfüllt. Für die Psychomotorik lag die Antwort auf beide Fragen offen zutage. Was die Denkprozesse betrifft, hatten wir im Zusammenhang mit der ersten Frage das Zustandekommen eines »unbeabsichtigten Mitnahmeeffektes« postuliert, der mit Bezug auf die zweite Frage gleichwohl »zufällig« eine klaffende Funktionslücke füllt: Er leistet die heuristische Regulierung des Ganzen. Welche biologisch relevante Funktion könnte Synergitätsbewertung bei Wahrnehmungsprozessen erfüllen, aus der sich dann ein Selektionswert ableiten ließe?

Die Regulierung der Wahrnehmung unterscheidet sich von der Regulierung der Motorik und des Denkens in zwei wesentlichen Punkten: 1. Zur Formung der phänomenalen Wahrnehmungsstrukturen hat das Subjekt keinen direkten, seinen Willkürmechanismen unterliegenden »inneren« Zugang. Es kann hierauf lediglich auf indirekte Weise, quasi »von außen« über eine Veränderung der Reizkonstellation Einfluß nehmen. 2. Das Wahrnehmungssystem des Menschen ist so perfekt »konstruiert«, daß sich die phänomenalen Wahrnehmungsstrukturen unter den physiologischen Reizbedingungen des Alltags immer blitzschnell zu stabilisieren vermögen. Instabilitäten treten nur unter sehr ausgeklügelten, künstlich geschaffenen Bedingungen auf, wie sie z.B. die Abb. 5.5 zeigt. (Der Grund liegt auf der Hand: Leben ist erkennen; und Erkennen ist Abbildung plus Konstruktion. Während bei Motorik und Denken das innendeterminierte konstruktive Moment dominiert, steht beim Wahrnehmen das außendeterminierte Abbildungsmoment stärker im Vordergrund.)

Daraus ergibt sich: Synergitätsbewertung in der Wahrnehmung hat keine biologisch sinnvolle Funktion; *per se* ist ihre phylogenetische Entstehung nicht erklärbar. Im Gegenteil, sie schafft die motivationale Disposition für ein biologisch funktionsloses, autotelisches Verhalten, welches hier Energie verschwendet und dort zu riskanten Situationen führt. Man stelle sich einen unserer Vorfahren vor, der auf der Flucht vor einem Raubtier plötzlich innehält, um einen schönen Schmetterling zu betrachten oder dem Gesang eines Vogels zu lauschen. Ein anderer kann vielleicht der Versuchung psychedelischen Herumtrommelns auf einem hohlen Baumstamm nicht widerstehen und bemerkt nun nicht den nahenden Feind, den sein Trommeln erst herbei rief. Offenbar waren diese Nachteile »konstruktiv unvermeidlich« und werden von den Vorteilen aufgewogen, die das zugrunde liegende Funktionssystem in anderem funktionellen Zusammenhang schafft. Aber immer bleibt dies offenbar ein Balanceakt, denn immer gibt es auch Varianten, die doch ein wenig zu lange nach den Schmetterlingen schauen. Aus dieser Quelle speist sich wohl wesentlich die Karikatur des lebensuntüchtigen Ästheten, des an der Realität scheiternden weltfremden Künsters und Träumers. Damit ist jenes quasi »indirekte« Erklärungsmuster bereits angedeutet, das wir den phylogenetischen Ursprüngen z.B. von Musik wieder zugrunde legen wollen, ganz analog zu unserer Begründung der Synergitätsbewertung bei Denkprozessen: Denn wenn nicht nur Motorik und Denken, sondern auch Motorik und Wahrnehmung sowohl hinsichtlich gleicher dynamisch-struktureller Prozeßkriterien bewertet werden als auch ebenso anatomisch-funktionell eng vermascht sind, liegt nichts näher als die Annahme, daß die genuin motorische Synergitätsbewertung durch den PRM bzw. das SBS nicht nur Denkprozesse, sondern auch Wahrnehmungsprozesse »unabsichtlich« miterfaßt. Damit erscheint unsere »ästhetische Disposition«, die Musik (und anderen Formen der Kunst) ermöglicht, aus biologisch-phylogenetischer Perspektive als luxurierendes Epiphänomen ohne jede primäre Funktion, welches per se für das Individuum eher Anpassungsnachteile mit sich bringt. (Daran ändert nichts, daß diese ästhetische Disposition samt ihren Hervorbringungen später sekundär durch die verschiedensten sozialen Funktionen in Dienst genommen wird und daß sie unser persönliches Erleben ungemein bereichert.)

Jetzt wird auch deutlich, weshalb sich die o.g. Kohärenztheorie der Konsonanz so bruchlos in die psychosynergetische Konzeption fügt: Auf niedrigen Integrationsebenen des motorischen Prozesses sind Synchronisationen neuronaler Oszillatoren auf kleine ganzzahlige Frequenzverhältnisse wichtige Konkretisierungen von Synergität und dynamischer Stabilität, die vom PRM (SBS) positiv bewertet werden. Wenn nun im »diffus irradiierenden« Detektionsbereich des Synergitätssensors solche Synchronisationen stattfinden, die ganz anderen funktionellen Zusammenhängen entstammen, z.B. akustischen Wahrnehmungen, werden diese unvermeidlich in die Bewertung einbezogen. So kommt es dann, daß die v. Holst'schen Koordinationsintervalle den Harmonieintervallen des Pythagoras auf's Haar gleichen. Cum grano salis: Wir sind sensibel für die Harmonie von Tönen, weil wir sensibel werden mußten, für die Harmonie von Bewegungen. Und wir mußten sensibel werden für die Harmonie von Bewegungen, weil es sich auf harmonische Weise effizienter fortbewegt denn auf anharmonische.

Die Notwendigkeit eines solchen ungewohnten »indirekten« Erklärungsansatzes macht auch verständlich, warum die in der Literatur vorfindlichen Erklärungsversuche für den phylogenetischen Ursprung von Musik (und anderen Kunstformen) so wenig überzeugen. Zumeist wird hier nämlich ein »direkter« Erklärungszugang versucht: Es wird mit dem Auge des Ingenieurs auf die Dinge geblickt, das einem jeden Teil Sinn und Funktion zumißt, wie bei einer Maschine, und entsprechend auch einem jeden biotischen Phänomen unmittelbaren phylogenetischen Anpassungswert zuerkennen will. Nur: Die Evolution ist eben ein »blinder« Konstrukteur, dem es etwa auch unterlief, Luft- und Speisewege sich überkreuzen zu lassen, was für jeden Ingenieur die sofortige Entlassung zur Folge gehabt hätte.

Auch im Bereich der Wahrnehmung sind die vom SBS ausgelösten sekundären Emotionen im Vergleich zu primären Emotionen relativ wenig intensive Stimmigkeits- oder Unstimmigkeitsgefühle wie schon in Motorik und Denken. Unsere Betrachtungen zu diesen beiden Tätigkeitsbereichen stützten sehr stark die Annahme, daß das SBS ein phasisches Antwortverhalten zeigt. Dann sollten auch in der Wahrnehmungstätigkeit Hinweise darauf zu finden sein. Tatsächlich ist das Setzen und Lösen von Spannungen ein vieldiskutiertes Charakteristikum verschiedenster Kunstformen. In der Architektur des Barock wird dies z.B. durch rechtecknahe Quadrate, Ellipsen anstelle von Kreisen, leicht gestörte Symmetrien, nur fast gleiche Abstände usw. erreicht (Sander 1962b). Die Musik zeigt wie beschrieben ein spannungsvolles Fortschreiten hin zur allmählichen Auflösung von Dissonanzen. Bei meisterhaften Interpretationen von Musikstücken wurde festgestellt, daß geringe systematische und sehr regelmäßige Schwankungen der Notenzeitwerte um das genaue ganzzahlige Verhältnis auftreten. Dies ist nach Gabrielsson (1985) keineswegs Ausdruck des Unvermögens zum genauen Spiel, sondern offenbar wichtig für den emotional-motivationalen Ausdruck der Interpretation. Roederer (1993) berichtet von ähnlichen Schwankungen in bezug auf die Tonhöhe z.B. beim Vibrato. Möglicherweise kann auch das Phänomen der Oktavspreizung in diesem Zusammenhang gesehen werden. Offenbar wird hier eine maximale Stimulation des SBS im spannungsvollen Wechselspiel von Verlust und Wiedergewinn der Prozeßstabilität gesucht, erfolgt nachgerade eine »Massage« unseres Synergitätssensors durch ein Oszillieren des Prozesses um seine Stabilitätspunkte.

Es hatte sich als sinnvoll erwiesen, zwischen zwei grundlegenden Modi der Informationsverarbeitung zu unterscheiden: einem »feinkörnigen« KKC zur Feineinpassung der Teile und einem »grobkörnigen« AEC zur Kontrolle des Ganzen. Erst das Zusammenwirken beider Systeme macht in Motorik und Denken die Beherrschung des Komplexen möglich, indem es die Enge unseres Bewußtseinskanals kompensiert. Bei normaler zweckgerichteter Tätigkeit ist dabei immer der AEC dem KKC untergeordnet, d.h. der KKC hat sozusagen das Kommando und der AEC leistet Hilfestellung. Wie ist es nun bei der Wahrnehmung?

Im Gegensatz zur Regulation von Motorik und Denken erfüllt, wie oben gezeigt, Synergitätsbewertung im Rahmen von Wahrnehmungsprozessen keine biologisch sinnvolle Funktion. Dementsprechend spielt das Zusammenwirken von KKC und AEC bei Wahrnehmungsprozessen, die ein zweckgerichtetes Verhalten begleiten, keine Rolle. (Es braucht bei der Wahrnehmung die Synergitätsbewertung nicht, weil die phänomenalen Strukturen nicht *willkürlich* konstruiert, geordnet und stabilisiert werden; das Problem der Kanalenge besteht freilich auch hier und wird nach dem gleichen Grundprinzip gelöst: Ein kleines, feinkörniges zentrales Gesichtsfeld wirkt mit einem großen, grobkörnigen peripheren Gesichtsfeld zusammen – auf diese bedeutsame Analogie kommen wir später noch ausführlicher zurück.) Dort freilich, wo es nicht um ein von äußeren Zwecken ausgerichtetes Verhalten geht, sondern aus Gründen der Maximierung des positiven Erlebens hochsynerge Wahrnehmungsstrukturen um ihrer selbst willen geschaffen werden, im Bereich der Kunst also, begegenen wir auch wieder dem bekannten Zusammenspiel von KKC und AEC. Für die kreative Erschaffung komplexer Kunstwerke ebenso wie für deren Rezeption und interne Rekonstruktion gilt: Der AEC dient der Kontrolle bzw. dem Erleben der emotionalen Wirkung des Ganzen, die ja hier zum Selbstzweck wird, und der KKC leistet durch konkret-kognitives Wissen um Normen, Konventionen, spezifische Effekte, Tonsysteme, Farbwirkungen, Kompositionsregeln usw. eine konstruktive bzw. rezeptive Hilfestellung sowie die Feineinpassung bzw. erkennende Ausgliederung der Teile. Im Gegensatz zur pragmatischen Tätigkeit, bei der die Kontrolle vom KKC ausgeht, obliegt bei dieser ästhetischen Tätigkeit die Kontrolle dem AEC. Exakt dies ist nach meiner Auffassung das Wesen des Ästhetischen; es handelt sich dabei also nicht um eine Gegenstandsqualität sondern um eine Tätigkeitseinstellung – auch darauf wird zurückzukommen sein.

Mit zusammenfassendem Blick auf die letzten drei Kapitel würde ich mich freuen, wenn es gelungen ist, durch die kleine hier gegebene Auswahl von Beispielen die folgende Intuition zu vermitteln: Es gibt tiefliegende, abstrakte, dynamisch-strukturelle Gemeinsamkeiten zwischen motorischen Prozessen, Prozessen der Wahrnehmung und des Denkens. Und: Für bestimmte Aspekte, für bestimmte Ausprägungen dieser prozessualen Übereinstimmungen besitzen wir eine merkwürdige Sensibilität. Diese Empfindlichkeit für den Prozeß scheint sich tatsächlich ganz direkt auf bestimmte Prozeßqualitäten zu beziehen. Generationen von gestalttheoretisch orientierten Psychologen haben dies auch immer wieder gesehen und empfunden, sie prägten in diesem Zusammenhang die Begriffe »gute Gestalt« und »schlechte Gestalt«. Insbesondere Phänomene wie intrinsische Motivationen, Intuition und ästhetisches Empfinden stehen mit diesen prozeßbezogenen Emotionen in Verbindung, ja scheinen Konkretisierungen in je verschiedenen funktionellen Kontexten zu sein. Sollten diese Phänomene nicht zentraler Bestandteil einer Theorie von den Emotionen und Motivationen des Menschen sein? Dazu muß man sie aber in geeigneter Form konzeptualisieren und die erste Aufgabe hatte nur sein können, jene emotionsrelevanten Prozeßqualitäten zunächst einmal abstraktiv begrifflich zu erfassen. Dann kann man weiter annehmen, daß all jenen Tätigkeitsprozessen, die auf der phänomenalen Ebene die dabei begrifflich fixierten Merkmale aufweisen, auch auf der physiologischen Ebene irgend etwas gemeinsam ist, das im Sinne einer »natürlichen Abstraktion« (Beispiele hierfür wurden erläutert) von einem phylogenetisch entstandenen Sensor im Gehirn detektiert werden kann. Es ist nicht einfach, diese Prozeßeigenschaften exakt in Begriffe zu fassen: die zu betrachtenden Prozesse sind außerordentlich komplex und vielschichtig, die in Rede stehenden Erlebensphänomene diffus und oft wenig intensiv. Wir haben in einer ersten, ganz sicher unvollkommenen Annäherung versucht, diese emotiogenen Prozeßinvarianten durch die fünf Kriterien unseres phänomenologischen Synergitätsbegriffes zu erfassen. Im Detail ist unser Vorgehen dabei sicher nicht zwingend; man hätte hier oder dort auch anders formulieren oder die Schwerpunkte anders setzen können. Ich hoffe, und dies allein wäre wichtig, daß wir dem, was man das »Wesen der Sache« nennen könnte, wenigstens nahe gekommen sind. In den folgenden Kapiteln wird es um moderne Theorieansätze gehen, bei denen versucht wird, Strukturbildungsprozesse unter genau jenen abstrakten Gesichtspunkten zu beschreiben, wie sie für die hier angestrebte Konzeptualisierung erforderlich sind. Wir werden vor diesem Hintergrund dann versuchen, die bisher im Umriß entwickelten Konzepte zu reinterpretieren und auch den Synergitätsbegriff exakter zu deuten.

TEIL II

6. Von der Gestaltpsychologie zur Psychosynergetik: das Paradigma der emergentistischen Psychologie

6.1. Psychosynergetik als Forschungsprogramm

Wir haben in den vorangegangenen 3 Kapiteln zeigen können, daß sich die Kriterien der Synergität auf alle menschlichen Tätigkeitsformen anwenden lassen und daß der Grad ihrer Ausprägung auf spezifische Weise mit emotionalem Geschehen verbunden ist.

Es ist dies in gewissem Sinne eine für unsere Zielstellung zugeschnittene, dabei durch Zentrierung auf den Prozeß-, Tätigkeits-, und Entwicklungsaspekt »modernisierte« Neufassung folgender vielfach gesicherter Ergebnisse der Gestaltpsychologie: Motorik-, Denk- und Wahrnehmungsphänomene beim Menschen tragen Gestaltcharakter. Dabei ist »gute Gestalt« mit positiven, »schlechte Gestalt« hingegen mit negativen Emotionen verbunden. Obwohl die Gestaltpsychologen an Problemen der Emotionspsychologie meist nur ein marginales Interesse zeigten, kommt kaum eine größere Arbeit zur Gestalttheorie umhin, auf diesen deutlichen Bezug zwischen Gestaltqualität und Emotionsgeschehen hinzuweisen. Soweit ich weiß, ist dieser hochinteressante Zusammenhang bisher nie systematisch untersucht und für die Emotionstheorie fruchtbar gemacht worden.

Es ergibt sich nun die Frage, ob sich das Synergitätskonzept in einem zufälligen Zueinander phänomenologisch-deskriptiver Kriterien erschöpft, oder ob diese Phänomenologie inneren Zusammenhang und Notwendigkeit aus dem Wirken tieferliegender Prinzipien gewinnt. Letztlich ist dies nichts anderes als die alte Frage nach dem Wesen des Gestaltbegriffs.

Im Jahre 1920 vermutete Wolfgang Köhler elektrische Felder als Grundlage des phänomenalen Gestaltgeschehens, die sich in einem Gehirn ausbreiten, das er als homogenen bioelektrischen Leiter konzipierte (Köhler 1920). Diese Annahme wurde von den Ergebnissen der Neurophysiologie widerlegt. Vor 20 Jahren mußte festgestellt werden, daß das Gestaltproblem immer noch ungelöst sei, daß der Strukturbegriff noch immer nicht exakter, womöglich in formalisierter Form faßbar sei und man noch nicht absehen könne, ob der entscheidende Impuls aus der Informationstheorie, der Mathematik, der Topologie oder der Logistik zu erwarten wäre (Meili 1975).

Was läßt sich heute dazu sagen? Wie die vorangegangenen Kapitel zeigten, kann man das Kernthema der Gestaltpsychologie durchaus wie folgt formulieren: Nachweis und Untersuchung von irreduziblen Ganzheitsqualitäten psychischer Prozesse, die durch Integration von Teilelementen infolge einer eigengesetzlichen inneren Dynamik dieser Prozesse entstehen. Genau diese autonome Formierung makroskopischer Struktur und Ordnung aus dem Zusammenwirken einer Vielzahl von Teilelementen wird auch von theoretischen Ansätzen untersucht, die man unter den Oberbegriff »*Paradigma der Selbstorganisation*« subsumieren kann (vgl. Krohn & Küppers 1990). Sie haben sich aus verschiedenen Wissenschaftsdisziplinen unabhängig von der Gestaltpsychologie hervorentwickelt: aus der Laserphysik: *Synergetik* (H. Haken); aus der Chemie: Theorie der *Dissipativen Strukturen* (I. Prigogine); aus der Biochemie: Theorie der *Hyperzyklen* (M. Eigen); aus der Meteorologie und Mathematik: *Deterministisches Chaos* (E. Lorenz und

B. Mandelbrot). Im Rahmen dieser Ansätze wurden unabhängig voneinander ausgefeilte mathematische Apparate zur Modellierung evolutiver Strukturbildungen in *komplexen dynamischen Systemen* ausgearbeitet. Interessanterweise zeigten sich dabei im Vergleich trotz der großen phänomenologischen Unterschiedlichkeit der jeweiligen Gegenstandsbereiche frappierende Analogien. Dies betrifft sowohl wichtige qualitative Grundbegriffe und Grundprinzipien (z.B. Phasenübergänge, Fluktuationen, Bifurkationen, Stabiliät u.a.) als auch bestimmte Grundtypen der mathematischen Gleichungen. Mit großem Erfolg wird versucht, die Anwendung dieser Konzepte auf weitere Wirklichkeitsbereiche auszudehnen: Populationsdynamik, Ökonomie, soziologische Gruppenbildungsphänomene und andere soziale Prozesse wie Wissenschaftsentwicklung, urbanes Wachstum, Bewegungen der Aktienmärkte etc. – um nur eine kleine Auswahl zu nennen.

Es kann heute davon ausgegangen werden, daß Evolutionsprozesse in allen Bereichen der unbelebten und belebten Welt nach prinzipiell gleichartigen Gesetzmäßigkeiten ablaufen. Das Wechselspiel zwischen Variation und Selektion, zwischen Zufall und Regel ist das universelle kreative Prinzip, nach dem Strukturbildungen überall in der Natur ablaufen. In den Umrissen erahnen wir das Bild einer *fraktalen Evolution* (Binnig 1989), einer Enkapsis selbstähnlicher Evolutionsprozesse auf unterschiedlichen Raum-Zeit-Skalen.

Nun ist zufolge des evolutionistischen Monismus (vgl. Hansch 1996) auch das Psychische Teil dieser einen Welt. Wenn das oben Gesagte richtig ist, sollten auch die Elementarprozesse psychischer Strukturbildungen den oben genannten allgemeinen Gesetzen der Selbstorganisation folgen. *In letzter Instanz* müßte jegliche psychische Struktur auf Prozesse der Selbstorganisation rückführbar sein – wo sonst könnte sie im Rahmen eines evolutionistischen Weltbildes ihren Ursprung haben?

Natürlich wäre nach allem Gesagten zu erwarten, daß diese universellen Prinzipien der Selbstorganisation vor allem im Befundmaterial der Gestaltpsychologie zu tage träten, denn diese untersuchte ja gerade die Dynamik ganzheitlicher Strukturen. Und dies ist auch tatsächlich der Fall. Die Übereinstimmungen sind so augenfällig, daß quasi von Anbeginn der Entwicklung der Selbstorganisationskonzepte vereinzelt Bezugsetzungen erfolgten. Wie bereits erwähnt, weist schon Jean Piaget – der im weiteren Sinne den Gestaltpsychologen zugerechnet werden kann – im Jahre 1975 auf die Ähnlichkeiten der von ihm beschriebenen dynamischen kognitiven Gleichgewichte zu den von Glansdorff und Prigogine (1971) beschriebenen Strukturbildungsphänomenen hin (Piaget 1976, S. 11). Hermann Haken (1977) und Ebeling & Feistel (1982, S. 193) deuten die Wahrnehmungsdynamik von Kippbildern selbstorganisationstheoretisch. Weitere ansatzweise Bezugsetzungen finden sich bei Offe & Schurian (1981), Eigen & Winkler (1983) sowie Portele (1984). Einen ersten detailierteren Aufweis spezifischer von der Synergetik beschriebener Phänomene in der Wahrnehmungspsychologie leisten Stadler & Kruse (1986).

Insbesondere die beiden Bremer Psychologen Michael Stadler und Peter Kruse haben die Relevanz dieser Analogien erkannt und trugen durch zahlreiche Publikationen, eigene Experimente sowie die Organisation einschlägiger Fachtagungen entscheidend zur beginnenden (Re-)etablierung der Selbstorganisationsforschung in der Psychologie bei. So fand im Jahre 1985 erstmals in Bremen eine Arbeitstagung statt, die der Aufdeckung von Berührungspunkten zwischen der Tradition der Gestaltpsychologie und der Selbstorganisationstheorie gewidmet war. Neben der Systemtheorie v. Bertalanffy's werden insbesondere die gestalttheoretischen Beiträge Wolfgang Köhlers als Vorläufer der modernen Selbstorganisationstheorien gewürdigt (vgl. auch Stadler & Kruse 1990, 1994). In Köhlers genialem Werk »Die physischen Gestalten in Ruhe und im stationären Zustand« aus dem Jahre 1920 wird die erste Formulierung einer Selbstorganisationstheorie der Wahrnehmung gesehen, die bereits die richtigen Fragen stellt, diese aber auf Basis des Wissens der Zeit nur zum Teil beantworten kann. Späte Arbeiten Köhlers lassen sich als Antizipation der Nichtgleichgewichtsthermodynamik lesen (Köhler 1955).

Unabhängig davon habe ich seit Mitte der 80er Jahre vor allem unter emotionspsychologischem Aspekt die Bezüge zwischen Gestaltpsychologie und Selbstorganisationstheorie – insonderheit der Synergetik – untersucht (Hansch 1987, 1988). Die Intentionen Wolfgang Köhlers aufgreifend, formulierte ich hier die These, daß neuronale dissipative Strukturen das physiologische Korrelat von »Gestalt« seien. In den vergangenen 10 Jahren ist eine Vielzahl von Befunden erbracht worden, die diesen Gedanken z.T. mit experimenteller und formaler Exaktheit bestätigen – dies wird im weiteren darzustellen sein. Nach meiner Auffassung kann man damit heute das Gestaltproblem zumindest in *prinzipieller* Hinsicht als gelöst betrachten.

Insbesondere die von Hermann Haken entwickelte Synergetik hat sich als hochpotentes Werkzeug bei der Bearbeitung neurowissenschaftlicher und psychologischer Fragestellungen erwiesen (Basar et al. 1983, Haken 1988, 1991, 1996, Haken & Stadler 1990, Haken & Koepchen 1991, Tschacher et al. 1992, Haken & Mikhailov 1993, Thelen 1994, Kruse & Stadler 1995, Kelso 1995). Es formiert sich hier ein Forschungsprogramm für eine emergentistische Psychologie, dem ich im Rahmen dieses Buches die Bezeichnung »Psychosynergetik« geben möchte. Im Bereich der Psychomotorik-Forschung spricht man im Zusammenhang mit dem Erstarken dieses »emergent approach« bereits von einer Paradigmenkrise des bisher vorherrschenden Informationsverarbeitungs-Ansatzes.

6.2. Die zentrale These: Gestalten sind dissipative Strukturen

Hauptanliegen der nächsten Kapitel wird es sein, den Nachweis für die folgende, oben schon genannte zentrale These zu führen:

Von neuronaler Aktivität getragene dissipative Strukturen (bzw. synergetische Systeme) im Gehirn sind das physiologische Pendant von »phänomenaler Gestalt«(im Sinne der Gestaltpsychologie). In anderen Worten: Menschliche Tätigkeitsprozesse in Motorik, Wahrnehmung und Denken können als Evolutionsprozesse synergetischer Systeme interpretiert und theoretisch modelliert werden.

Im einzelnen ist damit folgendes zu zeigen:

1. Neuronale Aktivitätsmuster lassen sich als dissipative Strukturen verstehen und mit den Mitteln der Synergetik beschreiben.
2. Die phänomenalen psychischen Strukturbildungen in Motorik, Wahrnehmung und Denken zeigen gleichermaßen die Charakteristika dissipativer Strukturen.
3. Die unter 1. und 2. genannten Sachverhalte beschreiben die »zwei Seiten ein und der

selben Medaille« – es ist also der Nachweis einer *dynamischen* psychophysischen Isomorphie, einer *physiopsychischen Isodynamik* zu führen. Und

4. schließlich: Das Wesen des von den Gestaltpsychologen mit dem Gestaltbegriff Intendierten ist im Konzept der dissipativen Struktur bzw. des synergetischen Systems aufgehoben.

Wesentlich diese Begründungslogik ist es, die die Darlegungen der folgenden Kapitel prägen soll. Zunächst werden die Grundprinzipien der Selbstorganisation, insonderheit die Grundkonzepte der Synergetik vorgestellt, soweit dies für die engere Zielstellung dieses Buches erforderlich ist. Diese engere Zielstellung – die Erarbeitung einer synergetischen Emotionstheorie sowie die Ableitung von Rahmenvorstellungen für eine emergentistische Psychologie – erlaubt es insbesondere, auf die Darstellung jeglichen mathematischen Apparates zu verzichten. Dies ist in der angegebenen Literatur im Detail nachzulesen. Im Anschluß daran beginnen wir mit einem stufenweisen Aufstieg von den einfachen zu den komplexeren Schichten einer fraktalen Evolution, wobei sich in faszinierender Weise immer wieder gleiche Grundmuster zeigen. Dies führt auf der Ebene des kreativen menschlichen Denkens zum Herausschärfen zweier Grundprinzipien der Gehirnfunktion: episynaptische Evolution und emergentistische Informationsspeicherung. Auf jeder Evolutionsstufe werden die instruktionistischen Konzepte auf dem Boden der Computer-Metapher durch adäquatere emergentistische Konzepte ersetzt.

Eng verwoben damit stelle ich einige wichtige Schlüsselexperimente des psychosynergetischen Paradigmas vor und binde sie in o.g. Argumentationsgang zum Beleg meiner These ein – dies wiederum unter weitgehendem Verzicht auf den mathematischen Hintergrund. Schließlich werden wir den im ersten Teil des Buches erarbeiteten phänomenologischen Synergitätsbegriff vor diesem theoretischen Hintergrund interpretieren und aufzeigen, daß er für wohldefinierte physikalische Eigenschaften steht, die schon heute prinzipiell einer zumindest indirekten Quantifizierung zugänglich sind. Es schließt sich die Erarbeitung basaler Modellvorstellungen für eine emergentistische Psychologie an.

6.3. Grundlagen der Synergetik

6.3.1. Entwicklungsgeschichte

Anfang der 60er Jahre begann Hermann Haken in den USA eine Lasertheorie zu entwickeln, in der gezeigt wird, wie die Interaktion einer Vielzahl laseraktiver Atome und ihrer Elektronen zu einem kohärenten kollektiven Verhalten führt. Haken erkannte die Allgemeingültigkeit der dabei wirksamen Grundprinzipien und verfaßte im Jahre 1971 mit R. Graham den Aufsatz »Synergetik – die Lehre vom Zusammenwirken«, in dem erste Ansätze zu einer allgemeinen Theorie der Selbstorganisation formuliert wurden.

In den folgenden Jahren wurde diese Theorie im Detail ausgearbeitet und mit ihrem leistungsfähigen mathematischen Apparat in den beiden Standardwerken »Synergetics. An Introduction« (Haken 1978) und »Advanced Synergetics« (Haken 1983) dargestellt. Seither hat sich die Synergetik rasch und mit großem Erfolg zu einem interdisziplinären Forschungsgebiet entwickelt. »Springer Series in Synergetics« umfaßt inzwischen rund 70 Bände, in denen komplexe Prozesse in allen Wissenschaftsbereichen bis hin zu Soziologie und Ökonomie erfolgreich mit dem Instrumentarium der Synergetik modelliert werden.

In zahlreichen Zeitschriftenartikeln und Büchern hat Hermann Haken – z.T. gemeinsam mit seiner Tochter – die Ideen der Synergetik in populärwissenschaftlicher Form dargestellt (Haken 1984, Haken & Haken-Krell 1989, Haken & Haken-Krell 1992).

6.3.2. Physik der Selbstorganisation: dissipative Strukturen, Attraktoren und Phasenräume

Nach der klassischen Thermodynamik kann die Entropie S, kurz die »Unordnung« in einem *abgeschlossenen System* nur größer werden: $dS/dt = d_iS/dt > 0$ (II. Hauptsatz der Thermodynamik nach Clausius). Im System wird solange Entropie produziert, bis das thermodynamische Gleichgewicht erreicht ist, also der statistisch wahrscheinlichste Zustand maximaler Gleichverteilung, Homogenität, »Unordnung«.

Diese düstere Vision vom »Wärmetod des Weltalls« steht nun aber in krassem Gegensatz zu vielfältigen Ordnungsbildungen in der Natur, insbesondere zum bizarren Formenreichtum des Lebens. Lebewesen sind nun keine abgeschlossenen, sondern *offene Systeme*, die mit ihrer Umgebung Stoff und Energie austauschen. Ein prinzipielles Verständnis dieser Prozesse gelingt erst im Rahmen der *Nichtgleichgewichts-Thermodynamik*. Für offene Systeme muß o.g. Gleichung durch den Term für den Entropieabfluß d_eS/dt ergänzt werden: $dS/dt = d_iS/dt - d_eS/dt$. Damit kann es aufgrund der Gegenläufigkeit zwischen d_eS/dt und d_iS/dt im offenen System für den Fall $d_iS/dt < d_eS/dt$ zu einer Entropieabnahme durch *Entropieexport*, d.h. zu Ordnungsbildung, »Negentropiebildung« kommen. Durch Selbstorganisation können fern vom thermodynamischen Gleichgewicht aus Unordnung und Regellosigkeit völlig neue Strukturtypen entstehen, die als *dissipative Strukturen* bezeichnet werden, da zu ihrer Bildung und Aufrechterhaltung eine ständige Dissipation und Entwertung von Energie im System notwendig ist. Voraussetzung und Motor von Selbstorganisation und Entropieexport ist also die ständige Zufuhr hochwertiger Energie (z.B. Wärme hoher Temperatur) und der Entzug geringwertiger Energie (z.B. Wärme niedriger Temperatur). Für die Biosphäre der Erde wird dies durch die sogenannte »Photonenmühle« sichergestellt: Von den Oberflächen der Sterne werden Photonen mit Temperaturen von vielen Tausend Kelvin emittiert, die über verschiedene Zwischenstufen, z.B. Planetenoberflächen, in die kalte See der 3-Kelvin-Photonen herabfallen, welche den gesamten Kosmos homogen als Hintergrundstrahlung ausfüllt.

Neben dieser Energiedissipation in überkritischer Ferne vom thermischen Gleichgewicht sind derartige spontane Ordnungsbildungen an das Vorhandensein *positiver Rückkopplungsprozesse* gebunden, was sich in der *Nichtlinearität* der dynamischen Gleichungen ausdrückt und sozusagen Kooperativität, Kommunikation der Mikroprozesse voraussetzt. Entscheidend für die Stabilität der Strukturen ist ein dynamisches Gleichgewicht zwischen verstärkenden Nichtlinearitäten und abschwächender Dissipation.
Nach Ebeling & Feistel (1994) lassen sich folgende Hauptmethoden der Physik der Selbstorganisation unterscheiden:

1. Die *Nichtgleichgewichtsthermodynamik*, die die globalen und lokalen Bilanzen von Energie, Entropie, Impuls und Stoffmenge beschreibt.
2. Die *statistische Theorie*, die mit Wahrscheinlichkeitsverteilungen für den mikroskopischen Zustand des Systems arbeitet.
3. Die *nichtlineare Dynamik der Ordnungsparameter*, die sich mit Aufstellung und Lösung von nichtlinearen gewöhnlichen und partiellen Differentialgleichungen für die charakteristischen makro-

skopischen Größen der Prozesse, die Ordnungsparameter, befaßt.
4. Die *stochastische Theorie*, die ebenfalls mit den makroskopischen Ordnungsparametern arbeitet, diese jedoch als fluktuierende Größen betrachtet, für die die Existenz einer Wahrscheinlichkeitsverteilung postuliert wird. Diese Wahrscheinlichkeitsverteilung kann dann mit einer dynamischen Gleichung, einer sogenannten Master-Gleichung beschrieben werden.

Die Synergetik bedient sich v.a. der Methoden 3 und 4; das für diese Methoden entscheidende Ordnungsparameter-Konzept wurde von Hermann Haken im Rahmen der Synergetik entwickelt.

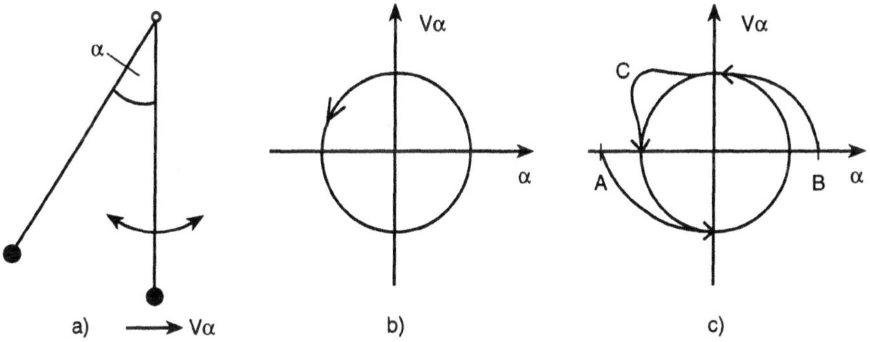

Abb. 6.1 Erläuterungen im Text

Eine instruktive und verbreitete Darstellungsform des Verhaltens dynamischer Systeme wie z.B. evolvierender dissipativer Strukturen ist der sogenannte *Zustands- oder Phasenraum*. Die Anzahl der Dimensionen des Phasenraums stimmt mit der Anzahl der Variablen überein, die zur Bescheibung der Systemzustände nötig sind, so daß einem jeden möglichen Systemzustand eindeutig ein Punkt im Phasenraum zugeordnet werden kann. Die Evolution des Systems in der Zeit bildet sich dann als Bahnkurve dieses Punktes ab, die als *Trajektorie* bezeichnet wird. Ein sehr einfaches Beispiel ist die ungedämpfte harmonische Schwingung eines ideal reibungsfreien Pendels. Der Zustand des Pendels ist zu jedem Zeitpunkt durch den Winkel α und die Winkelgeschwindigkeit v_{α} eindeutig bestimmt (vgl. Abb. 6.1). Bei maximalem Auslenkungswinkel ist die Winkelgeschwindigkeit Null; ist dagegen die Auslenkung Null, wird die Winkelgeschwindigkeit maximal (Abb. 6.1 a). Es ergibt sich eine kreisförmige Trajektorie in einem zweidimensionalen Phasenraum (Abb. 6.1 b). Die relativ autonome innere Dynamik komplexer Systeme strebt häufig nach ausgezeichneten stabilen Zuständen, in denen ihre aufsteilenden und abschwächenden Komponenten im Gleichgewicht sind. Meist evolviert eine Vielzahl verschiedener Anfangszustände in ein und denselben stabilen Zustand und auch nach Störungen kehrt das System in diesen Zustand zurück. Die Gebiete des Phasenraumes, die diesen quasi anziehenden stabilen Systemzuständen entsprechen, werden *Attraktoren* genannt. Die Anfangsbereiche des Phasenraumes, aus denen die Trajektorien in einen bestimmten Attraktor konvergieren, bilden das *Einzugsgebiet* oder *Bassin* dieses Attraktors. Je nach Geometrie des Attraktorgebietes spricht man z.B. von einem Fixpunkt- oder Grenzzyklusattraktor, von einem Torus oder dem komplexen fraktalen Gebilde eines seltsamen Attraktors im Zusammenhang mit chaotischem Verhalten. Versehen wir z.B. unser ideales Pendel mit einer Anregung (etwa über eine Feder) und einer Dämpfung (z.B. mittels Wirbelstrom), stellt sich unabängig von der initialen Auslenkung (z.B. A oder B in Abb. 6.1 c) ein und derselbe stabile Schwingungszustand ein, in den das System auch nach der Störung C wieder zurückkehrt. Wir haben es hier mit einem einfachen Grenzzyklus zu tun. Eine sehr nützliche Metapher zur Verdeutlichung der Wirkungsweise eines Attraktors ist die Vorstellung einer Mulde in einer Potentiallandschaft, auf der eine Kugel rollt. Die Kugel steht für den Systemzustand, der Muldenrand begrenzt das Einzugsgebiet des Attraktors und die tiefste Stelle der Mulde bildet den (Fixpunkt-)Attraktor. Immer wenn die Kugel über den Muldenrand tritt, egal an welcher Stelle, rollt sie zur Muldenmitte an den tiefsten Punkt.

Dissipative Strukturen *in der Nähe* des thermodynamischen Gleichgewichts werden von der *linearen Nichtgleichgewichtsthermodynamik* beschrieben. Es bilden sich hier stabile stationäre Zustände, die gegen Schwankungen immun sind und prinzipiell einem Extremaltheorem gehorchen, im Gegensatz zu den *gleichgewichtsfernen* Vorgängen, wo dies nur ausnahmsweise so ist. Das System strebt denjenigen Dauerzustand an, bei dem die Entropieproduktion so gering wird, wie es mit den auferlegten Randbedingungen vereinbar ist. Damit können diese Prozesse nicht mehr »kreativ« werden und völlig neue unvorhersehbare Strukturen bilden. Die Struktur des Systems verändert sich vielmehr bei jeder Veränderung der Randbedingungen auf völlig voraussagbare Weise.

Die bisher beschriebene und uns hauptsächlich interessierende *dissipative Selbstorganisation* findet im Bereich relativ hoher Temperaturen statt und ist an die oben aufgeführten definierten Rahmenbedingungen gebunden. Unterhalb einer für einen jeden Stoff charakteristischen kritischen Temperatur kommt es dagegen zum universellen Phänomen der *konservativen Selbstorganisation,* bei dem sich nach dem Boltzmannschen Verteilungsgesetz *konservative Strukturen* bilden, die durch ein Minimum an freier Energie gekennzeichnet sind. Beispiele sind die Kristallbildung und die Formierung biologischer Makromoleküle, u.a. die DNS.

6.3.3. Grundkonzepte der Synergetik

Betrachten wir zunächst, wie Selbstorganisationsvorgänge in einfachen physikalischen Systemen ablaufen:

Ordnungsbildung im Laser

Ein einfacher Laser, wie z.B. ein für Forschungszwecke interessanter Ringresonator (vgl. Abb. 6.2) besteht aus einer Glasröhre, die mit einem laseraktiven Gas gefüllt ist. Darin sind vier Spiegel so angeordnet, daß das von den Atomen emittierte Licht im Kreis hin und her reflektiert wird und permanent Gelegenheit hat, mit den Atomen in Wechselwirkung zu treten. Um das Gas zur Lichtemission anzuregen, muß dem System hochwertige Energie zugeführt werden. Dies geschieht, indem elektrischer Strom durch das Gas geleitet wird. Ein Teil dieser Energie kompensiert den ständigen Verlust an geringerwertiger Energie, der durch die nicht ideale Reflexion der Spiegel entsteht. Die Elektronen des anliegenden Stromes geben Energie an die Gasatome ab und versetzen diese in einen angeregten Zustand. Wenn die Atome diesen angeregten Zustand verlassen und auf ihr früheres Energieniveau zurückspringen, geben sie eine Lichtwelle mit einer bestimmten von ihnen »bevorzugten« Wellenlänge ab. Unterhalb einer definierten Schwelle der Energiezufuhr geschehen diese Emissionen völlig unkoordiniert und zufällig. Die Stärke des assoziierten Lichtfeldes E ist entsprechenden regellosen Schwankungen unterworfen (vgl. Abb. 6.3 a). Das so entstehende Licht ist noch kein Laserlicht, sondern ganz gewöhnliches Licht, wie es jede Lampe produziert. Wenn man nun die Energiezufuhr erhöht, werden immer mehr Atome angeregt und die nichtlinearen Wechselwirkungen zwischen ihnen nehmen zu: Die Lichtwelle, die von einem Atom ausgesandt wird, kann ein anderes Atom zwingen, mit ihm im gleichen Takt zu schwingen. Die Lichtwellen beider Atome superponieren sich dann und durch Addition der Lichtfeldstärken werden die »Wellenberge« höher. Wenn sich auf diese Weise an verschiedenen Stellen des Gases größere Gruppen von Atomen koordinieren, kommt es zu einem fluktuierenden kritischen Aufschaukeln von Wellen verschiedener Wellenlänge. Das System testet, wenn man so will, verschiedene sogenannte Lasermoden aus, die miteinander um die größte Anzahl teilnehmender Atome konkurrieren. Wird nun die Energiezufuhr noch weiter erhöht, kommt es zu einem plötzlichen und dramatischen Umschlag des mikroskopischen und makroskopischen Systemverhaltens. Eine der Lasermoden wird ausgewählt und lawinenartig verstärkt. Und zwar genau jene, deren Wellenlänge am besten zwischen die Geometrie der Spiegel paßt und die gleichzeitig derjenigen Wellenlänge am nächsten kommt, die von den meisten Atomen bevorzugt wird. Ihre überkritisch angewachsene Lichtfeldstärke zwingt immer mehr Atome in ihren Bann, bis schließlich die Elektronen aller Atome kooperativ im Gleichtakt schwingen und durch ihre vielen phasengerechten Beiträge eine gigantische gemeinsame Lichtwelle mit einer einheitlichen Wellenlänge aufbauen. Es ist ein neuer stabiler und dynamisch hochgeordneter makroskopischer Zustand entstanden: kohärentes Laserlicht, dessen Lichtfeldstärke keinen Schwankungen mehr unterworfen ist (Abb. 6.3 b). Führt man dem Laser nun noch mehr Energie zu, wird dieser Zustand wieder instabil und es setzt sich eine neue Mode durch, z.B. gepulstes Laserlicht (Abb. 6.3 c). Unter bestimmten Bedingungen kann es auch zur Kooperation verschiedener Lasermoden kommen, woraus makroskopisch sogenanntes deterministisches Chaos resultiert (Abb. 6.3 d).

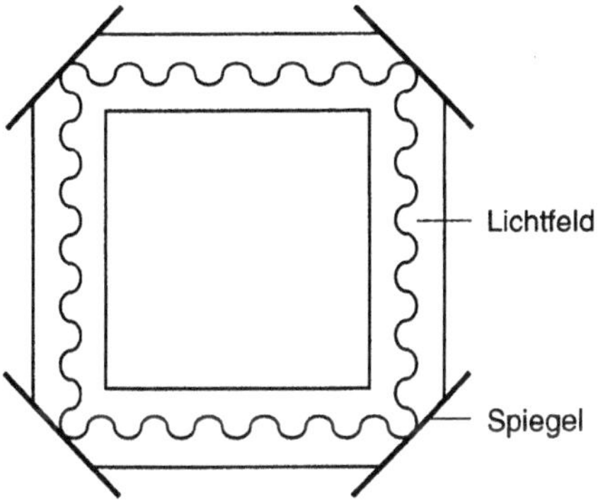

Abb. 6.2 Erläuterungen im Text

Entstehung von Konvektionszellen in Flüssigkeitsschichten (Bénard-Zellen)

Betrachten wir eine Flüssigkeitsschicht, z.B. Silikonöl, in einem flachen rechteckigen Gefäß. Die Flüssigkeit befindet sich zunächst im stabilen Ruhezustand, in dem alle Flüssigkeitsbewegungen infolge innerer Reibung auf Null abklingen. Nun drängen wir das System durch Wärmezufuhr von unten aus dem thermischen Gleichgewicht. Bei Überschreiten einer kritischen Temperaturdifferenz wird der bisherige Zustand der Flüssigkeit instabil. Die unteren Flüssigkeitsschichten werden spezifisch leichter und streben nach oben, die oberen Schichten werden schwerer und streben nach unten. Kleine, zufällige mikroskopische Schwankungen klingen nun unter Umständen nicht mehr ab, sondern werden verstärkt und wachsen zu makroskopischen Bewegungen an. Dabei testet das

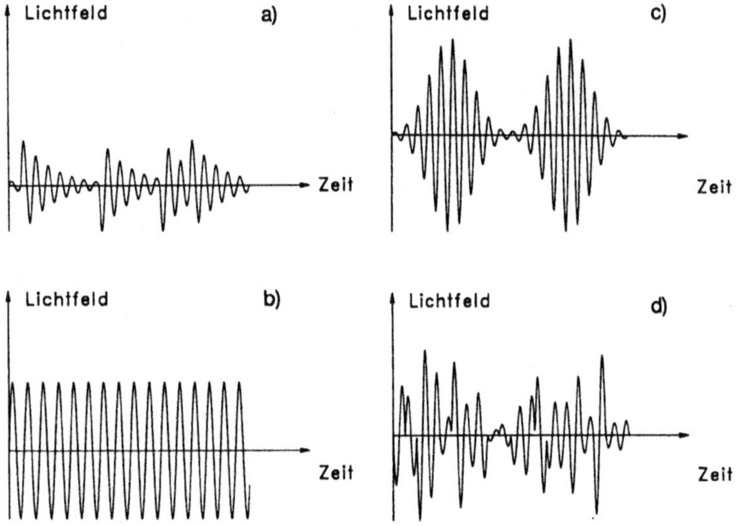

Abb. 6.3 (nach Haken u.a. 1989) Erläuterungen im Text

System zunächst ganz verschiedene solcher konkurrierenden Bewegungsformen aus, die auch hier als *»Moden«* bezeichnet werden. Bestimmte Moden erweisen sich als besonders günstig für den Wärmetransport und setzen sich durch, indem ihre Senkrechtgeschwindigkeit anwächst und sie immer größeren Teilen der Flüssigkeit ihre Bewegung aufzwingen. Die Senkrechtgeschwindigkeit ungeeigneter Moden nimmt dagegen ab und sie sterben aus. Auf diese Weise stabilisiert sich über Stadien einer noch labilen Grobordnung ein dynamischer Ordnungszustand, in dem alle Flüssigkeitsmoleküle einem präzisen Kooperationsregime folgen. Abb. 6.4 a zeigt einen solchen stabilen Zustand, in dem sich die Geschwindigkeiten so verteilen, daß eine regelmäßige Formation von Flüssigkeitsrollen entsteht. Diese Bewegungsform hat sich infolge positiver Wachstumsraten der Senkrechtgeschwindigkeiten gegenüber anderen, wie z.B. der in Abb. 6.4 b gezeigten ovaloiden Rollenform, durchgesetzt.

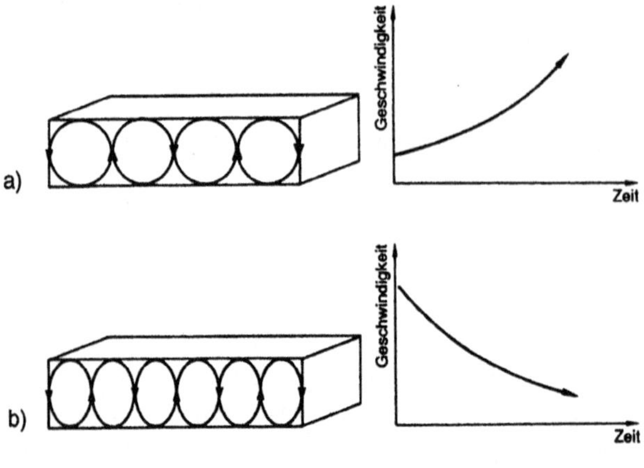

Abb. 6.4 (nach Haken u.a. 1992) Erläuterungen im Text

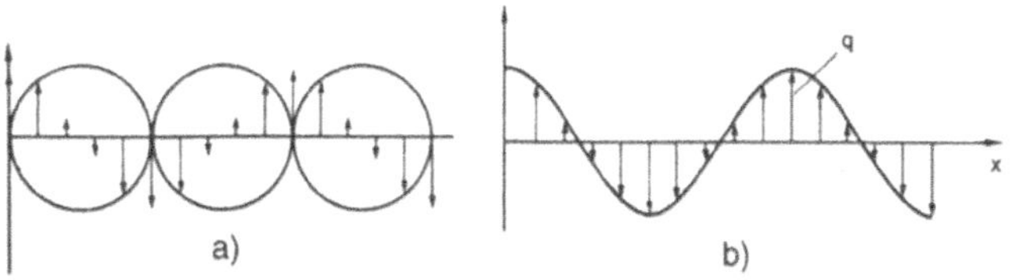

Abb. 6.5 (nach Haken u.a. 1992) Erläuterungen im Text

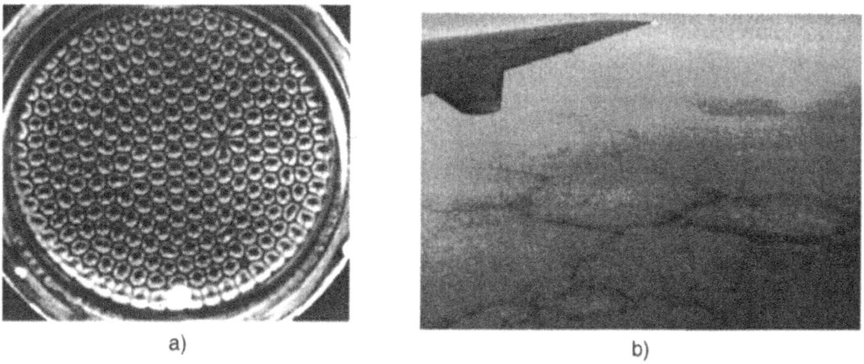

Abb. 6.6 (nach Haken & Wunderlin 1991) Erläuterungen im Text

Um diesen makroskopischen Ordnungszustand genauer zu charakterisieren, stellen wir uns einen Querschnitt durch die Rollenformation vor, in dem die lokalen Senkrechtgeschwindigkeiten der Flüssigkeitsmoleküle entlang der Mittelebene aufgetragen sind (vgl. Abb. 6.5 a). Wie Abb. 6.5 b zeigt, variieren diese Geschwindigkeiten entsprechend einer Sinusfunktion. Es läßt sich experimentell und mathematisch zeigen, daß das makroskopische Ordnungsmuster eindeutig durch die Größe des Parameters q festgelegt ist, welcher der Amplitude der Senkrechtgeschwindigkeit entspricht. Wird das Rollenmuster Störungen ausgesetzt, z.B. indem wir in einem Teilbereich die Flüssigkeit umrühren, so stabilisiert es sich rasch neu, wenn in einem Restbereich die ursprünglichen Rollen unversehrt geblieben sind. Das Muster entspricht also einem stabilen Attraktor im Phasenraum. Wie schon beim Laser wird auch dieses Muster wieder instabil, wenn wir die Energiezufuhr weiter erhöhen. Wiederum kann es durch Kooperation von Moden zur Bildung komplexerer Muster kommen. Wenn sich etwa drei Rollenbewegungen wechselseitig stabilisieren, entsteht ein Bienenwabenmuster, wobei die Flüssigkeit in der Mitte der Waben aufsteigt und an den Rändern absinkt (vgl. Abb. 6.6 a). Es werden auch noch kompliziertere Muster beobachtet, bei denen die Flüssigkeitszellen nach Art einer hierarchischen Enkapsis organisiert sind oder ständige Oszillationen zeigen.

Wichtige Grundbegriffe: Ordner, Ordnungsparameter, Kontrollparameter u.a.

Die Ähnlichkeiten zwischen den Strukturbildungsprozessen im Laser und bei der Formierung von Bénard-Zellen sind nicht zu übersehen. Beide Prozesse starten bei einem mikroskopisch völlig ungeordneten Zustand, der als solcher aber stabil ist. Die Teilelemente haben eine hohe Zahl von Freiheitsgraden und die vollständige Beschreibung ihres regellosen Verhaltens würde eine riesige Informationsmenge erfordern. Bei Veränderung eines einzigen Parameters, beim Laser des Stromdurchflusses und bei der Bénard-Zelle der Temperaturdifferenz, wird dieser Zustand instabil und das System wird bei weiterer Veränderung dieses Parameters durch eine Folge neuer, jeweils in einem bestimmten Parameterbereich stabiler Zustände geführt. Dieser Parameter heißt *Kontrollparameter.* Gelangt das System in die Nähe des Instabilitätspunktes, nehmen die zufälligen inneren Schwankungen im System zu, sie werden als *kritische Fluktuationen* bezeichnet. Eine dieser Schwankungen gewinnt schließlich die Konkurrenz, wird nichtlinear verstärkt und wächst zu einer das ganze System umfassenden, neuen kollektiven Verhaltensmode heran. Dieses makroskopische Verhaltensmuster bezeichnen wir als *Ordner*. Der Ordner arbeitet nach dem sogenannten *Versklavungsprinzip* der Synergetik: Langsam veränderliche Größen wie die Ordner bestimmen das Verhalten rasch veränderlicher Größen. So zwingt beim Laser die langsam veränderliche Laserlichtwelle den rasch relaxierenden Elektronen ein bestimmtes Verhalten auf. Entscheidend ist nun, daß der Ordner exakt durch eine bestimmte mathematische Größe, den *Ordnungsparameter,* definiert ist sowie durch die Ordnungsparametergleichung, die sein Verhalten beschreibt. Ein bestimmter Bewegungsmodus der Bénard-Zelle ist so eindeutig durch ihren Ordnungsparameter, die Amplitude q, festgelegt; beim Laser ist der Ordnungsparameter in der Lichtfeldstärke E gegeben. Der Ordnungsparameter bestimmt damit eindeutig das makroskopische Systemverhalten, er reduziert dramatisch die Freiheitsgrade der Mikroelemente und steht für eine hochgradige Informationskomprimation. Interessant ist die *zirkuläre Kausalität,* die sich hier entfaltet: Der Ordnungsparameter determiniert das Verhalten der Mikroelemente und wird gleichzeitig durch ihr kooperatives Verhalten aufgebaut (vgl. Abb. 6.7). In Analogie zu den Phasenübergängen in Gleichgewichtsnähe, wenn z.B. Wasser in Eis übergeht, werden diese dynamischen Ordnungswechsel als *Nichtgleichgewichtsphasenübergänge* bezeichnet.

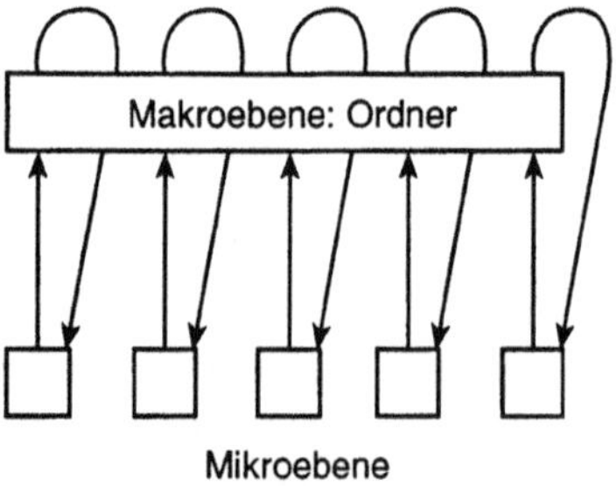

Abb. 6.7 Erläuterungen im Text

Es gibt einige für nichtlineare Dynamik sehr spezifische Phänomene, die sich gut anhand des Bildes von der Kugel in der Potentiallandschaft verdeutlichen lassen (vgl. Abb. 6.8). Betrachten wir noch einmal die oben beschriebene Entwicklung von Bénard-Zellen: In Ruhe befindet sich die Flüssigkeit in einem stabilen Attraktor (Abb. 6.8 a). Um die Wirkung von Fluktuationen in unser Bild aufzunehmen, stellen wir uns vor, die Kugel sei leichten Zufallsstößen ausgesetzt. Im Ruhezustand klingen Fluktuationen schnell auf Null ab: Ein leichter Stoß bewegt die Kugel nur wenig und sie rollt sofort wieder an den tiefsten Punkt zurück. Jetzt erhöhen wir den Wert des Kontrollparameters, der Zustand wird instabil, der Muldenboden flacht ab und nach einem Stoß bewegt sich die Kugel schon ziemlich weit vom Stabilitätspunkt weg: kritische Fluktuationen (Abb. 6.8 b). Damit verbunden ist das Phänomen der *kritischen Verlangsamung*. In der Nähe von Instabilitätspunkten braucht das System mehr Zeit, um nach einer Störung in den stabilen Zustand zurückzufinden: Die Kugel rollt nun langsamer in die Mitte zurück. Wird der Kontrollparameter noch weiter erhöht, gelangt die Systemevolution an eine sogenannte *Bifurkation*. Es bilden sich zwei gleichwertige, symmetrische Attraktorzustände: Die Mulde wird in einer Weise deformiert, daß zwei gleichgeformte Potentialminima entstehen (Abb. 6.8 c). Im Beispiel der Bénard-Instabilität entspricht dies der Umlaufrichtung der Flüssigkeitsrollen. Rechts- und linksumlaufende Rollen sind gleichermaßen zum Wärmetransport geeignet. Durch Zufallsentscheid per Fluktuation erfolgt nun ein *Symmetriebruch*: In Abhängigkeit von einem Zufallsstoß rollt die Kugel in die linke oder die rechte Mulde. Das System muß sich für einen der beiden symmetrischen Zustände entscheiden: Entweder die Rollen laufen nach links um (oberer Zweig der Bifurkation in Abb. 6.8 d) oder sie laufen nach rechts um (unterer Zweig der Bifurkation). Unter bestimmten Bedingungen wird ein Hin- und Herspringen des Systems zwischen solchen symmetrischen Zuständen beobachtet – man spricht von *Bi- bzw. Multistabilität.*

Ein weiteres für nichtlineare Dynamik sehr charakteristisches Phänomen ist die *Hysterese* (vgl. Abb. 6.9). Betrachten wir zunächst die Systementwicklung in Abb. 6.9 a bis c in der oberen Reihe.

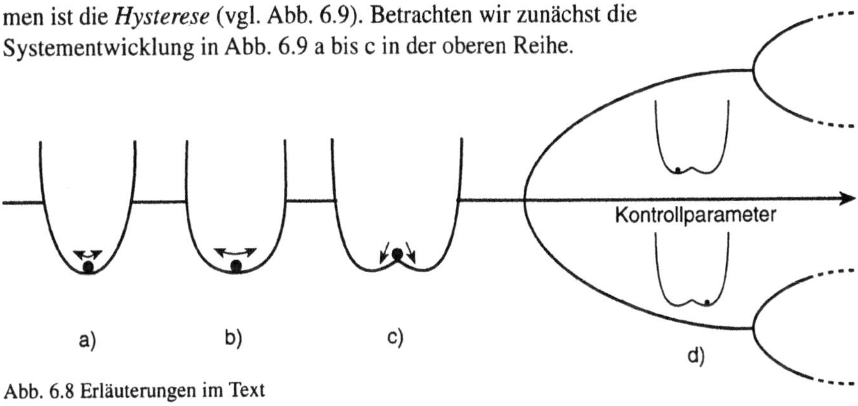

Abb. 6.8 Erläuterungen im Text

Abb. 6.9 a entspricht dabei dem (noch) stabilen Zustand einer Rollenbewegung der Flüssigkeit. Durch Erhöhung des Kontrollparameters wird dieser Zustand weiter destabilisiert (b) und schließlich ereignet sich ein Phasenübergang in die Hexagonale Bewegungsformation (c). In der unteren Reihe von Abb. 6.9 c bis a ist dargestellt, was geschieht, wenn man den Kontrollparameter nun wieder vermindert. Der »Rückwärtsübergang« ins Rollenmuster geschieht zu einem späteren Zeitpunkt, d.h. bei einem kleineren Kontrollparameter, als auf dem »Hinweg« der Übergang ins Bienenwabenmuster erfolgte. Auf diese Weise befindet sich das System in 6.9 b beim selben Kontrollparameterwert auf dem »Hinweg« im Rollenmuster, auf dem »Rückweg« aber noch im Hexagon-Muster.

Die hier nur qualitativ vorgestellten Begriffe und Konzepte haben sämtlich eine mathematische Interpretation im Rahmen einer ausgefeilten Theorie.

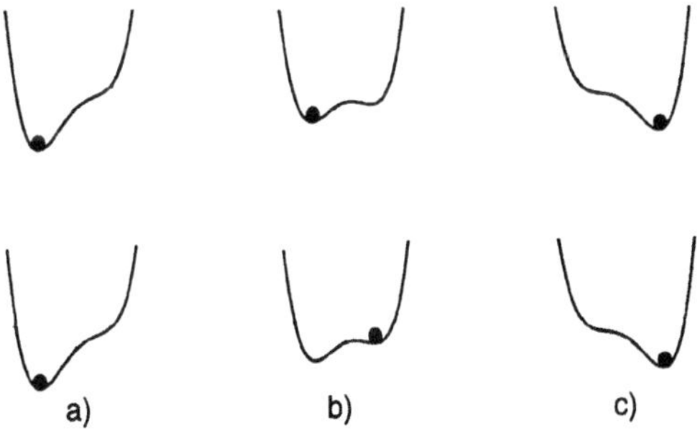

Abb. 6.9 Erläuterungen im Text

Ist es gelungen, die relevanten Parameter eines zu modellierenden Systems zu identifizieren und die dazugehörigen Evolutionsgleichungen aufzustellen, kann man die emergierenden makroskopischen Muster des Systemverhaltens exakt vorausberechnen. Dort allerdings, wo an Bifurkationspunkten der Zufall in Form von Fluktuationen zwischen symmetrischen Varianten entscheidet, sind die Grenzen der Berechenbarkeit erreicht, hier ist eine Voraussage prinzipiell nicht möglich. Dies gilt auch, wenn die Systemdynamik in *deterministisches Chaos* übergeht. Auch das deterministische Chaos ist ein allgemeines Phänomen nichtlinearer Dynamik – wir finden es nicht nur beim Laser, sondern ebenso bei der Bénard-Instabilität. Die drei beim Hexagonmuster beteiligten Ordner kooperieren dann nicht mehr, sondern beginnen sich wechselseitig zu versklaven, wobei der »Herrschaftswechsel« völlig unregelmäßig erfolgt. Das System wird in diesem Zustand extrem sensibel gegen die Anfangsbedingungen, die aus prinzipiellen meßtechnischen Gründen nur mit begrenzter Genauigkeit erfaßbar sind. Kleinste Abweichungen potenzieren sich dann im Zeitverlauf zu dramatischen Wirkungen. Auch chaotische Systeme verbleiben in einem umschriebenen Gebiet des Phasenraumes, aber ihr genauer Ort zu einem bestimmten Zeitpunkt läßt sich nicht exakt vorherbestimmen. Diese Gebiete sind *fraktal* strukturiert und werden als *seltsame Attraktoren* bezeichnet. Beispiele für solche chaotischen Attraktoren zeigt Abb. 6.37. Trajektorien, die anfangs eng benachbart sind, laufen schon nach kurzer Zeit weit auseinander. Obwohl alle Einzelprozesse deterministisch verlaufen, ist aus prinzipiellen Gründen *eine Langzeitvorhersage des Systemverhaltens nicht möglich.* Eine der verschiedenen Übergangsformen aus der geordneten Systemdynamik in das deterministische Chaos ist die *Intermittenz.* Dabei wird bei Erhöhung des Kontrollparameters das geordnete Verhalten immer häufiger intermittierend von chaotischem Verhalten unterbrochen.

6.4. An der Schwelle zum Leben: dissipative Strukturen sind Präbionten; die Grundbegriffe »Schranken« und »Dynamik«

Ersichtlich verfügen bereits einfache physikalische dissipative Strukturen, wie der Laser oder die Bénard-Zelle, über Vorformen einiger hochinteressanter Eigenschaften, die nach bisherigem Verständnis ausschließlich Phänomenen der biopsychosozialen Sphäre zukommen. Sie erweisen sich damit als Brückenphänomene zwischen unbelebter und belebter Welt.

So handelt es sich bei dissipativen Strukturen um thermodynamisch offene Systeme, die aber *operational geschlossen* sind, die sich also in geschlossenen Produktionszyklen ständig selbst neu erzeugen. Solche Systeme bezeichnet man im Sinne von Maturana und Varela (1975) als *autopoietische* Systeme.

Dissipative Strukturen entstehen im ständigen Wechselspiel von Zufall und Regel, von Variation und Selektion, so daß man von einer Art *physikalischem Darwinismus* sprechen könnte. An Bifurkationsstellen werden Zufälle quasi eingefroren, es entstehen so Elementarformen von *Individualität* und *Historizität* als Ergebnis einer für jede konkrete Struktur einmaligen Sequenz von Zufallsereignissen.

Wichtig ist auch die Tatsache, daß synergetische Systeme in den instabilen Zuständen *»sensibel«* gegenüber geringsten Umgebungsdifferenzen werden (z.B. schwache Felder), die im Gleichgewicht ohne jeden Einfluß blieben. Über eine Beeinflussung der Selektionsbedingungen erfolgt so die Bildung von Strukturen, die an ihre Umgebung (die Randbedingungen) sehr spezifisch angepaßt sind. Man kann in der Tat von einer Art *vorbiologischem Anpassungsmechanismus* sprechen (Prigogine und Stengers 1980). Wenn wir beispielsweise die »Umwelt« der Laserwelle verändern, indem wir den Spiegelabstand modifizieren, wird die bestehende Laserwelle instabil und es kommt zur Selektion einer neuen Welle, die besser zwischen die veränderten Spiegel paßt. Sowohl intern als auch extern verursachte Schwankungen können also zu neuen Strukturen führen (Horsthemke 1980).

Die Randbedingungen (die Umwelt) fungieren also als *spezifische* Determinanten der dissipativen Selbstorganisation. Es gibt aber auch *unspezifische* Deteminanten in Form des Kontrollparameters: Rein quantitative Veränderungen, die keinerlei spezifische Determination auf die Strukturbildungen ausüben, führen zu einer Folge makroskopischer Muster je eigener, neuer Qualität. Die Materie zeigt hier genuin *kreatives Potential*. Unspezifische, *nicht-instruierende* Einwirkungen induzieren die Emergenz neuer, an spezifische Bedingungen angepaßter Strukturen.

Dissipative Strukturen sind *übersummative Ganzheiten* im klassischen Sinne – das Ganze ist mehr als die Summe der Teile. Auf Störungen reagiert das System immer koordiniert als Ganzes. Es zeigt ein hohes Maß an *Autoregulationsvermögen*, was innersystemische Elementarformen von *Kommunikation* voraussetzt. Wenn wir beispielsweise beim Bénard-System die Form des Gefäßes (innerhalb bestimmter Grenzen) verändern, kommt es zu einer leichten Deformation der gesamten Rollenformation, wobei die Grundform erhalten bleibt, im Sinne einer überlokalen Varianz aber jeder Systempunkt kleine adaptierende Veränderungen in koordinierter Abstimmung mit allen anderen Systempunkten erfährt. In einem definierten Bereich quantitativer Veränderungen bleibt somit eine bestimmte Qualität erhalten ganz ebenso, wie eine Melodie unter Variation in bestimmten Grenzen ihre charakteristische Qualität behält. Wenn man will, kann man dieses Phänomen der Transponierbarkeit auch in der Tatsache wiedererkennen, daß sich identische synergetische Ordnungsbildungen auf ganz verschiedenen materiellen Substraten realisieren können. Abb. 6.6 zeigt hexagonale Muster als Bénard-Zelle in Silikonöl (a) und in einer Wolkenschicht (b). Auch ein und dieselbe Melodie kann man in verschiedenen Tonlagen oder auf unterschiedlichen Instrumenten spielen. *Die beiden klassischen Hauptkriterien für psychische Gestalt, nämlich Übersummativität und Transponierbarkeit, sind damit für dissipative Strukturen erfüllt.*

Dissipativ organisierte Materie bildet also operational-geschlossene, selbstreferentielle Systeme, die ihre individuelle Geschichte haben, sensibel und anpassungsfähig sind, Kreativität aufweisen und die Phänomene »Übersummativität« und »Transponierbarkeit« zeigen. Unter nur wenig komplexeren Rahmenbedingungen werden wir später auf dieser Basis einfache Modelle eines assoziativen Gedächtnisses, einer dynamischen Informationsverarbeitung sowie eines »Antizipationsapparates« kennenlernen. Auch diese Leistungen gehören im Grunde noch zu den genuinen Eigenschaften einfacher dissipativer Strukturen. Einfache dissipative Strukturen bzw. synergetische Systeme erweisen sich als ideale Modelle, als Schlüsselmetaphern (»root metaphor«) zum grundlegenden Verständnis einer Vielzahl von Phänomenen der biopsychosozialen Sphäre, insonderheit psychischer Strukturbildungen.

Dabei wird sich zeigen, daß es in vielen Fällen aufgrund mangelnder Kenntnis nicht möglich und in bestimmten Argumentationszusammenhängen auch nicht nötig ist, zwischen spezifischen und unspezifischen Determinanten der Selbstorganisation zu unterscheiden. Ich werde deshalb Kontrollparameter und Randbedingungen unter den Begriff

»Schranken« subsumieren. Mit »Schranken eines Selbstorganisationsprozesses« ist damit jegliche *Außendetermination* dieses Prozesses bezeichnet, während die *Innendetermination* durch die relativ autonome dissipative *»Dynamik«* und die ihr zugrunde liegenden von der Synergetik beschriebenen Gesetzmäßigkeiten erfolgt (Regulation durch Ordner bzw. Ordnungsparameter). Die alten von Wolfgang Köhler eingeführten gestaltpsychologischen Begriffe »Schranken« und »Dynamik« erweisen sich somit weiterhin als unverzichtbare und hochpotente begriffliche Werkzeuge, erhalten aber einen exakten mathematisch-physikalischen Inhalt. Später werden wir noch zwischen *konservativen* und *dynamischen Schranken* zu unterscheiden haben.

6.5. Grundprinzipien der fraktalen Evolution

Wie oben schon angedeutet, kann man sich komplexe Systeme, wie die Biosphäre der Erde, ja das ganze Universum als eine Verschachtelung, eine Enkapsis von aufeinander aufbauenden Evolutionsprozessen vorstellen, die auf unterschiedlichen Raum-Zeit-Skalen ablaufen und koevolutiv miteinander verknüpft sind (vgl. Binnig 1989, Jantsch 1982). Die Entwicklung einer einzelnen »Evolutionssphäre« erscheint dabei als eine unendliche Kette von Elementarschritten der Selbstorganisation, wie wir sie oben am Beispiel des Lasers und der Bénard-Zelle beschrieben haben (vgl. Ebeling & Feistel 1994 und Abb. 6.11). Wie gleich noch näher ausgeführt wird, ist dabei für den sukzessiven Aufbau komplexer Systeme eine ständige *Wechselwirkung zwischen kreativen dissipativen und konservativen Speicherstrukturen* essentiell. Nach allem was wir wissen, sind diese ineinander liegenden und sich dabei durchdringenden Evolutionssphären bezüglich der wirkenden Grundgesetzmäßigkeiten selbstähnlich. In gewissem Sinne kann man also mit Gerd Binnig von einer *fraktalen Struktur der Evolution* als Gesamtphänomen sprechen und wahrscheinlich ist dies mehr als nur eine Metapher.

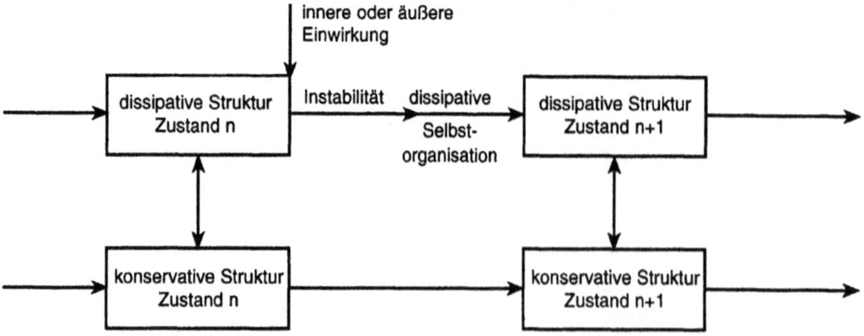

Abb. 6.11 Erläuterungen im Text

Wir wollen nun unter den genannten Aspekten die Evolutionsstufen bis zur Evolution des Psychischen knapp skizzieren: Vor ca. 4 Milliarden Jahren muß es unter den Bedingungen der präbiotischen Uratmosphäre in der ozeanischen »Ursuppe« zu chemischen Reaktionen gekommen sein, die Vorstufen der heutigen Biomoleküle (Proteine und Nucleinsäuren) entstehen ließen. Vermutlich hat der Prozeß der Lebensentstehung bei der RNA, die zu Autokatalyse und spontaner Replikation fähig ist, seinen Ausgang genommen. Im Wechselspiel von Variation durch Replikationsfehler und Umweltselektion setzten sich über hohe Vermehrungsraten bestimmte RNA-Sequenzen als Quasispecies in der Konkurrenz durch. Zufällige Konzentrationsschwankungen entschieden dabei als Fluktuationen zwischen gleichwertigen Konkurrenten im Sinne einer Symmetriebrechung. Verschiedene RNA-Moden konnten dann ihre Überlebenschancen verbessern, indem sie von Konkurrenz auf Kooperation umschalteten und sich zu Katalysezyklen, den sogenannten Hyperzyklen, zusammenschlossen, wie wir dies schon von den drei ein Hexagon aufbauenden Bénard-Moden kennen. Nun finden mutative Variation und Selektion auf der Ebene der Hyperzyklen statt. Manfred Eigen und seine Mitarbeiter (Eigen & Schuster 1979) haben ein mathematisches Modell dieser Prozesse entwickelt, dessen Gleichungen in wesentlichen Aspekten zu den unabhängig davon von Haken entwickelten Laser-Gleichungen isomorph sind. So entstehen Hyperzyklen mit neuen Eigenschaften, u.a. primitiven Translationsapparaten, die beschleunigende Katalyse-Proteine aus Aminosäuren erzeugen und in die zyklischen Prozesse integrieren. Nach dem Übergang von RNA zu DNA ist dann die Trennung von Informationsträger (DNA) und Funktionsträger (Proteine), von Genotyp und Phänotyp als Voraussetzung der eigentlichen Darwinschen Evolution vollzogen. Die zunächst als Eigenwert eines komplexen Selektionsprozesses entstandene RNA bzw. DNA wird nun zur Randbedingung der weiteren Entwicklung.

Diese Darwinsche Evolution läßt sich nun wieder aus der Sicht der Synergetik interpretieren. Der durch Wirkung der bekannten Evolutionsfaktoren variierende Genotyp determiniert den Phänotyp, der in Interaktion mit der Umwelt einer Selektion unterworfen ist. Besser angepaßte Phänotypen haben höhere Vermehrungsraten, d.h. die Häufigkeit ihrer Allele im Genpool, die sogenannte Genfrequenz, erhöht sich. Der Genpool als langsam veränderliche Größe bildet den Ordner, die Umwelt ist der Kontrollparameter. In der Regel gehören zur Umwelt andere Species, so daß komplexe Muster von Populationsdynamiken entstehen, die sich mit den Gleichungen der Synergetik beschreiben lassen. Die von führenden Evolutionsbiologen wie Eldrege und Gould aufgrund von auffälligen Lücken bei Fossilfunden postulierten Evolutionssprünge lassen sich als Ausdruck von Phasenübergängen interpretieren, in denen der Genpool von einem Attaktor in einen anderen »springt«, was auf dem Zeitmaßstab der Evolution freilich immer noch Zehntausende von Jahren erfordert (nach Haken & Haken-Krell 1989).

Die Darwinsche Evolution kann damit als ein zeitdiskreter, großskaliger dissipativer Selbstorganisationsprozeß verstanden werden, in dem Struktur und Information emergiert, die dann in den konservativen Genstrukturen gespeichert wird *und nun als Randbedingung den Fortgang der weiteren Evolution beeinflußt.* Die Art und Weise, wie die gespeicherte genetische Information zur Wirkung kommt, wollen wir uns jetzt genauer ansehen.

Früher war diesbezüglich eine instruktionistische Auffassung vorherrschend, nach der die Gene den Bauplan eines Organismus vollständig und explizit enthalten. Diese Vorstellung ist aus komplexitätstheoretischen Gründen nicht haltbar: Der genetische Kode eines Säugetiers umfaßt einen eindimensionalen String von ca. 10^5 Genen. Der ausgewachsende Organismus hingegen ist eine um viele Größenordnungen komplexere dreidimensionale Struktur aus ca. 10^{11} Zellen, 200 Gewebetypen, 10^9 physiologischen Regelkreisen und ca. 10^{15} Synapsen im Gehirn (nach Edelman 1988, S. 12). Die gesamte Morphogenese erfolgt zudem in Interaktion mit einer je individuellen Umwelt und ist dabei ständig unvorhersagbaren Störungen ausgesetzt, die vielfältige lokale Adaptationen notwendig machen: Auch makroskopisch weitgehend identisch scheinende eineiige Zwillinge unterscheiden sich in ihrer Mikromorphologie erheblich voneinander. Vor diesem Hintergrund ist es völlig unmöglich, daß Position und Differenzierung jeder einzelnen Zelle durch genetische Instruktion festgelegt ist.

Es hat sich daher zunehmend das emergentistische *Epigenese-Konzept* durchgesetzt: Biologische Formen emergieren aus der Interaktion einer Vielzahl von Faktoren, einschließlich der genetischen Information und der Einflüsse des spezifischen Milieus in einem epigenetischen Selbstorganisationsprozeß. Diese epigenetische Evolution hat man in den letzten 20 Jahren zunehmend besser verstanden: Sie folgt den allgemeinen Prinzipien der Synergetik. Schrittweise wird dabei die Symmetrie zunächst homogener Zellhaufen gebrochen, in denen jede der genetisch identischen Zellen bestimmte Stoffwechselprodukte ausscheidet und über Rezeptoren für bestimmte chemische Substanzen verfügt. Unter diesen ausgeschiedenen Stoffwechselprodukten, die dann durch den Zellverband diffundieren, gibt es Wachstumsfaktoren, sogenannte Morphogene, die das Zellwachstum hemmen oder beschleunigen, die Differenzierung der Zellen durch Beeinflussung der Genexpression bestimmen usw. Durch nichtlineare Wechselwirkung von Produktions-Diffusions-Prozessen kommt es nun zur Selbstorganisation eines *chemischen Vormusters,* eines sogenannten morphogenetischen Feldes mit einem bestimmten räumlichen Verteilungsmuster der Morphogen-Konzentrationen. Entsprechend dieser Konzentrationen teilen und differenzieren sich nun die Zellen des Zellverbandes. Dieses chemische Vormuster ist eine selbstorganisierte dissipative Struktur, die nach denselben Grundprinzipien evolviert, wie wir sie beim Laser und der Bénard-Zelle besprochen hatten, und entsprechend auch mit isomorphen synergetischen Ordnungsparametergleichungen mathematisch beschrieben werden kann (Gierer & Meinhardt 1972, Haken & Olbrich 1978, Meinhardt 1991). Es etabliert sich eine »chemo-topologische Rückkoppelung« (Ebeling & Feistel 1994): Formänderungen des Zellhaufens, z.B. durch Umwelteinflüsse (Schwerkraft, Raumhindernisse etc.), bewirken eine Veränderung des morphogenetischen Feldes und dies wirkt wieder auf die Form des Zellverbandes zurück. Auch auf dieser Ebene kann man das Grundprinzip der Wechselwirkung zwischen dissipativen und konservativen Strukturen zur Stabilisierung komplexer Evolutionsprozesse erkennen: Stört man das morphogenetische Feld, wird es nach kurzer Zeit vom Zellverband wieder hergestellt, zerstört man einen Teil des Zellverbandes, induziert das Feld regeneratives Wachstum. Sofern das Feld nach der Zellzerstörung im Einzugsgebiet des ursprünglichen Attraktors verbleiben konnte, kommt es zur vollständigen Wiederherstellung des alten Zustandes: Restitutio ad integrum. So erklärt sich das enorme Kompensationsvermögen gegenüber auch schweren Schädigungen während früher Stadien der Embryogenese. Wird der ursprüngliche Attraktor nach der Schädigung instabil, evolviert das Feld in einen neuen stabilen Attraktorzustand: Defektheilung. Infolge der unendlichen Vielfalt möglicher Schädigungsmuster kann die konkrete Morphe einer solchen Defektheilung natürlich niemals vom Genom schon vorinstruiert sein. Die Gene enthalten immer nur »Anweisungen« für eine Reaktion auf *lokale* Bedingungen, die *globale* Makrostruktur aber ist nirgendwo im Genom als »Bauplan« gespeichert, diese entsteht aus emergenter Dynamik in den Schranken von Genom und konkreter Umwelt.

Bereits diese nur sehr skizzenhaften Bemerkungen zur Darwinschen und epigenetischen Evolution erlauben es, die eingangs angesprochenen Grundprinzipien der Wechselwirkung des dissipativen und konservativen Moments herauszudestillieren:

Dissipative Strukturen bilden das kreative Moment, erzeugen durch Selbstorganisation ständig neue Struktur und Information in großer Varietät. Durch eine Kaskade von Selektionsprozessen auf vielen Ebenen werden ausreichend adaptive Strukturvarianten dann in konservativen Strukturen »eingefroren«, gespeichert. Diese konservativen Strukturen wirken dabei stets im Sinne von Schranken für die dissipative Dynamik und den weiteren Fortgang der Evolution, d.h. sie begrenzen ein *Möglichkeitsfeld* für die weiteren Strukturbildungen. Dabei lassen sich drei Grundformen der Wechselwirkung zwischen Schranken und Dynamik unterscheiden:

1. *Quasideterministische Veränderung bzw. Aufeinanderfolge von Makrozuständen durch »enge« Schrankenführung.* Es ist offenbar möglich, für komplexe Evolutionsprozesse die Schranken so »eng« zu setzen (bzw. sukzessive Schrankensetzungen so »geschickt« zu gestalten), daß eine bestimmte festgelegte Folge von Makrozuständen immer wieder mit höchster Wahrscheinlichkeit durchschritten wird, bzw. daß sich dynamische Makrozustände durch Schrankenführung auf deterministische Weise verändern. Dies ist letztlich die Grundlage für die sich millionenfach wiederholende, gesunde artspezifische Morphogenese, in deren Ergebnis sich z.B. zwei eineiige Zwillinge in ihren Makromustern gleichen. Lediglich auf der Mikroebene kommt es auf der Grundlage des Autoregulationspotentials dissipativer Dynamik zu Adaptation durch Variation. Der physikalische Hintergrund hierfür könnte, wenigstens teilweise, in der linearen Thermodynamik gesehen werden: In Gleichgewichts*nähe* verhalten sich dissipative Strukturen streng deterministisch entsprechend einem Extremaltheorem.
2. *Quasiidentische Wiederherstellung eines Makrozustandes (nach Zerstörung) innerhalb konstanter Schranken.* Auf der Grundlage der intrinsischen Autoregulationsfähigkeit dissipativer Strukturen gelingt es dem Makromuster nach einer Störung, sich wieder selbst zu stabilisieren. Ist das dynamische Makromuster ganz zusammengebrochen, kann es innerhalb seiner noch vorhandenen Schranken neu erzeugt werden. In diesem Sinne, und nur in diesem, kann man davon sprechen, daß die im dynamischen Makromuster enthaltene Information in den konservativen Strukturen »gespeichert« ist. Dies ist nicht der instruktionistische Speicherungsbegriff, wie wir ihn aus der Computerwelt kennen, wo die Struktur vollständig explizit abgespeichert wird. Es handelt sich vielmehr um ein emergentistisches Konzept einer impliziten dynamischen Informationsspeicherung. Die eigentlich interessante Information (das Makromuster) wird hier gar nicht explizit gespeichert. *Gespeichert werden vielmehr die Startbedingungen für einen Evolutionsprozeß, der am Ende (mit hoher Wahrscheinlichkeit) zur Repräsentation der gewünschten Information führt.* Der Umfang dieser emergenten Information übersteigt die gespeicherte Startinformation um viele Größenordnungen. In Form der oben beschriebenen Restitutio ad integrum ist ein Beispiel für diesen Fall gegeben.
3. *Kreation eines neuen Makrozustandes bei Destabilisierung des alten infolge »Schrankendrucks«.* Dies ist die bereits zur Genüge besprochene kreative dissipative Selbstorganisation im engeren Sinne. Sie ist die Basis der oben geschilderten Defektheilung.

Vieles spricht dafür, daß die Evolution die Einstellung der Schranken auch unter dem Meta-Aspekt der Evolutionsfähigkeit des Gesamtsystems optimiert und wahrscheinlich sogar flexibel den jeweiligen Adaptationsnotwendigkeiten anpaßt. Es wird in diesem Zusammenhang von einer Regulierung der Mutationsraten, Leben am »Rand des

Chaos«, selbstorganisierter Kritizität usw. gesprochen. Wahrscheinlich wird das System so in der Nähe von Instabilitätspunkten gehalten, um jederzeit flexibel an neue Bedingungen adaptieren zu können. Doch all dies ist erst in Umrissen verstanden.

Wenn wir im folgenden das Gehirn als selbstorganisierendes System besprechen, wird sich zeigen, daß sich dort unser hier skizziertes Grundmuster einer fraktalen Evolution fortsetzt.

6.6. Neurosynergetik – das Gehirn als selbstorganisierendes System

6.6.1. Zur Morphogenese des Gehirns

Soweit wir sehen können, vollzieht sich auch die Morphogenese des Gehirns mit einigen kleinen Besonderheiten entsprechend der oben formulierten Grundprinzipien. Auch hier mußte die alte instruktionistische Vorstellung über Bord geworfen werden, zufolge der die Gene den neuronalen Schaltplan vollständig und explizit enthalten und das Gehirn erst nach Fertigstellung aller Schaltungen seine Funktion aufnimmt. Vielmehr emergiert die neuronale Architektur durch Selbstorganisation in zwei Schritten. Zunächst bildet sich die Makromorphologie, wie oben besprochen, entlang chemischer Vormuster – entsprechende Nervenwachstumsfaktoren sind im Gehirn nachgewiesen worden und die Wachstumskegel an den Spitzen der Axone sind für diese chemosensibel. Diese Makromorphologie ist für die Individuen einer Species weitgehend identisch. Die Mikrostruktur auf der Ebene der einzelnen synaptischen Verschaltungen zeigt hingegen eine höchstgradige Variabilität und unterscheidet sich von Individuum zu Individuum beträchtlich. Es kommt hier zu einem breitgefächerten stochastischen Aussprossen der Axonenden zu möglichst vielen Zieladressen, die dann einer topobiologischen Selektion unterliegen. Dabei spielt eine Vielzahl weiterer Faktoren, wie die von Edelman und seinen Mitarbeitern entdeckten Adhäsionsmoleküle auf den Zelloberflächen, eine Rolle. Edelman, der diese Prozesse in seiner Theorie vom »Neuronalen Darwinismus« im Detail beschreibt, bezeichnet diese »Grobverdrahtung« als »primäres Repertoire« (Edelman 1988, 1993, 1995). Beginnend schon pränatal auf der Basis cerebraler Spontanaktivität (vgl. Shatz 1994) kommt es nun in einem zweiten Schritt funktionsabhängig zur Selektion derjenigen Verbindungen aus dem primären Repertoire, die funktionell sinnvoll sind. In der Varietät der funktionellen Aktivität wird verbunden, was gemeinsam feuert und getrennt, was asynchron entlädt (Hebb-Regel). Nach Edelman kommt es so tätigkeits- und erfahrungsabhängig durch Stärkung oder Schwächung von Synapsen zur »Selektion neuronaler Gruppen«, die dann als »sekundäres Repertoire« bezeichnet werden.

Vermutlich laufen diese Prozesse auf unterschiedlichen funktionellen Ebenen in gleicher Weise ab und kommen lebenslang nicht zum Stillstand. Selbst die früher beim ausgewachsenen Individuum als unveränderlich feststehend betrachtete Ebene der »funktionellen Grobgliederung« der Hirnrinde hat sich in jüngsten Experimenten als aktivitätsabhängige dynamische Struktur erwiesen. Merzenich et al. (1990) konnten in Experimenten an Affen zeigen, wie sich die für die Innervation der Finger zuständigen neuronalen Bereiche des somatosensorischen Cortex in Abhängigkeit von der Gebrauchsweise der Finger verändern. Die interindividuelle Varianz dieser Kortexareale in Größe und Form ist beträchtlich und spiegelt individuelle Verhaltenscharakteristika.

Auf höheren Ebenen schließen sich nach Edelman neuronale Gruppen zu kognitiven Karten von bestimmten Sinnesreizen zusammen. Durch Erfahrungsselektion kommt es zur reziproken Koppelung dieser Karten, Bildung von Mehrfachkarten usw. Auf diese Weise versucht Edelman die Kategorisierungsleistungen unserer Wahrnehmung und über weitere Stufen letztlich die Entstehung von Denken und Bewußtsein zu erklären.

6.6.2. Die Selbstorganisation des primären Lernens

Auf einer wieder anderen funktionellen Ebene kann man das klassische und operante Bedingen als Elementarereignisse im oben geschilderten Szenario interpretieren und auch die in Abschnitt 2.1. besprochenen komplexeren Vorgänge des rezeptorischen und motorischen Lernens lassen sich vor diesem Hintergrund als ein einheitlicher Selbstorganisationsprozeß darstellen (vgl. hierzu auch Lange und Pickenhain 1986).

Ein primärer Antrieb wird, so sagten wir im Anschluß an Ehrhardt, u.a. durch antriebsbezogene Außenreize aktiviert und gibt u.a. eine antriebsbezogene primäre Emotion und ein antriebsbezogenes motorisches Verhalten aus (vgl. Abb. 2.1, Abb. 6.12). Erhöhung bzw. Lösung der Antriebsspannung drückt sich in Intensität und Vorzeichen der für jeden Antrieb spezifischen primären Emotion aus. Bestimmte Verknüpfungen zwischen Außenreizen und Antrieben sind dabei angeboren (Schlüssenreize, AAM) wie auch bestimmte Verknüpfungen zwischen Antrieben und Verhaltensreaktionen (Erbkoordinationen).

Wird der Antrieb durch einen Schlüsselreiz aktiviert, bahnt oder hemmt er in Abhängigkeit von seiner Antriebsspannung die Auslösung der dazugehörigen Erbkoordination (»doppelte Quantifizierung«). Übersteigt die Antriebsspannung einen bestimmten Wert, ohne daß ein geeignetes Konsumationsobjekt verfügbar wäre, wird durch die übergeordnete Steuerinstanz ein Appetenzverhalten ausgelöst, verbunden mit einer Bahnung der antriebsspezifischen Reizdiskrimination und Verhaltensauslösung. Die Vermittlung dieses Prozesses über die Steuerinstanz und die primäre Emotion ist notwendig, weil die Eingänge anderer Antriebe dabei mit zu »verrechnen« sind. Infolge der Variabilität der Umwelt zeichnet sich nun jedes erreichbare reale Bedarfsobjekt durch Zusatzmerkmale aus, die eine mehr oder weniger ausgeprägte adaptierende Verhaltensmodifikation erzwingen, und gelegentlich werden erst gänzlich neue Verhaltenselemente im Rahmen eines zufallsbestimmten Probierverhaltens das Objekt »gefügig« machen können. Führt eine solche durch modifizierte Schlüsselreize ausgelöste modifizierte Erbkoordination zur Bedarfsentspannung, werden die Verbindungen zu den modifizierenden Zusatzreizen und Verhaltenselementen verstärkt. Führt das Verhalten nicht zum Erfolg, d.h. steigt die Antriebsspannung, werden die genannten Verbindungen geschwächt. Auch im Rahmen des Probierverhaltens kommen die in der Vergangenheit erfolgreichsten Verhaltenselemente mit größerer Wahrscheinlichkeit erneut zum Einsatz. In einer vergleichbaren Problemsituation können bei genügender Festigung der Verbindung die neu gelernten, den AAM problemspezifisch modifizierenden Reize die problemspezifisch modifizierte Erbkoordination aktivieren.

Wir finden hier wieder das charakteristische Wechselspiel zwischen Zufall (Umweltvariation, Probierverhalten) und Regel in Form der selektiven, von einer genetisch fixierten Wertung abhängigen Verstärkung. Und wieder wird die in Selbstorganisation gewonnene Information, das Anpassungsergebnis des zeitdiskreten, großskaligen dissipativen

Verhaltensprozesses in den konservativen Strukturen einer Matrix synaptischer Stärken gespeichert. Die dissipativ erzeugte Information wird so, als konservative Struktur »aussedimentiert«, zur Randbedingung der weiteren dissipativen Evolution.

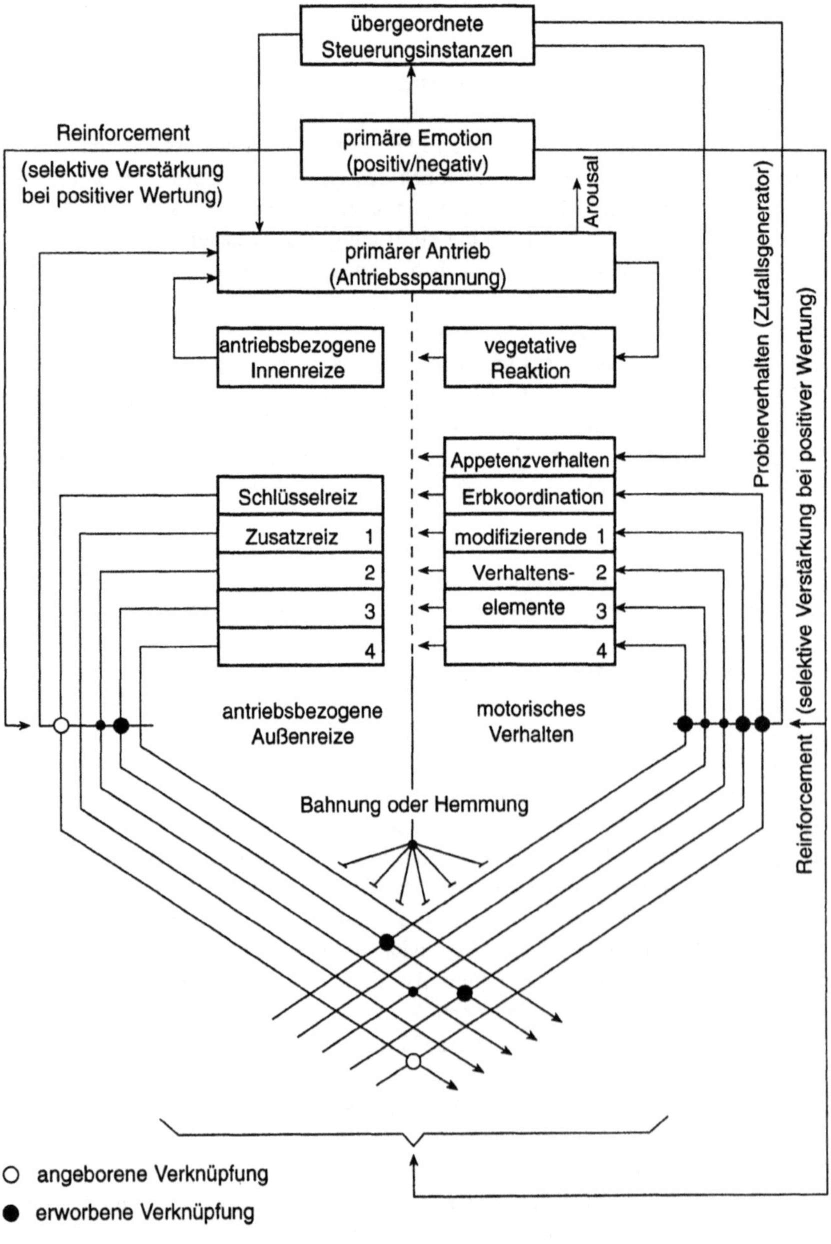

Abb. 6.12 Erläuterungen im Text

6.6.3. Das Prinzip der synaptischen Evolution und das Konzept der konnektionistischen Speicherung

Unser wirklich experimentell am Substrat gesichertes Wissen über das Zustandekommen der höheren Leistungen des Gehirns ist im Grunde auch heute noch verschwindend gering. Selbst so grundlegende Probleme, wie die Natur des »Engramms«, sind nicht endgültig entschieden, wenngleich sich die Hinweise verdichten, daß die Plastizität von Synapsen eine Schlüsselrolle spielt. Das Neuron selbst als (wahrscheinlich) funktionell wesentlichster zellulärer Baustein des Gehirns erweist sich als ein ganzes Universum enkaptischer dissipativer und konservativer Prozesse mit einer Fülle von Eigenschaften. Solange die grundlegenden Funktionsprinzipien des Gehirns nicht verstanden sind, ist es sehr schwierig zu entscheiden, welche dieser Eigenschaften funktionelle Relevanz besitzen und welche als Epiphänomene in entsprechenden Modellen von Neuronennetzen vernachlässigt werden können. Unsere Metaphern greifen dann jeweils einige wenige Aspekte aus diesem Kosmos heraus und ermöglichen Modelle, die einige wenige Elementarfunktionen mehr oder zumeist weniger gut abbilden. Sämtlich müssen sie durch oft kaum aufzubringende Beträge an unscharfer Intuition zur komplexen Leistung hin ergänzt werden.

Man kann begründet Zweifel daran hegen, ob wir das Gehirn als Ganzes je anders als auf diesem metaphorischen Wege verstehen werden. Es ist das Credo dieses Buches, daß es sich lohnt, die oft und weitgehend impliziten metaphorischen Grundlagen unseres Denkens bewußt aufzufalten und auf ihre Adäquatheit zu überprüfen. Adäquatere Metaphern verhelfen zu zielsicherer Intuition im Umgang mit komplexen Systemen in Praxis und Labor, auch wenn sich das vielleicht nicht unmittelbar und sofort in den Zahlenreihen neuer erfolgreicher Experimente niederschlägt.

Den meisten in der Literatur verbreiteten Vorstellungen über die Arbeitsweise des neuralen Substrates ist eines gemeinsam: *die alles beherrschende Stellung der Synapse.* Im Rahmen der damit assoziierten Netzwerk-Metapher, die auf eine fundamentale Arbeit von McCulloch und Pitts aus dem Jahre 1943 zurückgeht, versteht man Neurone zumeist als elektrisch vernetzte einfache Schalter, die nur zwei diskrete Zustände einnehmen können: »Ruhe« oder »Feuern«, »0« bzw. »1«. Alle Eingangssignale werden im Neuron mit einem Faktor multipliziert, der die jeweilige Synapsenstärke repräsentiert. Nach dem Aufsummieren wird dann in Abhängigkeit von einer Ausgabe-Funktion die Schwelle zum Feuern überschritten, oder eben nicht. Ausgehend von den Eingangsneuronen, den Rezeptoren, fließt die Erregung unidirektional durch das Netz bis zu den Ausgangsneuronen, den Effektoren (vgl. Abb. 6.13).

Abb. 6.13 Erläuterungen im Text

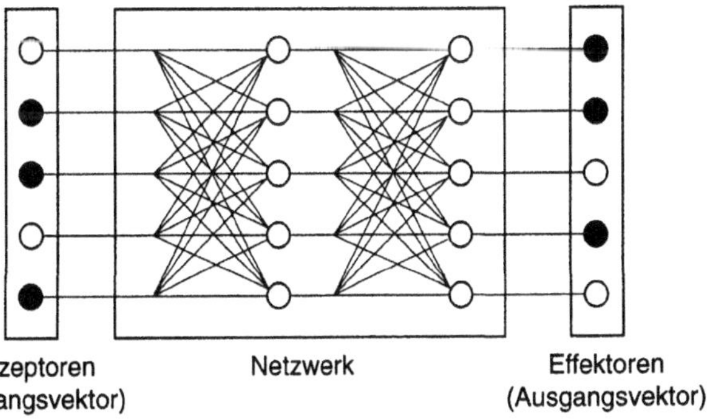

Neben der speziellen Verschaltungsarchitektur unterscheiden sich die Modelle vor allem in dem Algorithmus, nach dem sich die synaptischen Stärken verändern. Beispiele hierfür sind die bereits genannte einfache Hebb-Regel, oder die bei Computermodellen gern eingesetzte Backpropagation (vgl. Hinton 1994). Lernen und Evolution kann im Rahmen dieser Netzwerk-Metapher nie etwas anderes sein als Veränderung synaptischer Stärken. Die statische Gedächtnisrepräsentation der Information ist mit der Matrix der Synapsenstärken identisch. Die Information ist hier vollständig und nichtlokal repräsentiert, d.h. verteilt über alle Synapsen des Netzes. Wir wollen diese Form einer *vollständigen* assoziativen Speicherung als *konnektionistische Informationsspeicherung* bezeichnen. Eine dynamische Repräsentation wäre, wenn man so will, im Muster der Stromflüsse gegeben – Formulierungen, wie »Erregungskreisen« als Modell des Kurzzeitspeichers, entspringen dieser Vorstellung. Dabei hängt das Muster der Stromflüsse vollständig von der Schalterstellung ab, d.h. eine gegebene synaptische Matrix legt in der Regel eindeutig eine bestimmte Funktion fest: Jedes Set synaptischer Gewichte erlaubt die Zuordnung einer exakt definierten Menge von Ausgangsvektoren. Ferner ist in dieser Vorstellung Lernen und Entwicklung als Evolution der Synapsenmatrix zwangsläufig an Reiz-Reaktionszyklen gebunden, an die Sequenz der äußeren Verhaltensakte. Der dissipative informationserzeugende Prozeß ist damit langsam, zeitdiskret und großskalig, die Quelle von Variation liegt überwiegend außen in der Umwelt.

Auf der Basis dieses *Prinzips der synaptischen Evolution* arbeiten auch die meisten sogenannten Neurocomputer. Dies sind besonders in den letzten 10 Jahren intensiv untersuchte, meist auf klassischen Von-Neumann-Rechnern programmierte Modelle von lernenden parallelverarbeitenden neuronalen Netzen. Im Gegensatz zum klassischen Computer, wo die Information vollständig und lokal gespeichert wird, realisieren diese Netze eine vollständige aber nichtlokale, d.h. konnektionistische Informationsspeicherung und sind zu assoziativem Lernen fähig. Es hat sich gezeigt, daß diese Maschinen bezüglich der Verarbeitung unexakten Wissens v.a. im Zusammenhang mit Aufgaben der Zeichenerkennung dem Von-Neumann-Rechner haushoch überlegen sind und dabei in bestimmten Eigenschaften dem Lernverhalten des Gehirns erstaunlich ähneln. Berühmt geworden ist NETalk, ein 1986 erstmals vorgestelltes Programm, das nach dem Prinzip der Boltzmann-Maschine und der o.g. Backpropagation arbeitet (Sejnowski & Rosenberg 1987). Die Maschine wurde darauf trainiert, englischen Text zu lesen und richtig zu pronouncieren. Sie erreichte dabei die Lesequalität eines Kindes im 2. Schuljahr und zeigte auch typisch menschliche Lernfehler, die z.B. seltene Worte und Ausnahmen betreffen. Wie man es auch bei Hirnschädigungen findet, erlöschen die gelernten Fähigkeiten bei teilweiser Zerstörung des Netzwerkes nicht diskret und vollständig, wie es beim Von-Neumann-Computer der Fall wäre, sondern verschlechtern sich in ihrer Gesamtheit. Erst bei Zerstörung von 65% der Verbindungen geht die Lesefähigkeit völlig verloren, wobei jedoch die Geschwindigkeit des Wiedererlernens deutlich höher ist als die primäre Lerngeschwindigkeit. Wohlgemerkt betreffen diese Leistungen nur eine einzige Teilfunktion des menschlichen Gehirns, die *assoziative Informationsspeicherung*.

Sind diese Vorstellungen einer synaptischen Evolution und einer konnektionistischen Informationsrepräsentation nun geeignete Modelle, um durch »intuitive Extrapolation« das Wesen menschlicher Psychodynamik auf den höchsten Ebenen zu erfassen? Ich glaube dies nicht, wenngleich mit den Neurocomputern gegenüber dem seriellen Informationsverarbeitungsparadigma mit seiner instruktionistischen Repräsentation ein erheblicher Fortschritt erreicht ist. Nach meiner Auffassung muß ein weiterer Schritt getan werden, und zwar nochmals ein durchaus prinzipieller, ja paradigmatischer. Vorstellungen auf der Basis unidirektionaler Netze und evolvierender Synapsenmatrizes tragen sämtlich das Stigma des behavioristischen Reiz-Reaktions-Automaten. Sie haben konzeptionell keinen Raum für Spontanaktiviät und Kreativiät innerhalb des Netzes. Spontanität und Kreativität kommen ausschließlich durch das äußere Verhalten in einer variablen Umwelt ins Spiel. Die Funktion »klebt« am langsam veränderlichen morphologischen Grobsubstrat – jede funktionelle Änderung setzt eine erfahrungsabhängige Veränderung synaptischer Übertragungsstärken voraus. Dies stimmt aber nun mit der Psychodynamik, wie wir sie introspektiv erfahren, ganz und gar nicht überein. Wir können bewegungslos in einem Reizdeprivationstank liegen, und die Gedanken in unserem Kopf jagen sich nur so, eine blitzhafte Einsicht mag eine neue Theorie entstehen lassen – hatte nicht Archimedes in einer Badewanne gesessen, als er das Prinzip des hydrostatischen Auftriebs fand? Zweifellos gibt es in unserem Gehirn außenreizunabhängige autonome kreative Dynamik, kleinskalig, zeitkontinuierlich und blitzschnell.

Ein weiteres Problem: Unsere Sinnesoberflächen werden permanent von singulären Reizmustern affiziert. Wenn der Autofahrer den fließenden Stadtverkehr vor sich beobachtet, ist die Konfiguration der visuellen Reize zu jedem Zeitpunkt eine einzigartige, vorher so nie dagewesene und späterhin sich im Detail auch nie wiederholende. Zweifellos muß jeder dieser Reizsituationen eine funktionelle Struktur im Gehirn parallelgehen, sonst könnten wir sie nicht wahrnehmen. Und ebenso zweifelsfrei kann diese funktionelle Struktur sich nicht in den Bahnungen einer erfahrungsgeprägt vorbestehenden »festen Verdrahtung« bewegen. Einerseits, weil es die dazu notwendige Vorerfahrung nicht gab, andererseits, weil jeder Versuch, den unendlichen Raum möglicher Reizmuster in synaptischen Matrizes zu präformieren, auf direktem Wege in die kombinatorische Katastrophe führt.

Der Schlußfolgerung ist kaum auszuweichen: Man muß sich die Ebene der funktionellen Strukturen als sehr viel eigenständiger und von der grobmorphologischen Ebene sehr viel abgehobener denken, als dies im Rahmen des Prinzips der synaptischen Evolution möglich ist. Es gibt theoretische und experimentelle Ansätze, die eine grundlegend andere Betrachtungsweise implizieren, die ich im folgenden als *Prinzip der episynaptischen Evolution* bezeichnen möchte. Dies deshalb, weil der eben geführte Argumentationsgang vollständig analog zur weiter oben vollzogenen Ableitung des Konzepts der epigenetischen Evolution ist: Die Vielfalt der zur Interaktion mit einer hochvariablen Umwelt nötigen funktionellen Strukturen kann in konservativen Strukturen nicht präformiert werden. Auf beiden Ebenen ist die unmittelbare fluide und kreative Adaptation an die je individuum- und kontextspezifische Umwelt nur auf der Basis emergenter, autoregulationsfähiger dissipativer Strukturen möglich.

6.6.4. Das Prinzip der episynaptischen Evolution und das Konzept der emergentistischen Speicherung

Einen Quellpunkt dieser neuen Denkansätze bilden die Forschungen über das Zustandekommen der Verhaltens- und Fortbewegungsweisen primitivster Lebewesen. Wie bereits bei der Besprechung der Versuche Erich v. Holsts deutlich wurde, gibt es seit langem Hinweise, daß das Nervensystem keine Reiz-Reaktions-Maschine ist, daß es sich vielmehr auch bei völliger Deafferentiation in der Lage zeigt, spontan Verhaltensmuster zu erzeugen. In den letzten Jahren sind diese Prozesse durch intensive Untersuchung der Nervensysteme von Wirbellosen und primitiven Wirbeltieren wie dem Meeresneunauge in Ansätzen verstanden worden (Selverston & Moulins 1987, Grillner 1996). Auf der Basis von Rechnermodellen ist es gelungen, einfache Verhaltensmuster dieser Lebewesen, z.B. die Schwimmbewegungen des Neunauges naturnah zu simulieren (Ekeberg et al. 1995). Man findet hier *zyklisch* organisierte Neuronennetze, in denen sich *spontanaktive* erregende und hemmende Neurone unter Einschluß von Rückkoppelungschleifen wechselseitig beeinflussen und rhythmische funktionelle Muster erzeugen. Neurone werden dabei meist nicht als bistabile Digitalelemente konzipiert, sondern als analoge nichtlineare Oszillatoren, die z.B. Dehnung kontinuierlich in Frequenz kodieren. Für diese spontanaktiven Neuronengruppen hat sich die Bezeichnung »Central Pattern Generator« (CPG) eingebürgert (vgl. Abb. 6.14).

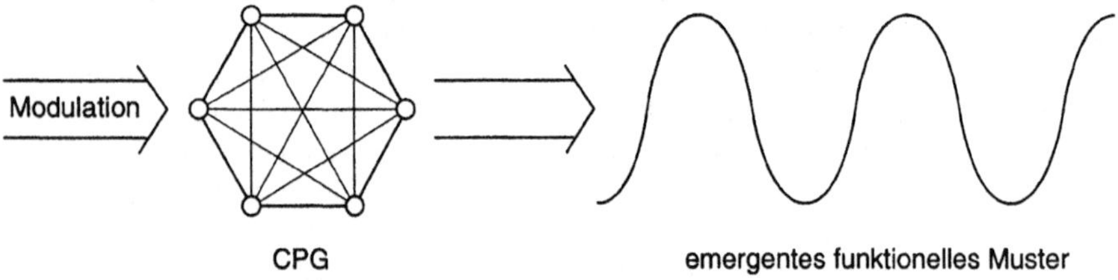

Abb. 6.14 Erläuterungen im Text

Das generierte funktionelle Muster ist ein emergentes Phänomen, welches aus dem dynamischen Zusammenspiel aller beteiligten Komponenten erwächst. Ändert man eine oder mehrere Komponenten, z.B. durch Entrainment von Neuronen oder Änderung der Erregbarkeit durch neurohumorale Einwirkung, wandelt sich das Pattern zunächst kontinuierlich, um dann plötzlich in ein qualitativ anderes Muster umzuspringen. Wird beispielsweise das Neuropeptid Proctolin in den Kreislauf eines Lobsters injiziert, so arbeiten seine Zähne zunächst nach einer Art »Quetsch-Modus«, erhöht man die Konzentration, schlägt das Pattern in einen »Mal-Modus« um (Katz & Harris-Warrick 1990). Solche Einwirkungen sind also als *unspezifische Modulationen* zu betrachten und entstammen verschiedenen Quellen: zentralnervöse »Steuerungs«-Impulse, sensorische Rückmeldungen, neurohumorale Veränderungen. Die Spezifik des Patterns ist emergent, wird also nicht durch die Modulation spezifisch instruiert.

Und wieder gibt es Belege dafür, daß es sich bei dieser Dynamik um dissipative Selbstorganisation nach den Prinzipien der Synergetik handelt. Nagashino und Kelso (1991, 1992) haben das Verhalten oszillatorischer Neuronennetze am Modell studiert und fanden typische Phänomene wie Bifurkationen und Phasenübergänge zwischen symmetrischen bistabilen Mustern, etwa einem In-Phase-Modus und einem Anti-Phase-Modus. Moulins & Nagy (1985) untersuchten das Entrainment des Pylorus-CPG beim Lobster. Es fanden sich die schon bekannten Formen der absoluten und relativen Koordination: Koppelungen in den dynamisch stabilen Verhältnissen 1:1, 1:2 und 1:3 sowie modulationsabhängig Phasenübergänge zwischen ihnen. Dies sind typische Phänomene der Selbstorganisation nichtlinear gekoppelter Oszillatoren, die sich mit synergetischen Modellen beschreiben lassen.

G. J. Mpitsos von der Oregon State University in Newport studierte mit seinen Mitarbeiteren das aus ca. 10.000 Neuronen bestehende Nervensystem von Pleurobranchaea californica, einer schalenlosen Meeresschnecke. Insbesondere interessierten sich die Forscher für die komplexen Verhaltensmuster von Maul, Lippen, Kiefern und Zunge, die von einem CPG mit etwa 30 Neuronen erzeugt werden. In einer Vielzahl von Untersuchungen am deafferentierten Nervensystem, u.a. mittels intrazellulärer Multielektrodenableitungen, standen v.a. zwei Probleme im Mittelpunkt: zum einen die Suche nach Phänomenen der dissipativen Selbstorganisation, insbesondere der Nachweis von deterministischem Chaos; zum anderen die grundsätzliche Frage nach dem Verhältnis von neuronaler Struktur und Funktion. Nach Mpitsos gelang trotz der generellen methodischen Schwierigkeit solcher Untersuchungen für zwei spezielle orobuccale Motor-Patterns der Nachweis, daß ihrer Genese chaotische Attraktoren zugrunde liegen. Die zugehörigen Korrelationsdimensionen und die Lyapunov-Exponenten konnten abgeschätzt werden. Mpitsos sieht in diesen Attraktoren die verhaltensrelevante Information repräsentiert und deutet ihren chaotischen Charakter als eine Strategie des Nervensystems, Flexibilität, Adaptivität und Kompensation von Störungen zu gewährleisten. Aus diesen und anderen eigenen und von anderen Autoren durchgeführten Untersuchungen wie auch aus speziellen Netzwerksimulationen auf dem Computer schlußfolgert Mpitsos, »that the same neuroanatomic framework consisting to a given set of neurons, their synaptic weights, and background of neuromodulators can generate different behaviors. That is, connectivity does not determine a behavior, but the potentiality of a large set of activities« (Mpitsos 1990, S. 166).

Im Gegensatz zu der Netzwerkvorstellung im Rahmen des Paradigmas der synaptischen Evolution, wo die Struktur die Funktion eindeutig festlegt, erweisen sich die hier besprochenen zyklischen oszillatorischen Netzwerke also als multifunktionell. Das funktionelle Muster ist emergent, es ist nicht schon vollständig im morphologischen Grobsubstrat enthalten. Wie läßt sich nun diese Beziehung zwischen Struktur und Funktion charakterisieren? Am treffendsten wieder in den alten und oben präzisierten Köhlerschen Begriffen »Schranken« und »Dynamik«. Das morphologische Grobsubstrat, wesentlich also die synaptische Matrix, die zentralnervösen Einflüsse und die sensorischen Rückmeldungen aus der Umwelt, dies alles sind Schranken, die ein engeres oder weiteres Möglichkeitsfeld für die dissipative Selbstorganisationsdynamik des funktionellen Musters abstecken. Die dissipative Dynamik generiert Struktur und Information, die dann wieder durch Schrankenveränderung, also z.B. durch Änderung der synaptischen Stärken, gespeichert wird. Im Rahmen der Schranken könnte man die Umwelteinflüsse als Randbedingungen spezifizieren und die zentralnervösen »Steuerungen« als Kontrollparameter.

Wir hatten oben auf der Basis einer zur Ableitung der Epigenesetheorie analogen Argumentation Konzepte gefordert, in denen die Funktion sich in bestimmten Grenzen autonom aus der Grobmorphe heraushebt. Diese Forderungen sind im CPG-Konzept erfüllt. Wir wollen diese qualitativ neue, emergentistische Herangehensweise als *Prinzip der episynaptischen Evolution* bezeichnen.

Es gibt weitere, in den letzten Jahren intensiv diskutierte Forschungsansätze, die mit dem Paradigma der episynaptischen Evolution kompatibel sind, ja es zwingend implizieren. Auf höheren Integrationsebenen der zentralnervösen Tätigkeit, etwa im Zusammenhang mit der Verarbeitung komplexer visueller Information, entsteht das sogenannte Bindungsproblem (vgl. Engel, König & Singer 1994): Aufgrund starker experimenteller Evidenz wird heute davon ausgegangen, daß die verschiedenen Merkmale eines visuellen Ojektes in mehr als 30 räumlich separaten Hirnarealen selektiv repräsentiert werden.

Bisher war es allerdings nicht möglich, ein visuelles Zentrum zu finden, in dem die Informationen aus diesen Arealen wieder zusammenlaufen. Wenn es, wie damit gesagt ist, keine integrierenden »Großmutterneurone« gibt – wie verbindet das Gehirn dann die separierten Merkmale zur einheitlichen Wahrnehmung eines Objekts? Und weiter dann: Wie kann es die vielen sich dynamisch überschneidenden Objekte einer komplexen visuellen Szene voneinander unterscheiden?

Eine weitverbreitete und scheinbar naheliegende Vorstellung versucht, dieses Problem im Sinne des Prinzips der synaptischen Evolution zu lösen: einheitliche Objekte entsprechen z.B. über Hebbsches Lernen synaptisch zusammengeschalteten Neuronengruppen. Ganz im Sinne der oben geführten Argumentation gegen die synapsenzentrierte Betrachtungsweise stellen Singer und Mitarbeiter hierzu fest: »Einer der Nachteile des Modells besteht aber darin, daß sich neue unerwartete Merkmalskombinationen nur schwer repräsentieren lassen; dazu muß erst durch erneute Lernprozesse die Übertragungsstärke der synaptischen Verbindungen im Netzwerk verändert werden« (Engel u.a. 1994, S. 44).

Eine ganz andere Idee wurde Anfang der 80er Jahre von C. v.d. Malsburg geäußert (v.d. Malsburg & Schneider 1986): räumlich verteilte Neuronen könnten sich flexibel durch Synchronisation ihrer Entladungen als Gruppen konstituieren. Immer dann, wenn sie auf ein und dasselbe Objekt im Gesichtsfeld reagieren, synchronisieren die beteiligten Zellen ihre Aktivität. Neuronengruppen, die ein anderes Objekt repräsentieren, feuern dann in einem anderen Rhythmus, untereinander aber wieder synchron.

In den letzten Jahren konnte eine Vielzahl von experimentellen Befunden erbracht werden, die diese Hypothese stützen. Von der Arbeitsgruppe um Wolf Singer am Max-Planck-Institut für Hirnforschung in Frankfurt/M. wurden mittels Multielektrodenableitungen vielbeachtete Untersuchungen am visuellen Cortex der Katze und des Affen durchgeführt (Gray & Singer 1987, Gray et al. 1989, Singer 1993). Es fanden sich Synchronisationen zwischen Zellgruppen innerhalb desselben visuellen Areals, innerhalb verschiedener visueller Areale, ja sogar zwischen Zellgruppen beider Hirnhälften. Ferner zeigte sich diese Synchronisation tatsächlich davon abhängig, ob es sich um eine Reaktion auf ein und dasselbe Objekt handelte: wurden zwei Zellgruppen mit unterschiedlichen rezeptiven Feldern – die also auf unterschiedliche Bereiche des Gesichtsfeldes ansprechen – durch einen einzigen balkenförmigen Lichtreiz erregt, zeigten sie synchrone Entladungen. Reizte man ihre rezeptiven Felder dagegen durch zwei separate Lichtbalken, die sich in unterschiedliche Richtung bewegten, feuerten dieselben Zellen asynchron. Zu analogen Ergebnissen kam ein Team um Reinhard Eckhorn an der Universität Marburg (Eckhorn et al. 1988, Eckhorn & Schanze 1991). Überall auf der Welt wird seither verstärkt nach dynamischen Bindungsmechanismen auf der Basis der Zeitcodierung gesucht: es fanden sich synchrone Oszillationen im somatosensorischen und motorischen System von Affen, im Riechsystem verschiedener Tierarten und auch im menschlichen Hörsystem.

Besondere Beachtung verdienen in diesem Zusammenhang die Arbeiten Walter Freemans und seiner Mitarbeiter an der Universität von Kalifornien in Berkeley (Freeman 1975, Skarda & Freeman 1987). Seit mehr als 30 Jahren untersucht Freeman Wahrnehmungsprozesse, insbesondere die Neurophysiologie der Geruchswahrnehmung, wobei im Gegensatz zur lange dominierenden Einzelzellforschung hier der Schwerpunkt auf der experimentellen Untersuchung des koordinierten Zusammenwirkens großer Neuronenverbände liegt. Die klassischen Experimente wurden am Riechsystem von Kaninchen durchgeführt, die durch Konditionierung gelernt hatten, bestimmte Gerüche voneinander zu unterscheiden. Ein bestimmter Geruch als chemischer Reiz führt zu einem charakteristischen räumlichen Aktivierungsmuster der Geruchsrezeptoren. Dieses wird an den Riechkolben weitergeleitet und die dort ausgelöste spezifische Aktivität erreicht die Riechrinde, die nun ihrerseits in die verschiedensten Hirnareale projiziert. Die Untersuchungen konzentrierten sich auf die ganzheitliche neuronale Aktivität im experimentell gut zugänglichen Riechkolben. Hier wurden während des Riechvorgangs über Mikroelektroden an 64 Stellen die lokalen Feldpotentiale abgeleitet und im Computer ausgewertet. Unmittelbar im Zusammenhang mit dem Einatmen kommt es zu einer explosionsartigen Aktivitätszunahme im gesamten Riechkolben, wobei die Spezifik des Geruches in der räumlichen Verteilung der Amplituden, d.h. in einem bestimmten Synchronisations-Desynchronisationsmuster, verschlüsselt ist. Ändert man nichts am Trainingszustand des Kaninchens, bleibt auch dieses einen bestimmten Geruch repräsentierende Muster unverändert. Lernt das Tier hingegen einen neuen Geruch hinzu, kommt es zu Abwandlungen dieses Musters und auch aller anderen bereits gelernten Muster, wie dies bei einer emergent-assoziativen Speicherung nicht anders zu erwarten ist. Abb. 6.15 gibt ein Beispiel.

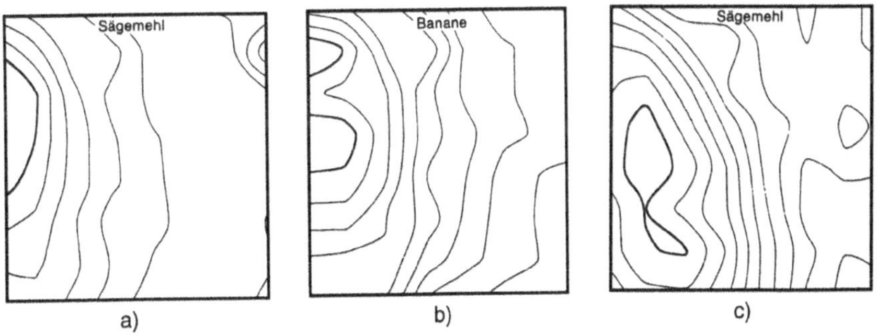

Abb. 6.15 (nach Freeman 1994) Erläuterungen im Text

Wir sehen hier die Isoamplitudendiagramme zweier Gerüche – Punkte mit gleicher Amplitude sind durch eine Linie verbunden in Analogie zu den Isobaren einer Landkarte. Abb. 6.15 a zeigt das Muster für den Geruch von Sägemehl. Das Kaninchen lernt nun, auf den Geruch von Bananen zu reagieren. Der Riechkolben entwickelt hierfür ein neues Amplitudenprofil (Abb. 6.15 b). Wird es nun wieder dem Geruch von Sägemehl exponiert, ergibt sich für diesen vertrauten Geruch ein im Vergleich zu a verändertes Aktivitätsmuster (Abb. 6.15 c). »Dies zeigt, daß die Aktivität des Bulbus weniger durch den Reiz selbst als durch die Erfahrung des Tiers in Verbindung damit bestimmt ist; sonst nämlich hätte der Geruch von Sägemehl immer das gleiche Höhenliniendiagramm ergeben« (Freeman 1994, S. 29). Neben der Vorerfahrung, modulierenden Einflüssen anderer Hirnregionen u.a. sind die Geruchsreize also lediglich als Bestandteile des Schrankensystems zu verstehen, innerhalb dessen sich die dissipative Selbstorganisation des repräsentierenden Aktivitätsmusters vollzieht. Einem jeden solchen dynamischen Synchronisations-Desynchronisationsmuster entspricht dabei ein definierter Attraktor im Phasenraum. In Simulationsexperimenten konnte Freeman zeigen, daß diese Attraktoren durch die typische Charakteristik chaotischer Attraktoren gekennzeichnet sind. »Wir glauben, daß in Riechkolben und Riechkortex zahlreiche chaotische Attraktoren vorgebildet sind – einer für jeden Duftstoff, den ein Mensch oder Tier unterscheiden kann. Wann immer ein neuer Geruch irgendwie Bedeutung erlangt, kommt ein weiterer Attraktor hinzu, und alle anderen werden leicht abgewandelt« (ebd. S. 30). Freeman sieht in den hier skizzierten Grundvorstellungen ein Modell mit genereller Bedeutung für alle Wahrnehmungs- und Erkenntnisprozesse (Freeman 1990).

Den hier unter dem Prinzip der episynaptischen Evolution zusammengefaßten Konzepten vom CPG, der zeitcodiert-dynamischen Bindung und der Repräsentation von Gerüchen in Form von Attraktoren ist teils implizit teils explizit eines gemeinsam: ein grundlegend neues Konzept der Repräsentation und Speicherung von Information, das wir hier als Konzept der *emergentistischen Speicherung* bezeichnen wollen. War die instruktionistische Speicherung vollständig und lokal, die konnektionistische vollständig und nichtlokal, so ist die emergentistische Speicherung nichtlokal und *unvollständig* (vgl. Tab. 2). Es handelt sich also um eine emergente Form der assoziativen Speicherung.

Tab. 2	***instruktionistische*** **Speicherung:** (z.B.: Von-Neumann-Computer)	***lokal-vollständig***
	konnektionistische **Speicherung:** (z.B.: klassisches Modell vom neuronalen Netz)	***nichtlokal-vollständig***
	emergentistische **Speicherung:** (z.B.: menschliches Gehirn)	***nichtlokal-unvollständig***

Das heißt, die informationsspeichernde konservative Struktur enthält die Information gar nicht mehr vollständig, ja sie hat in einem instruktionistischen Sinne gar nichts mit ihr zu tun, *ist* nicht diese Information; sie speichert vielmehr nur die *Erzeugungsbedingungen* für die eigentliche Information. Die eigentliche Information wird von einem evolvierenden dissipativen dynamischen System repräsentiert. Und dieses dynamische System wird durch seinen emergenten Ordner bzw. Ordnungsparameter bestimmt und kann als Attraktor dargestellt werden. Gespeichert werden nur die Randbedingungen bzw. Schranken, die ein erneutes Einlaufen des Evolutionsprozesses in den entsprechenden Attraktor mit mehr oder minder hoher Wahrscheinlichkeit erzwingen. In diesen Schranken ist die eigentliche Information so wenig enthalten, wie die Geometrie der Petri-Schale und die Temperaturdifferenz mit dem hexagonalen Muster der besprochenen Bénard-Zellen identisch ist. *Hinzutreten muß Materie mit spezifischen Eigenschaften; ein aktualer materieller Prozeß mit seiner Selbstorganisationsdynamik erzeugt die Information als emergenten Ordner jeweils neu.*

Hervorzuheben ist die außerordentliche Ökonomie dieser Form der Informationsspeicherung. Der Informationsgehalt der repräsentierenden dynamischen Struktur überschreitet den Informationsgehalt der konservativ gespeicherten Schranken um Dimensionen. Genau dies war ja der Grund für den Übergang zum Epigenese-Konzept: die Gene enthalten viel weniger Information als zur vollständigen Determination der morphologischen Struktur des jeweiligen Organismus notwendig wäre. Nicht anders beim Gehirn: der informationelle Reichtum der permanent und blitzschnell wechselnden komplexen funktionellen Hirnstrukturen ist in der synaptischen Matrix nicht ansatzweise enthalten. Aus dieser Sicht nimmt es nicht wunder, daß die jahrzehntelange Suche nach einem instruktionistisch konzipierten Engramm ohne Erfolg bleiben mußte.

Eine hochinteressante informationstechnische Analogie zum Prinzip der emergentistischen Speicherung kann man in der sogenannten »fraktalen Codierung« sehen, die nur 5–10% des Speicherbedarfs der konventionellen instruktionistischen Speicherung benötigt (vgl. Kriz 1996).

Die funktionelle Feinstruktur führt also in bezug auf die morphologische Grobstruktur ein relatives Eigenleben. Sie unterliegt einem eigengesetzlichen Evolutionsprozeß innerhalb des von den Schranken aufgetanen Möglichkeitsfeldes und wirkt in einer Weise auf diese Schranken zurück, die die Bedingungen für ihre Wiederherstellung, Erinnerung schafft, was nichts anderes heißt, als daß ein bestimmter Pfad im evolutiven Bifurkationsbaum nochmals in derselben Weise durchlaufen werden kann. Betontermaßen ist »Funktion« hier nicht eine immaterielle metaphysische Entität, sondern eine materielle Struktur in vollem Sinne, nämlich ein fluides, hochkomplexes elektrochemisches Pattern, das von elektromagnetischen Feldphänomenen begleitet wird.

Die harte synaptische Matrix bildet für diese fluide evolvierende Superstruktur nur die Schranken, und zwar nur einen Teil dieser Schranken, wenn man so will, den »harten«, konservativen Teil der Schranken. Man muß nämlich davon ausgehen, daß funktionelle Strukturen wechselseitig füreinander sozusagen »weiche«, dynamische Schranken bilden können. Nur so kann man erklären, daß wechselnde funktionelle Einflüsse übergeordneter Hirnzentren als Kontrollparameter wirksam werden können und die funktionellen Repräsentanten aktuell wahrgenommener Umweltgegebenheiten Randbedingungen für höhere mentale Prozesse zu bilden vermögen.

Wie wir weiter unten im Zusammenhang mit der Ableitung des emergentistischen Schemakonzeptes noch erörtern werden, ergeben sich bezüglich der prinzipiellen Wechselwirkungsmöglichkeiten zwischen Schranken und Dynamik exakt wieder die drei im Rahmen des Epigenesekonzeptes abgeleiteten Grundformen: quasideterministische Führung, quasiidentische Wiederherstellung und Neukreation dynamischer Struktur. Damit ist das Bild der beiden paradigmatischen Konzepte von der grundsätzlichen Arbeitsweise des Nervensystems grob abgerundet. Tab. 3 gibt noch einmal einen zusammenfassenden Überblick.

Tab. 3

	Prinzip der synaptischen Evolution	Prinzip der episynaptischen Evolution
Element	Neuron als passives, bistabiles Digitalelement	Neuron als analoger, spontanaktiver Oszillator
Verbindung	elektrischer Leiter	nichtlineare Koppelung
Bindungsproblem	synaptischer Kontakt	zeitcodierte dynamische Bindung durch Synchronisation
Ebene der dissipativen Selbstorganisation	langsame, zeitdiskrete, großskalige Interaktionszyklen zwischen Organismus und Umwelt; Evolution der synaptischen Matrix	schnelle, zeitkontinuierliche, kleinskalige, autonome interne Dynamik; Evolution einer funktionellen Hyperstruktur
Informationsrepräsentation	konnektionistisch: nichtlokal-vollständig	emergentistisch: nichtlokal-unvollständig
– statisch (Gedächtnis)	»funktionsfixierende« synaptische Matrix: Matrix als Maschine	»funktionsoffene«, multifunktionelle synaptische Matrix: Matrix als Schrankensystem (konservative Struktur)
– funktionell	Muster von Stromflüssen (»Erregungskreisen«) determiniert durch synaptische Matrix	evolvierendes Synchronisations-Desynchronisationsmuster (dissipative Struktur) reguliert durch Ordnungsparameter, darstellbar als Trajektorie durch Attraktoren im Phasenraum
Beispiele und Modelle	Reflexbogen, Netzwerk elektrischer Schaltungen, klassisches Modell des assoziativen neuronalen Netzes, Hebbsche und Edelmansche Neuronengruppen	Central Pattern Generator, Modelle nichtlinearer Oszillator-Netzwerke
Lerntheorie	Lernen als von äußerer Erfahrung abhängige Veränderung synaptischer Übertragungsstärken (Konditionierung)	Einsichtlernen als interner Phasenübergang einer dynamischen Struktur und Speicherung durch Schrankenmodifikation (u.a. Veränderung synaptischer Stärken)
Tradition	Maschinenmetapher (Reiz-Reaktions-Automat)	Organismusmetapher, Gestaltpsychologie
assoziierte Konzepte	Behaviorismus, klassische Verhaltenstherapie, »Konnektionismus«, Psychosynergetik: primäres System	kognitivistisch-humanistische Theorieansätze und Therapieformen, Konstruktivismus, Psychosynergetik: sekundäres System

In der gegenwärtigen neurowissenschaftlichen Literatur lassen sich also zwei unterschiedliche Konzeptionen bezüglich der grundsätzlichen Arbeitsweise des Nervensystems erkennen, wobei dies von den Autoren in unterschiedlichem Maße expliziert und in den Folgerungen reflektiert wird. Ich habe versucht, diese Unterschiede herauszuschärfen, zu systematisieren und die weitreichenden Konsequenzen auszuloten. Nach meiner Einschätzung sind diese Differenzen fundamental, fast könnte man von zwei verschiedenen Paradigmen sprechen. Dies scheint um so berechtigter, wenn man die Verbindung zur psychologischen Ebene herstellt: Wie im Fortgang dieser Arbeit noch gezeigt werden wird, kann man im Prinzip der episynaptischen Evolution eine neurophysiologische Basis für einen »nichtinstruktionistischen Kognitivismus« und die hier zu entwickelnde Psychosynergetik sehen. Damit erscheint die hier etablierte Paradigmendifferenz als Projektion des Paradigmenkampfes zwischen Behaviorismus und kognitivistisch-humanistischer Psychologie auf die physiologische Ebene.

Was ist nun zum Verhältnis der synaptischen und der episynaptischen Konzeption der neuralen Evolution zu sagen? Gibt es wirklich zwei unterschiedliche fundamentale Funktionsprinzipien? Eine abschließende und vollständige Antwort auf diese Fragen scheint heute noch nicht möglich. Vorläufig, hypothetisch und sehr grundsätzlich betrachtet, erscheinen mir folgende Überlegungen als vernünftig: In sehr frühen Stadien der Phylogenese, als Nervensysteme noch aus wenigen Neuronen bestanden, mögen Reflexverschaltungen die entscheidenden Funktionsprinzipien gewesen sein. Sie haben sich auf den niedrigsten Integrationsebenen und in der Peripherie komplexer Nervensysteme bis heute erhalten (allgemein bekanntes Beispiel: der Patellarsehnenreflex). Mit dem Komplexerwerden der Nervensysteme, der Repräsentation komplexerer Reize und der Entstehung rhythmischer Fortbewegungsweisen müssen innerhalb größerer Neuronengruppen erste »Inseln« freier dissipativer Dynamik entstanden sein und mit ihnen erlangten Teile des Grobsubstrats die Funktion von starren, *konservativen Schranken.* Das Verhalten als Ganzes ist aber noch reflexhaft um primäre Antriebe organisiert als Reiz-Reaktionskette mit Schlüsselreizen und Erbkoordinationen. Lernprozesse lassen sich gut mit den Prinzipien des Konditionierens als Evolution einer synaptischen Matrix beschreiben, wie wir es oben als »Selbstorganisation des primären Lernens« dargestellt haben. Die lokale Dynamik innerhalb der Inseln wird durch enge Schrankensetzungen sozusagen »an der kurzen Leine geführt«. Mit der Entwicklung der Willkürmotorik werden diese rigiden Schranken dann zunehmend aufgebrochen, die Dynamik-Inseln werden größer, entwickeln ein reicheres, flexibleres Pattern-Repertoir und beginnen sich wechselseitig zu beeinflussen, d.h. wechselweise füreinander als *dynamische Schranken* zu fungieren – etwa könnte der Ordnungsparameter einer Steuerungsebene den Kontrollparameter für eine ausführende Ebene bilden, wie Haken (1990, S. 11) vorgeschlagen hat. Die Schrankensetzungen werden immer »großzügiger«, die Bereiche freier Dynamik immer größer; über die Konstruktion komplexer Hierarchien konservativer und dynamischer Schrankensysteme lernt die »große«, phyletische Evolution, eine virtuelle, interne, »kleine« aktuale Evolution zu steuern und ihr kreatives Potential sozusagen in zweiter Ordnung zu nutzen: Das äußere willkürmotorische Handeln wird virtuell in interner Dynamik vormodelliert – es entsteht das bildhafte Denken der Primaten. Dann kommt die auf irgendeine Weise stabilisierende und fixierende Nutzung von Strukturen als Symbole dazu – es entsteht das begriffliche Denken des Menschen. Die ursprünglichen mit primären Antrieben zusammenhängenden psychophysiologischen Funktionen bleiben auch beim Menschen weiterhin im Grundsatz reflexartig organisiert. Ihre Neuropsychologie kann mit dem Paradigma der synaptischen Evolution beschrieben werden. Im Rahmen unseres Theorieansatzes wird dieser Funktionsbereich des Gehirns später als primäres System bezeichnet werden. Diesem primären System überlagert sich nun im oben beschriebenen Prozeß das von freier Dynamik bestimmte System, dessen Neuropsychologie den Prinzipien der episynaptischen Evolution folgt – wir werden es später sekundäres System nennen. Beide Systeme entwickeln ein noch zu beschreibendes kompliziertes funktionelles Wechselspiel, wobei unter Normalbedingungen beim Menschen die Verhaltenskontrolle überwiegend dem sekundären System obliegt. Es kann kaum ein Zweifel daran sein, daß die von uns erlebten Prozesse der Wahrnehmung, der Motorik und die Dynamik unseres Denkens episynaptische Evolutionsprozesse sind. Und in der Tat werden wir im nächsten Abschnitt eindrucksvolle Belege dafür beibringen, daß die phänomenale psychische Dynamik den Prinzipien der dissipativen Selbstorganisation folgt und sich mit dem Instrumentarium der Synergetik beschreiben läßt.

Insbesondere wirft dies auch ein neues Licht auf die Neurophysiologie des Lernens. Fragt man heute nach den physiologischen Grundlagen des Lernens, wird geantwortet: Hebb-Synapse, Langzeitpotenzierung, klassisches und operantes Konditionieren, neuerdings Immediate Early Genes – um nur einige unvermeidliche Schlagworte zu nennen. Menschliches Lernen ist aber Einsichtlernen, und Einsicht ist zuallererst der plötzliche Phasenübergang einer dynamischen funktionellen Struktur. Später irgendwann kommt es dann vielleicht auch zu Prozessen der Langzeitpotenzierung. Indem mit dem Paradigmenwechsel zum Konzept der episynaptischen Evolution kognitivistische Begriffe wie »Einsicht« physiologische und damit eine »harte« wissenschaftliche Bedeutung erhalten, wird es in Zukunft vielleicht endlich gelingen, den Begriff der Konditionierung in den Lehrbüchern der Pädagogischen Psychologie an jenen Platz zu verbannen, wo er hingehört: in die Rubrik »Historisches«. Durch die paradigmatische Gegenüberstellung der synaptischen und episynaptischen Evolution wird schlagend deutlich, wie abgrundtief wesensverschieden die physiologischen Mechanismen sind, die dem Reflexlernen einerseits und menschlicher Einsicht andererseits zugrunde liegen. Generell scheint in der gegenwärtigen überwiegend »synapsenzentrierten« Neurowissenschaft ein Perspektivenwechsel nötig zu sein weg von den grobmorpholgischen statischen Strukturen, die man im mikroskopischen Schnitt studieren kann, hin zu den fluiden dynamischen Hyperstrukturen, die methodisch natürlich ungleich schwerer faßbar sind, denn diese sind es, die unserem psychischen Erleben parallel gehen. Es werden eben nicht Neuronale Gruppen auf der Basis synaptischer Veränderungen selektiert – und das ist meine Kritik an der oben besprochenen Theorie Edelmans – zuallererst werden funktionelle Patterns selektiert. Dies sei hier nur quasi im Vorgriff bereits erwähnt, denn die Berechtigung für eine solche Betrachtungsweise ergibt sich vollends erst aus den Darstellungen der folgenden Abschnitte.

Aufs ganze gesehen ist das menschliche Gehirn also kein passiver Reiz-Reaktions-Automat, der durch eine Matrix synaptischer Stärken eindeutig bestimmt ist und auch kein bloßer Strukturtransformator, wie ein Von-Neumann-Computer. Das Gehirn ist vielmehr ein aktiver und kreativer Strukturgenerator. Die Modelle von der Außenwelt, die wir in unseren Gehirnen erzeugen, werden in ihrer Struktur nicht vollständig und en détail von den Außenstrukturen instruiert. Es handelt sich vielmehr um Konstruktionen sui generis, die zu den Außenstrukturen nur partiell isomorph sind. Einen experimentellen Hinweis hierauf kann man in den oben zitierten Experimenten W. Freemans sehen – die hier angesprochene epistemologische Gesamtproblematik wurde an anderer Stelle dargestellt (Hansch 1996). Wir müssen uns fragen, wo diese Modellstrukturen herkommen, wenn sie uns nicht als identische Abformungen der Außenwelt oder Geistprodukte eines höheren Wesens in fertiger Form quasi »transplantiert« werden? Wir hatten es am Anfang dieses Kapitels schon im Zusammenhang ausgeführt: sie können in letzter Instanz nur das Produkt der dissipativen Selbstorganisation sein.

Hermann Haken hat wiederholt darauf hingewiesen, daß das menschliche Gehirn ein synergetisches System par excellence ist. Wie beim Laser oder der Bénard-Zelle finden wir einen Mikrolevel bestehend aus 100 Milliarden nichtlinear gekoppelter neuronaler Elemente mit vielen Freiheitsgraden. Durch kooperatives Zusammenwirken dieser Mikroelemente emergieren als neue makroskopische Qualitäten die von uns erlebten psychischen Zustände in einem Prozeß der dissipativen Selbstorganisation. Eine Neuropsychologie höherer Hirnfunktionen hat genau diesen Prozeß zu beschreiben – ein geeignetes theoretisches Instrumentarium hierfür bietet die Synergetik. Hermann Haken interpretiert die Entitäten der psychologischen Makroebene wie Bewegungskoordinationen, Wahrnehmungen und Gedanken als Ordnungsparameter, die die neuronalen Mikroprozesse versklaven und so eine ungeheuere Informationskomprimation leisten. In den Übergängen zwischen diesen psychoneuralen Mustern sieht er Nichtgleichgewichtsphasenübergänge. So hat er seit Beginn der 80er Jahre wiederholt z.B. den Gangartenwechsel innerhalb motorischer Koordinationen zu den Phasenübergängen beim Laser analogisiert – eine Hypothese, die inzwischen experimentell bestätigt ist (Haken 1996). Das Gehirn arbeitet nach Haken dabei in der Nähe von Instabilitätspunkten, um sich bei Umweltveränderungen sofort durch Übergang zu einem neuen adaptiveren Verhaltensmuster anpassen zu können.

Gibt es auch auf dieser globalen Ebene physiologische Belege dafür, daß man das Gehirn tatsächlich im o.g. Sinne als nichtlineares dynamisches System betrachten kann?

Summarischer Ausdruck der globalen Gehirnaktivität ist das EEG. Lange Zeit war das EEG als grundlagentheoretisch uninteressantes weißes Rauschen abgetan worden. Nachdem Anfang der 80er Jahre Vermutungen laut wurden, beim EEG könne es sich um ein quasideterministisches Signal auf der Basis eines seltsamen Attraktors handeln (Basar 1983), gelang es Agnes Babloyantz von der Universität Brüssel 1985 erstmals, methodisch einwandfrei nachzuweisen, daß dem EEG während des Slow-wave-Schlafs ein chaotischer Attraktor zugrunde liegt (Babloyantz et al. 1985). Dies hat einen wahren Boom in der EEG-Forschung auf der Basis synergetischer Methoden ausgelöst. Später konnten Babloyantz & Destexhe (1986) zeigen, daß die Gehirnaktivität während eines epileptischen Anfalls einer niedrigdimensionalen chaotischen Dynamik folgt, die sich in der Sprache der Synergetik auf das Wirken von drei Ordnungsparametern zurückführen läßt. In einer eindrucksvollen Studie gelang es der Arbeitsgruppe um Hermann Haken die Gleichungen für diese 3 Ordnungsparameter anzugeben (Friedrich et al. 1991). An gleicher Stelle konnte gezeigt werden, daß die raum-zeitlichen Potentialfelder, die der Alpha-Aktivität des EEG zugrunde liegen, durch Superposition einiger weniger Basismoden entstehen und zwar in einer für synergetische Systeme an Instabilitätspunkten typischen Weise. Dies paßt zu einer Interpretation des Alpha-Zustandes (Ruhe mit geschlossenen Augen) als Bereitschaftszustand, von dem aus das sofortige Starten adaptiver Aktionen möglich sein muß.

Einen zusammenfassenden Überblick über den Stand der neurowissenschaftlichen Forschung auf der Basis synergetischer Methoden bis zum Jahre 1992 gibt Erol Basar von der Universität Lübeck, der als einer ihrer Pioniere gelten kann (Basar 1992, vgl.

auch Basar 1990 und Basar & Bullock 1992). Er favorisiert hier einfache physikalische dissipative Strukturen, wie wir sie eingangs besprochen haben, als Modelle für die Dynamik der Interaktionsmuser großer Neuronenverbände und verfolgt diesen Denkansatz zurück bis zu den Ideen des visionären Biophysikers Aharon Katchalky (Katchalsky et al. 1974).

Es ist nun an der Zeit, eine Zwischenbilanz zu ziehen und die nächsten notwendigen Schritte zu umreißen. Aufgebrochen waren wir zu Beginn dieses Kapitels mit der Frage, wie man den phänomenalen Synergitätsbegriff, damit den Gestaltbegriff, vor dem Hintergrund moderner naturwissenschaftlicher Entwicklungen heutigentags in die Tiefe zu interpretieren hat. Folgende These war formuliert worden: Dem phänomenalen Gestaltgeschehen liegt die Evolution neuronaler dissipativer Strukturen entsprechend den Prinzipien der Synergetik zugrunde. Von neuronaler Aktivität getragene dissipative Strukturen – synonym: synergetische Systeme – sind das physiologische Pendant von »Gestalt«. Bis hierher ist gezeigt: Die für das psychische Geschehen relevanten, von großen Neuronenverbänden erzeugten funktionellen Raum-Zeit-Muster lassen sich als evolvierende dissipative Strukturen verstehen und mit den Mitteln der Synergetik beschreiben. Zur vollen Bestätigung unserer Hypothese bleibt, erstens der Nachweis zu führen, daß auch auf der Ebene der phänomenalen psychischen Dynamik die Prinzipien der dissipativen Selbstorganisation Gültigkeit besitzen, zweitens die Beziehung zwischen physiologischem und psychologischem Level zu bestimmen (Geist-Körper-Problem) und drittens aufzuzeigen, daß mit der Charakterisierung menschlicher Tätigkeitsprozesse als Evolution dissipativer Systeme auch wirklich das von den Gestaltpsychologen intendierte Wesen des Gestaltbegriffs erfaßt ist.

6.7. Psychosynergetik – die Schlüsselexperimente

6.7.1. Psychomotorik

Die Motorprogramm-Theorie in der Paradigmenkrise

Wir haben nun die Diskussion, die bereits zweimal von instruktionistischen Vorstellungen zu den emergentistischen Konzepten der epigenetischen und episynaptischen Evolution geführt hat, auf der psychologischen Ebene ein drittes Mal zu führen. Seit dem Aufkommen der Motorprogramm(-schema)-Theorien mit den Arbeiten von Henry & Rogers (1960, dann v.a. Schmidt 1975) sitzt die Mainstream-Forschung zur Motorik-Kontrolle und zum motorischen Lernen fest in der Falle des Informationsverarbeitungsparadigmas auf der Basis der Computer-Metapher. Sensorik, Motorikkontrolle und Efferenzorgane bilden nach dieser Vorstellung voneinander getrennte Instanzen, die via Nervenbahnen Informationen austauschen. In den motorischen Kontrollzentren gibt es in Form instruktionistischer Repräsentationen (vollständig-lokal) präformierte Motorprogramme, die jegliche Muskelbewegung durch explizite Befehlsfolgen steuern. Jede Änderung der Koordination muß im voraus zentral berechnet werden. Natürlich hat dieses Grundthema im Laufe der Jahre viele Variationen und ad-hoc-Modifiaktionen erfahren – sämtlich haben sie weder die fundamentalen theoretischen Probleme lösen können, noch wurden die Diskrepanzen zwischen theoretischer Vorhersage und Experimentaldaten vermindert. Und endlich müssen führende Vertreter einräumen, daß auch auf die praktischen Fragen von Trainern und Sportpädagogen kaum relevante Antworten gefunden werden konnten (Schmidt 1986, zit. nach Whiting et al. 1992, S. 81). Zunehmend wird von einer Paradigmenkrise in der Psychomotorik-Forschung gesprochen (Abernethy & Sparrow 1992, Summers 1992). Und wie bei den beiden bereits vollzogenen Paradigmenübergängen lassen sich auch hier wieder die Hauptprobleme auf die beiden zentralen Themen Adaptivität und Kreativität zurückführen. Das Kunstprodukt Computer lebt in einer virtuellen Welt, in der alles genormt, konstant und vorprogrammiert ist. Er muß sich weder anpassen noch, wenn dies nicht geht, in größerem Umfang kreativ sein. Organismen hingegen entfalten ihre Motorik in einer hochvariablen Umwelt bei ständig veränderter Körperposition. Dies führt dazu, daß jeder motorische Vollzug, streng genommen, ein unikaler Akt ist, den es in genau dieser Form vorher nie gab und den es so auch nie wieder geben wird. Welchen Sinn machen in dieser Situation instruktionistische Repräsentationen? Bei den vielen Freiheitsgraden des menschlichen Motorsystems existiert eine unendliche Schar möglicher Trajektorien, die Ausgangszustand mit Zielzustand verbinden. Nach welchen Kriterien wird bei Korrekturberechnungen unter diesen ausgewählt? Ja, wo kommen die zu korrigierenden Standard-Motorprogramme eigentlich her und wie werden neue erzeugt? Fragen, auf die im Rahmen des Informationsverarbeitungsparadigmas nicht geantwortet werden kann. Seit Beginn der 80er Jahre beginnt sich hierzu eine emergentistische Gegenposition zu formieren, die in der Literatur unter den Bezeichnungen »Action Systems Approach«, »Dynamical Approach« oder »Emergent Approach« firmiert. Diese Position hat seit Beginn der 90er Jahre in einem Maße an Stärke und Attraktivität gewonnen, daß man heute von einem beginnenden Paradigmenwechsel in der Psychomotorik-Forschung sprechen kann – in der Einleitung hatten wir mit Bezug auf Abernethy & Sparrow (1992) den dies bestätigenden Publikationstrend im Journal of Motor Behavior bereits erwähnt. Die Wurzeln dieses Ansatzes liegen in der Gestaltpsychologie, den Arbeiten E. v. Holsts und N. Bernsteins (1967); Bezüge gibt es auch zu J. Gibsons (1979) Ökologischer Psychologie. Neben P. Kugler und M. Turvey ist Scott Kelso der herausragende Proponent dieses Paradigmas (Kelso et al. 1981, Kugler et al. 1982, Kugler & Turvey 1986). Mit »Dynamic Patterns. The Self-Organization of Brain and Behavior« (1995) hat er jüngst ein faszinierendes Buch vorgelegt, in dem er die Ergebnisse seiner Experimente zusammenfaßt und mit seinen theoretischen Anschauungen zu einem kohärenten Bild integriert. So nichts anderes angegeben ist, beziehen sich die nun folgenden Darstellungen einiger wichtiger Experimente Kelsos auf diesen Text. Der am Detail interessierte Leser findet hier Verweise auf die Einzelarbeiten, wie auch eine Fülle weiterer Literaturhinweise zum »emergent approach«.

Let your fingers do the walking! – die klassischen Experimente des Scott Kelso

Inspiriert durch eine Werbung für die Gelben Seiten (»Let your fingers do the walking«) entwickelte Kelso Anfang der 80er Jahre ein einfaches, aber instruktives Modell, um den Wechsel motorischer Koordinationen experimentell zu studieren. Er ließ Versuchspersonen ihre Zeigefinger oder auch die ausgestreckten Hände in symmetrischer Weise hin und her bewegen (vgl. Abb. 6.16 a). Wenn dann die Frequenz dieser Bewegung erhöht wurde, etwa durch Beschleunigung eines den Bewegungstakt vorgebenden Metronoms, kam es zu einem merkwürdigen Phänomen. Bei einer bestimmten kritischen Frequenz schlug das symmetrische Bewegungsmuster plötzlich und unwillkürlich in ein asym-

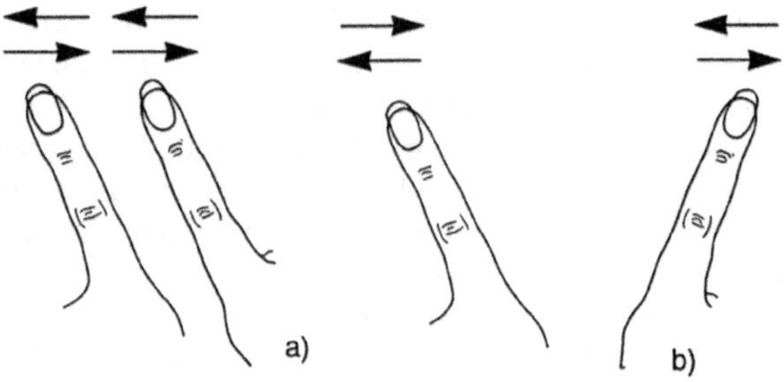

Abb. 6.16 Erläuterungen im Text

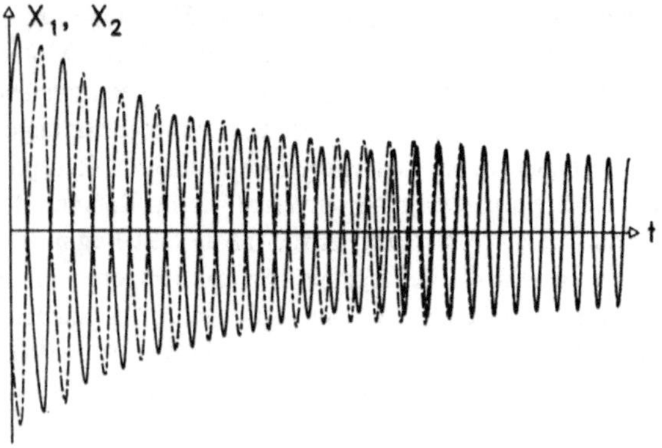

Abb. 6.17 (nach Haken u.a. 1989) Erläuterungen im Text

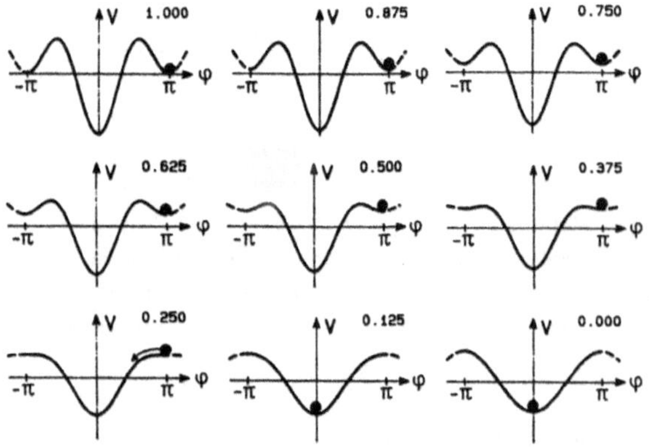

Abb. 6.18 (nach Haken u.a. 1989) Erläuterungen im Text

metrisches, antiparalleles Bewegungsmuster um (vgl. Abb. 6.16 b). In Abb. 6.17 ist die Auslenkung beider Finger als gestrichelte bzw. durchgehende Linie gegen die Zeit aufgetragen. Mit Verkürzung der Periode kommen beide Fingerausschläge von einem bestimmten Punkt an in der rechten Bildhälfte zur Deckung. In Zusammenarbeit mit der Arbeitsgruppe um Hermann Haken wurde dieses Phänomen nun mit den Mitteln der Synergetik untersucht. Haken, Kelso und Bunz entwickelten ein mathematisches Modell (kurz: HKB-Modell), welches das beobachtete Verhalten als typischen Nichtgleichgewichtsphasenübergang beschreibt und eine Reihe von Voraussagen macht, die dann experimentell überprüft wurden. Man kann die Aussagen der mathematischen Gleichungen wieder anhand des Verhaltens einer Kugel in einer Potentiallandschaft veranschaulichen. In dem Modell wurde die *relative Phase* φ, d.h. die Differenz der absoluten Phasenlagen beider Finger, als Ordungsparameter identifiziert. In Abb. 6.16 a z.B. ist φ gleich 90°, also π, in Abb. 6.16 b dagegen ist sie Null. In Abb. 6.18 bildet die relative Phase die Abszisse, wobei es sich bei π und $-\pi$ evidenterweise um symmetrische Zustände handelt. Das Potential V ist auf der Ordinate aufgetragen. Von links nach rechts und von oben nach unten steigt die Bewegungsfrequenz, die als Kontrollparameter fungiert. Sein jeweils rechts oben stehender Zahlenwert ergibt sich in spezifischer Weise aus den mathematischen Formeln, auf die hier nicht eingegangen werden soll. Das Bild in der linken oberen Ecke entspricht nun dem Ausgangszustand, in dem die Finger parallel bewegt werden. Mit Erhöhung des Kontrollparameters wird der dem zugrunde liegende Attraktor zunehmend instabil, d.h. die Potenialmulde wird flacher. Im Bild links unten ist dann der kritische Wert erreicht. Das System läuft unter Emergenz eines neuen Ordnungsparameters, d.h. unter Einstellung einer anderen relativen Phase einen neuen stabilen Attraktorzustand an. Die Finger bewegen sich nun antiparallel. Das HKB-Modell erlaubt nun eine Reihe nichttrivialer Voraussagen.

1. Auf der Grundlage einer vorher individuell zu ermittelnden »Komfort-Frequenz« läßt sich die kritische Frequenz, bei der der Phasenübergang erfolgt, vorausberechnen.
2. Schon aus der Potential-Veranschaulichung läßt sich ableiten, daß bei Verminderung des Kontrollparameters kein »Rückwärts-Übergang« erfolgen wird. Die Kugel kann aus der tieferen Potential-Mulde nicht auf das höhere Niveau zurückkehren, d.h. der »In-Phase-Attraktor« erweist sich als stabiler, als der »Anti-Phase-Attraktor«. Entsprechend zeigt das Verhaltensexperiment: Wer die Finger einmal antiparallel bewegt, kehrt bei Verminderung der Bewegungsfrequenz nicht wieder in den parallelen Koordinationsmodus zurück. Dies ist nichts anderes als das uns aus der nichtlinearen Dynamik wohlbekannte Phänomen der Hysterese.
3. Mit dem Instabilwerden des Anti-Phase-Attraktors sollte es, quasi als Nagelprobe für den Nachweis eines Nichtgleichgewichts-Phasenübergangs, kurz vor dem Koordinationswechsel zu kritischen Fluktuationen kommen. Bei der experimentellen Messung der Phasenschwankungen zeigte sich nach statistischer Bearbeitung tatsächlich ein scharfes Maximum der mittleren Phasenschwankung kurz vor Wechsel der Koordination und nur dort, also bei Durchlaufen der gleichen kritischen Frequenz auf dem Rückweg ohne Phasenübergang z.B. nicht (vgl. Abb. 6.19).
4. Wie im Rahmen der Grundlagen der Synergetik besprochen und wiederum anschaulich aus dem Potential-Modell verständlich, ist mit dem Instabilwerden des Attraktors auch eine sogenannte kritische Verlangsamung des Ordnungsparameters verbunden, d.h. nach Störungen benötigt das System mehr Zeit, um in den stabilen Zustand zurückzukehren. In einer ausgeklügelten Experimentalanordung wurden den oszillierenden Fingern nun für die Versuchspersonen unerwartet mechanische Störimpulse appliziert und die Zeit gemessen, die bis zur Wiederherstellung der ursprünglichen Phasendifferenz verging. Entsprechend der theoretischen Vorhersage verlängerte sich diese Relaxationszeit bei Annäherung an den kritischen Punkt im Antiphase-Modus. Nicht selten lösten die Störungen im kritischen Bereich auch den Phasenübergang aus.

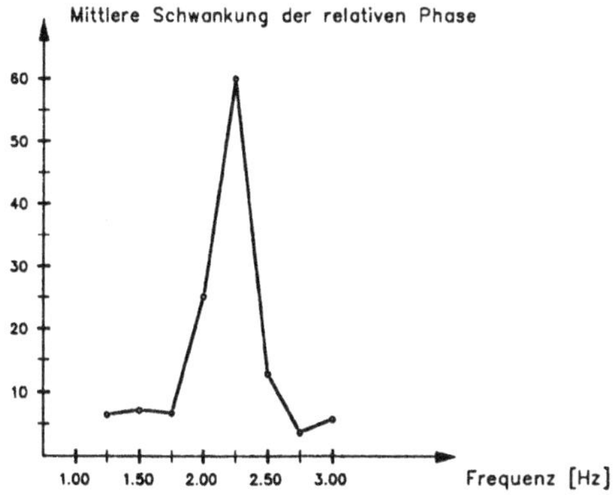

Abb. 6.19 (nach Haken u.a. 1989) Erläuterungen im Text

5. Die mathematisch anspruchsvollere Formulierung des HKB-Modells im Rahmen der stochastischen Theorie erlaubt verschiedene Vorhersagen bezüglich der für den Pha-

senübergang benötigten Zeit (switching-time). Auch hier ergab sich eine gute Übereinstimmung mit den Experimentaldaten.

6. Man kann das HKB-Modell dahingehend erweitern und verallgemeinern, daß man eine unterschiedliche Frequenz der beiden Oszillatoren zuläßt. In die Gleichungen wird dann ein Term für die Frequenzdifferenz eingefügt. Abb. 6.20 zeigt, wie sich die Potentiallandschaft für Zunahme von Frequenzifferenz und Kontrollparameter verformt: sukzessive gehen die stabilen Attraktoren verloren. Die Gleichungen produzieren nun sogenannte »running solutions«, anschaulich: die Kugel rollt immer wieder aufs neue den Abhang hinunter, lediglich an einer flacheren Stelle wird sie noch schwach attrahiert, d.h. sie verweilt hier etwas länger. Beide Oszillatoren durchlaufen also kontinuierlich alle möglichen Phasenbeziehungen, wobei allerdings jene relativen Phasen, die in der Umgebung des früheren Punktattraktors liegen, besonders häufig eingenommen werden, so daß sich im Histogramm ein Maximum bildet. Die experimentelle Bestätigung dieser theoretischen Aussage ist bereits besprochen. Es handelt sich um nichts anderes als das Phänomen der relativen Koordination, das von E. v. Holst entdeckt wurde, dem aber damals die mathematischen Möglichkeiten für eine adäquate theoretische Interpretation fehlten. Auch die in diesem Zusammenhang beschriebenen Übergangstendenzen gekoppelter rhythmischer Bewegungen in kleine ganzzahlige Frequenzverhältnisse läßt sich mathematisch im Rahmen der Synergetik herleiten (Haken 1996, S. 103 ff.). Die in Abschitt 3.1. dargestellten Experimentaldaten und theoretischen Vorstellungen Erich v. Holsts sind also hier in einer tiefgreifenderen und allgemeineren Theorie aufgehoben.

Abb. 6.20 (nach Kelso 1995) Erläuterungen im Text

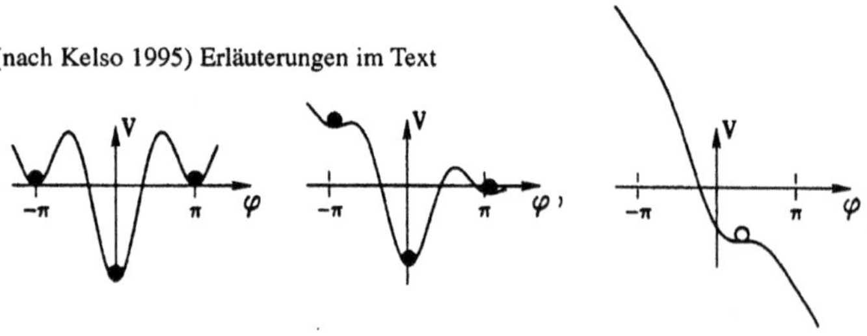

Nach Haken und Kelso ist damit erwiesen, daß den neuronalen Prozessen der motorischen Koordination eine nichtlineare Dynamik im Sinne eines synergetischen Systems zugrunde liegt. Dies steht in scharfem Kontrast zur Theorie der Motor-Programme. Warum sollte es etwa beim Umschalten von einem Motor-Programm auf ein anderes zu stochastischen Fluktuationen kommen? Es müßte sich dabei doch um einen deterministischen Prozeß handeln.

Seither sind von Kelso und anderen eine Vielzahl weiterführender Experimente durchgeführt worden. Es wurde der Bereich der untersuchten Koordinationen erweitert über den Einbezug aller vier Gliedmaßen bis hin zur Untersuchung interindividueller Koordinationen und zur Integration von Perzeptionsprozessen. Es wurde das Spektrum der beigezogenen Konzepte aus dem Repertoire der Theorie dynamischer Systeme erweitert: Hopf-Bifurkation, Intermittenz, Silnikow-Chaos. In all diesen Experimenten war der Wechsel koordinativer Zustände an das Instabilwerden dynamischer Attraktoren gebunden, es zeigten sich die typischen Phänomene von Nichtgleichgewichtsphasenübergängen und es gelang, die diese Prozesse bestimmenden Größen, also Kontrollparameter und Ordnungsparameter zu identifizieren und mathematisch zu modellieren. In ersten erfolgversprechenden Experimenten wurde versucht, komplexeren Phänomenen wie Lernen, Intentionalität oder Konkurrenzphänomenen zwischen externen Zwängen und intrinsischer Dynamik eine Interpretation im Rahmen der Synergetik zu geben. So beschrieb Kelso motorisches Lernen in einem konktreten Fall als Übergang von einem bistabilen Zustand mit zwei Attraktoren in einen monostabilen Zustand mit nur einem Attraktor. Experimente von Stadler lassen eine Deutung dahingehend zu, daß motorische Zielvorstellungen als Formierung eines Attraktors zu verstehen sind (Stadler et al. 1991). Es ist hier nicht der Raum, auf all dies im Detail einzugehen. Bei unserem molaren, auf Synthese des Ganzen gerichteten Anliegen könnte dies zudem den Blick für das Wesentliche verstellen.

Eine emergentistische Modellvorstellung von der Regulation der Motorik

Nach allem bisher Gesagten haben wir uns das Motorsystem des Menschen also als ein synergetisches System vorzustellen, in dem die motorischen Koordinationen als emergente funktionelle Strukturen generiert werden. Natürlich sehen wir dieses in einer Entwicklungskontinuität mit den im Rahmen des Paradigmas der episynaptischen Evolution besprochenen CPG niederer Wirbeltiere und unterstellen gleiche grundsätzliche Funktionsprinzipien. Wesentlich bereits auf Ebene des Rückenmarks organisiert, handelt es sich dabei um spontanaktive, zyklische Netzwerke nichtlinear gekoppelter neuronaler Oszillatoren, die sich im Rahmen modulatorisch verschieblicher Schranken selbstorganisieren. Wesentliche Komponenten dieser Schranken sind zentrale Steuerungseinflüsse sowie extero- und propriozeptive Reafferenzen aus Umwelt und Körper. Aber auch alle anderen relevanten Größen wie die physikalischen Eigenschaften des Bewegungsapparates oder bestimmte phylogenetisch gewordene Forderungen, z.B. nach minimaler muskulärer Kraftanstrengung, sind in irgendeiner Form übersetzt und vermittelt analog repräsentiert und gehen in die Dynamik ein. Innerhalb all dieser Schranken versucht sich das dissipative System kraft seines intrinsischen Autoregulationsvermögens optimal zu stabilisieren bzw. sich nach Destabilisierung in einem anderen Attraktor neuzuorganisieren. Die dabei erfolgende ganzheitlich-kohärente adaptive Strukturveränderung ist identisch mit der Erzeugung der Efferenzinformation in analoger Form.

Ein wenig schwer tun sich die Autoren des »Emergent Approach« mit den Themen Lernen, Gedächtnis und Repräsentation. Selten werden diese Probleme angesprochen und die Existenz zentraler Repräsentationen und damit zumeist auch die Existenz eines motorischen Gedächtnisses wird bestritten (vgl. Abernethy & Sparrow 1992). Nun kann aber niemand das Phänomen Lernen leugnen und Lernen wiederum kann nicht ohne Gedächtnis konzipiert werden und weiter zieht dann jedes vorstellbare Konzept von Gedächtnis die Forderung nach Repräsentationen bzw. Speicherstrukturen nach sich. Im Rahmen des hier vertretenen Ansatzes fügt sich an dieser Stelle natürlich zwanglos das oben entwickelte Konzept der emergentistischen Repräsentation bzw. Speicherung ein. Wie dargestellt, handelt es sich dabei um eine nichtlokal-unvollständige Informationsspeicherung, die lediglich die Erzeugungsbedingungen dynamischer Struktur und Information in Form von Schranken festschreibt, die einen erneuten Evolutionsprozeß mit hoher Wahrscheinlichkeit auf den Weg in einen bestimmten Attraktor zwingen.

Um unser vorläufiges Bild der emergentistischen Motorikregulation wie es in Abb. 6.21 schematisiert ist, abzurunden, haben wir nun noch das Synergitätsbewertungssystem einzufügen. In Abschnitt 3.3. wurde dargestellt, daß neben dem kognizierten

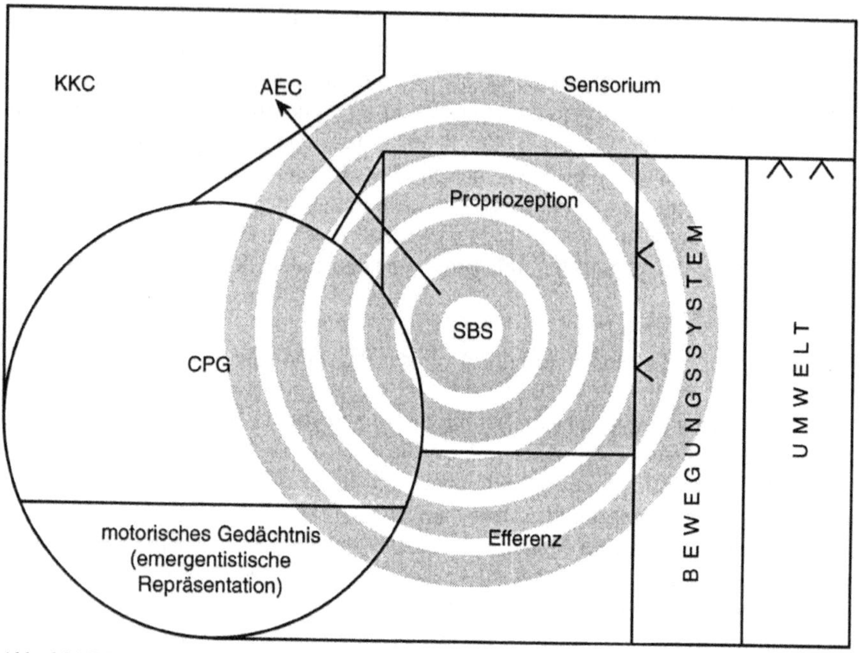

Abb. 6.21 Erläuterungen im Text

Grad der Zielerreichung im Konkret-kognitiven Code eine sekundär-emotionale Information (Abstrakt-emotionaler Code) über den dynamisch-strukturellen Stabilitäts- und Ordnungsgrad des motorischen Gesamtvollzuges in Form eines Stimmigkeits- oder Unstimmigkeitsgefühls gegeben ist. Jeder Skispringer oder Kugelstoßer weiß gefühlsmäßig sicher, was der Sprung bzw. Stoß »in sich trägt«, noch ehe das zahlenmäßige Resultat vorliegt. Das notwendige Zusammenspiel von KKC und AEC bei der Regulation komplexer Tätigkeitsvollzüge war besprochen worden und soll hier nicht wiederholt werden. Über diese aktualgenetische Funktion zur Regulierung des Ganzen hinaus hatte das SBS frühontogenetisch die Aufgabe, den spielerischen Erwerb komplexer, gekonnter willkürmotorischer Koordinationen zu stimulieren (motorische Funktionslust) und war in diesem Zusammenhang von Konrad Lorenz als »perfection reinforcing mechanism« eingeführt worden. Die psychosynergetische Neuinterpretation des phänomenologischen Synergitätsbegriffs wird weiter unten gegeben.

Alle beteiligten Komponenten interagieren dabei untrennbar innerhalb eines gemeinsamen dissipativ-synergetischen Systemgefüges. Das Bewegungsproblem entsteht in diesem Systemgefüge und erzeugt innerhalb des gleichen Systems selbst seine Lösung aus den intrinsischen Systemkapazitäten heraus.

Es gibt keine autonomen, additiv-seriell zusammenwirkenden Instanzen für verschiedene vom menschlichen Geist künstlich getrennte Teilfunktionen und Teilaufgaben (»Boxologie«). Gleichwohl haben unterschiedliche Topi im System eine unterschiedliche funktionelle Gewichtung, die entweder schon auf genetischer Basis oder als ontogenetetischer »funktioneller Niederschlag« bis zu einem gewissen Grade im konservativen neuronalen Grobsubstrat festgeschrieben wird: Neubildung oder Verschiebung konservativer Schranken. Wie die referierten Experimente von Merzenich und das enorme Kompensationsvermögen bei Hirnschäden allgemein zeigen, bleiben aber auch diese konservativen Schranken lebenslang in weiten Grenzen funktionsabhängig verschiebbar. Und selbst bei akutem Zusammenbruch harten konservativen Schrankensubstrats ist das dissipative synergetische System oft in der Lage, sich im alten dynamischen Attraktor einigermaßen zu restabilisieren. Dies zeigen eindrucksvoll Experimente von Koepchen et al. (1986) zwar nicht am willkürmotorischen System, sondern an der autonomen Atemmotorik der Katze. Nach einer Zerstörung von Teilen des Atemzentrums im Hirnstammbereich brach der Atemrhythmus zunächst zusammen. Im Verlaufe einiger Stunden jedoch restituierte sich der Rhythmus vollständig, allerdings war er nun gegenüber Störungen weniger stabil. »Thus, we can conclude that the tissue we destroyed contributed to the stability of rhythmogenesis together with other parts of the brain stem. This finding shows that the the old and still continuing search for the primary precise anatomical site of the respiratory rhythm generator starts from an erroneous presumption. It would be highly interesting to follow with the methods of synergetics the time course of restoration from the disturbed to the normalized respiratory rhythm« (Koepchen 1991, S. 9). Analoges hatten wir im Rahmen der Morphogenese eine Evolutionsstufe tiefer in Form der wechselseitigen Kompensation von dissipativem chemischen Vormuster und konservativer Zellstruktur gefunden. Es zeigt sich also insgesamt ein ständiges Wechselspiel zwischen einem primär weitgehend äquipotenten konservativ-morphologischen Grobsubstrat und einer relativ autonom evolvierenden dissipativen Hyperstruktur, die dieses Grobsubstrat sekundär zur Bildung (sich selbst) stabilisierender konservativer Schranken anregt. Dabei ist klar, daß die Fähigkeiten des neuronalen Substrats zur wechselseitigen dissipativ-konservativen Kompensation, zur Schrankenumbildung und -verschiebung mit der ontogenetisch insgesamt abnehmenden Plastizität des Nervengewebes zurückgehen. So kommt es zur zunehmenden Lokalisation von Funktionen auf einem ursprünglich weitgehend äquipotenten Substrat. Es bleibt zu prüfen, ob sich hieraus neue Aspekte für den alten Streit zwischen »Äquipotentialisten« und »Lokalisationisten« ergeben.

Um diesen Verhältnissen gerecht zu werden, wurde im Schema der Abb. 6.21 auf die im Rahmen des instruktionistischen Paradigmas üblichen »boxologischen« Instanzen-Kästchen mit verbindenden Informationsfluß-Pfeilen verzichtet. Die einzelnen Felder stehen für teilautonome Dynamiken und ihre »harte«, konservative neuroanatomische Schrankenbasis. Die Trennlinien zwischen Feldern meinen funktionelle, temporär-fluide Schrankenwirkungen, dynamische Schranken also, die die Dynamiken wechselseitig aufeinander ausüben, die sie aber gleichzeitig zu einem einheitlichen, parallel-analogen, dissipativ-synergetischen Gesamtsystem verschmelzen.

Nirgendwo gibt es hier Hierarchien von »Kommandoneuronen«, die entsprechend präformierter Instruktionen von Motorprogrammen feuern, bzw. auf der Basis von Reafferenzen notwendige adaptive Neuberechnungen durchführen. Neurone rechnen nicht mehr und nicht weniger als Leber- oder Darmzellen. Es gibt nur analoge emergentistische Repräsentationen und auch die Generierung von »Information« ist ein intrinsisch adaptiver und kreativer Analogprozeß auf der Basis des Autoregulationsvermögens und der Selbstorganisationsfähigkeit dissipativer Strukturen. Und gute Theoretiker finden dann zwischen ihren Berechnungen und diesen Analogvorgängen eine Isomorphie.

Seine besonderen Stärken hat der emergentistische Ansatz bisher vor allem im Zusammenhang mit »rein dynamischen« Phänomenen bei rhythmisch-repetitiven Koordinationen entwickelt. Dies hängt wesentlich damit zusammen, daß die Synergetik zur Beschreibung der reinen Dynamik einfacher physikalischer Systeme ausgearbeitet wurde. Der funktionelle Reichtum des Gehirns ist nun aber nur aus den dynamischen Interaktionen innerhalb einer komplexen hierarchischen Enkapsis dissipativer Strukturen innerhalb eines stabilisierenden konservativen grobmorphologischen »Schrankenskeletts« zu erklären. Diese Wechselwirkungsprinzipien zwischen dissipativen und konservativen Strukturen weiter aufzuklären, scheint eine der wichtigsten Aufgaben der Zukunft zu sein. Die hier verwendeten Begriffe »Dynamik«(Ordnungsparameter) und »Schranken« (Randbedingungen und Kontrollparameter; konservative v.s. dynamische Schranken) werden dabei ebenso weiter zu untersetzen sein, wie die bereits im Zusammenhang mit der Epigenese abgeleiteten drei grundsätzlichen Wechselwirkungsprinzipien zwischen Schranken und Dynamik:

1. *Neukreation einer dynamischen Struktur:* Infolge einer Verschiebung dynamischer Schranken durch übergeordnete (Willkür-)Instanzen oder infolge äußerer Störungen können Koordinationsmuster instabil werden mit der Folge der Selbstorganisation eines neuen Koordinationsmusters. In den referierten Experimenten von Kelso war es sowohl infolge der willkürlichen Frequenzerhöhung als auch infolge der Applikation von Störimpulsen zum Phasenübergang gekommen.
2. *Quasiidentische Wiederherstellung:* Aus dem motorischen Gedächtnis heraus sind wir in der Lage, bestimmte einmal gelernte Bewegungsvollzüge quasiidentisch (d.h. mit unausweichlichen situationsadaptiven Detailveränderungen) zu wiederholen. Selbst wenn keine äußeren Störungen vorliegen, gelingt dies nicht immer. Ein emergentistischer Speicher kann das Wiederdurchlaufen eines evolutiven Pfades immer nur mit einer hohenWahrscheinlichkeit sicherstellen.
3. *Quasideterministische Führung:* Sozusagen in Erweiterung von Punkt 2 sind wir in der Lage, beliebig lange Folgen willkürlich zielgeführter Einzelbewegungen zu realisieren, etwa wenn ein KFZ-Schlosser ein Auto repariert. Offenbar wird hier die Dynamik innerhalb »enger« Schrankensetzungen durch übergeordnete Instanzen überwiegend deterministisch durch eine Folge von Attrakoren geführt.

Man könnte sich folgendes vorstellen: Auf der Ebene der bewußten willkürlichen Steuerung fungieren phänomenale motorische Zielvorstellungen als Ordungsparameter bzw. Attraktoren. »...I suggest that the order parameters follow a trajectory towards an attraktor in the case of goal directed grasping.« schreibt Hermann Haken (1990, S. 12, vgl. auch Stadler et al. 1991). Durch eine spezifische neuronale Organisation wird dieser Ordnungsparameter nun auf der Ebene des CPG in Kontrollparameter übersetzt, derart, daß jeder phänomenalen Zielannäherung auch tatsächlich eine neuronale CPG-Dynamik mit entsprechenden Ordnungsparametern auf ihrer Ebene parallel geht, die zu einer physischen Zielannäherung führt. Man könnte sich eine hierarchische Enkapsis funktioneller Ebenen vorstellen, in der die Ordnungsparameter der höheren Ebene jeweils die Kontrollparameter für die tiefere Ebene bilden und die Ordnungsparameter der einzelnen Ebenen durch spezifische phylogenetisch ermittelte Übersetzungsmechanismen so »parallelisiert« sind, daß eine kohärente Aktion des Gesamtsystems resultiert. Es soll hier nicht weiter spekuliert werden. Diese sehr schwierigen Probleme zu lösen, wird einen Schwerpunkt künftiger Forschung bilden müssen.

Gleiches gilt für komplexe motorische Lernprozesse wie etwa das Erlernen einer komplizierten Turnübung. Offenbar werden hier im Stadium der Grobkoordination zunächst »Teilbewegungs-Dynamiken« sozusagen von Schranken »zusammengeschoben«. Mit zunehmender Integration zu einem einheitlichen von einem obersten Ordnungsparameter regulierten System ziehen sich dann die Schranken sukzessive zurück.

Dabei kommt es zu interessanten Konkurrenzphänomenen zwischen verschiedenen hierarchischen Levels. Nicht jedes willkürlich angestrebte motorische Zielbild auf der übergeordneten Steuerungsebene ist mit den Gesetzen der intrinsischen Dynamik auf der »CPG-Ebene« verträglich. Man kann die Finger eben nicht mit hoher Frequenz parallel bewegen oder mit einer Hand Triolen und mit der anderen Achtel auf dem Klavier spielen. Es kommt zu Kompromißbildungen, wobei die intrinsische Dynamik immer die Tendenz hat, den auf ihrer Ebene stabilsten Attraktor anzulaufen. Jeder Trainer kann ein Lied davon singen, wie schwer es ist, einmal unkontrolliert eingeschliffene Koordinationselemente wieder zu korrigieren. All dies weiter zu erhellen, bleibt künftigen Untersuchungen vorbehalten. Wie wir sehen, geht es vor allem um die Klärung der Wechselwirkung zwischen Dynamik und komplexen Schrankensystemen.

6.7.2. Perzeption und Kognition

Multistabilität als Fenster zur subphänomenalen Systemdynamik

Evolution ist ein diskontinuierlicher Prozeß, in dem alte Strukturen instabil werden, zusammenbrechen und neue Strukturen entstehen. Diese Instabilitäten und Strukturwechsel werden wissenschaftlich mit dem Konzept des Nichtgleichgewichtsphasenübergangs erfaßt und bilden mithin Schlüsselphänomene des evolutiven Geschehens – auf der Ebene der neuronalen Dynamik und in der Psychomotorik waren sie uns in eindrucksvoller Form begegnet. Im Bereich der Wahrnehmung nun nach Instabilität als charakteristischem Phänomen zu fragen, mutet etwas seltsam an, entspricht doch hier gerade deren Gegenteil, nämlich Stabilität dem Gütekriterium schlechthin und die daraus sich ableitende Zuverlässigkeit einer immer wieder bestätigten Alltagserfahrung. Entsprechend sind Instabilitätsphänomene der Wahrnehmung – es gibt sie in Form der altbekannten mutistabilen Kippbilder tatsächlich – oft als untypische Kuriositäten beiseite geschoben worden. Dies um so mehr, als im Rahmen instruktionistischer Konzeptionen von Wahrnehmungsprozessen auf der Basis des Informationsverarbeitungsparadigmas derartige Erscheinungen nicht erklärt werden können, ja sie als Störungen, als Zusammenbruch einer funktionierenden Wahrnehmung schlechthin, interpretiert werden müssen.

Es verwundert nicht, daß das Studium gerade dieser Instabilitätsphänomene in den letzten Jahren im Rahmen des psychosynergetischen Ansatzes einen enormen Aufschwung erfahren hat. Neben Haken und Mitarbeitern hat auf diesem Gebiet vor allem die Arbeitsgruppe um Michael Stadler und Peter Kruse an der Universität Bremen wichtige Arbeit geleistet. Im Jahre 1995 fand hier ein internationales Symposium zum Thema »Perceptual Multistability and Semantic Ambiguity« statt (Kruse & Stadler 1995).

Nach Stadler und Kruse sind Ordnung und Stabilität unserer Perzepte auf einen neuronalen Konvergenzprozeß zurückzuführen, der so schnell abläuft, daß er in der Regel unterhalb der Bewußtseinsschwelle bleibt. Lediglich in bestimmter Weise ausgezeichnete Reizbedingungen machen die intrinsische Dynamik des Wahrnehmungsprozesses introspektiv erfahrbar und öffnen damit der Forschung ein wertvolles Fenster zur subphänomenalen Systemdynamik. Bereits die qualitativ-introspektive Erfahrung solcher charakteristischen dynamischen Phänomene ist sehr eindrucksvoll, sie ist nachgerade überwältigend, wenn man mit ihnen vertraut ist – und zwar aus dem Bereich der Dynamik *materieller* Prozesse. Wir werden die gar nicht zu überschätzende Bedeutung dieses Umstandes unten noch ausführlicher würdigen.

In Betrachtung von Abb. 5.5 a lassen sich nach Stadler und Kruse (1986) z.B. Fluktuationen und Versklavungseffekte im visuellen System direkt phänomenal wahrnehmen. Beim Fixieren des dort dargestellten multistabilen Musters erlebt man einen permanenten Prozeß der Neubildung und des Zerfalls kleiner und großer Kreise in ständig wechselnder Lokalisation. Haben sich durch zufällige Fluktuationen an irgendeiner Stelle wenige Teilelemente in bestimmter Weise zusammengeschlossen, kommt es zur Evolution eines Ordners und der Zusammenschluß dehnt sich sofort durch Versklavung auf ein übergeordnetes kleines oder großes Kreiselement aus.

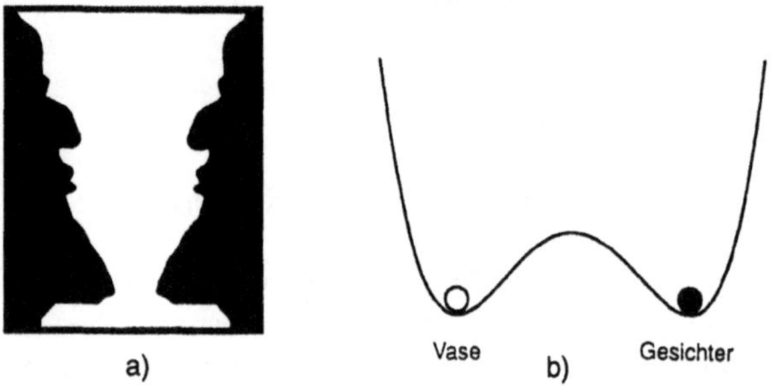

Abb. 6.22 Erläuterungen im Text

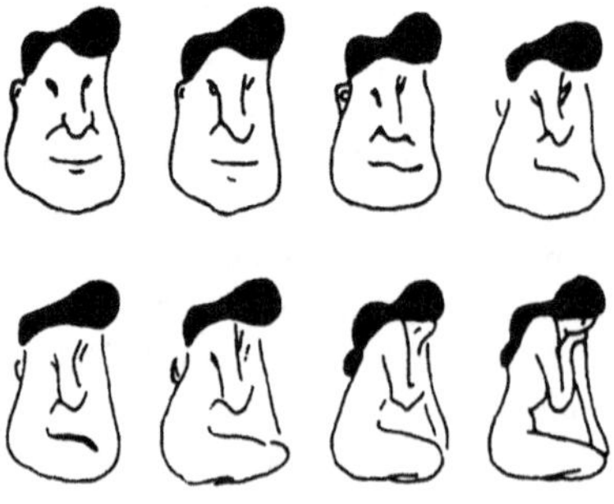

Abb. 6.23 (nach Haken u.a. 1992) Erläuterungen im Text

Den elementareren Fall von Bistabilität zeigt das bekannte Vase/Gesichter-Kippbild von Rubin in Abb. 6.22 a. Bei Betrachten dieses Bildes wechseln unwillkürlich in einem bestimmten Rhythmus zwei einander ausschließende Interpretationen: entweder sieht man eine Vase oder zwei Gesichter. Hermann Haken (1977) hat Phänomene dieser Art im Sinne einer Symmetriebrechung bei einem Phasenübergang gedeutet. Das System oszilliert zwischen zwei dynamischen Zuständen, denen Attraktoren gleicher Stabilität entsprechen (Abb. 6.22 b). Schon auf rein phänomenaler Ebene finden sich z.B. wieder in Form der Hysterese starke Indizien dafür, daß diesen Prozessen tatsächlich eine nichtlineare Dynamik zugrunde liegt. Abb. 6.23 zeigt die Variation eines bistabilen Musters zwischen den monostabilen Polen seiner beiden Interpretationsmöglichkeiten. Beginnt man mit einer sequentiellen Betrachtung oben links, sehen wir ein Männergesicht bis Mitte der unteren Zeile. Beginnen wir jedoch unten rechts, sehen wir eine sitzende Frau und die Interpretation springt nun erst Mitte der oberen Zeile zurück zum Männergesicht. Die zugehörige Verformung der Potentiallandschaft ist identisch mit der Darstellung in Abb. 6.9.

Analoge Phänomene der Bi- und Multistabilität finden sich im Bereich der Sprache in Form vielfältiger und verbreiteter Mehrdeutigkeiten. So unterscheidet nach Wildgen (1995) Webster's Encyclopedic Dictionary 24 verschiedene Bedeutungen von »eye« als

Substantiv. Von derartigen semantischen Mehrdeutigkeiten sind strukturell-syntaktische Instabilitäten zu unterscheiden: »beautiful girl's dress« kann 1. heißen: »a beautiful dress for girls« oder 2. »dress belonging to a beautiful girl«. Wildgen hat derartige Phänomene auf verschiedenen Strukturniveaus vom Wort über den Satz bis zum ganzen Text als Linguist aus Sicht der Synergetik untersucht und mit Multistabilitäten der Wahrnehmung verglichen. Er kommt zu folgendem Resultat: »In general the analogy between semantic and perceptual multistability is accepted and a transfer of methods and models seems possible. In the case of struktural ambiguities an underlying chaotic process is postulated. As a general consequence a description of meaning in terms of scales and spaces is called for« (Wildgen 1995, S. 221).

Scott Kelso und Mitarbeiter haben in einer Reihe von Experimenten durch systematische Variation visueller und akustischer Reize Phasenübergänge im Bereich der Wahrnehmung und Kategorisierung dieser Reize erzeugt, diese untersucht und synergetisch modelliert (zusammenfassend: Kelso 1995). In einem dieser Versuche wurde den Versuchspersonen beispielsweise die Silbe »say« wiederholt dargeboten, wobei als Kontrollparameter die Pause hinter dem »s« zunächst verlängert und dann verkürzt wurde. Ab einer bestimmten kritischen Pausenlänge schlägt die Wahrnehmung plötzlich um und der Proband hört »stay« anstelle von »say«. Ausgehend von den HKB-Gleichungen wurde ein mathematisches Modell für diese Dynamik entwickelt, das verschiedene Einflußfaktoren berücksichtigt und eine Reihe interessanter Voraussagen gestattet, u.a. das Auftreten von Hysterese unter definierten Bedingungen. Diese theoretischen Vorhersagen konnten in entprechenden Experimenten bestätigt werden.

Bezüglich der Mechanismen, die zu den Symmetriebrechungen bei konstantem Reiz führen, kann man in einer ersten Annäherung zwischen folgenden Fällen unterscheiden:

1. Ein Teilelement wird durch einen relevanten Kontext auf gleicher Systemebene versklavt. Ein Beispiel auf der Ebene der phänomenalen Wahrnehmungsprozesse sind die im Zusammenhang mit Abb. 5.5 a besprochenen Vorgänge. Ein anderes Beispiel auf Ebene der Sprachsemantik ist der Symmetriebruch bei mehrdeutigen Wörtern durch das Satzganze (vgl. Abb. 6.24). Nach Haken (1995, S. 31) erzeugen die eindeutigen Wörter des Satzes eine übergeordnete Bedeutung, die als Ordnungsparameter fungiert. Dieser Ordnunsparameter versklavt dann das bistabile Wort und bricht seine Symmetrie. Ein analoger Prozeß kann sich zwischen bistabilen Sätzen und der Textumgebung abspielen.

Abb. 6.24 Erläuterungen im Text

2. Der Ordnungsparameter einer Ebene wird durch den Ordnungsparameter einer höheren Ebene in gesamtfunktionell kohärenter Weise selektiert, indem letzterer als Kontrollparameter für die tiefere Ebene wirkt – ebenso, wie wir es schon im Zusammenhang mit der Regulation der Willkürmotorik gefordert hatten. Und auch im Bereich

der Wahrnehmung wird dies wieder durch Experimentaldaten nahegelegt. Sollen Symmetrien gebrochen werden, müssen Attraktorstärken verändert, d.h. anschaulich: Potentiallandschaften verformt werden. In einer Reihe von Experimenten zeigten Kruse et al. (1995), daß eine solche Verformung durch Wirkung von Lernen, Kontext und Bedeutung erreicht werden kann. Unter anderem wurde dabei mit der Technik der Stroboscopic alternative motion (SAM) gearbeitet. Wie Abb. 6.25 a zeigt, leuchten dabei von vier im Rechteck angeordneten Lampen im Wechsel jeweils die beiden auf einer der Diagonalen liegenden Lampen gemeinsam auf. In der Wahrnehmung des Betrachters oszillieren zwei kurzzeitig stabile Interpretationen, die einer horizontalen und einer vertikalen Bewegung entsprechen. Während die Zeit, in der eine der beiden Alternativen in einem Einzelzyklus wahrgenommen wird (Residenzzeit) gewissen Schwankungen unterworfen ist, kann die kumulative Residenzzeit als ein Maß für die Stärke des diesem dynamischen Muster zugrunde liegenden Attraktors genommen werden.

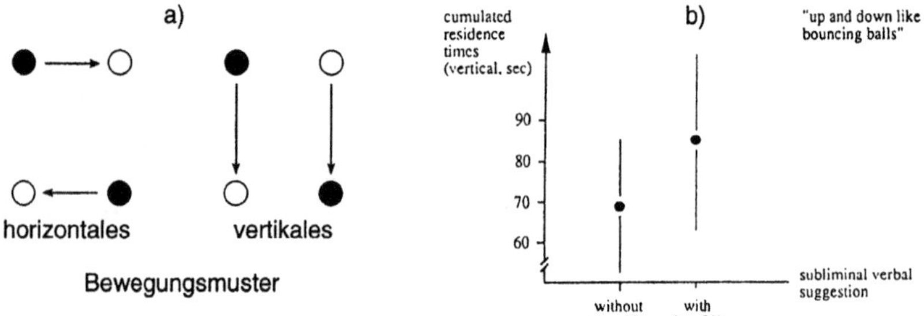

Abb. 6.25 (nach Kruse et al. 1995) Erläuterungen im Text

In einem der Versuche wurde nun die Wirkung des Faktors »Sprachsemantik« in Form von verbalen Suggestionen auf die Form der Poteniallandschaft untersucht. Hierzu wurden den Versuchspersonen Musikkassetten vorgespielt, deren Tonsequenzen unterhalb der Wahnehmungsschwelle die Worte »auf und ab wie Tennisbälle« enthielten. Auf den Musikkassetten, die eine Kontrollgruppe hörte, fehlte diese Suggestion. Wie Abb. 6.25 b zeigt, hat die kumulative Residenzzeit des vertikalen Wahrnehmungsmusters der Versuchsgruppe unter Suggestion im Vergleich zur Kontrollgruppe signifikant zugenommen – ein deutlicher Hinweis auf eine Stabilitätszunahme des zugrunde liegenden dynamischen Attraktors. Die Dynamik jener neuronalen Ebene, die Sprachbedeutungen repräsentiert, wirkt also hier in oben genannter Weise auf die neuronale Dynamik phänomenaler Wahrnehmungen ein, mit dem Resultat einer höheren geamtfunktionellen Kohärenz. Derartige *Top-down-Effekte* wurden auch bei den anderen in diesem Zusammenhang durchgeführten Experimenten nachgewiesen.

3. Existiert ein relevanter Kontext auf gleichem Level nicht und gibt es keine Top-down-Effekte von höheren Hierarchieebenen, wird die Symmetrie durch spontanes Oszillieren mal in der einen und mal in der anderen Richtung gebrochen. Ein Beispiel hierfür ist die Rubinsche Kippfigur in Abb. 6.22 a.

In der Literatur gibt es zur Erklärung dieses Phänomens zwei verschiedene Erklärungsansätze. In der Arbeitsgruppe von Scott Kelso erfolgt die Modellierung oszillierender Wahrnehmungsprozesse auf der Grundlage intrinsischer Eigenschaften der Dynamik, wie Intermittenz und deterministisches Chaos (Kelso 1995). Im Gegensatz hierzu postulieren Haken und Stadler anknüpfend an eine Idee Wolfgang Köhlers einen Bottom-up-Prozeß in Form spontaner neuronaler Sättigung, wobei die zugrunde liegenden physiologischen Mechanismen unbekannt sind. Danach wird ein Attraktor, je länger sich das System in ihm befindet, sozusagen infolge »neuronaler Erschöpfung« von selbst instabil und das System kippt in den alternativen Zustand. Ein experimenteller Hinweis dafür wird in der Tatsache gesehen, daß in den meisten Studien in den ersten Minuten der Beobachtung bistabiler Muster die Reversionsrate steigt, d.h. die Residenzzeiten kürzer werden (Köhler 1940, Kruse et al. 1991).

Kruse et al. (1995) unterscheiden zwei prinzipielle methodische Herangehensweisen beim Studium dynamischer Phänomene im Bereich Perzeption/Kognition.

1. Der bisher dargestellte phänomenologische Ansatz versucht, die relevanten Parameter des Systemverhaltens zu messen und zu analysieren, über indirekte Stabilitätsmessungen Potentiallandschaften abzuschätzen, diese schließlich mathematisch zu modellieren sowie in diesem Vollzuge das Vorhandensein typischer Nichtlinearitätsphänomene wie Hysterese, kritische Fluktuationen usw. nachzuweisen. Dieses Herangehen erweist sich im Bereich Perzeption/Kognition aufgrund der Geschwindigkeit und der schlechteren methodischen Zugänglichkeit dieser Prozesse als deutlich schwieriger, als im Bereich der Motorik. Eine wichtige Vorbedingung, breiteren Zugang zu objektiven Meßdaten zu gewinnen, wäre die Korrelation des phänomenalen Geschehens zu neuronalen Prozessen. Erste erfolgreiche Schritte in dieser Richtung sind getan. So gelang es einer Arbeitsgruppe an der Universität Bremen, dem phänomenalen Kippen bei SAM eine konstant auftretende langsame positive Welle im EEG zu korrelieren, die als Perceptual switching related positivity bezeichnet wurde (Basar-Eroglu et al. 1995). Scott Kelso verwendet sogenannte SQUIDs (superconducting quantum interference device), um kortikale Selbstorganisationsdynamik sichtbar zu machen. Es handelt sich dabei um neue, extrem sensitive Magnetfelddetektoren, die im Gegensatz zum konventionellen EEG in der Lage sind, auch *intrazelluläre* Dendritenströme nichtinvasiv zu erfassen. Wir werden ein entsprechendes Experiment im nächsten Abschnitt noch darstellen.
2. Eine zweite nun noch auszuführende grundsätzliche Herangehensweise besteht in der Simulation von Wahrnehmungs- und Kognitionsprozessen auf einem nach synergetischen Prinzipien programmierten Computer und dem Vergleich der dabei erzielten Resultate mit Experimentaldaten.

Simulationen mit dem synergetischen Computer

Will man Modelle von Wahrnehmungsprozessen auf einem Computer implementieren, kommt man nicht umhin, sich sehr grundsätzliche Fragen zu stellen. Im Rahmen eines evolutionistischen Monismus ist, wie bereits dargestellt, nicht davon auszugehen, daß Strukturen welchen Ursprungs auch immer fertig und vollständig in die Innenwelt transplantiert werden. Zur Gänze können sie nur, unter Einbindung partieller Strukturisomorphien zur Außenwelt freilich, Produktionen, Konstruktionen des Gehirns sein, letztinstanzlich also das Ergebnis dissipativer Selbstorganisation. Diesem logisch schwer auszuweichenden Gedanken hat Hermann Haken mit der Formel »pattern recognition is pattern formation«, »Mustererkennung ist Mustererzeugung« einen prägnanten Ausdruck verliehen und ihn auf seinem synergetischen Computer implementiert (Haken 1988, 1991; Haken & Haken-Krell 1992).

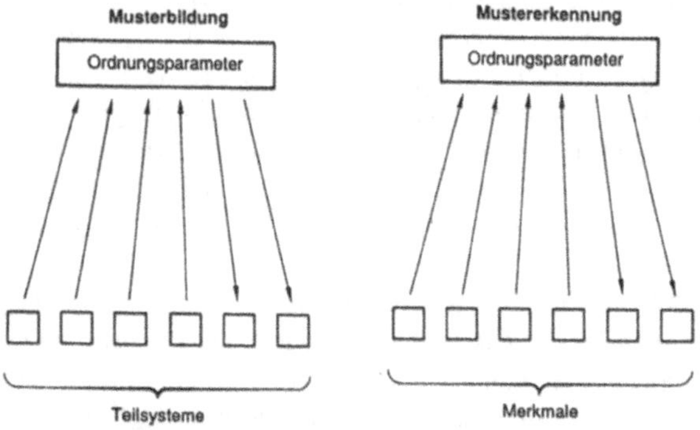

Abb. 6.26 (nach Haken u.a. 1992) Erläuterungen im Text

Eine assoziative Gedächtnisleistung wird in diesem Zusammenhang als ein Prozeß verstanden, in dem eine unvollständige Struktur bzw. ein unvollständiger Datensatz zu einer vollständigen Struktur bzw. zu einem vollständigen Datensatz ergänzt wird. Abb. 6.26 stellt diese Zusammenhänge dar. Bei der Musterbildung, etwa der Formierung einer Bénard-Zelle, verhalten sich einige Teilsysteme zufällig nach einem bestimmten Muster, das in Konkurrenz zu anderen einen nichtlinear verstärkten Ordner bzw. Ordnungsparameter erzeugt, der dann die übrigen Teilsysteme im Sinne dieses Musters versklavt. Analog sind bei der Mustererkennung einige Merkmale, z.B. Teile eines menschlichen Gesichts gegeben, die zu einem oder mehreren Ordnungsparametern korrespondieren. Der am besten passende Ordner gewinnt die Konkurrenz und erzeugt das vollständige Muster, also das ganze Gesicht. Jedem im Gedächtnis gespeicherten Gesicht entspricht damit ein gespeicherter Ordnungsparameter und damit ein Attraktorzustand des dynamischen Systems. Der Prozeß des Erkennens wird hier also auf eine definierte synergetische Dynamik zurückgeführt, die sich von einem Gleichungssystem beschreiben läßt. Diesem Gleichungssystem entspricht nun wieder eine bestimmte Potentiallandschaft, in der sich mittels einer rollenden Kugel der Systemzustand veranschaulichen läßt. Darüber hinaus kann man aus diesen Gleichungen die einzelnen Knotenstärken einer Synapsenmatrix für ein neuronales Netzwerkmodell berechnen, das dann in der Lage ist, diese Dynamik zu simulieren. Dabei ist jedem einzelnen Pixel der Scan- bzw. Displayfläche

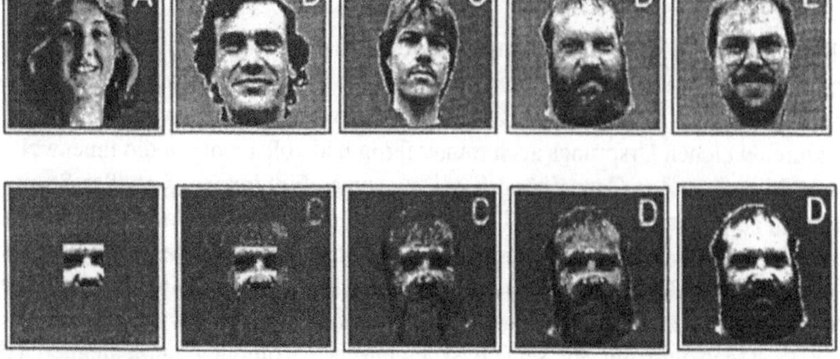

Abb. 6.27 (nach Haken u.a. 1992) Erläuterungen im Text

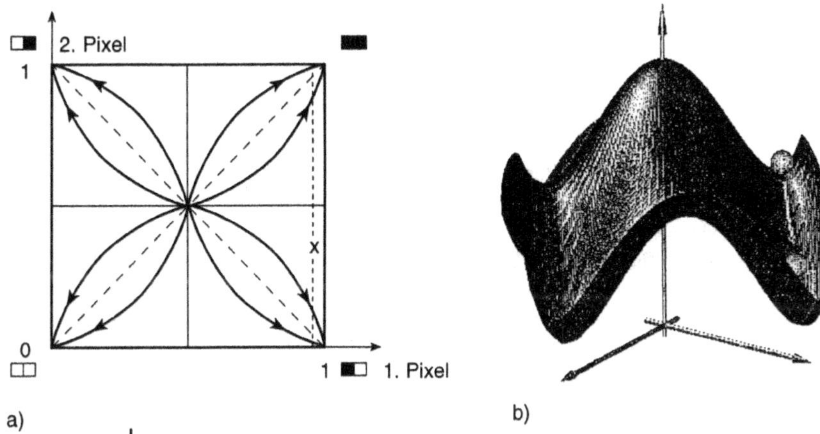

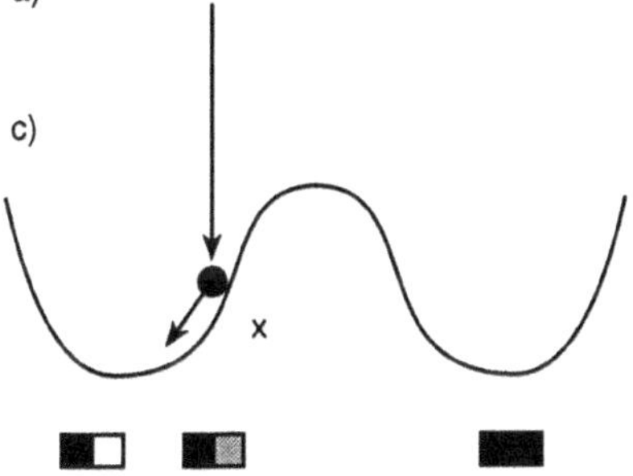

Abb. 6.28 Erläuterungen im Text

ein Modellneuron der Eingangs- bzw. Ausgangsschicht des Netzwerkes zugeordnet und der Pixel-Grauwert wird proportional auf einen bestimmten Erregungswert des Neurons abgebildet. Abb. 6.27 zeigt an einem Beispiel, wie die Netzwerkdynamik aus einem eingegebenen Gesichtsfragment sukzessive parallel dasjenige vollständige Gesicht aus der Reihe der eingespeicherten Prototypmuster und den zugeordneten »Namen« (D) rekonstruiert, zu dem die Übereinstimmungen am größten sind.

Für den einfachen Fall von nur zwei Modellneuronen sei dies anhand der Potentiallandschaftsdarstellung verdeutlicht (Abb. 6.28). Jedes Pixel bzw. Neuron entfaltet eine Dimension, auf der Grauwert bzw. Erregungszustand zwischen weiß (Null) und schwarz (eins) aufgetragen ist. Es entsteht so eine zweidimensionale Fläche, auf der jedem möglichen Pixelmuster eindeutig ein Punkt zugeordnet ist (Abb. 6.28 a). Jedes beliebige Muster kann nun als gespeichertes Prototypmuster ausgezeichnet werden, indem man das Potential, d.h. die Höhe des entsprechenden Punktes absenkt, so daß dieser Punkt zur tiefsten Stelle einer Attraktormulde wird. Geben wir nun beispielsweise die vier einfachen Muster weiß-weiß, weiß-schwarz, schwarz-weiß und schwarz-schwarz als Prototyp-Muster vor, entstehen an den vier Ecken der Fläche vier Attraktormulden entsprechend der Potentiallandschaft in Abb. 6.28 b. Wic die Pfeile in Abb.6.28 a darstellen, werden die Ecken der Fläche nun zu Punktattraktoren, auf die alle Trajektorien aus der zugehörigen Viertelfläche als Einzugsgebiet zulaufen. Wann immer wir nun dem Computer ein beliebiges Graustufen-Doppelpixelmuster anbieten, entscheidet die Dynamik, welchem der vier Prototypmuster es am ähnlichsten ist. So liegt beispielsweise der zum Muster schwarz-hellgrau gehörige Punkt (in den Abb. 6.28 a und c mit x gekennzeichnet) im Einzugsgebiet des Attraktors »schwarz-weiß« und die intrinsische Computerdynamik rekonstruiert nun das sozusagen unverfälschte Prototypmuster schwarz-weiß. Abb. 6.28 c zeigt dies im eindimensionalen Schnittbild entlang der Strichlinie.

Der Computer, auf dem die in Abb. 6.27 dargestellten Prozesse abliefen, arbeitete mit 3600 Pixeln; die zugehörige Attraktorlandschaft in einem Raum mit 3600 Dimensionen ist natürlich nur noch mathematisch darstellbar. Das Geheimnis eines synergetischen Computers, der die im folgenden dargestellten Leistungen vollbringt, liegt in der ausgetüftelten Konstruktion solcher hochdimensionaler Potentiallandschaften. Er enthält darüber hinaus eine Reihe weiterer mathematisch definierter Komponenten, die sich großenteils sehr plausibel psychologisch interpretieren lassen. Ein Beispiel sind sogenannte Aufmerksamkeitsparameter, deren Dynamik bildlich gesprochen dazu führt, daß sich von einer Kugel belegte Attraktormulden nach einer gewissen Zeit spontan abflachen, bis die Kugel in ein anderes Minimum rollt. In der psychologischen Deutung bewirkt dies, daß die eben noch wahrgenommene Figur in den Hintergrund tritt und ein neues Reizmoment als wahrgenommene Figur herausgehoben wird. Es ist dies die modellhafte Umsetzung des oben im Zusammenhang mit den Kippfiguren angesprochenen Sättigungskonzepts. Auch das Lernen von Mustern läßt sich mit Hilfe von Lernmatrizes auf dem synergetischen Computer modellieren. Die Ordnungsparametergleichungen erlauben hierbei einen im Vergleich zu konventionellen Neurocomputern neuen Typ des Nicht-Hebbschen Lernens. Der Computer zeigt sich u.a. in der Lage, Muster vollständig zu rekonstruieren, die ihm in der Lernphase nie als Ganzes, sondern immer nur in fragmentierter Form angeboten wurden. Nach Haken & Haken-Krell (1992, S. 225) kann man den Lernvorgang beim Synergetischen Computer durch die einfache Vorstellung veranschaulichen, daß Stahlkugeln, deren Position jeweils einem zu lernenden Muster entspricht, in eine plastische Masse gedrückt werden. So formen sich sukzessive Attraktoren für die zu erkennenden Merkmalskombinationen.

Der Grundaufbau des dem synergetischen Computer bisher zugrunde gelegten neuronalen Netzes entspricht den klassischen Netzwerkvorstellungen im Rahmen des Paradigmas der synaptischen Evolution. Ein bestimmtes Muster von Aktivitätsflüssen wird durch eine synaptische Matrix eindeutig festgelegt. Es wird zwar Dynamik simuliert, aber keine autonome, freie Dynamik, sondern lediglich eine vorbestimmte Teilaufgaben lösende »Fragmentdynamik«, die sich sozusagen auf vorher gelegten Geleisen bewegt. Wie auch die Konstrukteure des synergetischen Computers bemerkten, muß dieses Paradigma bei dem Versuch, komplexere Leistungen des Gehirns zu simulieren, an seine Grenzen stoßen. Wir Menschen können Gegenstände auch dann mühelos erkennen, wenn sie uns in unterschiedlicher Entfernung, im Raum gedreht oder in weiten Grenzen verformt und verzerrt dargeboten werden. Eine Möglichkeit, dieses Problem der Bildtransformation in der Ebene auf dem synergetischen Computer zu lösen, besteht darin, daß die Kugel nacheinander zwei Potentiallandschaften durchläuft. Durch die erste wird das verdrehte Muster in die Standardstellung korrigiert und in der zweiten erfolgt wie besprochen die Mustererkennung. Neurophysiologisch gedeutet, hat dies im Rahmen des Prinzips der synaptischen Evolution die unausweichliche Konsequenz, daß sich die synaptische Matrix, nachdem die erste Landschaft durchlaufen ist, blitzschnell umformen muß, um sich der zweiten Potentiallandschaft anzupassen. Entsprechend formulieren Haken & Haken-Krell (1992, S. 191): »Hier kommt aber ganz offensichtlich ein völlig neuer Gesichtspunkt, der in der Literatur noch gar nicht diskutiert wurde, ins Spiel. Diese Anpassung erfordert eine ständige dynamische Änderung der synaptischen Stärken. Bislang nahm man an, daß die synaptischen Stärken nur durch Lernvorgänge festgelegt werden. Hier erkennen wir, daß die synaptischen Stärken noch einer eigenen Dynamik unterworfen werden können oder sogar müssen. Vielleicht bietet sich sogar ein

Ausgangspunkt für direkte Experimente an Neuronen an.« In unserer terminologischen Kontinuität könnte man dies als Konzept der »schnellen synaptischen Evolution« bezeichnen. Zur Lösung des von Haken hier angesprochenen Problems hatten wir oben in Extrapolation von Evolutionsprinzipien tieferer Schichten sowie in Diskussion neuerer neurophysiologischer Experimente das Konzept der episynaptischen Evolution abgeleitet. Insgesamt gesehen, scheint mir dies eine näherliegende und plausiblere Lösung zu sein. Gleichwohl sollte bis zum Vorliegen härterer neurophysiologischer Daten der von Haken gemachte Vorschlag als eine weitere prinzipiell mögliche Lösung in Erwägung bleiben. Interessant ist jedenfalls, daß Haken hier aus einem anderen Argumentationszusammenhang zu prinzipiell gleichgerichteten Forderungen nach Erweiterung bisheriger neurophysiologischer Konzepte kommt. Im hier gesetzten Rahmen kann nicht auf weitere Konstruktionsdetails des synergetischen Computers eingegangen werden. Auch zur Frage der grundlegenden konzeptionellen Unterschiede zwischen synergetischem Computer und konventionellem Neurocomputer sei der Leser an die genannte weiterführende Literatur verwiesen.

Zu betonen ist die tiefgreifende paradigmatische Bedeutung des oben am Beispiel eines Zwei-Pixel-Musters beschriebenen emergentistischen Grundprozesses der Mustererkennung. Wenngleich in modernen Zeichenerkennungsprogrammen heute modifizierte Strategien zum Einsatz kommen, sieht die klassische, typisch instruktionistische Prinziplösung des Zeichenerkennungsproblems ja doch wie folgt aus: durch serielle Vergleichsprozesse erkannt werden kann nur, was pixelgenau im voraus einprogrammiert wurde. Daraus ergibt sich die Notwendigkeit, für jeden zu erkennenden Buchstaben eine riesige Bibliothek möglicher Variationen abzuspeichern. Da nur die häufigsten aller kombinatorisch möglichen Varianten gespeichert werden können, sind Erkennungsfehler unvermeidlich. Dies ist nichts anderes, als das uns schon von den anderen Evolutionssphären her bekannte Problem der Adaptivität. Und wie schon dort, wird auch im Rahmen des emergentistischen Rekognitionsansatzes das Adaptationsproblem durch die synergetische Dynamik gelöst: ein gestörtes Muster wird durch die adaptive Dynamik zum ungestörten Muster korrigiert. Mit Piaget könnte man sagen, ein Umweltelement wird assimiliert unter Akkommodation des Schemas (d.h. des Prototyps), wobei die Akkommodationsnorm der Weite des Attrakorbassins entspricht.

Auch Haken & Haken-Krell (1992, S. 194) bringen dieses Elementarmodell mit den psychologischen Konzepten Assimilation und Adaptation in Verbindung und diese Liste kann sicher um weitere Begriffe, etwa Abstraktion, Generalisierung, Klassifizierung und Begriffsbildung verlängert werden.

Das assoziative Gedächtnis läßt sich damit als eine Potentiallandschaft veranschaulichen, die soviele Attraktormulden enthält, wie Gedächtnisinhalte gespeichert sind. Überträgt man dieses Modell auf das menschliche Gehirn, liegt es nahe, für die Modalitäten der Speicherung der Prototypmuster und Schemata bzw. ihrer Ordnungsparameter das oben entwickelte Konzept der emergentistischen Speicherung bzw. Repräsentation in Anspruch zu nehmen. Im Gehirn ist die hier computermodellierte Erkennungsdynamik ein Teilprozeß der autonomen episynaptischen Dynamik eines hochkomplexen hierarchischen dissipativ-synergetischen Gesamtsystems. Die adaptiven Attraktordynamiken im menschlichen Gehirn haben kontinuierlich-analogen Charakter und gestatten es damit, auf genial einfache Weise eine unendliche Zahl im Detail variierender und im voraus nicht bekannter Muster auf einen gemeinsamen Prototyp, ein »dynamisches Schema«, zurückzuführen.

Es seien nun kurz einige wichtige mit dem synergetischen Computer erreichte Resultate bei der Simulation von Wahrnehmungsprozessen vorgestellt.

Über die bereits angesprochene Erkennung auch fragmentierter Gesichter hinaus zeigte sich der Computer in der Lage, sehr fein zwischen verschiedenen emotionalen Gesichtsausdrücken zu unterscheiden. Nach der Abspeicherung gemittelter Prototypen konnte er auch den Gesichtsausdruck von Personen richtig deuten, die er vorher nie »gesehen« hatte. Der Computer war fähig, verrauschte und gefilterte Gesichter zu erkennen. Hinsichtlich der Spezifik der Wiedererkennung hoch- und tief-pass-gefilterter Gesichter zeigte sich eine gute Übereinstimmung mit Experimentaldaten, die bei der Untersuchung menschlicher Wahrnehmungsprozesse gewonnen wurden. Durch verschiedene Verfahren – eines hatten wir oben skizziert – konnte das Problem der Bildtransformation in der Ebene gelöst werden; entsprechend wurde das Erkennen verdrehter und verzerrter Gesichter möglich.

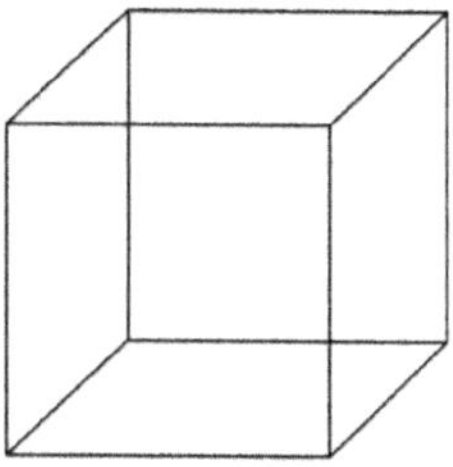

Abb. 6.29 Necker-Würfel

Die Einführung von Aufmerksamkeitsparameteren mit Sättigungsdynamik erlaubte dem Computer die sukzessive Dekomposition zusammengesetzter Szenen. Wenn sich also auf einem Bild mehrere Gesichter überschnitten, identifizierte er alle Gesichter nacheinander.

Auf dieser Grundlage wurde auch in einer Serie von Experimenten die Reversionsdynamik von Kippfiguren simuliert, wobei weitere Parameter, z.B. für zufallsbedingte Fluktuationen in das Modell einbezogen wurden. Wie oben dargestellt, wird die Rekognitionsdynamik eines Musters bzw. einer

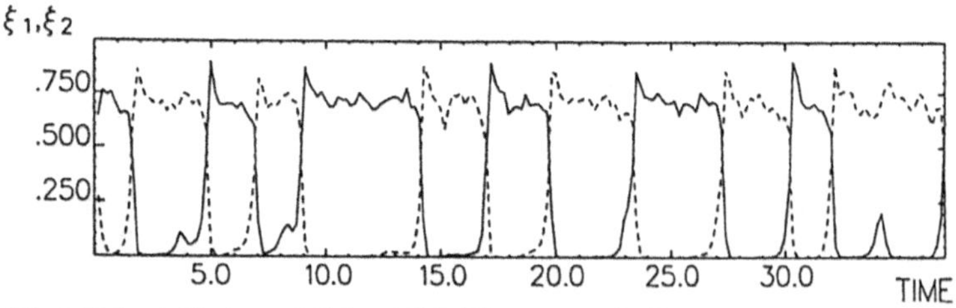

Abb. 6.30 (nach Ditzinger & Haken 1995) Erläuterungen im Text

bestimmten Interpretation dieses Musters von einem Ordner bzw. Ordnungsparameter reguliert.

Wenn dieser Ordnungsparameter sich durchsetzt und einen Maximalwert erreicht, realisiert der Computer den zugeordneten Wahrnehmungsinhalt. Klingt der Ordnungsparameter auf Null ab, wird das zugehörige Muster bzw. die entsprechende Interpretation nicht mehr »gesehen«. Wird beispielsweise einem synergetischen Computer das bekannte bistabile Bild

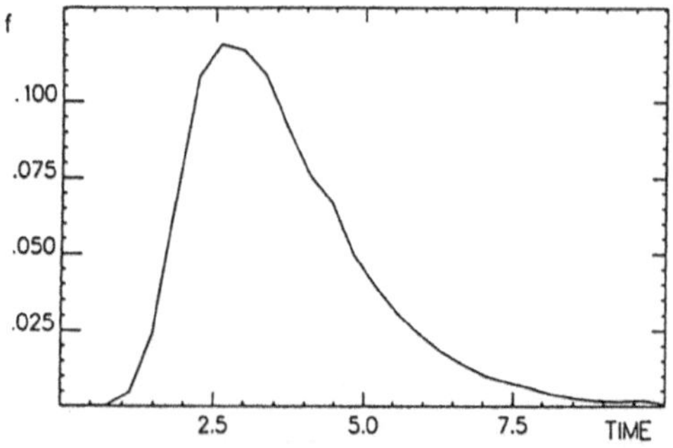

Abb. 6.31 (nach Ditzinger & Haken 1995) Erläuterungen im Text

eines Necker-Würfels (Abb. 6.29) dargeboten, entsprechen die beiden möglichen Interpretationen den Ordnungsparametern ξ_1 und ξ_2. Abb. 6.30 zeigt nun die Dynamik der beiden Ordnungsparameter während der Darbietung – das Oszillieren der Interpretation ist deutlich zu erkennen. Für dieses Experiment wurde die theoretische Verteilungsfunktion der Residenzzeiten für 10.000 Oszillationen ermittelt (Abb. 6.31). Sie stimmt sehr gut mit der von Borsellino et al. (1982) im psychophysiologischen Experiment ermittelten Verteilungsfunktion überein (Abb. 6.32). In einem anderen Versuch wurde dem synergetischen Computer die Bildfolge von Abb. 6.23 präsentiert und zwar in einem Durchlauf beginnend oben links und in einem zweiten Durchlauf beginnend unten rechts. Die beiden Ordnungsparameter entsprechen hier natürlich den Interpretationen als Männergesicht bzw. junge Frau. Abb. 6.33 zeigt die Ordnungsparameterdynamik, wobei in a der Start beim Männergesicht und in b der Start bei der jungen Frau gezeigt ist. Übereinstimmend mit unserem introspektiven Erleben findet sich auch hier das Phänomen der Hysterese.

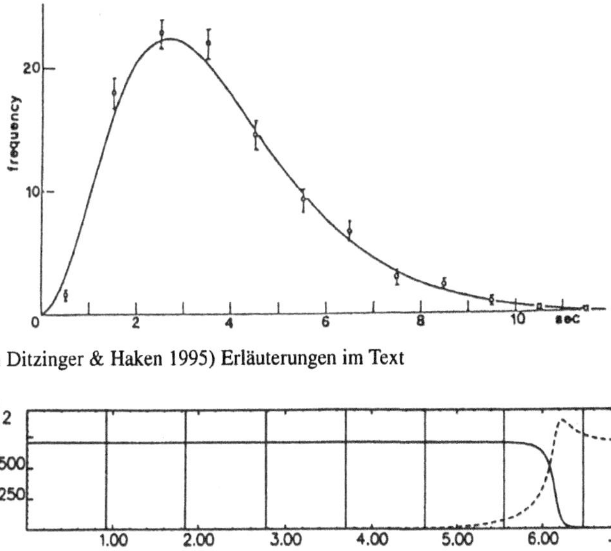

Abb. 6.32 (nach Ditzinger & Haken 1995) Erläuterungen im Text

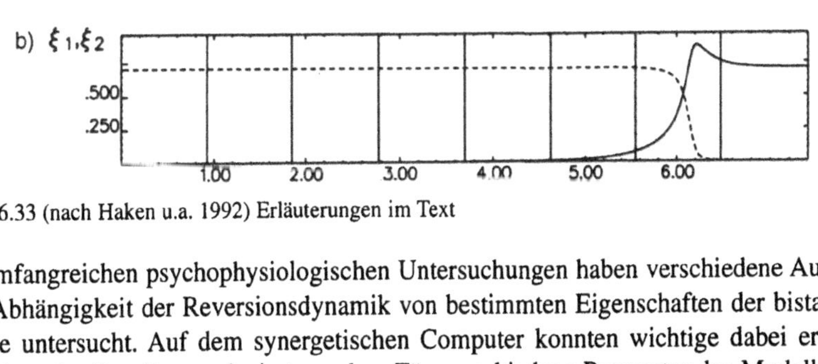

Abb. 6.33 (nach Haken u.a. 1992) Erläuterungen im Text

In umfangreichen psychophysiologischen Untersuchungen haben verschiedene Autoren die Abhängigkeit der Reversionsdynamik von bestimmten Eigenschaften der bistabilen Reize untersucht. Auf dem synergetischen Computer konnten wichtige dabei erzielte Resultate im Detail reproduziert werden. Für verschiedene Parameter des Modells war eine plausible psychologische Deutung möglich (Ditzinger & Haken 1995).

Der Mensch besitzt die bemerkenswerte Fähigkeit, dynamische Muster schnell und sicher zu erkennen. Wer wüßte schon explizit anzugeben, worin sich der Gang einer Frau von dem eines Mannes unterscheidet. Dennoch haben psychologische Untersuchungen ergeben, daß wir in der Lage sind, Frauen und Männer allein anhand der Spezifik ihres Bewegungsmusters zu erkennen. In verschiedenen Serien von Simulationsexperimenten gelang es nun, dem synergetischen Computer das Erkennen verschiedener komplizierter Koordinationsmuster beizubringen, wobei die Identifikation mit Hilfe von Ordnungsparametern erfolgte (Haas et al. 1995). Unter anderm lernte er auch, Frauen und Männer am Gang zu unterscheiden. Es sei in diesem Zusammenhang noch auf Experimente von Kelso (1995) hingewiesen, in denen gezeigt wird, daß auch beim Menschen für die visuelle Identifikation von Koordinationsmustern die Spezifik der relativen Phase zwischen den rhythmischen Komponenten entscheidend ist, also genau jene Größe, die bei der Formung rhythmischer Koordinationen als Ordnungsparameter fungiert. Derselbe Ordnungsparameter, der als Informationskompressor ein bestimmtes komplexes Bewegungsmuster reguliert, sorgt umgekehrt als Informationskomprimat im visuellen System für seine schnelle und sichere Erkennung. Wie schon gesagt: »pattern recognition is pattern formation«.

Insgesamt können wir mit Stadler und Kruse feststellen, daß die hier besprochenen Sachverhalte mit den Vorstellungen von Wahrnehmungsprozessen im Rahmen des Informationsverarbeitungsparadigmas nicht vereinbar sind. Zufolge der instruktionistischen Konzeption sind Wahrnehmungsinhalte ausschließlich vom Stimulus determiniert und werden unidirektional zur zentralen Weiterverarbeitung geleitet. Das Phänomen der Multistabilität hingegen zeigt, daß ein und derselbe Reiz zu verschiedenen Wahrnehmungen führen kann und daß Top-down-Effekte am notwendigen Symmetriebruch beteiligt sind. Offensichtlich bilden die Reize Randbedingungen bzw. Schranken des Wahrnehmungsprozesses, der wesentlich durch seine innere Dynamik mitdeterminiert ist. Dabei kann jeder Wahrnehmungsprozeß als potentiell multistabil betrachtet werden, immer muß etwa ein Symmetriebruch zwischen Figur und Hintergrund erfolgen (Kruse et al. 1995).

Damit sei die Vorstellung einiger wichtiger Experimente im Rahmen des psychosynergetischen Paradigmas abgeschlossen. Es handelt sich lediglich um eine Auswahl; bei der Darstellung mußte im hier gesetzten Rahmen auf den mathematischen Hintergrund und viele interessante Einzelheiten verzichtet werden. Unter Berücksichtigung der ganzheitlich-synthetischen Zielstellung dieses Buches muß dies allerdings kein Nachteil sein: eine zu feinkörnige Auflösung birgt die Gefahr, die gemeinsamen ebenenübergreifenden Grundmuster aus dem Blick zu verlieren.

6.8. Psychophysische Isodynamik – phänomenale Gestalten entsprechen neuronalen dissipativen Strukturen

Nach meiner Einschätzung kommt den im vorangegangenen Abschnitt geschilderten Experimenten hinsichtlich der folgenden Problemkreise eine fundamentale Bedeutung zu:

1. Geist-Körper-Problem
2. Grundfragen der Erkenntnistheorie
3. Grundprinzipien der Arbeitsweise des Gehirns und
4. im engen Zusammenhang mit letzterem der alte Paradigmenstreit in der Psychologie: Maschinenmetapher vs. Organismusmetapher bzw. instruktionistische vs. emergentistische Psychologie.

Im Rahmen dieses Abschnitts soll der Problemkreis eins diskutiert werden. Zuvor sei jedoch noch kurz ein in diesem Zusammenhang besonders relevantes Experiment von Kelso, Haken und Mitarbeitern beschrieben, das nach meiner Auffassung hinsichtlich seines komplexen, ebenenübergreifenden Grundansatzes exemplarisch ist und eine erste Ahnung davon vermittelt, wie die künftigen Experimente einer integrierten emergentistischen Neurowissenschaft aussehen könnten.

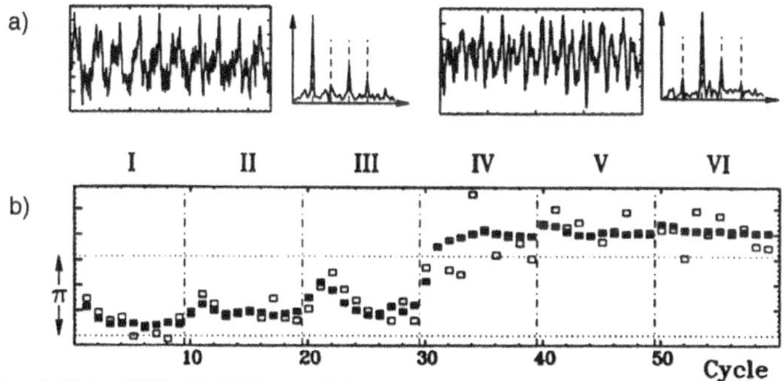

Abb. 6.34 (nach Kelso 1995, © MIT-Press) Erläuterungen im Text

Während einer sensorimotorischen Koordinationsaufgabe wurde über ein Set von 37 SQUIDs die magnetische Feldaktivität über der linken Hirnhälfte abgeleitet, zu den Verhaltensparametern korreliert und schließlich auf verschiedenen Ebenen theoretisch modelliert. Wie bereits erwähnt, handelt es sich bei SQUIDs um die sensitivsten Magnetfelddetektoren, die es je gab. Sie sind in der Lage, an der Kopfoberfläche das magnetische Feld abzuleiten, welches durch die intrazellulären Stromflüsse von etwa 10.000 synchronisierten Neuronen erzeugt wird. Während das konventionelle EEG die extrazellulären Ströme innerhalb großer Hirnvolumina erfaßt, kann man einer einzelnen SQUID-Ableitung spezifisch die elektrische Aktivität eines sehr kleinen Kortexareals zuordnen. Den Versuchspersonen wurden mit einer bestimmten Frequenz Töne dargeboten, und es war ihre Aufgabe, jeweils im Intervall mit dem Zeigefinger zu klopfen. Nach jedem 10. Ton wurde die Frequenz der Tonfolge leicht erhöht – insgesamt sechs mal. Ab einer bestimmten kritischen Frequenz waren die Versuchspersonen nicht mehr in der Lage, mit dem Ton zu alternieren und begannen unwillkürlich, synchron und in Phase mit dem Stimulus zu klopfen. In Abb. 6.34 a ist eine Einzel-SQUID-Ableitung vor (links) und nach (rechts) dem Phasenübergang dargestellt. Rechts neben der Ableitung findet man jeweils das zugehörige Power-Spektrum, d.h. die Amplituden-Aufsummierung über den einzelnen Frequenzen. Die Strichlinien markieren das Einfache, Doppelte, Dreifache usw. der Stimulus- bzw. Bewegungsfrequenz. Vor dem Phasenübergang stimmt der Peak maximaler Aktivität mit der Stimulusfrequenz überein; posttransitorisch zeigt er sich beim Doppelten dieser Frequenz. In Abb. 6.34 b ist die relative Phase zwischen Stimulus und Verhalten (schwarze Kästchen) sowie zwischen Stimulus und kortikaler Aktivität (weiße Kästchen) aufgetragen. Die Strichlinien markieren hier die Frequenzsteigerungen; die Punktlinie kennzeichnet eine Phasendifferenz von π. Ersichtlich kommt es mit Annäherung an den Instabilitätspunkt bei Frequenzerhöhung zu stärkeren Schwankungen der kollektiven Variable »relative Phase« (kritische Fluktuationen) und die Normalisierung benötigt mehr Zeit (kritische Verlangsamung). Nach 30 Zyklen ist dann die kritische Frequenz erreicht, und eine neue relative Phase übernimmt als Ordnungsparameter das

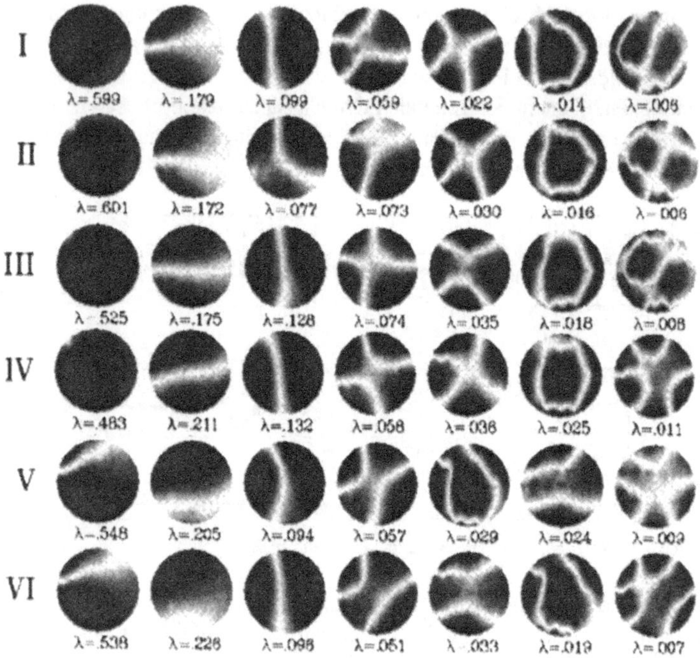

Abb. 6.35 (nach Kelso 1995, © MIT-Press) Erläuterungen im Text

Regime – und zwar parallel in Verhalten und Hirnaktivität. Kelso sagt dazu »Notably, the coherence of both brain and behavioral signals is captured by the same collective variable, relative phase. There is, as it were, an abstract order parameter isomorphism between brain and behavioral events that cuts across the fact that different things are being coordinated« (Kelso 1995, S. 276).

Wurde mit dieser Einzel-SQID-Untersuchung quasi eine mesoskopische Ebene erfaßt, kann nun durch Zusammenfassung der Signale aller 37 SQUIDs die Makrodynamik der linken Hirnhälfte analysiert werden. Die Entwicklung dieses Gesamtsignals wird als Evolution eines räumlichen Aktivitätsmusters in der Zeit aufgefaßt. Mittels einer speziellen mathematischen Technik, der Karhunen-Loève-Expansion, gelingt es zunächst – ähnlich wie bei der geläufigen Fourier-Analyse – das Gesamtsignal in sieben Grundmuster oder KL-Moden zu zerlegen, deren Überlagerung dann wieder das räumliche Gesamtmuster ergibt. In Abb. 6.35 sind diese sieben Moden horizontal angeordnet, während die Aufeinanderfolge nach unten den sechs Stufen zunehmender Frequenz entspricht. Die einzelnen Zahlenwerte geben den relativen quantitativ-energetischen Beitrag zum Gesamtmuster wieder – die Summe in der Horizontalen ist jeweils 1. Offenbar erbringen die beiden ersten KL-Moden ca. 80% des Gesamtsignals und der Beitrag der übrigen fünf Moden kann vernachlässigt werden. Der Phasenübergang vollzieht sich zwischen den Plateaus III und IV (wobei die qualitative Änderung des Musters in der farbigen Originalabbildung deutlicher hervortritt, als in unserer Schwarz-Weiß-Reproduktion). Bei der Untersuchung der Power-Spektren der beiden dominierenden Moden zeigte sich vor dem Phasenübergang der Peak maximaler Aktivität in Mode 1, und zwar auf Höhe der Stimulusfrequenz. Posttransitorisch hingegen wurde dieser Peak maximaler Aktivität von Mode 2 gestellt, nun aber beim Doppelten der Stimulusfrequenz. Entsprechend nimmt in Abb. 6.35 der relative Beitrag von Mode 2 ab Phase IV deutlich zu.

Auf der Basis nichtlinear gekoppelter Oszillatoren, die einem exteren Entrainment unterliegen, wurde die Dynamik der KL-Moden 1 und 2 mathematisch modelliert. Abb. 6.36 zeigt die vom Modell für beide Moden erzeugten Daten, sie stimmen exakt mit dem oben beschriebenen experimentell ermittelten Verhalten überein. In diesem Modell fungieren beide Moden als konkurrierende Ordnungsparameter, wobei mit Erreichen der kritischen Frequenz Mode 1 instabil wird und sich Mode 2 als Ordnungsparameter durchsetzt (Jirsa et al.1994).

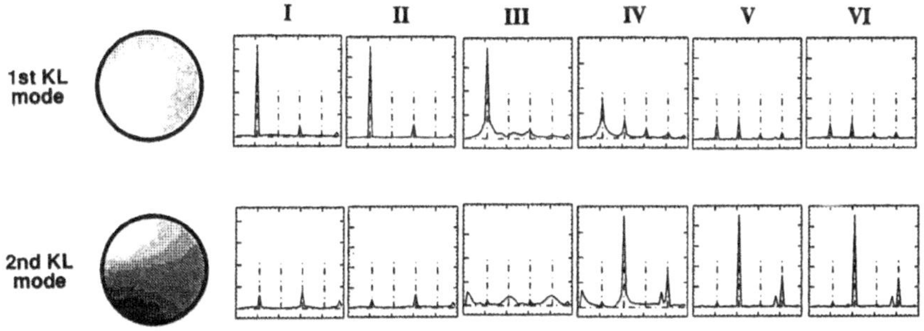

Abb. 6.36 (nach Kelso 1995, © MIT-Press) Erläuterungen im Text

Man hat dann versucht, auf KL-Mode 1 fokussiert, die dynamischen Prozesse noch feinkörniger aufzulösen und im Modell abzubilden. Zu diesem Zweck wurden die Daten von Mode 1 nach einer bestimmten Technik als Attraktor-Bild im Phasenraum zur Darstellung gebracht. Abb. 6.37 oben zeigt die dabei entstehenden Attrakor-Bilder vor und nach dem Phasenübergang. Schon der erste qualitative Eindruck legt die Vermutung nahe, daß es sich um seltsame Attraktoren handelt, wie sie für das deterministische Chaos charakteristisch sind. Wir hatten bereits ausgeführt, daß deterministisches Chaos als typisches

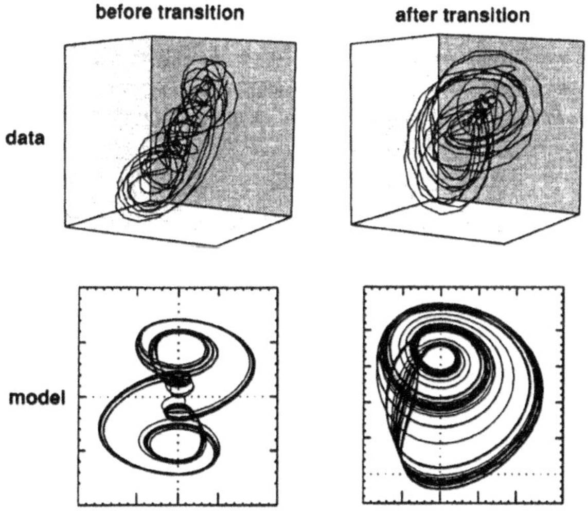

Abb. 6.37 (nach Kelso 1995, © MIT-Press) Erläuterungen im Text

Phänomen der Synergetik genau dann entsteht, wenn mehrere Moden miteinander konkurrieren bzw. kooperieren. Unter Zugrundelegung eines von dem russischen Mathematiker Silnikov angegebenen Verfahrens zur Chaosgeneration wurde nun ein Modell für die intrinsische Dynamik von Mode 1 entwickelt. Dieses Modell ist in der Lage, sämtliche KL-Mode 1 betreffenden Experimentaldaten mit erstaunlicher Genauigkeit zu reproduzieren. Überträgt man diese Daten in die Phasenraumdarstellung, entstehen die in Abb. 6.37 unten gezeigten Attraktoren (Kelso & Fuchs 1995).

In diesem Experiment wird damit offensichtlich eine weitgehende Isomorphie zwischen folgenden drei Ebenen erreicht: 1. phänomenale Ebene des äußeren und inneren Verhaltens; 2. Ebene der neuronalen Prozesse und 3. Ebene der theoretischen Modelle. Was bedeutet das? Nicht weniger als dies: Mit dem auf der Modellebene verwendeten theoretischen Instrumentarium ist eine Sprache gefunden, die Psychisches und Physisches auf *einer* Dimension abzubilden vermag. Aber war nicht gerade die Inkompatibilität der von der Neurophysiologie einerseits und von der Psychologie andererseits verwendeten Sprachen das Kardinalproblem der Neurowissenschaft? Vor dem Hintergrund oben geschilderter psychosynergetischer Experimente schreiben Stadler & Kruse (1994, S. 222) dazu: »There seems to be only one way out of this dilemma, namely to use a neutral language, as for instance, the language of systems theory, especially synergetics. In this neutral language it is possible to define attractors, repellers, stability, instability, synchronicity, chaoticity, coherence, contemporaneity, etc. for both the brain and mental processes.« Scott Kelso beschließt sein Buch mit den Worten: »My aim here was to join together neural processes at one end of the scale and mental or cognitive processes at the other, in a common language. This is the langugage of dynamic patterns...« (Kelso 1995, S. 289). In diesem Sinne halte ich das oben geschilderte Experiment für einen Meilenstein auf dem Wege zu einer integrierten Neurowissenschaft, die die Geist-Körper-Barriere überschreitet. Wenn es gelingt, im Rahmen eines solchen ebenenübergreifenden Experimentalparadigmas von der Untersuchung einfacher sensorimotorisch-antizipatorischer Koordinierungstätigkeiten unter Verfeinerung der Untersuchungstechnik und Differenzierung der theoretischen Modelle zur Untersuchung auch begrifflicher Denk- und Entscheidungsprozesse fortzuschreiten, scheint eine sukzessive Annäherung an die Geist-Körper-Korrelation möglich.

Wie kommen wir eigentlich darauf, daß Geist und Körper zwei in jedem Sinne fundamental unterschiedliche Dinge seien – res cogitans und res extensa eben, wie Descartes es klassisch formulierte? Dieser ontologische Dualismus gründe, wie Bieri (1993, S. 2 f.) ausführt darin, daß die phänomenale Differenz zwischen Geist und Körper universell und exklusiv sei. In der Tat: würden wir plötzlich unsere Gedanken als ausgedehnte Gebilde, quasi als res cogitans extensa erfahren – es wäre unerhört. Ist nun aber im vierdimensionalen Raum-Zeit-Kontinuum der Unterschied zwischen Struktur und Funktion, zwischen Statik und Dynamik nicht ein relativer? Ist so gesehen Struktur nicht langsame Funktion und umgekehrt Funktion schnelle Struktur? Sind dann nicht dynamische Eigenschaften den statischen Eigenschaften der Materie ontologisch gleichrangig? Ich meine ja. Dann ist aber die Tatsache, daß wir dynamische Phänomene wie Hysterese als genuine Eigenschaften materieller Prozesse z.B. in unserer Wahrnehmung als genuine Eigenschaften auch psychischer Prozesse unmittelbar erfahren, nicht weniger unerhört, als eine res cogitans extensa es wäre. Die in diesem Kapitel geschilderten psychosynergetischen Schlüsselexperimente erbringen den Nachweis einer *psychophysischen Isodynamik*, einer funktionellen psychophysischen Isomorphie. Ich sehe darin die alte, erstmals von W. Köhler formulierte Isomorphiehypothese mindestens in ihrem Kernanliegen bestätigt und aufgehoben. *Die phänomenale Differenz zwischen Geist und Materie ist nicht mehr universell und exklusiv, womit die Folgerung einer ontologischen Differenz jede Berechtigung verliert.* Das Geist-Körper-Problem ist auf dieser seiner ontologischen Dimension untrennbar mit anderen philosophischen Fundamentalproblemen, wie dem Universalienproblem, verbunden, dies führt unvermeidlich auf Grundprobleme der Erkenntnisheorie usf. Wie sich an verschiedenen Stellen angedeutet hatte, tragen die dargestellten Experimente auch erhebliche epistemologische Implikationen in sich – vielleicht kann im Rahmen einer Selbstorganisationstheorie des Geistes auf all die genannten philosophisch noch ungelösten Grundfragen eine kohärente Antwort gegeben werden. Dies kann hier nicht weiter diskutiert werden; ich habe einige weiterführende Gedanken hierzu an anderer Stelle vorgetragen (Hansch 1996). Als Basis für die weitere Diskussion genügt es, festzustellen, daß sich daraus ein Ansatz ergibt, den man am ehesten unter die Identitätstheorien subsumieren könnte.

Nun hat das Geist-Körper-Problem neben der ontologischen noch andere Dimensionen, z.B. eine funktionelle: welche Funktion haben psychische Entitäten, wozu dient Bewußtsein?

Wie ausführlich dargestellt, wird in der Synergetik zwischen der Ebene der Mikroprozesse und der makroskopischen Ebene der kollektiven Variablen, der Ordnungsparameter unterschieden. Indem nun auf das Gehirn bezogen die Ebene der neuronalen Prozesse mit der synergetischen Mikroebene identifiziert wird und die psychologische Ebene mit der Makroebene synergetischer Systeme, wird psychischen Entitäten und Bewußtseinsphänomenen die Funktion von Ordnungsparametern zugesprochen. Dies ergibt sich aus prinzipiellen theoretischen Erwägungen und hat sich quasiexperimentell, etwa bei den Simulationen mit dem synergetischen Computer bestätigt. Auf die Möglichkeit einer solchen Lösung des funktionellen Aspekts des Geist-Körper-Problems im Rahmen der Synergetik hat Hermann Haken frühzeitig und wiederholt hingewiesen. So äußerte er sich im Jahre 1989 auf einer Tagung zum Thema »Synergetics of cognition« zur Frage der Geist-Körper-Interaktion wie folgt: »Behavioral patterns, percepts, thoughts, and other mental processes can be represented by order parameters (or sequences of them). They describe the system at the macroscopic level and they are the means by which, for instance, we communicate with each other. At the same time they prescribe the order on the micro-system, e.g. the neurons, which in turn determine the macroscopic order parameters. As I have stressed time and again, a circular causality is present, where the order parameters prescribe the behavior of the individual subsystems which in turn determine the order parameters. The order parameters have features required by Gestalt theory. They are invariant against deformations and damage« (Haken 1990, S. 11). Diese Gedanken wurden von Stadler & Kruse aufgegriffen. Insbesondere wurde der zirkuläre Charakter der in synergetischen Systemen wirksamen Kausalitäten mit dem Phänomen des freien Willens in Verbindung gebracht. Ausführlichere Darstellungen auch dieser Probleme finden sich in Stadler & Kruse (1994) und Hansch (1996).

Abb. 6.38 versucht, diese schwierigen Zusammenhänge zusammenzufassen. Im Licht unserer hier entwickelten quasi »abstrakt-systemischen« Neurophysiologie kann das Gehirn als eine hierarchische Enkapsis dissipativer Evolutionssphären vorgestellt werden, die sich im Rahmen eines selbst erzeugten komplizierten Systems konservativer Schrankenstrukturen stabilisiert und entwickelt. Durch eine Kaskade von funktionell »parallelisierten« Ordnungsparametern wird bei den aktiv tätigen Systembereichen eine

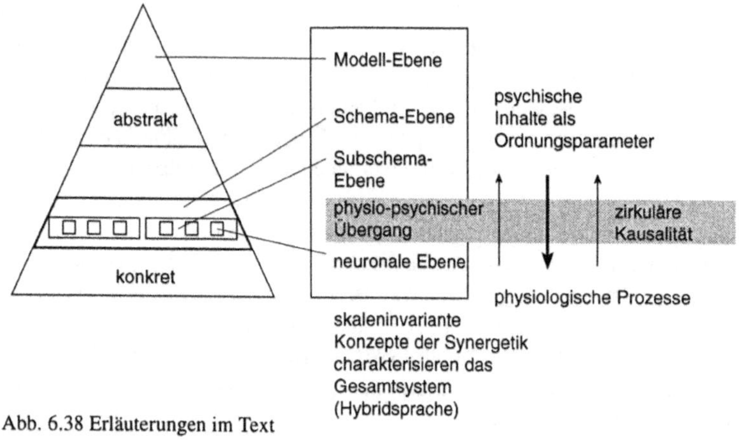

Abb. 6.38 Erläuterungen im Text

aufgabenbezogene gesamtfunktionelle Kohärenz hergestellt. Die oberste Hierarchieebene dieser Ordnungsparameter-Kaskade wird von bewußten psychischen Inhalten gebildet, wobei sich die hierarchisch-enkaptische Struktur im bewußtseinsfähigen Bereich fortsetzt: Psychische Entitäten sind zu Schemata organisiert (wobei freilich ein noch zu erläuternder emergentistischer Schemabegriff zugrunde gelegt wird) und diese sind wieder Bestandteile komplexerer Modellstrukturen. Der isodynamische Charakter des physio-psychischen Übergangs macht die Verwendung einer Hybridsprache im oben erläuterten Sinne möglich. Wenn also in den folgenden Kapiteln z.B. von der Stabilität eines kognitiven Schemas gesprochen wird, *so wird die phänomenale Stabilität als direkter Ausdruck der physikalisch definierten Stabiliät des zugrunde liegenden dynamisch-isomorphen dissipativen Systems gesehen.* Gedankliche Elemente und aus ihnen konstruierte Schemata, Wahrnehmungsgestalten *sind* ebenso wie motorische Vollzüge *dissipative Strukturen* mit all den materiellen Eigenschaften, die wir dissipativen Strukturen unter 6.4. zugesprochen hatten. Auf den vorangegangen Seiten mußten wir immer wieder sehen, wie instruktionistische Konzeptionen »saft- und kraftlos« zusammenbrachen, sobald sie mit dem Formenreichtum der realen Welt konfrontiert wurden. Psychische Entitäten sind keine immateriellen Symbole in einer genormten virtuellen Welt. Sie sind lebendige Wesenheiten, die über Autoregulations- und Selbstorganisationsvermögen verfügen, die damit in der über viele Stufen vermittelten Ankoppelung an eine hochvariable Umwelt zu Adaptivität und Kreativität fähig sind. Phänomenale Peripherie und neuronales Zentrum bilden ein einheitliches synergetisches System, dessen verschiedene hierarchische Level von denselben skaleninvarianten dynamischen Prinzipien reguliert werden. Nun ist Isodynamik freilich nur eine Brücke, die die phänomenale Kluft zwischen Innen- und Außensicht mindestens auf den ersten Blick nicht völlig zum Verschwinden bringt. Wie schon gesagt, sind die Lösungsmöglichkeiten, die eine Selbstorganisationstheorie des Geistes für diese Probleme bietet, an anderer Stelle ausführlicher diskutiert. Für den praktischen Alltagsgebrauch, als denkökonomisch handhabbare Vorstellung, bietet sich die Zwei-Aspekte-Theorie an, nach der Psychisches und Physisches, Innen- und Außensicht zwei Aspekte ein und desselben Gegenstandes sind, nicht anders, als etwa ein Apfel einen haptischen und einen visuellen Aspekt besitzt. In diesem Sinne werden in den folgenden Kapiteln psychische Prozesse immer als materielle Prozesse gedacht, als neuronale dissipative Synchronisations-Desynchronisationsmuster, die aber nur ihren phänomenalen Aspekt ins Bewußtsein »einspiegeln«. In diesem Sinne werden wir beispielsweise von der »phänomenalen Oberfläche« symbolbildender dissipativer Dynamik sprechen.

Wir kehren nun zu unserer Ausgangsthese zurück, in der wir phänomenale Gestalten als Ausdruck neuronaler dissipativer Strukturen deuteten. Mit Blick auf die Zwischenbilanz vom Ende des Abschnitts 6.6.4. ist inzwischen der folgende Argumentationsstand erreicht:

1. Die funktionellen Aktivitätsmuster großer Neuronenverbände lassen sich als dissipative Strukturen charakterisieren und mit dem Instrumentarium der Synergetik beschreiben.
2. Die Dynamik des externen Verhaltens und die phänomenale Psychodynamik zeigen in gleicher Weise die Eigenschaften dissipativer Strukturen.
3. Zwischen beiden Ebenen besteht eine dynamische Isomorphie, es handelt sich um eine psychophysische Isodynamik.

Abschließend bleibt die Frage zu klären, ob das Konzept der dissipativen Struktur bzw. des synergetischen Systems auch tatsächlich jene Inhalte erfaßt, die die Gestaltpsychologen mit dem Gestaltbegriff zu beschreiben suchten. Mit Stadler & Kruse kann man feststellen, daß die Gestaltpsychologie zwar den richtigen Fragen nachging, diese aber aus dem Wissen der Zeit nicht adäquat zu beantworten vermochte. Zwangsläufig folgt daraus eine gewisse Unschärfe der Begriffe, wie sie ja aber für viele Bereiche der Psychologie charakteristisch ist. Entsprechend wird auch der Gestaltbegriff von verschiedenen Autoren je nach speziellem Arbeitsgebiet hinsichtlich seiner vielen Aspekte unterschiedlich akzentuiert. Eine Reinterpretation der Gestaltpsychologie aus synergetischer Sicht kann natürlich nur eine Aufhebung im klassischen Sinne sein: Wesentliches wird übernommen und in der Sprache einer neuen Theorie formuliert, weniger Wichtiges wird dabei korrigiert oder auch verworfen. Dies unter Berücksichtigung aller Aspekte im Detail durchzuarbeiten, ist eine umfangreiche Forschungsaufgabe, die als ein höchst exemplarischer Fall sicher auch für Wissenschaftstheoretiker und Wissenschaftshistoriker interessant sein sollte. Im hier gesetzten Rahmen sind dazu nur sehr grundsätzliche Bemerkungen möglich. Zunächst einmal sind der Gestaltbegriff und der Begriff »dissipative Struktur« bzw. »synergetisches System« zwar in unterschiedlichen Realitätsbereichen entstanden, aber mit einer analogen Zielstellung: die Bildung übersummativer dynamischer Muster aus den Teilen und die ganzheitlichen Eigenschaften dieser Muster zu beschreiben. Im nachhinein erweist sich das Konzept »synergetisches System« auch im Gegenstandsbereich des Gestaltbegriffs als anwendbar und es zeigen sich punktuell Korrespondenzen zwischen Grundkonzepten und einzelnen damit erfaßten Phänomenen. Tab. 4 zeigt eine vorläufige und unvollständige Zusammenstellung – die Zusammenhänge sind überwiegend aus dem bisherigen Text deutlich geworden und bedürfen keiner nochmaligen Erläuterung. Insbesondere haben sich die beiden definitorischen Konstituanten des Gestaltbegriffs »Übersummativität« und »Transponierbarkeit« als genuine Eigenschaften dissipativer Strukturen erwiesen; dies war schon in Abschnitt 6.4. erläutert worden.

Ich sehe damit unsere eingangs formulierte These bestätigt, daß neuronale dissipative Strukturen das physiologische Pendant phänomenaler Gestalten sind. Da aber phänomenale Peripherie und neuronales Zentrum ein einziges isodynamisches System bilden, könnte man den Gestaltbegriff wie folgt reformulieren: Gestalten sind dissipative synergetische Systeme, die sich im Tätigkeitsprozeß im Wechselspiel von Zufall und Regel auf verschiedenen hierarchischen Ebenen selbstorganisieren und dabei eine Tendenz in

Richtung zunehmender Stabilität zeigen. Sie sind interdependente nichtlineare Systeme (»Übersummativität«), die autoregulativ in bestimmten Grenzen gegen quantitative Veränderungen stabil bleiben (»Transponierbarkeit«). Systeme, die einen hohen Stabilitätsgrad erreicht haben, erscheinen uns subjektiv oft als eine besonders ästhetische Synthese zwischen Einfachheit und Komplexität (»Prägnanz«). Jede *konkrete* Gestalt, z.B. ein bestimmtes Wahrnehmungsmuster, wird durch einen Ordnungsparameter beschrieben.

Auf den scheinbaren Widerspruch zwischen unserem Selbsterleben als intentionale Subjekte der Tätigkeit und der oben postulierten Selbstorganisation der Tätigkeit sowie auf das Verhältnis von Stabilität und Prägnanz wird später noch eingegangen.

Tab. 4	**Gestaltpsychologie**	**Psychosynergetik**
	phänomenale Dynamik	Selbstorganisationsdynamik (Ordner bzw. Ordnungsparameter)
	Schranken	Randbedingungen und Kontrollparameter
	innerer Gestaltdruck (z.B. optische Täuschungen)	Konkurrenz zwischen den »Forderungen« der Randbedingungen und der Selbstorganisationsdynamik (auch experimentell untersucht z.B. in Kelso 1988)
	phänomenale Stabilität	physikalisch definierte Stabilität
	Kippfiguren	Multistabilität/Symmetriebrüche
	Transponierbarkeit	Autostabiliät gegen Störungen bzw. Substratunabhängigkeit der dynamischen Muster
	Übersummativität	Kommunikation der Mikroprozesse, Nichtlinearität
	Primat der Ganzheit (das Ganze ist vor den Teilen)	Versklavung der Teile durch den Ordnungsparameter
	»unruhige Bewegtheit« vor phänomenalem Strukturwechsel (z.B. bei Akutalgenese optischer Gestalten nach Sander)	kritische Fluktuationen
	psychophysischer Isomorphismus	psychophysische Isodynamik

7. Grundkonzepte der emergentistischen Psychologie

7.1. Psychosynergetik höherer kognitiver Prozesse

Nachdem nun Psychomotorik, Wahrnehmung und einfache kognitive Prozesse aus Sicht der Synergetik behandelt sind, bleibt das schwierigste Problem: die Untersuchung höherer kognitiver Leistungen, v.a. in Form des begrifflich-symbolischen Denkens. Ein schwieriges Problem ist dies in zweierlei Hinsicht: zum einen öffnet es eine wahre Pandora-Büchse schwerwiegender assoziierter Probleme aus den verschiedensten Disziplinen von der Linguistik über die Informationstheorie bis zur Erkenntnistheorie; zum zweiten verfügt zur Zeit niemand über wirklich gesichertes Wissen darüber, wie lebendiges menschliches Denken als *organischer* Prozeß im Gehirn abläuft. Gleichwohl bildet das in den vorangegangenen Kapiteln Dargestellte zusammen mit den Beiträgen einiger emergentistisch orientierter Kognitionswissenschaftler ein inzwischen solides Fundament für eine konstruktive kalkulierte Spekulation. Weder wird es hier möglich sein, die assoziierten Probleme angemessen aufzufalten, noch alle begehbar scheinenden spekulativen Freiräume auszuleuchten. Mit Blick auf das in diesem Buch zu entwickelnde ganzheitliche Rahmenkonzept kann es lediglich darum gehen, einige Grundvorstellungen so weit auszuformen, daß sie als ausreichend stabile intuitive Elemente die Gesamtkonstruktion mittragen.

7.1.1. Der Funktionalismus und die objektivistische Verkehrung der Welt

Bei unserem sukzessiven Eindringen in die eingefalteten Sphären der fraktalen Evolution haben wir nun sozusagen den inneren »heißen Kern« erreicht: die fluiden episynaptischen Evolutionsprozesse auf den kleinsten Raum-Zeit-Skalen, die Symbol- und Einsichtsprozesse tragen. In bezug auf jede dieser Sphären hatten wir eine instruktionistische Konzeption vorgefunden und sie nach Aufzeigen ihrer Haltlosigkeit durch eine emergentistische Konzeption ersetzt. Natürlich gibt es auch für die höchste Realisationsform von Evolution, für das einsichtig-begriffliche Denken des Menschen, eine instruktionistische Konzeption, ja hier liegt gleichsam der Quellpunkt instruktionistischen Denkens, das im gesamten Universum nichts als einen riesigen Computer sieht. Wenngleich sich mit dem Konnektionismus in der KI-Forschung ein gewisser Wandel abzuzeichnen beginnt und in Teilbereichen der Psychologie ein emergentistischer Paradigmenwechsel sich andeutet, so sind insgesamt gesehen Funktionalismus und Informationsverarbeitungsparadigma in KI-Forschung und Mainstream-Psychologie noch immer die beherrschenden Auffassungen. Im Kern wird der Mensch hier auf einen Reiz-Verarbeitungs-Reaktions-Automaten reduziert, dessen »Verhalten« von effektiv berechenbaren Funktionen beschrieben werden kann. Diese lassen sich dann, wie Church und Turing gezeigt haben, rekursiv von einer einfachen, universell realisierbaren symbolmanipulierenden Maschine berechnen. Menschliches Denken erschöpft sich danach in einer algorithmischen, d.h. regelgeleiteten Transformation von Symbolstrukturen.

Diese als Funktionalismus bezeichnete Denkhaltung ist eine spezielle, auf das Denken bezogene Ausformung einer verbreiteten allgemeineren weltanschaulichen Position, die von emergentistisch orientierten Kognitionswissenschaftlern als *Objektivismus* kritisiert wird (Lakoff 1987, Edelman 1992). Objektivisten projizieren die Produkte menschlicher Geistestätigkeit, insonderheit logisch-mathematische Konstrukte in die äußere Realität hinein, die dadurch eine quasiplatonische Struktur erhält. Sie glauben, logische Beziehungen zwischen den Dingen existierten *objektiv* in der Realität. Damit sollte sich diese Realität letztendlich päzise von den mengentheoretischen Modellen der Logiker beschreiben und in klassischen Kategoriensystemen trennscharf begrifflich abbilden lassen.

Abgesehen von den fragwürdigen epistemologischen Implikationen dieser Denkhaltung, auf die in diesem Rahmen nicht eingegangen werden kann, haben auch psychologische Untersuchungen gegenteilige Befunde erbracht. Entsprechend der klassischen Kategorienlehre erfolgt die Zuordnung zu einem Begriff aufgrund definierter, einzeln notwendiger und insgesamt hinreichender Merkmale als eindeutige Ja/Nein-Entscheidung ohne graduelle Abstufungen. Eine Vielzahl von Untersuchungen zu Kategorisierungsleistungen des lebendigen Alltagsdenkens zeigt demgegenüber die Wirksamkeit anderer Klassifikationsprinzipien wie Familienähnlichkeit, Zentralität und Prototypizität. Nach Eleanor Rosch (1978) findet man die klassische, zergliedernd-merkmalsgeleitete Kategorisation nur in besonders intendierten Situationen, etwa bei der Konstruktion künstlicher Begriffe im traditionellen psychologischen Experiment oder im Rahmen des nach expliziter Exaktheit strebenden wissenschaftlichen Denkens. Beim spontanen Lernen und Benutzen *natürlicher* Begriffe hingegen, mit denen das lebendige Alltagsdenken unsere Lebensumwelt klassifiziert, werden Begriffsinhalte *ganzheitlich* erfahren. Definierende Merkmale werden auf Befragen oft nur nach längerem Nachdenken oder überhaupt nicht angegeben: »Ein Fahrrad ist eben ein Fahrrad, was soll man da noch weiter sagen?« Schon Kinder benutzen Begriffe wie »Krankheit« oder »Gesundheit« durchaus adäquat, obwohl deren definierende Merkmale selbst von der Wissenschaft bis heute nicht exakt angegeben werden können. Nach Rosch kommt es vielmehr zur Herausbildung von *Prototypen*, die einen Begriff ganzheitlich repräsentieren. Alle anderen Klassenmitglieder weisen nach Kriterien wie Form, Funktion oder Handhabungsweise eine mehr oder weniger große Nähe zum Prototyp auf, sind also mehr oder weniger typische Klassenmitglieder – dies wird von Rosch als *Typikalität* bezeichnet. So kann z.B. »Schwalbe« der Prototyp der Klasse »Vogel« sein, während »Pinguin« ein schon recht untypisches Mitglied dieser Klasse ist. Die Vergleiche mit dem Prototyp erfolgen dabei oft nach dem Prinzip der Familienähnlichkeit auf der Basis polymorpher Mengen, wodurch nicht selten eine exakt hierarchische Beziehung zwischen den Begriffen verlorengeht. Wie unten noch gezeigt wird, sind diese inzwischen vielfach bestätigten Ergebnisse sehr gut mit dem psychosynergetischen Attrakor-Konzept der Mustererkennung kompatibel. In vielen weiteren Punkten weichen natürliche Kategorisierungsprozesse von den idealen Figuren der Logik ab: Kategorien wie »Rot« haben verschwommene Grenzen; oft sind die Überlegungen, die zu einer Begriffszuordnung führen, nicht deduktiv; die Zuordnung zu Kategorien kann in Abhängigkeit vom Kontext eine andere sein (Rips 1989, Barsalou 1989) usw.

Nicht nur die natürlichen Begriffsbildungen, auch das lebendige Schlußfolgern des Alltags zeigt eine systematische Neigung, bestimmte Regeln der Logik zu verletzen. Bekannt sind hier die charakteristischen Fortsetzungstendenzen aufgrund von »Atmosphäreneffekten«, die zu falschen Schlüssen führen (Woodworth & Sells 1935, Begg & Denny 1969). Tversky & Kahnemann (1990) zeigten, daß Menschen oft Wahrscheinlichkeitsregeln wie die Konjunktionregel verletzen, nach der eine Konjunktion niemals wahrscheinlicher ist, als jedes ihrer beiden Elemente. Viele Menschen zweifeln in bestimmten Zusammenhängen nicht daran, daß die Konjunktion wahrscheinlicher ist.

Es ist also offensichtlich: Lebendiges menschliches Alltagsdenken ist in keiner Weise identisch mit dem Abarbeiten logisch-mathematischer Algorithmen. Es hat die Logik nicht zur konstituierenden Grundlage; vielmehr erzeugt es die entsprechenden Regeln erst und folgt ihnen insoweit, als es dazu fähig und lustig ist. Logik und Mathematik sind wie ein schienendes Korsett, in welches sich das weiche, organische Denken zwängt, um seine Effizienz zu steigern. Nichtsdestoweniger trägt es schwer daran und versucht oft, sich ihm wieder zu entwinden. Wozu bauen wir denn Computer, wenn das Gehirn selbst schon einer ist? Doch offenbar deshalb, weil Computer eben genau das perfekt können, womit das menschliche Gehirn große Schwierigkeiten hat, was es sozusagen nur mühsam »emuliert«: das präzise und fehlerfreie Abarbeiten langer Ketten logisch-mathematischer Operationen. Jene Art von Aufgaben aber, die das Gehirn mit spielerischer Leichtigkeit meistert – der Umgang mit unexaktem Wissen – stellt den Computer vor unüberwindliche Schwierigkeiten. Man kann in einer solchen diametralen Verteilung von Stärken und Schwächen wohl schwerlich etwas anderes sehen als einen deutlichen Verweis darauf, wie abgrundtief wesensverschieden beide Systeme sind. Menschliches Denken ist fundamental nichtalgorithmisch; es ist oft regellos-chaotisch und deshalb kreativ; es ist bildhaft, von Metaphern und Metonymien getragen; es ist oft irrational und gefühlsgeladen. Lebendiges menschliches Denken ist ein fluider, mal stetiger, dann wieder sprunghafter Prozeß, in dem die fehlerreiche Produktion von Varianten mit Vorgängen der Bewertung und Auswahl wechselt – nichts könnte deutlicher auf Evolution verweisen.

Beginnend im Jahre 1972 mit Dreyfus über Searle bis hin zu neueren Arbeiten z.B. von Edelman (1992) und Penrose (1995) ist umfassend und tiefschürfend Kritik am Funktionalismus der KI-Forschung geübt worden (und damit mindestens implizit auch am Informationsverarbeitungsdenken der Mainstream-Psychologie). Auch die Auseinandersetzung der Gestaltpsychologie mit dem Maschinendenken in der Psychologie ist in diesem Zusammenhang von unverminderter Relevanz (vgl. Köhler 1971). Da ich dem nichts Wesentliches hinzuzufügen habe, sei in diesem Buch auf eine umfassendere und systematische Explikation dieser Problematik verzichtet.

Lediglich jene beiden Probleme, an denen instruktionistische Konzeptionen bei unserer stufenweisen Analyse der Evolutionsschichten immer wieder scheiterten – Kreativität und Adaptivität – seien hier noch einmal ins Treffen geführt; sie sind in diesem Zusammenhang nicht weniger zentral.

1. Das entscheidende Charakteristikum menschlichen Denkens schlechthin ist die Erschaffung von Neuem, ist seine Kreativität. Wie bereits wiederholt dargestellt, können psychische Strukturen, insonderheit abstrakte kognitive Modelle nicht fertig von irgendwoher in das Gehirn eines bestimmten Individuums transplantiert werden – sie sind unikale interne Neukreationen, die es in dieser konkreten Ausformung anderswo nicht ein zweites Mal gibt. Diesen Strukturbildungsprozeß zu erklären, verlangt Mechanismen anzugeben und Mechanismen sind immer materieller Natur. Der einzige uns bekannte kreative Mechanismus ist die dissipative Selbstorganisation. Kreativität zeigt sich dabei als intrinsische Eigenschaft der Materie. Immaterielle Algo-

rithmen nun sind keine kreativen Mechanismen, sie erklären nichts. Computer können somit nicht wirklich kreativ sein. Sie tun nur, was der Programmierer ihnen aufgetragen hat: nach festgelegten Regeln Symbole manipulieren. Kurz: das Gehirn ist ein *Strukturgenerator*, der Computer hingegen ist lediglich ein *Strukturtransformator*.

2. Das menschliche Denken ist über die kontinuierlich-analogen Wahrnehmungs- und Aktionsdynamiken seines materiellen Gehirns an die kontinuierlich variierende materielle Welt angekoppelt und kann deshalb sozusagen mit intrinsischer materieller Elastizität an Veränderungen adaptieren. Auch hier werden sozusagen die intrinsischen kreativen Strukturierungseigenschaften der Materie genutzt. Starre diskret-digitale Systeme wie Computer können dies nicht. Sie müssen die kleinste Strukturveränderung explizit berechnen und geraten in Konfrontation mit einer kontinuierlich variierenden Umwelt regelmäßig an den Rand der kombinatorischen Explosion. Wir haben es hier offenbar mit einer weitgehenden Inkompatibilität zwischen genormt-disktreten Digitalwelten und stetig-variierenden Analogwelten zu tun. Eine effiziente Interaktion ist nur über intrinsisch adaptationsfähige Vermittlungsglieder wie den Menschen möglich.

Dieses Thema abschließend sei noch zweierlei angemerkt. Zum einen beziehen sich diese Ausführungen auf den heute verbreiteten Typ des Von-Neumann-Computers. Neurocomputer mußten hier noch nicht explizit berücksichtigt werden, da diese ja bis jetzt im Grunde lediglich eine assoziative Informationsspeicherung leisten. Wenngleich sie in dieser Teilleistung eine erstaunliche Nähe zum biologischen Original erreichen, ist dies sicher noch nicht das, was wir mit »Denken« meinen. Allerdings kann man begründeter Hoffnung sein, daß die Weiterentwicklung dieses neurobionischen Ansatztes eines Tages auch komplexere Leistungen ermöglichen wird, die lebendigem menschlichen Denken näher kommen. Dabei sollte der Nutzung der Prinzipien der Synergetik sowie der Software-Simulation freier Evolutionsdynamik eine entscheidende Rolle zukommen. Aber ich würde noch weiter gehen und etwas wie ein »Dogma der KI-Forschung« formulieren: Menschliches Denken ist ein organischer materieller Prozeß. Und auch eine wirklich erfolgreiche Simulation menschlicher Intelligenzleistungen wird nicht möglich sein, ohne die *Nutzung des intrinsischen kreativen Potentials materieller Prozesse*. Das heißt, man wird insbesondere dissipative Selbstorganisationdynamiken als originäre materielle Prozesse, sozusagen in Hardware, implementieren müssen. Dazu taugt freilich die heutige auf konservativen Strukturen basierende Silicium-Chip-Technologie nicht. Völlig neue Hardware-Prinzipien wären also zu entwickeln, vielleicht auf der Basis dissipativer chemischer Reaktionsmuster oder sogar auf organischer Grundlage.

Zum zweiten muß betont werden, daß es natürlich völlig legitim ist, zu versuchen, menschliches Verhalten und Denken algorithmisch auf Von-Neumann-Computern zu simulieren – solange dies z.B. dem Ziel dient, möglichst leistungsfähige Roboter zu bauen. Wo diese Roboter in genormten Umgebungen mit eingeschränkter Variabilität wie Fabrikhallen, zyklische Routinearbeiten zu verrichten haben, sollte diesem Bemühen auch einiger Erfolg beschieden sein. Illegitim wird dies nur dort, wo man meint, auf diese Weise etwas über die Natur des menschlichen Denkens und die Arbeitsweise des Gehirns zu erfahren. Hierüber erfährt man auf diesem Wege nämlich nichts, überhaupt nichts.

7.1.2. Lakoff's kognitive Grammatik und die individualhistorische Verkörpertheit unserer Begriffe

Wenn also die Struktur unseres Denkens nicht die Reinkarnation der das gesamte Universum durchdringenden objektivistischen Logik ist, wo kommt die Struktur unserer Begriffssysteme dann her? Hier helfen uns die von den amerikanischen Kognitionswissenschaftlern Mark Johnson (1987) und George Lakoff (1987) entwickelten Vorstellungen weiter, die zeigen, wie sich Struktur und Bedeutung unserer Begriffe aus ihrer *Verkörpertheit* ergibt. Nach Johnson emergieren aus bestimmten Grunderfahrungen bei sensomotorischen Interaktionen des Körpers mit der Umwelt *kinästhetische Bildschemata*, die zu einer vorbegrifflichen Strukturierung unserer Erfahrung führen. Solche Bildschemata sind beispielsweise das Behälter-Schema, das Teil-Ganzes-Schema oder das Quelle-Weg-Ziel-Schema. Diese Schemata sind strukturell definiert und enthalten eine elementare Logik. Das Behälter-Schema konstituiert beispielsweise die Strukturelemente »Inneres«, »Grenze« und »Äußeres«; seine Grundlogik lautet »innen oder außen«. Durch Projektion strukturieren diese Bildschemata über metaphorische und metonymische Abbildungsverfahren unsere begrifflichen Kognitionssphären. Betrachten wir beispielsweise die Phrase »leave out« in den folgenden beiden Sätzen:
(1) Leave out that big log when you stack the firewood.
(2) I don't want to leave any relevant data out of my argument. (aus Johnson 1987, S. 35)
Während besagte Phrase in (1) rein physikalische Bedeutung hat, strukturiert sie in (2) abstrakte Vorstellungen in metaphorischem Sinne: »argument« wird als Behälter konstruiert, in dem Daten physikalisch präsent sind. In subtilen Analysen werden alle wesentlichen Sprachelemente auf elementare kinästhetische Bildschemata zurückgeführt, Modalverben wie can, may, must oder could beispielsweise auf das Schema der physikalischen Kraft usw.

Anknüpfend hieran entwickelt Lakoff dann seine *kognitive Grammatik*. Aus den kinästhetischen Bildschemata gehen danach sogenannte *idealisierte kognitive Modelle* hervor, von denen fünf unterschieden werden: das bildschematische, das metaphorische, das metonymische, das propositionale und das symbolische. Die letzten beiden sind mit der linguistischen Kompetenz verbunden. Ein Teil dieser Modelle ist klassisch strukturiert, eine der wesentlichsten Strukturierungen ist aber die prototypische – es wird die Verbindung zu den Untersuchungen von Rosch hergestellt. Im Rahmen dieser kognitiven Grammatik erhält die Syntax eine semantische Basis. Nach Lakoffs Theorie sind nämlich auch die hierarchischen syntaktischen Strukturen aus dem räumlichen Teil-Ganzes-Schema hervorgegangen und bilden damit selbst ein idealisiertes kognitives Modell.

In ihrem Buch »A Dynamik Systems Approach to the Developement of Cognition and Action« wenden Esther Thelen und Linda Smith (1994) in eindrucksvoller Weise das Instrumentarium der Synergetik auf die frühkindliche sensorimotorische und kognitive Entwicklung an. In Auswertung des eigenen Untersuchungsmaterials wird am Schluß auch versucht, Modelle für die Konstruktion abstrakter Kategorien zu entwickeln, wobei die oben referierten Konzepte Johnsons und Lakoffs integriert werden. Dabei wird ein Aspekt noch einmal besonders deutlich, der für die künftigen Ausführungen sehr bedeutsam ist: »This abstract knowledge ... is not a representation, however, disconnected from its specific instances. It is *in* the processes ... that carry their history with them« (Thelen & Smith 1994, S. 326). Und an anderer Stelle: »Meaning, a global similarity across diverse individual cognitive acts, a *seemingly* common core, a *seemingly* single abstract idea, literally grows from the commonalities of a multitude of everyday experiences. In this way, thought becomes developmentally constructed. The seamless web of time and process gives bodily foundations to emergent, higher-order abstractions« (S. 327). Wenn konkrete und abstrakte Kategorien also in der Regel nicht klassisch-logisch durch ein Set definierender Merkmale sozusagen bereinigt und verselbständigt repräsentiert werden, sondern durch Prototypen, dann bedeutet dies, daß menschliches Denken eben nicht so objektiv und »klinisch rein« sein kann, wie es oberflächlich den Anschein hat. Auf der Oberfläche des Bewußtseins werden nur die genormten Symbole verschoben, die, um ein gebrauchtes, aber gutes Bild zu bemühen, wie die Spitzen von Eisbergen aus dem Wasser ragen. Unter der Oberfläche des Bewußtseins aber hängt an jedem dieser Symbole unlöslich der gesamte Korpus konkreterer Begriffe, aus denen die abstrakte Kategorie in der individuellen Lerngeschichte sukzessive erwachsen ist. Da diese Begriffe überwiegend prototypisch repräsentiert werden, ist die Struktur dieses Korpus stark von der je individuellen Erfahrung geprägt. Diese »subjektiv kontaminierten Begriffskörper« sind es aber, die unter der Oberfläche des Bewußtseins bei der fluiden organischen Strukturbildungsdynamik des lebendigen kreativen Denkens interagieren, deren Phasenübergänge zur Emergenz neuer Einsichten und Ideen führen, die sich dann, wie aus dem Nichts kommend, auf der Symbolebene des Bewußtseins manifestieren.

Von all dem bleibt natürlich der kognitive Psychologe verschont, der das Problemlösen bei Logikaufgaben, geometrischen Beweisen oder Schachproblemen untersucht, wo das Denken mit wenig komplexen Begriffen (mit entprechend »kleinen Begriffskörpern«) arbeitet und sich in sehr differenzierte, selbst auferlegte Regelwerke zwängt. Nur, das ist eben nicht das eigentliche, »prototypische« menschliche Denken. Die aus dieser individualhistorischen Verwurzelung der abstrakten Kategorien resultierenden Verständigungsprobleme sind im Alltag ebenso wenig reflektiert wie hochvirulent. Stellen wir uns vor, zwei in unterschiedlichen Milieus sozialisierte Menschen streiten sich über Gerechtigkeit, Fairneß, Freiheit oder Demokratie. Oder: Zwei Psychologen aus verschiedenen akademischen Schulen begegnen sich erstmals und versuchen, sich über Persönlichkeit, Charakter, Intelligenz oder Motivation zu verständigen. Bei solchen Gelegenheiten ist oft ein Konsens nicht herstellbar, man kommuniziert zwar mit identischen Symbolen, redet aber dennoch buchstäblich aneinander vorbei, weil die an den Symbolen haftenden »Begriffskörper« sich jeweils zu stark voneinander unterscheiden.

Es würde den Rahmen dieses Buches sprengen, die hier kurz referierten theoretischen Entwicklungen im Detail darzustellen. Dies ist in der angegebenen Literatur nachzulesen, wo auch auf eine Vielzahl weiterer Autoren verwiesen wird, die in diesen Kontext gehören: Hilary Putnam, Ruth Millikan, Ronald Langacker, Jerome Bruner, Francisco Varela, Evan Thompson, um nur einige zu nennen. Sie alle wenden sich gegen jene Position, die oben als Objektivismus bzw. Funktionalismus bezeichnet wurde; die Mehrheit von ihnen versucht Erkenntnisprozesse unter Bezug auf das Evolutionsdenken biologisch zu untermauern; ein Teil wendet dabei explizit das Instrumentarium der Synergetik an, wie etwa die Arbeitsgruppe um Esther Thelen an der Universität von Indiana.

7.1.3. Denken als emergenter Prozeß dissipativer Strukturbildung auf hierarchisch-symbolischem Level – das emergentistische Schema-Konzept

Mit dem oben dargestellten theoretischen Hintergrund ist die nun zu entwickelnde psychosynergetische Konzeption von Denkprozessen gut kompatibel. Das bisher Erreichte als »kalkulierte Spekulation« in Neuland hinein fortführend, kann es sich dabei, wie gesagt, nur um eine vorläufige »handhabbare Vorstellung« handeln, die gleichwohl mehr vom Wesen des Prozesses erfaßt, als andere Konzepte etwa auf Basis der Computer-Metapher dies tun.

Die unter 6.7. dargestellten Schlüsselexperimente der Psychosynergetik führen den Nachweis, daß psychomotorische Prozesse, Wahrnehmungsprozesse und einfache Erkennungsprozesse von neuronalen dissipativen Strukturen getragen werden, deren Evolutionsdynamik den Gesetzen der Synergetik folgt. Wie bereits gesagt, wirft dies ein entscheidend neues Licht auf die innere Natur, auf das Wesen der Gehirnprozesse. Vielleicht kann man sogar so weit gehen und mit etwas Emphase sagen, daß bezüglich wichtiger *Grundprinzipien* seines Funktionierens das Gehirn einen seiner letzten Schleier hat fallen lassen. Denn: Was für die grundlegenden zerebralen Arbeitsprinzipien in Psychomotorik, Wahrnehmung und Mustererkennung gilt, es sollte nicht auch für die höheren Leistungen Gültigkeit besitzen? Nachdem es als experimentell nachgewiesen gelten kann, daß das motorische System nach holistisch-emergentistischen Prinzipien arbeitet, wird doch niemand mehr ernsthaft erwarten, daß das Gehirn in jenen Bereichen, die etwa für das symbolische Problemlösen zuständig sind, auf instruktionistische Prinzipien »umschaltet«. Niemand sollte mehr hoffen, im Gehirn die 50 oder 500 neuralen Prozessorareale zu finden, die unabhänig voneinander jene Teilaufgaben seriell »herunterrechnen«, in die Informationsverarbeitungs-Psychologen formale Problemlöseprozesse zerlegt haben.

Die Computer-Metapher ist also als Schlüsselmetapher (»root metaphor«) zum grundlegenden Verständnis von Hirnprozessen vollständig ungeeignet. Es ist uns damit aufgegeben, das auf tieferen Ebenen bereits bewährte Konzept der dissipativen Struktur nun auch für höhere zerebrale Leistungen wie das begriffliche Denken als Basismetapher aufzubauen, was auf den ersten Blick nicht ganz leicht erscheint. Wir müssen versuchen, uns biologische Informationsverarbeitung – besser: Informationserzeugung – auf radikal andere Weise vorzustellen, als wir sie ausgehend von unserer reduzierten bewußten Erfahrung auf dem Computer implementiert haben. Biologische Informationserzeugung muß vorgestellt werden *als ein emergenter Prozeß selbstorganisierter dissipativer Strukturbildung und Strukturtransformation in Phasenübergängen auf einem hierarchischen und symbolischen Level.* Und als solcher wäre er dann auch theoretisch und »in hardware« als materieller Prozeß zu modellieren. Was gibt es hierzu an Vorarbeiten, oder wenigstens an elementaren gedanklichen Bausteinen? Leider nicht allzu viel – es handelt sich eben wirklich um Neuland.

Neben den grundlegenden Arbeiten von Hermann Haken (1988) zur Selbstorganisation der Information verfolgt vor allem der griechische Physiker John S. Nicolis (1986, 1987, 1991) von der Universität Patras konsequent den o.g. Denkansatz. Nicolis versucht, der statisch-instruktionistischen Shannonschen Informationstheorie eine »dynamische« Informationstheorie entgegenzustellen: »In short the purpose of the paper is to develop an evolutionary approach for the basic problem of generation, storage and dissipation of information in physical and biological systems via dynamical processes«

(Nicolis 1987, S. 12). Symbolische Prozesse emergieren dabei als kollektive, informationskomprimierende Variablen; chaotische Attraktoren spielen eine zentrale Rolle als Informationsgeneratoren und dynamische Informationsspeicher. Für komplexe, induktive Probleme, deren Lösung nicht schon in den Startbedingungen enthalten ist, ergibt sich dabei: »Under such circumstances we say that if there is evolutionary (asymtotic) stability in the dynamical flow in state space, then there is a discriminable pattern or a ›solution‹« (ebd. S. 14). »The truth(s) – if any – revealed by such systems is associated with ›Self-consistency‹ and this characteristic, as we will see, implies the existence of stable attractors ... If so, the suggestion follows immediately that ›logic‹ or ›rationality‹, so far a static concept, can be dynamically implemented and replaced by ›evolutionary stability‹« (ebd. S. 15). Logische Widerspruchsfreiheit auf der Symbolebene entspricht hier also evolutiver Stabilität auf der dynamischen »hardware«-Ebene. »We claim in short, that symbolic processes are chaotic manifestations of collective properties of physical systems – at a hierarchical level; ›Decision making‹ and ›free will‹ are deterministic since they are harnessed by natural laws but unpredictable since they are chaotic...« (ebd. S. 11). Soweit einige kurze für unser Anliegen wesentliche Zitate aus dem Einführungskapitel – die sich anschließenden theoretischen Entwicklungen sind mathematisch so anspruchsvoll, daß darauf hier nicht näher eingegangen werden kann. Was deutlich werden soll ist, daß die nun zu entwickelnde einfache und anschauliche Vorstellung einen

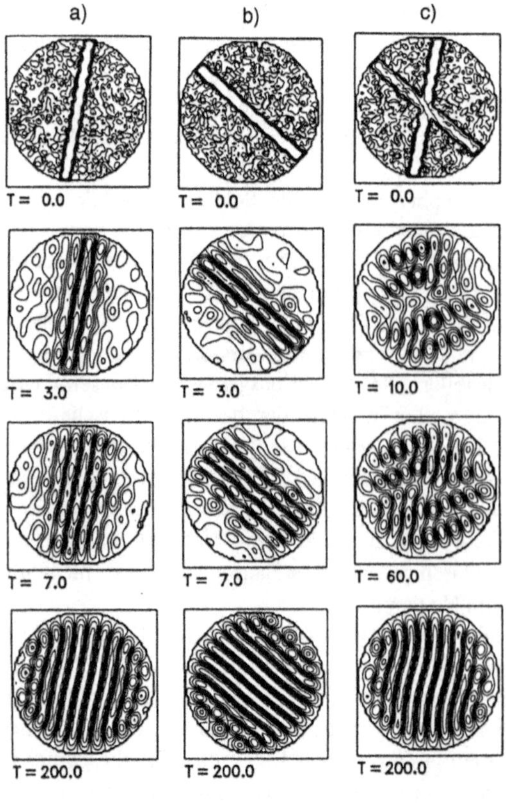

Abb. 7.1 (nach Haken u.a. 1992) Erläuterungen im Text

anspruchsvollen theoretischen Hintergrund hat. Zunächst jedoch noch zwei »Bausteine« für Anschauung und Intuition.

In unseren Ausführungen zum synergetischen Computer (unter 6.7.2.) hatten wir »assoziatives Gedächtnis« definiert als die Fähigkeit eines Systems, ein inkomplettes Muster zu vervollständigen. Eine solche Leistung erbringen in einfacher Form bereits elementare dissipative Strukturen. Abb. 7.1 zeigt die synergetische Computersimulation eines Bénard-Systems, dessen Kontrollparameter (die vertikale Temperaturdifferenz) wenig oberhalb des kritischen Wertes liegt. In der oberen Reihe ist die Ausgangssituation dargestellt. Die einzelnen Teile der Flüssigkeit befinden sich in Zufallsbewegung, lediglich in einer jeweils ausgezeichneten Richtung ist der Zufallsbewegung eine Aufwärtsbewegung superponiert (Abb. 7.1 a u. b). Die Zeitentwicklung nach unten zeigt, wie sich sukzessive das vollständige Muster etabliert. In Abb. 7.1 c sind zwei Richtungen vorgegeben, wobei jene Bewegung die Konkurrenz gewinnt, die nach Vorgabe um 10% stärker ausgebildet ist als die andere.

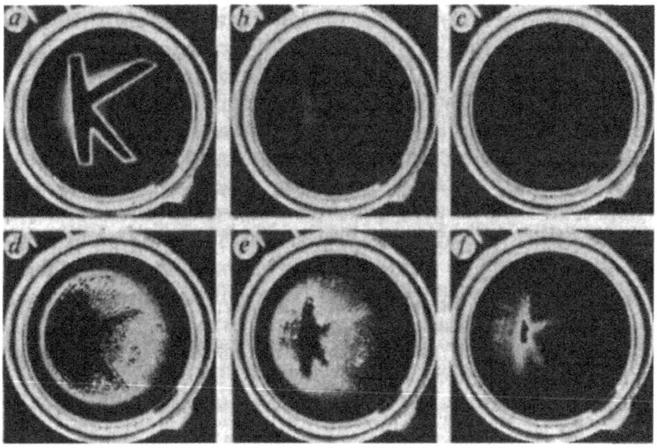

Abb. 7.2 (nach Kuhnert 1986)
Erläuterungen im Text

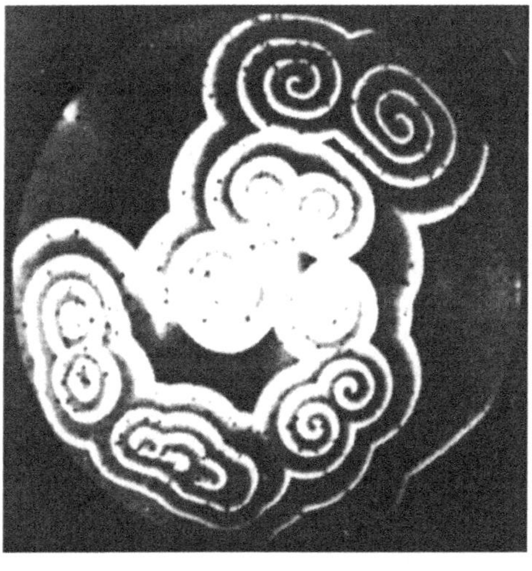

Abb. 7.3 (nach Haken & Wunderlin 1991)
Erläuterungen im Text

Eine weitere einfache Form von dynamischer Informationsverarbeitung läßt auch ein Experiment von Kuhnert (1986) anschaulich werden, der eine lichtempfindliche Variante der sogenannten Belusov-Zhabotinski-Reaktion entdeckte. Hierbei handelt es sich um ein autokatalytisches chemisches Reaktionssystem, das dissipative Strukturen in Form von Farbmustern bildet. Auf dieses lichtempfindliche Medium wurde nun der Buchstabe K projiziert. Anders als etwa bei einem belichteten Film findet nun eine Art dynamische Informationsverarbeitung statt. Die Bildfolge von Abb. 7.2 zeigt die Veränderungen des Musters im Zeitabstand von 5 Sekunden. Es kommt zur Verkleinerung, zur Inversion ins Negativ, zum völligen Verschwinden und zum Wiederauftauchen in verzerrter Form unter nochmaligen Inversionen. Man versucht, derartige Prozesse für die Entwicklung neuartiger, dem biologischen Vorbild näherer Computer-Prinzipien zu nutzen.

Wir wollen höhere kognitive Prozesse als dissipative Selbstorganisation auf hierarchischem und symbolischen Level vorstellbar machen. Die bereits erarbeiteten Vorstellungen einfacher psychischer Prozesse als dissipative Strukturbildungen sind damit also um das hierarchische und symbolische Moment zu erweitern.

Der erste Punkt ist unkompliziert. Bereits einfache dissipative Prozesse bilden spontan hierarchische Strukturen. Abb. 7.3 zeigt dies wiederum am Beispiel einer Belusov-Zhabotinski-Reaktion. Um so weniger bereitet es Schwierigkeiten, sich im Rahmen der vielfältigen Schrankensysteme des Gehirns komplexe Hierarchien funktioneller dissipativer Strukturen vorzustellen.

Die Bewältigung von Punkt zwei ist weitaus schwieriger. Zunächst sind Symbole ganz normale akustische oder visuelle Wahrnehmungsinhalte. Als solche werden sie wie jeder andere Wahrnehmungsinhalt auch von einer dissipativen Dynamik unter Beteiligung des sensorischen Cortex realisiert und von einem Ordnungsparameter bestimmt. Um *Symbolfunktion* zu erhalten, müssen sie mit den Elementen einer anderen Dynamik verbunden werden, für die sie dann als Symbol stehen. Diese Dynamik sollte dann eine hierarchische sein, deren dynamische Subsysteme jeweils einen Begriff repräsentieren. Unter Anknüpfung an unsere genetische Herleitung vom Ende des Abschnitts 6.6.4. wollen wir nun einen hypothetischen Entwicklungsweg hierher zusammenfassend nachzeichnen. Wir hatten dort dargelegt, wie sich über primitivste Nervensysteme als einfache Reflexverschaltungen weniger Neurone komplexere Nervensysteme entwickeln, die zur Repräsentation komplexerer (Schlüssel-)reize (SR) sowie zur Realisierung komplexerer rhythmischer (Erb-)koordinationen (EK) »Inseln« mit freier episynaptischer Dynamik ausbilden müssen (vgl. Abb. 7.4). Die Dynamik dieser Inseln wird in engen konservativen Schranken geführt und das Gesamtverhalten ist reflexartig organisiert (vgl. »Selbstorganisation des primären Lernens«).

Mit der Entwicklung der Willkürmotorik entsteht nun die neuronale Basis für das vorsprachliche, bildhafte Denken. Unter Aufbrechen konservativer Schranken konfluieren und wachsen die »Dynamik-Inseln«; Dynamiken verschiedener Bereiche können wechselseitig *dynamische* Schranken füreinander bilden – wenn etwa motorische Zielvorstellungen als Kontrollparameter für die Efferenz-Dynamik fungieren. Wenn man bildhaftes Denken als internalisiertes äußeres Handeln, als »Handeln im Vorstellungsraum« versteht, muß sich von jenen in die reale Interaktion mit der Umwelt involvierten Bereichen der sensorischen und motorischen Dynamik nur ein entsprechender »virtueller Handlungsraum« abgrenzen. Eine vielleicht nur passager-funktionelle Abgrenzung – Phänomene wie der Carpenter-Effekt könnten dies vermuten lassen.

Damit bildhaftes nun zu begrifflichem Denken werden kann, müssen die Elemente »Hierarchie« und »Symbol« zusammenkommen. Komplexe Körperbewegungen zeigen oft schon phänomenal eine hierarchische Struktur. Dem isodynamischen Prinzip folgend, könnte man den motorischen Zentren also die Fähigkeit zusprechen, neuronale dissipative Strukturen zu bilden, die hierarchisch organisiert sind. Wir erinnern uns: schon die Modellvorstellungen v. Holsts für die neuronalen Trägerprozesse einfacher Fischflossenrhythmen implizierten einen hierarchischen Grundaufbau. Soweit erkennbar, sind die willkürmotorischen Zentren damit der einzige Bereich im Gehirn, in dem zweierlei zusammenkommt: *die Fähigkeit zu hierarchischer dissipativer Strukturbildung und die Möglichkeit, diese Strukturen durch willentliche Anstrengung zu transformieren.* Ein Manko freilich besteht: diese Strukturen sind nicht bewußtseinsfähig, zumal, wenn die zugehörigen Dynamikbereiche im Rahmen eines Funktionswandels von der Efferenzmodellierung abgetrennt werden, und sie damit auch noch ihren quasi indirekten Bewußtseinszugang über die propriozeptiven und exterorezeptiven Bewegungsreafferenzen verlieren. Darüber hinaus wären diese Strukturen auch gar nicht »bewußtseinsgängig«: Für den »engen Kanal« unseres Bewußtseins sind sie zu komplex. Die einzigen bewußtseinsfähigen (und bewußtseinsgängigen) Strukturen sind nun die phänomenalen »Oberflächenaspekte« der Dynamik der sensorischen Hirnareale, Dynamiken die z.B. Lautmuster oder visuelle Wahrnehmungen repräsentieren. Damit gab es nur einen Weg: Es mußte eine Verbindung entstehen zwischen jenen abgetrennten, unbewußten, hierarchischen Willkürdynamiken und bewußten sensorischen Mustern. Erstere bilden die komplexen individualhistorisch gewordenen unbewußten »Körper« der Begriffe, von denen im vorigen Abschnitt schon die Rede war, letztere die einfachen Symbole, die »Wortmarken« an der Oberfläche des Bewußtseins. Jenen, von der Willkürmotorik abgespaltenen unbewußten Bereich, in dem die Begriffskörper interagieren, wollen wir im folgenden als Ebene der *Generatordynamik* des Denkens bezeichnen. Auf diesen Geneseweg deutet u.a. die unlösliche funktionelle Verwobenheit auch des begrifflichen Denkens mit Sensorik und Motorik. Wir können nicht begrifflich denken, ohne innerlich mitzusprechen und die Worte im »auditorischen Vorstellungsraum« zu hören. Und wir können nicht begrifflich denken, ohne dabei permanent motorisch zu innervieren. Was eigentlich schon introspektiv deutlich wahrnehmbar ist, hat Sokolow (1972) experimentell gezeigt: dem inneren Sprechen gehen immer mindestens minimale Zungenbewegungen parallel. Zu interessanten vergleichbaren Schlußfolgerungen kommt Patricia M. Greenfield (1991), die aus einem anatomisch-physiologischen Argumentationsgang heraus ein homologes neuronales Substrat für Sprachproduktion und manipulatorisches Verhalten postuliert.

In dieser Weise könnte man sich die Phylogenese der neuropsychologischen Voraussetzungen des begrifflichen Denkens vorstellen, grob vereinfacht freilich, unter Vernachlässigung vieler anderer wichtiger Aspekte und auf einem sehr abstrakt-systemischen Level.

Um nun eine Vorstellung für die Ontogenese der Modellsysteme des begrifflichen Denkens zu entwickeln, knüpfen wir an die Ausführungen zum Musterlernen bei synergetischen Computern (unter 6.7.2.) an. Der Erwerb einer Kategorie läßt sich hiernach als sukzessive Ausformung eines Attrakors durch »Beispiellernen« verstehen. So formt sich im Verlaufe der Ontogenese eine immer größer werdende, immer »muldenreichere« »Attraktor-Landschaft«, über die immer mehr Wahrnehmungsgegenstände klassifiziert werden können. Diese Attraktoren entsprechen physiologisch jeweils dynamischen dissipativen Systemen, die innerhalb definierter Randbedingungen stabil sind. Sie bilden die unbewußten Körper der entsprechenden Begriffe im Bereich der Generatordynamik und sind mit bewußtseinsfähigen Symbolstrukturen im Bereich der sensorischen Dynamik verbunden. Abb. 7.5 verdeutlicht dies am Beispiel der Klassifikationsdynamik von Haushaltsgefäßen. Über die Sinneskanäle gelangt »strukturierte Energie« ins Gehirn, der partielle Strukturisomorphien zu transphänomenalen Entitäten aufgeprägt sind. Diese Strukturisomorphien determinieren nun in spezifischer Weise als »inkorporierte Schranken« die dissipative Selbstorganisation einer »Abbildungsdynamik«. Dabei gehen Momente der Abbildung und Momente der Konstruktion unlöslich Hand in Hand (vgl.

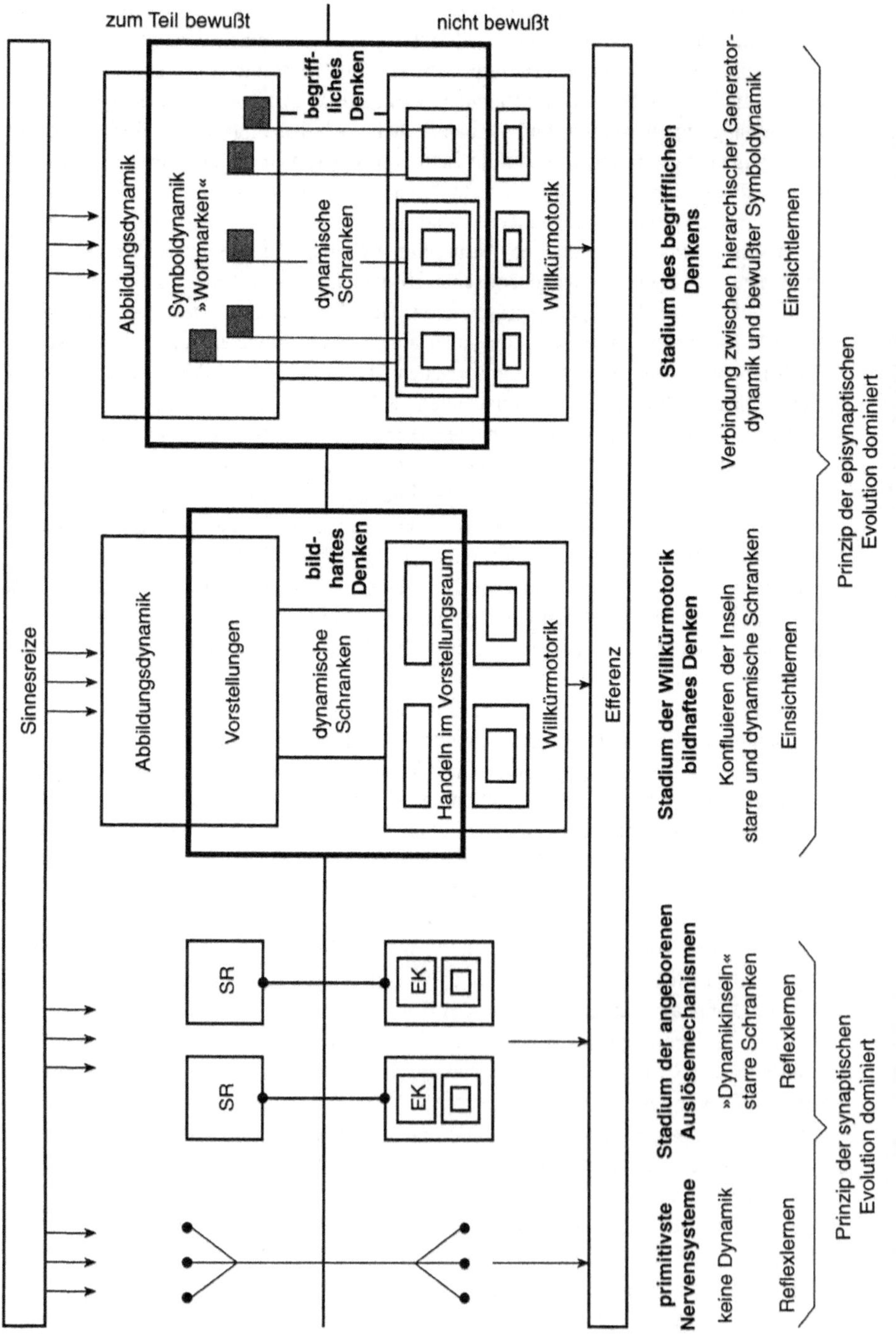

Abb. 7.4 Erläuterungen im Text SR = Schlüsselreiz
EK = Erbkoordination

Hansch 1996). Die »phänomenale Oberfläche« der Strukturen dieser Abbildungsdynamik wird von uns bewußt wahrgenommen. Ihr unbewußter Körper bildet die Schranken (in Form von Randbedingungen) für die Erkennungsdynamik im unbewußten Bereich der dissipativen Begriffskörper (Generatordynamik). Wenn sich innerhalb dieser Randbedingungen ein bestimmter dynamischer Begriffskörper stabilisieren kann, ist die Wahrnehmung begrifflich klassifiziert – bildlich: die Kugel fällt in das Attraktorbassin dieses begriffsverkörpernden dynamischen Systems. Nun wird die zugehörige dissipative Symbolstruktur, die »Wortmarke«, im bewußtseinsfähigen Bereich der Symboldynamik generiert – man kann sich vorstellen, daß die Erkennungsdynamik nun ihrerseits als Schranke (in Form eines Kontrollparameters) fungiert. Diese *Kaskaden dissipativer Attraktor-Dynamiken* sind es, die Abstraktion und damit *Erkenntnis materiell erst ermöglichen:* Sie machen in bestimmten Grenzen aus dem Ungleichen Gleiches, sie filtern aus dem Strom des ewig Veränderlichen Quasiidentisches, das wiedererkannt werden kann als Grundlage der Konstruktion von Regularitäten.

Die psychosynergetische Attraktor-Vorstellung der Begriffsbildung impliziert schon aus der Konzeption des Lernprozesses heraus eine prototypische Organisation, wie sie von Eleanor Rosch und anderen im psychologischen Experiment auch nachgewiesen wurde. Erinnern wir uns. Hermann Haken hatte den Vorgang des Musterlernens beim synergetischen Computer durch Stahlkugeln veranschaulicht, die in eine plastische Masse gedrückt werden. Man kann diese Vorstellung unschwer für die Veranschaulichung des Erwerbs *konkreter (sensorischer) Begriffe* adaptieren. Wieder für den einfachen Fall von zwei Merkmalen entspricht jeder möglichen Merkmalskombination ein Punkt in einer Ebene. Stellen wir uns nun vor, diese Ebene bilde die Oberfläche eines Blocks aus plastischer Masse, auf die Stahlkugeln fallen. Die Koordinaten des Fallpunktes der Stahlkugeln stehen für jene Merkmalskombinationen, die bei natürlichen Gegenständen vorkommen. Invarianzen, d.h. gemeinsame Merkmale bei verschiedenen Gegenständen bilden sich nun dadurch ab, daß die Kugeln hier besonders häufig fallen und eine

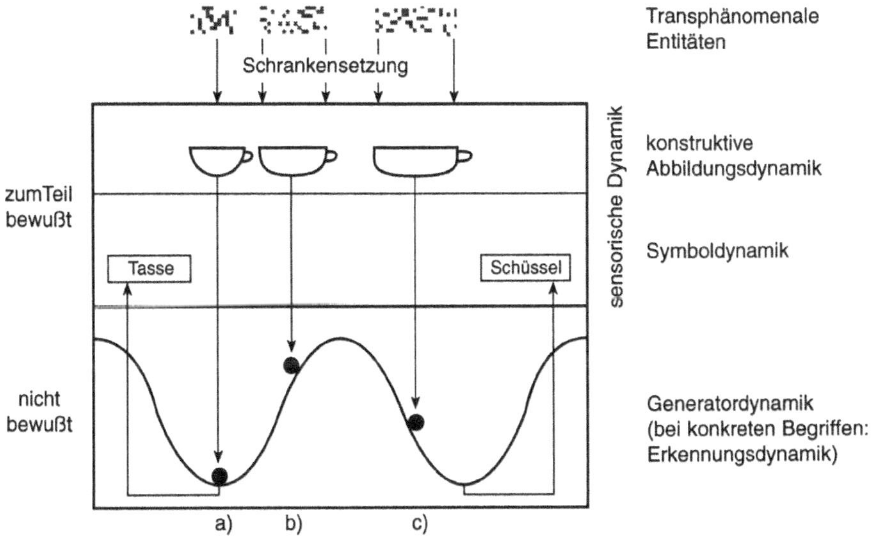

Abb. 7.5 Erläuterungen im Text

Mulde zu formen beginnen. So entsteht für jede Klasse von Gegenständen ein Attraktor, der für einen konkreten Begriff steht. Innerhalb dieses Attraktorbassins fallen die Kugeln natürlich auch wieder am Ort der typischsten Merkmalsausprägungen am häufigsten und erzeugen dort den Tiefpunkt der Mulde. Dieser Punkt entspricht dann dem Prototyp; hier ist das dynamische System des Begriffskörpers am stabilsten. Zu den Rändern des Attraktor-Bassins hin nimmt die »Typikalität« dann ab, um es mit den Worten von Rosch zu sagen. Sensorische Begriffsbildung läßt sich also als Formung von Attraktoren verstehen, wobei als Durchschnitt aller wahrgenommenen Muster ein Prototyp entsteht, der dem stabilsten Punkt des Attraktors entspricht.

So bildet der in Abb. 7.5 a dargestellte Gegenstand den Prototyp des Begriffs »Tasse«. Das in Abb. 7.5 b gezeigte Gefäß würden wir, *mit einem unguten Gefühl* wohl auch noch als Tasse klassifizieren, aber als eine »schlechte« Tasse. Unter Akkommodation des Schemas »Tasse« kommt es hier zur Assimilation des »verzerrten« tassenartigen Gefäßes. Deformieren wir das Gefäß nun noch weiter, wird der dynamische Begriffskörper »Tasse« vollends instabil und die Erkennungsdynamik läuft den Attraktor »Schüssel« an (Abb. 7.5 c).

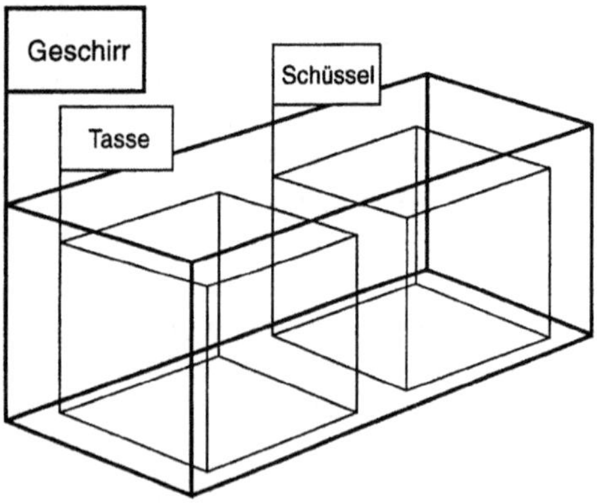

Abb. 7.6 Erläuterungen im Text

Soviel zur Bildung konkreter Begriffe; wie kann man sich nun die Entstehung *abstrakter Kategorien* vorstellen? Mindestens zwei wichtige Charakteristika wären dabei zu repräsentieren: zum ersten die fortbestehende prototypische Organisation; zum zweiten die damit einhergehende, von Esther Thelen so betonte Verbundenheit einer abstrakten Kategorie mit der Historie ihres Herauswachsens aus konkreteren Kategorien. Beides wird von der Vorstellung einer *Enkapsis* eingefangen, einer räumlich-hierarchischen Verschachtelung konkreterer und abstrakterer Begriffe. »Tassen und Teller sind Geschirr«, hört das Kind immer wieder. Es wird nun ein neuer Begriffskörper mit der Wortmarke »Geschirr« geschaffen, der die Körper von »Tasse« und »Teller« enkapsuliert (vgl. Abb. 7.6); später kommen noch die Körper von »Salzstreuer«, »Kaffeekanne« usw. hinzu. Am häufigsten aber hört das Kind »Tasse« und »Teller« im Zusammenhang mit »Geschirr«, sie bekommen eine zentrale prototypische Stellung. Wird das Kind nun gefragt »Was ist Geschirr?«, kommt es nicht etwa zum Abrufen eines autonomen, instruktionistisch gespeicherten Merkmalssatzes wie: »Haushaltsgegenstände, die ...« ... könnten Sie fortsetzen, ohne wenigstens kurz zu überlegen? Vielmehr wird der Begriffskörper von »Geschirr« aktiviert. Gibt es keine verzerrenden Einflüsse, wie etwa eine Kaffeekanne im Gesichtfeld, nimmt dieser spontan seinen stabilsten Zustand als dynamisches System ein. Dabei werden nun gerade die Prototypen aktiviert und das Kind antwortet in der Regel: »Tassen und Teller«.

In dieser Weise kann man sich die Gesamtheit der mentalen Modelle eines Menschen als eine sehr komplexe und differenzierte Enkapsis dissipativer Systeme vorstellen, die die Körper konkreterer und abstrakterer Begriffe bilden. Diese hochkomplexe Enkapsis emergiert bei Aktivierung aus einem komplizierten System konservativer Schranken (der synaptischen Matrix) und stabilisiert sich dabei zusätzlich durch wechselseitiges Aufeinander-Wirken ihrer Elemente als dynamische Schranken. Jeder dieser Begriffskörper entspricht einem Attraktor im Phasenraum und wird von einem Ordner bzw. Ordnungsparameter reguliert. Abstrakt-mathematisch resultiert eine Hierarchie von Ordnungsparametern, die kooperieren, konkurrieren, sich wechselseitig versklaven und dabei auch deterministisches Chaos erzeugen können. Übergeordnete Ebenen können auf untergeordnete als Kontrollparameter wirken und ihre Dynamik steuern. Denkprozesse entsprechen nun mehr oder weniger komplexen strukturellen Phasenübergängen in dieser Enkapsis. Lediglich der »Brennpunkt« dieses Geschehens gelangt über die Aktivierung der zugehörigen Symboldynamik ins Bewußtsein; die übrige am Umstrukturierungsprozeß teilnehmende Dynamik wird quasi nur latent aktiviert und bleibt unbewußt. Der primäre Denkprozeß ist damit ein weitgehend im Unbewußten ablaufender außerordentlich komplexer Vorgang. Lediglich sein Verlauf und Ergebnis teilt sich dem Bewußtsein in hochkomprimierter Form als Symboldynamik mit – mehr könnte es aufgrund seiner »Kanalenge« auch gar nicht »fassen«. Im Bewußtsein finden lediglich übergeordnete Bewertungs-, Kontroll-, und Steuerprozesse statt – unter wesentlicher Beteiligung des SBS/AEC. Darauf wird im nächsten Abschnitt noch einzugehen sein.

Das ist die Grundvorstellung, die wir nun in einigen Aspekten noch verfeinern wollen. Auch dies wird ihr freilich nicht den Charakter einer groben Vereinfachung nehmen können. Wie bereits festgestellt, sind unsere Begriffssysteme oft nicht sauber hierarchisch organisiert. Es gibt vielfältige »Überschneidungen« und »Überlagerungen«, die in unserer einfachen geometrischen Vorstellung nicht abbildbar sind. Eine solche räumlich-geometrisch definierte Enkapsis werden wir im Gehirn wohl auch nicht finden. Die unter 6.6.4. referierten neurophysiologischen Befunde lassen eher etwas wie eine zeitcodierte »Resonanz-Hierarchie« vermuten. Ein weiteres kommt hinzu: In der bisher entwickelten Vorstellung gibt es keine Bedeutung als verselbständigte Entität. Die Bedeutung eines Begriffskörpers ist hier quasi *implizit* und ergibt sich schlicht aus seinem Ort im System aller übrigen Begriffskörper und den funktionellen Beziehungen, die daraus aktual emergieren. Bedeutung ist »the place of anything in a system«, genauer: »the meaning of anything has been grasped if it has been understood as related to other things or as having its place in some system as a whole«, wie es Ogden & Richards schon im Jahre 1923 (S. 196, zit. nach Stadler & Kruse 1995, S. 12) formuliert haben. (»Ein Fahrrad ist eben ein Fahrrad – ich weiß, wo ich es finde und wie ich damit umzugehen habe – das genügt doch, oder?«) *Explizite* Bedeutung als Satz definierender Merkmale kommt nur dort in die Welt, wo über diesen Ort eines Begriffs im System der anderen Begriffe auf einer Metaebene nachgedacht wird und die basale Enkapsis nun in einer »Meta-Enkapsis« zur Abbildung kommt. Dabei wird nun für jedes dieser definierenden Merkmale ein eigener dynamisch-dissipativer Begriffskörper erzeugt. Dies ist ein mühevoller, passagerer und im Alltagsdenken seltener Vorgang. Er kommt zumeist zur Neustrukturierung der basalen Begriffsebene zum Einsatz, wenn deren unreflektiert-automatisiertes Funktionieren Störungen zeigt, die auf falschen kategorialen Zuordnungen beruhen. Danach lösen sich diese »Reparatur-Metastrukturen« oft auf und werden vergessen. Sie werden nicht mehr gebraucht, sobald ein Begriff als ganzheitliches Element seinen Platz in einem dynamischen Schema gefunden hat und dieses Schema »funktioniert«.

Es fiel der erläuterungsbedürftige Begriff »dynamisches Schema«. Schemata sind Wissensstrukturen von einer gewissen Komplexität und Abstraktheit, die auf bestimmte wiederkehrende Aufgabentypen oder Verhaltenssituationen wiederholt anwendbar sind. Die auf Minsky zurückgehende instruktionistische Schematheorie versteht dabei Schemata als starre Strukturen, die jederzeit explizit-vollständig und im Kern unverändert im Speicher vorliegen und abgerufen werden können. Dem leidigen Problem der Anpassung an variierende Bedingungen wird mit der Vorstellung von aktuell zu besetzenden »freien Plätzen« (»slots« – Schlitze) begegnet. Das in diesem Kontext zu entwickelnde *emergentistische Schemakonzept* knüpft dagegen an die Vorstellungen Piagets sowie an das bereits erläuterte Prinzip der emergentistischen Informationsspeicherung an. Aus dieser Sicht handelt es sich bei einem Schema um eine dynamische Struktur, die als aktualer dissipativer Evolutionsprozeß aus unvollständig speichernden konsvervativen Schrankensystemen in einem konkreten Aufgabenzusammenhang emergiert und sich dabei kraft ihrer intrinsischen autoregulativen materiellen Elastizität adaptiert (auf der Ebene der Generatordynamik). Der Prozeß wird quasideterministisch durch dynamische Schranken höherer Steuerungsebenen geführt, wobei dynamische Strukturen in den Prozeß einbezogen werden, die nicht zum Schema gehören, auf die das Schema »angewandt« wird (und die von diesem auch wieder durch dynamische Schranken abgegrenzt sind). Dieser Prozeß führt dabei mit hoher Wahrscheinlichkeit bei den nicht zum Schema gehörenden Strukturen zu einem bestimmten gewünschten Typ von Strukturtransformation in Form eines Phasenübergangs. Auf der Symbolebene erscheint die evolutive Stabilität des Gesamtprozesses als kognitive Konsonanz, als Lösung der Aufgabe.

Wichtig ist: Nirgendwo ist ein endgültig fertiges Schema vollständig abgespeichert. Die Emergenz des Schemas und der Prozeß seiner Anwendung ist ein unikaler Evolutionsprozeß, den es in genau dieser Form vorher nie gab und auch nie wieder geben wird. Gespeichert sind Randbedingungen, die die Wahrscheinlichkeit dafür erhöhen, daß ein bestimmter Evolutionsprozeß wiederholt den gleichen Attraktor erreichen kann, bzw. dieselbe Folge von Attraktoren durchläuft. Durch Lernen und Übung wird die synaptische Matrix als System stabilisierender konservativer Schranken optimiert. Aber selbst wenn dieses System optimal ist, kann die Führung der dynamischen Schranken durch interne oder externe Störeinflüsse so »unsauber« sein, daß die Evolution nicht ans Ziel kommt; auch können sich ihr plötzlich Hindernisse in den Weg legen, infolge struktureller Veränderungen an anderer Stelle. Gestern noch hatte ich einen mathematischen Beweis sicher verstanden zu haben geglaubt – heute sehe ich das Prinzip irgendwie nicht mehr; irgendein wichtiger Strukturumschlag findet einfach nicht statt.

Gleichwohl: Ungestört und konzentriert sind wir in der Lage, eine Vielzahl mentaler Evolutionen sicher und stabil über die »Bühne des Bewußtseins« zu führen, vom Berechnen von Routine-Mathematikaufgaben über das fehlerlose Aufsagen langer Gedichte bis zum unbeteiligten Ablesen von Nachrichten vom Teleprompter. Innerhalb bestimmter Grenzen werden so auf den Symbol- und Makroebenen quasiidentische Symbolfolgen generiert. Auf den Generator- und Mikroebenen freilich kommt es immer zu Variation und Fluktuation. Wenn man den gleichen Satz fünfmal hintereinander ausspricht, ist dies kein wirklich identischer Vorgang. Die Stimmung, die erzeugten vielfältigen Assoziationen, die Geräuschkulisse – all dies variiert und fluktuiert ständig. Bei Systemen mit Chaos-Komponente kann sich dies dramatisch aufschaukeln: Fluktuationen können jederzeit in einem nur latent-assoziativ mitaktivierten Strukturbereich der Generatordynamik zu größeren Strukturumschlägen führen, die dann sofort die Aufmerksamkeit auf sich ziehen: Es wird ein Rechenfehler gemacht; die Nachrichten-Frau verspricht sich; oder man kommt mit der identischen Satzreproduktion nur bis Satz drei, weil man einen wichtigen »Einfall« hatte. Und auch auf der Symbolebene finden wir eben nur *Quasi*-Identität: die Variationen von Sprechtempo und Sprachrhythmus, von Betonung, Aussprache und Stimmfarbe sind erheblich. Hier schlagen einerseits o.g. Variationen auf Ebene der Generatordynamik durch, andererseits unterliegen die dissipativen Symbolerzeugungsdynamiken selbst intrinsischen Fluktuationen.[1]

Was für die starren Schemavorstellungen der instruktionistischen Psychologie gilt, trifft auch auf ihre starren Vorstellungen von semantischen Begriffsverknüpfungen zu. Kognitive Psychologie und Psycholinguistik versuchen, den Wissensbesitz von Menschen mittels *semantischer Netze* zu kartieren und diese dann im Speicher von Computern zu implementieren. Es entsteht dabei der Eindruck, daß eine Assoziation zwischen zwei Begriffen im Sinne einer starren, dauerhaft eingerichteten »festen Verdrahtung« vorzustellen sei. Natürlich gibt es in den Kernbereichen unserer mentalen Modelle eine Fülle sehr stabiler Beziehungen zwischen Begriffskörpern. In unserer Modellvorstellung ergibt sich das aus der relativ stabilen Struktur der Kernbereiche unserer Enkapsis, die immer wieder auf einer Metaebene gespiegelt werden können. Fassen wir sie als »Resonanz-Hierarchie« auf, kann man sich darüber hinaus viele relativ stabil »eingestimmte« Querverbindunen denken. Aber selbst diese stabilen Verbindungen sind natürlich mit der gesamten Enkapsis *aktual-emergent* und etablieren sich nur mit einer hohen Wahrscheinlichkeit. Der Name einer Person, dessen ich mir seit Jahren gewiß bin – manchmal fällt er mir einfach nicht ein. Stabilität ist hier nicht das Typische, nicht das Wesen der Dinge. Das Gehirn arbeitet in der Nähe von Instabilitätspunkten, wie Haken, Stadler, Kelso und andere immer wieder betonen. In den peripehereren Feinstrukturen unserer mentalen Modelle sind Assoziationen überwiegend passagere ad-hoc Konstruktionen. Begriffe mit unscharfen Grenzen ordne ich je nach Tätigkeitszusammenhang heute hier und morgen dort zu. Je nachdem, welche Bereiche meines mentalen Modells in Abhängigkeit von meiner Voraktivität noch latent aktiviert sind, stelle ich heute diese und morgen jene Assoziationen zu einer bestimmten Kategorie her. Ganz sicher spielen hier zufällige Fluktuationen eine große Rolle – vorstellbar vielleicht als spontane Frequenzschwankungen, die ein Fluktuieren der Resonanzen nach sich ziehen. Für das kreative suchend-probierende Denken ist ein solches zufälliges Assoziieren nachgerade konstitutiv. Beispielsweise assoziiere ich just in diesem Moment Abb. 5.5 a. Die hier induzierten fluktuierenden Strukturbildungen in der Wahrnehmung könnten ein anschauliches Modell dafür sein, was mir gerade »vorschwebt«. Gewisse Strukturisomorphien haben offenbar zu Resonanzen geführt. Als ich gestern über dieses Thema nachdachte, hatte ich diese Assoziation nicht.

---

[1] Es ist wichtig, dies zu betonen. Bei oberflächlicher Betrachtung könnte es scheinen, zwischen der linearen Erzeugung von Symbolketten durch einen Menschen und einen Computer gäbe es keinen wesentlichen Unterschied. Wenn ich auf Informationsaufnahme eingestellt bin, ist es für mich auch subjektiv ziemlich gleichgültig, ob ich die Nachrichten vom Computerterminal ablese oder sie von einer Sprecherin höre. Was mir dabei nicht zu Bewußtsein kommt, ist dies: Beim Hören der Sprecherin müssen meine Perzeptionsdynamiken sehr intensiv adaptieren, um o.g. Sprachvariationen zu kompensieren, was bei der Kommunikation mit dem Computer nicht nötig ist. Kurz: anders als beim Computer – und dies ist eben ein fundamentaler Unterschied – ist beim Menschen jeder psychische Prozeß ein unikaler Vorgang; es gibt hier nur Quasiidentität. Aus dem Alltagsbewußtsein wird dieser dramatische Unterschied »herausgedämpft« durch die unerhörte Adaptationsfähigkeit unserer Erkennungsdynamiken. Würde all dies bewußte Anstrengung erfordern – kein Mensch würde wohl auf die abstruse Idee kommen, die Arbeitsweise des Gehirns sei in irgendeinem Sinne mit der Arbeitsweise eines Computers vergleichbar.

Bei der Besprechung der Morphogenese hatten wir drei grundlegende Wechselwirkungsprizipien zwischen Schranken und Dynamik extrahiert, die sich auf den folgenden Evolutionsstufen wiederfanden: Quasiidentische Widerherstellung, quasideterministische Führung durch »enge« Schrankensetzung und Neukreation dissipativer dynamischer Strukturen. Im bisher Gesagten kann man das Wirken der beiden ersten Prinzipien wiedererkennen. Auf die Wirkung des dritten Prinzips ist nun noch einzugehen. In Abb. 7.5 wurde bereits gezeigt, wie ein dynamischer Begriffskörper durch kontinuierliches Verschieben der Schranken instabil wurde und sich ein neues, besser passendes dissipatives System organisierte. Ich schlage vor, dieses Prinzip hypothetisch auf höhere Integrationsebenen des kognitiven Prozesses zu extrapolieren. Wenn also ein dynamisches Schema in der Anwendung auf eine bestimmte Aufgabe instabil wird, seine Akkommodationsnorm überschritten wird, kommt es zur dissipativen Selbstorganisation eines neuen Schemas. Vielleicht springt das System dabei in den vorbestehenden Attraktor eines anderen schon eingeübten Schemas, oder es wird ein völlig neues Schema organisiert. Es scheint auch möglich zu sein, quasi durch massiven willkürlichen Druck dynamischer Schranken, komplexere Modellstrukturen undifferenziert zu destabilisieren um sie in einen Prozeß der Neuorganisation zu treiben. Kommen wir in Auseinandersetzung mit einem bestimmten Problem nicht weiter, dann strengen wir uns irgendwie (auch körperlich) an und oft kommt dann plötzlich die Lösung irgendwie aus dem Unbewußten hoch. Ich erinnere an Auguste Rodins Plastik »Der Denker« und an die hier vertretene These, daß sich die Generatordynamiken des begrifflichen Denkens von den Dynamiken der Willkürmotorik abgespalten haben. All dies vollzieht sich auf der unbewußten basalen Ebene der Generatordynamik. Gleichwohl können wir diese Prozesse der Struktur-Neuintegration bewußt fördern, indem wir von einer Metaebene aus Heuristiken zum Einsatz bringen um »gezielter« zu probieren: Elemente eines Schemas werden deaktiviert und dafür andere aktiviert und integriert, bestimmte Suchregionen, die nach Meta-Kriterien erfolgversprechend scheinen, werden bevorzugt aktiviert usw. Der eigentliche Strukturumschlag aber ist immer eine nicht intendierbare und unvorhersagbare Überraschung: eben ein Produkt der Selbstorganisation auf der unbewußten Generatorebene des Denkens. Kein Mensch entzündet sozusagen seine Erleuchtungen selbst.

Bis hierher haben wir versucht, eine grobe Vorstellung der dissipativen Dynamik elementarer Denkoperationen vorwiegend auf der unbewußten Generatorebene zu gewinnen. Diese Dynamik teilt sich quasi in komprimierter Form dem symbolischen Level mit: Infolge der Skaleninvarianz der dynamischen Gesetze (vgl. Abb. 6.38) finden wir auch auf höheren Integrationsebenen im Zusammenhang mit komplexen Umstrukturierungen unserer mentalen Modelle die Prinzipien der Synergetik in der Dynamik der Symbolbewegung wieder.

»In unserem Gehirn findet eine Art Phasenübergang statt, vieles vorher Unzusammenhängende erscheint plötzlich als etwas sinnvoll Geordnetes, das quälende Nachdenken macht plötzlich einer befreienden Gewißheit Platz. Lange schon hat die neue Erkenntnis in uns geschlummert, plötzlich kommt sie aber wie eine Erleuchtung über uns... Durch eine Fluktuation (»Die Erleuchtung«) entsteht ein neuer Ordner (also die neue Idee), dem es dann gelingt, sich die einzelnen Aspekte unterzuordnen und zu korrelieren, zu versklaven. Dies alles geschieht aber wieder völlig selbst organisiert – auch unsere Gedanken organisieren sich selbst zu neuen Einsichten, zu neuen Erkenntnissen« – so formuliert es Hermann Haken (1984, S. 195). Die Kompatibilität dieser Vorstellungen zu den Schilderungen des produktiven Denkens durch Duncker und Wertheimer in Kapitel 4 fällt ins Auge.

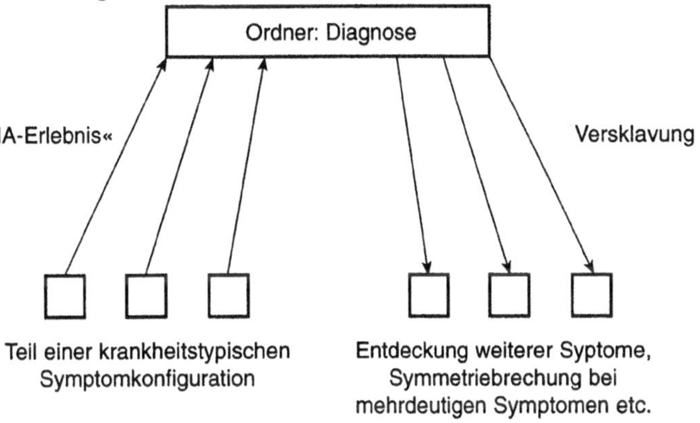

Abb. 7.7 Erläuterungen im Text

Betrachten wir als Beispiel einmal das Finden einer Diagnose durch den Arzt (vgl. Abb. 7.7). Der Arzt grübelt über den Symptomen des Kranken, bis sich ein Teil dieser Symptome zu einem krankheitstypischen Muster formt. Das führt, verbunden mit einem positiv-emotionalen Aha-Erlebnis zum Generieren einer Diagnosehypothese als Ordner, der nun den weiteren kognitiven Prozeß versklavt: Weitere krankheitstypische Symptome werden aufgedeckt, die Symmetrie mehrdeutiger Symptome wird zugunsten der Diagnose gebrochen usw. Beim Auftreten nicht integrierbarer Befunde und Symptome kann der Ordner natürlich wieder instabil werden, und das System stabilisiert sich nach einem Phasenübergang im Attraktor einer anderen Diagnose erneut. Der Gesamtprozeß zeigt wieder die schon vielfach beschriebene charakteristische stochastische Dynamik: starke Fluktuationen (Probieren), labile Grobordnung, stabilisierte Feinordnung (die nun gedankliche Fluktuationen immer stärker versklavt und herausdämpft). In neueren Arbeiten weist Haken (1996, S. 276 ff.) die Parallelen zwischen Mustererkennung und Entscheidungsfindung im Detail auf.

Auch Stadler & Kruse (1990) interpretieren Aha-Erlebnisse und plötzliche Einsichten als synergetische Phasenübergänge im mentalen Modell. Sie verweisen in diesem Zusammenhang auf das lange bekannte Phänomen der gestufen, Plateaus zeigenden Lernkurven. Diese Stufen lassen sich als jene »Integrationsschübe« deuten, in denen Teilbereiche des mentalen Modells in einem Phasenübergang eine neue stabilere und synergere Ordnung zueinander finden.

Es gibt einen langen Streit in der Psychologie zwischen Anhängern des Konditionierungslernens und Verfechtern des Einsichtlernens. Noch immer nimmt in den Standardlehrbüchern der Pädagogischen Psychologie die Darstellung des Konditionierungslernens sehr breiten Raum ein. Im Zusammenhang mit dem Methodenprimat der akademischen Psychologie ist dies sicher der Tatsache geschuldet, daß in Form des »Reflexbogens mit Hebb-Synapse« ein neurowissenschafliches Modell für diese Lernform vorliegt. Im Rahmen der hier entwickelten Gesamtvorstellung wird nicht geleugnet, daß es auch beim Menschen auf der Ebene der primären Antriebe Konditionierungslernen gibt. Und auch das Einsichtlernen kann natürlich durch Belohnungen im Sinne einer extrinsischen Motivation gefördert (aber auch behindert – McGraw 1978) werden.

Mit der Dynamik der kognitiven Strukturbildungen selbst jedoch hat dies nichts zu tun. Die für den Pädagogen relevanten Prozesse des Lernens sind überwiegend Formen des Einsichtlernens auf der Basis dissipativer Strukturbildungsdynamik. Vor dem Hintergrund neuerer neurowissenschaftlicher Fakten wurde in diesem Kapitel das Prinzip der episynaptischen Evolution elaboriert (vgl. Tab. 3 unter 6.6.4.). Im Zusammenhang mit der Interpretation funktioneller neuronaler Strukturen als dissipative Strukturen im Sinne der Synergetik und unter Hinzunahme des Phasenübergangs-Konzepts scheint damit nun auch *für das Einsichtlernen eine neurophysiologische Basis umrissen.* Sollte dieser Denkansatz auch weiter Bestätigung finden, wäre das ein wichtiger theoretischer Schritt, das Erbe des Behaviorismus endgültig zu überwinden.

Die Ausführungen dieses Abschnitts erheben keinen Anspruch auf Vollständigkeit, Systematik, letzte begriffliche Exaktheit oder gar Gültigkeit in jedem Detail. Es sollte eine Intuition davon entstehen, wie Denken als *organischer Prozeß* ablaufen könnte: als Selbstorganisationsdynamik einer komplexen Enkapsis dissipativer Strukturen, die konkretere und abstraktere Begriffe verkörpern. Dies ist die handhabbare Vorstellung, die wir mit in die nächsten Kapitel nehmen wollen. Sie enthält die zum Verständnis höherer emotional-motivationaler Prozesse wesentlichen Aspekte.

Nimmt sich dies nun bescheiden aus gegen die bändefüllenden »exakten« Darstellungen der Informationsverarbeitungs-Psychologie mit ihren beiden »Wahrzeichen«, dem Informationsfluß-Schema und dem semantischen Netz?

Was sagen die in unökologischen Experimentalsituationen elaborierten Informationsfluß-Diagramme denn wirklich über die Natur unseres Denkens? Wohl nicht viel mehr, als eine arbiträre, vorgefertigte Gußform über die Natur einer fluiden Masse verrät, die darin erstarrt ist. Und was sagen die semantischen Netze denn wirklich über die Natur unseres dynamischen Wissensbesitzes? Wohl nicht viel mehr, als die Wetterkarte von heute über die Natur der atmosphärischen Klimageneratoren mitteilt. Mir stünde nicht zu, es so zu formulieren, wie der namhafte Psychologe Dietrich Dörner es mit Bezug auf die Begriffsbildungsforschung im Rahmen der Denkpsychologie tut, an der er selbst einmal beteiligt war: »Jenseits einiger kleiner Befunde, die ... bedeutsam sind, hat sich die ganze Forschungsrichtung als l'art pour l'art erwiesen, und es würde m.E. nicht viel fehlen, wenn man die vielen tausend Publikationen auf diesem Gebiet einfach vergessen würde« (1983, S. 21).

Vor dem Hintergrund des Gesagten sollte deutlich sein, daß man kaum eine Chance hat, Denken zu verstehen und zu erklären, wenn man es auf einen immateriellen Prozeß der Symboltransformation reduziert. Die oben angestellten Überlegungen mögen noch so vage und unfertig sein, aber sie könnten wichtigen Aspekten *des Wesens* der in Rede stehenden Prozesse doch recht nahe kommen. Wenn wir das menschliche Denken wirklich verstehen wollen, haben wir keine Wahl: Wir müssen die oben aufgezeigten Forschungsansätze weiterverfolgen und Denken als einen materiellen Evolutionsprozeß in Theorie und Modell abbilden. Und eines sollte heutigentags auch klar sein: Der (Alp-)traum von einer »Planetenbahnen-Nomothetik« des menschlichen Denkens, der hier oder dort immer noch heimlich geträumt werden mag – er kann endgültig begraben werden. An der Quelle menschlichen Denkens und Verhaltens spielt chaotische Dynamik eine wesentliche Rolle. Menschliches Denken und Verhalten wird immer so launisch und langfristig unberechenbar bleiben, wie das Wetter, und zwar aus tiefliegenden prinzipiellen Gründen. Minimale Zufallseinflüsse können zu dramatischen Verhaltenskonsequenzen führen. Die Einschätzung eines Menschen bedarf komplexerer Fähigkeiten als nur des logischen Schlußfolgerns; es wird immer eine intuitive Kunst bleiben, und das ist auch gut so. Und letztlich kann man sich auch dem Phänomen »Intuition« wissenschaftlich annähern und die Bedingungen erfassen, unter denen sie an Kraft und Zuverlässigkeit gewinnt.

7.2. Psychosynergetik höherer emotionaler Prozesse

7.2.1. Rekapitulation: kurze Zusammenfassung von Teil I

Wir knüpfen nun wieder an den in Teil I des Buches gesetzten Ableitungszusammenhang an, gehen schrittweise zu höheren Integrationsebenen der Modellbildung über, binden dabei insbesondere die emotional-motivationalen Prozesse ein und nehmen insgesamt eine zunehmend makroskopische Perspektive ein. Zunächst jedoch seien die Argumentationen von Teil I kurz zusammengefaßt:

Im Verlaufe der Stammesgeschichte entwickelten sich als Organe tierlicher Verhaltensregulation bestimmte zentralnervöse Antriebsstrukturen, die wir hier als *primäre Antriebe* bezeichnen und die unter bestimmten Überformungen auch auf den Menschen überkommen sind (z.B. Nahrungsantrieb, Angstantrieb, Sexualantrieb, bestimmte sozialbezogene Antriebe, die auf Sozialkontakt, das Einnehmen einer hohen Rangposition u.a. gerichtet sind, usw.). Eingangsvariablen primärer Antriebe sind nach Ehrhardt antriebsbezogene Innenreize, zentralnervöse Potentiale und Außenreize. Ausgangsvariablen sind neben dem antriebsbezogenen Verhalten, antriebsbezogenen vegetativen Reaktionen und einer allgemeinen Aktivierung auch antriebsbezogene primäre Emotionen, die wir als wertend-aktivierende Vermittlungsinstanzen zwischen Kognition und Handlung verstehen. Diese primären Antriebe sind ihrem Wesen nach auf Homöostase gerichtet, und die von ihnen generierten primären Emotionen vollziehen eine statisch-resultative, objekt- bzw. zustandsbezogene Wertung auf der Basis eines Vergleichs des Ist-Zustandes mit genetisch fixierten Sollmustern. Eine Ausnahme hiervon bildet lediglich der vorwiegend in der Jugendphase durch Erzeugung eines Neugier- und Explorationsverhaltens aktive *Explorationsantrieb*: Er ist »triebgebunden« und nicht »objektgebunden« (Tembrock). Die auf dieser Ebene möglichen Prozesse des rezeptorischen und motorischen Lernens folgen den Prinzipien des Konditionierens; wie unter 6.6.2. gezeigt wurde, kann man sie als Selbstorganisationsprozesse verstehen.

Es kann kein Zweifel daran sein, daß sich das auf Grundbedürfnisbefriedigung (primäre Bedürfnisse) gerichtete menschliche Verhalten aus diesen Antriebsquellen motiviert. In der Literatur wird jedoch versucht, menschliches Verhalten generalisiert, auch in seinen höchsten schöpferisch-produktiven Formen in letzter Konsequenz auf diese Primärmotivationen (bzw. ihre kognitive Projektion) zurückzuführen, z.B. auf das geldvermittelte Streben nach bestimmten Objekten, auf das Streben nach sozialer Anerkennung, Sicherheit und Geborgenheit oder auf das Streben, anderen in Not befindlichen Gattungsgenossen zu helfen. Es wurde gezeigt, daß derartige extrinsische Motivationen als Erklärungsgrundlage keinesfalls ausreichen, wenngleich sie oftmals wichtige Begleitmomente sein mögen. Die höchsten Formen menschlicher produktiver Tätigkeit, z.B. in Wissenschaft und Kunst, sind hauptsächlich von einer *intrinsischen* Motivation, von Hingabe an die Sache selbst, an die Sache um ihrer selbst willen stimuliert. Viele heute berühmte Künstler und Wissenschaftler der Vergangenheit haben ihr Werk auch in

Situationen engagiert vorangetrieben, in denen nur wenig Hoffnung auf sozialen oder finanziellen Erfolg bestand. Für Motivationen dieser Art ist bisher keine plausible wissenschaftliche Erklärung gegeben worden. Es ist bis heute eines der faszinierendsten wissenschaftlichen Rätsel geblieben, wie die *biologische* Basis beschaffen ist, die *gesellschaftlich* gewordenen Inhalt in ein intrinsisch motiviertes Verhalten umzusetzen vermag. Auch die Zugrundelegung eines »human verwandelten« Neugier- und Explorationsbedarfs muß als Verlegenheitserklärung gewertet werden, da tierliches Explorationsverhalten aktualgenetisch, v.a. aber ontogenetisch eine andere Charakteristik und Dynamik aufweist, als menschliche schöpferische Aktivität.

Da also menschliches Schöpfertum aus den bis dorthin einsichtigen primären Antrieben nicht ohne weiteres erklärt werden konnte, mußte zunächst ein eigenständiges System *sekundärer Antriebe* mit entsprechenden *sekundären Bedürfnissen, Emotionen und Motivationen* postuliert werden, das sich offenbar erst *im Verlaufe der Tätigkeit* selbst herausbildet. Die möglichen Gegenstände sekundärer Bedürfnisse (von Tonkombinationen bis zu mathematischen Formeln) sind dabei derart vielfältig, daß die Basis dieser sekundären Bedürfnisbildung keinesfalls in bestimmten Objekt- bzw. Situationseigenschaften gesucht werden kann. Sekundäre Bedürfnisse können, so sagten wir, nur auf der Basis der Herausbildung einer bestimmten *allgemeinen Charakteristik des Tätigkeitsprozesses* entstehen.

Entsprechend unserer evolutionistischen Methode war nun zu fragen, ob es bei höheren Tieren bereits Keimformen sekundärer Bedürfnisse der oben genannten Charakteristik gibt, und man findet diese in der Tat. Bei land- und wasserlebenden Säugetieren mit hochentwickelter Willkürmotorik entstehen im motorischen Aktivitätsprozeß instinktanaloge Bedarfszustände nach dem Ausführen bestimmter gekonnter und energieökonomischer Bewegungskombinationen (bzw. nach dem Umgang mit in derartige gekonnte Bewegungen eingebundenen Objekten) was oft zu kunstvoll-artistischen Bewegungsspielen führt. Nach K. Lorenz liegt diesem Verhalten ein sogenannter »perfection-reinforcing mechanism« (PRM) zugrunde, der eine objektadäquate, flüssige und gekonnte Feinkoordination der Willkürbewegungen verstärkt und so die Möglichkeit für eine gelernte Vervollkommnung der Bewegung schafft. Das subjektive Phänomen dieses Bewertungsvorganges wird als »motorische Funktionslust« (Bühler) bezeichnet. In der Befähigung zum ontogenetischen Erwerb derartiger gekonnter Bewegungen, die sich durch hohe Schnelligkeit, Präzision, Stabilität und Energieökonomie auszeichnen und ohne Verzögerung durch Reaktionszeiten ablaufen können, liegt der evolutive Anpassungswert des PRM, der zu seiner Entstehung im Zusammenhang mit der Herausbildung von motorischem Lernen und Willkürmotorik führte. Entscheidend ist, daß die sich auf dieser Grundlage formierenden sekundären motorischen Bedarfszustände exakt die für die sekundären Bedürfnisse des Menschen geforderte Charakteristik aufweisen: Sie entwickeln sich im Verlaufe der Tätigkeit auf der Basis der Herausbildung einer allgemeinen Prozeßeigenschaft, auf der Basis der Herausbildung von Gekonntheit, »perfection«.

Über derartige motorische sekundäre Bedürfnisse verfügt auch der Mensch; Tanz und Sport geben Zeugnis davon. Aus der Logik des Ableitungszusammenhangs ergab sich damit die Frage, ob in diesen motorischen sekundären Bedürfnissen der Schlüssel auch zum Verständnis der höheren – prima vista ja völlig andersartigen – sekundären menschlichen Bedürfnisse der Wahrnehmungs- und Denktätigkeit liegt, ob diese die Keimformen jener sein könnten. Es war also durch eine detailierte Analyse der motorischen Tätigkeit des Menschen zu ermitteln, was sich hinter dem vieldeutigen Begriff

»perfection« verbirgt. Hierbei wurden fünf phänomenologische Kriterien gewonnen, die wir unter den Begriff »*Synergität*« subsumierten. Anschließend wurde gezeigt, daß sich diese Prozeßkriterien auch auf Prozesse der Wahrnehmungs- und Denktätigkeit anwenden lassen und daß sie auch hier mit emotionalen Phänomenen einhergehen, die denen aus dem Bereich der Motorik analog sind. Zusammengefaßt sind es jene Momente des Tätigkeitsprozesses, bei deren Ausprägung ein positiv-emotionales Erlebnis resultiert:

a) hohe *Dynamik*, flüssiger, pausenloser Ablauf

b) hohe *Systemhaftigkeit*, d.h. Interdependenz der Subsysteme und Elemente (»Übersummativität«)

c) hohe *Komplexität* (bei geringer Komplikation, d.h. relative Einfachheit, »Prägnanz«)

d) hohe *Integration* der Subsysteme und Elemente zu einer *übergeordneten funktionellen Ganzheit* durch synergistische Beziehungen ((A) —1→ (B) ←1— (C))

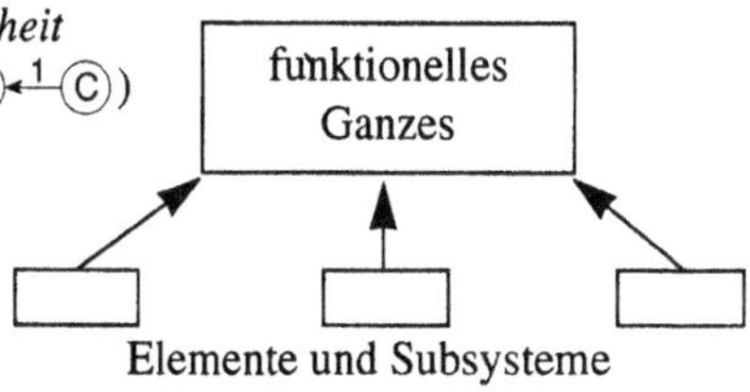

e) hohe *dynamische Stabilität* dieser Ganzheit, d.h. Anwendbarkeit auf veränderte Bedingungen (»Transponierbarkeit«, »Akkomodierbarkeit«), was dazu beiträgt, Maximalen Effekt mit minimalem Aufwand zu erreichen.

Je stärker die Momente a)–e) bei einem Tätigkeitsprozeß ausgeprägt sind, desto höher seine Synergität und desto stärker die positive sekundäre Emotion. Störungen, Spannungen, antagonistische Beziehungen ((A) —1→ (B) ←2— (C)) im Rahmen synerger Gefüge bezeichnen wir als »Dyssynergitäten«. Je größer die Dyssynergität (d.h. je größer die destruierte Synergität) desto stärker die negative sekundäre Emotion. Tätigkeitsprozesse, bei denen die Momente a)–e) wenig ausgeprägt sind, die sich durch adynamische Zerrissenheit, beziehungslose Additivität, Labilität und/oder geringe Komplexität auszeichnen, sind »asynerg« und damit sekundär emotionsneutral. Sekundäre, aus der Synergitätsbewertung resultierende Emotionen sind uns im subjektiven Erleben als im Vergleich zu primären Emotionen relativ wenig intensive Stimmigkeits- oder Unstimmigkeitsgefühle gegeben (mit Ausnahme sehr hoher Synergität im Zusammenhang mit hoher Komplexität).

Das Synergitätskonzept fokussiert auf hochabstrakte, dynamisch-strukturelle Prozeßaspekte. In Abhängigkeit vom Tätigkeitssystem (Motorik, Wahrnehmung oder Denken), von der Integrationsebene, auf der ein Tätigkeitsprozeß betrachtet wird sowie in Abhängigkeit vom konkreten Gegenstand der Tätigkeit resultieren die *unterschiedlichsten phänomenalen Realisierungsformen* von Synergität. Zur Erinnerung hier noch einmal kurz und schematisch einige Beispiele, die in Teil I ausführlich besprochen wurden.

Motorik:

Schema-Ebene:

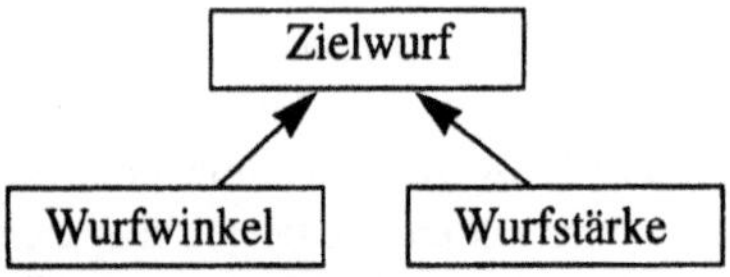

Je stärker die kompensatorische Integration, desto
- stabiler das Wurfergebnis (auch bei veränderten Wurfbedingungen)
- stimmiger das Bewegungserleben

Motorik und Wahrnehmung:

Subschema-Ebene und (wahrscheinlich) neuronale Ebene:

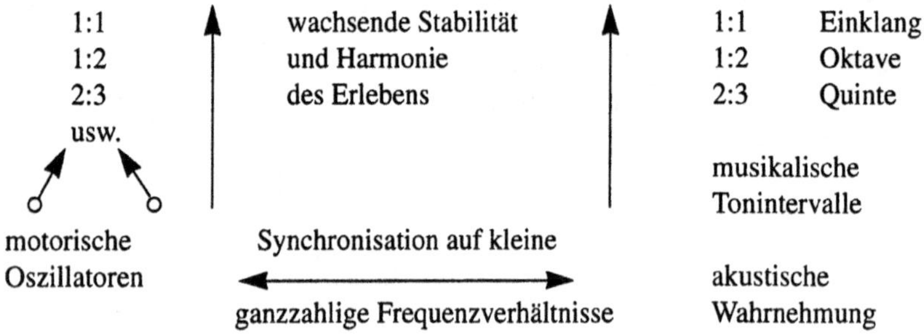

Denken:

Subschema-Ebene:

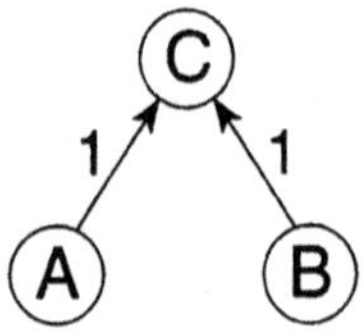

logische Widerspruchsfreiheit

= kognitive Konsonanz

= Synergität

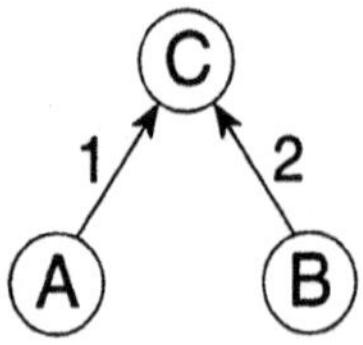

logische Widersprüchlichkeit

= kognitive Dissonanz

= Dyssynergität

Schema-Ebene:

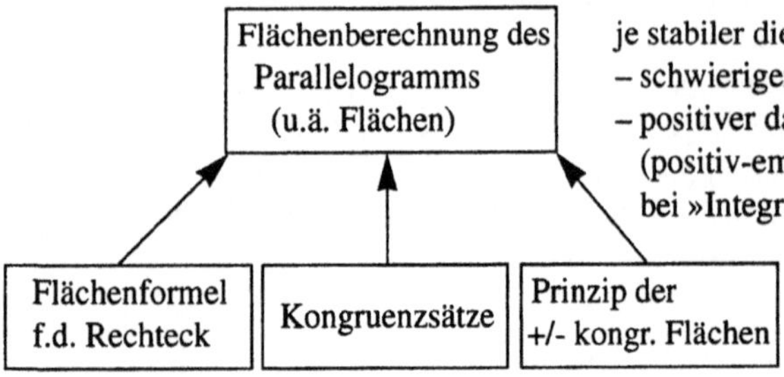

je stabiler die Integration, desto
- schwierigere Aufgaben werden lösbar
- positiver das emotionale Erleben (positiv-emotionale Aha-Erlebnisse bei »Integrationsschüben«)

Als eine der ergiebigsten Quellen bei diesen Untersuchungen hatten sich die Konzepte und Experimentaldaten der Gestaltpsychologen erwiesen. Mit dem Gestaltbegriff war ein hinreichend abstraktes Begriffsinstrument geschaffen, um dynamisch-strukturelle Gemeinsamkeiten zwischen Tätigkeitsprozessen aller Art abbilden zu können. Dabei war es ein konstantes Begleitergebnis gestaltpsychologischer Forschung, daß gute Gestalt in Motorik, Wahrnehmung und Denken mit positiven Emotionen verbunden ist. Der Synergitätsbegriff erweist sich damit als eine »prozessual modernisierte« Form des Begriffs der *guten Gestalt.*

7.2.2. Synergetische Reinterpretation des phänomenologischen Synergitätsbegriffs: Synergität ist evolutive Stabilität und Komplexität, evolutive Stabilität ist Überleben, und Überleben ist alles

Die Kriterien des Synergitätsbegriffs wurden durch abstraktive Verdichtung aus der Phänomenologie einer Vielzahl menschlicher Tätigkeitsprozesse extrahiert. Liegt diesem Aggregat von Kriterien über den besprochenen empirischen Zusammenhang zum emotionalen Geschehen hinaus ein tieferes Prinzip zugrunde?

»Synergität« ist »gute Gestalt« und Gestalten, so wurde in den vorangegangenen Kapiteln gezeigt, sind dissipative Strukturen bzw. synergetische Systeme. Und in der Tat: Synergitätsentwicklung beschreibt nicht nur die Tätigkeitsentwicklung, man kann sie ebenso als Phänomenologie der Selbstorganisation einer dissipativen Struktur lesen. Elemente und Subsysteme finden sich in einem dynamischen, probierend-fluktuativen Prozeß durch Ausbildung synergistischer Beziehungen zunächst zu einer labilen Grobordnung zusammen; unter der versklavenden Wirkung der sich formierenden übergeordneten funktionellen Ganzheit stabilisiert sich zunehmend eine komplexe Feinordnung. Die zufallsbestimmten Fluktuationen werden mit zunehmender Stabilität der Ganzheit herausgedämpft, externe Störungen werden immer besser kompensiert.

Die Frage konkretisiert sich: Welche der physikalisch-mathematisch definierbaren Eigenschaften einer dissipativen Struktur machen aus »Gestalt« »gute Gestalt«? Hinter welchen der Synergitätskriterien verbergen sich die physikalisch-mathematisch relevanten Parameter, sozusagen die unabhängigen Variablen, von denen die anderen Kriterien abhängig sind?

In einer ersten Annäherung scheinen mir dies folgende beiden Parameter zu sein:

1. *Komplexität*: Das Problem der formalen Beschreibung von Komplexität ist noch nicht endgültig geklärt. Eine Vielzahl quantitativer Komplexitätsbegriffe von Algorithmischer Komplexität bis zu Effektiver Komplexität konkurrieren miteinander (vgl. Gell-Mann 1994). Dieser Streit kann hier nicht entschieden werden; im Prinzip jedenfalls handelt es sich bei »Komplexität« um eine quantifizierbare und meßbare Größe. Im Rahmen unseres Ansatzes sollte zunächst ein qualitativer Komplexitätsbegriff genügen, der die Komponenten Quantität (wieviele Elemente?), Qualität (wieviele Arten von Elementen?) und Interdependenzgrad (wieviele Wechselwirkungen?) beinhaltet und sich auf folgende »Faustformel« bringen läßt: Komplexität = Quantität x Qualität x Interdependenz.
2. *evolutive Stabilität:* Der Begriff »(dynamische) Stabilität« ist an allen entscheidenden Stellen der vorangegangenen Kapitel immer wieder genannt worden. Zweifellos handelt es sich hierbei um *den zentralen Begriff* innerhalb des Synergitätskonzeptes.

> Ob ein motorischer Akt gelingt, eine Wahrnehmung als zuverlässig empfunden wird oder ein Denkvorgang zu einer Problemlösung führt (sensu Nicolis), all dies steht und fällt mit der evolutiven Stabilität des Tätigkeitsprozesses als synergetisches System. Stabilität impliziert hier in keinem Sinne Starrheit oder Statik; es geht um die *dynamische* Stabilität von Prozessen. Die Tätigkeitssysteme müssen permanent an variable Bedingungen adaptieren oder sogar neue Strukturen generieren. Um dies jederzeit leisten zu können, arbeitet das Gehirn in der Nähe von Instabilitätspunkten. Wir haben uns hochdynamische Prozesse ständigen punktuellen Verlustes und globalen Wiedergewinns von Stabilität auf einer höheren Integrationsebene vorzustellen. Wegen dieses oft sehr flüchtigen Charakters jener Momente perfekten Gelingens benötigen die Steuerungsinstanzen höherer Nervensysteme, die auf der Basis freier episynaptischer Dynamik arbeiten, einen untrüglichen Instinkt gerade für die *Stabilitätspunkte* dieser Prozesse. Nicht nur für baumlebende Affen mit ihrer artistischen Klettermotorik hängt am schnellen und sicheren Auffinden dieser Stabilitätspunkte nicht selten das Leben.

Komplexe dissipative Strukturen, die sich zu hoher dynamischer Stabilität organisiert haben, weisen dann phänomenal oft Merkmale auf, die wir mit dem etwas unscharfen Terminus »Prägnanz« umschreiben. *Prägnanz wird hier als phänomenale Resultierende konzipiert, die sich bei der Stabilisierung komplexer Strukturen durch die notwendige Integration ergibt.* Auch in neueren gestalttheoretisch orientierten Arbeiten wird Prägnanz auf Stabilität zurückgeführt (Kanizsa & Luccio 1990, Zimmer 1991, auch Stadler & Kruse 1994).

Wie schon bei Komplexität handelt es sich auch bei evolutiver Stabilität um eine objektive Systemeigenschaft, die man im Prinzip messen und quantifizieren kann. So ließ sich im Rahmen der oben referierten Experimente Kelsos die Stabilität motorischer Koordinationen erfolgreich abschätzen, indem die Fluktuationsstärke der Ordnungsparameter gemessen wurde.

Nicht nur bei Prozessen menschlicher Tätigkeit, in jeder Sphäre der fraktalen Evolution *ist evolutive Stabilität ein Synonym für Überleben.* Ich könnte mir vorstellen, daß es sich bei diesem Parameter um so etwas wie den »Grundwert der Evolution«, um eine Art »frei konvertible Währung« des Universums handelt. Ich glaube, daß sich in letzter Instanz »Wahrheit«, »Schönheit« und »das Gute« auf evolutive Stabilität zurückführen lassen. Und genau für diesen Parameter sind wir über die Synergitätsbewertung sensibel geworden. Die Evolution des Fühlens führte zum Fühlen der Evolution.

Komplexität und Stabilität, damit Synergität sind Elemente der skaleninvarianten Hybridsprache der Synergetik. Es handelt sich um Eigenschaften, die über die physiopsychische Grenze hinweg den Zustand des Gesamtsystems charakterisieren, die also dem »neuralen Zentrum« und der »phänomenalen Peripherie« des Tätigkeitssystems in gleicher Weise eignen. Wie die oben rekapitulierten Beispiele zeigten, kann hohe Synergität je nach betrachteter Ebene, je nach Bereich und Gegenstand der Tätigkeit in phänomenal höchst unterschiedlicher Weise figurieren. Diesen permanenten Formenwechsel allzeit sicher mitzuvollziehen, stellt zweifellos höchste Anforderungen an das Abstraktionsvermögen. Abb.7.8 will bei der Rekonstruktion dieser Zusammenhänge helfen.

Vor dem nunmehr gewonnenen theoretischen Hinterland ist ein entscheidender, in Teil I bereits wiederholt vorgetragener Gedanke um so leichter nachzuvollziehen. Wie eine Synergitätsbewertung motorischer Prozesse in der Phylogenese entstehen konnte, ist unmittelbar einsichtig – wir hatten den Argumentationsgang, der Konrad Lorenz zum

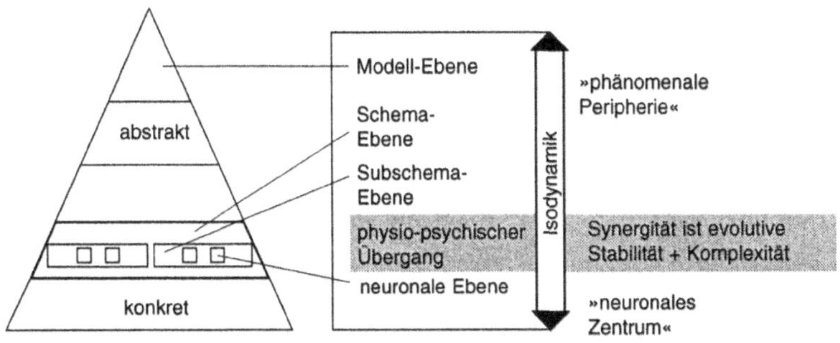

Abb. 7.8 Erläuterungen im Text

Konzept des PRM führte, oben kurz rekapituliert. Wie es nun aber phylogenetisch zu einer Synergitätsbewertung im Zusammenhang mit der Denktätigkeit oder gar der Wahrnehmungstätigkeit kommen konnte, ist prima vista völlig unerklärlich – ein zur Willkürmotorik analoger Argumentationsgang müßte hier scheitern. Anders als in der Motorik hat nämlich Synergitätsbewertung im Bereich der Wahrnehmung keinerlei biologisch relevante Funktion, mithin auch keinerlei evolutiven Anpassungswert. Inzwischen ist gezeigt:

1. Prozesse der Motorik, des Denkens wie auch der Wahrnehmung realisieren sich auf der Basis neuronaler dissipativer Strukturen und diese neuronalen dissipativen Prozesse sind in allen drei Bereichen gleichermaßen durch die Systemeigenschaften Komplexität und evolutive Stabilität, mithin Synergität gekennzeichnet.
2. Die Prozesse von Motorik, Denken und Wahrnehmung sind anatomisch und funktionell eng vermascht. Genetische Zusammenhänge, etwa zwischen Motorik und Denken sind wahrscheinlich.

Die Lösung drängt sich auf: Der PRM hat sich phylogenetisch zwar im Zusammenhang mit der Entwicklung der Willkürmotorik herausgebildet, als unvermeidlicher Nebeneffekt werden nun aber von seiner Bewertungsfunktion *auch Denk- und Wahrnehmungsprozesse miterfaßt.* Synergitätsbewertung in der Wahrnehmung ist also aus phylogenetischer Sicht ein funktionsloses Epiphänomen.

In diesem erweiterten Funktionszusammenhang bezeichnen wir den PRM als *Synergitätsbewertungssystem (SBS).* Das SBS vollzieht also eine Messung objektiver physikalischer Prozeßeigenschaften, die prinzipiell quantifizierbar sind (als Ergebnis einer natürlichen Abstraktion durch die Phylogenese). Diese Messung ist *absolut,* d.h. sie basiert nicht auf einem Vergleichsprozeß mit einem Sollmuster; und sie ist *aktual-antizipativ,* d.h. es erfolgt eine on-line Bewertung der zum jeweiligen Zeitpunkt aktuell-emergenten Tätigkeitsprozesse – es werden also keine »Emotionsschemata« über »Emotionsknoten« abgerufen oder abgespeichert. Auf das antizipatorische Moment wird unten noch eingegangen. In Teil I hatten wir auf die *phasische Bewertungscharakteristik* des SBS hingewiesen, die zur Adaptation bei gewohnten und automatisierten Prozessen führt. Das folgende Schema faßt noch einmal Wesentliches zusammen.

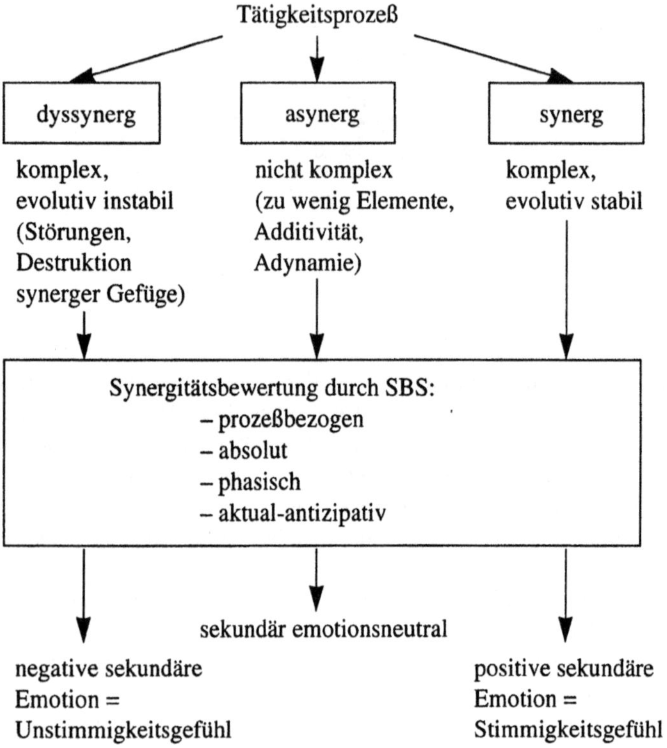

Wenn die hier abgeleitete Theorie im Grundsatz richtig ist, ermöglicht das SBS-Konzept eine einfache und elegante Interpretation folgender drei Phänomene:

1. *Intuition*
2. *ästhetisches Empfinden*
3. *intrinsische Motivation*

Darüber hinaus liegt es in der Logik des hier vorgetragenen Konzepts, dem SBS eine entscheidende Rolle bei der *Gedächtnisbildung* zuzusprechen.

Die ersten beiden Punkte können im folgenden nur sehr grundsätzlich abgehandelt werden; die Konsequenzen und Bezüge angemessen auszuloten, die sich für die Themen »Ästhetik« und »Kreativität« aus der psychosynergetischen Konzeption ergeben, hätte je eines eigenen, umfangreichen Kapitels bedurft und war im hier gesetzten Rahmen nicht mehr zu leisten. Einige wenige weiterführende Bemerkungen finden sich im Anhang.

7.2.3. Der Ariadnefaden im Komplexen: Intuition; das Zusammenwirken von Konkret-kognitivem und Abstrakt-emotionalem Code; die »Fokus-SBS-Einheit«

Konrad Lorenz sieht die Entwicklungsnotwendigkeit des PRM in der Befähigung zum willkürmotorischen Erwerb gekonnter Bewegungen. Fragen wir an dieser Stelle noch einmal in die Tiefe. Es gibt doch auch noch jene Instanzen, die Lorenz »Augenblicksinformation verwertende Mechanismen« nennt, also kurz, die bewußte Bewegungskontrolle. Wenn Sie beispielsweise langsam nach einer Kaffeetasse auf Ihrem Schreibtisch greifen, dann können Sie diese Bewegung vollständig bewußt kontrollieren. Warum gestatten uns diese Mechanismen nicht den Erwerb gekonnter Bewegungen? Erinnern Sie sich nun zurück an jene Zeit, da Sie das alpine Skilaufen erlernten und, sagen wir, einen mittleren Ausbildungsstand erreicht hatten. Stellen Sie sich vor, Sie schwingen gekonnt einen Hang hinab, der nun plötzlich sehr steil und etwas buckliger wird. Sie sind noch nicht in der Lage, sich hierauf sofort adäquat einzustellen und werden daher immer schneller. Nun geraten Sie aus dem Rhythmus und *spüren,* daß die Koordination instabil wird. Die bis jetzt weitgehend *gefühlsmäßige* Bewegungskontrolle aktiviert nun die bewußt-rationale Ebene: Es wird bewußt die Entscheidung getroffen, Abbremsmanöver einzuleiten. Dies bedeutet nicht, daß Ihnen, wie beim Griff nach der Kaffeetasse, eine vollständige bewußte Prozeßkontrolle möglich wird. Sie können lediglich punktuell »Schranken setzen«, um dem Evolutionsprozeß eine andere Richtung zu geben. Mit einer gewissen Wahrscheinlichkeit gewinnt Ihre Koordination die Stabilität zurück. Wann sie den Stabilitätspunkt erreicht haben, entscheiden Sie nun wieder nicht mittels bewußt-rationaler Kriterien. Sie kennen solche expliziten Kriterien gar nicht, und der ganze Prozeß läuft auch viel zu schnell, um irgendwelche bewußten Ist-Soll-Vergleiche durchführen zu können. Es ist vielmehr ein *Stimmigkeitsgefühl,* welches Ihnen sagt, daß Sie sich nun wieder selbstvergessen dem Rhythmuserleben hingeben können. Ich denke, daß dies noch einmal schlagend deutlich macht, wo das eigentliche Kernproblem liegt: in den begrenzten Kapazitäten unseres Gehirns zur bewußten simultanen Informationsverarbeitung. Aufgrund von Experimenten schätzt man die »Kanalbreite« unseres Bewußtseins auf ca. 7 bit, woraus sich eine Verarbeitungsleistung von ca. 126 bit pro Sekunde ergibt – nicht eben viel. Komplexe und schnelle Ganzkörperbewegungen wie das Skifahren und selbst das ganz normale Gehen können auf dieser Ebene nicht vollständig kontrolliert werden, der Hauptanteil dieser Prozesse läuft auf unbewußten Ebenen. Zurück zur einleitenden Frage: Um derartige schnelle gekonnte Bewegungen bewußt erwerben und kontrollieren zu können, müßte unser Bewußtsein also über eine um vieles größere Kanalbreite verfügen. Dann könnten wir so gezielt und kontrolliert Skifahren, wie wir nach der Kaffeetasse greifen und zwar »auf Anhieb«, ohne vorangegangene Skischule. Die Ironie dabei ist nur: Es würde dann keiner mehr Skifahren – dies machte dann keinen Spaß mehr. Wäre unser Bewußtseinskanal nicht so eng, gäbe es das Phänomen der eingeschliffenen gekonnten Bewegung und ihr Regulierungsorgan, den PRM gar nicht.

Die oben gegebene Schilderung macht darüber hinaus eines deutlich: Über die von Lorenz artikulierte ontogenetische Funktion des PRM im Rahmen des motorischen Lernens hinaus hat der PRM, oder vielmehr nun: das SBS, eine ganz entscheidende *aktualgenetische* Funktion: *die Regulierung des Ganzen.* Die Bewertungsfunktion des SBS erfaßt also nicht nur den engen bewußten Prozeßbereich, sondern das Prozeßganze unter Abstraktion auf seinen wichtigsten Parameter, die evolutive Stabilität. Sekundäre Emotionen in Form von Stimmigkeits- und Unstimmigkeitsgefühlen sind damit Phänomene, die entscheidend wichtige Information hoch komprimieren. Wir sprechen deshalb vom *Abstrakt-emotionalen Code (AEC)* der Informationsverarbeitung, der sozusagen einen großen Strukturbereich mit geringer Detailauflösung erfaßt. Die bewußte umstrukturierende Tätigkeit des bildhaften oder begrifflichen Denkens bezeichnen wir als *Konkret-kognitiven Code (KKC)* der Informationsverarbeitung, der nur einen engen Strukturbereich erfaßt, diesen aber mit höchster Detailschärfe abbildet. Die Beherrschung psychischer Komplexität wird nur aus dem integrativen Zusammenwirken von KKC und AEC begreifbar: Der KKC besorgt Erzeugung und Feineinpassung von Teilstrukturen. Der AEC reguliert das Strukturganze, er kontrolliert die jederzeitige Einpassung des bewußt regulierten Teils ins Ganze und aktiviert bei Störungen die Aufmerksamkeit durch Unstimmigkeitsgefühle. Abb. 7.9 verdeutlicht diesen fundamentalen Zusammenhang.

Abb. 7.9 Erläuterungen im Text

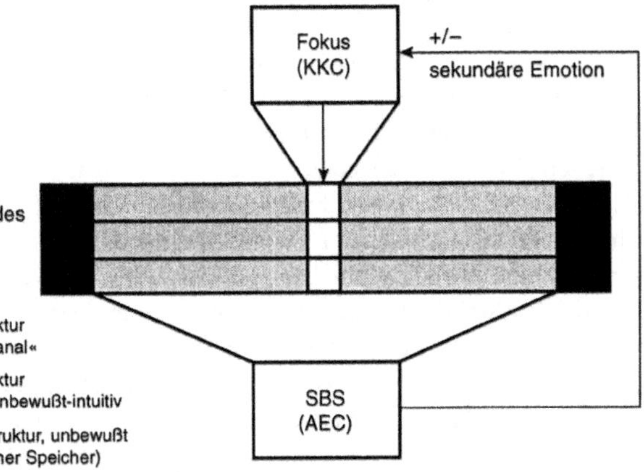

Wie dargestellt, hat sich das SBS phylogenetisch im Zusammenhang mit der Willkürmotorik entwickelt und sein Hineininterferieren in die Prozesse des Denkens ist lediglich ein Nebeneffekt. Gleichwohl ein sehr bedeutsamer und glücklicher, denn die Diskrepanz zwischen Kanalbreite des Bewußtseins und der Komplexität unserer mentalen Begriffsmodelle ist nicht weniger gravierend als im Bereich der Motorik. Für den Bereich des Denkens erwächst dem SBS damit eine zur Motorik analoge aktualgenetische Regulierungsaufgabe – wir hatten in Teil I des Buches bereits an diese Problematik herangeführt.

Vor dem neuerarbeiteten theoretischen Hintergrund wird das Problem deutlicher. Denken als organischer Prozeß, so sagten wir, ist ein Geschehen, das überwiegend auf der unbewußten Ebene der Generatordynamik verläuft. Wir haben uns mehr oder weniger umfangreiche, dynamisch-fluide Umstrukturierungen einer hochkomplexen, durch vielfältige Schrankensysteme stabilisierten Enkapsis dissipativer Begriffskörper vorzustellen. Nur jener Brennpunkt der primären, sozusagen »durchgreifendsten« Umstrukturierung wird über die Aktivierung der Symboldynamik bewußt. Dem gehen aber sekundäre, geringgradigere Strukturveränderungen an vielen anderen Stellen des interdependenten »latent mitaktivierten« Gesamtsystems parallel, die mit dem Brennpunktgeschehen in unlöslicher Wechselwirkung stehen. Wir erinnern an die Experimente Freemans, wo das Erlernen einer neuen Kategorie Strukturveränderungen an allen anderen schon gelernten Kategorien nach sich zog. Dieser in seiner Komplexität nicht »bewußtseinsgängige« Gesamtvorgang ist das Denken. Im Bewußtsein finden lediglich übergeordnete Bewertungs-, Kontroll- und Steuerprozesse statt. Es ist evident, daß auf dieser Ebene *keine effiziente und auf die Kohärenz des Ganzen gerichtete Steuerung* der bewußten Umstrukurierungsvorgänge erfolgen kann, *ohne eine jederzeitige Rückmeldung über die Wirkung der Teilveränderung auf das Ganze.* Die Komplexität dieses Ganzen kann nicht einfach ausgeblendet werden, sie muß irgendwie in abstraktiv verdichteter Form in den Prozeß eingehen. Dies leistet die Synergitätsbewertung des SBS, indem sie die Gesamtheit der aktual-emergenten Prozesse auf ihren funktionell wesentlichsten Parameter, die evolutive Stabiliät komprimiert und im Rahmen des AEC als sekundäre Emotion codiert.

Vermutlich wird nicht bei jedem Denkprozeß die Gesamtheit der uns verfügbaren mentalen Modelle vollständig und parallel aktiviert. Vielmehr scheint es im Sinne einer »handhabbaren Vorstellung« plausibel, wie in Abb. 7.9 gezeigt, von drei Strukturbereichen unterschiedlichen Aktivitätsniveaus auszugehen – die Zwischenebene der Symboldynamik wird jetzt hier aus Gründen der Vereinfachung herausgelassen. Um einen hochaktiven Bewußtseinsfokus herum ist ein mehr oder weniger großer unbewußter Bereich latent als dissipative Struktur mitaktiviert, d.h. er nimmt voll an der dissipativen Strukturbildungsdynamik teil, ja ist ihr eigentlicher Träger im Sinne der Generatordynamik. Der dritte Strukturbereich wird von inaktiven konservativen Schrankensystemen in der Funktion emergentistischer Speicherstrukturen gebildet. Wir wollen uns vorstellen, daß die Größe des latent mitaktivierten Bereiches mit der Vigilanz variiert und sicher auch noch in Abhängigkeit von anderen Faktoren. So scheint es etwa plausibel anzunehmen, daß dasjenige, was systemisch hoch integriert ist, sich auch stark wechselweise mitaktiviert. Mit der Synergität des Strukturbereichs, in dem sich der Fokus bewegt, würde dann auch die Größe des mitaktivierten Bereichs zunehmen. Je höher also Vigilanz und Synergität, desto größer die mitaktivierte und damit »intuitionsaktive« Zone. Die ganzheitliche dissipative Prozeßdynamik sowohl im Fokus- als auch im mitaktivierten Bereich wird nun vom SBS erfaßt und phasisch (positiv-emotionales Aha-Erlebnis), absolut-prozeßbezogen und aktual-antizipativ auf evolutive Stabilität und Komplexität bewertet.

Die Dynamik des Denkens bildet sich in dieser integrativeren Vorstellung nun folgendermaßen ab: Die »Fokus-SBS-Einheit« wandert im mentalen Gesamtmodell hin und her, wobei permanent neue Strukturbereiche aktiviert, gegebenenfalls probatorisch oder bleibend umstrukturiert werden und die Aktvität eben noch dissipativer Strukturbereiche langsam abklingt. Der Weg der »Fokus-SBS-Einheit« ergibt sich dabei selbstorganisiert aus kompliziertesten, ebenenübergreifenden zirkulär-kausalen Prozessen, die chaotische Prozeßkomponenten enthalten. In diesem Zusammenhang emergiert auf im einzelnen noch unbekannte Weise das introspektive Phänomen »freier Wille« (vgl. Stadler & Kruse 1994 und Nicolis 1987).

Die meisten der von unserem fluktuierend-probierenden Denken generierten Strukturbildungen sind flüchtige und einmalige dissipative Phänomene, die in den emergentistischen Speichern keinen Niederschlag finden. Es gibt aber auch Gedanken, die nach ihrem ersten Entstehen immer wieder erinnerbar sind. Insbesondere gilt dies für »Einsichten«, die zu Synergitätserhöhungen in unseren kognitiven Strukturen führen und mit positiven Stimmigkeitsgefühlen (Aha-Erlebnis) verbunden sind. Es muß also einen vom SBS getriggerten Mechanismus geben, der schon bei Erstemergenz besonders synerger Strukturbildungen Veränderungen am konservativen Schrankensubstrat – der synaptischen Matrix – induziert, die mit sofortiger Wirkung eine Reemergenz dieser synergen Strukturen ermöglichen. Das in Abschnitt 6.6.4. vorgeschlagene emergentistische Speicherkonzept eignet sich hierfür besonders, weil entsprechend den Prinzipien der nichtlinearen Dynamik bereits minimale Veränderungen an den Schranken genügen, um dramatische Veränderungen der emergenten Dynamik zu bewirken. Damit liegt es also in der Logik der hier entwickelten Theorie, dem SBS eine entscheidende Rolle auch bei der Gedächtnisbildung zuzusprechen.

Abb. 7.10 zentrales und peripheres Gesichtsfeld

Es sei an dieser Stelle auf eine faszinierende Analogie zum Zusammenwirken von Fokus (KKC) und SBS (AEC) bei der Kompensation der »Kanalenge« hingewiesen. In dieser Kombination zweier Systeme mit unterschiedlichem Strukturauflösungsvermögen scheint eine grundlegende Strategie der Komplexitätsbewältigung durch organismische Systeme zu liegen, denn das gleiche Prinzip kommt bereits auf einer elementareren Ebene zum Einsatz: bei der visuellen Informationsverarbeitung. Hier muß die schnelle visuelle Orientierung in einer komplex strukturierten Umwelt gesichert werden, obwohl aufgrund der »Kanalenge« nur ein sehr kleiner Ausschnitt des Gesichtsfeldes detailscharf aufgelöst werden kann. Die geringe, simultan verarbeitbare Informationsmenge wird in zwei Teile aufgespalten. Der Hauptanteil an Information wird von einem kleinen zentralen Gesichtsfeld bezogen, das mit hoher Detailschärfe aufgelöst wird. Der Rest kommt vom gesamten übrigen, viel größeren peripheren Gesichtsfeld, das nun nicht mehr detailscharf aufgelöst werden kann. Es liefert aber zumindest eine grobe Stukturinformation und sorgt so für eine jederzeitige Orientierung und Ausrichtung des scharf aufgelösten Teils im Umgebungsganzen (vgl. Abb. 7.10).

Hinsichtlich der Leistungen, die das SBS und damit der AEC im Rahmen der Feinregulation der Denktätigkeit erbringen, lassen sich in einer ersten Annäherung drei Aufgabenbereiche voneinander abgrenzen:

1. *Informationsvorselektion:* Wir sind täglich mit einer Flut neuer kognitiver Elemente konfrontiert, die entweder von außen an uns herangetragen werden oder die wir selbst intern erzeugen. Diese kognitiven Elemente werden zunächst probatorisch in unsere mentalen Modelle integriert. Nun lassen sich drei Fälle unterscheiden: a) Asynergität: Es läßt sich keine Verbindung zu komplexeren synergen Modellstrukturen herstellen. Die Information »läßt uns kalt«, sie ist für uns nicht relevant. Wenn ich beispielsweise in einem Buch zum Thema Emotion blättere, in dem dieses Problem aus der Perspektive der Neurotransmitterforschung im Mandelkern angegangen wird, erregt dies keine Resonanzen bei mir. Kognitive Elemente dieser Art lassen sich (noch?) nicht in eine relevante Beziehung zu meinen synergetischen Modellen setzen. b) Dyssynergität: Die kognitiven Elemente lassen sich in synerge Modelle integrieren, führen dort aber zu »Verzerrungen«, Instabilitäten oder Destruktion. Es entsteht Dyssynergität verbunden mit sofortigen Unstimmigkeitsgefühlen. Man kann an dieser Stelle lediglich sagen: »Irgend etwas stimmt hier nicht, irgendwie paßt etwas nicht!« Sollte man sich zur Explikation der Unstimmigkeiten im KKC entschließen, kann dies lange dauern und sehr mühsam sein. Beispielsweise hatte ich nach dem ersten, schon einige Zeit zurückliegenden Kontakt mit den Konzepten Gerald M. Edelmans solche Unstimmigkeitsgefühle. Der Versuch, die Strukturen sei-

ner Theorie in mein mentales Modell zu integrieren, führte zu starken Verzerrungen, es wurden jetzt Elemente in direkte Verbindung gebracht, die in meinem Modell in einer anders vermittelten Beziehung standen usw. In den ersten Tagen und Wochen nach der Lektüre hätte ich die Differenzen nicht exakt begrifflich zu explizieren vermocht. In einem längeren Prozeß des Nachdenkens und der Auseinandersetzung entstand dann das Konzept der episynaptischen Evolution in Entgegensetzung zum Konzept der synaptischen Evolution, unter das man den Neuronalen Darwinismus Edelmans subsumieren kann. Jetzt war alles, quasi durch Dazwischenschalten von »Übersetzungsstrukturen« wieder entzerrt, stabil und aufgrund der höheren Komplexität synerger als vorher. Mithin stellte sich ein tiefgreifendes Stimmigkeitsgefühl ein. c) Synergität: Kognitive Elemente fügen sich unter Komplexitätserhöhung synerg in bestehende Modelle ein bzw. lösen sogar einen Phasenübergang in einen höher integrierten stabileren Zustand aus. Die Synergität wächst, verbunden mit starken Stimmigkeitsgefühlen. Als Beispiel sei an eine bekannte Schilderung Poincarés erinnert. Während einer Urlaubsreise fiel ihm plötzlich beim Einsteigen in den Bus die lange gesuchte Lösung für ein kompliziertes mathematisches Problem ein. Auf der weiteren Reise gab es keine Möglichkeit, seine Idee im einzelnen durchzurechnen. Dennoch hatte er vom Moment der »Erleuchtung« an ein untrügliches intuitives Gefühl, daß die richtige Lösung gefunden ist. Zu Hause angekommen, konnte er nach einer mehrstündigen Rechnung im einzelnen den Beweis dafür erbringen. Der AEC ermöglicht es uns also, kognitive Elemente intuitiv anzunehmen oder abzulehnen, noch ehe umfangreiche und zeitraubende konkret-kognitive Operationen zur Verifiaktion abgelaufen sind. Dies ist eine unbedingte Voraussetzung für die Bewältigung der Informationsflut, der wir täglich ausgesetzt sind.

2. *Grobsteuerung der Informationsverarbeitung:* Ein Teil der vom begrifflichen Denken des Menschen erzeugten mentalen Modelle sind außerordentlich komplexe und hochinterdependente Systeme. Trotz der Kanalenge seines Bewußtseins ist der Mensch fähig, solche Systeme zielgerichtet und kohärent zu verändern und sogar radikal umzustrukturieren. Das prägnanteste Beispiel ist sicher der Phasenübergang von der klassischen Physik zur relativistischen Physik, der sich im Gehirn Albert Einsteins vollzog. Solche Leistungen sind nicht erklärlich, ohne Mechanismen, die eine Orientierung in bezug auf das Strukturganze ermöglichen. Analog wäre es unmöglich, sich in einer komplexen Umgebung allein auf Basis des daumenkuppengroßen zentralen Gesichtsfeldes visuell zu orientiern. Dies entspricht auch der introspektiven Erfahrung kreativer Denker. Wir hatten in Teil I Albert Einstein zitiert, der von einem »Richtungsgefühl« sprach und Henri Poincaré, der eine »Gabe, die uns von weitem das Ziel sehen läßt« fordert. Im Rahmen unseres Modells kann man sich das Zustandekommen dieses Richtungsgefühls nun folgendermaßen vorstellen: Das suchende kreative Denken vollzieht fluktuativ-probatorische Umstrukturierungen in verschiedene Richtungen. Je nachdem, ob diese Strukturveränderungen zu einer erhöhten Stabilität und Integration des Theorieganzen führen oder nicht, gibt das SBS Stimmigkeits- oder Unstimmigkeitsgefühle aus, gleich den Hinweisen »warm« oder »kalt« für einen Suchenden. Auf diese Weise kann man den Gradienten in Richtung höherer Synergität erspüren.
3. *Intuitive Entscheidung komplexer Probleme:* Es gibt Probleme, die wenig komplex und hochtransparent sind, deren Problemraum vollständig auf einen sogenannten Zustands-Aktions-Baum abgebildet werden kann. Jeder von einer bestimmten Per-

son erzeugte individuelle Lösungsweg läßt sich als Folge konkret-kognitiver Operationen im Aktionsbaum darstellen. Die *Entscheidung über die Richtigkeit einer Lösung erfolgt hier vollständig im KKC* unter Anwendung der Regeln der Logik. In Form von Denksport- oder Schachaufgaben sind Probleme dieses Typs bevorzugter Gegenstand der Problemlöseforschung. Sie können prinzipiell auch durch Computer gelöst werden, entweder durch Abarbeiten eines Algorithmus oder, falls ein solcher nicht existiert, durch systematische Variation, d.h. durch Ausprobieren aller möglichen Operationen. Auf den ersten Blick könnte es scheinen, daß auch beim Menschen der AEC hier überhaupt keine Rolle spielt und vernachlässigt werden kann. Aber dies wäre eine unzulängliche und oberflächliche Betrachtungsweise. Denn natürlich werden die Zustandsvariationen auf Ebene der Generatordynamik erzeugt und die intuitive Vorselektion durch den AEC ist ein entscheidendes Moment der Heuristik, durch die sich lebendiges menschliches Problemlösen auszeichnet. Auf dieser Prozeßebene entscheidet sich, welcher der vielen möglichen Lösungswege von einem Individuum beschritten wird. Das menschliche Gehirn ist zu langsam, um wie ein Computer alle möglichen Varianten durchspielen zu können. Auch bei der Lösung nichtkomplexer Probleme durch den Menschen ist der AEC also unverzichtbar: nicht für die Entscheidung über die Akzeptanz einer Lösung – dies leistet der KKC – sondern für das Finden dieser Lösung.

Grundsätzlich anders stellt sich die Psychologie der Entscheidung *komplexer Probleme* dar. Dieser Problemtyp zeichnet sich nach Dörner u.a. (1983) durch eine große Zahl der zu berücksichtigenden Variablen, Polytelie, Vernetztheit, Dynamik, Intransparenz und freie Komponenten aus. Gemeint sind die typischen Entscheidungen des Alltags in Konfrontation mit Komplexität und Unbestimmtheit. Als Prototyp für Probleme dieser Art können jene Entscheidungen gelten, die Manager, Ärzte oder Politiker zu treffen haben. Das Entscheidende bei komplexen Problemen ist, daß sich zum einen ein Teil der Problemdeterminanten durch Unschärfe und nichtlineare Veränderlichkeit auszeichnet und daß zum anderen *die Gesamtheit der Problemdeterminanten so komplex ist, daß sie im KKC nicht simultan bewußt gemacht werden kann.*

Im Rahmen unseres Modells ist ein möglicher Entscheidungsmechanismus für solche Probleme im Grundsatz vorstellbar. In der Phase der Entscheidungsvorbereitung werden zu den verschiedenen entscheidungsrelevanten Themenkreisen Informationen gesammelt und intern entsprechende mentale Teilmodelle generiert. Parallel dazu werden diese Teilmodelle immer stärker untereinander in Beziehung gesetzt und integriert. Damit wächst die Synergität der entscheidungsrelevanten kognitiven Gesamtstruktur; beim Nachdenken über das Problem wird nun ein immer größerer Teil dieser komplexen Gesamtstruktur latent mitaktiviert und von der Bewertungsfunktion des SBS erfaßt. Man bekommt so sukzessive »ein Gefühl« für das Problem. Nun ist es möglich, diese interdependente problemrepräsentierende Gesamtstruktur im Sinne verschiedener Entscheidungsalternativen probatorisch umszustrukturieren, wobei die evolutive Stabiliät des Ganzen zunimmt oder abnimmt. Die damit verbundenen Stimmigkeitsgefühle bzw. Unstimmigkeitsgefühle zeigen dann die bessere der Alternativen an und das komplexe Problem ist intuitiv, »aus dem Bauch heraus« entschieden. Im Gegensatz zu nichtkomplexen Problemen, die im KKC entscheidbar sind, *können komplexe Probleme nur im AEC entschieden werden.* Dies ist natürlich eine idealtypische Betrachtung; in der Praxis gibt es Mischformen und Dynamik. Es können sich Phasenübergänge ereignen, die die Problemstruktur radikal verändern. Im Rahmen einer Managemententscheidung beispielsweise mag plötzlich eine bestimmte betriebswirtschaftliche Kosten-Nutzen-Rechnung in das Zentrum des Problems rücken, die mathematisch im KKC entschieden werden kann.

Gleichwohl gibt es Situationen, in denen diese AEC-Entscheidungsmechanismen sehr gezielt und »in Reinkultur« genutzt werden. Wenn man etwa einen Artikel für eine Zeitschrift geschrieben hat, liest man sich diesen in der Regel noch einmal Wort für Wort durch, um mit dem KKC nochmals die Feingliederung zu überprüfen, die sachliche Richtigkeit der Fakten und die logische Schlüssigkeit eines jeden einzelnen Gedankenübergangs. Ist man hiervon positiv überzeugt, will man aber auch wissen, ob ein »roter Faden« drin ist, ob die Grobgliederung stimmig, die grobe Gedankenführung optimal gestaltet ist, m.a.W., ob der Artikel in jeder Beziehung »wie aus einem Guß« ist. Dies hat man beim o.g. Korrekturlesen nicht erfahren können und auch ein nochmaliges Wort-für-Wort-Lesen gibt keinen Aufschluß darüber, da der »Blick« dabei irgendwie zu »eng« ist, das Ganze nicht erfaßt werden kann. Man greift dann »instinktiv« zu der Methode, den Artikel schneller zu »überfliegen« mit einem Blick auf jeden Absatz etwa, der nur einige Wortgruppen erfaßt. Auf diese Weise werden die kognitiven Inhalte nicht voll konkret-kognitiv bewußt, sondern in schneller Folge nur ihre intern ja vorhandenen Repräsentationen latent aktiviert, so daß das SBS sie in eine gefühlsmäßige Bewertung der synergen Stimmigkeit der Ganzheit einschmelzen kann. In der Tat konzentriert man sich während dieses Überfliegens voll auf seine Empfindungen. Im Verlaufe dieses Prozesses und danach stellt sich entweder ein Gefühl der Stimmigkeit und Befriedigung ein, worauf man den Artikel weglegt oder ein Gefühl der Unzufriedenheit und Unstimmigkeit, woraufhin man wieder auf den KKC »umschaltet« und nach der Störung sucht. Angenommen, wir hätten einen ersten Teil des Artikels bereits vor einem längeren Urlaub geschrieben, und wollten nun das frisch Geschriebene im Zusammenhang mit diesem ersten Teil in o.g. Weise noch einmal als Ganzes prüfen. Wenn wir nun damit beginnen, diesen ersten Teil zu »überfliegen«, würden wir wahrscheinlich bemerken, daß sich die zur AEC-Beurteilung nötigen sekundären Emotionen irgendwie nicht einstellen, daß der sekundär-emotionale Kontakt zu diesem Text nicht mehr zustande kommt. Dies liegt natürlich daran, daß der Text bereits ein wenig dem Vergessen anheim gefallen ist. Die dynamischen Repräsentationen emergieren nun nicht mehr explosionsartig und scharf aus dem emergentistischen Speicher, wenn man nur einen Blick auf einen Absatz wirft. Um die o.g. emotionale Ganzheitsbewertung im AEC durchführen zu können, müssen wir das Textstück erst wieder im Gedächtnis auffrischen und es ein oder mehrmals im KKC Wort für Wort lesen.

Ich glaube, daß das Modell von der Fokus-SBS-Einheit und dem Zusammenspiel von KKC und AEC introspektive Erfahrungen dieser Art sehr gut beschreibt. Früher, als mir diese Modelle noch nicht zur Verfügung standen, drängte sich mir in diesem Zusammenhang immer ein Bild auf, das ich auch heute noch für instruktiv halte. Ich stellte mir vor, die Gedächtnisrepräsentation des Textes wäre eine komplizierte Konstruktion aus Metallstangen mit einer Vielzahl von Schraubverbindungen (vgl. M.C. Escher: »Kubische Raumfüllung«, 1953). Ob das Ganze eine gute Konstruktion ist und ob auch wirklich alle Schraubverbindungen fest sind, könnte man durch das Prüfen einzelner Schraubverbindungen in einer vorgegebenen sehr kurzen Zeit nicht in Erfahrung bringen. Aber es gibt ein effizienteres Verfahren. Man nimmt einen Hammer und schlägt kurz hintereinander an vielen Stellen gegen das Metallgerüst, mit dem Ziel, es möglichst als Ganzes zum Schwingen zu bringen. Entsteht dabei ein reiner Ton, weiß man, daß die Gesamtkonstruktion stabil ist.

Im Rahmen der aktualgenetischen Feinregulation des begrifflichen Denkens erfüllt der AEC also folgende Aufgaben: Informationsvorselektion, Grobsteuerung des Denkens sowie Entscheidung komplexer Probleme. Sekundäre Emotionen haben hier eindeutig eine *heuristische Funktion*. Das SBS erweist sich damit als das Organ der menschlichen Psyche zur Bewältigung von Komplexität und Unbestimmtheit.

Doch nun zum Problem der emotionalen Antizipation kognitiver Prozesse. In der Emotionspsychologie gibt es einen langen und unentschiedenen Streit darüber, ob Emotionen im Verhältnis zu Kognitionen primär oder sekundär sind. Im Rahmen des hier entwickelten Gesamtmodells ist diese Frage klar entscheidbar. Primäre Emotionen sind im Verhältnis zu Kognitionen sekundär: Zuerst wird der Schlüsselreiz wahrgenommen und damit in aller Regel auch bewußt kogniziert, ehe er vermittelt über den primären Antrieb Emotionen erzeugen kann. Anders ist es bei sekundären Emotionen – diese sind im Verhältnis zu Kognitionen primär. Dies folgt unmittelbar aus unserem Modell: Bereits im Moment des Phasenübergangs auf Ebene der Generatordynamik wird durch das SBS die sekundäre Emotion erzeugt. Ehe die Strukturveränderung bewußt kogniziert werden kann, muß nun aber erst noch die Strukturbildung auf Ebene der Symboldynamik »nachziehen«. Daraus sollte sich ein gewisser zeitlicher Vorsprung für die sekundäre Emotion ergeben. Dies stimmt zum einen mit der introspektiven Erfahrung überein: Lösungen werden »vorgefühlt«, wie im ersten Teil des Buches dargestellt; und es gibt auch experimentelle Belege dafür, etwa die Untersuchungen Tichomirows, auf die gleich noch eingegangen wird. Wir sprachen deshalb im Zusammenhang mit der Bewertungscharakteristik des SBS von einer *aktual-antizipativen* Bewertung. Im Grunde wäre dies aber bis hierhin nur eine *relative* Antizipation in bezug auf die Ebene des Bewußtseins. Es ist aber vorstellbar, daß das SBS zusätzlich eine *absolute* Antizipation leistet. Erinnern wir uns: In den Experimenten Kelsos wurde die evolutive Stabilität indirekt durch Messung der Fluktuationen abgeschätzt. Die kritischen Fluktuationen treten aber schon *vor* dem Phasenübergang auf! Es gibt weitere Hinweise darauf, *daß dissipative synergetische Systeme*

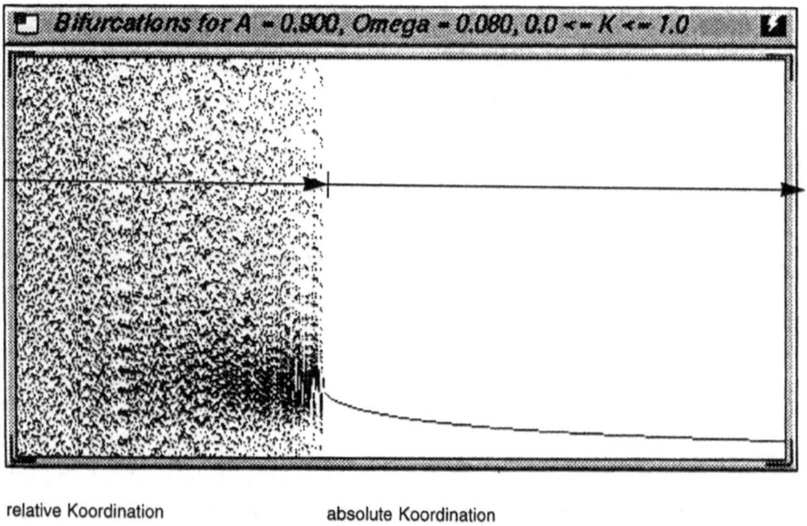

Abb. 7.11 (nach Kelso 1995, © MIT-Press) Erläuterungen im Text

in bezug auf ihre eigene Evolution antizipatorische Information enthalten. Abb. 7.11 zeigt bei einem motorischen Prozeß den Phasenübergang von relativer Koordination in die stabile absolute Koordination (1:1) als sogenanntes Bifurkationsdiagramm. Im Prinzip ist hier die relative Phase (Ordinate) gegen einen Kontrollparameter (Abszisse) aufgetragen. Diese Form der Darstellung ergibt sich aus einem speziellen mathematischen Abbildungsverfahren, den sogenannten Arnold-Zungen, worauf hier nicht weiter eingegangen werden soll. Entscheidend ist, daß die relative Phase häufiger und länger in jenen Bereichen festgehalten wird, die »in Richtung« des Umschlagspunktes liegen, wenn man so will, eine andere Art von »kritischer Verlangsamung«. Das System enthält also einen Gradienten in Richtung auf zunehmende Stabilität, der sich in der Darstellung als zunehmende Verdunkelung abbildet. Oder in den Worten von Kelso (1995, S. 133): »The main point is that the system spends more time near a particular phase as it approaches a critical point, giving rise to an enhanced phase density that specifies the locus of the upcoming state. Critical slowing (the darkening effect) is thus a predictor of upcoming transitions. Somewhat facetiously (but not entirely), I refer to this aspect of the coordination dynamics as an anticipatory dynamical system (ADS). An ADS stays in contact with the future by living near critical points.«

Niemand kann zum jetzigen Zeitpunkt genau sagen, auf Basis welcher Parameter der neuronalen Aktivität das SBS die Synergität mißt bzw. abschätzt. Wenn es im System aber antizipierende Parameter gibt, wäre es außerordentlich teleonom, wenn der PRM gerade für sie eine Sensibilität entwickelt hätte. Das im Bewegungsspiel lernende Tier würde hierdurch quasi wie an einem Gummifaden in Richtung auf einen optimalen Koordinationsstatus seiner gelernten Willkürbewegungen gezogen.

Damit zeichnet sich die vom SBS geleistete *Synergitätsbewertung* durch zwei Charakteristika aus: *Erfassung des Ganzen* und *antizipative Gerichtetheit.* Im Bereich der Denktätigkeit sind dies exakt die Konstituanten dessen, was man gemeinhin unter *Intuition* versteht. Das psychosynergetische Konzept der Synergitätsbewertung ermöglicht also eine Interpretation des psychologischen Phänomens »Intuition« und gibt hypothetische Mechanismen an, die ihm zugrunde liegen könnten.

Abschließend seien noch kurz die oben bereits erwähnten Untersuchungen des bekannten russischen Psychologen O.K. Tichomirow (1975) referiert, die unsere hier abgeleiteten Grundsatzüberlegungen auch experimentell stützen.

In den klassischen Experimenten zur Struktur von kreativen Denkprozessen hatten die Versuchspersonen relativ schwierige Schachaufgaben zu lösen. Dabei waren sie aufgefordert, ihre Überlegungen stets laut zu verbalisieren. Aus der Tonbandaufzeichnung dieser Äußerungen wurde dann ein genaues, mit Zeitmarken versehenes Protokoll erstellt, welches mit der Dynamik des parallel dazu aufgezeichneten Hautwiderstandes (psychogalvanischer Hautreflex) als Indikator der emotionalen Aktivierung verglichen werden konnte. Im Anschluß an den Versuch fertigten die Versuchspersonen zusätzlich einen genauen Bericht darüber an, wie sie den Prozeß der Aufgabenlösung introspektiv erlebt hatten.

Nach Auswertung aller Daten zeigten sich übereinstimmend folgende Ergebnisse: Die Aufgabenlösung gliedert sich in zwei deutlich unterscheidbare Phasen. Die erste Phase beinhaltet das Auffinden der grundlegenden Lösungsidee. Die zweite Phase umfaßt die sich hieran anschließende Ausgliederung des Lösungsprinzips im einzelnen, die Überprüfung der Korrektheit jedes einzelnen der zur Lösung notwendigen Schachzüge.

Dem verbalen Nennen des Lösungsprinzips ging dabei stets ein sehr ausgeprägter Abfall des Hautwiderstandes voraus (deutlich stärker, als man ihn z.B. bei Konfrontation des Probanden mit einem indifferenten sensorischen Reiz erhält). Aus den Berichten und Protokollen ergab sich, daß dies immer mit einem positiv-emotionalen Erlebnis verbunden war, in dem sich die subjektive Gewißheit einstellte, der Lösung sehr nahe zu sein, das entscheidende Prinzip gefunden zu haben. Tichomirow nennt dies die »emotionale Lösung« der Aufgabe (die in unserem Konzept mit dem Moment eines Phasenüberganges zu einer neuen synergeren Grobordnung der Problemrepräsentation auf der Ebene der Generatordynamik zusammenfällt und vom AEC angezeigt wird). Diese emotionale Reaktion, die oft von Interjektionen wie »Oh«, »Ah« oder »Aha« begleitet war, ging dabei stets unklaren verbalen Einschätzungen der Art: »Es hat gefunkt!« oder »Ich glaub, ich hab's gefunden!« oder der hypothetischen Nennung der entscheidenden Züge (um viele Sekunden) sowie dem sicheren Angeben der vollständigen richtigen Lösung nach Detailprüfung (um viele Minuten) voraus. Es gab keinen einzigen Fall, wo eine Aufgabe richtig gelöst wurde, ohne daß eine solche deutliche emotionale Reaktion aufgezeichnet worden wäre oder wo die Nennung des entscheidenden Zuges vor dieser emotionalen Reaktion stattgefunden hätte.

Im unmittelbaren Anschluß an die »emotionale Lösung« wird noch nicht ein konkreter Zug genannt, vielmehr kommt es zu verbalen Äußerungen wie »Hm-Hm«, »Halt« oder »Versuchen wir's«, die eine weitere Suche, die Suche nach der konkret-kognitiven Form der Lösung in unserer Terminologie, anzeigen. Die »emotionale Lösung« ist also nur die emotionale Antizipation der Lösung, ein »Gefühl der nahen Lösung«, ein unspezifisches Haltsignal als Hinweis darauf, wo das gefunden werden kann, was noch nicht gefunden ist. Diese sich nun anschließende Suche nach der konkreten Realisierung des Lösungsprinzips und ihre Überprüfung im einzelnen entspricht dann der zweiten Phase der Aufgabenlösung (in der sich die Feinordnung der internen Repräsentation des bereits grob umstrukturierten Problemfeldes stabilisiert). In dieser Phase verläuft die Kurve der psychogalvanischen Hautreaktion ruhiger.
Entscheidend ist, daß sich die Struktur des Tätigkeitsprozesses im Anschluß an die »emotionale Lösung« auf exakt definierbare und quantifizierbare Weise verändert: Es kommt

1. zu einer Einschränkung des Umfangs der Suchtätigkeit
2. zu einer Einschränkung der Suchtätigkeit auf eine bestimmte Zone, innerhalb derer sie nun in die Tiefe erfolgt (d.h. sich immer weiter vom Ausgangspunkt entfernt) und
3. zu einem Ausbleiben von Mehrfachuntersuchungen bestimmter Situationselemente (d.h. ein bestimmtes Situationselement wird nicht weiter in immer neue Zusammenhänge einbezogen).

Ferner wird, falls sich eine bestimmte Suchrichtung als falsch erweist, nicht mehr bis zur Ausgangslage zurückgekehrt, sondern nur bis zu jenem kritischen Punkt, an dem die »emotionale Lösung« eintrat.

Im Ergebnis seiner Untersuchungen kommt Tichomirow zu der Schlußfolgerung, daß Emotionen eine heuristische Funktion im Denken haben, vergleichbar etwa mit den Angaben »heiß« und »kalt« bei den Suchspielen der Kinder. Sie bilden eine integrale und unverzichtbare Konstituante kreativen Denkens. Kontrollexperimente ergaben, daß sich bei der mechanischen Ausführung nichtschöpferischer Tätigkeit, wie etwa beim Lösen von einfachen Additions- und Subtraktionsaufgaben eine abgeflachte Hautwiderstandskurve ergibt mit der Tendenz zum Ansteigen.

Bemerkenswert ist noch, daß in Situationen der Zeitnot die endgültige Lösung bereits in dem Moment angegeben wurde, wo die Versuchsperson intuitiv-gefühlsmäßig von ihrer Richtigkeit überzeugt ist, also im wesentlichen nur von der »emotionalen Lösung« gestützt ist. Es wird hier offenbar ein Entscheidungsmechanismus erzwungen, wie wir ihn oben für die Entscheidung komplexer Probleme dargestellt hatten: die Entscheidung erfolgt nur im AEC, weil aus Gründen von Komplexität und Unschärfe des Problems – bzw. hier nun aus Gründen der Zeitnot – eine »Prüfung im einzelnen« durch den KKC nicht möglich ist.

Ergänzend sei betont, daß es vor dem Hintergrund des psychosynergetischen Rahmenkonzepts ausschließlich die zur Kognition primären sekundären Emotionen sind, die eine solche heuristische Funktion erfüllen. Für die zur Kognition sekundären primären Emotionen gilt, daß sie hochorganisierte Denkprozesse stören: sie »lenken ab«; in bezug auf primäre Emotionen gilt es, »einen kühlen Kopf« zu bewahren.

Last but not least sei auf den Anhang verwiesen, in dem ein faszinierender Aufsatz des berühmten französischen Mathematikers Henri Ponincaré in Auszügen wiedergegeben wird, der die hier abgeleiteten Grundmechanismen des dialektisch-kreativen Denkens genial vorwegnimmt, unscharf im Detail zwar, in der Grundstruktur aber mit frappierenden Übereinstimmungen.

7.2.4. Vom Harmonieempfinden für Bewegungsmelodien zum Harmonieempfinden für Musik: die phylogenetische Wurzel des Schönheitsempfindens

Gerade war von Intuition die Rede, jetzt soll es um ästhetisches Empfinden gehen. Dies setzt voraus, daß es einen Unterschied zwischen beiden Phänomenen gibt und verlangt danach, diesen Unterschied auch zu benennen. Allein, aus der introspektiven Erfahrung heraus scheint dies schwierig. Glaubt man den Berichten kreativer Denker, scheinen beide Phänomene ineinander überzugehen oder gar identisch zu sein. Im Anhang zu 7.2.3. wird aus einer Arbeit Henri Poincarés zitiert, in der er das Werden mathematischer Strukturen beschreibt. Das Empfinden, das ihn dabei leitet, nennt Poincaré hier »Intuition« und dort »Gefühl für die mathematische Schönheit«. Er ist damit nicht allein. Auch Paul Dirac (1982) besteht nachdrücklich darauf, daß es sein lebhafter Schönheitssinn war, der ihn seine berühmte Gleichung für das Elektron erahnen ließ. Es gibt der Zeugen viele weitere. Und: Sind nicht jene o.g. Empfindungen im Zusammenhang mit der schnellen AEC-Nachkontrolle von Texten genuin *ästhetische* Empfindungen? Für mein eigenes Erleben meine ich dies uneingeschränkt mit »Ja« beantworten zu können. Besonders intensiv erlebe ich das z.B. auch im Zusammenhang mit der Betrachtung der Schemata und Abbildungen in diesem Buch. Ich kann sie ansehen und genießen wie schöne Skulpturen. Dies speist sich natürlich nicht aus einer vermeintlichen Schönheit des visuellen Reizes selbst. Dieses Empfinden entsteht vielmehr aus dem stimmigen Zusammenklingen der in den Abbildungen »gebündelten« komplexen und synergen Gedankenstrukturen, die durch das Betrachten simultan latent aktiviert werden. Ein »uneingeweihter« Betrachter, der den Inhalt der Schemata nicht versteht, kann sie auch nicht als schön empfinden.

Das könnte uns weiterhelfen. Was unterscheidet jene spezielle o.g. AEC-Kontrolltätigkeit eines Textes von allen anderen im vorangegangenen Abschnitt besprochenen mentalen Tätigkeiten? Offenbar dies: Wir wollen keine Strukturen mehr verändern oder neuschaffen. Der KKC wird quasi »abgeschaltet«. Wir konzentrieren uns ganz auf die Empfindung und steuern die Tätigkeit so, daß diese Empfindung möglichst deutlich und intensiv wird. Denn diese Empfindung ist es, nach der wir entscheiden, ob der Text »rund« und »wie aus einem Guß« ist. Wir können sagen, daß diese Tätigkeit *vom AEC geführt* wird. Bei allen anderen im vorangegangenen Abschnitt beschriebenen geistigen Tätigkeiten war dies anders. Hier sollten Strukturen verändert oder neugeschaffen werden. Diese Tätigkeiten werden *vom KKC geführt*, und der AEC leistet lediglich heuristische Hilfestellung. Damit bietet sich die folgende Begriffbestimmung an: Sowohl »Schönheitsempfinden« als auch »Intuition« sind sekundäre Emotionen, sind vom SBS erzeugte Synergitätsbewertungen im Sinne von Stimmigkeits- oder Unstimmigkeitsempfindungen. Im Kern handelt es sich also tatsächlich um identische Phänomene, die vom gleichen Organ erzeugt werden. Unterscheidbar sind sie aber durch den differenten funktionellen Zusammenhang, aus dem sie entstehen. *Ästhetische Empfindungen* wollen wir jene sekundären Emotionen nennen, die aus einer *AEC-geführten* Tätigkeit resultieren, deren Ziel die Maximierung dieses Empfindens ist. Dies kann Selbstzweck sein, wie beim Musikhören, es kann aber auch der ganzheitlichen Prüfung selbstgeschaffener Strukturen dienen, wie bei der beschriebenen Textkontrolle. *Intuitionen* hingegen sind sekundäre Emotionen, die als heuristische Hilfe bei *KKC-geführten* Tätigkeiten entstehen, deren Ziel die Erzeugung oder Veränderung konktret-kognitiver Strukturen ist.

Damit sind gleichzeitig zwei grundsätzlich verschiedene Arten von Tätigkeit bzw. innere Grundeinstellungen der Tätigkeit definiert. *Tätigkeiten, die vom KKC geführt werden, sind pragmatisch. Tätigkeiten, die vom AEC geführt werden, sind ästhetisch.* Beide Grundeinstellungen schließen einander aus. Die aktualgenetische Regulation einer jeden Tätigkeit erfolgt zwar immer parallel durch beide Systeme, *die Führung* kann aber zu einem definierten Zeitpunkt immer nur entweder der KKC oder der AEC innehaben. Dabei ist ein beliebiges »Umschalten« zwischen der pragmatischen und der ästhetischen Tätigkeitseinstellung möglich. Ob eine Tätigkeit ästhetisch ist, hängt also ausschließlich von der inneren Einstellung ab, und nicht vom äußeren Gegenstand der Tätigkeit. Damit kann man jeder auch noch so banalen Tätigkeit ästhetischen Charakter geben. Ob sich dabei dann auch wirklich ein einigermaßen intensives Schönheitsempfinden einstellt, ist eine Frage der Synergität und dies impliziert freilich eine hinreichende Komplexität der Tätigkeit.

Dies gilt schon für so alltägliches Tun, wie das Gehen auf der Straße. Sie können sich dabei voll auf ihr Bewegungsempfinden konzentrieren und damit den AEC führen lassen. Sie spüren, ob ihr Gang flüssig, ausgewogen und harmonisch ist, und Sie spüren, daß es irgendwo einen Punkt absoluter Perfektion gibt, um den der Prozeß oszilliert, wenn Sie wirklich locker und entspannt sind. Das sich hierbei einstellende Harmonieempfinden ist ästhetisches Empfinden in kristalliner Form. Sofern Sie die Augen offen behalten, arbeitet natürlich der KKC auf einer Hintergrundebene in Kontrollfunktion weiter. Er kann jederzeit wieder die Führung übernehmen, etwa um Sie an einem Hindernis vorbeizusteuern.

Für den Bereich der Denktätigkeit ist das Beispiel bereits besprochen: KKC-Kontrolle versus AEC-Kontrolle eines produzierten Textes.

Auch im Bereich der Wahrnehmung hat jede Tätigkeit beide Aspekte. Sie können ein Musikstück genießen. Sie können es aber auch während des Hörens in konkret-kognitiver Einstellung hinsichtlich bestimmter Kompositionskriterien analysieren. Sie können ein Gemälde im AEC ganzheitlich erfahren, oder es im KKC kunsthistorisch sezieren.

Schon beim Gehen, so sagten wir, gibt es Momente, in denen man das Gefühl hat, daß an der Bewegung »alles stimmt«. Um vieles intensiver wird dies noch bei komplexeren Bewegungen beim Sport und v.a. beim Tanz. Punktuell oder für kurze Perioden haben wir das Gefühl der absoluten Perfektion. Man erfährt diese Momente als etwas Besonderes, als etwas deutlich Ausgezeichnetes, als eine *Begegnung mit dem Absoluten*. Völlig analoge Erfahrungsmomente erleben wir in der Begegnung mit genialen theoretischen Strukturen und an den Kulminationspunkten des Genusses von Musik oder bildender Kunst. Im Rahmen komplexerer psychischer Prozesse sind diese Absolutheitsempfindungen wesentliche Konstituanten jener Zustände, die in der Psychologie mit »peak expieriences« (Maslow) oder »flow« (Csikszentmihalyi) bezeichnet werden. Ich interpretiere diese Erfahrungen als Momente maximaler Stimulation des SBS, als jene Momente, in denen besonders komplexe und damit hochsynerge dissipative Tätigkeitssysteme durch ihren stabilsten Attraktorpunkt im Phasenraum gehen.

Abschließend sei noch einmal darauf hingewiesen, daß die hier vorgestellte Theorie eine schlüssige Antwort auf die bis heute unbeantwortete Frage gibt, wo die phylogenetische Wurzel des Schönheitsempfindens liegt. Wie konnte sich ein ästhetisches Empfinden für mathematische Strukturen entwickeln, wo es zu der Zeit, als unser Gehirn in der Evolution entstand, noch gar keine Mathematik gab? Welchen evolutiven Anpassungswert hat unser Musikempfinden? Sicher mag manche emotionale Reaktion auf Musik durch Anähnelung an primäre Auslöser erzeugt sein. Motive, die an Klagelaute erinnern, mögen eine traurige Grundstimmung hervorrufen. Aber solche Zumischungen primärer Emotionen erklären nicht das eigenständige Phänomen des musikalischen Harmonieempfindens. All diese Probleme entwirren sich, wenn man hinreichend vom Phänomen abstrahiert und die gemeinsame prozessuale Basis von »Bewegungsmelodien«, »Gedankenmelodien« und Musikmelodien erkennt. Mindestens im Falle der Musik wird uns dies eigentlich recht leicht gemacht. Die Übereinstimmungen hinsichtlich der Präferenz kleiner ganzzahliger Frequenzverhältnisse könnten schlagender nicht sein. Dann nämlich wird klar: Das allem Schönheitsempfinden zugrunde liegende Organ, das SBS, entstand evolutiv im Rahmen der Willkürmotorik – dort hatte es als PRM Anpassungswert. Die Interferenz ins Denken und Wahrnehmen hinein ergibt sich, wie dargestellt, als Nebeneffekt, als Epiphänomen aufgrund der gemeinsamen prozessualen Basis und der Vernetztheit aller drei Tätigkeitssysteme. Noch einmal etwas metaphorisch: Wir sind sensibel für Denk- und Musikharmonien, weil wir sensibel sind für Bewegungsharmonien. Und wir sind sensibel für Bewegungsharmonien, weil es sich auf harmonische Weise besser fortbewegt, als auf anharmonische.

7.2.5. Der Motor intrinsischer Motivationen: das Konzept des sekundären Antriebs

In Teil I des Buches hatten wir die Welt in zwei Klassen von Gegebenheiten eingeteilt. Als Primärobjekte (PO) wollten wir all jene Gegebenheiten bezeichnen, die unmittelbar und direkt für die Individual- und Arterhaltung relevant sind, also Wasser und Nahrungsstoffe aber auch Geschlechtspartner, Sozialpartner, die Schutz oder Jagdbeistand leisten etc. Das Verhalten gegen PO wird von primären Antrieben aktiviert und reguliert, unter Steuerung durch Schlüsselreize und soziale Auslöser.

Abb. 7.12 a zeigt noch einmal zur Erinnerung die in diesem Zusammenhang relevanten Größen. Alle Umweltgegebenheiten, die nicht PO sind, bezeichneten wir als Sekun-

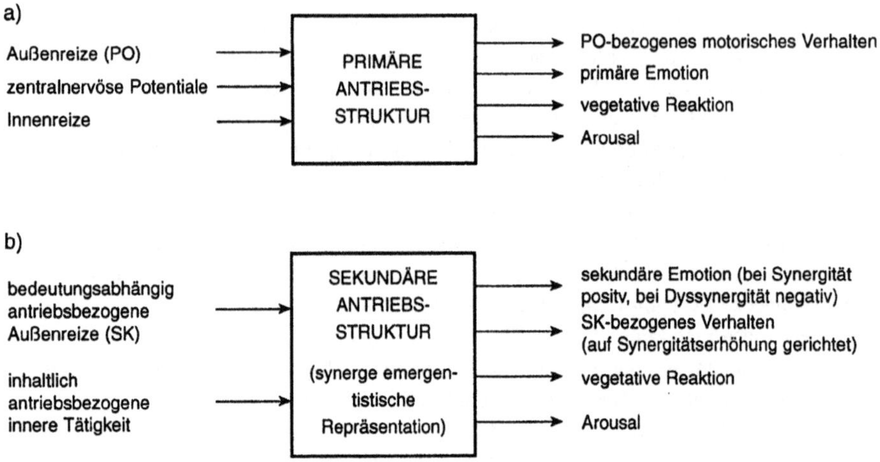

Abb. 7.12 Erläuterungen im Text

därkomplexe (SK). Aufgrund des universellen Zusammenhangs der Welt können SK unter indikativem Aspekt und unter operativem Aspekt zur Verfügbarmachung von PO genutzt werden. Die Evolution zum Menschen stellt sich so betrachtet als ein Prozeß dar, in dem die Kapazitäten zur PO-Erschließung unter Nutzung von SK ständig größer wurden. Mitglieder moderner Industriegesellschaften sind überwiegend im Rahmen von SK-Strukturen tätig, nur ein geringer Anteil ihrer täglichen Verrichtungen ist direkt PO-bezogen und damit auch direkt primär motiviert. Es stellte sich die Frage nach der Antriebsgrundlage dieser SK-bezogenen Tätigkeit. Tierliches und menschliches Verhalten kann nur konsequent hedonistisch konzipiert werden. In letzter Konsequenz zielt es immer auf die Maximierung der positiven Befindlichkeit – dies wird noch auszuführen sein. Doch während das Tier immer mehr oder weniger direkt auf den Schlüsselreiz und das dahinter stehende Konsumationsobjekt zustrebt, ist der Mensch in der Lage, partiell entgegen seiner aktuellen Bedürftigkeit in ihrer unmittelbaren Ausrichtung zu handeln. Den hierbei wirksamen Mechanismus hatten wir *kognitive Bedürfnisprojektion* genannt. Es werden intern immer längere SK-Kausalsequenzen rekonstruiert und in einer Weise zwischen Ist-Zustand und PO geschaltet, daß in der Abfolge der Ist-Zustand in einen Zustand transformiert wird, in dem die PO verfügbar sind. Der steinzeitliche Jäger läuft nicht mehr permanent hinter dem Wild her. Er »sieht« vielmehr hinter einem Feuerstein die Pfeilspitze, hinter der Pfeilspitze den Pfeil und hinter dem Pfeil das Wild. Durch den Mechanismus der kognitiven Bedürfnisprojektion wird in Abhängigkeit von der kognitiven Kapazität lebenslang ein unbeschränkter SK-Einbezug in das Verhalten möglich. Dieser projektiv erzeugte motivationale Bezug auf SK trägt den Charakter einer *extrinsischen Motivation*. Das Verhalten gegen SK erfolgt, um quasi auf einem Umweg z.B. finanziellen oder sozialen Erfolg zu haben. Wir hatten ausführlich begründet, daß allein auf der Basis solcher extrinsischen Motivationen das überwiegend SK-bezogene Verhalten vieler moderner Menschen nicht erklärbar ist. Überdies ist die Existenz *intrinsischer Motivationen* auch in bezug auf SK eine unbestreitbare Erfahrungstatsache. In kristalliner Form findet man diese in den Bereichen Kunst und Wissenschaft, wo sie sich in Ausnahmefällen zum Phänomen einer »kreativen Besessenheit« steigern können, verbunden mit extremer Askese in bezug auf primäre Bedürfnisse. Diese intrinsischen Motivationen hatten wir als sekundäre Motivationen bzw. sekundäre Bedürfnisse bezeichnet und ihnen die Konzepte »sekundäre Emotion« und »sekundärer Antrieb« assoziiert. Wir hatten ausführlich begründet, daß die Basis dieser sekundären Bedürfnisse nur in einer allgemeinen Prozeßeigenschaft gesucht werden kann, die sich erst im Verlaufe des Tätigkeitsprozesses herausbildet. Inzwischen kann diese Prozeßeigenschaft angegeben werden: Komplexität und evolutive Stabilität im Sinne der Synergetik, kurz: Synergität. Wird im tätigen Umgang mit einem bestimmten sekundären Gegenstand Synergität erworben, entsteht ein sekundäres Bedürfnis nach dem Umgang mit diesem Gegenstand, das auf eine weitere Erhöhung der Synergität des Tätigkeitsprozesses gerichtet ist, erreichbar sowohl durch Erhöhung der evolutiven Stabilität des Prozesses, als auch durch Erhöhung seiner Komplexität. Dies wird aus der Tatsache erklärlich, daß jedes Individuum entsprechend dem hedonistischen Grundprinzip nach einem positiven emotionalen Zustand strebt und, wie wir sagten, jeder Synergitätsgewinn mit positiven sekundären Emotionen und jeder Synergitätsabbau (Dyssynergität) mit negativen sekundären Emotionen einhergeht. Die positive Emotion ist um so stärker, je größer die Synergität ist; die negative Emotion ist um so stärker, je größer die Dyssynergität ist (d.h. je größer die destruierte Synergität). Ferner ergibt sich aus unserem Modell, daß die Emotionsintensität bis zu einem gewissen Grade eine Funktion der Vigilanz ist, da die Größe des latent mitaktivierten und damit sekundär emotiogenen Modellbereichs mit der Vigilanz zunimmt oder abnimmt.

Menschliche Tätigkeit ist immer gegenständliche Tätigkeit. Wird im Umgang mit einem Gegenstand Synergität erworben, gewinnt dieser Gegenstand »Gefügigkeitsqualitäten«, positive sekundär-emotionale Valenz. Der Gegenstand wird damit zum Motiv eines sekundären Bedürfnisses.

Vor dem Hintergrund des bisher Erarbeiteten sind wir nun in der Lage, einige grundsätzliche Angaben zum neuronalen Substrat sekundärer Bedürfnisse zu machen. Für sekundäre Bedürfnisse sind folgende strukturelle Konstituanten zu fordern:

1. konservative emergentistische Speicherstrukturen, aus denen bei Aktivierung synerge Tätigkeitsprozesse emergieren;
2. eben diese emergenten synergen dissipativen Hirnstrukturen, die im aktiven Zustand das »neuronale Zentrum« bzw. die dynamische »neuronale Repräsentation« eines synergen gegenständlichen Tätigkeitsprozesses bilden und
3. das Synergitätsbewertungssystem.

Wenn wir nun die unter 1. und 2. genannten statischen und dynamischen Komponenten unter den Begriff der *emergentistischen Repräsentation* zusammenfassen, können wir das neuronale Substrat sekundärer Bedürfnisse, also die sekundären Antriebsstrukturen, wie folgt definieren:

Sekundäre Antriebe sind synerge emergentistische Repräsentationen, die sich auf einen mehr oder weniger scharf abgrenzbaren Tätigkeitsgegenstand beziehen.

Sekundäre Antriebe sind also Teilstrukturen des mentalen Modells, die sich vor den übrigen Teilstrukturen durch zweierlei auszeichnen: 1. durch eine hohe Synergität und 2. durch den Bezug auf einen mehr oder weniger scharf abgrenzbaren Tätigkeitsgegenstand. Damit ist klar, daß es innerhalb des mentalen Modells zwischen einer bestimmten sekundären Antriebsstruktur, Nicht-Antriebsstrukturen und anderen sekundären Antriebsstrukturen keine scharfen Grenzen gibt.

Es gibt sekundäre Antriebe mit Schwerpunkt im Bereich der motorischen Tätigkeit (Bedürfnis nach bestimmten gekonnten tänzerischen, sportlichen oder arbeitsbezogenen Bewegungsabläufen), der wahrnehmenden Tätigkeit (Bedürfnis bestimmte bevorzugte

Musikwerke zu hören) und vor allem der Denktätigkeit (Bedürfnis nach der Weiterentwicklung bestimmter wissenschaftlicher oder künstlerischer Tätigkeitsgegenstände), wobei auch hier die Grenzen fließend sind. Ein auf das Klavierspielen bezogener sekundärer Antrieb beispielsweise wäre als eine Hybridstruktur aus Bereichen der Motorik und der Wahrnehmung aufzufassen.

Darüber hinaus läuft ein konkreter, von einem sekundären Antrieb gespeister Tätigkeitsprozeß immer unter singulären konkreten Außenbedingungen und innerhalb eines singulären mentalen Kontextes ab. Zur Einpassung einer ontogenetisch relativ stabilen Antriebsstruktur in diese singulären Situationsbedingungen müssen akutalgenetisch passagere Hilfsstrukturen generiert werden, die wir als *Auxiliarstrukturen* bezeichnen. Diese Auxiliarstrukturen wären per se nicht komplex genug, um sekundär-emotionale Relevanz zu besitzen. Da sie aber nahtlos in den Realisierungsprozeß eines sekundären Antriebs eingebunden sind, werden ihre Dyssynergitäten wie Dyssynergitäten des Antriebs selbst erlebt. Müssen beispielsweise beim Klavierspielen Noten gelesen werden, fungieren Prozesse der visuellen Wahrnehmung als Auxiliarstrukturen. Ist nun die Brille verlegt oder die Beleuchtung schlecht, werden Dyssynergitäten der visuellen Wahrnehmung als Störungen des Gesamtprozesses erlebt und erzeugen entsprechend starke negative sekundäre Emotionen. Bei einem konkreten, von einem sekundären Antrieb gespeisten Tätigkeitsprozeß werden also zumeist Strukturen aus allen drei Tätigkeitsbereichen – Motorik, Wahrnehmung und Denken – beteiligt sein, wobei wir zwischen den eigentlichen ontogenetisch stabilen Antriebsstrukturen und ad hoc erzeugten Auxiliarstrukturen zu unterscheiden haben. Ferner gibt es die Möglichkeit, daß sich Antriebe verschiedener Bereiche passager zu übergeordneten synergen Strukturen koordinieren. Beispielsweise könnte ein Tänzer versuchen, einen bestimmten Tanzstil zu einem geliebten Musikwerk zu tanzen, zu dem dieser traditionell keine Beziehung hat.

Sekundäre Antriebe können unter Aktualisierung des entsprechenden sekundären Bedürfnisses aktiviert werden: 1. durch bestimmte, auf den im Antrieb repräsentierten Inhalt bezogene Außenreize und 2. durch die Aktivierung dieser Inhalte im Verlaufe von mentalen Tätigkeitsprozessen. Stellen wir uns vor, Herr K sei ein engagierter Klavierspieler, der momentan besonders gern Beethovens Appassionata spielt. Das Bedürfnis, Klavier zu spielen, könnte nun bei Herrn K aktualisiert werden: 1., wenn er zufällig irgendwo ein Klavier sieht, ein Freund in irgendeinem Zusammenhang den Namen »Beethoven« nennt oder ihn auffordert, etwas auf dem Klavier zu spielen und 2., wenn er im Nachdenken über verschiedene Probleme zufällig oder folgerichtig Inhalte berührt, die mit dem Klavierspiel oder Beethoven zusammenhängen. In der Folge einer solchen zunächst nur mehr oder weniger *partiellen und latenten Antriebsaktivierung* entsteht eine relativ schwache, in der Regel positive sekundäre Emotion (wenn sich das aktivierende kognitive Element synerg in die Antriebsstruktur einfügt), die, wenn man so will, reminiszenten bzw. antizipatorischen Charakter hat und eine Art Appetenz erzeugt. Entsprechend der allgemeinen Tendenz, positive Emotionen zu maximieren, wird nun, wenn die nötigen Bedingungen vorhanden sind bzw. geschaffen werden können, das antriebsbezogene Verhalten realisiert. Herr K wird also, wenn das entsprechende Bedürfnis geweckt ist, nach Möglichkeit die Appassionata spielen. Da im Vollzuge dessen die komplexen Antriebsstrukturen vollständig aktiviert werden, zu »arbeiten« beginnen, die afferenten und efferenten Systeme unter Komplexitätserhöhung »zugeschaltet« sind und meist wohl auch die Vigilanz steigt, werden nun wesentlich intensivere sekundäre Emotionen erlebt: positive, wenn es unter den konkreten Tätigkeitsbedingungen gelingt, einen synergen Ablauf oder gar eine Synergitätszunahme des Tätigkeitsprozesses zu erreichen; oder aber auch entsprechend starke negative sekundäre Emotionen, falls dies aufgrund von situationsabhängigen Störungen nicht gelingt und sich Dyssynergitäten einstellen. Es wird dabei ein oft sehr starker Drang, eine starke Leistungsmotivation entwickelt, die Synergität unter Lustgewinn zu erhöhen und Dyssynergitäten zu beseitigen.

In Abhängigkeit vom Tätigkeitsgegenstand und den konkreten Bedingungen der Tätigkeit kommt es schließlich nach einer gewissen Zeit zu Sättigungs- und Habituationserscheinungen (das SBS weist eine phasische Antwortcharakteristik auf) sowie zu Dyssynergitäten, die sich infolge von Ermüdung und nachlassender Konzentration häufen. Dies führt zur Abschwächung der positiven sekundären Emotionen bzw. zu negativen sekundären Emotionen, so daß die Tätigkeit schließlich abgebrochen wird. Sekundärer Antrieb und Bedürfnis sind nun entspannt. Mit dem Rückgang von Habituation und Ermüdung sinkt dann die Auslöseschwelle wieder mehr oder weniger schnell und die Wahrscheinlichkeit einer erneuten Aktualisierung steigt. Unter bestimmten, noch zu besprechenden Umständen kann die Tätigkeit aber auch als nicht mehr positiv stimulierte »Willenshandlung« entgegen dem zum Abbruch drängenden negativen emotionalen Zustand noch eine zeitlang weitergeführt werden.

Wie bereits besprochen, werden sekundäre Antriebe von uns nur künstlich aus der interdependenten Gesamtstruktur des mentalen Modells aufgrund ihrer hohen Synergität herausgehoben und bilden keine im eigentlichen Sinne abgegrenzten Strukturen. Folglich unterliegen sie immer einer Vielzahl von Einflüssen aus anderen Modellbereichen, die sich entweder synerg oder dyssynerg in das Gesamtgeschehen der Tätigkeit einfügen. Die sekundäre Emotion gibt dann immer den »verrechneten« *Gesamtsynergitätsgrad* aller aktivierten Modellbereiche an. So könnten z.B. vor Beginn oder während einer bestimmten Tätigkeit in assoziierten Regionen des mentalen Modells Erwartungsmodelle latent aktiviert werden, in die die aktuellen Tätigkeitsreafferenzen dann synerg oder dyssynerg »einlaufen«, je nach dem Grad der Übereinstimmung. Wenn Herr K gerade aus dem Konzertsaal kommt, wo er eine mittelmäßige Interpretation der Appassionata gehört hat, wird ihm das anschließende eigene Spiel unter Umständen mehr Vergnügen machen, als wenn er eine meisterhaft-vollendete Interpretation erleben durfte. Auch könnte bei Herrn K zunehmend Dyssynergität und negative emotionale Gesamtbefindlichkeit entstehen, weil er weiß, daß er eigentlich keine Zeit zum Klavierspielen hat, da bestimmte berufliche oder familiäre Verpflichtungen dringend der Erfüllung harren. Jene Modellbereiche, die dieses Wissen repräsentieren, bleiben während des Klavierspiels latent aktiviert, interferieren zunehmend störend in den für sich synergen Ablauf der eigentlichen Tätigkeit und setzten auf diese Weise die Gesamtsynergität herab (»Gewissensbisse«).

Neben der sekundären Emotion und dem Verhalten sind vegetative Reaktionen und schließlich eine allgemeine Aktivierung weitere Ausgangsvariablen eines sekundären Antriebs. Abb. 7.12 b faßt noch einmal die Ein- und Ausgangsvariablen sekundärer Antriebe zusammen und stellt sie dem bereits bekannten Schema des primären Antriebs gegenüber (Abb. 7.12 a). Die Antriebsspannung bzw. die Stärke des Bedürfnisses, so wollen wir annehmen, wächst mit der Synergität des Antriebs und der Zeit, die seit seiner letzten Aktivität vergangen ist (Habituation und Ermüdung bilden sich zurück). Die Intensität der sekundären Emotion, des Verhaltens und der anderen Ausgänge ist eine Funktion der Antriebsspannung.

Ein ebenso interessantes wie schwieriges Problem ist die Frage nach dem Verhältnis von Tätigkeit und Tätigkeitsgegenstand bzw. nach der »Synergitätspotenz« verschiedener Tätigkeitsgegenstände. Es ist im hier gesetzten Rahmen nicht möglich, die epistemologischen und ontologischen Dimensionen dieses Problems auszuleuchten. Wir können daher nur versuchen, einige zwar verkürzte, aber praktisch noch »handhabbare« Grundvorstellungen zu entwickeln. In diesem Sinne scheint es zunächst möglich, grob zwischen äußeren und inneren Tätigkeitsgegenständen zu unterscheiden. Eine Vielzahl von Tätigkeiten in Handwerk, Kunst und Wissenschaft involviert die Benutzung von Werkzeugen und zu bearbeitende oder zu untersuchende äußere gegenständliche Objekte. Im Gegensatz dazu gibt es vollständig internalisierte mentale Tätigkeiten, die keinen solchen äußeren Tätigkeitsgegenstand mehr einbeziehen. Den inneren Gegenstand dieser Tätigkeiten bilden unter wesentlicher Beteiligung äußerer Tätigkeit elaborierte mentale Teilmodelle, die zu einem großen Teil Wissensstrukturen umfassen, die von größeren Menschengruppen, z.B. einer »scientific community« geteilt und akzeptiert werden. Ferner sollten wir die zur Transformation dieser kognitiven Strukturen allgemein akzeptierten Regelsysteme diesem inneren Tätigkeitsgegenstand zurechnen, z.B. die Gesetze der Logik oder die Methodenlehre einer speziellen Wissenschaft. Ein Teil dieser Wissensstrukturen und Transformationsregeln ist in externen Speichermedien vergegenständlicht und kann angeeignet, d.h. internalisiert werden. Die innere mentale Tätigkeit besteht nun wesentlich darin, diese mentalen Teilmodelle abzugleichen, zu integrieren, sie in abstraktere, umgreifendere mentale Gesamtmodelle einzubetten, solche Modelle neuzuschaffen oder mehr oder weniger durchgreifende Umstrukturierungen vorzunehmen. Dabei sind alle diese Umstrukturierungen auf höhere Stabilität und Kohärenz der Gesamtstruktur, auf möglichst hohe Gesamtsynergität gerichtet.

Sowohl innere als auch äußere Tätigkeitsgegenstände lassen sich als Schranken des dynamischen Tätigkeitsprozesses verstehen.

Ungünstige Schrankenkonstellationen können der höhergradigen Stabilisierung eines Evolutionsprozesses im Wege stehen. So gibt es »sperrige« Tätigkeitsgegenstände, die sich im Tätigkeisprozeß auch nach langer Übung nicht oder nur schlecht synergisieren lassen. Auch ein erfahrener Schmied wird am Umgang mit einem falsch konstruierten Hammer, der sich nicht im Drehpunkt fassen läßt, keine Freude haben. Ein Pianist wird nicht gern auf einem schlecht gestimmten Klavier spielen und sich mit einem Stück schwertun, das ihm abverlangt, mit einer Hand Achtel und mit der anderen Hand Triolen zu spielen. Ein Wissenschaftler, der versucht, mit den Methoden der klassischen Physik psychische Phänomene zu erforschen, hat wenig Chancen auf Freude und Erfolg im Beruf.

Ferner scheint klar, daß wenig komplexe, damit oft hochdeterministische und weitgehend vorhersagbare Tätigkeitsfelder wenig synergitätspotent sind. Das sprichwörtliche Beispiel ist die Fließbandarbeit. Die Tätigkeit reproduziert sich stereotyp auf immer demselben Niveau; wo eine geringgradige Synergität entstanden ist, kann sie sich nicht entwickeln und unterliegt sehr schnell der Habituation. Die Motivation für solche einfachen Routinetätigkeiten entspringt damit so gut wie vollständig der kognitiven Projektion primärer Bedürfnisse, ist also eine extrinsische Motivation.

Ungünstig für die Entwicklung von Synergität ist aber auch der andere Pol eines zu komplexen Tätigkeitsgegenstandes, der entweder aufgrund unseres begrenzten Erkenntnisvermögens weitgehend zufallsbestimmt erscheint oder dies auch tatsächlich ist. Wo wenig Gesetzlichkeit waltet oder diese nicht erkannt werden kann, sind lediglich ad-hoc-Reaktionen möglich und oberflächenverhaftete Zustandsbeschreibungen, die sich mehr oder weniger additiv aneinanderreihen. Die externe Komplexität des Gegenstandes ist so groß, daß sie nicht in interne Komplexität des Tätigkeitsprozesses umgesetzt werden kann, weil die »internen Rekonstruktionskapazitäten« überschritten werden. Zumindest in der Nähe dieses Pols muß man wohl die noch stark »idiographischen« Wissenschaften und davon abgeleitete praktische Tätigkeiten ansiedeln, die mit der unreduzierten Komplexität biopsychosozialer Phänomene konfrontiert sind: weite Bereiche der Medizin (Ausnahmen: Chirurgie, Orthopädie), Pädagogik, Klinische Psychologie, Volkswirtschaftslehre usw.

Optimale Bedingungen für die Entwicklung von Synergität bietet wahrscheinlich der »Rand des Chaos«, jener mittlere Bereich zwischen absoluter Ordnung und totalem Chaos, ein Bereich mittlerer Komplexität zwischen vollständiger Determination und absoluter Zufallsbestimmtheit. Hier gibt es einerseits genügend Invarianz und Gesetzlichkeit, um die Elaboration komplexer mentaler Modelle zu ermöglichen, die dann in der Praxis gut »funktionieren« – natürlich auch externalisiert in vergegenständlichter Form als Maschine, Apparatur, Gerät etc. Und andererseits gibt es so viel Veränderung und Entwicklung, daß die mentale Modellierung nie zum Abschluß kommt. Es kann hier lebenslang ein Synergitätszuwachs erreicht werden durch theoretische »Integrationsschübe«, die sowohl die evolutive Stabilität als auch die Komplexität der Gesamtmodellstruktur erhöhen. Beispiele wären die sogenannten nomothetischen Wissenschaften wie Chemie und Physik, die weniger komplexe Vorgänge in der physikochemischen Sphäre modellieren und natürlich jene Wissenschaften und davon abgeleiteten praktischen Tätigkeiten, die sich auf vom Menschen selbst geschaffene Strukturen beziehen: Technik- und Ingenieurwissenschaften. Insbesondere die neuen Informationstechnologien (Stichworte: Computer, Virtual Reality, Internet) scheinen ein erhebliches Synergitätspotential zu bergen. Ich vermute, daß an jüngst beschriebenen Suchtphänomenen im

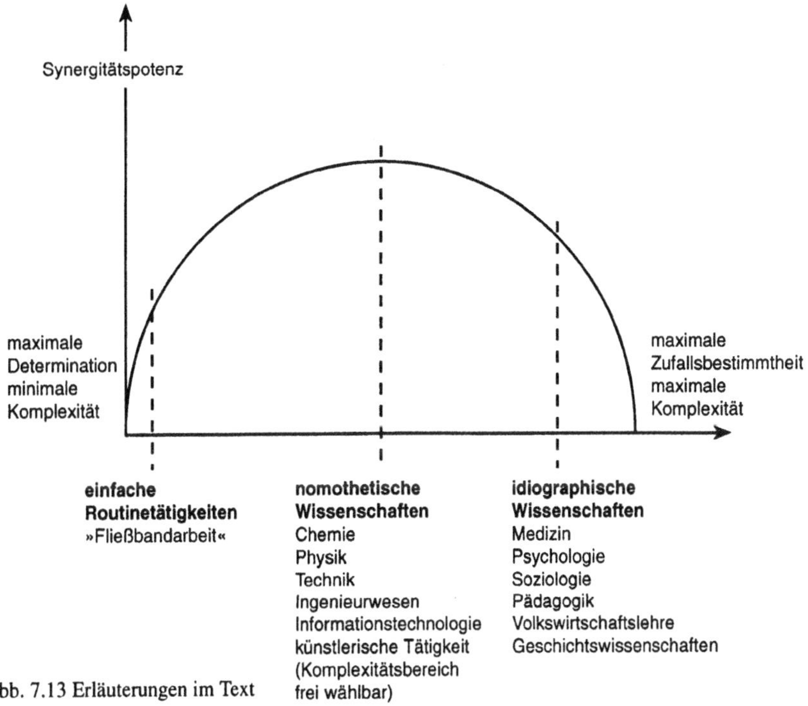

Abb. 7.13 Erläuterungen im Text

Zusammenhang mit Computerspielen und Internet sehr starke sekundäre Antriebe ursächlich entscheidend mitbeteiligt sind.

Wenn wir also die möglichen Gegenstände menschlicher Tätigkeit auf der Dimension »minimale Komplexität – maximale Komplexität« rangen, ist bezüglich ihrer Synergitätspotenz eine umgekehrt U-förmige Beziehung zu erwarten (vgl. Abb. 7.13).

Daraus folgt, daß *potentiell* die Tätigkeit eines Physikers, Ingenieurs oder Computergraphikers stärker sekundär intrinsisch motiviert sein sollte, als die Tätigkeit eines Psychotherapeuten, Rheumatologen, Experimentalpsychologen oder Volkswirtschaftlers, weil innerhalb der erstgenannten Tätigkeitsfelder potentiell mehr »mentale Funktionslust« erreichbar ist. Ausgleichend sollte in statistischer Tendenz die Tätigkeit des Psychotherapeuten und des Rheumatologen stärker direkt primär motiviert sein (primäres Bedürfnis, anderen Menschen zu helfen) und die Tätigkeit des Experimentalpsychologen und des Volkswirtschaftlers sollte kompensatorisch stärker extrinsisch motiviert sein (durch kognitive Bedürfnisprojektion).

Dies kann natürlich nur eine schwache statistische Aussage sein. Zu viele andere Faktoren spielen im Einzelfall eine u.U. entscheidende Rolle. Insbesondere sind hier die individuellen Neigungen und Begabungen, die *differentielle Ausprägung der multiplen Intelligenzen* (Gardner 1994) zu nennen. Ein Mensch mit schwach entwickelter logisch-mathematischer Intelligenz wird schwerlich das Theoriegebäude der Physik in sich synergisieren können. Vielleicht hat er dafür aber stark entwickelte personale Intelligenzen und ausgeprägte philosophische Interessen – er wird dann eher in der Lage sein, als Psychotherapeut sekundäre Antriebe aufzubauen.

Damit verfügen wir nun über die Grundkonstituanten des menschlichen Motivationssystems: primäre Antriebe mit primären Emotionen, aus denen primäre Bedürfnisse erwachsen, die auf biologisch relevante PO bezogen sind und sekundäre Antriebe mit sekundären Emotionen, aus denen sekundäre Bedürfnisse erwachsen, die auf großenteils gesellschaftlich gewordene SK bezogen sind. Die sekundären Antriebe sind dabei quasi identisch mit der internen kognitiven Repräsentation dieser SK, bilden nur die andere, unlöslich mit ihr verbundene Seite, die das qualitative Organisationsniveau der kognitiven Struktur ausdrückt. Man könnte von einer *emergentistischen Modell-Antriebs-Einheit* sprechen.

Das spezifische Zusammenwirken von primären und sekundären Antrieben macht nun die Dynamik der Persönlichkeitsentwicklung verstehbar. In Abschnitt 9.1. wird dies als extrinsisch-intrinsischer Grundzyklus der Persönlichkeitsentwickelung eine prägnante Darstellung finden: Primäre (und später auch sekundäre) Bedürfnisprojektionen führen zu extrinsisch motivierten Tätigkeiten, die bei Synergitätsgewinn zu intrinsisch motivierten Tätigkeiten werden können, von denen nun u.U. ihrerseits kognitive Projektionen auf neue, noch zu synergisierende Tätigkeitsfelder ausgehen.

Primäre Bedürfnisse sind auf Konsumation oder Erlangung bestimmter Objekte bzw. Zustände als solche gerichtet, können also durch Adjektive wie homöostatisch, diskret-resultativ oder konsumatorisch beschrieben werden. Sekundäre Bedürfnisse hingegen beziehen sich auf Objekte um des mit ihnen realisierbaren Prozesses willen, sind also, wenn man so will, prozessuale Bedürfnisse, die aber selbstverständlich im Rahmen eines aktuell elaborierten situationsangepaßten Handlungsplanes auch in diskrete Teilziele »zerlegt« werden müssen. Mit ihnen verbinden sich Begriffe wie *Entwicklung, Gestaltung und Selbstverwirklichung.* Gegenüber den primären Bedürfnissen sind sie die »höheren«, »eigentlich menschlichen« Bedürfnisse. Gleichwohl sind auch die primären

Bedürfnisse spezifisch menschlich überformt und die sekundären Bedürfnisse haben in den motorischen sekundären Bedarfszuständen beim Tier (»manipulation drive« – Harlow) ihre Vorläufer. Während aber der Entwicklung und kulturellen Verfeinerung primärer Bedürfnisse relativ enge Grenzen gesetzt sind, birgt die sekundäre Bedürftigkeit ein unbegrenztes Entwicklungspotential. Mit dem SBS verfügen wir über eine *biotische* Basis, die in unbeschränktem Maße *gesellschaftlich* erzeugte Inhalte in motiviertes Verhalten umzusetzen vermag.

Auf dieser Grundlage sollte es im nächsten Kapitel möglich sein, ein Strukturmodell der menschlichen Psyche zu entwickeln als ganzheitliches, sich dialektisch entwickelndes System, in dem kognitive und emotional-motivationale Prozesse integriert auf einer Ebene erfaßt werden.

7.2.6. Von der instruktionistischen zur emergentistischen Emotionstheorie: Vergleichs-Verknüpfungs-Paradigma vs. Absolutbewertung der aktual-emergenten Evolutionsprozesse

Das Feld der emotionstheoretischen Konzepte ist unüberschaubar. Schon der Versuch, sie auch nur skizzenhaft im Überblick zu systematisieren, erforderte ein eigenes Buch und eine gründliche kritische Auseinandersetzung auch nur mit den Hauptansätzen sprengte jeden vernünftigen Rahmen. Es bleibt, was man allgemein nicht gern tut: pauschal zu urteilen und einebnend zusammenzufassen. So gibt es eine Vielzahl sehr globaler Theorien, die nicht selten durch oberflächenverhaftete Deskriptivität und durch einen ausgesprochen unevolutionistischen Grundansatz gekennzeichnet sind. Daneben gibt es eine große Zahl engerer Konzepte auf der Basis sorgfältiger experimenteller Untersuchungen, die sich insbesondere auf einzelne primäre Emotionen, wie die Angst, beziehen. Vieles davon sollte mit der hier entwickelten Rahmenvorstellung gut kompatibel sein und kann unschwer nach Bedarf ergänzt werden. Der Schwerpunkt in diesem Buch liegt auf der Ableitung eben dieser Rahmenvorstellung sowie einer adäquaten Konzeptualisierung der »höheren« menschlichen Emotionalität, die wir hier als sekundäre Emotionalität bezeichnen. Bewußt wurde deshalb das primäre System nur im grundsätzlichen skizziert. Welche Vorstellungen findet man nun in der Literatur bezüglich dieser »höheren« Emotionalität des Menschen? Wie lassen sich die hierzu entwickelten Modellvorstellungen von den zugrunde liegenden Mechanismen charakterisieren?

Durch die gesamte von mir eingesehene Literatur ziehen sich zwei Invarianten, die ich zum *»Vergleichs-Verknüpfungs-Paradigma«* zusammenfassen will (vgl. Abb. 7.14). Dort, wo man um die Angabe konkreter Mechanismen der Emotionsgenerierung und ihrer Wechselwirkung z.B. mit kognitiven Elementen bemüht ist, habe ich nirgendwo *prinzipiell* andere Vorstellungen finden können; alles Variationen über ein Thema: Vergleich und Verknüpfung.

1. Das Vergleichs-Paradigma: Hiernach erwachsen Emotionen immer aus der Bewertung von Ist/Soll-Diskrepanzen, wobei eine Verringerung (oft bereits ihre Antizipation) zu positiven und eine Vergrößerung (oder schon ihre Antizipation) zu negativen Emotionen führt. Dabei wird ein diskreter aktualgenetischer Ist-Zustand mit einem Soll-Muster verglichen. Diese angeborenen oder gelernten Soll-Muster können nun allerverschiedenster Natur sein: Soll-Stoffwechsel-Parameter, Motorprogramm-Prototypen, Wunsch-Sozialkontexte oder bewußt gesetzte Handlungsziele. Selbst wenn

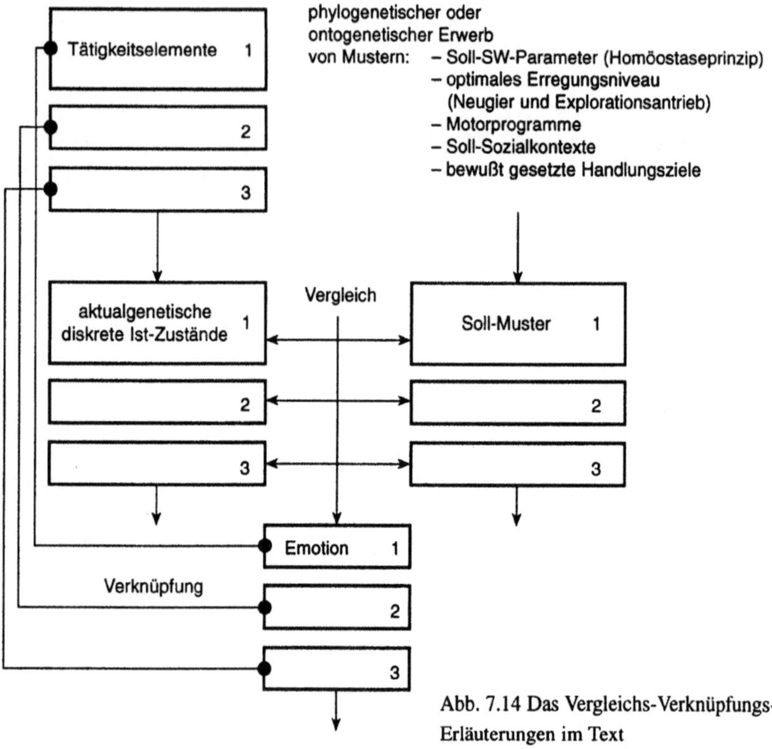

Abb. 7.14 Das Vergleichs-Verknüpfungs-Paradigma
Erläuterungen im Text

es erfreulicherweise doch einmal um eigentlich nichthomöostatisch konzipierte intrinsische Motivationen geht, schlägt der nämliche Denkansatz durch: nach Hebb, Thompson und Berlyne etwa reagiert der Organismus auf Stimuli in einer Weise, daß sich ein Soll-Erregungsniveau einstellt, das einem Optimum entspricht. J. Mc V. Hunt (1965), einer der Pioniere des Konzepts der intrinsischen Motivation, sieht Verhalten ausgelöst durch eine informationelle Inkongruenz zwischen dem Input und einer internen Norm, die sowohl angeboren als auch erworben sein kann. Auch bei Csikszentmihalyi, einem modernen Protagonisten dieses Konzepts spielt, wie unter 9.6. noch besprochen werden wird, die Zielkongruenz des Verhaltens eine Schlüsselrolle. Sehr aktuell und auch im deutschsprachigen Raum verbreitet ist das Konzept der »doppelten Bewertung« nach Richard Lazarus von der Universität von Kalifornien. Lazarus (1991, S. 150): »If there is no goal relevance, there cannot be an emotion ... Goal congruence leads to positive emotions; goal incongruence to negative ones.« Das von Lewis & Haviland 1993 herausgegebene Handbook of Emotions sollte umfassend und aktuell den Diskussionsstand wiedergeben. Wir lesen: »The approach we advocating for the study of emotion is one in which the achievement of specific goals is tracked over time. ... Regardless of the emotion being described, the relevance to personal goals is critical. What differ are the events that provoke the emotions and the plans brought to bear in contending wiht sucess or failure« (Stein et al. 1993, S. 297–299). Auch wenn die Ziele, auf welche Weise auch immer, als sich verändernd und entwickelnd konzipiert werden, das Grundprinzip der emotionalen Regulierung bleibt so im Kern ein homöostatisches; die Emotionen selbst tragen nicht unmittelbar zum Wachstum bei. Oft wird nicht in ausreichendem Maße expliziert, auf welcher Ebene der Bewußtheit die vergleichende Bewertung stattfindet und ob sich die Emotion primär oder sekundär zur Kognition verhält. Diese Frage ist aber ganz entscheidend, macht sie doch das folgende Dilemma deutlich. Entspringt die Emotion sekundär einem bewußten kognitiven Vergleichsakt, ist sie in ihrer Bewertungsfunktion vollständig redundant: Wenn mir schon der Verstand gesagt hat, wie weit ich von einem Ziel noch entfernt bin, muß es mir das Gefühl nicht noch einmal sagen, zu leisten bliebe lediglich die bloße Verhaltensaktivierung. Und entsteht die Emotion primär vor der bewußten Kognition, wird die »Theorie« zur nichtssagenden Leerformel. Das Problem ist lediglich ins Unbewußte vorverschoben; die eigentliche Frage lautet nun: Woher weiß »die Emotion« das alles (bevor recht eigentlich »ich« es weiß)? Geht ihr Wissen über das Wissen des bewußten Ich hinaus? Aus welcher Quelle stammen diese »Informationen« und wie kommen sie zustande? Fragen, aber keine Antworten.

2. Das Verknüpfungs-Paradigma: Aber nehmen wir für einen Moment an, wir hätten die Antworten und wüßten, wie jene Emotionen zustande kommen, die höhere kognitive Prozesse begleiten. Wir hätten dann hier die Kognitionen und dort die Emotionen – nach welchen Prinzipien wirken sie zusammen, wie sind sie ... verknüpft? Das könnte es sein. Sie sind verknüpft! Sie werden mit jenen Tätigkeitselementen, von denen sie erzeugt wurden, verknüpft und gemeinsam mit ihnen im Gedächtnis abgelegt. Zum Beispiel über eigene »Emotionsknoten« im semantischen Netz. Hören wir resümierend dazu Friedhard Klix (1992, S. 338), einen führenden Vertreter des Informationsverarbeitungs-Paradigmas: »Emotionalität im Wissensbesitz, mitaktiviert in Erkennungsprozessen; es ist ein weiträumiges Thema. Wir konnten es nur streifen und wollten in diesem Rahmen kenntlich machen, wie wir die Unterbringungsmöglichkeiten dieses bedeutsamen Korrektivs rationaler Verhaltensentscheidungen in unserem Modell sehen. Unklar ist die Codierung affektiver Komponenten im Wissensbesitz. Bower (1981) hat den wenig attraktiven Versuch gemacht, neben die Begriffsknoten in seinem Netzmodell eine Art Emotionsknoten zu setzen. Das ist eine modellkonforme aber psychologiefremde ad hoc Lösung. Emotionalität in Erkennungsprozessen ist etwas Dynamisches, ist zeit- und bedingungsabhängig. Dem muß jede tragfähige Modellvorstellung Rechnung tragen.« Klix ist souverän genug, die Schwächen dieser Vorstellung zu erkennen und zu benennen. Gleichwohl scheint auch er Kognition und Emotion in hohem Maße als fundamental verschiedene und primär separate Entitäten zu sehen. Ja, das Verknüpfungsparadigma ist modellkonform. Soweit zu sehen, hat bisher niemand eine grundsätzlich andere brauchbare Idee gehabt. Das Vergleichs-Verknüpfungs-Paradigma scheint die einzige Form, in der Bewertungsprozesse auf dem Boden der Computermetapher vorstellbar und modellierbar sind. Es ist offenbar das Wesen des Informationsverarbeitungsansatzes selbst, das adäquatere Lösungen nicht zuläßt. So man mit immateriellen Konzepten im Spiegelkabinett der Symbolprozesse verbleibt, um eben diese zu erklären, kann dies vermutlich schon aus prinzipiellen Gründen nur Tautologes oder Sinnleeres entsprechend dem o.g. Dilemma zum Resultat haben.

Das Konzept der Psychosynergetik zeigt die evolutive Gewordenheit zweier grundlegender Emotionsysteme auf, die nach grundverschiedenen Prinzipien arbeiten. Dabei läßt sich die Funktionscharakteristik der überwiegend physiologisch-homöostatischen primären Emotionalität auf der Basis der primären Antriebe in der Tat gut durch das Vergleichs-Verknüpfungs-Paradigma beschreiben. In bezug auf die höheren emotionalen Prozesse des Menschen jedoch (intrinsische Motivation, Intuition bei kognitiven Prozessen, ästhetisches Empfinden) ist dieses Paradigma, wie Klix schon sagt, psychologiefremd: In einem strengen Sinne kann das Vergleichs-Verknüpfungs-Paradigma nur extrinsische Motivationen beschreiben. (Dort, wo man es zur Erklärung intrinsischer Motivationen herangezogen findet, wird der Begriff »intrinsische Motivation« nicht selten in einem weiteren Sinne gebraucht: Er meint dort die Abwesenheit externer Verstärker. Dies ist nach dem hier vertretenen Begriffsverständnis nur eine notwendige, aber keine hinreichende Bedingung für intrinsische Motivation.) Unser psychisches Erleben ist nicht statisch-diskret sondern dynamisch-kontinuierlich, verbunden mit permanenter Variation: Nichts wiederholt sich exakt. Ein und dasselbe Tätigkeitselement kann im ständigen Wechsel der Sinnzusammenhänge und Stimmungen emotional völlig anders bewertet werden. Viele kreative Tätigkeiten haben keine scharf umrissenen Handlungsziele oder diese entstehen erst im Vollzug der Tätigkeit; es werden hier oft völlig neue Strukturen generiert und auch unmittelbar emotional bewertet, für die es vorbestehende Vergleichs-Muster noch gar nicht geben kann. Ästhetisches Erleben ist unmittelbares Genießen der Harmonie synerger Strukturen, die gleichfalls völlig neuartig und abstraktbedeutungsneutral sein können – Konzepte wie Handlungsziele, Ist/Soll-Diskrepanzen u.ä. sind hier völlig fehl am Platze.

Es wurde in den vorangegangenen Abschnitten gezeigt, wie diese Probleme und Phänomene im emergentistischen Konzept der sekundären Emotionalität auf der Basis des SBS und der sekundären Antriebe aufgehoben sind. Ein erster wichtiger Erkenntnisschritt könnte im Übergang von einer zustandsbezogenen Vergleichsbewertung zu einer prozeßbezogenen Absolutbewertung liegen; damit kann Emotionalität nun direkt und »in Echtzeit« psychisches Wachstum steuern, ohne durch vorgefertigte Schablonen, welchen Ursprungs auch immer, eingeengt und verzögert zu werden. Und ein zweiter läge dann im Auffinden des »Wachstumsfeldes«, nach dem die Kompaßnadel »sekundäre Emotion« sich justiert: die evolutive Stabilität und Komplexität des Tätigkeitsprozesses.

Ein weiterer zentraler Unterschied zum Vergleichs-Verknüpfungs-Paradigma besteht darin, daß sekundäre Emotionen nicht im Gedächtnis abgespeichert werden, sondern parallel zum Tätigkeitsprozeß jeweils aktual emergieren. Was abgespeichert wird, ist quasi das Resultat ihres Wirkens: Schrankenveränderungen im emergentistischen Speicher, die bei Reaktivierung eine synergere Prozeßführung gestatten. All dies ist freilich mit einer fundamentalen Konsequenz verbunden: an immateriellen Symbolen kann nichts absolut gemessen werden. Messen und Quantifizieren kann man nur etwas Materielles. Man muß also dazu übergehen, auch Symbolprozesse konsequent als materielle Prozesse zu sehen und zu modellieren. Das Konzept der psychophysischen Isodynamik erlaubt genau dies: die Symbolebene »nach unten« zu transzendieren und sekundäre Emotionen als Repräsentanz der materiell-physiologischen »Rückseite« der kognitiven Prozesse sowie als Komprimat wichtiger unbewußter Ganzqualitäten zu begreifen. In dieser Form kann man Kognition und Emotion nun tatsächlich als Einheit denken und die Prinzipien ihrer dynamischen Wechselwirkung auf eine schlüssige Weise darstellen. Es wurde gezeigt, daß dieses Komprimat der Ganzheit, die Synergität gute Chancen hat, einmal als definierte mathematisch-physikalische Größe exakt quantifizierbar zu sein. Ihre Hauptkomponente, die evolutive Stabilität, wurde bereits im physiologischen Experiment indirekt quantitativ abgeschätzt.

Synergität ist einerseits eine hinreichend allgemeine und basale Prozeßeigenschaft, die allen Tätigkeitsmodi zukommt und – infolge der transsystemischen Isodynamik – auch auf allen Integrationsniveaus in je spezifischer Form in Erscheinung tritt. Und: sie hat überall dort die gleiche zentrale Bedeutung – sie ist der Grundwert des fraktal evolvierenden Universums: Evolutive Stabilität ist Überleben, und Überleben ist Alles. Einen in seinen Randbedingungen evolutiv stabilen motorischen Prozeß nennen wir erfolgreich und ein im Gesamtkontext evolutiv stabiler kognitiver Prozeß ist das, was wir »richtig« oder gar »wahr« nennen. Nichts ist überlebensnotwendiger, als gerade dafür direkt und unmittelbar sensibel zu sein. Die Evolution des Fühlens führt zum Fühlen der Evolution. Tab. 5 faßt noch einmal die wichtigsten Charakteristika der primären und der sekundären Emotionalität zusammen.

Tab. 5

Primäre Emotionen	**Sekundäre Emotionen**
Statisch-resultative, objekt- bzw. zustandsbezogene Bewertung mit genetisch fixiertem Inhalt (wahrscheinlich prinzipiell auf Basis eines Vergleichs mit Sollwerten bzw. Mustern)	Inhaltlich offene, dynamisch-prozeßbezogene Bewertung (auf Basis einer direkten Messung von Prozeßeigenschaften)
Substrat: primäre Antriebe in genetisch prädeterminierter Zahl und inhaltlicher Charakteristik	*Substrat:* sekundäre Antriebe in unbegrenzter Zahl ontogenetisch entwickelbar; Inhalt ergibt sich aus den verinnerlichten und intern synergisierten Strukturen wesentlich sozialen Ursprungs
Zahl und Art der primären Emotionen sowie ihre erlebensmäßige Charakteristik ist genetisch fixiert	Stimmigkeits- bzw. Unstimmigkeitsempfindungen, im Zusammenhang mit bestimmten Tätigkeiten erworben
Organismische Funktion: Durchsetzung der Imperative der Individual- und Gattungserhaltung im Verhalten; entscheidendes Moment primärer Bedürfnisse und Motivationen	*Ontogenetische Bedeutung:* entscheidendes Moment der Entstehung sekundärer Bedürfnisse und sekundärer (intrinsischer) Motivationen *Aktualgenetische Bedeutung:* pragmatische Tätigkeit (als AEC dem KKC untergeordnet): Kompensation der »Kanalenge« des Bewußtseins; Komplexitätsreduktion ästhetische Tätigkeit (als AEC dem KKC vorgeordnet): ästhetische Empfindungen
Möglichkeit der erfahrungsabhängigen Verknüpfung mit kognitiven Schemata und Abspeicherung im Gedächtnis; im Verhältnis zu Kognitionen sekundär	Stets aktuelle Bewertung des emergenten Tätigkeitsprozesses; keine konstante Verknüpfung mit kognitiven Schemata und keine Gedächtnisabspeicherung; im Verhältnis zu Kognitionen primär
Störender Einfluß auf hochentwickelte Denkprozesse	Als AEC notwendiges Moment hochentwickelter Denkprozesse, heuristische Funktion (»Intuition«)

TEIL III

8. Das Strukturmodell der Psychosynergetik

Hochkomplexe Phänomene wie die menschliche Psyche in ihrer schillernen Mannigfaltigkeit sind einer Analyse, die allein an der phänomenalen Oberfläche im Hier und Jetzt ansetzt, nicht erschließbar. Einzig aus dem Nachvollzug der evolutiven Gewordenheit solcher Phänomene lassen sich jene Grundkonstituanten gewinnen, deren konfluierende Dynamik dann die Komplexität des Phänomens auf seiner höchsten Entwicklungsstufe erzeugt.

Diese Grundkonstituanten sind nun abgeleitet – zunächst freilich in Form abstrakt-systemischer Konstrukte, die der sukzessiven Differenzierung und Konkretisierung durch Eingliederung weiterer einzelwissenschaftlicher Inhalte harren. Wir wollen nun diese Grundkonstituanten zu einem ganzheitlichen Rahmenmodell des Psychischen integrieren und dann anhand einiger Beispiele seine grundsätzlichen Funktionsprinzipien erläutern. Bei diesen Beispielen kann es sich nur um teilweise extrem vereinfachte und idealisierte Verhaltenssituationen handeln. Es muß der eigenen inneren Rekonstruktionsarbeit, der Phantasie und Intuition des Lesers überlassen bleiben, diese Grundfunktionen im eigenen Erleben wiederzuerkennen und zur vollen Komplexität realer Lebensbezüge zu ergänzen.

Die wichtigsten Strukturen und funktionellen Beziehungen dieses Rahmenmodells sind im Sinne einer »handhabbaren Vorstellung« in Abb. 8.1 wiedergegeben.

8.1. Das primäre System

8.1.1. Das System der primären Antriebe

In Abschnitt 2.1. hatten wir die für höhere Säugetiere wie Primaten zu fordernden primären Antriebsstrukturen aufgezählt und das entsprechende Phase-2-Modell vorgestellt; dies muß hier nicht im einzelnen nachvollzogen werden. Es kann kein Zweifel daran sein, daß dieses System primärer Antriebe mit den zugehörigen primären Emotionen (Bedürfnissen und Motivationen) unter Überformungen auf den Menschen überkommen ist. So starke und wichtige Emotionen nehmen hier ihren Ursprung wie Hungergefühl, Durstgefühl, das Gefühl der Luftnot und der Müdigkeit, des Frierens oder Überhitztseins, das Gefühl des körperlichen Schmerzes, Emotionen der Sexualerregung, Empfindungen der Neugier und des Interesses, Ekel, Wut, Freude und Angst, Eifersuchtsgefühle, Scham, Stolz und Traurigkeit, Mitgefühl, soziale Bindungsgefühle und anderes. Für einen Großteil dieser Basisemotionen kann die erbliche dispositionelle Grundlage beim Menschen als experimentell erwiesen gelten. Wie wir aus den exzellenten Untersuchungen P. Ekmans und anderer wissen, sind sie mit definierten, interkulturell invarianten mimischen Ausdrucksmustern (Ausgangsvariable: motorisches Verhalten) und anderen Reaktionen verbunden, die für jede dieser Emotionen sehr spezifisch sind und von allen Menschen dieser Erde verstanden werden (vgl. zusammenfassend Eibl-Eibesfeldt 1995, S. 619 ff.).

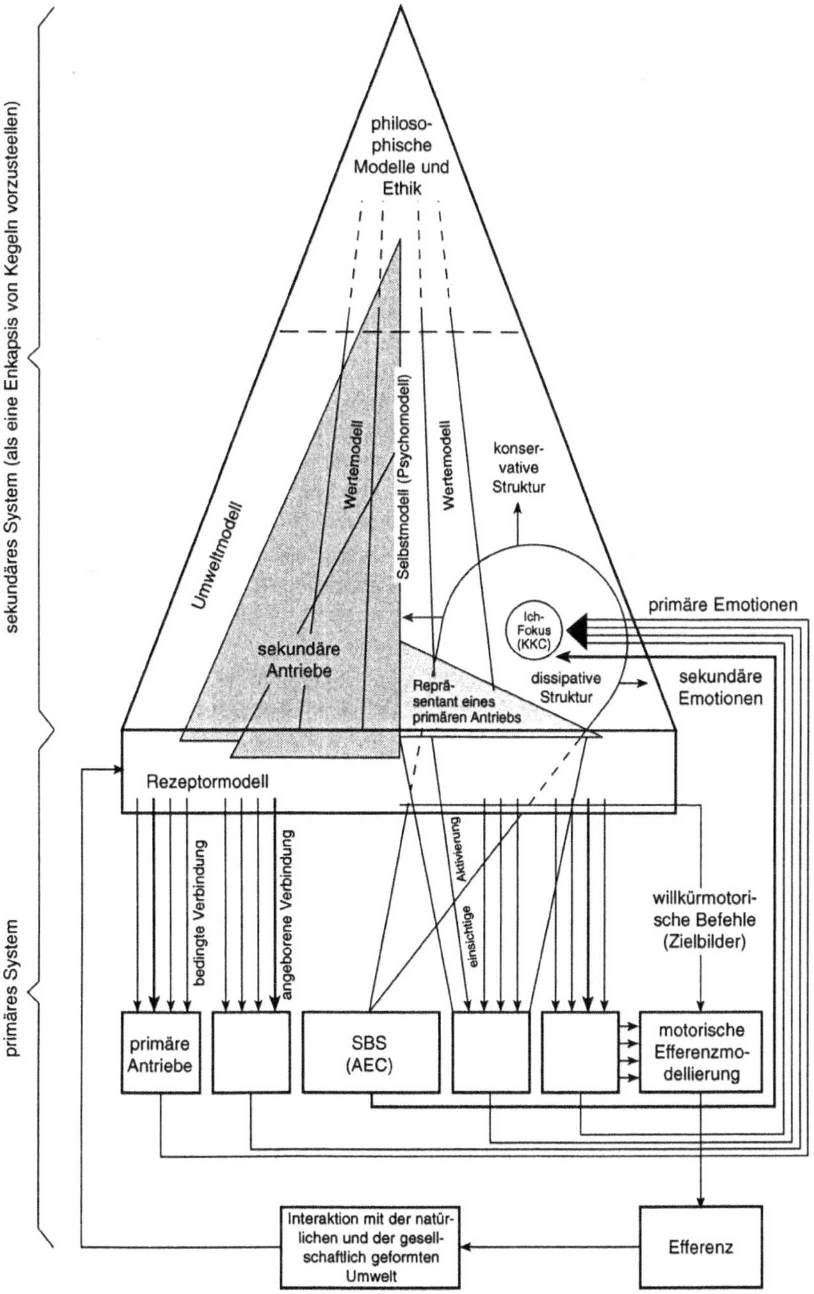

Abb. 8.1 Das Strukturmodell der Psychosynergetik – Erläuterungen im Text

Unser auf Ehrhardt zurückgehendes Modell des primären Antriebs ist freilich ein idealisiertes Phase-2-Modell. Es gibt Verhaltenssysteme, die sich mit relativ scharf definierten Eingangs- und Ausgangsvariablen in dieses Modell fügen und auch bereits neurophysiologisch verifiziert sind (z.B. Nahrungs-, Trink-, oder Sexualantrieb). Leider gibt es aber auch wichtige Verhaltenssysteme, wo dies so einfach nicht gelingt. Insbesondere betrifft das den Bereich des Sozialverhaltens; wir hatten global von »sozialbezogenen primären Antrieben« gesprochen als einem komplizierten Netzwerk angeborener sozialbezogener Reaktionsdispositionen. Es ist sehr schwer, einzelne prototypische Reaktionsmuster mit ihren Auslösern klar gegeneinander abgegrenzt aus dem in allen Nuancen variierenden Gesamt sozialer Verhaltensweisen herauszuheben und dann noch scharf zwischen den Anteilen der erblichen Disposition und der kulturellen Überformung zu unterscheiden. Als eine aktuelle und umfassende Darstellung des diesbezüglichen Diskussionsstandes vor dem Hintergrund umfangreicher eigener Feldstudien kann das Werk »Die Biologie des menschlichen Verhaltens« von Irenäus Eibl-Eibesfeldt (1995) gelten. Eibl-Eibesfeldt spricht in diesem Zusammenhang von einer »universalen Grammatik menschlichen Sozialverhaltens«: »Es gibt ein konkret erforschbares Regelsystem, das auf Sollmustern, angeborenen Auslösemechanismen und anderen stammesgeschichtlichen Anpassungen basiert und Reaktionsbereitschaften ebenso wie Strategien in Form von Handlungsplänen (Wenn-dann-Anweisungen) bestimmt, und zwar in einer Weise, die viele Alternativen offenläßt und Ausgestaltungen aufgrund von individuellen Erfahrungen ermöglicht. Dieses angeborene Regelsystem bildet die allen Menschen homologe Basis sozialen Verhaltens. Und nur auf dieser Ebene sowie auf der Ebene nichtverbalen Verhaltens können wir auch Homologa zum Verhalten nichtmenschlicher Primaten finden. Funktionelle Entsprechungen (Analogien) treffen wir dagegen auf allen Ebenen an« (Eibl-Eibesfeldt 1995, S. 745).

Diese Gesamtproblematik ist so komplex und deskriptiv aufwendig, daß ich an dieser Stelle nur auf die Ausführungen Eibesfeldts verweisen kann, die in gewisser Hinsicht als »primäre« Ergänzung des hier vorgelegten Buches gelten können, das sich schwerpunktmäßig auf die Darstellung der sekundären Emotionalität und die Erarbeitung eines ganzheitlichen Rahmenmodells konzentriert. Entscheidend ist, daß auch diese sozialbezogenen primären Antriebe und die mit ihnen verbundenen primären Emotionen eine objekt- bzw. zustandsbezogene Bewertung leisten und damit den Grundprinzipien der primären Emotionalität gehorchen, die bereits zur Darstellung kamen und in Abschnitt 7.2.6. unter der Bezeichnung »Vergleichs-Verknüpfungs-Paradigma« systematisiert wurden.

Was heißt es nun, wenn wir sagen, die primären Antriebe sind *»human überformt«* auf den Menschen überkommen? Zum ersten kommt es zu einer starken kulturellen Modifikation der zunehmend »offenen« Programme. Dies betrifft die Antriebsaktivierung durch Außenreize (Schlüsselreize bzw. Auslöser), die immer stärker durch bedingte (Zusatz-)verbindungen modifiziert werden, als auch das antriebsbezogene Verhalten, dessen Steuerung beim Menschen weitestgehend an die »Willkürinstanzen« übergeht und damit über gelernte »gekonnte Bewegungen« realisiert wird (es verbleiben allerdings durchaus einige Ausnahmen: wie Ekman gezeigt hat, kann beispielsweise die Mimik nicht vollständig willkürlich kontrolliert werden). Auch auf der Aktivierungsseite gewinnen über »zentralnervöse Potentiale« Einsichtmechanismen Zugang: Primäre Antriebe können durch die abstrakt begriffliche oder konkret-vorstellungsmäßige mentale Repräsentation antriebsbezogener Außenreize aktiviert werden (wobei Inhalte des sensorischen Gedächtnisses im Rezeptormodell und die sekundären Repräsentationen primärer Antriebe eine Vermittlerrolle spielen – s.u.). Später werden wir von einer *sekundären Aufhebung* primärer Verhaltensimpulse sprechen: Primär-emotionale Wertungen werden mit sekundär-emotionalen Wertungen und konkret-kognitiven Wertungen komplexqualitativ »verrechnet«, wobei die primären Verhaltensimpulse blockiert, modifiziert (z.B. Ersetzen durch ein funktionell äquivalentes verbales Verhalten – vgl. Eibl-Eibesfeldt 1995) oder verstärkt werden können.

8.1.2. Ein konktret-rezeptorisches Welt- und Selbstbild: das Rezeptormodell

Die primären Antriebe sind also über angeborene und bedingte Verbindungen mit der »rezeptorischen Oberfläche« des Organismus (und den dazugehörigen emergentistischen Speichern für Sinneserfahrungen im Rahmen eines sensorischen Gedächtnisses) verknüpft. Hier formiert sich im Tätigkeitsprozeß durch Synthese aller Rezeptorafferenzen ein konkret-anschauliches Modell der Umwelt, welches sowohl Naturgegenstände, andere Menschen, als auch vom Menschen veränderte und neu geschaffene Gegenstände umfaßt. Wenn man die Augen schließt, kann man sich ohne weiteres das Bild eines Apfels oder eines Schmetterlings, des Nachbarn Bild, das Bild eines Hauses oder eines Computers innerlich vor Augen rufen. Man weiß, welche Geräusche, Gerüche oder welcher Geschmack u.U. mit diesen Dingen verbunden ist. Aber auch das Bild des eigenen Körpers ist im Gedächtnis gespeichert, nicht nur das äußere, exterorezeptive Bild, sondern auch die propriozeptiv bei den verschiedensten Bewegungen gemachten kinästhetischen Erfahrungen. Man kann sich sehr genau erinnern, was man empfindet, wenn man liegt oder sitzt, läuft oder springt. Die antizipatorische Aktivierung dieser exterozeptiv-kinästhetischen Bewegungsvorstellungen verbunden mit einer Bewegungsintention dient dann als »Zielbild« der Steuerung der Willkürmotorik. Aus der Integration der exterorezeptiven Erfahrungen (mit den Dingen) und der propriozeptiven Erfahrungen (mit dem eigenen Körper) in der Tätigkeit entwickeln sich dann die internen konkretvorstellungsmäßigen Repräsentationen der materialen Eigenschaften der Dinge und des eigenen Körpers, wie Gewicht, Konsistenz, Verhalten unter der Wirkung verschieden starker, verschieden gerichteter und verschieden lange wirkender Kräfte. Man kann erinnern, wie es ist bzw. was man spürt, wenn man einen Holzstab biegt, bis er zerbricht, einen Apfel zerschneidet oder einen Ziegel mit dem Hammer halbiert und gewinnt so einen ahnungsvollen Zugang zum »materialen Innenleben« der Dinge.

In diesem System wird die Information konkret und ahierarchisch repräsentiert, die dynamische Informationsverarbeitung zielt einerseits auf eine möglichst genaue Differenzierung, auf eine Isolierung der einzelnen Fragmente der Situation. Andererseits bildet sich für *häufige invariante Merkmalskombinationen* eine zunehmend differenzierte Ebene von Attraktoren und entsprechenden dynamischen Systemen aus, welche die jeweiligen Merkmalskombinationen repräsentieren. Auf dieser Basis ist das Herausheben und anschauliche Wiedererkennen von relevanten Reizmustern und Gegenständen aus dem Reizgesamt möglich. Ein Teil dieser dynamischen Systeme repräsentiert Schlüsselreize und soziale Auslöser, ihre emergentistischen Speicherstrukturen sind also phylogenetisch entstanden und genetisch determiniert, die übrigen entstehen in Lernprozessen. Diese dynamischen Systeme sind es dann, die im funktionellen Zusammenhang mit dem Begriffsdenken zu den *Körpern der konkreten Begriffe* werden (z.B. für »Tasse« oder »Schüssel« im Bereich der Generator- bzw. Erkennungsdynamik – vgl. Abb. 7.5 in

Abschnitt 7.1.3. sowie das dort Ausgeführte zur Bildung konkreter Begriffe, wo auch eine Vorstellung von den diesbezüglichen Lernprozessen anhand des synergetischen Computers entwickelt wurde). Im jetzt betrachteten Zusammenhang wird allerdings von ihrer (nur) beim Menschen vorhandenen Verbindung zu einer Symboldynamik abstrahiert.

Wir wollen dieses konkrete, wenn man so will, flächenhafte, weil ahierarchische rezeptorische Weltbild als *Rezeptormodell* bezeichnen. Bestimmte Elemente des Rezeptormodells (die PO-bezogene Außenreize repräsentieren) stehen, wie gesagt, in funktioneller, d.h. aktivierender Verbindung zu primären Antrieben. Rezeptormodell und primäre Antriebe fassen wir zum *primären System* zusammen. Die Entwicklung des primären Systems vollzieht sich einerseits als Differenzierung des Rezeptormodells im Tätigkeitsprozeß und andererseits auf der Basis des rezeptorischen Lernens als bedingte Knüpfung neuer Verbindungen zwischen primären Antrieben und Elementen des Rezeptormodells. Das Grundprinzip der neuralen Funktion ist das der *synaptischen Evolution* (vgl. Abschnitt 6.6.3. – wenngleich es in Form der Abbildungs- und Erkennungsdynamiken bereits »Inseln« mit episynaptischer Dynamik gibt).

8.2. Das sekundäre System

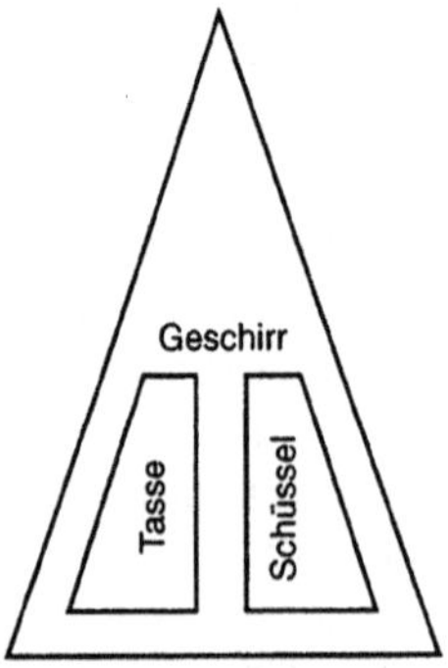

Abb. 8.2
Erläuterungen im Text

Bei der Entwicklung des begrifflichen Denkens werden, wie ausführlich dargelegt, hierarchische dynamische Systeme, mit einer Symboldynamik verbunden. Dies führt, quasi »über« dem Rezeptormodell zum »Emporwachsen« einer hierarchischen Enkapsis dynamischer dissipativer Systeme, in der die Körper konkreterer Begiffe von den Körpern abstrakterer Begriffe eingeschachtelt, enkapsuliert werden. Wie in Abschnitt 7.1.3. ausführlich erläutert, sind in dieser Vorstellung zwei Hauptmerkmale der Organisation unseres Wissensbesitzes aufgehoben: die Prototypizität und die Verbundenheit abstrakter Begriffe mit ihrer Entstehungsgeschichte. Aus Gründen einer besseren bildlichen Darstellbarkeit wurde den Begriffskörpern in Abb. 8.1 die Form von Pyramiden gegeben. Abb. 7.6 etwa würde nun in einer Weise zur Darstellung kommen, wie sie in Abb. 8.2 gezeigt ist. Auch ist so der Dimension Konkretheit-Abstraktheit symbolischer Ausdruck verliehen. Das System von Dreiecken über dem Rezeptormodell in Abb. 8.1 soll also als eine räumliche Enkapsis kleinerer und größerer Pyramiden vorgestellt werden.

Dieses *abstrakt-hierarchisch* organisierte System, der Ort der Generatordynamik unseres Denkens, in dem die Gesamtheit unserer begrifflichen mentalen Modelle repräsentiert ist, wollen wir als *sekundäres System* bezeichen. Das neuronale Substrat arbeitet hier ausschließlich nach den Prinzipien der episynaptischen Evolution.

Entsprechend der Dynamik des Denkens bewegt sich die Fokus-SBS-Einheit durch das sekundäre System – ihre Funktionsprinzipien hatten wir in Abschnitt 7.2.3. ausführlich besprochen. Sie aktiviert auf ihrem Wege konservative emergentistische Speicherstrukturen zu unbewußt mitaktivierter dissipativer Struktur bzw. im Fokus zu bewußter dissipativer Struktur, wobei der dissipative Gesamtprozeß vom SBS auf evolutive Stabilität und Komplexität bewertet wird. Die dabei entstehenden sekundären Emotionen wie auch die von den primären Antrieben generierten primären Emotionen werden ans Bewußtsein (in den Fokus-Bereich) gemeldet und dort komplexqualitativ »verrechnet«. Die Strukturbildungen durch die Fokus-SBS-Einheit sind auf die Herstellung einer höheren Gesamtsynergität gerichtet, was im AEC als Stimmigkeitsgefühl und im KKC als kognitive Konsonanz (formal-logische Widerspruchsfreiheit) erscheint. Die Ebene der Symboldynamik (die sich aus Teilen des Rezeptormodells konstituiert) ist aus Gründen der Vereinfachung in Abb. 8.1 wieder weggelassen worden. Wir wollen uns einfach vorstellen, daß den dissipativen Begriffskörpern im Bewußtseinsfokus direkt die Symbole als ihre »phänomenalen Oberflächen« anhaften.

Betrachten wir nun die Grundstruktur des sekundären Systems etwas genauer. Der Mensch hat sich im Laufe seines Lebens definierten, zunächst äußeren, dann äußeren und inneren Tätigkeiten an definierten Gegenständen zu unterziehen, z.T. im Rahmen einer Lehrunterweisung durch andere Menschen. Jede dieser Tätigkeiten schafft aus sich wiederholenden Invarianzen heraus und der kognitiven begrifflichen Verarbeitung dieser Invarianzen sowie aus der Bezugsetzung zu schon vorhandenem Wissen einen hierarchisch-enkaptischen Modellkomplex. Wie wir wissen, kann dieser Modellkomplex bei entsprechend hoher Synergität zum sekundären Antrieb werden, auf dessen Aktivierung, Stabilisierung und Erweiterung sich damit ein sekundäres Bedürfnis richtet. Auf diese Weise vollzieht sich die Aneignung und Erfassung des »Realitätskontinuums« über die Tätigkeiten sozusagen portioniert. Es entstehen Partialmodelle der Realität; jede Tätigkeit baut bildlich gesprochen einen Hierarchiekegel konkreterer und abstrakterer Begriffe auf dem Rezeptormodell auf. Nun wechseln die Tätigkeitszusammenhänge und dieselben Objekte gewinnen in anderen Bezugssystemen Relevanz. Es wäre in höchstem Grade unökonomisch, diese Objekte nun von Grund auf neu anzueignen und zu modellieren. Ein Großteil der weiteren Tätigkeit vollzieht sich vielmehr auf der Grundlage der im Gedächtnis gespeicherten Partialmodelle, indem diese in einem inneren Tätigkeitsprozeß aufeinander abgeglichen und integriert oder – bei unterschiedlichem Abstraktheitsgrad – hierarisch enkapsuliert werden. Es sei ein Beispiel gegeben: Der Medizinstudent eignet sich im Vorklinikum das Objekt »Mensch« getrennt unter verschiedenen Gesichtspunkten an: Es entsteht ein anatomisches, physiologisches, biochemisches und philosophisches Menschenmodell. In der klinischen Praxis am konkreten Patienten konfluieren diese Aspekte in den ganzheitlichen Prozessen des Realitätskontinuums. Wenn der Student nach dem Physikum noch über drei unterschiedliche Modelle von der Niere verfügte, die isoliert in unterschiedlichen Gedächtniskompartmenten in ihren Teilmodellen (anatomisches, physiologisches und biochemisches Modell des Organismus) repräsentiert waren, entsteht nun durch Abgleichung und Integration ein einziges Nierenmodell aus diesen Partialmodellen. Weiter kann der Arzt in Grenzsituationen geraten, in denen er über Leben und Tod von Menschen zu entscheiden hat (beispielsweise als erster und zunächst einziger Helfer bei einem Massenunfall). Hier müssen dann philosophisches Menschenmodell und naturwissenschaftliches Menschenmodell integriert werden, d.h. das konkretere naturwissenschaftliche Modell muß in das allgemeinere philosophische Modell enkapsuliert werden, um Entscheidungen nach bestimmten ethischen Richtlinien zu ermöglichen.

So wachsen also aus jenen Teilen des Rezeptormodells, die die Umwelt eines Individuums repräsentieren bildhaft gesprochen Kegelsysteme abstrakterer und konkreterer Begriffe heraus, die zunehmend komplexer werden, sich abgleichen, integrieren und hierarchisch enkapsulieren. Wir wollen dieses Kompartment des mentalen Modells als *Umweltmodell* bezeichnen. Es repräsentiert das Wissen um die Natur, die Gesellschaft mit ihren Strukturen, die aus den gesellschaftlichen Erhaltungsnotwendigkeiten erwachsenden Tätigkeits- und Individualitätsformen [1] sowie das Wissen um vom Menschen veränderte oder geschaffene Gegenstände, die den Austausch zwischen Natur und Gesellschaft realisieren.

In Verbindung mit diesem gegenstandsbezogenen Sachwissen (deklaratives Wissen) werden auch gleich die dazugehörigen Verhaltensschemata und Situationserinnerungen abgespeichert, da die Gegenstände ja in der Tätigkeit im Rahmen konkreter Situationen angeeignet wurden (prozedurales und episodisches Wissen). Zum Umweltmodell gehört schließlich noch das Wissen um andere, einem selbst näher oder ferner stehende Menschen sowie um bestimmte in definierten Situationen adäquate Formen des Sozialverhaltens. An der »Spitze« des Umweltmodells stehen dann abstrakt-philosophische Modelle von Natur, Mensch und Gesellschaft.

Nun hatten wir gesagt, daß im Rezeptormodell neben dem konkret-rezeptorischen Wissen über die Umwelt auch rezeptorisches Wissen über das Äußere und Innere des eigenen Körpers repräsentiert wird. Auch über diesem konkreten Wissen werden hierarchisch enkapsulierte Begriffssysteme elaboriert, in denen dann also die im tätigen Wechselwirkungsprozeß mit der Umwelt erscheinenden körperlichen und geistigen Eigenschaften, Fähigkeiten und Besonderheiten der eigenen Person (im Vergleich zu anderen) als deklaratives Wissen abgebildet sind, in Verbindung wieder mit episodischem bzw. autobiographischem Wissen. Ein jeder hat in der Regel eine Meinung darüber, ob er ein mehr oder weniger gut aussehender, körperlich leistungsfähiger und geistig begabter Mensch ist und wo dann im einzelnen die Attraktionen und Befähigungen bzw. die Schwachpunkte zu suchen sind. Ein jeder weiß, ob er gesellig oder ungesellig, cholerisch oder nicht aus der Ruhe zu bringen ist. Wir wollen dies als *Selbstmodell* bezeichnen. Hier ist dann auch das Wissen über die primären und sekundären Bedürfnisse repräsentiert, die man introspektiv, vermittelt über primäre Emotionen, erfährt und reflektierend verarbeitet. Jeder weiß, daß er unter bestimmten Umständen Hunger, Durst usw. bekommt und was er dagegen tun kann. Man hat meist eine Meinung davon, mit welchen Menschen man wie gern, wie lange und wie intensiv zusammen ist und kann angeben, welchen »Typ« man im partnerschaftlichen Bereich präferiert. Ferner weiß jeder, ob er begeistert dieser oder jener Sportart frönt, dieses oder jenes Instrument spielt oder sich gern mit Mathematik, Philosophie oder dem Schachspiel beschäftigt.

Das Erleben der eigenen primären und sekundären Bedürfnisse in der Dynamik ihrer Entstehung und Lösung wird also reflektiert und auf einer Metaebene repräsentiert. Insbesondere bildet man sich eine Meinung darüber, wie man sich zu verhalten hat, um ein bestimmtes Bedürfnis zu entspannen, gewisse angenehme Stimmungen zu erlangen bzw. andere unangenehme Stimmungen zu vermeiden. Dieses Wissen ist zwangsläufig eingebettet in naive oder theoretische allgemeine Vorstellungen und Modelle über das Funktionieren der eigenen Psyche. Bereits in der Antike gab es derartige Vorstellungen, etwa, daß es die Götter seien, die sich durch das eigene Ich hindurch artikulierten; heute sind z.B. die Konzepte der Psychoanalyse weit verbreitet. Diesen Teilbereich des Selbstmo-

[1] Dieser von Sève (1972) geprägte Begriff meint jene das Individuum im Verlaufe seiner Sozialisation prägenden gesellschaftlichen Anforderungsstrukturen, die aus einer bestimmten sozialen Position im System der gesellschaftlichen Arbeitsteilung objektiv erwachsen und in der Regel hauptsächlich durch den »Beruf« bestimmt sind. Ein verwandtes Konzept wäre das der »Rolle« bzw. »Rollenstruktur«.

dells wollen wir *Psychomodell* nennen. Man kann in ihm das *Autoregulationsorgan* des Menschen sehen, von dessen Funktion die psychosomatische Gesundheit entscheidend abhängt. Denn wenn die Autoregulationstätigkeit des Menschen aus diesem Modell heraus konzipiert wird, muß von der Adäquatheit dieses Modells Erfolg oder Mißerfolg dieser Tätigkeit entscheidend bestimmt sein.

Neben dem Umweltmodell und dem Selbstmodell (einschließlich Psychomodell) kann man nun noch eine dritte wesentliche Klasse kognitiver Systeme im mentalen Modell herausheben. Gemeint sind jene kognitiven Strukturen, die zwischen Umweltmodell und Selbstmodell vermitteln, die die Umwelt zum Selbst in Beziehung setzen und damit also Objekt-Subjekt-Relationen, d.h. Wertungen und Werte repräsentieren. Im Unterschied zu primär- und sekundär-emotionalen Wertungen handelt es sich hierbei um ein dritte Art von Wertungen, um konkret-kognitive Wertungen. Dieser Modellbereich soll entsprechend als *Wertemodell* bezeichnet werden. Prinzipiell läßt sich zu jedem Element des Umweltmodells eine kognitiv wertende Beziehung zum Selbstmodell herstellen, die seine direkte oder vermittelte Relevanz bzw. Irrelevanz für das System der primären und sekundären Antriebe bewußt reflektiert (und die gegebenenfalls dabei mit primären oder sekundären emotionalen Wertungen mehr oder weniger konform geht). Dabei werden allerdings nur jene Wertungen als explizite Struktur im Wertemodell gespeichert, die sich auf zentrale Schlüsselelemente der Tätigkeit beziehen und damit entsprechend häufig aktualisiert werden müssen. Weniger zentrale Wertungen sind implizit, werden lediglich aktual elaboriert und meist wieder vergessen.

Wie Umweltmodell und Selbstmodell ist auch das Wertemodell hierarchisch-enkaptisch strukturiert. So trägt, stark vereinfacht und verbildlicht, jede Spitze eines aus einer Tätigkeit erwachsenen Begriffskegels einen relativ allgemeinen Wert, von dem sich dann in bezug auf die untergeordneten Teilelemente des Kegels untergeordnete Teilwertungen ableiten. Für einen passionierten Sportler ist zunächst einmal klar, daß der Sport für sein Leben sehr wichtig ist. Je nach den sekundären Antrieben, die er in seiner sportlichen Tätigkeit ausgebildet hat, wird er verschiedene Sportarten und verschiedene Sporteinrichtungen in der Nähe seines Wohnsitzes bewerten, weiter dann die konkrete Beschaffenheit jener Anlagen, die der von ihm bevorzugten Sportart entsprechen und so fort. Mit einer jeden Wertung verbindet sich dann eine entsprechende Norm für das Verhalten: Aus »Sport ist gut für mich«, folgt; »Ich sollte Sport treiben.« Aus »Diktaturen sind menschenfeindlich« folgt: »Man sollte gegen Diktaturen kämpfen«, usw. Auch diese Normen sind genau wie die Werte hierarchisch-enkaptisch organisiert: Die allgemeine Norm »Man soll für den Frieden kämpfen«, schließt die konkretere Norm: »Man soll für einen Stopp aller Kernwaffenversuche eintreten« usw. ein.

Im Wertemodell sind die Haltungen, Überzeugungen und Lebensprinzipien, die »Moral« eines Menschen modelliert. Es spielt infolge seiner Vermittlerstellung zwischen Umweltmodell und Selbstmodell eine zentrale Rolle bei der Integration des mentalen Modells zu einem synergen Gesamtsystem.

Mit zunehmend abstrakteren Begriffsbildungen konfluieren die Inhalte von Umwelt-, Selbst- und Wertemodell immer stärker. Aus dem »Selbst« wird der »Mensch«, aus dem Menschen die »Materie« und aus der Materie das »Sein«. Es entsteht ein *philosophisches Weltmodell* an der Spitze des mentalen Gesamtmodells, das gleich dem Wertemodell eine *wichtige integrierende Funktion* hat. Die Strukturen des Selbstmodells mögen vorrangig zu einem philosophischen Menschenbild beitragen und die Strukturen des Wertemodells zu einer Ethik.

Die Aufklärung der komplizierten Struktur der mentalen Repräsentationen im sekundären System des Menschen läßt sich sicher noch weiter ausdifferenzieren. Wir wollen uns jedoch im hier gesetzten Rahmen auf die Unterscheidung eines Umwelt-, Selbst- (Psycho-) und Wertemodells sowie eines philosophischen Weltmodells beschränken.

8.2.1. Die sekundären Antriebe

Diejenigen Strukturbereiche des sekundären Systems (und des Rezeptormodells), die im Tätigkeitsprozeß zu hoher und höchster Synergität stabilisiert und geordnet werden, erlangen dann den Charakter sekundärer Antriebe. Im Netzwerk der Modellkomplexe, in dem die Synergitätscharakteristika sehr ungleichmäßig verteilt sind, bilden die sekundären Antriebe jene Herde höchster Synergität, die auf einen definierten Gegenstand bezogen sind und von denen bei Aktualisierung der entsprechenden sekundären Bedürfnisse das Erregungsgeschehen ausgeht und sich verbreitet.

Die Asynergität oder Dyssynergität der zwischen den Antrieben liegenden Modellbereiche resultiert »statisch« betrachtet entweder aus der Unschärfe, Lückenhaftigkeit oder der logischen Widerspüchlichkeit der Wissensbausteine oder aber aus ihrem nur additiven Zueinander, d.h. aus mangelnder interdependenter Verknüpftheit. Auf dieser Basis ist eine evolutiv stabile und komplexe mentale Prozeßdynamik mit entsprechender mentaler Funktionslust nicht realisierbar. Synerge Modellbereiche zeichnen sich hingegen neben Schärfe, Vollständigkeit und Widerspruchslosigkeit der Modellelemente durch einen hohen Grad an interdependenter Verknüpfung aus, überwiegend in Form einer Hierarchie. Um dies vorstellbar und zeichnerisch abbildbar zu machen, hatten wir die Vorstellung einer räumlichen Enkapsis entwickelt. Wie jede metaphorische Vorstellung spiegelt dieses Bild aber nicht alle Aspekte. Die hierarchische Organisation gibt überwiegend »vertikale« Verbindungen zwischen Wissenselementen wieder. Es scheint aber auch direkte »horizontale« Verbindungen oder »Assoziationen« zwischen Wissensstrukturen auf einer Hierachieebene bzw. unabhängig von der Hierarchieebene zu geben. Diese lassen sich aus dem Hierarchieprinzip allein nicht ohne weiteres erklären und sind damit auch nicht in unserem Enkapsis-Bild enthalten. Deshalb sei auf nichthierarchische Verbindungen dieser Art hier noch einmal gesondert eingegangen. Ich denke dabei v.a. auch an Verbindungen zwischen konkreten bildhaften Strukturen und abstrakten Begriffsstrukturen, wie sie Metaphern, Analogien und anderen Phänomenen des kreativen Schaffens in Wissenschaft und Kunst zugrunde liegen. In Abschnitt 7.2.3. hatten wir beispielsweise eine Verbindung zwischen dem abstrakt-begrifflich repräsentierten Prinzip der Synergitätsbewertung und dem Bild von einer Konstruktion aus Metallstangen mit einem mehr oder weniger reinen Klang hergestellt. Es werden durch diese Analogie Elemente aus unterschiedlichen Bereichen von sekundärem System und Rezeptormodell in Verbindung gebracht und es ist schwer vorstellbar, daß diese Verbindung auf einer Enkapsulation beruhen könnte. Im Rahmen unserer Gesamtkonzeption bietet sich eine andere Vorstellung an, die in Abschnitt 7.1.3. auch schon angeklungen ist.

Nach unserem heutigen neurophysiologischen Wissen sind die dynamischen Repräsentationen aller unserer mentalen Vorgänge am ehesten in dissipativen Strukturen zu sehen, die in Form von neuronalen Synchronsisations-Desynchronisationsmustern episynaptisch evolvieren. Die sehr unterschiedlichen »phänomenalen Oberflächen« von Prozessen der Motorik, der Wahrnehmung und des Denkens müssen also stufenweise

»heruntertransformiert« werden auf diese identische prozessuale Basis. Stellen wir uns vor, daß dabei Zwischenebenen entstehen, auf denen die strukturellen Eigenschaften in immer abstrakterer Form repräsentiert werden. Man kann sich nun weiter vorstellen, daß es auf der Basis von Strukturisomorphien auf diesen abstrakteren Repräsentationsebenen zu Resonanzphänomenen kommt, und zwar auch zwischen phänomenal so unterschiedlichen Bereichen wie der Wahrnehmung und dem abstrakten Denken. Diese Resonanz-Verbindungen etablieren sich also auf subphänomenalen Ebenen und sind damit dem Oberflächenbewußtsein, d.h. dem KKC nicht zugänglich. Und in der Tat: Nur selten gibt es konkrete Einzelmerkmale, durch deren Vergleich wir wenigstens teilweise konkret-kognitiv entscheiden können, ob eine Analogie oder Metapher gut trifft oder nicht. Oft ist das in Beziehung Gesetzte gar *nicht direkt konkret-kognitiv vergleichbar* – schon deshalb nicht, weil das, was da metaphorisch dargestellt werden soll, oft noch gar nicht hinreichend scharf konkret-kognitiv auskristallisiert ist, um in einen solchen Einzelmerkmals-Vergleich einbezogen werden zu können. Ob eine Analogie gut ist, oder nicht, kann oft nur im AEC auf der Basis der Stärke des Stimmigkeitsgefühls entschieden werden. Und dies hängt ab von der isomorph-synergen Passung der in Bezug gesetzten Strukturen auf den subphänomenalen Ebenen einer abstrakteren strukturellen Repräsentation im Bereich der Generatordynamik. Als ich auf die o.g. Analogie zur Synergitätsbewertung kam, hatte ich ein sehr ausgeprägtes positives Stimmigkeitsgefühl, und ich habe es heute noch. Durch diese zusätzlich eingezogenen »Querverstrebungen« haben sich Stabilität und Komplexität meines mentalen Modells und damit seine Gesamtsynergität erhöht. Ich hatte subjektiv das deutliche Empfinden, daß die Wahrscheinlichkeit der Gültigkeit meines Modells durch die Möglichkeit einer so treffenden Analogie zunimmt. Noch intensiver war dieses Empfinden beim Auffinden der Analogie zur Organisation unseres Gesichtsfeldes, wobei hier ja die Möglichkeit eines konkret-kognitiven Vergleichs in höherem Maße gegeben ist. Derartige »Querresonanzen« auf der Basis abstrakter Strukturisomorphien gibt es vermutlich auch zwischen rein abstrakt-begrifflich repräsentierenden Strukturbereichen des sekundären Systems. Was deutlich werden sollte ist dies: Die Etablierung von *Querverbindungen infolge von Strukturisomorphien auf abstrakteren Ebenen struktureller Repräsentation* ist ein wichtiges Moment der Schaffung und Steigerung von Synergität in komplexen mentalen Modellen. Ich bitte den Leser, Prozesse dieser Art in die Abb. 8.1 noch hineinzuprojizieren. Sie tragen zur Bildung sekundärer Antriebe in hohem Maße bei und sind Schlüsselmechanismen in den Bereichen Kreativität und Ästhetik, worauf im Anhang noch gesondert eingegangen wird.

Wie in Abb. 8.1 angedeutet, umfassen sekundäre Antriebe in der Regel sowohl Bereiche des Rezeptormodells, des Umwelt- bzw. philosophischen Weltmodells, des Wertemodells als auch des Selbstmodells. Ein »Schachspielantrieb« etwa würde im Selbstmodell Wissensrepräsentationen darüber enthalten, daß man ein passionierter Schachspieler mit diesen und jenen Stärken und Schwächen ist, ferner würde er Repräsentanten der Werte enthalten, die man dem Schachspiel etwa für die Beförderung eigener geistiger und charakterlicher Eigenschaften, für eine freudvolle Freizeitgestaltung usw. beimißt, und schließlich umfaßte er vor allem Wissensrepräsentanten im Umweltmodell über das Schachspiel, seine Geschichte und seine Regeln, über verschiedene strategische und taktische Varianten, sowie die gesamte erworbene Spielerfahrung mit der verarbeiteten, synerg geordneten Erinnerung an frühere Partien.

Wie wohl bei den meisten sekundären Antrieben im Bereich der Denktätigkeit, liegt das synerge Zentrum dieses Schachspielantriebs im Umweltmodell. Sekundäre Antriebe in Wahrnehmung und Motorik hätten demgegenüber ihren »Synergitätsherd« im Rezeptormodell bzw. im motorischen System; beide Antriebsarten sind in Abb. 8.1 nicht dargestellt.

Wie im vorangegangenen Kapitel bereits dargestellt, konstituieren sich im Tätigkeitsprozeß aktive sekundäre Antriebe aus zweierlei Art von Struktur: den ontogenetisch relativ stabilen »eigentlichen« Antriebsstrukturen, deren Schranken die dauerhafte emergentistische Speicherstruktur des Antriebs bilden, und jenen passageren, aktualgenetisch generierten Hilfsstrukturen, die den Antrieb in die jeweils spezifischen inneren und äußeren Umfeldbedingungen des aktualen Tätigkeitsprozesses einpassen. Wie dargelegt, überträgt sich die sekundär-emotionale Potenz des Antriebs auf diese ihm aktual als »Erfüllungsgehilfen« angegliederten Auxiliarstrukturen und ihre Synergität bzw. Dyssynergität wird als Synergität bzw. Dyssynergität des in ihnen »aufgehängten« Antriebs erlebt.

Wir hatten die sekundären Emotionen allgemein als im Vergleich zu primären Emotionen relativ schwache positive Stimmigkeits- bzw. Unstimmigkeitsgefühle charakterisiert. Hier nun, im Zusammenhang mit starken sekundären Antrieben, wie sie nur der Mensch durch Internalisation *gesellschaftlich akkumulierter Ordnung* auszubilden vermag, können diese sekundären Emotionen auch entsprechend höhere Intensitäten erreichen. Dies gilt schon bei motorischen sekundären Antrieben im Zusammenhang mit besonders komplexen und gut gekonnten tänzerischen oder sportlichen Bewegungen; es gilt im Bereich der Wahrnehmung für den geschulten Musikkenner; v.a. aber gilt es in der Denktätigkeit, da dieser Bereich im Vergleich zu unseren tierlichen Vorfahren am stärksten an Strukturkomplexität (sekundäres System) gewonnen hat. Infolge der Komplexität und der unbegrenzten Entwicklungsmöglichkeiten in diesem Bereich dürften außerdem Habituationsphänomene hier die geringste Rolle spielen. Es ist also durchaus plausibel, wenn wir annehmen, daß sekundäre Emotionen, die von starken sekundären Antrieben ausgehen, den Charakter tief ergreifender Freude bei starkem Synergitätsgewinn oder intensivsten Unbehagens bei starker Dyssynergität annehmen können.

8.2.2. Sekundäre Repräsentanten primärer Antriebe

Auch die primären Antriebe sind im sekundären System durch strukturelle Repräsentanten vertreten, die, ganz wie die sekundären Antriebe, Rezeptormodell, Selbst-, Werte- und Umweltmodell übergreifen und sich durch begriffliche Reflexionen über den Erfahrungen mit den eigenen primären Bedürfnissen bilden. Dieser oft hochproblematische Prozeß wird uns in Kapitel 10 noch im einzelnen interessieren. Jeder Mensch weiß, daß ihm in regelmäßigen Abständen ein Bedürfnis nach Nahrung entsteht, hat die diesen Bedarf stillenden Konsumationsobjekte begrifflich klassifiziert und kennt ihre rezeptorischen Eigenschaften. Ferner mißt er dem »guten Essen« in seinem Leben eine mehr oder weniger große Bedeutung bei und kann die Konsumationsobjekte nach ihrem Befriedigungswert rangen. Er verfügt über naive oder theoretische Vorstellungen über Biologie und Physiologie des Nahrungsantriebs, die wichtige Konstituanten seines Psychomodells sind. Über diese sekundären Repräsentanten sind die primären Antriebe in die einsichtige Tätigkeit eingebunden und können einsichtig aktiviert werden. Wie Abb. 8.1 andeutet, geschieht dies wesentlich durch Vermittlung des Rezeptormodells über dort induzierte anschauliche Vorstellungen. In psychophysiologischen Experimenten von

Peter Lang (1979) wurden die Versuchspersonen aufgefordert, Texte zu lesen, in denen z.B. von einer im Wasser schwimmenden Schlange die Rede war. Einmal sollte der Text nur gelesen werden und ein andermal sollten sich die Versuchspersonen beim Lesen vorstellen, die Schlange schwimme direkt auf sie zu. Noch nicht beim bloßen Lesen, wohl aber beim Lesen und Vorstellen kam es zur Aktivierung negativer Affekte: Eine Zunahme der Herzfrequenz und andere für negative Emotionen charakteristische psychophysiologische Phänomene waren registrierbar.

Wie die sekundären Antriebe auch, werden diese sekundären Repräsentanten primärer Antriebe (oder Teile von ihnen) über aktualgenetische Auxiliarstrukturen in den aktualen Tätigkeitsprozeß eingebunden. Oft repräsentieren diese Auxiliarstrukturen dann den Vorgang der kognitiven Projektion des primären Bedürfnisses. Die interne Synergität dieser Repräsentanten und ihrer Auxiliarstrukturen ist im Vergleich zu den sekundären Antrieben aufgrund mangelnder Komplexität so gering, daß ihnen keine eigenständige sekundär-motivationale Relevanz zukommt. Gleichwohl können sie als Elemente in übergeordnete, umgreifende synerge Strukturen des sekundären Systems eingebunden sein. Synergität oder Dyssynergität auf Ebene dieser sekundären Repräsentanten primärer Antriebe kann dann als Synergität oder Dyssynergität dieser übergeordneten komplexen Strukturen erlebt werden, die wir gleich unter der Bezeichnung »Kernmodell« einführen werden.

8.2.3. Das Kernmodell

Mit fortschreitendem Aufbau von Struktur und ihrer fortschreitenden Ordnung und Stabilisierung im Tätigkeitsprozeß kommt es in der Individualentwicklung zunehmend zum »Zusammenwachsen« sekundärer Antriebe und ihrer hierarchischen Enkapsulierung zu umgreifenderen synergen Komplexen. So können sich bei einem Wissenschaftler verschiedene, zunächst relativ unabhängig voneinander entwickelte und zu sekundären Antrieben synergisierte einzelwissenschaftliche Modelle unter einem passenden philosophischen Modell zu einem einzigen hochsynergen Gesamtbild von der Welt vereinigen (Umweltmodell). Über Werte, Normen, allgemeine Lebensprinzipien, die mit der Natur-, Gesellschafts- und Selbstsicht harmonieren und im Wertemodell und philosophischen Modell repräsentiert sind, könnte das Selbstmodell, das »strukturale Ich«, syneg in diesen Gesamtkomplex integriert sein, wie auch sekundäre Antriebe aus anderen Bereichen, z.B. Sport (Motorik) oder Musikhören (Rezeptormodell) sowie die oben besprochenen Repräsentanten primärer Antriebe. Die Gesamtsynergität könnte weiter durch Resonanzen auf Basis »horizontaler« Strukturisomorphien gesteigert sein, etwa dadurch, daß weite Bereiche des Umweltmodells und des Selbst-(Psycho-)modells nach isomorphen Prinzipien strukturiert sind, z.B. denen des Evolutionsdenkens.

Derartige, um den strukturalen Ich-Kern herum organisierte Komplexstrukturen, die über Wertemodell und philosophisches Modell mehr oder weniger weite Bereiche des sekundären Systems synerg integrieren und sich wechselseitig strukturell stabilisieren, nennen wir *Kernmodell.* Es hat mehr oder weniger ausgeprägt den Charakter eines einzigen konfluenten sekundären Antriebs, der das Bedürfnis nach »Selbstverwirklichung« in einem harmonischen Gesamtlebensvollzug verkörpert.

Das Kernmodell bildet, wie der Name ausdrücken soll, den »Kern« einer Persönlichkeit, ist die Quelle von Selbstvertrauen, Selbstsicherheit und »Charisma«. Es verankert den Menschen in der Realität, gibt das Gefühl der Sicherheit, des Verstehens der Welt und der Aufgehobenheit in ihr. Alle seine Elemente sind stark emotional besetzt, jede dyssynerge Destruktion wird von »lanzinierendem Unbehagen« begleitet, jede stärkere Synergitätserhöhung ist mit zentralen Empfindungen der Freude, der Harmonie und des Glücks verbunden. Im Kernmodell sind die zentralen Werte verankert; es ist das »Organ des Gewissens«.

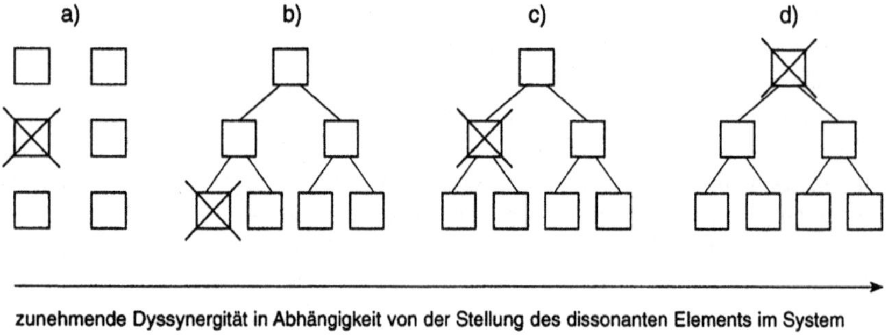

Abb. 8.3 Erläuterungen im Text

Abb. 8.3 versucht noch einmal zu verdeutlichen, warum dies so ist. Je stärker eine Struktur hierarchisch enkapsuliert ist, desto größere Synergitäten werden destruiert oder aufgebaut, wenn zentrale Elemente (wie eben integrierende Strukturen des Wertemodells oder philosophischen Modells) dyssynergisiert oder synergisiert werden. Ein Beispiel läßt sich leicht anhand des Materials dieses Buches konstruieren. In Kapitel 6 habe ich versucht, die Entwicklung verschiedener Wirklichkeitsbereiche (Evolution physikalischer Strukturen, Darwin-Evolution, Morphogenese, Gehirnentwicklung) unter dem Aspekt einiger universaler Evolutionsprinzipien zu strukturieren. Die wesentlichen Fakten zu diesen Wirklichkeitsbereichen waren mir bereits vor dieser internen integrierenden Strukturierungsarbeit bekannt, aber sie standen noch relativ unverbunden nebeneinander (Abb. 8.3 a). Nehmen wir an, ich hätte zu dieser Zeit eine wissenschaftliche Arbeit über die Morphogenese gelesen, in der Fakten zur Darstellung kommen, die sich nicht ohne weiteres unter die dann später im vorliegenden Buch elaborierten allgemeinen Prinzipien subsumieren lassen. Ich hätte dies mit Interesse gelesen, ohne davon emotional stärker berührt worden zu sein. Würde ich heute eine solche wissenschaftliche Arbeit lesen, löste dies sicher deutliches Unbehagen aus (Abb. 8.3 b). Bekäme ich heute ein aktuelles Buch über Allgemeine Evolutionstheorie in die Hand, in dem die von mir zur Grundlage genommenen Prinzipien ad absurdum geführt und durch andere ersetzt werden, würde dies ein starkes und durchgreifendes Unbehagen bei mir auslösen. Ich müßte einen Großteil meiner damit destabilisierten mentalen Modelle mühselig neustrukturieren ohne eine Garantie dafür, daß die alte Harmonie und theoretische Geschlossenheit wieder hergestellt werden kann (Abb. 8.3 c). Gäbe es nun plötzlich unumstößliche Beweise für die Richtigkeit einer der naiven religiösen Schöpfungslehren, käme dies für mich einer existentiellen Krise gleich. Mein ganzes evolutionistisch geprägtes Weltbild, einschließlich meines evolutionistisch konstruierten Selbstmodells würde zusammenbrechen (Abb. 8.3 d). Ich würde »die Welt nicht mehr verstehen« und mir selbst plötzlich ziemlich fremd sein.

Ein weiterer Faktor scheint dabei zu sein, daß nicht nur die Intensität einer Emotion, sondern auch ihre Qualität wesentlichen Einfluß auf die Verhaltenswirksamkeit hat. Die hier besprochenen, im Kernmodell generierten sekundären Emotionen werden als außerordentlich »zentral« und »wesensberührend« erlebt. Sie sind daher auch schon bei geringen Intensitäten sehr wirksam und vermögen wesentlich intensivere, aber qualitativ als stärker »peripher« empfundene Emotionen zu dominieren; sie schlagen also bei der komplexqualitativen Verrechnung stärker zu Buche. Dies gilt ja auch schon für Emotionen derselben Grundqualität: viele Menschen werden einen intensiveren Schmerz am Bein einem weniger intensiven Schmerz am Kopf vorziehen.

Was im Umweltmodell außerhalb des Kernmodells steht, ist angelernt, nicht integriert, nicht zuinnerst verstanden, nicht wertbesetzt und persönlich sinnhaftig. Was im Wertemodell außerhalb des Kernmodells steht, sind die bloß bekannten, »gewußten«, nicht internalisierten Werte und Normen, die in der Tätigkeitsregulation nicht wirklich motivational wirksam sind.

Das Kernmodell reguliert den Gesamtlebensvollzug. Eines seiner wichtigsten Strukturmomente ist die wertmäßige *Hierarchisierung der primären und sekundären Antriebe bzw. Bedürfnisse.* Inwieweit der Gesamtlebensvollzug als glückhaft und harmonisch empfunden wird, hängt wesentlich ab von der Kongruenz dieser Bedürfnishierarchie mit der Hierarchie der äußeren Zwänge, die durch die jeweilige Individualitätsform (u.a. Beruf) dem einzelnen auferlegt wird. Wenn beispielsweise bei einem jungen Finanzbeamten, der seit Studententagen in einer Jazz-Band spielt, dieser »Musikantrieb« sukzessive so stark geworden ist, daß er Platz eins in der Bedürfnishierarchie einnimmt und er eigentlich nichts anderes mehr machen möchte als Jazz-Musik, werden die Zwänge seines bürgerlichen Berufes seinen Gesamtlebensvollzug immer stärker dyssynergisieren. Er könnte versuchen, diese Inkongruenz dadurch zu lösen, daß er seinen Beruf aufgibt und professioneller Musiker wird. Oder aber die spezifische Konstellation zwischen seinen Begabungen und der Anforderungsstruktur seiner Berufstätigkeit gestatten schließlich doch noch die Entwicklung eines starken auf seinen Beruf bezogenen sekundären Bedürfnisses. Er könnte sich zunehmend in ein bestimmtes Spezialgebiet einarbeiten, dort komplexe und synerge Wissensstrukturen akkumulieren und außerdem ein zwanghaft-perfektionistisches Vergnügen an der Ordnung langer Zahlenkolonnen entwickeln. Gelangt dieser sekundäre Antrieb als neues Dominanzmotiv an die Spitze der Hierarchie, wird er seinen Gesamtlebensvollzug wieder als harmonisch empfinden, sofern es keine anderen Probleme gibt. Konflikte dieser Art – natürlich auch zwischen primären und sekundären Bedürfnissen – sind Alltag: die Karrierefrau, die den Wunsch nach Kindern und Familie immer stärker werden fühlt oder umgekehrt die Hausfrau, die sich nach den Berufsjahren vor der Geburt des ersten Kindes zurücksehnt, der Konflikt zwischen einer Liebesbeziehung und der örtlichen Bindung an einen Job, der Spaß macht, etc. Die Beziehung zwischen Antriebshierarchie und Individualitätsform ist dialektisch: Die Antriebshierarchie kann zum Wechsel der Individualitätsform führen und die Individualitätsform erzeugt neue Antriebe, läßt andere verkümmern oder führt zu einer neuen Hierarchie.

Alle Menschen haben ein Kernmodell und bei den meisten trägt zumindest dieser Kernbereich des Systems der Lebensanschauungen mehr oder weniger den Charakter eines zentralen sekundären Antriebs, auch dann, wenn es kaum sonstige »periphere«, auf umschiebene Tätigkeiten bezogene sekundäre Antriebe gibt. Auch das religiöse Weltbild einer einfachen Bäuerin kann unter geeigneten Lebensumständen ein hochsynerges

Kernmodell stützen, daß die überwiegend primären Antriebe synerg hierarchisiert und einen Gesamtlebensvollzug ermöglicht, der in hohem Maße als glücklich und harmonisch empfunden wird. Sekundär-motivationale und sekundär-emotionale Phänomene spielen also bei allen Menschen eine zentrale Rolle, nicht nur bei Wissenschaftlern und Künstlern.

8.2.4. Herstellung der aktualen Ich-Kohärenz: das dynamische Ich als oberster Ordner

Alle Strukturen des sekundären Systems sind Produkte der dissipativen Selbstorganisation auf der Ebene der unbewußten Generatordynamik. Schon auf dieser Ebene wird die fluktuative Strukturbildung im Wechselspiel von Zufall und Regel kraft der Versklavung durch Ordner hin auf Kohärenz übergreifender Strukturbereiche ausgerichtet. Auf der höheren bewußten Integrationsebene werden die Produkte dieser Strukturbildung durch das »Ich« nochmals einer Selektion unterworfen, wobei nun die Synergitätsbewertung durch das SBS eine entscheidende Rolle spielt. Das sekundäre System ist eine hochkomplexe Struktur, von der aber im Prozeß der Strukturbildung immer nur ein winziger Ausschnitt bewußt ist. Gleichwohl zeigen diese Strukturbildungen eine sichere Tendenz auf höhere Integration, Kohärenz und Stabilität des Gesamtsystems. Wir wissen, daß das SBS mittels der Intuition quasi ein »Synergitätsfeld« erzeugt, in dem die kognitiven Elemente auf höhere Kohärenz ausgerichtet werden, wie Eisenfeilspäne in einem Magnetfeld; die sekundären Emotionen fungieren als dynamische Indikatoren, die antizipatorisch Stabilitätsgewinn oder -verlust anzeigen. Die damit durch sekundäre Emotionen ermöglichte Vorselektion »heraufdrängender« kognitiver Elemente auf der Ebene des Ich-Bewußtseins ist Teil eines übergeordneten Prozesses, den man als *Herstellung der akualen Ich-Kohärenz* bezeichnen könnte, in dem also versucht wird, alle Elemente des aktualen Bewußtseins in größtmögliche Übereinstimmung zu bringen. Dies betrifft zunächst die Strukturen der aktualen Wahrnehmung, aktivierte kognitive Strukturen des stabilen Wissensbesitzes sowie ad hoc zur Realisierung und Synergisierung des emergenten Tätigkeitsprozesses generierte Auxiliarstrukturen. Diese Strukturen können Erinnerungen an die unmittelbare Vergangenheit repräsentieren oder Erwartungen der unmittelbaren Zukunft einschließlich der Antizipation möglicher Hindernisse. Sie stehen für Nahziele und die aktual elaborierten Handlungspläne oder für Fernziele, sofern diese aktiviert sind. All diese Strukturen können mehr oder weniger starken aktivierenden Kontakt zu primären bzw. sekundären Antrieben haben: direkte Aktivierung bzw. direktes Eingebundensein oder aber indirekt-vermittelte Aktivierung über die Mechanismen der kognitiven Projektion. Dabei werden direkt oder antizipativ primäre bzw. sekundäre Emotionen induziert, die unter komplexqualitativer Verrechnung in den Prozeß der aktualen Ich-Kohärenzbildung eingehen. Alle Situationselemente können nun dreierlei Bewertungen unterliegen: der kognitiven Bewertung im KKC, der primär-emotionalen Bewertung und der sekundär-emotionalen Bewertung (AEC). Auf diese Weise geht die konservativ ausgefällte Erfahrung zweier Evolutionsschichten mit ihren jeweiligen Zeithorizonten in den aktualgenetischen Evolutionsprozeß ein. Die kognitive Bewertung ist ein auf die Aktualgenese beschränkter Prozeß, die sekundäre Emotion komprimiert die Ontogenese und die primäre Emotion ist »Erfahrungsextrakt« wesentlich der Phylogenese (über das primäre Lernen z.T. auch der Ontogenese). Unsere emotionalen Zustände sind also zumeist komplexqualitative Phänomene, in denen sich – oft subjektiv unauflöslich – primäre Emotionen (u.U. mehrere) mit sekundären Emotionen mischen, die ihrerseits aus der Verrechung aller Teilsynergitäten des je erregten Modellbereichs erwachsen.

Es liegt nahe, diesen hier beschriebenen, im Bewußtseinsfokus (der Fokus-SBS-Einheit) ablaufenden Prozeß der Ich-Kohärenzbildung selbst wiederum als Selbstorganisationsprozeß höherer Ordnung aufzufassen. Bisher hatten wir umschriebene phänomenale Einzelelemente des Bewußtseins als selbstorganisierte dissipative Strukturen aufgefaßt, die von einem Ordnungsparameter reguliert werden. Ein definierter Gedanke oder eine definierte Wahrnehmungsfigur werden dabei von einem Ordnungsparameter definiert, der in zirkulärer Kausalität jene neuronalen Prozesse reguliert, die das Phänomen aufbauen. Nun setzen wir die hierarchische Enkapsis nach oben fort und fassen diese teilautonomen dissipativen Einzelelemente des aktualen Bewußtseins zu einer übergeordneten dissipativen Struktur zusammen. Diese muß nun ihrerseits wieder von einem Ordner bzw. Ordnungsparameter reguliert werden, der die Einzelelemente in geeigneter Weise aktiviert, selektiert, gegebenenfalls neuformiert und in möglichst kohärenter Weise zur ganzheitlichen phänomenalen Welt integriert. Diesen Ordner wollen wir mit dem Ich-Bewußtsein identifizieren und als *dynamisches Ich* bezeichnen (in Abgrenzung hiervon sei der konservativ gespeicherte Wissensbesitz des Selbstmodells *strukturales Ich* genannt). Die zirkuläre Kausalität, die von ihm etabliert wird, erleben wir subjektiv als freien Willen (vgl. Stadler & Kruse 1994). Abb. 9.2 faßt diese Vorstellung noch einmal zusammen. Das an verschiedenen Stellen in dieser Arbeit invozierte Bild von einem komplexen System als einer Enkapsis dissipativer Prozesse, die von einem komplizierten konservativen Schrankensystem zusammengehalten und von einer Ordnungsparameter-Hierarchie reguliert wird, findet so ihren Abschluß: Der oberste Ordner ist das Ich-Bewußtsein, bzw. das dynamische Ich. Damit ist natürlich lediglich eine vage, auf Analogieschlüssen beruhende *funktionelle* Interpretation des Ich-Bewußtseins gegeben, die sich u.U. am Ende als hoffnungslos simplifiziert erweisen mag. Diese Vorstellung ergänzt die Ausführungen von Abschnitt 6.8.; wie dort bereits mitgeteilt, findet sich eine ontologische Interpretation in Hansch (1996). Man sollte sich stets dessen bewußt bleiben, daß es sich hierbei lediglich um eine *vorläufige* Konstruktion handelt, die, auf modellkonforme Weise eine riesige Wissenslücke schließend, unser Modell im Sinne eines Phase-2-Modells mental »handhabbarer« machen soll, solange wir es noch nicht besser wissen.

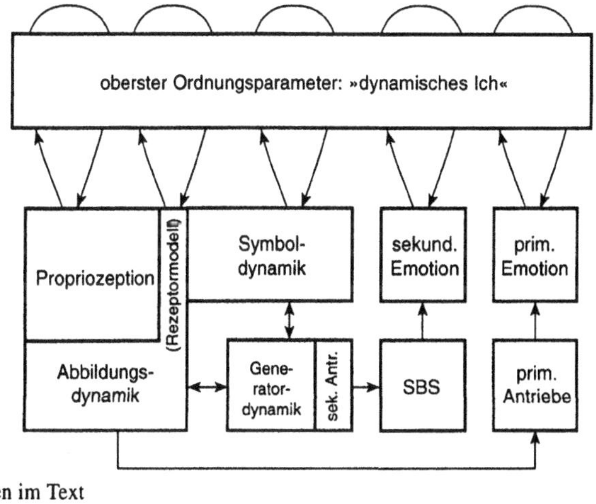

Abb. 8.4 Erläuterungen im Text

8.2.5. Zur Regulation des Verhaltens

Im Gegensatz zu Konzeptionen, die in menschlichem Verhalten z.T. von Bedürfnissen und Antrieben völlig unabhängige »Willenshandlungen« sehen, konzipieren wir menschliches Verhalten prinzipiell als von einem oder mehreren primären und/oder sekundären Antrieben stimuliert. »Niemand kann etwas tun ohne es zugleich einem seiner Bedürfnisse und dem Organ dieses Bedürfnisses zuliebe zu tun.« wußte schon Karl Marx (1960, S. 259). Auf der Basis der Konzepte »sekundärer Antrieb« und »sekundäres Bedürfnis«, die auf direktem Wege gesellschaftlich gewordene Inhalte in Verhalten umsetzen, kann der Erklärung menschlichen Strebens ein konsequenter *Hedonismus* zugrunde gelegt werden: Es ist stets auf die Herstellung einer möglichst positiven emotionalen Gesamtbefindlichkeit gerichtet. Dieses Konzept darf nicht mit einem banalen »Lustprinzip« verwechselt werden, das nur bestimmte primäre Antriebe kennt.

Der konkrete Tätigkeitsgegenstand kann dabei entweder selbst und direkt Motiv des primären bzw. sekundären Bedürfnisses sein, oder aber durch eine kognitive Projektion zu diesem Bedürfnis vermittelt werden. Durch die kognitiven Bedürfnisprojektionen gewinnt menschliches Verhalten in bestimmten Grenzen eine gewisse Freiheit und Unabhängigkeit von der Bedürftigkeit in ihrer unmittelbaren Gerichtetheit; es kann so jedes beliebige Verhalten zu jedem beliebigen Gegenstand realisiert werden, sofern dies nur nach den kognizierten Gesetzen von Ursache und Wirkung zur Entspannung des Bedürfnisses führt, was für die Weiterentwicklung der menschlichen Bedürftigkeit im Sinne der Ausbildung neuer sekundärer Bedürfnisse von entscheidender Bedeutung ist (Grundzyklus der Persönlichkeitsentwicklung – s.u.). Wenn jemand einen Apfel ißt, wird dieses Verhalten direkt vom Nahrungsantrieb stimuliert. Wenn er hingegen zum Obsthändler fährt, um einen Apfel zu kaufen, liegt eine Projektion des Nahrungsbedürfnisses auf diese Lokomotionstätigkeit vor. Wenn ein Mathematikstudent in einem ihn sehr interessierenden Fachbuch liest, entspringt sein Verhalten direkt einem sekundären Bedürfnis. Fährt er dagegen Taxi, um das Geld für teure Fachbücher zu verdienen, speist sich diese Tätigkeit motivational aus der kognitiven Projektion des sekundären »Mathematikbedürfnisses« (und wahrscheinlich auch noch anderer Bedürfnisse) und den dadurch antizipativ erzeugten sekundären Emotionen.

Dabei ist es sicher nicht so, daß wir für jeden Handgriff eine starke treibende Emotion im Hintergrund brauchen. Es gibt zweifellos zumeist kurze, nur selten längere Handlungsphasen, in denen wir relativ kühl Teile eines Handlungsplanes abarbeiten, ohne daß sich eine diskrete, qualifizierbare Emotion aus dem Erlebenshintergrund heraushebt. Diese Phasen werden aber immer wieder unterbrochen von Emotionen im Zusammenhang mit Hindernissen oder besonderen Gefügigkeiten des Handlungsverlaufs, als Reaktion auf neue Außenreize oder zufällige interne Assoziationen. Und, quasi zur Autostimulation und Selbstmotivierung, werden immer wieder bewußt kognitive Bedüfnisprojektionen durchgeführt, die dann zu antizipatorischen (bzw. reminiszenten) positiven oder negativen primären oder sekundären Emotionen führen.

Jede komplexqualitativ verrechnete emotionale Reaktion auf ein innerlich erzeugtes kognitives Element bzw. auf ein zunächst von außen über das Rezeptormodell eingebrachtes und dann begrifflich reflektiertes Wahrnehmungselement hängt zunächst von seinen direkten oder kognitiv-projektiv konstruierten Verbindungen zu primären und sekundären Antrieben ab und damit dann weiter von folgenden Faktoren:

1. Kognitive Leistungsfähigkeit (»Intelligenz«), Umfang, Inhalt und spezifische Struktur des Wissensbesitzes. (Hiernach bestimmt sich, wie »weitgreifend« die kognitiven Bedürfnisprojektionen sein können, wie tief eine potentielle persönliche Bedeutung von situativen und kognitiven Elementen erfaßt werden kann.)
2. Spektrum der individualspezifisch und v.a. auch geschlechtsspezifisch ausgeprägten Stärken der einzelnen primären Antriebe sowie die je aktuale Antriebsspannung. Weiter: die von primären Lernprozessen abhängige Differenziertheit des primären Systems, d.h. die Zahl der gelernten assoziativen Verknüpfungen zwischen primären Antrieben und Elementen des Rezeptormodells.
3. Anzahl, Stärke und inhaltliche Spezifik der ontogenetisch erworbenen sekundären Antriebe.
4. Aktuelle Erregungsverteilung im sekundären System.

Auf den letzten Punkt ist noch etwas genauer einzugehen. Im Rahmen unserer Modellvorstellung geht es hierbei um Größe und Lage des den Fokus umgebenden, unbewußt mitaktivierten und damit sekundär emotiogenen Strukturbereichs. Wie z.T. bereits ausgeführt, ergeben sich in Konsistenz mit dem Modell dazu folgende Annahmen.

1. Je höher die Vigilanz, desto größer der mitaktivierte Bereich.
2. Je höher die Synergität des aktivierten Bereichs, desto größer der mitaktivierte Gesamtbereich (was synerg »gebahnt« und hochgradig interdependent verknüpft ist, aktiviert sich wechselseitig).
3. Je intensiver die Denkaktivität, desto größer der latent aktive Gesamtbereich. Es ist sicher plausibel, anzunehmen, daß die dissipative Aktivität eines Bereiches nicht sofort auf Null abfällt, wenn die Fokus-SBS-Einheit ihn verlassen hat, sondern langsam abklingt. Wenn die Fokus-SBS-Einheit in einem größeren Bereich des sekundären Systems hin und her oszilliert, sollte es durch repetitive Aktivierungen möglich sein, diesen Gesamtbereich auf einem latenten Erregungsniveau zu halten, auf das die Synergitätsbewertung anspricht.

Die erlebte sekundäre Emotion ist dann immer eine Resultante der »Verrechnung« aller Synergitäten und Dyssynergitäten dieses überschwellig sekundär-emotiogen aktivierten Gesamtbereichs. So ist es denkbar, daß ein Element sich synerg in einen sekundären Antrieb einfügt und gleichzeitig einen anderen sekundären Antrieb mehr oder weniger destruiert. Hier setzt sich über eine komplexqualitative »Verrechnung« der positiven und negativen sekundären Emotionen der stärkere sekundäre Antrieb durch, derjenige der synerger, d.h. stabiler und/oder komplexer ist, also z.B. auch über integrierende Wertstrukturen stärker in das Kernmodell eingebunden ist. Es ist also möglich, daß untergeordnete Dyssynergitäten und die entsprechenden negativen Emotionen, die gleichzeitig synerge Elemente in übergeordneten, eine größere Synergität enkapsulierenden Strukturen sind, in einer positiven emotionalen Gesamtbefindlichkeit aufgehoben werden. Wie in Abschnitt 7.2.3. dargestellt, sind derartige »Verrechnungen« z.B. auch im Zusammenhang mit komplexen Entscheidungen, bei denen das Für und Wider im einzelnen gar nicht konkret-kognitiv gegeneinander aufgewogen werden kann, von ausschlaggebender Bedeutung für den intuitiven Entscheidungsmechanismus.

Die Spezifik dieser Erregungsverteilung (womöglich in Verbindung mit »latenten Nacherregungen« in Abhängigkeit davon, worüber in den zurückliegenden Stunden nachgedacht wurde) könnte neben Faktoren aus dem primären System wesentlich zum Zustandekommen dessen beitragen, was wir als *»Stimmungen«* erleben, also der Grundierung des Erlebens, von der sich dann diskrete Emotionen abheben. Sind überwiegend dyssynerge Modellbereiche aktiv, ist die Stimmung schlecht, sind vorwiegend synerge Modellbereiche aktiv, ist die Stimmung gut. In Momenten der Synergitätsveränderung werden dann diskrete sekundäre Emotionen herausgehoben.

Diese Annahme vermag wichtige Phänomene der Alltagspsychologie zu erhellen. Die meisten Persönlichkeiten sind bis zu einem gewissen Grade widersprüchlich. Im sekundären System sind in unterschiedlichen Tätigkeits- und Erfahrungszusammenhängen angeeignete und verallgemeinerte Werte und Normen in unterschiedlichen Modellbereichen repräsentiert, die ein unterschiedliches, ja sogar gegensätzliches Verhalten unterstützen. In Abhängigkeit davon, welche Modellbereiche aus der aktualen Entwicklung der Tätigkeitszusammenhänge gerade aktiv sind, kann man auf eine bestimmte Situation heute so und morgen ganz anders reagieren.

Stellen wir uns vor, ein junger Mann kommt gerade von der Pflege seiner Großmutter oder er hat Liebesgedichte gelesen. Es ist nun ein mehr oder weniger synerg geordneter Modellbereich aktiv, der folgendes enthalten mag: auf Fürsorge bezogene primäre Verhaltensdispositionen; autobiographische Erfahrungen der Mitmenschlichkeit; theoretisches Wissen über die Wichtigkeit von solidarischem Verhalten für das Überleben der Gemeinschaft; Werte, die Liebe und Mitmenschlichkeit als das eigentlich Sinnspendende im Leben ausweisen. Wenn er in dieser Stimmung nun einer alten Frau begegnet, die mit einer schweren Tasche vor einer Treppe steht, wird er ihr ohne zu zögern die Tasche hinauftragen. Eine Woche später wiederholt sich zufällig die gleiche Konstellation. Die alte Dame schaut dem jungen Mann erwartungsvoll entgegen und erschrickt, als er mit hartem Gesicht und kalten Augen vorbeigeht und, jeweils 3 Stufen in eins nehmend, die Treppe emporfedert. Es könnte sein, er kommt gerade von einem Schaukampf im Kickboxen oder aus einem Kinofilm über den Aufstieg eines kalten, skrupellosen Börsianers. Nun sind ganz andere Modellbereiche aktiviert: auf Aggression und Dominaz bezogene primäre Verhaltensdispositionen und damit synerg zusammenhängende Ideale einer »Blut-und-Eisen-Männlichkeit«; sozialdarwinistisch getönte theoretische Strukturen, die ein Recht des Stärkeren begründen; Werte, die zum Ausdruck bringen, daß in einer Welt des unaufhaltsamen Niedergangs nur noch eines wirklich Sinn macht: das brutale und egoistische Durchsetzen der eigenen Interessen. In diesem Kontext ist das kognitive Element »einer alten Frau helfen« völlig dyssynerg. Einige Stunden später, wenn die Erregungsverteilung etwas ausgewogener, »mittiger« und der junge Mann damit wieder mehr »er selbst« ist, löst die Erinnerung an das eigene Verhalten primäre Scham und sekundäres Unbehagen (»Gewissensbisse«) aus.

Wir wollen nun anhand eines einfachen idealtypischen Beispiels betrachten, wie man sich Grundvorgänge der Verhaltensregulation im Rahmen dieses Modells im Prinzip vorstellen muß.

Nehmen wir an, Herr L habe in der Schulzeit Leistungssport getrieben und diesbezügliche sekundäre motorische Antriebe ausgebildet. Während seines Mathematikstudiums war es dann eher das Schachspiel, dem er einen Großteil seiner Freizeit widmete, und noch heute ist er ein passionierter Schachspieler. Gleichwohl hat er zu keiner Zeit aufgehört, regelmäßig Sport zu treiben. Er hat den Leistungssport als sehr charakterbildend erfahren und diesbezügliche Werte und Normen sind an zentraler Stelle fest in sein Kernmodell integriert. Jetzt befindet er sich in seinen Assistentenjahren an der Universität, hat sich beruflich viel vorgenommen und arbeitet an einem Habilitationsthema, das ihn gleichfalls sehr begeistert. Es ist Sonntagmorgen 8 Uhr und Herr L ist eben von seinem Wecker dem Schlaf entrissen worden. Glücklicherweise hat seine Freundin bereits vor zwei Stunden das Bett verlassen, sagen wir, um eine weite Fahrt in einer Familienangelegenheit anzutreten. Dadurch bleibt das emotional-motivationale Geschehen von Herrn L für uns überschaubar und auf wenigen Seiten darstellbar. Herr L ist zu Hause geblieben, um mit seiner Habilitation ein entscheidendes Stück voranzukommen – es gibt inzwischen schon einen gewissen Termindruck. Gewöhnlich beginnt er den Sonntag mit einem Langstreckenlauf über eine bestimmte Distanz. Auch für heute steht ein solcher Lauf auf dem Plan; trotz der körperlichen Anstrengung hofft er danach wacher und geistig besser fit für seine Arbeit zu sein. Noch liegt er freilich im Bett. Der Wecker hat ihn im Tiefschlaf »erwischt«; er ist noch müde und fühlt sich unausgeschlafen. Außerdem ist es noch dunkel und kalt im Zimmer – es ist eben Winter. Eigentlich hatte er sich vorgenommen, Punkt 8 aufzustehen. Nun zeigt der Wecker bereits auf Viertel nach 8. Noch im Halbschlaf – fast hätte er sich wieder zur Wand gedreht, um weiterzuschlafen – beginnt ein leises Unbehagen in ihm aufzuzüngeln und macht das endgültige Erwachen nun unumkehrbar. Die Vigilanz hatte einen Grad erreicht, der das sekundäre System, insonderheit das Kernmodell, motivationswirksam werden läßt: die Reflexion des eigenen Verhaltens ist hier dyssynerg und erzeugt negative sekundäre Emotionen. Noch sind die dem Aufstehen entgegenwirkenden negativen primären Emotionen aber stärker und Herr L bleibt weiter im Bett. Die Uhr zeigt mittlerweile 8.30 Uhr. Das kognizierte eigene Verhalten wird damit immer dyssynerger; Herr L wird zudem weiter wach und das Kernmodell damit zunehmend sekundär-motivational wirksam. Sehr integrierende und zentrale Normen wie: »Was man sich vorgenommen hat, muß man auch einhalten« werden nun dyssynergisiert und destabilisieren große Teile des Kernmodells. Es entsteht bohrendes, zentrales Unbehagen. Ferner werden negative primäre Emotionen durch kognitive Projektion antizipiert, etwa die Enttäuschung des Chefs, wenn der nächste Abschnitt der Arbeit nicht termingerecht fertig wird. Nun ist der Punkt erreicht, wo ein weiterer Verbleib im Bett als negativer empfunden wird, als die Mühsal des Aufstehens. Mit einigem Mißmut wird das Bett verlassen und auch die folgenden Handlungen bis in die ersten 5 oder 10 Minuten des Laufes hinein vollziehen sich im negativen Bereich des Befindens. Das hedonistische Streben drückt sich hier darin aus, daß dieses Verhalten unter den gegebenen Umständen zum *relativ* angenehmsten Zustand führt, weil ein Unterlassen der vollzogenen Handlungen ein noch negativeres Befinden zur Folge hätte: Die Maximierung positiver Emotionen erscheint hier als Minimierung negativer Emotionen. Dies ändert sich mit dem Fortgang des Laufes. Einerseits wird das Laufen selbst als sehr harmonisch erlebt (motorische Funktionslust) und andererseits steigert es weiter die Vigilanz, so daß sekundäres System und Kernmodell weiter aktiviert werden und immer stärker sekundär-emotionale Kraft entfalten. Jene kognitiven Elemente, die das reflektierte eigene Verhalten repräsentieren, fügen sich nun hochsynerg in das großräumig aktivierte Kernmodell und führen zu starken positiven sekundären Emotionen, die mit den positiven Emotionen aus dem motorischen sekundären Antrieb harmonisch zusammenklingen. Die Gesamtbefindlichkeit ist jetzt weit im Positiven, Herr L spürt ein allumgreifendes Glücks- und Harmoniegefühl (vermutlich tragen hierzu noch weitere Faktoren bei, etwa die Ausschüttung von Endorphinen: »runners high«). Mit den jetzt aktiven Modellbereichen sind insbesondere Zentralstrukturen folgender Art synerg verbunden und werden samt der von ihnen enkapsulierten Modelle latent mitaktiviert: Wert des Sports für die Gesundheit; Wert der Natur (Herr L läuft im Wald) und Ideale einer naturverbundenen Lebensweise; Ideale des Kampfes und der Männlichkeit; die Selbstüberwindung als ein ganz zentraler Grundwert, als die entscheidende Voraussetzung für persönliches Wachstum und das Erreichen wichtiger Lebensziele; damit verbunden nun wieder der Lebensplan und der Plan für den heutigen Tag. Ferner stellen sich Resonanzen auf der Basis abstrakter Strukturisomorphien ein: Das Laufen wird als anschauliches Symbol begriffen für das Vorankommen des Lebensplans. All das ist nicht konkret-kognitiv bewußt, aber es ist intuitiv über das sekundär-emotionale Erleben präsent, wird eingeschmolzen in ein zentrales, umgreifendes Harmonieempfinden. Dies ist auch daran erkennbar, daß es vor allem kognitive Elemente dieser Bereiche sind, die fluktuativ bewußt werden und um die das Denken von Herrn L während solcher Waldläufe vorrangig kreist. Nachdem dieser sekundär-emotionale Höhenflug eine zeitlang angehalten hat, wird er zunehmend von den primären Emotionen der körperlichen Erschöpfung getrübt: Die Waden beginnen zu schmerzen, die Atmung wird schwerer. Gleichwohl bleibt die Gesamtbefindlichkeit positiv. Sich eine gewisse Belastungs- und Schmerztoleranz zu beweisen ist ein besonders synerges Element der o.g. Modellstrukturen, so daß die kompensierenden positiven sekundären Emotionen eher noch zunehmen und die negativen primären Emotionen dadurch neutralisiert, ja regelrecht erlebnismäßig ins Positive aufgehoben werden. Dies gelingt freilich nur begrenzte Zeit. Auf dem letzten Kilometer werden die primären Beschwerden so stark, daß schon mal das kognitive Element »Abbruch des Laufes« probatorisch erzeugt wird, was sich mit der Antizipation nachlassender negativer primärer Emotionen verbindet. Zudem hat die rechte Achillessehne zu schmerzen begonnen – ist es denn nicht vernünftig eine offensichtliche Überlastung abzubrechen, um einer langwierigen Verletzung vorzubeugen? Damit sollte sich doch eigentlich die Dyssynergität des Elements »Abbruch« zum Kernmodell »entschärfen« lassen. Allein, es gibt da noch andere kognitive Strukturen, die diese Konstruktion in penetranter Weise stören und so deutlich und stabil sind, daß Herr L sie nicht »verdrängen« kann. Es handelt sich um das Wissen, unter einer Art chronischer Achillodynie zu leiden, die von einer früheren Überlastung herrührt. Dieser Schmerz tritt einfach von Zeit zu Zeit unverändert auf, ohne daß sich irgendwann in den letzten Jahren bei weiterer Belastung eine Verschlechterung eingestellt hätte. Herr L »hört« sehr genau auf den Schmerz. Es könnte ja sein, daß er heute doch etwas stärker oder wenigsten »irgenwie anders« ist als sonst, was eine besondere Vorsicht rechtfertigen würde. Dies ist (leider) nicht der Fall. Die konkret-kognitive Wertung aller verfügbaren Daten kommt also zu dem unabweislichen Ergebnis, daß es keine wirklich stichhaltigen Argumente dafür gibt, den letzten Kilometer nicht auch noch zu laufen. »Aufgeben« bleibt damit hoch dyssynerg in bezug auf das Kernmodell. Aus der Verarbeitung seiner gesamten bisherigen Lebenserfahrung weiß Herr L, daß genau dies die kritischen Momente sind, nicht nur im Sport, sondern überall im Leben. All diese Erfahrungen werden in abstraktiver Verdichtung enkapsuliert von dem normativen Prinzip, daß man Forderungen, die man sich selbst gestellt hat, am allerwenigsten dann aufgeben darf, wenn ihre Realisierung Schwierigkeiten macht, unbequem wird und Kampf erfordert. Zu diesen ganz zentralen Strukturen ist das probatorisch erzeugte Element »Aufgeben« dyssynerg. Entsprechend erzeugt es antizipativ sehr zentrales, lanzinierendes Unbehagen. Obwohl nicht unbedingt konkret-kognitiv bewußt, ist in diesem Gefühl intuitiv das tiefe Wissen eingeschlossen, daß, etwas überzeichnet formuliert, ein solches Aufgeben den Anfang vom Ende bedeuten könnte, vom Ende manches hohen Lebensziels jedenfalls. Das vorzeitige Beenden des Laufes würde also trotz nachlassender negativer primärer Emotionen das resultierende Gesamtbefinden nicht verbessern, sondern verschlechtern. Hingegen ist die kognitive Projektion eines erfolgreich beendeten Laufes mit der Antizipation starker positiver sekundärer und primärer Emotionen verbunden und erzeugt so die nötige motivationale Kraft für das Durchhalten auf den letzten Metern. Ich verweise an dieser Stelle noch einmal auf das dargestellte Zueinander konkret-kognitiver, primär-emotionaler und sekundär-emotionaler Wertungen. Insbesondere können primär-emotionale in sekundär-emotionalen Wertungen aufgehoben werden, können sich sekundäre Antriebe, die von gesellschaftlich gewordenen Inhalten bestimmt sind, gegen phylogenetisch bestimmte primäre Antriebe in der Konkurrenz um die Verhaltenssteuerung durchsetzen. Ein sekundär stark entwickelter Mensch ist also keineswegs die »Überlebensmaschine seiner Gene«, wie dies von seiten der Soziobiologie postuliert wurde (Dawkins 1978). Wenn man in diesem Bilde bleiben will, ist er viel eher die »Überlebensmaschine seiner Meme«, um mit »Mem« einen auch von Dawkins geprägten Begriff zu verwenden, der Informationsstrukturen meint, die in der kulturellen Evolution entstanden sind.

Inzwischen sitzt Herr L aber bereits über seinem Habilitationsthema. Er hatte gestern abend noch eine entscheidende Idee für eine günstige Strukturierung der im nächsten Kapitel der Arbeit darzustellenden Sachverhalte gehabt und sich auf das Weiterschreiben gefreut. Jetzt ist er bereits mittendrin, sein Konzept geht auf, die Arbeit läuft flüssig, es gelingt ihm, die Synergität der zugrunde liegenden Antriebsstrukturen weiter zu erhöhen und entsprechend positiv ist das sekundäre Empfinden. Herr L arbeitet sehr konzentriert und vergißt über weite Strecken die Zeit und sich selbst dabei. Er genießt die neu geschaffenen gedanklichen Strukturen so, wie ein Künstler das Werden einer Skulptur genießt. Solche Arbeitssphasen bezeichnet man nach dem amerikanischen Psychologen Mihaly Csikszentmihalyi als *»flow«*; wir werden auf dieses der Synergitätstheorie sehr nahestehende Konzept im nächsten Kapitel noch genauer eingehen. Natürlich stimuliert sich Herr L zwischenhin auch durch primäre Bedürfnisprojektionen, z.B., indem er sich ausmalt, mit wieviel Anerkennung die Fachkollegen seine Arbeit hoffentlich aufnehmen werden.

Doch jetzt reißt ihn das Telefon aus seinen Gedanken. Am Apparat ist Herr M, ein guter Freund und ebenfalls ein passionierter Schachspieler, der anfragt, ob Herr L nicht Lust habe, wieder mal auf eine Partie Schach zu ihm rüberzukommen. Nun wird der Schachspielantrieb bei Herrn L aktiviert und erzeugt eine deutliche diesbezügliche Appetenz. Er wägt einen Moment ab, aber die probatorischen Umstrukturierungen zeigen eindeutig an, daß der bereits aktive, unmittelbar mit den Strukturen seiner Habilitationsarbeit verbundene sekundäre Antrieb im Moment synerger, d.h. stärker ist. Die Vorstellung, jetzt an seinem Thema weiterzuarbeiten erzeugt stärkere positive sekundäre Emotionen als die Vorstellung, jetzt Schach spielen zu gehen. Vielleicht könnten die bei der Antizipation des Wiedersehens mit Herrn M und eines möglichen Sieges erzeugten positiven primären sozialbezogenen Emotionen zumindest ein »motivationales Remis« zwischen beiden Verhaltensmöglichkeiten herstellen. Aber wir haben den lanzinierenden Ärger noch nicht eingerechnet, den Herr L ja wieder mit seinem Kernmodell bekäme, wenn er ernstlich daran dächte, jetzt seine Arbeit abzubrechen: Der arbeitsbezogene Antrieb ist komplexer, »kernnäher« und werthierarchisch höherrangig als der Schachspielantrieb. Und dann sind da vor allem noch diese mit zentralen Wert- und Kernstrukturen verbundenen Auxiliarstrukturen, die ihn insbesondere für heute darauf festlegen, ernsthaft zu arbeiten, um ein entscheidendes Stück mit seiner Habilitation voranzukommen. Kurz, Herr L muß Herrn M auf ein anderes Mal vertrösten und geht wieder an seinen Schreibtisch.

Es ist übrigens durchaus nicht so, daß Herr L immer zwanghaft an seinen Planungen festhält und nicht auch »spontan« sein könnte. Erst gestern, kurz nach dem entscheidenden Einfall bezüglich der Strukturierung des nächsten Arbeitsabschnitts hatte ihn seine Freundin gefragt, ob er sie nicht zu einer Vernissage begleiten könne. Eigentlich hatte er noch arbeiten wollen, aber dieser Einfall gab ihm bezüglich des Fortgangs der Arbeit ein gutes Gefühl und so nahm er sich den Abend frei und konnte ihn auch sehr entspannt genießen. Aber für heute ist eben nun wirklich wieder einmal konsequentes Arbeiten angesagt. Schließlich schuldet er das auch seiner Freundin, die er allein hatte fahren lassen.

Inzwischen ist das Kapitel fertig geschrieben. Leider stellen sich jetzt wieder Probleme ein. Herr L sieht für die Fortsetzung der Argumentation zwei mögliche Wege, die in etwa gleichwertig scheinen. Er kann sich nicht entscheiden. Und letztlich befriedigen ihn diese beiden möglichen Strukturierungen auch nicht vollständig, irgendwie sind sie beide nicht »schön«. Gibt es nicht eine dritte Möglichkeit? Herr L grübelt jetzt schon seit zwei Stunden und irgendwie ist ihm in der letzten Stunde der Spaß am Arbeiten verlorengegangen. Die Gesamtbefindlichkeit liegt nun wieder leicht im negativen Bereich. Er arbeitet jetzt extrinsisch motiviert auf Basis einer kognitiven Projektion sekundärer Bedürfnisse (den Forderungen seines Kernmodells gerecht zu werden) wie auch primärer Bedürfnisse (z.B. den Chef und seine Freundin nicht enttäuschen zu wollen). Der arbeitsbezogene sekundäre Antrieb ist entspannt, erschöpft und eben momentan auch in Teilen dyssynerg. Irgendwie fluktuiert das Denken von Herrn L seit einer halben Stunde immer wieder zum Schachspiel (der Antrieb ist noch latent aktiv) und dem Freund, den er sehr mag. War er nicht am Vormittag doch etwas kurz angebunden am Telefon? Immerhin haben sie sich eine Weile nicht gesehen. Und ist es nicht überhaupt längst an der Zeit, die alte »Rangordnung« wieder herzustellen (beim letzten Spiel hatte L nämlich verloren)? Von der Stärke der »peripheren« Einzelantriebe her würde er sich jetzt klar für das Schachspiel entscheiden. Wenn da nicht die Kernmodell-Norm wäre, heute konsequent zu arbeiten. Was ihm am Vormittag beim Langlauf nicht gelang – das Kernmodell durch eine neue, »entschärfende« Auxiliarstruktur »ruhigzustellen« – es gelingt ihm jetzt. Vor einiger Zeit hat er mit seiner Freundin, einer Psychologin, über das Phänomen »Kreativität« diskutiert und dabei gelernt, was eine »Inkubationszeit« ist – eine Zeit nämlich, in der durch unbewußte Strukturierungsprozesse die Lösung eines Problems vorbereitet wird, während sich das Bewußtsein mit ganz anderen Dingen beschäftigt. Dies hatte ihm eingeleuchtet und entsprach zudem auch seinen eigenen Erfahrungen. Vor diesem Hintergrund beschließt Herr L nun, »Inkubationszeit zu nehmen« und während dieser Zeit mit Herrn M Schach zu spielen. Dieses ursprünglich dyssynerge Tun wird nun durch die neue kognitive Zusatzkonstruktion in eine synerge Beziehung zum Kernmodell mit seinen aktualen auxiliaren Forderungsstrukturen gebracht. Nach einer kurzen telefonischen Rückfrage geht Herr L zu Herrn M rüber, und wir verlieren ihn aus den Augen.

Wie unser Beispiel gezeigt hat, treten Handlungen grundsätzlich in zwei Formen auf, die gelegentlich rasch ineinander übergehen: Handlungen können sich im positiv-emotionalen Bereich des Befindens vollziehen, womit die kognitive Verhaltenssteuerung tendenziell, d.h. im Rahmen bestimmter Freiräume darauf gerichtet ist, die positiven Emotionen zu maximieren. Handlungen können sich aber auch im negativen Befindensbereich vollziehen, wo das Streben nach positivem Befinden als die Minimierung negativer Emotionen in Erscheinung tritt. Handlungen letzterer Art bezeichnet man gemeinhin als *»Willenshandlungen«*. Während Handlungen der ersten Gruppe vorwiegend direkt primär oder sekundär (d.h. intrinsisch) motiviert sind, erwachsen Willenshandlungen oft aus kognitiven Projektionen primärer oder sekundärer Bedürfnisse (extrinsische Motivation), wobei bei Nichtausführen der in sich unangenehmen Handlung eine so starke Frustration dieser projizierten Bedürfnisse erfolgt bzw. antizipiert wird, daß daraus negativere primäre oder sekundäre Emotionen resultieren, als das Ausführen der Handlung mit sich bringt.

Der Zwang zur Willenshandlung kann dabei »von außen« ausgehen, wie etwa, wenn man Anweisungen oder Befehlen Folge zu leisten hat oder als unangenehm empfundenen gesellschaftlichen Verpflichtungen nachkommt, deren Mißachtung unweigerlich mit Sanktionen verbunden wäre. Diese Sanktionen schränken dann zumeist in irgendeiner Form die Möglichkeiten zur Befriedigung primärer Bedürfnisse ein, durch deren Projektion dann also das Verhalten motiviert wird. Man kann aber auch, wie in unserem Beispiel dargelegt, aus »innerem Zwang« handeln, etwa beim Vollzug von Handlungen, deren Notwendigkeit sich unabweislich aus stabilen Strukturen des Kernmodells kognitiv ableitet, deren Nichtvollzug also starke Dyssynergität im Kernmodell und damit sekundär negativ-emotionale »Gewissensbisse« zur Folge hätte. Wir hatten dies als eine Form sekundärer Bedürfnisprojektion angesehen, als eine Projektion des Bedürfnisses, bestimmte »eingewurzelte«, in hochsynerge und umgreifende Kernmodell-Strukturen eingebundene Lebensmaximen (und sich daraus ableitende Normen) zu erfüllen auf jene in sich unangenehme Tätigkeiten, deren Ausführung kognitive Elemente erzeugt, die sich synerg ins Kernmodell einfügen und damit die negativen »Gewissensbisse« vermeiden bzw. beseitigen.

Das Unangenehme der Willenshandlungen selbst kann dabei jeweils daraus resultieren, daß sie 1. primären Bedürfnissen entgegen stehen und damit negative primäre Emotionen erzeugen (z.B.: der letzte Kilometer des Laufes von Herrn L); 2. noch nicht innerlich synergisiert sind bzw. nicht synergisiert werden können (z.B. monotone, einfältige Routinearbeiten), also mindestens keine positiven sekundären Emotionen generieren oder 3. Handlungen sind, die zwar auf sekundären Antrieben beruhen, aber momentan nicht als sekundäres Bedürfnis aktualisiert sind, weil sie bereits zu lange ausgeführt wurden oder sich infolge von Sachproblemen starke, nicht ohne weiteres zu beseitigende Dyssynergitäten mit entsprechenden negativen Emotionen eingestellt haben (z.B.: die letzten beiden Arbeitsstunden von Herrn L).

Willenshandlungen beginnen in der Umgebung des Punktes, an dem die weitere Unterlassung der Handlung stärkere negative Emotionen erzeugt als ihre Ausführung; und sie werden beendet mit Erreichen des Zieles bzw. in der Umgebung jenes Punktes, wo die Ausführung stärkere negative Emotionen erzeugt als das Beenden der Handlung.

Damit sei die Besprechung des Aufbaus und der Grundfunktionen des psychosynergetischen Strukturmodells abgeschlossen, wobei die folgenden, spezielleren Fragen gewidmeten Kapitel auch zu diesem Grundverständnis noch vertiefend beitragen werden.

9. Aspekte der Persönlichkeitsentwicklung

9.1. Emergenz der Persönlichkeit und Grundzyklus der Persönlichkeitsentwicklung

Wir wollen nun untersuchen, wie sich einige entscheidend wichtige bzw. kritische Momente der Persönlichkeitsentwicklung im Rahmen des psychosynergetischen Strukturmodells abbilden. Zunächst sei ein makroskopischer Überblick über den ontogenetischen Gesamtprozeß unter Fokussierung auf die emotional-motivationale Entwicklung gegeben, dann wollen wir einige wichtige Aspekte gesondert herausgreifen.

Bezüglich einer mikroskopischeren Untersuchung v.a. der frühkindlichen Entwicklung sei nochmals auf die Arbeiten von Esther Thelen und Linda Smith (Smith & Thelen 1993), insbesondere auf das Buch »A Dynamic Systems Approach to the Developement of Cognition and Action« (1994) verwiesen. Unter Zugrundelegung umfangreicher eigener experimenteller Daten werden hier die Konzepte der Synergetik semiquantitativ auf die Entwicklung und Integration sensumotorischer Fähigkeiten des Kindes angewandt und Fragen einer allgemeinen Entwicklungstheorie auf der Basis der Synergtik diskutiert. Ferner sind die hier zu entwickelnden Vorstellungen in hohem Maße kompatibel zu den entwicklungspsychologischen Arbeiten von Jean Piaget (1975) und Lawrence Kohlberg (1996), wobei im hier gezogenen Rahmen auf weitergehende Bezugsetzungen verzichtet werden muß.

In den ersten Lebensjahren steht Reifung, Entwicklung und Differenzierung von primärem System und Willkürmotorik ganz im Vordergrund. Reifung und Einübung insbesondere sozialbezogener primärer Verhaltensdispositionen (v.a. Interaktionsmuster der Mutter-Kind-Dyade), hohe Spontanaktivität des Neugier- und Explorationsantriebs, Differenzierung des Rezeptormodells, Ausbildung von bedingten Verbindungen zwischen Elementen des Rezeptormodells und primären Antrieben im Rahmen der Selbstorganisation des primären Lernens (elementar-assoziatives Lernen, klassisches Bedingen, operantes Bedingen, Versuch-Irrtum-Lernen, latentes Lernen), nonverbales Begriffsbilden und bildhaftes Denken, elementare Formen der Einsicht – all dies sei hier nur stichwortartig genannt; in der entwicklungspsychologischen Literatur finden sich ausführliche Darstellungen dieser Prozesse.

Unlöslich verbunden v.a. mit den letztgenannten Prozessen vollzieht sich der Spracherwerb und damit die Bildung von Sprachbegriffen zunehmender Abstraktheit: Innerhalb der Schranken, die durch das primäre System gesetzt werden, beginnt die Evolution des sekundären Systems.

Die infolgedessen zunehmenden Möglichkeiten des begrifflich-einsichtigen Erkennens lassen nun zu den primären Antrieben als Motoren des kindlichen Verhaltens in immer stärkerem Maße den Mechanismus der kognitiven Projektion primärer Bedürfnisse hinzutreten, welcher, zunächst noch stark unterstützt vom primären Explorationsantrieb, den unbegrenzten Einbezug neuer SK ermöglicht. Durch Synergisierung der auf diese Weise in Gang gebrachten Tätigkeitsprozesse an SK entstehen nun, wie beschrieben, sekundäre Bedürfnisse. Die ihnen zugrunde liegenden sekundären Antriebe fungieren nun quasi als »Muskeln« im »Skelett« der sekundären psychischen Strukturen und ermöglichen eine so massive Bewegung, Entwicklung und Komplexitätszunahme dieser Strukturen, wie sie allein aus primären Antrieben und deren Projektion nicht zu erklären wäre.

Erst das spezifische Zusammenwirken von primären und sekundären Antrieben macht also die Dynamik der Persönlichkeitsentwicklung verstehbar. Eine jede nicht direkt primär motivierte Tätigkeit beginnt zunächst als extrinsisch motivierte Tätigkeit infolge der kognitiven Projektion primärer Bedürfnisse: Ein Schüler beschäftigt sich zunächst mit Mathematik, um Anerkennung bei Eltern, Lehrern und Mitschülern zu gewinnen, bzw. deren Sanktionen aus dem Wege zu gehen oder weil er begreift, daß gute Noten Voraussetzung für einen anspruchsvollen Beruf und damit für die spätere Lebenssicherung sind usw. Insbesondere bei Vorliegen einer entsprechenden Begabung kann sich im Verlaufe dieser Tätigkeit eine starke Synergität und damit ein entsprechender sekundärer Antrieb entwickeln. Die Beschäftigung mit Mathematik erfolgt nun intrinsisch motiviert. Die Tätigkeit wird zu ihrem eigenen Lohn durch das damit verbundene Harmonieempfinden. Vielleicht wird aus dem Schüler nun ein Mathematik-Student. Sind erst einmal starke sekundäre Antriebe entstanden, ist auch das Erschließen neuer Tätigkeitsfelder auf der Basis einer *kognitiven Projektion sekundärer Antriebe* möglich. Es könnte z.B. sein, daß unser Mathematiker zu der Erkenntnis kommt, daß er sein geliebtes Spezialgebiet nur dann weiterentwickeln kann, wenn er bestimmte Strukturen aus einem anderen Gebiet der Mathematik einbezieht. Nehmen wir weiter an, daß ihm die in diesem Gebiet geforderte Art von mathematischem Denken nicht besonders liegt und er initial große Schwierigkeiten damit hat. Die Anfangsphase der Aneignung dieses mathematischen Spezialgebietes trägt dann den Charakter einer extrinsisch motivierten Tätigkeit auf der Basis einer kognitiven Projektion sekundärer Bedürfnisse. Das vielfache quasi spiralförmige Durchlaufen solcher extrinsisch-intrinsischer Zyklen führt sukzessive zum Aufbau der komplexen Strukturen der Persönlichkeit. Abb. 9.1 faßt diese basalen Zusammenhänge in einer Art »Grundzyklus der Persönlichkeitsentwicklung« zusammen.

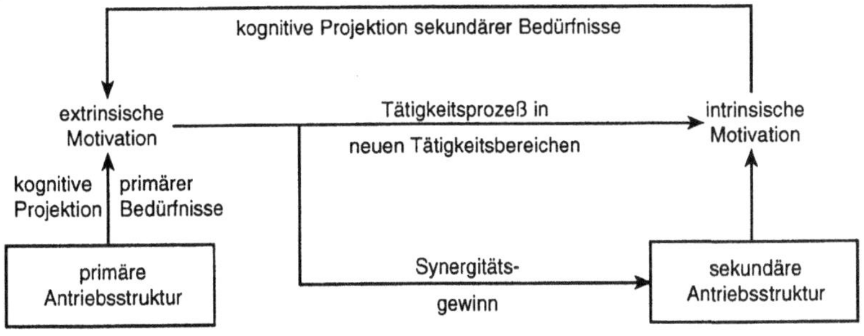

Abb. 9.1 Der Grundzyklus der Persönlichkeitsentwicklung – Erläuterungen im Text

Stark fremdgeleitet durch Eltern, Erzieher und Lehrer, entstehen am Anfang dieses Prozesses zunächst Modellkomplexe des sekundären Systems, die nur sehr geringe Synergität aufweisen, die entsprechend der verschiedenen vorgegebenen Tätigkeits- und Unterrichtsgegenstände mehr oder weniger isoliert voneinander sind und allmählich von konkreteren zu abstrakteren Begriffssystemen fortschreiten. Bildlich gesprochen »wachsen« also aus dem flachen Rezeptormodell sich z.T. überschneidende, vorwiegend aber voneinander isolierte, zunächst flache, dann aber immer höher werdende »Begriffskegel« heraus.

Auch Werte und Normen werden vermittelt, vom Kind aber mehr oder weniger unkritisch übernommen und intern repräsentiert. Die abstrakteren unter ihnen, wie etwa »Man soll für Frieden und Humanismus eintreten«, schweben dabei sozusagen frei im Raum, stehen kaum zu komplexen kognitiven Basisstrukturen in Verbindung, aus deren stufenweiser Verallgemeinerung sie abgeleitet werden könnten. Das Kind kann den Wert von Frieden für die Gesellschaft und das Leben des einzelnen nicht voll erfassen und noch viel weniger verstehen, was Humanismus heißt. Das gesamte sekundäre System ist noch stark desintegriert und ein Kernmodell, in das derartige Werte und Normen synerg eingebunden sein könnten, existiert noch nicht. Damit handelt es sich hier um nur »gewußte«, nicht verinnerlichte, noch nicht wirklich Verhalten stimulierende Werte, Normen und Motive. Mithin erfolgt die Hierarchisierung der Bedürfnisse im Verhalten des jüngeren Schulkindes auch noch wenig von innen heraus, sondern mehr durch äußeren Zwang, vermittelt über primäre Bedürfnisprojektion.

Mit zunehmender Aneignung komplexerer praktischer, naturwissenschaftlicher oder geisteswissenschaftlicher Unterrichtsgegenstände stabilisieren sich nun allmählich einige mentale Modellkomplexe zu sekundären Antrieben, die auf ihre eigene weitere Synergisierung gerichtet sind. Viele Schüler beschäftigen sich jetzt über das von der kognitiven Projektion primärer Bedürfnisse geforderte Maß hinaus auch in ihrer Freizeit mit von diesen Antriebsstrukturen repräsentierten Gegenständen, entwickeln starke geistige Interessen und Hobbys, werden in Sportgruppen oder verschiedensten künstlerisch, natur- oder geisteswissenschaftlich orientierten Arbeitsgemeinschaften aktiv. Welche der Modellkomplexe wann zu sekundären Antrieben werden und ob dies im Einzelfall überhaupt geschieht, ist von vielerlei Faktoren abhängig: von der Synergitätspotenz des Gegenstandes, von den Neigungen und Begabungen des betreffenden Schülers, vom pädagogischen Geschick der Eltern und Lehrer, von prägenden Erlebnissen und zufälligen persönlichen Begegnungen.

Allmählich wird nun im höheren Schulalter, an der Schwelle von der Kindheit zur Jugend das sekundäre System komplexer und integrierter. Sekundäre Antriebsstrukturen werden stärker, weiten sich aus, wachsen zusammen bzw. enkapsulieren sich hierarchisch; abstraktere integrierende Modelle entstehen und werden ebenfalls von der Synergisierung ergriffen: das philosophische Weltmodell und das Wertemodell. Nun beginnt etwas sehr Entscheidendes: Es kommt quasi ein Selbstorganisationsprozeß höherer Ordnung in Gang: Die nunmehr »gereiften« peripheren Einzelantriebe beginnen sich zu einer übergeordneten Struktur selbstzuorganisieren, zu einem durch abstrakte Strukturen des philosophischen Modells und des Wertemodells integrierten gesamtsynergen Komplex, zu einem übergreifenden zentralen sekundären Antrieb also, den wir als Kernmodell bezeichnet hatten. Dieser Prozeß ist jetzt nicht mehr nur auf eine möglichst hohe Synergität einzelner Tätigkeiten und sekundärer Antriebe gerichtet, sondern auf eine möglichst hohe Synergität des Gesamtlebensvollzuges, des Gesamtsystems der Tätigkeiten in seiner hierarchisch-enkaptischen Organisation entsprechend den individuellen und gesellschaftlichen Lebensnotwendigkeiten. Das ist die »Geburt der Persönlichkeit«, die zeitlich mehr oder weniger mit den körperlichen Veränderungen in der Pubertät zusammenfällt.

Aus den je individuellen Strukturbesonderheiten des sekundären Systems, d.h. aus Stärke und Inhaltlichkeit der Antriebe sowie der angeeigneten weltanschaulichen und wertmäßigen Strukturen ergibt sich in Konfrontation mit der äußeren Anforderungsstruktur eine ganz individuelle Hierarchisierung der Bedürfnisse und Motive nunmehr *von innen heraus.* Die Werte und Normen sind damit mehr oder weniger fest synerg integriert, d.h. verinnerlicht, emotional besetzt und verhaltenswirksam. Fremde Werte und Normen, die dem Jugendlichen entgegengebracht oder ihm gar oktroyiert werden, assimiliert dieser nun nicht mehr unkritisch. Vielmehr werden sie auf der Basis der bereits akkumulierten internen Struktur kognitiv verarbeitet und je nach dem, ob eine synerge Eingliederung gelingt oder nicht, sekundär-emotional positiv oder negativ bewertet. Dementsprechend werden fremde Werte, Prinzipien und Lebensformen akzeptiert oder abgelehnt, entstehen u.U. sehr tiefgreifende und grundsätzliche Konflikte zwischen Jugendlichen, Eltern und Lehrern. Die Jugendlichen versuchen, ihren eigenen Weg zu gehen, probieren auf der Grundlage verschiedener Kernmodell-Strukturen verschiedene Lebensformen mit verschiedenen Dominanzmotiven aus. Ziel ist dabei eine möglichst hohe Gesamtsynergität des Lebensvollzuges unter Schaffung auch möglichst günstiger Bedingungen für die primäre Bedürfnisbefriedigung und damit eine Optimierung des emotionalen Gesamtbefindens. Der Hauptmotor des Verhaltens kann sich hierbei mehr oder weniger weitgehend vom primären ins sekundäre System verlagern.

Immer ausgedehntere Bereiche des Umweltmodells werden dem Kernmodell wertend angegliedert. Die sekundär-emotionalen Bezüge des Heranwachsenden weiten sich zunehmend über das häusliche Milieu aus und es erfolgen nun auch gesellschaftspolitische Stellungnahmen. Auch andere Menschen werden jetzt zusätzlich zur oberflächenverhafteten primär-emotionalen Bewertung sekundär-emotional entsprechend des sozialen Inhalts ihrer Verhaltensäußerungen und ihrer sekundären Persönlichkeitseigenschaften bewertet. Damit kann echte Freundschaft entstehen, und es wird Liebe nicht nur als primäres Geschehen, sondern als menschliche Liebe möglich.

Mit dem Kernmodell entwickelt sich das »Gewissen« und die Fähigkeit zu eigenmotiviertem, engagiertem und durchsetzungsfähigem Handeln entsprechend verinnerlichten Werten, Idealen und Überzeugungen sowie die Willenskraft zum Durchstehen dabei auftretender Belastungen.

Das Ende der Schulzeit macht dann erste große, selbständig zu treffende Lebensentscheidungen notwendig, wie etwa die Wahl eines Berufes. Es schließt sich das Hineinwachsen in eine bestimmte gesellschaftlich vorfindliche, aber individuell in gewissen Grenzen ausgestaltbare Individualitätsform an, wobei bestimmte Tätigkeitsbeziehungen neu aufgenommen werden, andere erhalten bleiben und wieder andere aufgegeben werden müssen. Dies hat notwendig Strukturveränderungen des Kernmodells, Veränderungen in der Hierarchie der Bedürfnisse und Antriebe sowie Veränderungen der Wertstrukturen zur Folge; nicht selten ist es mit einem Wechsel des Dominanzmotivs verbunden. Derartige Lebensentscheidungen müssen aber nicht durch äußeren Zwang, wie am Ende der Schulzeit, ausgelöst werden, sie können sich auch aus inneren Entwicklungen ergeben. Dabei verändern sich die Stärken von sekundären Antrieben im Tätigkeitsprozeß bis zu einem Punkt, an dem sich eine neue Hierarchisierung der Motive und Antriebe durchsetzt und ein Wechsel in eine passendere Individualitätsform eine höhere Gesamtsynergität des Lebensvollzuges durch kognitive Projektion antizipierbar macht. Selbstverständlich gehen in diesen Veränderungsprozeß auch die Veränderungen der Stärken primärer Antriebe ein: das Zerbrechen einer Beziehung, das Kennenlernen eines neuen Partners, der Wunsch beruflich mehr Umgang mit Menschen zu haben, die Geburt eines

Kindes usw. Ein Beispiel für dieses dialektische Wechselspiel zwischen Kernmodellstruktur und Individualitätsform hatten wir im vorigen Abschnitt besprochen.

Nicht selten schließt sich nach praktischem Vollzug einer solchen Lebensentscheidung (Arbeitsplatzwechsel, Umzug usw.) zunächst eine »emotionale Durststrecke« an: Unsicherheit, Angst und Unbehaglichkeit in der neuen Situation verbunden mit dem Wunsch, in die alte, vertraute Lebenssituation zurückzukehren. Dies hängt damit zusammen, daß die neuen Dominanzantriebe wie auch der Gesamtlebensvollzug unter den neuen Lebensbedingungen noch nicht synergisiert sind, untergeordnete sekundäre Antriebe destruiert werden mußten (weil z.B. am neuen Wohnort die Voraussetzugen für ein bestimmtes Hobby nicht gegeben sind) und auch primäre Antriebe frustriert werden (Trennung von Freunden und Bekannten). So die entscheidungsleitende Kognition adäquat war, sollte sich aber nach einer von extrinsisch-projektiver Motivation und Willenshandlungen geprägten Phase des synergen Einspielens in der neuen Lebenssituation eine im Vergleich zur alten Individualitätsform positivere emotionale Gesamtbefindlichkeit einstellen.

Man erkennt daran das dialektische Wechselspiel zwischen Emotion und Kognition in der Ontogenese: Die (sekundären) Emotionen sind auf die Erhaltung und Festigung synerger Strukturen gerichtet und damit als Ausdruck stabilisierender, konservierender Mechanismen in unserer Psyche zu qualifizieren, wohingegen kognitive Prozesse den Pol der Veränderlichkeit und Entwicklung verkörpern und quasi als »Lokomotive des psychischen Fortschritts« ständig neue Strukturen aufbauen. Sekundäre Emotionen und Kognitionen bilden also ein dialektisches Widerspruchsverhältnis zwischen Stabilisierung und Veränderung. Im Prozeß bedeutsamer Entscheidungen sichert diese Wechselwirkung die Erhaltung des Bewährten, der alten, gewohnten, lebensfähigen und lebenswerten Verhältnisse und bewahrt so vor übereilten und vielleicht falschen Entscheidungen. Diese konservierende Wirkung der sekundären Emotionen gewährleistet damit auch die Kontinuität und Konstanz der Entwicklung einer Persönlichkeit in der Ontogenese.

Damit geht ein Prozeß einher, den man im Unterschied zur organischen Alterung des Gehirns »psychostrukturelle Alterung« der Persönlichkeit nennen könnte. Je weiter das sekundäre System, insonderheit das Kernmodell in seiner Entwicklung fortschreitet, sich differenziert, komplexer und immer stabiler wird, desto starrer, fixierter und in seiner grundsätzlichen Entwicklung irreversibler wird es auch. Je komplexer das Kernmodell, desto größere Synergitäten werden durch eine bestimmte Veränderung zentraler Strukturen destruiert; mit jeder Komplexitätszunahme des Kernmodells nimmt so das Ausmaß der psychisch realisierbaren Umstrukturierungen ab. Jede neue gedankliche Verbindung, jedes neu vernetzte kognitive Element erhöht einerseits die Synergität, trägt andererseits aber auch zur Beschränkung der verbleibenden Entwicklungsmöglichkeiten, zur Verengung des evolutiven Möglichkeitsfeldes bei. Oft halten ältere Menschen selbst im Angesicht grotesker Widersprüche an »eingefleischten Positionen« fest; sie können sich zwar in Detailfragen revidieren, nicht aber in grundsätzlichen Anschauungen und Lebenshaltungen, weil dies mit zu weitgreifenden Destruktionen im Kernmodell verbunden wäre, mit einem Verlust des Sicherheitsgefühls, des Gefühls der Kontrolle der Lebensumstände, der Verankerung in der Realität. In besonderem Maße gilt dies für die mentalen Modelle von Wissenschaftlern. »Eine neue wissenschaftliche Wahrheit pflegt sich nicht in der Weise durchzusetzen, daß ihre Gegner überzeugt werden und sich als belehrt erklären, sondern vielmehr dadurch, daß die Gegner allmählich aussterben und daß die heranwachsende Generation von vornherein mit der Wahrheit vertraut gemacht ist« – beobachtete Max Planck (1928, S. 22). Vor allem aus jenen Bereichen der Wissenschaft, wo mit eindeutigen, scharfen und hochinterdependenten kognitiven Strukturen nach strengen Regeln gearbeitet wird (Naturwissenschaften) ist bekannt, daß geniale Wissenschaftler den Großteil ihres revolutionären Werkes in sehr jungen Jahren vorlegen, nach Vollendung des dritten Lebensjahrzehnts oft nichts grundsätzlich Innovatives mehr dazukommt und sich nun vielmehr eine Phase der evolutionären Ausdifferenzierung des neuen Paradigmas anschließt. Als beispielsweise Albert Einstein im Jahre 1905 seine grundlegende Arbeit zur speziellen Relativitätstheorie veröffentlichte, war er gerade 26 Jahre alt. Ich behaupte, daß dies nur zum Teil etwas mit der im Alter abnehmenden organischen Leistungsfähigkeit des Gehirns zu tun hat und in hohem Maße Ausdruck allgemeiner Gesetze der strukturellen Evolution komplexer Systeme ist: Die Grundstruktur des Systems umbrechende *»Revolutionen«* sind nur in frühen Evolutionsstadien eines komplexen Systems möglich. Je komplexer ein System wird, je mehr durch dissipative Selbstorganisation gewordene Struktur sich in konservativen Strukturen akkumuliert, desto mehr werden die Basisstrukturen des Systems zementiert und die weitere Evolution wird in ein sich immer mehr verengendes Zielfeld gezwungen. Versuche, komplexe Systeme in späten Stadien ihrer Entwicklung zu »revolutionieren«, sind zwangsläufig mit Phänomenen wie Zwang, Gewalt, partielle oder totale Zerstörung verbunden.

Im Rahmen des damit gröblichst vereinfacht und idealisiert beschriebenen Grundablaufs der Ontogenese kommt es freilich zur Ausbildung außerordenlich großer individueller Unterschiede. Die konkrete Persönlichkeit erwächst aus der Wechselwirkung unikaler primärer Ausgangsbedingungen mit einem unikalen Mikromilieu innerhalb eines konkret-historisch bestimmten Makromilieus. In Abhängigkeit von der Zugehörigkeit zu einer bestimmten Kultur, Gesellschaft, sozialen Schicht und Familie entwickelt jeder Mensch im Rahmen einer bestimmten Individualitätsform sein individuelles System gesellschaftlicher Tätigkeiten, bekommt er spezifische weltanschauliche Systeme mit entsprechenden Werten und Normen vorgegeben, die ganz individuell angeeignet und im Gesamtkontext des internen Modells verarbeitet werden. Aus der unüberschaubaren Vielfalt der so evolvierenden sekundären Strukturen und Antriebe, aus den nicht weniger vielfältigen Möglichkeiten ihres Zueinanders mit primären Antrieben je individueller Ausprägung erwächst das schillernde Spektrum menschlicher Individualität.

Insbesondere kann es zu einem Symmetriebruch dahingehend kommen, daß sich nach Bildung starker sekundärer Antriebe, die auf bestimmte wissenschaftliche oder künstlerische Tätigkeitsgegenstände bezogen sind, der Hauptmotor des Verhaltens ins sekundäre System verlagert. Sind die phyletisch gewordenen inhaltlichen Vorgaben der primären Antriebe für alle Menschen im Grundsätzlichen gleich, wird nun in kultureller Evolution gewordene Information und Struktur ganz unterschiedlichen Inhalts ans sekundäre System assimiliert und individuell verarbeitet. Dieser Prozeß ist positiv in sich rückgekoppelt: Je mehr Struktur akkumuliert und synergisiert wird, um so stärker wird der Antrieb, weitere Struktur synerg zu assimilieren. Die sich hierbei bildenden hochkomplexen und stark hierarchisch enkapsulierten Kernmodelle sind sozusagen jene »Brennkammer des prometheischen Feuers«, der Quell der menschlichen Schöpferkraft, nach dem wir in Kapitel 2 unter den primären Antrieben so vergeblich suchten. Aus einem solchen Kernmodell, das quasi einem einzigen kompakten sekundären Antrieb gleicht, erwächst nun ein permanentes Tätigkeitsbedürfnis: der Drang, immer weiter zu ordnen, zu strukturieren, zu gestalten, d.h. immer umfassender und tiefer zu verstehen, immer umfangreichere und vollkommenere musikalische, tänzerische, bildnerische oder literarische Gestalten zu schaffen. Im idealen Fall, d.h. abgesehen von möglichen »schöpferischen Krisen«, in denen die Synergität dauerhaft nicht steigt oder gar sinkt, gibt es keine Habituation und Bedürfnissättigung sensu stricto mehr und aus der Aktivierung einzelner Antriebe wird die permanente Erregung und Aktivität eines gesamtsynergen Komplexes mit wechselnden Zentren, d.h. mit wechselndem konkret-inhaltlichen Akzent. Menschen, die ein solches Kernmodell aufbauen konnten, sind in der Lage, in entscheidenden Arbeitsphasen eine unerhörte Energie und Leistung zu entwickeln, den Forderungen der primären Bedürfnisse lange zu trotzen und bis ins höchste Alter mit Freude und Spannkraft schöpferisch zu arbeiten.

Wie bei allen positiv rückgekoppelten Systemen, kann dieser Prozeß auch hier quasi außer Kontrolle geraten und zu sehr dysproportional entwickelten Persönlichkeiten führen, die unter Bezeichnungen wie »workaholic« oder »Fachidiot« gut bekannt sind. Das sekundäre System bindet dann soviel Zeit und »psychische Energie«, daß andere Bereiche der Psyche nicht zu angemessener Entwicklung kommen, insbesondere primäre Antriebe und Bedürfnisse dauerhaft frustriert werden und verkümmern. Vereinsamung, soziale Inkompetenz und neurotische Störungen sind nicht selten die Folge wie auch insgesamt eine erhöhte psychische Vulnerabilität: Das psychische Überleben hängt quasi an einem einzigen Entwicklungsstrang, dessen Zerreißen gegebenenfalls kaum über die kompensatorische Aktivierung und Entwicklung anderer Bedarfssysteme abgefedert werden kann.

Sofern der Betreffende dabei keinen Leidensdruck erfährt, sollte man sich allerdings mit Negativbewertungen sehr zurückhalten. Zum einen sind derartige dysproportionale Entwicklungen oft eine conditio sine qua non für herausragende wissenschaftliche oder künstlerische Leistungen, von denen die Allgemeinheit profitiert und auf die auch die erhabenen Spötter und Kritiker jener besessenen und asketischen Sonderlinge in der Regel nicht verzichten mögen. Zum anderen: Zweifellos gehen diesen, wenn man so will, »sekundären Menschen« viele Erlebnisse und Erfahrungen, z.B. im familiären Bereich, verloren, die von anderen eher »primären Menschen« für existentiell, sinngebend und absolut unverzichtbar gehalten werden. Dafür ist diesen schöpferisch Besessenen aber in ihrem Schaffensbereich ein filigraner Kosmos nuancenreichster Strukturen entstanden, für dessen innere Harmonien nur sie selbst sensibel sind und dem permanent ein reicher Strom sekundär-emotionaler Regungen entspringt. Dieses sekundär-emotionale Universum voller Momente des freudvollen, tiefen Verstehens, überraschender resonanzhafter Bezugsetzungen, des Schönheitserlebens und des intuitiven Vorahnens ist diesen Menschen gleichfalls existentiell, sinngebend und unverzichtbar. Man kann das eine schlecht gegen das andere aufwiegen.

Bei jenen, die wir eben »eher primäre Menschen« genannt hatten, verbleibt der Hauptmotor des Verhaltens weiter im primären System – das »eher« verweist auf die fließenden Übergänge. Im ungünstigen Fall leben diese Menschen dann vorwiegend ichbezogenen sinnlichen Genüssen, im günstigen Fall stellt die Entwicklung und Differenzierung sozial- bzw. familienbezogener primärer Antriebe das Dominanzmotiv und Lebensthema. Auch diese Menschen entwickeln, differenzieren und synergisieren natürlich lebenslang sekundäre kognitive Strukturen. Diese sind aber überwiegend als Auxiliarstrukturen zwischen die primären Antriebe geschaltet und ermöglichen als grundlegende Verhaltens- und Problemlösemuster im Alltag deren synergen Einbezug in den

Gesamtlebensvollzug. Auch »einfache« Menschen verallgemeinern diese Strukturen und die bei ihrer Verhaltensrealisierung gemachten Erfahrungen zu Lebensmaximen und entwickeln eine mehr oder weniger differenzierte »Lebensphilosophie«: Ein zumeist eklektisches Gebilde aus unterschiedlichen wissenschaftlichen Weltanschauungsfragmenten, »Lebensweisheiten«, Elementen religiöser Weltbilder und den dazugehörigen Werten und Normen, die zunächst von Eltern und Lehrern übernommen und auch später noch hier und dort »aufgelesen« werden. All dies wird nun unter mehr oder weniger ausgeprägter individueller Modifikation synerg integriert durch eigene kognitive Konstruktionen. Die meisten Menschen führen einen permanenten, das aktuale Geschehen begleitenden inneren Dialog, in dem diesbezügliche Assimilations-, Modifikations-, Umstrukturierungs-, Verallgemeinerungs- und Integrationsprozesse ablaufen. Durch ständige neue Bezugsetzungen kommt es zu einer wachsenden »Feinverstrebung« und konsekutiven Stabilisierung dieser Anschauungssysteme. Auf diese Weise zementiert sich auch bei einfachen Menschen ein mehr oder weniger komplexsynerges Kernmodell als strukturales Ich mit den Qualitäten eines zentralen sekundären Antriebs, dessen weitere Synergisierung als Selbstverwirklichung erlebt und angestrebt wird. Die an dieses Kernmodell angeschlossenen Auxiliarstrukturen sind damit auch immer mehr oder weniger sekundär-emotional besetzt, so daß sich auch bei den alltäglichsten Verrichtungen den konkret-kognitiven und primär-emotionalen Wertungen sekundär-emotionale Wertungen zumischen.

Auch diese Ausführungen sind wieder, ich kann nicht umhin, es immer wieder zu betonen, nur sehr prinzipiell und im Detail dramatisch verkürzt. Wir wollen nun aus dem somit umrissenen »ontogenetischen Grundprozeß« einige wichtig Aspekte herausheben und etwas detailierter besprechen.

9.2. Exkurs: Kommunikation, Lehren, Lernen und Selbstorganisation

Bisher wurde Lernen allgemein als ein Prozeß der Selbstorganisation dargestellt. Psychische Strukturen, so sagten wir, können prinzipiell nicht von draußen nach drinnen transplantiert werden. Auch nicht durch einen Lehrer? Auch nicht durch das Lesen eines Textes? Die frühen Stadien der Persönlichkeitsentwicklung vollziehen sich zu großen Teilen als fremdgeleitetes Lernen unter Lehre, das vielfach noch mit dem »Kübel und Trichter«-Modell assoziiert wird. Ein Grundriß der Persönlichkeitsentwicklung, der dieses Problem ausspart, wäre grob unvollständig. Sich ihm zu stellen, erzwingt dann freilich die Diskussion von Grundproblemen des Phänomens »Kommunikation« – eine weitere Pandorabüchse voller assoziierter Probleme.

Abb. 9.3 zeigt, wie Kommunikation prinzipiell in unserem Modell vorzustellen ist, wobei wir uns hier auf sprachliche Kommunikation beschränken wollen. Auf Ebene der Generatordynamik des Kommunikators K wird eine bestimmte, zu kommunizierende begriffliche Struktur erzeugt. Die Generatordynamik von K (und R) stellen wir diesmal nicht, wie gewohnt, als Enkapsis dissipativer dynamischer Systeme dar, sondern fassen sie, etwas vereinfachend, als ein einheitliches dynamisches System auf, dessen Attraktorpunkte im Phasenraum den jeweils verfügbaren Begriffen entsprechen. Ein kognitiver Prozeß (hier: ein sprachlicher Denkablauf) beschreibt dann als serielle Begriffsaktivierung eine Trajektorie in den Phasenraum. Jeder Begriffsattraktor, der bei K im Zuge der Evolution der zu kommunizierenden Struktur angelaufen wird, aktiviert nun je ein dyna-

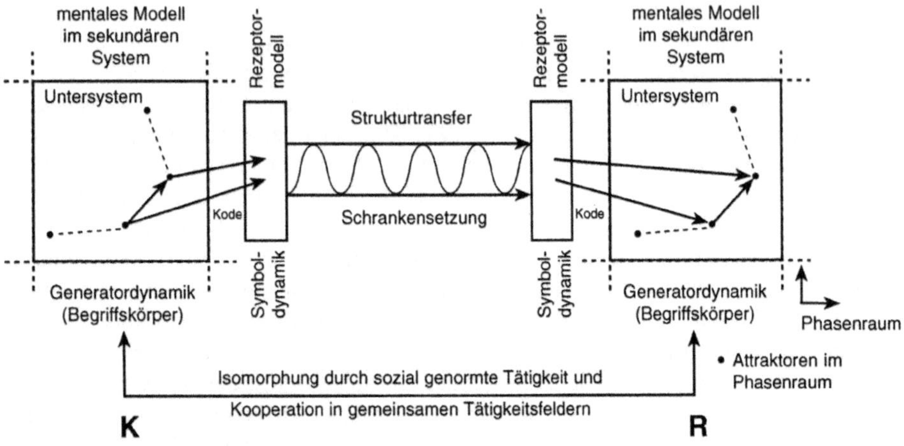

Abb. 9.3 Erläuterungen im Text

misches System im Bereich der Symboldynamik – K »hört innerlich« das zugehörige Wort – und der Effektordynamik: K bildet das entsprechende Lautmuster für dieses Wort. Dabei wird dem physikalischen Träger (Luft) eine bestimmte Struktur als Schwingungsmuster aufgeprägt, die als *Schrankenstruktur* für die Evolution eines dynamischen Systems im Bereich der Symboldynamik des Rezipienten R fungiert: R hört das von K ausgesprochene Wort. Die Symboldynamik bildet nun wieder die Schranken für die Evolution der Generatordynamik von R: es wird ein bestimmter Begriffsattraktor angelaufen. Diese Verbindung zwischen den Elementen der Symboldynamik (den Zeichen) und den Attraktoren der Begriffskörper (der »Bedeutung«) ist durch einen *Kode* festgelegt, über den sowohl K als auch R verfügen muß, wenn die Kommunikation erfolgreich sein soll – K muß also in einer Sprache sprechen, der auch R mächtig ist. Dies ist der Grundprozeß. Es wird dabei Struktur (bzw. Strukuturisomorphie) aus dem Rezeptormodell von K ins Rezeptormodell von R transferiert. Das Gehirn ist ein *strukturell offenes* System.

Was heißt nun aber »erfolgreiche« Kommunikation? Nach allgemeiner Auffassung, hat ein Kommunikationsvorgang dann sein Ziel erreicht, wenn die kommunizierte Botschaft vom Rezipienten *verstanden* wird. Was heißt im Rahmen unseres Modells nun »Verstehen« und an welche Voraussetzungen ist es geknüpft?

Da sind zunächst zwei Voraussetzungen, die unmittelbar einleuchten:

1. Die Signalübertragung muß hinreichend störungsfrei sein. Die Störungstoleranz technischer Kommunikationssysteme ist gering. Eine ausreichende Übertragungssicherheit kann nur durch eine hohe Redundanz der Nachricht erreicht werden. Im Gegensatz dazu arbeitet die organismische Informationsverarbeitung, wie besprochen, mit hochadaptiven Erkennungsdynamiken, deren Attraktoren ein entsprechend großes Einzugsbassin besitzen. Auch stark verzerrte Signale können so korrekt identifiziert werden.
2. Kommunikator und Rezipient, oder technisch: Sender und Empfänger, müssen denselben Kode benutzen, wodurch den Zeichen jeweils die gleiche »Bedeutung« zugeordnet wird.

Oberflächlich betrachtet könnte man es damit bewenden lassen, und in der Ingenieurkommunikation ist ein solches Konzept von »erfolgreicher Kommunikation« in der Tat ausreichend. Die größten Schwierigkeiten im Technikbereich macht Problem eins; ist es gelöst, funktioniert technische Kommunikation relativ perfekt. Dieses Modell wird nun sehr oft im Rahmen des Informationsverarbeitungsansatzes mit unwesentlichen Modifikationen auf organismische, insonderheit menschliche Kommunikationsprozesse übertragen. Und dort erweist es sich als völlig unzureichend: Obwohl das Problem eins aus den genannten Gründen beim Menschen kaum eine Rolle spielt, sind menschliche Kommunikationsprozesse weit davon entfernt, perfekt zu sein, es ist in komplexen Sinnzusammenhängen im Gegenteil eher der Normalfall, daß »Gemeintes« und »Verstandenes« beträchtlich voneinander abweichen und dies oft nicht einmal bewußt wird. Wir waren aus einem anderen Argumentationszusammenhang heraus in Abschnitt 7.1.2. bereits darauf eingegangen. Dies ist offenbar aus dem simplen technischen Kommunikationsmodell, das nur die Hauptelemente Nachrichtenquelle, Kodierung, Sender, Kanal, Empfänger, Dekodierung und Nachrichtensenke kennt, nicht zu begreifen.

Es ist also tiefer zu fragen. In Abschnitt 7.1.3. hatten wir mit Ogden & Richards die Bedeutung eines Elements als seinen Ort, seine Stellung im System definiert. *Damit können zwei Elemente eine (annähernd) gleiche Bedeutung aber nur in (annähernd) isomorphen Systemen haben!* Und dies ist die dritte, für menschliche Kommunikation entscheidende Verstehensbedingung: Die kognitiven Systeme, die mentalen Modelle von K und R müssen eine annähernd isomorphe Struktur aufweisen. Diese für Bedeutung und Verstehen relevante kognitive Gesamtstruktur wird nun aber suzessive und kumulativ im ontogenetischen Gesamtprozeß konstruiert. Damit ist klar: *Bedeutung ist nicht kommunizierbar.* (Bei meinem Kommunikationspartner *exakt* die gleiche Bedeutung zu induzieren hätte zur Voraussetzung, zuvor mein gesamtes mentales Modell in ihn hinein zu transplantieren, d.h. ihn als Individuum auszulöschen und mich selbst mental identisch zu reproduzieren.) *Das Gehirn ist strukturell offen, aber semantisch abgeschlossen.* Nebenbei: In der Ingenieurkommunikation stellt sich diese dritte Verstehensbedingung nicht, weil Apparate und Roboter eben nicht abgeschlossen sind; ihre Binnenstruktur ist vollständig bekannt, standardisiert (d.h. isomorph) und eben quasi tatsächlich das »Transplantat«, die Vergegenständlichung ehedem cerebraler Strukturen von Menschen.

Damit ist klar, was kommunikatives »Verstehen« zwischen zwei nichtidentischen Personen in praxi nur bedeuten kann: *Zwei kognitive Systeme (mentale Modelle) erzeugen eine quasiisomorphe Trajektorie in quasiisomorphen Untersystemen.*

Woran kann K erkennen, daß R ihn richtig verstanden hat? Nur daran, daß R sich so verhält, wie K es für den Fall richtigen Verstehens erwarten würde. Die subjektive Überzeugung von R, richtig verstanden zu haben, ist sehr unzuverlässig.

Weiter entsteht dann die interessante Frage, wie diese Quasiisomorphie zwischen den Untersystemen entstehen kann, wo doch Bedeutung, wie wir sagten, nicht kommunizierbar ist. Eine solche Quasiisomorphie kann unter genau zwei Voraussetzungen entstehen (um der Kürze willen nicht erst allgemein in »Systemsprache«, sondern gleich auf den Menschen bezogen formuliert):

1. *Entwicklung* zweier menschlicher Individuen (deren kognitives System als Angehörige einer Species ja nach dem gleichen Grundbauplan strukturiert ist) *in einer gemeinsamen (natürlichen und sozialen) Umwelt* und »Aneignung« dieser Umwelt im Rahmen weitgehend *sozial genormter Tätigkeiten.* Hierdurch werden sozusagen quasiisomorphe »kognitive Grundbausteine« konstruiert. (Die Sinnesorgane transferieren »partielle Strukturisomorphien« aus der Umwelt ins Gehirn, die in die global konstruktiven Prozesse eingehen – vgl. Hansch 1996.)

2. Kooperation dieser Individuen in allgemeinen und spezialisierten Tätigkeitsbereichen. Durch die permanenten *Rückkoppelungen* im Rahmen dieser Interaktion werden o.g. kognitive Elemente nun quasiisomorph strukturell »ausgerichtet«. Außerdem erfolgt auf diesem Wege die Aneignung des gemeinsamen Kodes, das Erlernen und Abgleichen einer gemeinsamen Sprache. Ich kann dies hier nur so verkürzt und salopp formuliert darstellen.

In Tätigkeitsbereichen, wo praktisch mit konkreten Gegenständen umgegangen wird sowie in Tätigkeitsbereichen, in denen mit wenig komplexen, formalisierten kognitiven Elementen nach »engen« Regeln operiert wird, sind oft sehr hohe Grade an interner Teilmodell-Isomorphie erreichbar, weil sehr »direkte« und feinmaschige wechselseitig korrigierende interaktive Rückkoppelungen möglich sind. Entsprechend ist ein hochgradiges Verstehen möglich: »Gib mir den Hammer« oder »Dieser Term muß vorher noch integriert werden« wird unter Bauarbeitern bzw. Mathematikern immer sicher verstanden. Anders sieht dies in Tätigkeitsbereichen aus, in denen mit unscharfen, komplexen und abstrakten kognitiven Elementen gearbeitet wird (die also, wie anderenorts besprochen, eine lange individuell differente »Erarbeitungsgeschichte mitschleppen«). Hier sind für eine gute Verständigung ausreichende Teilmodell-Isomorphien nur durch langjährige Kooperation und intensive Kommunikation im Rahmen einer »Schule«, besser noch bei der Arbeit an einem gemeinsamen Projekt zu erreichen. Wenn sich hingegen z.B. zwei Psychotherapeuten aus unterschiedlichen Schulen erstmals begegen, und der Begriff »Neuroseentstehung« fällt, wird dieser Begriff wahrscheinlich bei beiden eine grundverschiedene Bedeutung haben und ein gegenseitiges Verstehen ist u.U. völlig unmöglich. Das Problem ist, daß die korrigierenden interaktiven Rückkoppelungen hier nur sehr grobmaschig und indirekt-vermittelt ansetzen können. Es ist oft nur ein sehr punktuelles und mühseliges »Rückwärtskombinieren« möglich, nach dem Muster: »Wenn Sie A, B und C in dieser Weise formuliert haben, dann verstehen Sie offenbar den Begriff D im Sinn E ?« Oder denken Sie an das hoffnungslose kommunikative Chaos, wenn Ökonomen und Politiker unterschiedlicher Coleur in einer Talkshow über den Wirtschaftsstandort Deutschland streiten.

Die Individualitätsformen verschiedener Personen überschneiden sich in der Regel immer nur partiell, haben also immer nur eine Untergruppe an gesellschaftlichen Tätigkeiten gemeinsam. Dementsprechend haben diese Personen auch nur die im Rahmen dieser Tätigkeiten erzeugten mentalen Teilmodelle gemeinsam, die dann mehr oder weniger isomorph sein können. Es wird also zwischen zwei Menschen immer Themenkreise geben, über die sie mit mehr oder weniger großem wechselseitigen Verständnis reden können und andere Themenkreise, bei denen dies nicht möglich ist.

Was passiert nun näherhin, wenn ein Schüler den Vortrag eines Lehrers hört oder einen Text in seinem Lehrbuch liest? Die Abfolge der Laut- bzw. Schriftmuster setzt zunächst sukzessive enge Schranken im Rezeptormodell und führt hier quasideterministisch die Evolution der Symboldynamik (der Schüler nimmt die Laut- bzw. Schriftzeichen wahr). Diese bildet nun wiederum sukzessive die Schranken für die Evolution der mentalen Trajektorie im Bereich der Generatordynamik, im Bereich des mentalen Modells (der Schüler versteht nun mehr oder weniger). Verfügen die mentalen Modelle des Schülers bereits über alle notwendigen Elemente und sind sie ausreichend isomorph zu denen des Texterzeugers, entwickelt sich ein synerger Prozeß: Die Evolution der Generatordynamik ist aus ihren eigenen inneren Schranken (konservativen Speicherstrukturen) heraus in der Lage, innerhalb der von außen eingebrachten Schranken stabil

»mitzulaufen«. Gelegentlich mag die Evolution der Generatordynamik aus ihren eigenen Schranken heraus der »äußeren Schienung« vorauseilen: Der Schüler weiß dann schon, was als nächstes kommt. Es entwickelt sich hier eine stabile, zur mentalen Trajektorie des Texterzeugers quasiisomorphe Trajektorie beim Schüler: Er versteht den Text ausgezeichnet. Sofern dabei eine Trajektorie entsteht, die der Schüler vorher selbst noch nicht erzeugt hat, lernt er etwas Neues. Es handelt sich in diesem Falle um synerge Umstrukturierungen, die bereits innerhalb des evolutiven Möglichkeitsfeldes der Generatordynamik des Schülers liegen, aber noch nicht realisiert worden sind. In komplexeren Prozessen können so z.B. aus vorhandenen kognitiven Elementen neue kognitive Elemente, z.B. neue abstrakte Begriffe konstruiert werden.

Sind die mentalen Teilmodelle von Texterzeuger und Schüler weniger isomorph, gerät der Prozeß dyssynerg: Der innere Evolutionsprozeß »zwängt« sich nur »mit Mühe« durch die äußeren Schranken, wird dabei aus seiner intrinsischen stabilen Bahn »gezerrt« und bricht intermittierend ganz zusammen. Der Schüler hat das ungute Gefühl, nur »ungefähr« zu verstehen, der innere Verstehensprozeß reißt intermittierend immer wieder ab, es muß dann neu »Anlauf genommen« werden, um den Prozeß einigermaßen stabil durch bestimmte »kritische Kurven« zu führen (mir drängt sich, mit Verlaub, immer wieder das Bild eines durch Bahnkurven rasenden Bobs auf). Das Verstehen endet, wenn sich der Prozeß nach Durchlaufen eines dieser kritischen Punkte trotz aller Bemühungen nicht wieder stabilisieren läßt. Das evolutive Möglichkeitsfeld des kognitiven Systems des Schülers enthält keine zur Trajektorie des Texterzeugers quasiisomorphe Trajektorie. Man muß nun auf grundlegendere Strukturen zurückgehen und durch intensives korrigierendes Interagieren dort eine größere Isomorphie der mentalen Teilmodelle herstellen. Für den Fall, daß das mentale Modell des Schülers bestimmte vom Lehrer vorausgesetzte kognitive Elemente noch gar nicht enthält, kommt es zur vollständigen Entkoppelung zwischen Symboldynamik und Generatordynamik. Drastisches Beispiel: Ein Schüler, der noch nicht in Mathematik unterrichtet wurde, liest in einem Mathematik-Lehrbuch der Klasse 10.

Wir müssen es hier bei diesen wenigen verkürzten Grundsatzbemerkungen bewenden lassen. Mir scheint, daß sich vor dem Hintergrund des hier erarbeiteten psychosynergetischen Rahmenmodells viele verschwommene Probleme des Phänomens »Kommunikation« klar und systematisch abbilden lassen. Die Folgerungen scheinen gut kompatibel zu den Auffassungen von Autoren, die vom (Radikalen) Konstruktivismus inspiriert sind (vgl. z.B. Köck 1987), ohne daß hier eine Bezugsetzung im einzelnen möglich wäre.
Für die weitere Diskussion gilt es, das Folgende festzuhalten:

1. Kommunikation kann immer nur an bereits intern konstruierten kognitiven Strukturen anknüpfen. Und die basalen Schichten dieser internen Modelle werden von konkreten Begriffen gebildet, die nur in praktischer Tätigkeit unter Integration aller Sinne erworben werden können. Hier liegen die Grenzen des sprachlich Vermittelbaren. Erfolgreiche Kommunikation hat also zuallererst ein hohes Maß an authentischer sinnlich-praktischer Tätigkeit zur Voraussetzung sowie aus o.g. Gründen die Kooperation der Kommunizierenden in gemeinsamen, sozial genormten Erfahrungswelten. Kommunikation ist damit kein eigenständiges Phänomen, dessen Verlauf allein von der Beherrschung gewisser sophistizierter Techniken abhängt, wie dies im Rahmen modischer Kommunikationstrainings gern glauben gemacht wird: Oft genügt hier bereits die Berücksichtigung von 7 Regeln (bei anspruchsvollen Autoren sind es auch mal 12) um alle Kommunikationsprobleme auszuräumen.

2. Auch wenn Lernen unter Lehre erfolgt, bleibt das damit verbundene mentale Geschehen seinem Grundcharakter nach ein Prozeß der Selbstorganisation. Lehreinwirkungen können diesen Selbstorganisationsprozeß lediglich in der Funktion von äußeren Schrankensetzungen beeinflussen – ausschlaggebend bleibt dabei immer die autonome innere Aktivtität des Lernenden.

9.3. Zur Internalisation von Werten

»Werteverlust«, »Werteverfall« oder neutraler (euphemistischer?): »Wertewandel« gehören zu den Schlüsselbegriffen im Diskurs der Postmoderne. Weder ist »Wertewandel« als soziokulturelles Phänomen erschöpfend verstehbar, noch kann im Rahmen gesellschaftlicher Institutionen bewußt-planvoll darauf Einfluß genommen werden, wenn die psychologischen Mechanismen, die diesem Prozeß zugrunde liegen, nicht hinreichend aufgeklärt sind. Es ist evident, daß dieses gesellschaftspolitisch hochbedeutsame Problem der Werteinternalisation zuallererst als zentrales Thema in den Rahmen der Pädagogischen Psychologie gehört (auch wenn man dazu in Standardwerken wie dem »Gage/Berliner« nichts Explizites findet). Weiter spielen dann internalisierte inadäquate und dyssynerge Wertestrukturen im Bereich der Psychopathologie bei der Entstehung von Neurosen eine prominente Rolle. Obwohl im Grunde das aus psychosynergetischer Sicht Entscheidende mindestens implizit bereits gesagt ist, sei ob der Relevanz dieser Problematik hier noch einmal gesondert darauf eingegangen.

Wir hatten »Wertung« ganz allgemein als die Herstellung einer Subjekt-Objekt-Beziehung gekennzeichnet. Im besonderen gibt es, so sagten wir, drei Formen psychischer Wertungsprozesse. Zum ersten kann eine kognitive Wertung (im KKC) erfolgen: »Die Diktatur ist ein menschenfeindliches Gesellschaftssystem (d.h. sie ist auch schlecht für mich)«. Zum zweiten kann eine sekundär-emotionale Wertung (im AEC) erfolgen: Wenn etwa jemand hört, daß in einem Land eine Militärdiktatur errichtet wurde und dies negative sekundäre Emotionen auslöst, weil es mit seinen kognitiven Erwartungsmodellen vom Gang der Weltgeschichte dyssynerg ist. Und zum dritten ist eine primär-emotionale Wertung möglich, wenn z.B. jemand einen Film sieht, in dem faschistische Gewalttaten gezeigt werden und ihm dabei Wut-, Haß- und Angstgefühle entstehen.

Wir können eine kognitive Wertung oder Norm dann als verinnerlicht betrachten, wenn sie verhaltenswirksam ist, wenn sie das Verhalten real stimuliert; das heißt in aller Regel: wenn sie emotiogen ist, sich mit einer kongruenten emotionalen Wertung verbindet.

Die Werteinternalisation bei einer entwickelten Persönlichkeit wird dabei ganz vorwiegend von der sekundären Emotionalität getragen. Werteverinnerlichung wäre dann als Synergisierung von Strukturen des Wertemodells zu verstehen, als synerge Einbindung dieser Strukturen in komplexe Basisstrukturen. Eine konkret-kognitive Wertung wird, wie jedes andere kognitive Element auch, nach ihrer synergen bzw. dyssynergen Einfügung ins Gesamtmodell emotional bewertet und um so eher positiv verinnerlicht, je besser sie erstens das System der Antriebe (also zumeist das Kernmodell) auf eine solche Weise zu integrieren vermag, daß ein möglichst synerger Gesamtlebensvollzug resultiert und zweitens je größer ihre Konsistenz zu allen übrigen Wissensstrukturen des mentalen Modells ist. Im Sinne von Punkt zwei wäre es insbesondere von Vorteil, wenn die zu verinnerlichenden Werte zu kognitiven Basisstrukturen nicht nur schlechthin kompatibel wären, sondern sich aus ihnen folgernd ergeben würden, wenn man Werte und Handlungsmaximen mit Stringenz aus dem Gesamtwissen über die Welt ableiten könnte. Vor allem auch mit Blick auf die psychologischen Möglichkeiten der Werteinternalisation wäre also die Begründung einer evolutionistischen Ethik aus einer Allgemeinen Evolutionstheorie heraus sehr wünschenswert.

Der sekundäre Internalisationsprozeß ist damit nicht zu trennen von jenem Gesamtprozeß innerer Strukturbildungsarbeit, die auf höhere Integration und Kohärenz des sekundären Systems als Ganzes, damit auf eine höhere Gesamtsynergität gerichtet ist.

Diese sekundäre Internalisation als das führende, bestimmende Moment kann nun durch kongruente primär-emotionale Wertungen verstärkt oder durch inkongruente geschwächt werden. *Primäre Wertungsinternalisation* ist nichts anderes als jener Vorgang, den wir bereits im Zusammenhang mit dem rezeptorischen Lernen besprachen: die Bildung konstanter funktioneller Verknüpfungen zwischen Elementen des Rezeptormodells und primären Antrieben nach den Prinzipien des Bedingens.

So kann die in komplexen sekundären Strukturen verinnerlichte Wertung, daß die Diktatur ein menschenfeindliches System ist, durch primäre Wertungen verstärkt werden: Wenn der Betreffende während einer Demonstration von den Schergen des Regimes geschlagen wird, ihm nahestehende Menschen zu Schaden kommen oder er ein Kunstwerk rezipiert, welches primäre Antriebe stark aktiviert. Die sekundäre Internalisation ist aber stets bestimmend. Bei zwei Individuen, die eine völlig identische Primärerfahrung machen, kann es zu ganz verschiedenen, sogar gegensätzlichen wertungsverinnerlichenden Effekten kommen. Nehmen wir an, zwei Personen werden in einer Demonstration von Regime-Bütteln geschlagen. Der eine ist ein Regimegegner, der bewußt an der Demonstration teilnahm; bei ihm verstärkt sich der Haß auf die Schergen und das ganze Regime. Der andere ist dagegen ein nur zufällig in die demonstrierende Menschenmenge geratener Sympathisant des Regimes, der von den herrschenden Zuständen vielfältig profitiert. Wenn der anfängliche Schmerz und Ärger verflogen ist, wird das primär negativ-emotionale Ereignis vielleicht sogar sekundär positiv verinnerlicht: »Ist doch gut, wie hart das Militär gegen den Mob vorgeht! Gute Politik das, wirklich!« Welchen tatsächlichen wertungsinternalisierenden Effekt Primärerfahrungen haben, hängt also von ihrem sekundären Kontext ab, von der kognitiven Verarbeitung im sekundären System.

Die primären Wertungen sind nur auf das Rezeptormodell bezogen, d.h. nur auf die Oberfläche, auf die Erscheinung der Dinge und Ereignisse, nicht aber auf ihr »Wesen«. Sie können daher auch oft in Widerspruch zur sekundären Bewertung geraten, die im Stande ist, zum tieferliegenden »Wesen« der Phänomene vorzudringen. So kann man von der Konsumsphäre, die ein inhumanes Regime hervorbringt, von Glanz und Gloria der Propagandamache primär fasziniert sein, obwohl man sekundär weiß und spürt, daß sich eine grausige Fratze dahinter verbirgt. Man kann von der Schönheit und sexuellen Attraktion eines Menschen primär angezogen sein und weiß und fühlt doch gleichzeitig sekundär, daß er als Persönlichkeit nicht viel wert ist. Derartige Bewertungskonflikte entstehen von Zeit zu Zeit mit Zwangsläufigkeit – sie resultieren aus der fraktalen Schichtung unserer Psyche. Wichtig ist, daß das sekundäre System genügend stark entwickelt ist, damit die primäre Oberflächenbewertung auch jederzeit in der sekundären Tiefenbewertung aufgehoben werden kann.

Welche Auffassungen zum Thema »psychologische Mechanismen der Werteinternalisation« findet man in der Literatur und wie sind sie vor dem Hintergrund des nunmehr erreichten Diskussionsstandes zu bewerten? Dort, wo vorfindliche Emotionstheorien über Deskription und Klassifikation von Emotionen hinausgehen und nach konkreten Mechanismen für die Wechselwirkung zwischen Kognition und Emotion suchen, findet man in aller Regel die Vorstellung, daß emotionale Reaktionsschemata im Lernprozeß mit kognitiven Inhalten verknüpft und gemeinsam mit ihnen im Gedächtnis abgespeichert werden. Wird der kognitive Inhalt aktiviert, aktualisiert sich über diese Verbindung auch die emotionale Bewertung (vgl. z.B. Mandl und Huber 1983). Auch in neueren, großangelegten Übersichtsarbeiten wie etwa dem »Handbook of Emotions« von Lewis & Haviland (1993) habe ich grundsätzlich andere Modelle nicht finden können. Dies entspricht im hier vertretenen Ansatz dem Funktionsprinzip, das der primären Emotionalität zugrundegelegt wird (die Grenzen dieser statisch-mechanistischen Konzeption für die Beschreibung der fluiden kognitiv-emotiven Dynamik wurden unter 7.2.6. zusammenfassend dargestellt). Diese Mechanismen werden nun generalisierend auch auf die Prozesse der Werteinternalisation übertragen, oft unter Betonung äußerer Erfahrungsmomente. So lesen wir bei Hillmann (1989, S. 55) in seinem Buch »Wertwandel«: »Diese wertgetragenen individuellen Handlungsdeterminanten werden ... durch Belohnung stimuliert und gefestigt, durch Bestrafungen und Enttäuschungen unterdrückt, verändert oder ausgelöscht.« Konkreter stellt sich z.B. Erpenbeck (1984) den Internalisationsprozeß derart vor, daß affektgeladene Entscheidungssituationen (Mutproben, Konfliktzustände, Initiationsriten bei Naturvölkern u.a.) das Subjekt zunächst in einen Zustand gesteigerter »emotional-dynamischer Aktivierung« versetzen. In diesem Zustand erhöhter innerer Labilität erfolgt dann die »Anlagerung« emotionaler Wertungen als im Handeln gewonnene Erfahrungswerte an anfänglich irrelevante Objekte und ihre gemeinsame Gedächtnisfixierung.

Derartige, im Grunde nach der alten Masche der S-R-Theorie gestrickte Auffassungen müssen vom nunmehr in dieser Arbeit gewonnenen Standpunkt als reduktionistisch-mechanistisch zurückgewiesen werden, sofern sie zum alleinigen oder auch nur wichtigsten Wirkprinzip der Werteinternalisation erhoben werden. Höhere menschliche Emotionen werden nicht wie Abziehbilder auf kognitive Inhalte geklebt, sind nicht konstant und starr mit ihnen verbunden, wie dies für primäre Emotionen gilt und nur für diese.

Die führende sekundär-emotionale Bewertung ergibt sich stets aus der aktuellen »Verrechnung« der Synergität des Gesamttätigkeitszusammenhangs bzw. des aktiven Gesamtmodellbereichs. Bereits eine geringfügige, äußerlich vielleicht gar nicht wahrnehmbare Änderung dieses Tätigkeitszusammenhangs (verbunden mit einer leichten Veränderung der Erregungsverteilung im mentalen Modell) kann eine gegensätzliche sekundär-emotionale Bewertung ein und desselben Gegenstandes bzw. kognitiven Elements zur Folge haben. Auch Änderungen des inneren Zustandes, der Stimmung des Handelnden (ebenfalls verbunden mit Änderungen der Erregungsverteilung im Modell) können zu diesem Ergebnis führen. Letzteres insbesondere deshalb, weil Menschen in aller Regel mehr oder weniger widersprüchliche Persönlichkeiten sind, die in den unterschiedlichsten Tätigkeitszusammenhängen in einer widersprüchlichen Welt auch widersprüchliche Wertestrukturen internalisiert haben. Ein Beispiel für eine solche gegensätzliche Situationsbewertung aus unterschiedlicher Stimmung heraus hatten wir im vorigen Kapitel gegeben: Der junge Mann, der einer alten Frau heute hilft und sie einige Tage später stehen läßt.

Lebensentscheidungen sind strukturelle Phasenübergänge im Kernmodell, die zu einer Veränderung der Synergitätsverteilung im sekundären System, damit zu einer Veränderung der »emotionalen Grundierung« der kognitiven Strukturen führen, die oft recht komplex ist und auch eine veränderte emotionale Bewertung von Gegenständen einschließt, die gar nicht unmittelbar am Entscheidungsgeschehen beteiligt waren, mit denen in der Entscheidungshandlung gar keine neuen Erfahrungen gemacht wurden. So kann einem Menschen durch ein einziges Ereignis plötzlich seine ganze Vergangenheit in einem anderen Licht erscheinen und eine emotionale Umbewertung erfahren. Und schließlich reagieren wir tagtäglich emotional wertend auf völlig neuartige Situationskonstellationen und Informationsstrukturen, die uns in unserem bisherigen Leben noch nicht begegnet sind.

Vorstellungen, die die Werteinternalisation von äußerem Reinforcement bzw. von Primärerfahrungen in Entscheidungssituationen abhängig machen, führen zu einer eklatanten Überbetonung der äußeren Momente bei der psychischen Entwicklung unter Vernachlässigung der Innenbedingungen. Wie deutlich geworden ist, bewirkt selbstverständlich auch die interne mentale Entscheidungstätigkeit, jegliche innere Strukturbildungsarbeit ohne Beteiligung von äußeren Handlungen Änderungen der Synergitätsverteilung und damit der sekundär-emotionalen Bewertung. Damit ist die Werteinternalisation in erster Linie von der Logik und Kontinuität der inneren Entwicklung getragen und nicht dem flüchtigen, äußerlichen Affektgeschehen in Entscheidungssituationen geschuldet. In hochaffektiven, unklaren Entscheidungssituationen gemachte Fehler werden sehr bald korrigiert, aus affektiven Momenterlebnissen abgeleitete Vorsätze verblassen sehr bald. Es ist eine glückliche Vorsicht darin, daß das Kernmodell sozusagen nach affektiven Erschütterungen sehr bald »zur Tagesordnung« übergeht, da nur selten in den Äußerlichkeiten einer Entscheidungssituation das »Wesen« der Dinge offenbar liegt. Ist dieses sukzessive sekundäre »Überschreiben« intensiver primärer Wertungen gestört, kann es zur Entstehung psychopathologischer Phänomene wie z.B. Phobien kommen.

Nichts ist also deutlicher: Konzepte, die von einer »Anlagerung«, einem »Dranlernen« emotionaler Reaktionen an kognitive Inhalte bzw. einer »Verknüpfung« beider ausgehen, können nur das primäre Emotionsgeschehen erfassen, das bei der Wertungsinternalisation des entwickelten Menschen eine nur untergeordnete Rolle spielt. Die entscheidenden Vorgänge der Normverinnerlichung beim Menschen folgen den Prinzipien der sekundären Emotionalität. Es ist wichtig, dies zu verstehen, weil sich nahezu gegensätzliche pädagogische Konsequenzen daraus ergeben. Das »Verknüpfungsparadigma« sieht im Kern Emotion und Kognition als eigenständige, getrennte Entitäten, die nur eine sehr künstliche und mechanistische Verbindung eingehen und nicht selten sogar in eine Art Gegensatz- und Konkurrenzverhältnis gebracht werden: Wenn bei einem Schulabgänger bestimmte Werte zu schwach verinnerlicht sind, so liegt das dann daran, daß man über die Weitergabe allzu umfangreichen Wissens versäumt hat, genügend Emotionen zu vermitteln und an die Kognitionen »anzukoppeln«. Man hätte also die Entwicklung der offenbar hypertrophierten Rationalität zurückzunehmen und die Entwicklung der Emotionalität zu verstärken. Und dies wäre dann eben ein sehr gefährlicher Irrweg. Initiationsriten taugen nicht für die Erziehung des modernen, sekundär entwickelten Menschen. Es geht nicht um eine vordergründige emotionale Effekthascherei.

Demgegenüber wird im Rahmen der Synergitätstheorie die dynamische Einheit von Kognition und Emotion deutlich: Emotion ist »die andere Seite« von Kognition, ihr dynamisch-strukturelles Ordnungs- und Stabilitätsniveau. Will man in dieser Sicht die (sekundäre) Emotionalität entwickeln, um Werte besser sekundär zu internalisieren, muß das strukturelle Organisationsniveau der Wissensbestände des Schülers verbessert werden – wie man in diesem Sinne aus toten Fakten lebendiges, emotiogenes Wissen macht, betrachten wir unten noch gesondert.

All dies bedeutet betontermaßen nicht, daß im Rahmen pädagogischer Bemühungen nicht alles versucht werden sollte, die sekundäre Werteinternalisation durch eine kongruente primäre Internalisation zu *unterstützen:* durch Einbezug von Kunstwerken, Filmen, Exkursionen, das Ermöglichen authentischer praktischer Erfahrungen und schließlich auch, wo nicht anders möglich, durch Belohnung und Bestrafung. Ersichtlich muß dabei gelten: Je schwächer entwickelt und je weniger synerg das sekundäre System, desto stärker ist die Werteinternalisation von äußeren Faktoren abhängig, desto größer ist mithin das relative Gewicht der primären Internalisation als Unterstützungsmoment. Je stärker und synerger hingegen das sekundäre System entwickelt ist, desto ausgeprägter vollzieht sich Werteinternalisation als ein von äußeren Faktoren unabhängiger, von der Logik und Kontinuität der inneren Entwicklung getragener Prozeß, desto geringeres Gewicht hat also die primäre Internalisation. Diese sich aus unserem Modell ableitende Gesetzlichkeit zeigt sich zum einen in der Ontogenese: In der frühen Kindheit sind primäre Belohnungen und Bestrafungen das Haupterziehungsmoment; sie scheint interessanterweise aber auch anhand der Menschheitsgeschichte gut belegbar: Bei Naturvölkern, deren Angehörige über ein schwach entwickeltes sekundäres System verfügen, können überlebensrelevante soziale Werte nur über äußere, stark mit Primärerlebnissen verknüpfte Prozeduren verinnerlicht werden wie Initiationsriten, Kulthandlungen und magische Praktiken verschiedenster Art.

In welcher Art und Weise sollte der Schulstoff im Unterricht vermittelt werden, damit aus toten Fakten lebendiges Wissen wird und aus nur »bekannten« Werten verhaltenswirksame emotional besetzte Normen? Was läßt sich in einer ersten groben Annäherung und in aller Kürze aus dem psychosynergetischen Konzept dazu ableiten?

1. Wissens- und werteassimilierendes Wachstum der Persönlichkeit verstehen wir als tätige Aneignung (Transfer von Strukturisomorphien) und dann Synergisierung, d.h. Abgleich, Höherordnung und Stabilisierung von Strukturen in einem Selbstorganisationsprozeß, der sich durch den oben dargestellten extrinsisch-intrinsischen Grundzyklus (bzw. eine Abfolge solcher Zyklen) beschreiben läßt. Erziehung und Lehre können diesen Evolutionsprozeß bis zu einem gewissen Grade führen, aber nur in der Funktion eines sukzessiven Schrankensetzens. Die Ableitung des extrinsisch-intrinsischen Grundzyklus in der psychosynergetischen Theorie klärt und begründet das notwendige dialektische Zueinander von Fremd- und Selbstbestimmungsmomenten im Erziehungsprozeß. Jede Verabsolutierung eines dieser beiden Pole muß notwendig zu Entwicklungsstörungen beim Schüler führen, dies gilt sowohl für die »katholisch-preußisch-kleinbürgerliche Drillpädagogik« als auch für die sogenannte antiautoritäre Erziehung. Erfolgt die Lehre zu stark fremdgeleitet, d.h. werden zu viele Schranken zu eng gesetzt, kann sich keine übergreifende intrinsische Dynamik entfalten: Es wird auswendig gelernt und nicht verstanden. Es summiert sich ein elementaristischer Wissensbesitz beim Schüler als additiv-asynerges Zueinander von Wissensbausteinen. Diese Wissensstrukturen leben nicht, spenden keine mentale Funktionslust, keine intrinsische Motivationsenergie, strahlen nicht charismatisch nach außen und »stecken nicht an«. Sekundäre Internalisation ist wenig wirksam;

entsprechend muß mit extrinsischen Mitteln primär internalisiert werden: Bestrafung und Belohnung.

Wird im Kontrast dazu der Heranwachsende vollständig seinen inneren Impulsen überlassen, kommt es in den meisten Fällen nicht zur Akkumulation einer für die Entstehung sekundärer Antriebe nötigen »Startmasse« an synerger kognitiver Struktur, die durch positive Rückkoppelung die Persönlichkeitsentwicklung zu einem »aus sich rollenden Rad« (Nietzsche) werden läßt. Die Aneignung primär nicht synerger Struktur ist immer an eine gewisse Willensanstrengung, Selbstüberwindung, Disziplin und Frustrationstoleranz geknüpft und solange die kognitiv-projektiven Mechanismen des Schülers nicht von innen heraus effizient greifen, ist erzieherischer Druck von außen unabdingbar. Ein intuitives Gefühl für den Entwicklungsstand des Schülers zu bekommen und jederzeit beide Momente optimal gegeneinander auszuwiegen, ist die hohe Kunst des Erziehens: Wenn das Rad zu rollen beginnt, ist es im rechten Moment loszulassen und darf hernach nur noch flankierend in seiner Richtung beeinflußt werden, ohne daß es durch allzu scharfe Wendungen oder Hindernisse gestoppt wird und wieder umfällt. Dies bedeutet, daß dem Schüler in zunehmendem Maße Gelegenheit zu längeren Phasen sozusagen »integrierter Tätigkeit« gegeben werden muß, einer Tätigkeit, die sich durch zwei Merkmale auszeichnet: sekundäre intrinsische Motiviertheit und zyklische Geschlossenheit in dem Sinne, daß sie selbständig bis zum Endresultat ausgeführt wird und dieses Endresultat nach Reassimilation auf die tätigkeitsgenerierenden sekundären (Antriebs-)Strukturen korrigierend zurückwirkt. Den fremdgeleitet elaborierten Strukturen wird so quasi die Möglichkeit gegeben, fest »zusammenzurutschen«, sich in schöpferischer Eigenaktivität synerg »einzuspielen«, sich so weit wie möglich synerg in das bereits vorhandene Gesamtsystem zu integrieren und dabei aus den je individuellen Ausgangsbedingungen heraus entstandene »Strukturlücken« zu füllen.

2. Der zweite Punkt ergibt sich mit einer gewissen Zwangsläufigkeit aus dem ersten. Ist es doch evident, daß eine »aus sich rollende« integrierte Tätigkeit nicht an den Grenzen von Wissenschaftsdisziplinen halt macht. Der Wissensstoff sollte also sehr viel weniger nach standardisierten Lehrplänen und zerrissen in Schulfächer vermittelt werden, sondern stärker problemzentriert im Rahmen übergreifender, längerfristiger Lehr-Forschungs-Projekte, deren Inhalt wesentlich von Interessen und Neigungen der Schüler mitgeprägt wird.
3. Postmoderne Zersplitterung der Weltbilder, Relativierung aller Werte, allgemeine Orientierungslosigkeit – dies sind wahrlich keine günstigen Rahmenbedingungen für eine gesunde psychische Entwicklung. Wie soll ein Schüler, der im Biologieunterricht die Abstammung des Menschen entsprechend der Darwinschen Evolutionstheorie gelehrt bekommt, dessen Wert- und Sinnstrukturen dann aber im Religionsunterricht aus einer anachronistischen Schöpfungslehre letztbegründet werden, wie soll solch ein Schüler ein hochsynerges Kernmodell mit fest internalisierten Werten entwickeln? Wie in diesem Buch (und in vielen anderen) dargestellt, erkennen wir zunehmend, daß die Veränderungen in allen Bereichen der Wirklichkeit universellen Evolutionsprinzipien folgen. Die Schaffung einer Allgemeinen Evolutions- und Komplexitätstheorie, die die Kluft zwischen Geistes- und Naturwissenschaften schließt und im Rahmen einer evolutionistischen Ethik auch die Sinnfragen des Menschen kohärent beantwortet, scheint heute mehr denn je möglich und notwendig. Diese allgemeinen Muster des fraktalen evolutiven Prozesses sollten dann nicht nur

Gegenstand eines diesbezüglich modernisierten Philosophieunterrichtes sein, sondern schon bei der Vermittlung der verschiedenen speziellen Unterrichtsgegenstände bezugsetzend und das Gesamtwissen integrierend in den Vordergrund gestellt werden. »Es ist ein herrliches Gefühl, die Einheitlichkeit eines Komplexes von Erscheinungen zu erkennen, die der direkten sinnlichen Wahrnehmung als ganz getrennte Dinge erscheinen.« schrieb Albert Einstein in einem Brief aus dem Jahre 1901 (zit. nach Pais 1986, S. 55). Was für ein großartiges Lebensgefühl sollte es dann spenden, wenn man sich selbst in einem ganzheitlichen evolutionistischen Weltbild aufgehoben sieht, das kohärent nach einheitlichen Grundprinzipien strukturiert ist. Dies ist der mentale Kontext, in dem dann auch Werte am stärksten sekundär-emotional grundiert und am festesten verankert werden können.

Sicher sind dies keine durchgängig neuen Prinzipien, die nicht auch schon anderswo in modifizierter Form eingefordert worden wären, vielleicht aus anderen Begründungszusammenhängen heraus, wie Förderung von Einsichtmechanismen, Praxisbezogenheit usw. Und schließlich dürfte es der Empirie erfahrener Pädagogen entsprechen, daß sich auf einem diesen Prinzipien zumindest angenäherten Wege besonders starke und kreative Persönlichkeiten heranbilden lassen. Schon deutlich weniger trivial scheint, daß dies eben auch dezidiert jener Weg ist, auf dem ganz spezifisch die *Emotionalität* entwickelt werden kann und muß: *Man lernt, intensiver und tiefer zu empfinden, indem man die Qualität seines Denkens verbessert.* Und schließlich: wenn sich die hier entwickelten Thesen als richtig erweisen und weitere Bestätigung finden, können diese drei (und weitere) Prinzipien als abgeleitet gelten aus einer neurowissenschaftlich fundierten Theorie.

9.4. Vom kindlich-artefaktgeprägten Denken zum dialektischen Denken

Die o.g. drei Prinzipien der Lehrstoffvermittlung wirken also sekundär emotionalisierend auf das Denken, weil sie die dynamisch-strukturelle Qualität des Denkens verbessern. Nun läßt sich ein komplexer Prozeß wie das Denken auf ganz verschiedenen Integrationsniveaus qualitativ charakterisieren. Im ganz basalen Sinne heißt Qualitätsverbesserung des Denkens natürlich, daß das Denken als physiopsychischer Gesamtprozeß auf allen Ebenen synerger wird. Die conditio sine qua non synergen Denkens auf der phänomenalen Ebene im KKC ist seine logische Widerspruchsfreiheit. Dort, wo sich das Denken in sich selbst rückschließt und sich ausschließlich selbstauferlegten Regeln als Schranken gegenübersieht, im Bereich von Mathematik und Logik also, mag man über eine solche qualitative Charakterisierung nicht hinausgehen müssen. Dort hingegen, wo sich das Denken nach außen wendet und durch das Rezeptormodell hindurch mit der Realität kommuniziert, lassen sich weitergehende Charakterisierungen auf höher-integrativen Beschreibungsebenen treffen. Hier ist logische Konsistenz allein nicht mehr ausreichend; das Denken hat sich vielmehr in solcher Weise zu strukturieren, daß sich aus seinen Folgerungen ein synerger Ablauf, ein möglichst reibungsloses Funktionieren der äußeren, praktisch-gegenständlichen Tätigkeit ergibt. Auf der am höchsten integrativen Beschreibungsebene würden wir die Modelle, die einem solches leistenden Denken zugrunde liegen, als »richtig«, »realitätsadäquat« oder gar »wahr« bezeichnen. Auf die ungemein interessante Beziehung zwischen Synergität und Wahrheit kommen wir noch zu sprechen. Was uns hier interessiert, sind Integrationsebenen zwischen diesen beiden Polen, die also z.B. etwas wie eine grundlegende Art und Weise des Denkens beschreiben (die wahrscheinlich grundlegenden »Bewegungscharakteristika« der Realität mehr oder weniger isomorph ist). In der Psychologie gibt es dafür den Begriff des »kognitiven Stils« und jede Menge nicht selten unfruchtbaren und unentscheidbaren Streit über die Richtigkeit der einen oder anderen der in großer Zahl vorliegenden Klassifikationen. Das Denken ist kein computeranaloger, genormter Informationsverarbeitungsprozeß, der sich auf ein endliches System trennscharfer Kategorien abbilden läßt. Als fluider organischer Prozeß ist es in mancher Hinsicht dem Gang eines Menschen ähnlicher als dem Rechnen eines Computers. Und so, wie jeder Mensch seinen eigenen, unverwechselbaren Laufstil hat, besitzt auch jeder seinen individuellen kognitiven Stil. Alle Übergänge sind fließend, es gibt ebenso viele kognitive Stile, wie es denkende Menschen gibt. Explizit und implizit ist die vom Objektivismus und der Computermetapher inspirierte Vorstellung verbreitet, es gäbe nur logisches bzw. richtiges Denken und unlogisches bzw. falsches Denken und nichts dazwischen; und so wie beim Computer der kleinste Fehler zum Mißerfolg führt, kann nur das logisch-richtige Denken Bestand haben. Wie bereits dargestellt, gilt dies nur für einfache, formal entscheidbare Probleme, nicht jedoch für komplexe Probleme, die in Alltag, Management und Politik den weitaus häufigeren und wichtigeren Problemtyp ausmachen. Betrachten wir doch tatsächlich einmal, in wie unterschiedlicher Weise Menschen gehen: fließend oder ruckartig, steif oder schwankend, aufrecht oder gebeugt, usw. usf. – wir können das nur ganzheitlich-intuitiv erfassen, es gibt keine trennscharfen Kategorien für eine exakte phänomenale Beschreibung. Und: Sie alle kommen mehr oder weniger effizient voran, sofern Mindestbedingungen erfüllt sind (Halten des Gleichgewichts, Setzen eines Fußes *vor* den anderen). Nicht anders verhält es sich mit den Stilen des Alltagsdenkens. Es ist im wahrsten Sinne des Wortes unbeschreiblich, auf welch unterschiedliche Weise die Menschen jenes tun, was wir Denken nennen! Für mich ist dies immer wieder faszinierend (und ein wenig beängstigend zugleich). Und mit mehr oder weniger Reibungsverlust »wursteln« wir uns zumeist irgendwie durch. Nicht zuletzt deshalb, weil in komplexen Problemzusammenhängen die Folgen von Fehlentscheidungen erst sehr stark orts- und zeitversetzt sichtbar werden, sich aufsummieren und im Nachhinein dann oft nur noch schwer auf eine einzelne Fehlentscheidung rückverfolgbar sind.

Wie der eine Laufstil synerger ist als der andere, resultiert auch aus der einen Denkungsart eine größere Gesamtsynergität als aus der anderen. Durch welche Attribute läßt sich nun ein besonders synerger Denkstil in Konfrontation mit Komplexität beschreiben? Eine Charakterisierung auf der Dimension Rational vs. Irrational (bzw. formallogisch korrekt vs. inkorrekt) genügt nicht: die logische Korrektheit an jenen Stellen, an denen logisch geschlußfolgert wird, ist lediglich eine conditio sine qua non synergen Denkens in Konfrontation mit Komplexität. Irgendwie müssen da noch Qualitäten hinzukommen, die (wahrscheinlich) zu bestimmten Grundeigenschaften des »Flusses der Realität« korrespondieren. Aus heutiger Sicht kann mit diesen Grundeigenschaften nur gemeint sein: *der universelle Zusammenhang und die permanente Evolution alles Seienden.* Ein diese Qualitäten fassendes Denken wird heute oft als »vernetztes Denken« (Vester 1988) oder auch »systemisches Denken« bezeichnet (vgl. Dörner 1989).

Wir sollten uns durch bestimmte Entwicklungen der jüngeren Geschichte allerdings nicht davon abhalten lassen, die Wurzeln dieser Denkkultur in der mehr als 2000 Jahre alten Argumentations- und Entwicklungslehre der *Dialektik* zu erkennen. Bereits Aristoteles unterscheidet die Dialektik von der Logik im engeren Sinne und handelt sie im Rahmen der »Analytica posteriora« bzw. der »Topik« ab. Dort, wo wir nicht mit menschengemachten logisch-technischen Problemen konfrontiert sind, sondern mit praktisch-politischen Problemen, benennt er sie als die einzige Methode unseres kritischen Denkens, auf die wir uns stützen können. Wesentlich von Friedrich Engels (1985) wurde dann die bei Hegel zu höchster Blüte gelangte absolut-idealistische Dialektik materialistisch reformuliert und die subjektive Dialektik (Bewegungsform des Denkens) als Reflex einer objektiven Dialektik (Bewegungsform der Materie) konzipiert. Engels versteht die Dialektik als allgemeine Entwicklungstheorie, »die die Dinge und ihre begrifflichen Abbilder wesentlich in ihrem Zusammenhang, ihrer Verkettung, ihrer Bewegung, ihrem Entstehen und Vergehen auffaßt« (MEW XIX, S. 205) und formuliert in seiner »Dialektik der Natur« folgende drei »dialektische Grundgesetze«: 1. Das Umschlagen von Quantität in Qualität; 2. das Gesetz von Einheit und Kampf der Gegensätze und 3. das Gesetz der dialektischen Negation bzw. der dialektischen Aufhebung. Es ist an dieser Stelle nicht möglich und nach allem in diesem Buch dargestellten wohl auch nicht notwendig, im einzelnen zu zeigen, wie gut und treffend diese Gesetze Grundcharakteristika der Evolution komplexer dynamischer Systeme vorwegnehmen. In aller Kürze nur soviel: In Gesetz 1 ist der gesetzmäßige Zusammenhang von Kontrollparameter (Quantität) und Ordnungsparameter (Qualität) vorweggenommen. In Gesetz 2 kann man das Versklavungsprinzip wiedererkennen: Gegensätzliche, auseinanderstrebende Prozesse werden durch den Ordner in eine dynamische Einheit gezwungen; in Form von Fluktuationen versuchen die Gegensätze immer wieder aus dieser Einheit auszubrechen. Gesetz 3 erfaßt einen komplexeren Prozeß: Einer älteren Evolutionsschicht überlagert sich eine neue, wobei ihre Strukturen derart überformt werden, daß bestimmte Qualitäten erhalten bleiben und andere negiert werden. Ich kenne keinen allgemein- oder wissenschaftssprachlichen Begriff, mit dem man z.B. das Verhältnis von primärem und sekundärem System treffender charakterisieren könnte, als mit eben diesem Konzept der dialektischen Aufhebung.

In einer Art Reifungsprozeß gewinnt das Denken eines jeden Menschen mehr oder weniger ausgeprägt dialektische Qualitäten. Das Kind wächst in einer genormten, idealisierten und simplifizierten Kunstwelt auf: Die Bauklötze, mit denen es spielt, sind ideale geometrische Körper mit exakter Passung; komplexere Spielzeuge sind reibungslos funktionierende Maschinen; das Kind sieht Trickfilme und durchblättert Comics, in denen es keinen Schmutz gibt, nur reine Farben und ein scharf getrenntes und sofort erkennbares Gut und Böse; Märchen und Märchenfilme zeigen makellos schöne Prinzessinnen und Prinzen und auch hier obsiegt das trennscharf personifizierte Gute über das kristalline Böse. Wesentliche Merkmale des sich in diesem Rahmen entwickelnden kindlichen Denkens sind in Tab. 6 ohne Anspruch auf Vollständigkeit aufgeführt. Ich will diese Art des Denkens hier *artefaktgeprägtes Denken* nennen. Wenngleich ein Denken dieses Typs in wenig komplexen, artifiziellen Realitätsausschnitten auch weiterhin adäquat bleibt, besteht, wie wir wissen, eine ausgeprägte Neigung, auch außerhalb ihres Geltungsbereichs in diesen Grundmustern zu denken; es wird dann mit kritischem Akzent auch »mechanistisches Denken«, »Maschinendenken« oder ähnlich genannt. Die enge Kunstwelt des heranwachsenden Kindes weitet sich nun sukzessive zur »schmutzigen« Wirklicheit des Erwachsenen, in der es zunehmend mit Komplexität und organismisch-ökologischen Phänomenen konfrontiert wird. Das artefaktgeprägte Denken ist hier nicht mehr adäquat; allein die Grundmuster des dialektischen Denkens gestatten nun eine angemessene und synerge Interaktion mit der Realität (vgl. Tab. 6). Obwohl das im Grundsatz schon die Alten wußten, ist diese Erkenntnis bis heute nicht Allgemeingut.

Immer wieder kommt es zu »Generalisierungsschüben« des objektivistischen Maschinendenkens, wie jüngst erst wieder im Zusammenhang mit dem Siegeszug des Computers. Ja, der Umgang mit unseren »Denkzeugen« (G. Vollmer) ist insgesamt in hohem Maße unreflektiert, so daß die ganze hier aufgespannte Problemdimension im wissenschaftlichen und mehr noch im Alltagsdenken oft wenig oder nicht bewußt ist. Entsprechend ist es sehr von zufälligen biographischen Konstellationen abhängig, ob und in welchem Maße das Denken eines Heranwachsenden die nötigen Reifungsimpulse in Richtung dialektischer Qualitäten erhält. Und oft geschieht dies quasi als Nebeneffekt im Rahmen impliziter, unreflektierter Lernprozesse.

Tab. 6

Grundmuster des artefaktgeprägten Denkens	**Grundmuster des dialektischen Denkens**
Zerlegung der Wirklichkeit in isolierte, additive Elemente; Betrachtung kleiner Realitätsausschnitte im Hier und Jetzt	Erfassung der Wirklichkeitselemente in ihrer systemischen Vernetzung; Denken in größeren synchronen und diachronen Zusammenhängen; dialektische Aufhebungsverhältnisse; Akzeptanz von Emergenzeffekten (»Das Ganze ist mehr als die Summe der Teile«)
Verabsolutierung von Einzelelementen	Erfassen der Systemelemente in ihrer widersprüchlichen Einheit und adäquate relative Gewichtung – insbesondere Auffinden der aktuell regulierenden Ordner-Elemente (Ordnungsparameter)
Wahrnehmung der Wirklichkeitselemente als statisch	Wahrnehmung der Wirklichkeitselemente als dynamisch und sich entwickelnd; Differenzierung zwischen Eigendynamik und Schranken
Wahrnehmung von Veränderung als quantitative Zunahme oder Abnahme (Linearität)	Erfassen von Selbstverstärkungseffekten und qualitativen Umschlägen (Nichtlinearität und Emergenz)
lineare Kausalität	zirkuläre Kausalität
Ziehen scharfer Grenzen	Wahrnehmung fließender Übergänge
»100%-Denken« in absoluten Sicherheiten	Denken in Wahrscheinlichkeiten; Akzeptanz des Zufalls (Symmetriebrechungen)
»Alles-oder-Nichts«-Denken (»Schwarz-Weiß«-Denken)	Denken in Kompromissen
Maschinenmodell	organismische und ökosystemische Modelle
adäquat bei einfachen Problemen in umgrenzten und artifiziellen Realitätsausschnitten; formal-logische Entscheidbarkeit (KKC); Formale Logik notwendig und hinreichend	adäquat bei komplexen Problemen in unreduzierter Realität; intuitive Entscheidungen (KKC + AEC); Formale Logik notwendig aber nicht hinreichend

Die sich somit bildende *dialektische Kapazität* der mentalen Modelle eines Menschen ist eine essentielle Voraussetzung für die Synergisierung des Umgangs mit Komplexität und Unbestimmtheit. In umfangreichen Computersimulationsexperimenten hat z.B. Dietrich Dörner (Dörner u.a. 1983) gezeigt, daß ein erfolgreiches Management komplexer Systeme – z.B. die Verwaltung der fiktiven Stadt Lohhausen – systemische kognitive Strategien erfordert, die in wesentlichen Punkten mit dem identisch sind, was wir hier dialektisches Denken nennen. Man muß betonen, daß dies natürlich nicht nur für den Handlungserfolg von Politikern und Managern entscheidend ist. Denn schließlich vollzieht sich die persönliche Entwicklung im Alltagshandeln als Interaktion eines komplexen Systems (Körper und Gehirn) mit anderen komplexen Systemen (andere Menschen, Sozialsysteme). Damit erweist sich eine möglichst hohe dialektische Elastizität des Denkens auch als conditio sine qua non für ein erfolgreiches *Selbstmanagement* und damit für einen synergen Gesamtlebensvollzug.

Ein ganz wesentlicher Aspekt hierbei ist, was man die rational-emotive Assimilation des Bösen, Schlechten und Häßlichen in der Welt nennen kann. In der Kinderwelt existiert das Böse nur in Form des *personal-intentionalen Bösen*, d.h. das Böse geht immer von einer Person aus und wird auf eine freie Willensentscheidung dieser Person zurückgeführt. Die adäquaten primären Reaktionen auf dieses Böse sind einerseits Schmollen und Rückzug oder andererseits Wut, Haß und Re-aggression: Wenn Kind A dem Kind B das Spielzeug wegnimmt, ist Kind A für Kind B ein »böses Kind«. Wenn Kind B nun wütend und aggressiv wird, bekommt es in aller Regel sein Spielzeug von Kind A zurück. Diese einfachen Konstellationen werden durch das artefaktgeprägte Denken nun ins Komplexe übertragen. Komplexe Systeme wie soziale Gruppen, Staaten usw. werden personifiziert und bekommen Intentionen unterstellt: »Die bösen Kapitalisten!«, »Die korrupten Politiker!«, »Die Sowjetunion ist das Reich des Bösen!« usw. usf. Einerseits wird mit den gewohnten einfachen primären Mustern reagiert: mit Gewalt und Haß. Nur, diese Muster sind inadäquat, sie beseitigen das Böse in der Welt nicht, sie mehren es. Andererseits: Auch die lange Tradition der Aufklärung, vielfältige lokale Bildungs- und Überzeugungsanstrengungen haben die Welt nicht besser gemacht. Die Folge sind Gefühle der Ohnmacht, Hilflosigkeit, Hoffnungslosigkeit und Frustration. Es kommt zum Rückzug, zur generalisierenden Abwendung von der Welt: Die Welt ist schlecht, weil die Menschen schlecht sind. »Es ist doch so offensichtlich, daß dies und jenes schlecht und böse ist. Warum tun die Menschen das? Sie brauchen sich doch nur für das Gute zu entscheiden, so wie ich! Wenn alle Menschen gut wären, was wäre die Welt für ein Paradies! Ich kann das einfach nicht verstehen.« Im Rahmen des artefaktgeprägten Denkens kann das Böse nur als personal-intentionales Böses gedacht werden, das willentlich entsteht und willentlich beseitigt werden könnte, was aber aus unverstehbaren Gründen nicht geschieht. Das Böse ist in dieser Form nicht positiv rational-emotiv assimilierbar und sekundär aufhebbar. Die Welt und die Menschen sind und bleiben böse und schlecht. Doch ein Mensch, in dessen subjektiver Wirklichkeit Welt und Menschen schlecht und böse sind, kann psychisch nicht gesund bleiben: Dauerfrustration, Resignation, Zynismus, Radikalismus, noogene Depression oder andere noogene Neurosen (V. Frankl – Erläuterung s.u.), am Ende gar der Suizid sind nicht selten die Folge.

Das Böse im Komplexen ist natürlich kein nur personal-intentionales Böses mehr, sondern wesentlich ein *emergentes Böses:* Der Mensch in der komplexen Großgesellschaft ist Teil eines überindividuellen Evolutionsprozesses, der Phänomene hervorbringt, die sich um Wohl oder Wehe des Individuums nicht vordergründig bekümmern, weil sie eben der *Eigengesetzlichkeit* einer *überindividuellen* Evolutionsschicht entspringen. Zwangsläufig muß ein solcher Prozeß neben guten und nützlichen Wirkungen auch Folgen zeitigen, die aus der individuellen Perspektive als schlecht zu bewerten sind. Dieses emergente Böse im Komplexen ist dann zwar auch immer das Resultat menschlichen Handelns, nur selten aber und allenfalls zum Teil das Resultat explizit böser menschlicher Intentionen. Die Menschen sind nicht böse. Sie sind nur manchmal dumm und ungebildet, überwiegend primär bestimmt und deshalb ziemlich egoistisch. Sie handeln aus den Zwängen einer begrenzten Perspektive heraus und die apokalyptischen Folgen ergeben sich erst durch »Aufsummieren« dieses Handelns und die nichtlinearen Effekte im Komplexen.

Ein dialektische Qualitäten entfaltendes Denken wird dies zunehmend und mehr oder weniger explizit erfassen: Klassischen Ausdruck hat dem Goethe gegeben, dessen Mephisto sich vorstellt als ein »Teil von jener Kraft, die stets das Böse will und stets das Gute schafft«. Lassen Sie es uns anders formulieren, sozusagen von Seiten des anderen Teils: Die Evolution ist jene Kraft, die stets das Gute will und auch das Böse schafft. Das Böse wird so zur anderen Seite des Guten. In dieser Form ist das Böse synerg an dialektische mentale Modelle assimilierbar und kann positiv sekundär-emotional aufgehoben werden. Der dialektisch Denkende kann die Menschen lieben und die Welt schön finden, trotz alles Bösen, Schlechten und Häßlichen unter der Sonne. Und damit kann er auch psychisch gesund bleiben.

Dem dialektisch reflektierten Bösen kann dann auch auf eine reifere Weise begegnet werden. Primäre Reaktionen werden bewußt auf die personal-intentionale Ebene beschränkt und dort, wo sie in Konfrontation mit dem komplexen Negativen durchbrechen, immer wieder bewußt »abgeschaltet« und durch Bewußtmachung der Zusammenhänge sekundär aufgehoben. In diesem Prozeß wird tief verstanden, daß ein primäres Reagieren dem komplexen Negativen gegenüber völlig unsinnig, wirkungslos und selbstzerstörerisch ist. Gleichzeitig verweist das dialektisch-evolutionistische Denken auf die adäquate Reaktion, gibt Hoffnung und Perspektive: Wir müssen es lernen, soziale Evolutionsprozesse besser zu verstehen und durch koordiniertes Setzen von Schranken menschengemäßer zu steuern. Auf diese Weise kann man zwar das Böse nicht aus der Welt schaffen, aber man kann es begrenzen und beherrschbarer machen.

Ich halte diesen, hier wieder nur sehr verkürzt dargestellten dialektischen Reifungsprozeß des Denkens für eine der wichtigsten Dimensionen, auf der sich eine gesunde Persönlichkeitsentwicklung vollzieht. Evidentermaßen wird darauf im Kapitel über Psychopathologie/Psychotherapie zurückzukommen sein.

9.5. Die Mär vom kalten Denken und die Evolution memcodierter Noobionten

Ein Mythos scheint nicht aus der Welt zu bringen: daß Rationalität kalt und tot sei und ein Zuviel davon einem gesunden Fühlen im Wege stünde. Seit das sogenannte Scheitern des Projektes der Moderne einen Schatten auf das diskursiv-analytische Denken abendländischer Prägung geworfen hat, ist der Antirationalismus auf dem Vormarsch, wesentlich in Gestalt des Esoterik-Booms in all seinen Spielarten. Man meint, durch eine ganzheitlich-emotional-intuitive Bezugnahme zur Welt auf letzte Offenbarungserfahrungen hinreifen zu können. Wenngleich hier auch verschiedentlich von einem »neuen Denken« die Rede ist, das deutlich Züge dialektischen Denkens trägt, so ist zergliederndes Denken doch hinderlich auf dem Weg zur unio mystica und muß zum Schweigen gebracht werden. Ebenso lassen die meisten Richtungen der Psychotherapie deutlich antirationalistische Tendenzen erkennen. Auch im Rahmen der Psychoanalyse wird der Adäquatheit bzw. Inadäquatheit kognitiver Strukturen keine explizite Relevanz für Krankheit und Heilung zuerkannt. Kognitiv orientierte Schulen wie die rational-emotive Therapie nach Ellis bekommen den Vorwurf zu hören, die emotionale Seite nicht genügend einzubeziehen. Wie wir oben gesehen haben, hebt selbst im Rahmen der akademischen Psychologie die mechanizistische »Verknotung« von Kognition und Emotion nicht ihre Trennung und ihren latenten Gegensatz auf. Kurz: Kognition und Emotion als getrennte Entitäten zu denken und sie in einen expliziten oder impliziten Gegensatz zu bringen, ist eine außerordentlich populäre Betrachtungsweise.

Bis zu einem gewissen Grade ist diese Auffassung sogar richtig, und zwar in bezug auf das Verhältnis von Kognition und primärer Emotion: Starke primäre Emotionen lenken ab und stören den kohärenten Ablauf von Denkprozessen; wer denkt, kann umgekehrt seine Aufmerksamkeit von primären Auslösern ablenken und so primäre Emotionen unterdrücken, und wer viel denkt, hat biographisch weniger Zeit für die Differenzierung primärer Bedürfnisse.

In bezug auf das Verhältnis von Kognition und sekundärer Emotion ist o.g. Auffassung dagegen völlig falsch. Wir haben ausführlich gezeigt, in welcher Weise Emotionen von der dynamisch-strukturellen Qualität kognitiver Prozesse abhängig sind und die Spezifik der dialektischen Wechselwirkung zwischen Kognition und Emotion bei kreativen, pragmatischen und ästhetischen Tätigkeiten angegeben. An dieser Stelle soll noch einmal betont werden: Es ist nicht das Denken an sich, welches Emotionen unterdrückt – dies tut nur das falsche Denken. Beim Computer ist Rechnen gleich Rechnen, beim Menschen aber ist Denken nicht gleich Denken. So wie man synerg und harmonisch oder dyssynerg und anharmonisch laufen kann, so kann man auch synerg, dialektisch und harmonisch denken oder dies eben asynerg, additiv-mechanisch und ohne Einsicht tun. Nur undsummenhaft-zerissenes, unverstandenes Wissen, Berge nutzloser, additiv aufgehäufter Fakten erdrücken die Gefühle; sinnvolles, verstandenes, synerg strukturiertes und anwendbares Wissen hingegen *erzeugt* Gefühle bis hin zu den heftigsten Eruptionen schöpferischer Leidenschaft, es spendet seinem Träger das Charisma und die Überzeugungskraft einer starken Persönlichkeit. Emotionen sind nicht zu trennen von Kognitionen, sie sind quasi ihre andere Seite, auf der sich ihr dynamisch-strukturelles Organisationsniveau ausdrückt. Die Rationalität ist nicht der Feind der Emotionalität, ihre synerg-dialektische Entfaltung ist im Gegenteil der einzige Weg, um auch die Emotionalität unbegrenzt differenzieren und entwickeln zu können. »Man sieht, was man weiß.« soll Goethe einmal gesagt haben und wir fügen hinzu: Man kann nur Empfindungen haben für etwas, das man sieht. Je differenzierter und tiefer also das Wissen, desto differenzierter die Wahrnehmung und desto differenzierter und tiefer auch das Empfinden. Oder unübertroffen mit Friedrich Nietzsche: »Sie dachten nicht genug in die Tiefe: darum sank ihr Gefühl nicht bis zu den Gründen« (1988, S. 165). Nicht umsonst kennt die Alltagssprache das »*Gefühl*, verstanden zu haben«.

All dies gilt in vollem Umfang für das von bekennenden oder verkappten Antirationalisten so viel beschworene Phänomen »Liebe«. Zweifellos hat die Liebe zu einem anderen Menschen wichtige denkunabhängige primär-emotionale Komponenten: Die sexuelle Attraktivität, Bedarf nach Sozialkontakt, soziale Auslöser für Fürsorgeverhalten; wahrscheinlich gibt es eine von hormonellen Faktoren gesteuerte primäre physiologische Reaktion des Verliebtseins (vgl. Liebowitz 1983). Doch diese kognitionsunabhängigen Faktoren allein erfassen gerade nicht, was wir mit Liebe meinen: Sie sind allenfalls konstitutiv für das kurze, heftige und stark von Äußerlichkeiten abhängige Verliebtsein des Teenagers oder die primäre Mutterliebe. Wahre und reife Liebe wächst nur über längere Zeit, setzt intensiven Austausch und ein gegenseitiges Verstehen voraus, gründet in gegenseitiger Wertschätzung und Achtung. Und dies ist nun eben nicht mehr denkunabhängig, sondern ausschließlich von kognitiven Strukturen und ihrer sekundären Emotiogenität getragen: die mentalen Repräsentationen des Partners müssen sich synerg in die eigenen Kernmodellstrukturen einpassen. Oft zeichnet sich eine reife Liebe gerade dadurch aus, daß die primären, denkunabhängigen Faktoren sekundär aufgehoben werden: Man kann einen Menschen lieben lernen, den man auf den ersten Blick gar nicht primär attraktiv fand. Liebe meint uneingeschränkte, ganzheitliche Akzeptanz des Partners, also auch seiner Fehler und Schwächen, dies setzt ein Minimum an dialektischer Kapazität voraus – wieder ein qualitatives Moment der kognitiven Strukturen. Schließlich kann man auch Abstrakta lieben: das Leben, die Natur, die Menschen, die Bücher oder die Musik. Auch dies kann wirkliche Liebe sein – kristallin *sekundäre* Liebe nun, wenn man so will (oder »S-Liebe«, wie A. Maslow das nennt). Zu lieben heißt also, ein komplexes Phänomen umfassend und rückhaltlos zu bejahen, sich eins mit ihm zu fühlen, es – nach ganzheitlicher dialektisch-synerger Assimilation ans Kernmodell – als konstitutiv für das Selbst zu empfinden. Je stärker dabei primär-emotionale, sekundär-emotionale und aktuale konkret-kognitive Bewertung kongruent sind, um so stärker und vollkommener ist das aktuale Liebeserleben. Die Liebe ist um so reifer und tiefer, je stärker sie von der sekundären Emotionalität getragen ist: Weder kann man von wirklicher Liebe sprechen, wenn der Partner verlassen wird, weil er bei einem Unfall eine Behinderung erlitten hat, noch, wenn die »Liebe« erlischt wegen eines einmaligen aktualen »Fehltritts«. So erweisen sich die wahrsten und tiefsten Formen der Liebe als sekundär-emotionale Einschmelzung lebenslang akkumulierter kognitiver Struktur, als die andere Seite besonders komplexer und umgreifender Kognitionen, als die Rückseite eines besonders tiefen und identifizierenden dialektischen Verstehens komplexer Phänomene. Der Liebe und Verstand gegeneinander in Stellung bringt – kann der das Wesen dieser Phänomene tiefer mißverstehen? Ich glaube nicht.

Dies alles öffnet sich freilich nur dem Blick desjenigen, der über eine konsequente evolutionistische Ableitung das Denken als einen hochkomplexen organisch-materialen Prozeß faßt, der zu großen Teilen im Unbewußten verläuft. Reduziert man diesen Prozeß hingegen auf das, was er in einem schmalen phänomenalen Fenster zu sein vorgibt – ein vollbewußter, serieller und immaterieller Informationsverarbeitungsprozeß wie bei einem Computer – sind o.g. Zusammenhänge nicht herstellbar. Denn die sekundäre Emotiogenität des Denkens entspringt wesentlich der Struktur des parallelen und materiellen Unbewußten.

Wir wollen diese Vision vom Denken als einem lebendigen organischen Prozeß durch ein Gedankenexperiment weiter stärken. Schon einfache physikochemische dissipative Strukturen, so sahen wir, zeigen in Vorformen wichtige Eigenschaften des Lebens und sind damit als Präbionten anzusehen. Zum Leben fehlt ihnen nach allgemeinem Verständnis dieses Begriffes eigentlich nur noch eine Grundeigenschaft: die Fähigkeit zur Reproduktion, was eine Differenzierung in Quasiphänotyp und Quasigenotyp voraussetzt. In seinem »Artificial-Life-Manifest« hat Chris Langton (1989) hierfür die Begriffe GTYP (verallgemeinerter Genotyp) und PTYP (verallgemeinerter Phänotyp) vorgeschlagen. Betrachten wir unter diesem Aspekt nun geistige Strukturen wie Ideen, Hypothesen, Konzepte, Theorien, technische Baupläne u.ä. Man kann zeigen, daß die phänomenale Differenz zwischen Geist und Materie eben nicht universell und exklusiv ist, daß sie keinesfalls einer ontologischen sondern einer funktionellen Differenz entspringt (Hansch 1996). Es folgt daraus ein Konstruktivistischer Monismus, nach dem Gedanken und Ideen ausschließlich als materielle Gebilde in unseren Gehirnen existieren. Wie auf der Basis experimenteller Belege in diesem Buch ausgeführt, muß man diese materiellen Gebilde als neuronale dissipative Strukturen verstehen. Das interessante ist nun, daß die neuronalen dissipativen Strukturen in der Form, wie sie im Gehirn vorliegen sowohl die Differenzierungsstufe GTYP/PTYP erreicht haben als auch über Reproduktionsvermögen verfügen. Als GTYP fungieren dabei die konservativen Schranken der emgergentistischen Speicher des Gedächtnisses sowie die dynamischen Schranken, die z.B. im Rezeptormodell beim Wahrnehmungsprozeß gebildet werden. Wie ausführlich beschrieben, führen diese Schranken in einem episynaptischen Evolutionsprozeß zur Bildung der PTYPen, also der dynamischen dissipativen Gedankensysteme des lebendigen Denkens. Wie wir wissen, können die intrazerebralen Schranken extern vergegenständlicht werden und als Symbol oder als Artefakt Gegenstand von Kommunikationsprozessen werden. Diese werden dann vom Rezipieneten im Wahrnehmungsprozeß wieder in intrazerebrale Schranken umgewandelt und induzieren die Reproduktion des ursprünglichen Gedanken-Phänotyps in seinem Gehirn. Wenn die in Abschnitt 9.2. beschriebenen Verstehens-Voraussetzungen gegeben sind, ist diese Reproduktion nicht weniger (quasi-)identisch, als die epigenetische Reproduktion der Darwin-Evolution innerhalb der Schranken der Gene. Es gibt hier keinerlei prinzipiellen Unterschied. Aber viele weitere Übereinstimmungen – etwa die perfekte Analogie zwischen Mutation und genetischer Rekombination einerseits und Geistesblitzen, »Erleuchtungen«, neuen Ideen und der Rekombination von Geankenstrukturen verschiedenster Herkunft andererseits. Kurz, all dies läßt es berechtigt erscheinen, in gedanklichen Strukturen eine neue, eigenständige Lebensform zu sehen: Ideen, Konzepte und Theorien sind Lebewesen, die wir als *Noobionten* bezeichnen wollen. Wir bzw. unsere Gehirne leben mit diesen Noobionten in einer symbiotischen Beziehung. Wir spenden den Noobionten »psychische Energie«, indem wir sie von Zeit zu Zeit reaktivieren, um sie dem Tod durch Vergessen zu entreißen, Energie, die sie brauchen, um zu wachsen, d.h. komplexer und evolutiv stabiler, d.h. synerger zu werden, muskuläre Energie zu ihrer symbolischen oder gegenständlichen Externalisierung als Voraussetzung für ihre Fortpflanzung. Im Gegenzug spenden uns die Noobionten Lustenergie: einfache Noobionten spenden primäre Lustenergie: das Wissen um die Herstellung einer Pfeilspitze führt zur Sättigung des Nahrungsantriebs. Komplexere, stabilere, d.h. synergere Noobionten (sekundäre Antriebe) spenden zusätzlich, vorwiegend oder bisweilen ausschließlich sekundäre Lustenergie: intrinsische mentale Funktionslust. Je mehr primäre und/oder sekundäre Lustenergie Noobionten zu erzeugen vermögen, desto fitter sind sie in der Konkurrenz um die psycho-muskuläre Energie des Wirts, damit um ihren Einfluß auf die Verhaltenssteuerung und ihre Reproduktionschancen. Wie auf anderen Ebenen der fraktalen Evolution, gibt es selbstverständlich auch unter Noobionten Parasiten und Krankheitserreger – Noobionten, denen es durch eine maliziöse interne Struktur gelingt, zwar viel Energie abzuziehen, ja ihren Träger richtiggehend zu versklaven, die dafür aber wenig oder keine Lust geben bzw. sogar direkt oder indirekt psychisches und/oder körperliches Leid erzeugen. Und es gibt sogar letale Noobionten: Fundamentalistische Ideologien, für die der Infizierte bereit ist, in den Tod zu gehen, Noobionten, die noogene Depressionen auslösen und ihren Träger in den Selbstmord treiben. Wie wir noch darstellen werden, beruht ein großer Teil aller Neurosen auf dyssynergen kognitiven Strukturen. Diese Neurosen sind also, unter Verwendung eines von Viktor Frankl geprägten Begriffes, als *noogene Neurosen* anzusprechen. Und wieder ein großer Teil dieser noogenen Neurosen kann im vollen Wortsinn als *noogene Infektionskrankheit* verstanden werden.

Die Idee, Darwinsche Evolution und kulturelle Evolution in Analogie zu setzen ist nicht neu (vgl. z.B. Koenig 1970, Dawkins 1978, Csikszentmihalyi 1995). Die in der Literatur vorfindlichen Betrachtungen fokussieren dabei zumeist auf den Formwandel der äußeren menschengemachten Gegenstände bzw. symbolischen Informationsstrukturen, für die sich der auf Richard Dawkins zurückgehende Begriff »Mem« (als kulturelles Analogon zu »Gen«) eingebürgert hat. Mutation ist dabei die Veränderung der Meme durch das Einfließen neuer Ideen, und Selektion wird verstanden als differentielle Bevorzugung dieser varianten Gegenstände bzw. Symbolstrukturen durch den Menschen, z.B. im Kaufverhalten oder im wissenschaftlichen Zitierverhalten. Aus der in diesem Buch gewonnenen Perspektive erscheinen diese Vorstellungen etwas unscharf und unvollständig, insbesondere deshalb, weil nicht explizit zwischen PTYP und GTYP unterschieden wird und der PTYP zumeist völlig aus dem Blick gerät. Das exakte Analogon zum Genotyp sind nicht externe Gegenstands- oder Symbolstrukturen, sondern die intrazerebralen Schrankensysteme. Aber nehmen wir ruhig beides mit in den Mem-Begriff, da ja zwischen extrakorporalen und intracerebralen Schranken durch den Wahrnehmungsprozeß eine Übersetzungsbeziehung hergestellt ist. Wir haben dann zwischen Symbol-Memen (z.B. ein Buch), Artefakt-Memen (z.B. eine Waschmaschine) und den eigentlichen Intrazerebral-Memen zu unterscheiden, die alle drei den GTYP konstituieren.

Und dann: In der Darwin-Evolution evolviert der Phänotyp und entsprechend ist es auch der Phänotyp, an dem die Selektion angreift. In o.g. Darstellungen der Mem-Evolution greift die Selektion aber am GTYP an. Was passiert denn recht eigentlich, wenn eine Kundin z.B. eine bestimmte Waschmaschine kauft? Zu sagen, es wird hier ein Mem, eine bestimmte Waschmaschine selektioniert, heißt, die Dinge spiegelverkehrt zu betrachten und den eigentlich relevanten Prozeß gar nicht zu sehen. Korrekt betrachtet passiert folgendes: Das Artefakt-Mem (die Waschmaschine) und Symbol-Meme (Bedienungsanleitung, technische Daten, Zusatzinformationen vom Verkäufer) führen via Induktion intrazerbraler Schranken (Intrazerbral-Meme) zur Evolution einer entsprechenden Gruppe von PTYPen, d.h. von Noobionten im Gehirn der Wirtin. Diese Noobionten verkörpern ästhetische Wertungen, den Preis in Bezug zum Wissen um die eigene Finanzlage, den Energieverbrauch und die Umweltverträglichkeit in Bezug zum Wertemodell u.a.m. Sie kooperieren miteinander und versuchen in Konkurrenz zu anderen Waschmaschinen-

Noobiontensozietäten, als Gruppe die stabilste Komplexstruktur zu finden, mithin die höchste Gesamtsynergität und das positivste sekundäre Stimmigkeitsgefühl (sekundäre Lustenergie) zu erreichen. Falls sie die Konkurrenz gewinnen und es ihnen gelingt, den Kauf zu erzwingen, haben sie ihre Reproduktionschancen vergrößert: Sie werden durch den Umgang der Wirtin mit der neuen Waschmaschine von nun an oft reaktivert, haben die Chance sich zu stabilisieren und zu wachsen, sie werden oft die Kontrolle über die Effektoren gewinnen und dafür sorgen, daß sie von der Wirtin engagiert kommuniziert und empfohlen werden. Nun besteht die Chance, daß Feundinnen der Wirtin sich die neue Waschmaschine ansehen und vielleicht auch kaufen usw. usf. Die Evolution der Kulturgegenstände ist also lediglich der tote Reflex des eigentlichen Prozesses, der Evolution von memcodierten Noobiontensozietäten in den Köpfen der Menschen. Wir wollen diese faszinierenden Analogie-Betrachungen hier nicht weiter fortsetzen und wieder zu unserer gewohnten Betrachtungsperspektive zurückkehren. (Analogiebetrachtungen? Nein – keine Analogien! Es ist jedesmal wesensmäßig ein und dasselbe: verschiedene Ebenen eines ganzheitlichen fraktal-evolutiven Prozesses.)

All dies sollte nur zeigen: Es gibt nichts Dümmeres, als die Mär von der kalten und toten Rationalität. Es gibt im Gegenteil nichts Heißeres und Lebendigeres, als das Denken. Das Gehirn hat mit einem tobenden Affenzwinger, in dem sich Affencliquen um Bananen balgen wie Noobionten um das Licht des Bewußtseins, viel mehr gemein, als mit den toten Speicherchips eines Computers.

9.6. Die immanente Entfaltungslogik des sekundären Systems: Sinn, Glück und Ego-Dezentrierung; Reinterpretation des Flow-Konzepts (Csikszentmihalyi)

Unter ausreichend förderlichen Bedingungen, insbesondere nach Etablierung positiver Rückkoppelungen (Entstehung sekundärer Antriebe) wird das sekundäre System der sich entwickelnden Persönlichkeit immer komplexer. Dem geht eine zunehmende hierarchische Enkapsulierung parallel, eine Tendenz, die sich mit einer gewissen statistischen Gesetzmäßigkeit aus dem Zusammenwirken sowohl kognitiver als auch emotional-motivationaler Faktoren ergibt. Die Auswirkungen dieses tiefendynamischen Prozesses und seiner immanenten Entfaltungslogik lassen sich nun unter verschiedenen Aspekten an der psychischen Oberfläche betrachten: Streben nach Sinn, Streben nach Glück, Weltweitung und Ego-Dezentrierung.

Das Streben nach Sinn: Wie kaum ein anderer hat der große österreichische Psychiater und Psychotherapeut Viktor E. Frankl (1994) als Begründer der Logotherapie das Bedürfnis nach Sinn in den Mittelpunkt seines Menschenbildes und seines Therapieansatzes gestellt. Im »Willen zum Sinn« sieht er eines der wichtigsten Grundbedürfnisse des Menschen, dessen Nichtbefriedigung zur »existentiellen Frustration« als Voraussetzung einer Vielzahl »noogener Neurosen« führt. Finden und Leben eines Sinns wird so zu einer der Hauptvoraussetzungen für psychische Gesundheit. Nun gibt es ganz sicher keinen einzelnen primären oder umgrenzten sekundären Antrieb als Substrat dieses Sinnbedürfnisses. Vielmehr dürfte es sich um ein resultierendes Komplexphänomen handeln, das sich aus verschiedenen Quellen speist. Dem soll nun zumindest in einigen Grundüberlegungen nachgegangen werden.

1. Kognitive Faktoren: der Wille zum Sinn. In unserer konkret-kognitiven Welt (KKC) tritt uns das Phänomen »Sinn« vorwiegend in seiner praxeologisch-axiologischen Form

entgegen, in der »Sinn« weitgehend synonym mit »Zweck« ist. Unsere gesamte natürliche und artifizielle Lebenswelt ist im Grundsatz hierarchisch strukturiert. Und in einem hierarchischen System definieren sich Sinn und Wert eines Elements über seine Funktion für die jeweils übergeordnete Systemebene. Ferner: Alle Gegenstände, die eines meiner Bedürfnisse erfüllen, die also einen Zweck, eine Funktion für mich haben, sind sinnvoll und wertbesetzt für mich. Und: Die meisten Menschen reflektieren sich in adäquater Rekonstruktion ihrer Umweltbeziehungen als Bestandteil eines Sozialsystems.

So erzeugt das Streben nach kognitiver Kohärenz den Willen zum Sinn: Wenn alles deshalb gut und wertvoll ist, weil es einen Sinn hat, d.h. weil es in einem übergeordneten System eine Funktion erfüllt, dann bin auch ich nur gut und wertvoll, wenn ich einen Sinn habe und eine Funktion in einem übergeordneten System erfülle.

Der reifende dialektische Denker wird freilich weiter fragen: nach dem Sinn des Obersystems des Obersystems usf. und schließlich an die Grenzen unseres Erkenntnisvermögens stoßen: Welchen Zweck erfüllt das Universum? Keinen für uns erkennbaren. Es gibt dann zwei Möglichkeiten: Man kann einen metaphysisch-transzendenten Sinn postulieren (und ihm z.B. in Form eines religiösen Systems Gestalt geben). Oder aber man erkennt, daß dies möglich, aber nicht beweisbar ist, und daß wir im Grunde ein solches Postulat eines transzendenten Sinns auch gar nicht brauchen (Ockham's razor). Es genügt, daß das Leben schön ist, Freude macht, als lebenswert empfunden wird, daß wir es immer wieder staunend als ein unbeschreibliches Wunder erfahren. Bewußtes Erleben in seinen höchsten Formen, seine Erhaltung und Entwicklung wird damit zum Selbstzweck, ist in sich sinnvoll. Dies birgt aber eine Aufgabe, die der einzelne nicht leisten kann. So folgt schließlich wieder, daß man über die autotelische Kultivierung des eigenen Erlebens hinaus seinen vollen Sinn erst erfüllt, als nützliches Mitglied einer sozialen Gemeinschaft, die der Perpetuierung der Evolution des Bewußtseins dient. Der Dialektiker kann also beides nur in Einheit genießen: Das sich selbst genügende Schlemmen allein ist ihm ebenso fad wie auschließlich ein asketisches Dienen am Höheren. Er kann nur wahrhaft genießen in Antizipation dieser Lebensmöglichkeit auch für künftige Generationen und in dem Bewußtsein zur Ermöglichung dessen seinen Beitrag zu leisten. Die o.g. kognitiven Muster sind in dieser oder ähnlicher Form so grundlegend und ubiquitär, daß sie sich im Kernmodell der meisten Menschen sehr tief verwurzelt haben. Auch die Anerkenntnis der Selbstzweckhaftigkeit des Daseins taugt nicht als sophistischer Trick, sich der imperativen Sinnforderung des Gewissens zu entziehen. Letztlich behält Viktor Frankl also recht, wenn er das Gewissen als Organ des Willens zum Sinn begreift.

2. Emotional-motivationale Faktoren: der Drang zum Sinn. »Grundprinzip« unseres psychischen Funktionierens ist der Hedonismus. Wer aber nach Lust strebt, muß Bedürfnisse befriedigen, und Bedürfnisbefriedigung ist nur möglich, wenn zuvor eine Bedürfnisspannung entstanden ist. So folgt aus dem Hedonismus ein *»verallgemeinerter Grundbedarf nach Psychodynamik«*, nach Aufbau und Lösung von Spannungen. Unter den natürlichen Lebensbedingungen unserer Vorfahren war für diesen Grundbedarf immer gesorgt wie auch heute noch in sozialen Notzeiten und Extremsituationen. Das Problem entsteht im sicheren Käfig der modernen Überflußgesellschaft, wo die primären Bedürfnisse bei Auftreten der geringsten Spannung sofort auf höchstem Niveau befriedigt werden können und das Leben auch sonst arm an unvermeidbaren Gefahren und primären Herausforderungen ist (wann hat ein Mann schon mal die wundervolle Gelegenheit, eine Frau oder ein Kind aus einem brennenden Haus zu retten). Überfluß und Sicherheit waren phylogenetisch nicht vorgesehen. Gibt es keine Handlungsnot, hat der

Erwachsene (dessen Spiel- und Explorationsantrieb nicht mehr sponatnaktiv ist) die *starke primäre Tendenz passiv zu sein.* Dies ist phylogenetisch adaptiv, es spart Kraft und Energie, verhindert Verschleiß und vermeidet unnötiges Risiko. Wer einen langweiligen Routinejob verrichtet, arbeitslos ist oder aus anderen Gründen über viel freie Zeit verfügt, zudem wenig oder keine sekundären Bedürfnisse entwickelt hat, gerät in eine *psychodynamische Deprivation,* die als existentielles Vakuum reflektiert und als existentielle Frustration erlebt wird. Nicht selten entläd sich der »aufgestaute Reizhunger« dann explosiv, schlägt existentielle Frustration in existentielle Aggression oder Autoaggression um. Dies ist der psychologische Nährboden, auf dem unter Beteiligung weiterer wichtiger Faktoren eine Vielzahl gesellschaftlicher Phänomene gedeiht: Suchtverhalten, bizarre sexuelle Aberrationen, Kriminalität, Abenteuerliteratur, Horror- und Gewaltfilme, Extremsportarten usw. usf. Apropos ein Kind aus dem Feuer retten. Kürzlich berichteten die Medien von der Überführung eines Brandstifters, der wiederholt in der Nähe seines Heimatortes Feuer gelegt hatte. Es stellte sich heraus, daß der Mann Angehöriger der Freiwilligen Feuerwehr war, und sich dann jeweils selbst mit »Feuereifer« am Löscheinsatz beteiligte. Es ist schon paradox: Weil es unter natürlichen Lebensbedingungen im Übermaß vorhanden ist, sind wir phylogenetisch darauf »programmiert« zu meiden und auszuschalten, was wir andersherum auch wieder in nicht geringem Maße brauchen. Es resultiert eine hochgradige Ambivalenz: Wir meiden Not und Gefahr und wenn uns dies in der Überflußgesellschaft zu lange gelingt, beginnen wir, sie wieder zu suchen.

Das existentielle Vakuum ist nach Frankl zudem jener Raum, in den eine Vielzahl von Neurosen erst hineinwuchern kann. Vor diesem Hintergrund werden weitere merkwürdige Phänomene verständlich. Beispielsweise berichtet Frankl aus authentischer Erfahrung und in Übereinstimmung mit wissenschaftlichen Untersuchungen anderer Autoren, daß in Konzentrationslagern der Suizid unverhältnismäßig selten war. Im Wohlfahrtsstaat nun avanciere er zur zweithäufigsten Todesursache. Frankl zitiert dann Nietzsche: »Wer ein Warum zu leben hat, erträgt fast jedes Wie« (1994, S. 33). Es ist paradox: Man ist auf dem Weg zu einem Ziel. Ist das Ziel erreicht, zeigt sich, daß dieses Ziel für sich wertlos ist, daß der Weg das eigentliche Ziel war. Das Leben ist nur so lange etwas wert, als es ständig neu errungen werden muß. Und das muß es ja auch. Nur, in den wohlhabenden Großgesellschaften tritt diese Notwendigkeit und die Möglichkeit der Teilhabe dem einzelnen nur noch außerordentlich vermittelt entgegen.

In den meisten Fällen jedoch findet auch der sich gesund entwickelnde Bürger der Wohlstandsgesellschaft zum Sinn. Dies hat zum einen in der Entwicklung und Differenzierung sozialbezogener primärer Antriebe und Bedürfnisse seine Grundlage. Ein Teil dieser Antriebe stimuliert eindeutig altruistisches Sozialverhalten, das auf Beistand und Kooperation, auf Schutz und Fürsorge für Nachkommen, Geschlechtspartner und auch andere Gesellungsmitglieder gerichtet ist (vgl. Eibl-Eibesfeldt 1995). So wird also Sinn gefunden in der Liebe zum Partner und den Kindern sowie durch sozialen *Dienst am Mitmenschen.* Zum anderen kann die psychodynamische Deprivation durch Entwicklung und Differenzierung sekundärer Antriebe überwunden werden. Sekundäre Antriebe entstehen aber immer aus der Tätigkeit, und Tätigkeit ist gegenständlich. Differenzierte, synergitätspotente Gegenstände sind weiter dann gesellschaftlich geformte Gegenstände und stehen daher innerhalb sozialer Zweck- und Funktionszusammenhänge. Damit wird nun hier Sinn gefunden durch *Dienst an einer Sache*, an einer gesellschaftlich relevanten Aufgabe. Insbesondere in diesem Zusammenhang tritt der Drang zum Sinn als kreativer

Gestaltungsdrang in Erscheinung. Nun sind es gerade die sekundären Antriebe, die ein unbegrenztes Entfaltungspotential in sich bergen. Unter günstigen soziokulturellen Entwicklungsbedingungen wird der Mensch damit in der Tendenz sekundäre Dominanzmotive, mithin gesellschaftsbezogene Lebensthemen ausbilden. Selbstbezogene primäre Bedürfnisse werden somit tendenziell unter inhaltlich gesellschaftbezogene sekundäre Bedürfnisse hierarchisiert.

In wechselseitiger Förderung steht dies mit jenem grundlegenden, bereits einführend genannten, globaleren tiefenstrukturellen Prozeß: Der hedonistisch »grundprogrammierte« Mensch strebt nach Lust, als sekundär entwickelter Mensch insbesondere auch nach Maximierung der sekundären Lust, nach »Glück« also auf der Basis einer maximalen Gesamtsynergität des sekundären Systems. Wie wir weiter wissen, zeichnen sich synerg strukturierte Systeme u.a. durch einen hohen Hierarchisierungsgrad aus. Im »Durchtesten« verschiedener Grundstrukturierungen des sekundären Systems als Grundlage verschiedener Lebensentwürfe sollte sich somit tendenziell eine stark hierarchisch enkapsulierte Globalstruktur durchsetzen. Die oben dargestellten kognitiven Faktoren bewirken nun zwangsläufig die strukturelle Kanalisierung dieses »Enkapsulierungsdrangs« dahingehend, daß das Selbstmodell in bestimmte Strukturen des Umweltmodells integriert wird (und nicht etwa umgekehrt). Dies ist eine der tiefenstrukturellen Ursachen für jenen an der psychischen Oberfläche erscheinenden Drang des Menschen, sich mit einem größeren Ganzen zu identifizieren, sich diesem ein- und unterzuordnen, für das Bedürfnis, sich aufgehoben zu fühlen in einem größeren Ganzen und eins mit ihm zu werden – und so neben dem Glück auch Sinn zu finden. Natürlich wird dies wieder flankiert von primär-motivationalen Unterstützungsfaktoren: Finden von Schutz und Beistand, das Erlebnis gemeinschaftlichen Handelns, die primäre Disposition, sich charismatisch-dominanten Führerpersönlichkeiten unterzuordnen usw. Welches »Ganze« es nun konkret ist, mit dem sich ein Individuum zu identifizieren vermag, ja ob dies im Einzelfall überhaupt gelingt, ist nun von der Inhaltlichkeit der kognitiven Strukturen sowie von den kognitiven Fähigkeiten des Betreffenden abhängig. So kann eine tiefenstrukturelle Integration und konsekutive subjektive Identifikation erfolgen mit der gesamten Gesellschaft oder auch nur mit gesellschaftlichen Gruppierungen, mit einem fiktiven religiösen Weltbild und den weltlichen Instanzen und Organisationsstrukturen der betreffenden Religion, mit einer Sekte usw. *Sinnsuche und Glücksstreben erweisen sich so jeweils als ein wichtiger kognitiver bzw. emotionaler Aspekt ein und desselben tiefenstrukturellen Prozesses: der hierarchischen Enkapsulierung des sekundären Systems.*

3. Soziale Faktoren: der Zwang zum Sinn. Wie bereits beschrieben, ermöglicht jede Gesellschaft eine bestimmte Zahl mehr oder weniger individuell ausgestaltbarer Individualitätsformen. Nur über diese Individualitätformen kann das Individuum in Austausch mit der Gesellschaft treten. Die Übernahme einer Individualitätsform ist fast immer auch mit der Übernahme von Tätigkeiten oder Teiltätigkeiten verbunden, die man zunächst nur gezwungenermaßen, also extrinsisch motiviert verrichtet. Nicht selten kommt es aber entsprechend des beschriebenen extrinsisch-intrinsischen Zyklus zur Ausbildung entsprechender sekundärer Antriebe, eventuell mit der Folge einer Umstrukturierung der Antriebs- und Bedürfnishierarchie zugunsten sekundärer, sozialbezogener und damit sinnstiftender Motive. Aus einer zunächst parataktischen Austauschbeziehung kann so Integration ins und Identifikation mit dem Sozialsystem entstehen.

So resultieren Sinnbedarf und Sinnfindung als komplexe resultative psychische Phänomene aus einem gleichgerichteten Zusammenwirken kognitiver, emotional-motivationaler und sozialer Faktoren auf der Grundlage der tiefendynamischen Entfaltungslogik des sekundären Systems. Vielleicht lassen sich all diese Faktoren in der hierarchischen Grundstruktur der fraktalen Evolution »letztbegründen«. Und last but not least prägt sich diesen tiefendynamisch-immanenzlogischen Sinnerzeugungsprozessen noch mehr oder weniger stark die primäre und/oder sekundäre Verinnerlichung soziokulturell tradierter Werte und Normen spezifizierend auf.

Wie wir sehen, impliziert Sinnfindung stets ein hohes Maß an Identifikationsvermögen mit einer Person, Gruppe, Gesellschaft bzw. mit einer Sache (unter Einschluß der jeweiligen Negativaspekte). Und dies erfordert, um die Verbindung zum vorvergangenen Abschnitt herzustellen, ein mehr oder weniger hohes Maß an dialektischer Kapazität des Denkens.

Und immer gibt Sinnfindung der Tätigkeit einen dereflektiert-intentionalen Charakter, bewirkt in der Hinwendung auf eine Person oder eine Sache ein Transzendieren des Selbst. Wie Viktor Frankl betont, ist dies in hohem Maße Kennzeichen und Bedingung einer gesunden psychischen Entwicklung: Das Auge beginnt sich erst dann selbst zu sehen, wenn die Linse trübt, wenn es also krank ist. Nicht nur das Auge, unser ganzer psychischer Apparat ist evolutiv entstanden, um *nach außen gerichtetes* Verhalten zu steuern; er ist dementsprechend strukturiert und stellt auch dementsprechende Funktionsbedürfnisse. Darauf wird zurückzukommen sein.

Das Streben nach Glück. Die gemeinsame tiefenstrukturelle Basis von Sinn und Glück wurde oben bereits angedeutet; in den Worten von Frankl: Glück ist eine Nebenwirkung von Sinnerfüllung. Dies ist nicht nur ein theoretisches Konstrukt, es deckt sich mit der Alltagserfahrung und findet sich in den autobiographischen Zeugnissen vieler großer Persönlichkeiten. So schrieb Immanuel Kant: »Das Ausfüllen der Zeit durch planmäßig fortschreitende Beschäftigungen, die einen großen beabsichtigten Zweck zur Folge haben, ist das einzige sichere Mittel, seines Lebens froh und dabei doch auch lebenssatt zu werden« (zit. nach Schmitt 1980). Und John Stuart Mill sagte, er habe verstanden, daß der Mensch, um glücklich zu sein, sich irgend ein Ziel stellen müsse und im Streben danach das Glück erfahren würde, ohne sich darum sorgen zu müssen. Dies sei die »schlaue« Strategie des Glücks und ein psychologisches Gesetz (nach Leontjew 1982, S. 188).

Sehen wir uns das noch einmal genauer an. Sinnstreben produziert einen hohen Grad an hierarchischer Enkapsulierung der Globalstruktur des sekundären Systems, insbesondere eine Hierarchisierung der Antriebe derart, daß gesellschaftsbezogene sekundäre Antriebe zum Dominanzmotiv, zum Lebensthema werden. Per definitionem ist damit die Gesamtsynergität des sekundären Systems höher, mithin sollte der Gesamtlebensvollzug positiver, glücklicher erlebt werden können.

Dies deckt sich mit den Erfahrungen der Alltagspsychologie. Nehmen wir an, Herr F arbeite als Sachbearbeiter in einer Verwaltung. Im Grunde findet er seine Arbeit langweilig und er hat nicht viel Spaß daran. Sagen nicht alle, daß Verwaltungsarbeit das Langweiligste ist, was es auf der Welt gibt? Er empfindet sich als ein kleines Rädchen in einer riesigen Maschine, dem nichts anderes bleibt, als in monotoner Drehung zu funktionieren. Er hat es resigniert aufgegeben, sich für irgendetwas zu engagieren. Es hat ja doch keinen Sinn und man handelt sich nur Nachteile ein. Und überhaupt – sind nicht Zeitungen und Nachrichtensendungen voll von Katastrophenmeldungen? Geht es nicht ohnehin unaufhaltsam zu Ende mit der Welt? (Inzwischen liest Herr F kaum noch Zeitung und interessiert sich zunehmend weniger für Politik und Weltgeschehen.) Herr F arbeitet also überwiegend extrinsisch motiviert, d.h., um das Geld für den Lebensunterhalt zu verdienen. Seine eigentliche Erfüllung findet er bei seinem Hobby (er spielt Fußball in einem örtlichen Sportverein) in der Familie (er liebt seine Frau und seine beiden Kinder) und in der Kultivierung weiterer primärer Bedürfnisse (er liebt gutes Essen und kocht auf beachtlichem Niveau). Bei alledem ist das sekundäre System von Herrn F nicht übermäßig komplex differenziert und nur wenig hierarchisch enkapsuliert. Die Antriebe bilden ein Nebeneinander, das überwiegend durch konkret-kognitive Projektionsbeziehungen und die gemeinsame personale Hülle zusammengehalten wird. Zwischen den Antrieben gibt es kaum inhaltliche Beziehungen, keines der von ihnen generierten Bedürfnisse weist über sich hinaus. Der Job wird erledigt, weil Geld gebraucht wird. Gekocht und gegessen wird, weil es schmeckt und es wird Fußball gespielt, weil es Spaß macht. Das eine hat mit dem anderen nichts zu tun. Im großen und ganzen ist Herr F mit seinem Leben nicht unzufrieden. Aber übermäßig glücklich ist er wohl auch nicht: Die Beziehung zu seiner Frau ist nicht mehr das, was sie einmal war. Irgendwie hat man sich doch sehr aneinander gewöhnt und hat sich nicht mehr allzuviel zu sagen. Und die Kinder? Der Große trinkt in letzter Zeit doch etwas zu viel Alkohol. Irgendwie ist es Herrn F nicht gelungen, seinen Kindern eine starke Vision für ihr Leben und ihre Zukunft mit auf den Weg zu geben. Manchmal beschleicht ihn schon so ein Gefühl der Leere und er fragt sich, wozu das eigentlich alles?

Anders Herr G. Auch Herr G hat als Verwaltungsangestellter seinen Berufsweg begonnen. Auch er hat zwei Kinder, treibt regelmäßig und begeistert Sport und ist zufällig ein ebenso begnadeter Koch wie Herr F. Die Individualitätsformen ähneln sich, die subjektiven Wirklichkeiten hingegen werden grundverschieden erlebt. Noch als Student hatte er ein Schlüsselerlebnis: die Lektüre des Buches »Die Selbstorganisation des Universums« von Erich Jantsch (1979). Von nun an sah er soziale Entwicklungsprozesse als Evolutionsprozesse, die universellen Prinzipien folgen. Er beschäftigte sich intensiv mit Biologie, studierte die Steuerungs- und Regulationsprinzipien natürlicher komplexer Systeme und fragte sich, was man für die verwaltungsmäßige Strukturierung komplexer Sozialsysteme daraus lernen kann. So fand er Anschluß an die aktuellsten, evolutionistisch orientierten Strömungen innerhalb der Organisationsentwicklung und ging der Frage nach, wie man die Erfahrungen des evolutionären Managements in Unternehmen im Bereich der staatlichen Verwaltung nutzbar machen kann. Seither ist Verwaltungswissenschaft für ihn das interessanteste Arbeitsgebiet, das er sich vorstellen kann und eines der zukunftsentscheidenden dazu. Er glaubt, daß das Überleben der Menschheit entscheidend davon abhängen wird, wie es ihr gelingt, den eigenen komplexen Evolutionsprozeß auf indirekte Weise durch die Veränderung von Randbedingungen steuern zu lernen. Er ist überzeugt, daß wir erst am Anfang eines diesbezüglichen Erkenntnisprozesses stehen und daß dieses Projekt gelingen kann. Dies gibt ihm Sinn und Motivation für seine tägliche Arbeit, die ihm viel Freude macht. Er hat eine Menge eigener Ideen zum Thema Verwaltungsreform entwickelt und in einem inzwischen anerkannten Buch publiziert. Auch in seiner Arbeitsumgebung fand das schließlich Resonanz – er hat in den letzen Jahren zunehmend an persönlicher Ausstrahlung und Überzeugungskraft gewonnen. In Zusammenarbeit mit einer Unternehmensberatung wird er im nächsten Jahr eine entsprechende Umstrukturierung seiner Behörde leiten. Anders als Herr F läßt sich Herr G nicht durch die vielen Negativmeldungen in den Medien entmutigen. Als evolutionistisch-dialektischer Denker weiß er um Phänomene wie Nichtlinearität, Schwelleneffekte und Emergenz. Er weiß, daß dies einerseits eine Gefahr ist: Die Biosphäre kann eines Tages umkippen, wie ein Gewässer. Andererseits ist es eine Chance: Man kann eben auch die Negativentwicklungen unserer Tage nicht einfach linear extrapolieren. Es kann jederzeit zu Innovationen kommen, die die Situation radikal verändern, auch zum Positiven. So sieht er in der Entwicklung der neuen Informationstechnologien riesige Chancen. Die Gesellschaft, in der Herr G lebt, hält er für entwicklungsfähig und entwicklungswürdig; er kann sich mit ihr identifizieren und engagiert sich entsprechend gesellschaftspolitisch.

Im Unterschied zum Pessimismus des Herrn F ist dieser Optimismus von Herrn G nicht so sehr eine Frage des Charakters und der Mentalität – er ist wesentlich ein *noogener Optimismus*, ein Optimismus, der einer Verinnerlichung adäquaterer kognitiver Strukturen entspringt. So ist bei Herrn G ein kohärentes evolutionistisches Weltbild entstanden, in das sich sein Selbstbild einschließlich seiner Bedürfnisse synerg einfügt. Dominanzmotiv und Lebensthema ist der auf seine Arbeit bezogene sekundäre Antrieb, dem sich alle anderen primären und sekundären Antriebe und Bedürfnisse unterordnen. Sekundäres System und Kernmodell von Herrn G sind somit stark differenziert, hochkomplex und ausgeprägt hierarchisch enkapsuliert. Sie sind damit außerordentlich synerg und Quelle einer reichen und starken positiven sekundären Emotionalität. Die adäquate Rekonstruktion der funktionellen Beziehungen zwischen den Komponenten des Selbst und der biosozialen Umwelt sowie die hochgradige Kongruenz zwischen den sozialen Zwängen der Individualitätsform von Herrn G und der Hierarchie seiner Bedürfnisse ermöglichen einen hochsynergen Gesamtlebensvollzug. Insbesondere entstehen inhaltliche und erlebensmäßige Synergien zwischen den verschiedenen Bedürfnissen und den sich daraus ableitenden Tätigkeiten. Herr G macht seinen Job nicht nur um Geld zu verdienen, sondern um sich selbst zu verwirklichen; aber auch, um seinen Kindern eine bessere Welt mit mehr Zukunft zu hinterlassen. Er freut sich über neu gewonnene Erkenntnisse und Einsichten, weil sie ihn seinen Job besser machen lassen, aber auch weil er sie seinen Kindern mit auf den Weg geben kann, auf das sie auch ihnen bei der Lebensgestaltung helfen mögen. Er erzieht seine Kinder nicht nur, weil er sie primär liebt, sondern auch, damit in ihnen seine Ideen und Werte weiterleben und durch sie weiter wirksam sind. Die Beziehung zu seiner Frau, die sich sehr für seine Probleme interessiert, erlebt er als sehr bereichernd; sie entwickeln und verändern sich beide und sind immer wieder interessant füreinander. Wenn Herr G speist, schmeckt ihm nicht nur das Essen, es klingt der erfolgreiche Schaffenstag nach und verschmilzt mit der Vorfreude auf den nächsten. Er treibt Sport nicht nur um der Bewegungsfreude willen, sondern um sich gesund und fit zu halten für seine Lebensaufgabe. Wenn er einen Waldlauf macht, empfindet er sich intensiver denn je als Teil der Natur; das Laufen läßt symbolisch seinen ganzen Lebensentwurf mitschwingen: ausdauerndes Streben auf ein Ziel hin. Kurz: Das Kernmodell von Herrn G ist so hochgradig synerg integriert, daß es bei jeder Tätigkeit zu großen Teilen latent mitaktiviert wird und so einen positiven ganzheitlichen sekundär-emotionalen Erlebenshintergrund schafft. Jede Tätigkeit speist sich damit mehr oder weniger aus der motivationalen Gesamtkraft des Kernmodells. Alle Tätigkeiten stehen in einer wechselseitig förderlichen inhaltlichen Beziehung zueinander, was intuitiv in der Tätigkeit erfahren wird und stark zusätzlich stimuliert. Alles steigert sich im Erleben wechselseitig zu einem Gefühl der inneren Harmonie, des Glücks und der Erfüllung. Herr G kann nichts tun, ohne dies als Beitrag zur Kontinuität seiner Selbstverwirklichung ganzheitlich zu erfahren. Seine primären Lebensvollzüge wie Nahrungsaufnahme, Sexualität usw. sind somit sekundär aufgehoben und erreichen so ihre wahrhaft menschliche Qualität. Herr G hält sich für einen sehr glücklichen Menschen. Oft, manchmal mehrfach am Tage, hat er intensive Arbeitsphasen, in denen er voll aufgeht, Zeit und Raum vergessend. Diese Phasen entsprechen exakt dem, was der amerikanische Psychologe Csikszentmihalyi als Flow-Erlebnisse (s.u.) bezeichnet – Herr G hat kürzlich eines seiner Bücher gelesen. Aber auch die ruhigen und besinnlichen Stunden des Tages sind getragen von einem Gefühl tiefer Zufriedenheit und Harmonie, insbesondere deshalb, weil im Moment alles darauf hindeutet, daß die Lebensplanung realistisch ist und in allem Gegenwärtigen der Verwirklichungsprozeß der wichtigsten Lebensziele gesehen werden kann. Vergangenheit, Gegenwart und antizipierte Zukunft der eigenen Entwicklung werden also als sinnvolle und notwendige Einheit erfahren.

An diesem wieder sehr vereinfachten und idealtypischen Beispiel wird deutlich, daß man »Glück« im Rahmen der Psychosynergetik definieren kann als Lebenstätigkeit unter den Bedingungen einer hohen und sich ständig erhöhenden Gesamtsynergität bei Antizipation weiterer Möglichkeiten der Synergitätserhöhung sowie bei möglichst guten Bedingungen der primären Bedürfnisbefriedigung. Glück ist also kein für alle Zeit erreichbarer statischer Zustand, sondern ein immer wieder neu in Fluß zu bringender Prozeß, der Prozeß einer inneren Evolution, die beständig komplexer und stabiler wird. Die Ausrichtung des Lebens auf ein definiertes, gesellschaftlich nützliches Ziel führt dabei zu einer hierarchischen Enkapsulierung der inneren Strukturen, die vielfältige Synergien ermöglicht. Das führende und ausschlaggebende beim Glücksempfinden ist die sekundäre Emotionalität. Möglichkeiten zur Befriedigung primärer Bedürfnisse steigern das Glück, müssen aber nur in einem Mindestmaß gegeben sein, das über lange Zeiträume erstaunlich gering sein kann. Diese relative Unabhängigkeit des Glücksgefühls von Reichtum und Konsumniveau ist von vielen Studien belegt worden (vgl. Csikszentmihalyi 1993). Ja es kann sogar »primäres Unglück« in »sekundärem Glück« aufgehoben werden: Auch kranke Menschen, die vielleicht Schmerzen zu erdulden haben, können glücklich sein.

Weiterhin zeigt sich in Verbindung mit dem vorigen Abschnitt: In der Tendenz müßte der auf das »Glücklichwerden« gerichtete Selbstorganisationsprozeß einer sich geistig entwickelnden Persönlichkeit im »Durchtesten« verschiedener Kernmodell-Strukturen dazu neigen, gesellschaftlich nützliche Motive als Dominanzmotive zu setzen. *»Sekundärer Hedonismus« ist aus einer »intrinsischen Logik« der kognitiven Entwicklung heraus potentieller Altruismus.* Primärer Egoismus kann in sekundärem Altruismus aufgehoben werden – wenn es einen solchen puren primären Gen-Egoismus überhaupt gibt; wie dargestellt, existieren sehr wohl auch primäre altruistische Verhaltensdispositionen. Dies sei mit Blick auf gewisse Tendenzen z.B. im Rahmen der Soziobiolgie noch kurz angemerkt, die den Menschen zur »Überlebensmaschine« seiner »egoistischen Gene« (Dawkins 1978) degradieren. Er ist ebensosehr die Überlebensmaschine seiner Meme und es gibt viele evolutiv sehr stabile Meme (bzw. Noobionten), die sagen: »Du sollst nützlich für das Gemeinwesen sein!«. Es handelt sich hierbei weder um ein bloßes theoretisches Konstrukt noch um normatives Wunschdenken. Eine Vielzahl von Forschern, angefangen bei Maslow und Kohlberg bis hin zu Loevinger oder Fowler haben diesen Trend zu »sekundärem Altruismus« z.T. in umfangreichen empirischen Studien als eine objektive Tendenz in der Persönlichkeitsentwicklung ausgewiesen.

Es ist dies der passende Ort, um auf die wichtigen Arbeiten des bekannten amerikanischen Psychologen Mihaly Csikszentmihalyi von der Universität Chicago einzugehen (Csikszentmihalyi 1991, 1993, 1995, 1996), der seit nunmehr 30 Jahren das Phänomen

»Glück« wissenschaftlich untersucht. Analog unserer eigenen Ausgangsfragestellung aus Abschnitt 2.2. fragt Csikszentmihalyi in bezug auf das breite Spektrum freudvoller Tätigkeiten: »Warum machen diese Sachen Spaß? Geht man dieser Frage nach, stellt man merkwürdigerweise fest, daß solche erfreulichen Aktivitäten trotz ihrer ungeheuren Vielfalt einige Gemeinsamkeiten aufweisen« (1995, S. 9). Diesen Gemeinsamkeiten spürte Csikszentmihalyi nach und wertete zu diesem Zweck mehr als 100.000 Erlebnisprotokolle aus, die mit einer eigens zu diesem Zweck entwickelten Technik erstellt wurden. In diese Befragungen wurden die unterschiedlichsten Berufsgruppen von der Bäuerin bis zum Chirurgen, die unterschiedlichsten Freizeitaktivitäten vom Langstreckenschwimmen bis zum Bergsteigen, Menschen jeden Alters, jeden Geschlechts, Angehörige der unterschiedlichsten sozialen Schichten und Kulturkreise einbezogen. Von all diesen Menschen wurden die Momente der *optimalen Erfahrung* in sehr ähnlicher Weise beschrieben. Csikszentmihalyi prägt für diese Prozesse der optimalen Erfahrung den Begriff *»flow«* und faßt den Extrakt seiner vergleichenden Analysen in den folgenden acht Kriterien zusammen (1995, S. 235):

1. Klare Ziele: Es gibt ein genau definiertes Ziel, eine unmittelbare Rückmeldung; man weiß sofort, wie erfolgreich man handelt.
2. Die Möglichkeiten zu einem entschiedenen Handeln sind relativ groß und entsprechen der subjektiv empfundenen Handlungsfähigkeit. Mit anderen Worten: Die individuellen Fähigkeiten passen gut zu den gegebenen Herausforderungen.
3. Handeln und Bewußtsein verschmelzen; geschärfte Aufmerksamkeit.
4. Konzentration auf die anstehende Aufgabe; unwichtige Reize verschwinden aus dem Bewußtsein, Sorgen und Probleme werden vorübergehend ausgeschaltet.
5. Ein Gefühl potentieller Kontrolle.
6. Selbstversunkenheit; Überschreitung der eigenen Grenzen; das Gefühl, zu wachsen und Teil eines größeren Ganzen zu werden.
7. Ein verändertes Zeitgefühl; die Zeit scheint schneller zu vergehen.
8. Autotelisches Erleben: Wenn mehrere der oben beschriebenen Voraussetzungen erfüllt sind, wird das Handeln autotelisch, d.h., man geht der Beschäftigung um ihrer selbst willen nach.

Was läßt sich aus Sicht der Psychosynergetik zu dieser Flow-Konzeption sagen? Im wesentlichen gibt es zwei Hauptkritikpunkte. Zum Ersten: Um o.g. Frage, warum bestimmte Aktivitäten Spaß machen, beantworten zu können, muß man die objektive Struktur des Tätigkeitsprozesses erfassen, wie dies mit dem Synergitätskonzept versucht wurde. Csikszentmihalyi hingegen fokussiert mit seinen Kriterien 3 bis 8 lediglich auf subjektive Erlebensphänomene. Auf die Frage, warum etwas Spaß macht, antwortet er also mit einer Beschreibung des spaßvollen Erlebens. Und dies ist eben keine Antwort. Flow-Kriterium 2, also das subjektive Gefühl, der Herausforderung gewachsen zu sein, ist im Grunde redundant, da es in Kriterium 5, also dem Gefühl potentieller Handlungskontrolle aufgehoben ist. Das einzige Kriterium, in dem man eine strukturelle Eigenschaft des Tätigkeitsprozesses erkennen kann, und das von Csikszentmihalyi auch so gehandhabt wird, ist Kriterium 1: die Zerlegbarkeit des Tätigkeitsprozesses in Teilziele und eine (positive) Rückmeldung über die Zielerreichung. Aus Sicht der Psychosynergetik handelt es sich bei diesem Kriterium um eine wichtige makroskopische Realisierungsform von Synergität auf einer bereits relativ hoch integrierten Beschreibungsebene von Tätigkeit: Wenn vor allem bei pragmatischer Tätigkeitseinstellung Erwartungsmodelle gebildet werden und die aktualgenetischen dynamischen Tätigkeitsmuster »reibungslos« und wechselseitig stabilisierend in die Schranken dieser Erwartungsmodelle »einlaufen«, resultiert für den Gesamtprozeß ein Zuwachs an Komplexität und Stabilität, mithin an Synergität. Aber diese Zielkongruenz ist eben nur ein Spezialfall von Synergität, der nicht immer verwirklicht ist. Wenn ich ein zuvor nie gehörtes Musikwerk genieße, sind die Begriffe Handlungsziel/Erfolgsrückmeldung eben keine geeigneten Instrumente zur Beschreibung dieses Tätigkeits- und Erlebensprozesses. Gleiches gilt für das unmittelbare Erleben kreativer Akte, wo erst mit Zeitverzögerung im KKC geprüft wird, ob bestimmte Zweck- und Zielkriterien erfüllt sind, wenn solche Kriterien überhaupt vorliegen. Csikszentmihalyi sieht diese Probleme, seine Lösungsversuche können allerdings nicht überzeugen. Zum zweiten: Csikszentmihalyi differenziert nicht zwischen primärer und sekundärer Emotionalität. So muß er aus Gründen der theoretischen Konsistenz versuchen, auch primäres Erleben wie etwa das Essen nach dem Muster von Flow-Erfahrungen zu strukturieren. Nun mag das Erleben eines kultivierten Abendessens durch viele synerge Begleitumstände gesteigert werden können; der Hauptgenuß freilich resultiert immer aus dem Geschmack der Nahrung und dies ist eben etwas fundamental anderes als das Hamonieempfinden beim Tanz.

Gleichwohl – von solchen Ausnahmefällen abgesehen sind die von Csikszentmihalyi beschriebenen Flow-Phänomene mit den in diesem Buch beschriebenen Synergitätsphänomenen identisch und mindestens intuitiv steht Csikszentmihalyi dem Denken der Psychosynergetik sehr nahe. Dies mögen einige willkürlich herausgegriffene unkommentierte Zitate belegen: »...*flow*. Dieses kurze Wort beschreibt recht gut das Gefühl scheinbar müheloser Bewegung ... Der Zweck dieses Fließens ist, im Fließen zu bleiben, ... aufwärts klettert man nur, um den *flow* in Gang zu halten ... arbeitet das Bewußtsein geschmeidig; nahtlos folgen die Tätigkeiten aufeinander« (1993, S. 80–81). »Gelehrte oder Debattierer gewinnen oft ähnliche Befriedigung, wenn die Züge in ihrem Argumentationsstrang glatt zueinander passen und das gewünschte Ergebnis haben« (ebd. S. 83). »Die Philosophie und die Wissenschaften wurden erfunden und blühten auf, weil Denken angenehm ist. Wenn Denker nicht das Gefühl von Ordnung genössen, das die Benutzung von Syllogismen und Zahlen im Bewußtsein schafft, hätten wir heute wohl kaum die Disziplinen der Mathematik und der Physik« (ebd. S. 169). »... gehören zum normalen Geisteszustand unerwartete, häufige Episoden von Entropie, die den glatten Fluß psychischer Energie stören. Das ist ein Grund, warum *flow* die Qualität der Erfahrung auf eine neue Stufe hebt: die deutlich strukturierten Ansprüche der Aktivität schaffen Ordnung und verhinderen den störenden Einfluß von Unordnung im Bewußtsein« (ebd. S. 86). Nach Csikszentmihalyi erhöhen so *flow*-Erlebnisse die psychische Komplexität des Subjekts. Gelegentlich verwendet er auch – freilich in sehr globalem Sinne – den Begriff der dissipativen Struktur. Insgesamt zeigt sich, daß die Psychosynergetik ein geeignetes theoretisches Instrumentarium zur Verfügung stellt, um die Konzepte und empirischen Resultate Csikszentmihalyis adäquat zu interpretieren. Umgekehrt kann man die Flow-Untersuchungen als empirische Bestätigung auch des Synergitätskonzeptes lesen.

Auch Csikszentmihalyi wendet sich entschieden gegen antirationalistische Tendenzen, die das spontane Gefühl über den Verstand stellen und zur letzten Autorität erheben. Er argumentiert gegen jene modische Haltung, daß alles, was sich »gut anfühlt«, was natürlich und spontan ist, auch unter allen Umständen gut und richtig ist. Demgegenüber betont er auch unter Bezugnahme auf die Erfahrungen anderer Kulturen den Stellenwert von vernunftgeleiteter Selbstdisziplin und Selbstkontrolle: »Doch was immer die Mode diktiert, es scheint, daß Menschen, die sich die Mühe geben, das zu steuern, was im Bewußtsein geschieht, ein glücklicheres Leben führen« (ebd. S. 41).

Ferner macht er auf einen paradoxen Befund aufmerksam, der sich in seinen Untersuchungen immer wieder bestätigte. Einerseits macht der berufstätige Durchschnittserwachsene in den USA während seiner Arbeitszeit dreimal so viele *flow*-Erfahrungen wie in seiner Freizeit. Andererseits wünschen sich dieselben Menschen mehr Freizeit und gehen in diesem Zeitraum überwiegend passiven Beschäftigungen nach (z.B. Fernsehen), die keinen *flow* vermitteln und als unbefriedigend erlebt werden. Wie kann man dieses *»Paradox der Arbeit«*, wie Csikszentmihalyi dies nennt, erklären? Zum einen setzt das Ausführen von flow-Aktivitäten in der Freizeit das Vorhandensein sekundärer Antriebe voraus, deren Entwicklung bestimmte stimulierende soziokulturelle Bedingungen zur Voraussetzung hat, die leider nicht in ausreichend breitem Maße gegeben sind. Aber selbst wenn sekundäre Antriebe und Bedürfnisse entwickelt sind, entsteht ein Problem, das wir *»Problem der sekundären Initialaktivierung«* nennen können. Um einem sekundären Antrieb Funktionslust, positive sekundäre Emotionen bzw. *flow* zu entlocken, ist ein sehr hohes Aktivitätsniveau, oft sogar ein nicht unbeträchtliches Maß an Anstrengung erforderlich. Andererseits hatten wir oben begründet, daß der Erwachsene phylogenetisch darauf »programmiert« ist, ohne unmittelbare Handlungszwänge passiv zu sein, um Energie zu sparen. Diesen »Aktivierungssprung« zu leisten, ist unter »Freizeitbedingungen« ein schwerwiegendes psychologisches Problem. Er gelingt nur als Willenshandlung auf der Basis einer kognitiven Projektion sekundärer Bedürfnisse, was ein gewisses Maß an Einsicht und Selbstdisziplin voraussetzt. Und diese kognitive Bedürfnisprojektion wird noch dadurch erschwert, daß nur selten *mit Sicherheit* das Erreichen von flow antizipiert werden kann. Ebensogut können Störungen und Dyssynergitäten auftreten, die zu einem negativen Erlebnis führen – Evolutionsprozesse sind eben nicht sicher prognostizierbar. Um der Vollständigkeit willen sei angemerkt, daß dieses Problem der sekundären Initialaktivierung natürlich nicht immer auftritt. Ist man bereits auf einem hohen Aktivierungsniveau, hat man eine bestimmte synerge Aktivität lange nicht ausgeübt oder ist der Antrieb sehr stark und gut eingeübt (z.B. ein geübter Klavierspieler) kommt es, wie besprochen, auch zu sekundären Appetenzen.

Weltweitung und Ego-Dezentrierung wollen wir einen weiteren wichtigen Oberflächenaspekt von Komplexitätszunahme und hierarchischer Enkapsulierung des sekundären Systems nennen, der oben beschriebene Glücks- und Sinnfindungsprozesse begleitet. Was damit gemeint ist, wird sehr schön in den folgenden Worten des berühmten englischen Philosophen Bertrand Russel deutlich, mit denen er bescheibt, wie er zu persönlichem Glück fand: »Ich lernte allmählich, gleichgültig gegenüber mir selbst und meinen Mängeln zu werden. Ich konzentrierte meine Aufmerksamkeit immer mehr auf äußere Objekte: den Zustand der Welt, die verschiedenen Wissenszweige, Individuen, denen gegenüber ich Zuneigung empfand« (zit. nach Merser 1987, S. 147). Je weiter kognitiv ausgreifend und komplex die Welt intern rekonstruiert wird, desto weniger raumfüllend, zentral und wichtig wird das Selbstmodell, das »strukturale Ich« im Gesamt des sekundären Systems. Diese Weltweitung und Ego-Dezentrierung ist eine entscheidende tiefenstrukturelle Voraussetzung für die Fähigkeit zur Selbstdistanzierung, Selbstrelativierung und Selbstironisierung als wichtige Kondition einer gesunden psychischen Entwicklung. Und wieder ist – für die in diesem Zusammenhang geforderte humoristische Akzeptanz der eigenen Fehler und Schwächen – ein gerüttelt Maß an dialektischer Kapazität notwendig.

9.7. Wenn hyperstabile Ordner Schranken durchbrechen: Trance, Epilepsie, Synästhesie und Meditation

Es gibt Menschen, für die »Glück« synonym ist mit veränderten – sie sagen: erweiterten – Bewußtseinszuständen in Trance und Meditation. Um das Wesen dieser Phänomene verstehen zu können, müssen wir zunächst etwas ausholen. Wir hatten dargestellt, wie primitivste, synaptisch-reflexhaft organisierte Nervensysteme im Laufe der Evolution Inseln mit freier und schneller episynaptischer Dynamik integrieren, die allmählich immer größer werden. Das intrinsische Selbstorganisations- und Autoregulationsvermögen dissipativer Dynamik wird so in den Dienst des Organismus genommen, der nunmehr in der Lage ist, mit hoher Geschwindigkeit kreativ und adaptiv auf Umweltveränderungen zu reagieren. Damit sind einerseits Eigengesetzlichkeit und intrinsische Stabilität der Dynamik eine Voraussetzung zur Erfüllung o.g. Funktion. Andererseits macht diese Funktion aber nur dann einen Sinn, wenn das Nervensystem als Ganzes bestimmte Umweltgegebenheiten in einem Mindestmaß selektiv und partiell abzubilden vermag (auf der Basis eines Schranken-Transfers von außen nach innen, die zu bestimmten transphänomenalen Entitäten strukturisomorph sind). Dazu muß die Dynamik durch ein kompliziertes System konservativer und dynamischer Schranken mit vielen Hierarchieebenen in eine definierte, hochdifferenzierte Struktur gezwungen werden und bestimmten strukturellen Transformationsregeln mit einer gewissen Konstanz gehorchen. Das ist ein Widerspruch, der permanent als Kompromiß ausbalanciert werden muß. Die Schrankenforderungen drängen auf Abbildung, Differenzierung, Anpassung und Integration; die Eigengesetzlicheit der Dynamik hingegen drängt auf Konstruktion, entdifferenzierende Vereinfachung und Autonomie. Nicht immer gelingt das Ausbalancieren dieses Kompromisses im Sinne einer optimalen Angepaßtheit. Bisweilen schlägt die Eigendynamik zu stark durch, die dynamischen Schemata widerstreben den Schrankensetzungen z.B. durch die übergeordnete Steuerungsinstanz, und es resultiert ein situationsinadäquates Verhalten. Bei der Besprechung von Tätigkeitsprozessen in Motorik, Wahrnehmung und Denken hatten wir ausdrücklich auf Konkurrenzphänomene zwischen dynamischen Selbstordnungstendenzen und Objektanpassung hingewiesen. Die Gestaltpsychologen gebrauchten in diesem Zusammenhang den Terminus »innerer Gestaltdruck«. Jüngst sind diese Phänomene auch im Rahmen eines modernen experimentellen Settings nachgewiesen und synergetisch modelliert worden (Kelso & de Guzman 1988).

Jeder Trainer weiß, daß einmal in einen eingeschliffenen Bewegungsablauf integrierte Fehler nur äußerst schwer zu korrigieren sind (es muß gewissermaßen die »versklavende Macht« eines stabilen Ordners gebrochen werden). Bestimmte Bewegungsabläufe, die den dynamischen Gesetzen zuwiderlaufen, können nur schwer oder gar nicht gelernt werden, etwa das Bewegen der Beine in unterschiedlichem Takt oder das gleichzeitige Achtel- und Triolenspielen auf dem Klavier. Im Bereich der Wahrnehmung begegnen wir vielfältigen optischen Täuschungen. Bei ungleichgewichtigen Kippbildern kann es vorkommen, daß eine bestimmte Interpretation auch bei größter Anstrengung nicht realisiert werden kann. Genau genommen charakterisiert dies die Situation eines jeden Wahrnehmungsaktes: Eine unendliche Zahl möglicher Interpretationen bleibt unrealisiert. Wir haben es hier mit der *Elementarform der Verdrängung* zu tun. Gedanken- und Theoriesysteme streben immer nach möglichst großer Geschlossenheit, Stabilität, Symmetrie und Prägnanz. Menschliches Denken ist aus seiner Eigengesetzlichkeit heraus bemüht, heterogenste Problemfelder möglichst einfach nach einem oder wenigen Prinzipien zu strukturieren – man denke etwa an die beharrlichen Versuche, die klassische Newtonsche Mechanik zum universalen Weltgesetz zu machen oder an das Bemühen Einsteins, alle Gesetze der Physik in einer einheitlichen Feldtheorie zu kondensieren. Die sich hieraus ergebenden Konsequenzen müssen nicht immer realitätsadäquat sein, insbesondere dann, wenn das Denken zunehmend abstrakter wird und sich die Rückmeldungen aus der Praxis immer vermittelter gestalten. Die all dem zugrunde liegenden Prozesse vollziehen sich auf zwei Ebenen: auf der unbewußten Ebene der elementaren Generatordynamik einerseits und auf der komplexeren von KKC und AEC regulierten Bewußtseinsebene andererseits. Hier setzt der KKC nun die Tendenz »Abbildung/anpassende Differenzierung/Integration« durch, während sich über den AEC die Tendenz »Konstruktion/stabilisierende Vereinfachung/Autonomie« Gehör verschafft. Die »Verdrängung« nicht in ein bestimmtes prägnantes Gesamtbild passender Aspekte der Realität realisiert sich auf dieser Ebene nun als Abwehr negativer sekundärer Emotionen. Wenn man jene später noch zu besprechenden kognitiven Prozesse, die der Abwehr negativer primärer Emotionen dienen, als primäre Verdrängung bezeichnet, kann man das hier in Rede stehende *sekundäre Verdrängung* nennen. Mit zunehmender Alterung werden diese dynamischen Verdrängungen, wie bereits besprochen, verstärkt und überlagert durch das »Starrerwerden« des sekundären Systems infolge der Komplexitätszunahme. Dies ist dann also nicht mehr ein »Pferdefuß« des dissipativen Prinzips allein, sondern betrifft das Gesamtsystem des mentalen Modells als Zueinander von dissipativem Prinzip und konservativem Prinzip (Gedächtnisstrukturen) im Sinne einer psychostrukturellen Alterung.

Bisher hatten wir die einzelnen Tätigkeitsmodi (Motorik, Wahrnehmung, Denken) mehr oder weniger isoliert betrachtet und lediglich auf ihre enge funktionelle und anatomische Vermaschung hingewiesen, um die Möglichkeit einer übergreifenden Sensibilität des im Rahmen des motorischen Lernens entstandenen PRM/SBS plausibel zu machen. Es zeigt sich aber, daß darüber hinaus auch die intramodalen geordneten Prozesse selbst die Tendenz zu systemübergreifender, sozusagen supramodaler Komplexitätserhöhung zeigen. *Man kann sich das so vorstellen, daß ein in einem System entstandener stabiler Ordner sich systemübergreifend ausweitet und auch andere Systeme versklavt, d.h. ihnen seine Ordnungscharakteristik aufzwingt.*

Bereits Werner (1919) hat gezeigt, daß sich motorische, akustische, taktile und optische Rhythmen wechselseitig beeinflussen. Zufolge umfangreicher Untersuchungen von Rainer Sinz (1978, 1980) steigert harmonische, regelmäßig-rhythmische Musik den Synchronisationsgrad zentralnervöser, vegetativer und motorischer Körperrhythmen. Das Hören rhythmisch betonter Musik läßt einen Drang entstehen, sich nach dieser Musik zu bewegen. Die Bewegungen sind dabei mit verschiedenen Elementen der Musik synchronisiert, besonders mit dem musikalischen Puls oder mit Betonungen (Phrasierung) (Fraisse 1966). Oftmals wird dies noch durch synchrone optische Signale verstärkt, z.B. bei einer Disco-Lasershow, so daß sich mindestens akustische, motorische, visuelle, taktile und vegetative Systeme nach einem äußeren Taktgeber synchronisieren und eine übergreifende, »supramodale«, dissipative Struktur ausbilden. Bei Tanzveranstaltungen oder kollektiven Meditationen, beim Marschieren nach Marschmusik oder wenn Arbeitslieder bzw. Grabstockschellen (bei Naturvölkern) die Bewegungen mehrerer Arbeiter synchronisieren, kann man sogar vom Entstehen überindividueller, kollektiver dissipativer Strukturen sprechen. Wie inzwischen experimentell gezeigt ist, folgen auch derartige interpersonale Koordinationen durch akustische und/oder visuelle Kopplung exakt den Voraussagen der Theorie der Nichtgleichgewichts-Phasenübergänge und dem Haken-Kelso-Bunz-Modell (vgl. Kelso 1995). Vom Menschen werden diese »transpersonalen« Synchronisationszustände von jeher immer wieder erstrebt. Zum einen kann dies Stabilität, Koordination und Effizienz bestimmter Tätigkeiten erhöhen, was bei traditioneller Arbeit eine wichtige Rolle spielt – man denke an den Doppelhammerschlag zweier singender Schmiede. Einschränkend muß hier freilich angefügt werden, daß dieser Stabilitätsgewinn durch supramodale bzw. tanspersonale Synchronisation durch einen Verlust an intramodaler bzw. personaler Flexibilität bei differenzierender Adaptation erkauft wird. Noch wichtiger ist aber wohl die z.T. erhebliche Steigerung des tätigkeitsbegleitenden Lustempfindens. Aufgrund einer massiven Erhöhung von Komplexität (v.a. Erhöhung des Faktors »Quantität« in unserer »Faustformel«) und Stabilität der tätigkeitstragenden neuronalen dissipativen Prozesse wird das SBS maximal stimuliert.

Dies kann sich bis zu Hysterie, Ekstase oder Trancezuständen steigern. Besonders stark tranceinduzierende Musik, wie sie auch im Rahmen schamanistischer Prozeduren verwendet wird, zeichnet sich u.a. durch Rhythmusbetonung, eine gewisse Monotonie, Regelmäßigkeit und tiefe Frequenzen aus (Brandl 1985). In unserem Kulturkreis kommen dem etwa die »Magical Mystery Tour« von den Beatles (unter Drogenwirkung entstanden), die Kompositionen von Olivier Messiaen und der »Bolero« von Maurice Ravel nahe, eben jenes Werk, welches in den o.g. Versuchen von Sinz die stärkste Erhöhung des Kopplungsgrades der Körperryhthmen bewirkte. Diese Musikeigenschaften haben offenbar eine besonders synchronisationsfördernde Wirkung auf das ZNS.

Von vielen Autoren wird die starke Analogie zwischen Trancezuständen und epileptischen Anfällen sowohl im klinischen Erscheinungsbild als auch in den EEG-Befunden festgestellt (Sinz 1978). Abb. 9.4 zeigt in a das EEG bei normaler Gehirnfunktion und in b bei einem epileptischen Anfall. Die im Anfall stark erhöhte Schwingungsamplitude resultiert bekanntlich aus pathologischen Hypersynchronisationen von Neuronenpopulationen. Johnston (1977) berichtet, daß durch tranceinduzierende Musik visuelle Muster ausgelöst werden, wie sie auch im LSD- und Meskalinrausch auftreten. Abb. 9.5 zeigt links solche drogen-induzierten Muster. Sie entstammen einer Arbeit des Biomathematikers Jack Cowan (nach Haken 1985). Cowan hatte für die Beziehung zwischen Retina und Neocortex eine mathematische Abbildungsfunktion ermittelt, nach der die kreisförmige Retina auf ein rechteckiges Gebiet im Gehirn abgebildet wird. Abb. 9.5 rechts zeigt

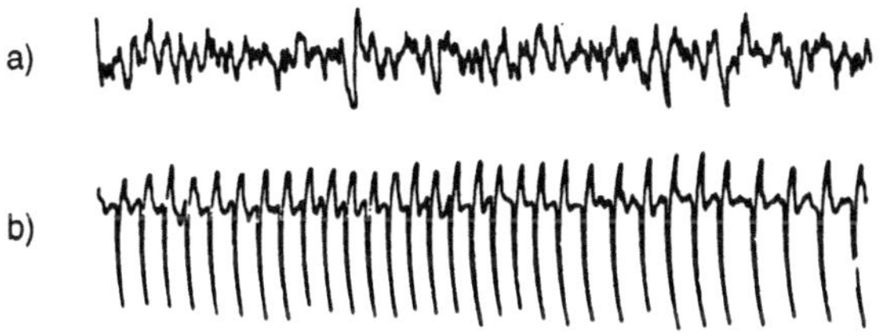

Abb. 9.4 (aus Haken u.a. 1989) Erläuterungen im Text
Abb. 9.5 (aus Haken u.a. 1989) Erläuterungen im Text

nun jene Musterbildungen, die aus den phänomenalen Mustern nach dieser Abbildungsfunktion für den Neocortex berechnet wurden. Die Bilder, die man bei derartigen Halluzinationen »sieht«, entsprechen also Streifenmustern im Neocortex, die lediglich verschieden orientiert sind. Cowan ist es sogar gelungen, auch kompliziertere Wahrnehmungen bei Halluzinationen auf ihre ursprünglichen Hirnmuster zurückzuführen, diesmal auf die uns ebenfalls von der Bénard-Instabilität bekannten Bienenwaben. Es handelt sich hier also um Grundmuster, wie sie viele synergetische Systeme zeigen. Eine exakte neurophysiologische Verifikation dieser Befunde steht allerdings noch aus.

Insgesamt können wir damit davon ausgehen, daß durch die Wirkung spezieller Musik in Verbindung mit anderen unterstützenden Faktoren die im ZNS induzierten dissipativen Funktionsstrukturen in einem Maße stabil und eigengesetzlich werden und einen so starken Versklavungseffekt auf andere Hirnbereiche ausüben, daß die konservativen Schrankensysteme regelrecht durchbrochen werden und sich infolge Hypersynchronisation über große Hirnbereiche ausgebreitete makroskopische synergetische Ordnungszustände formieren. Zu prinzipiell vergleichbaren Zuständen führen: 1. Drogeneinnahme (z.B. LSD), wobei die konservativen Schrankensysteme durch biochemische Einwirkung destabilisiert werden, 2. längerdauernde und vollständige sensorische Deprivation, wo der normale permanent strukturierende »Schrankentransfer« von außen nach innen wegfällt und 3. epileptische Anfälle, die durch hirninterne pathologische Erregungsherde und/oder eine pathologische dispositionelle »Schrankenschwäche« ausgelöst werden. Alle genannten Zustände können mit bestimmten einfach-prägnanten visuellen Halluzinationen (den bekannten »Formkonstanten« des Heinrich Klüver) einhergehen sowie mit typischen emotionalen Phänomenen: Überwältigende Gefühle religiöser Glücksseligkeit, umgreifende Harmonie und geistige Klarheit, ästhetische Anmutungen unterschiedlichster Art (beschrieben z.B. mit »schöne Musik hören«), »Ich-hab'-es-Gefühle« und »Heureka-Erlebnisse« werden hier genannt. (Im Rahmen der epileptischen Anfälle finden wir all dies bei den sogenannten Schläfenlappen-Epilepsien.) Diese Phänomene können bei den drei aufgeführten psychoneuralen Zuständen auch in Form von Synästhesien auftreten. Daraus leitet sich konsequent eine neuartige Interpretation auch jener seltenen Fälle von eigenständig vorkommender Synästhesie ab, die sich in letzter Zeit wieder verstärkt neurologischen Interesses erfreut (Cytowic 1989, 1995) und kaum von Krankheitswert ist: Es existiert mehr oder weniger konstant ein *umschriebener* Schrankendefekt zwischen zwei verschiedenen Tätigkeitsmodi. Wird der eine Modus spezifisch aktiviert, kommt es durch die Schrankenlücke zum Übergreifen seines Ordnungsparameters auf den anderen Modus (Versklavung), was dort zu unspezifischen (und funktionell unsinnigen) synergetischen Aktivitätsmustern führt: Farbenhören, Töneschmecken u.a. In der Literatur wird übrigens auch ein gesicherter Fall von audiomotorischer Synästhesie genannt: Töne wurden über Jahre konstant reproduzierbar als Bewegungen empfunden (Devereaux 1966). Auch die Synästhetiker berichten interessanterweise über o.g. emotionale Erfahrungen.

Ausgehend von der eingangs beschriebenen Einschränkung der intramodalen differenzierenden Flexibilität mit der Hyperstabilisierung übergreifender Ordner kommt es nun bei diesen Zuständen zu einem wachsenden Verlust physiologischer höherer Hirnleistungen sowie der Selbstkontrolle bis hin zum vollständigen Zusammenbruch der normalen Gehirnfunktion mit Bewußtseinsverlust im großen epileptischen Anfall.

Durch intensives Training in Verbindung mit speziellen Psychotechniken wie Joga oder Transzendentale Meditation ist es offenbar möglich, derartige Zustände in umgrenzter Form ohne die o.g. Außenfaktoren bzw. neuropathologischen Dispositionen bewußt herbeizuführen und unter mentaler Kontrolle zu halten. In Kohärenz mit dem hier entworfenen Gesamtbild zeigen die meisten Studien auch für diese Zustände übereinstimmend eine erhöhte Synchronisation der neuronalen Hirnaktivität (Zunahme der Alpha-Aktivität mit wachsender Phasenkohärenz und Amplitude; Synchronisationen zwischen beiden Hemisphären) verbunden mit einer höheren Stabilität (die normale Alpha-Blockade-Reaktion ist nicht mehr auslösbar – vgl. zusammenfassend Ebert 1989, Engel 1995). Es gibt Hinweise auf EEG-Synchronisationen auch zwischen gemeinsam Meditierenden. Um der o.g. emotionalen Phänomene willen wird Meditation ausgeübt; es kommt zu visuellen Halluzinationen und es werden »Entgleisungen« in epileptiforme Zustände beschrieben (Persinger 1993).

Der »Trick«, der bei diesen vermeintlichen Bewußtseinserweiterungen zur Anwendung kommt, ist also der folgende: Eine hohe Synergität und damit eine maximale Stimulation des SBS wird nicht, wie bei normaler weltzugewandter Tätigkeit, durch den Aufbau zunehmend differenzierter, sozusagen intramodaler psychischer Strukturen auf quasi qualitativem Wege erreicht, sondern auf sozusagen quantitative Weise durch eine unphysiologische supramodale Synchronisation, was eine intramodale Entdifferenzierung ermöglicht (»das Denken zum Schweigen bringen«) bzw. zwangsläufig nach sich zieht, verbunden mit partieller Funktionseinbuße. Es handelt sich dabei natürlich um eine Pseudosynergiät, die eine scheinbare Harmonie im Nichts vorgaukelt. Dieses Erlebnis kann offenbar so intensiv und überwältigend sein, daß es manchen Menschen das Weltbild auf den Kopf stellt, so daß das Nichts plötzlich zum Alles wird. Die materielle Welt gerät zum dumpfen Jammertal und der Leib zum kruden Kerker einer ins Nirwana strebenden Seele. Beweisen kann man letztlich nichts, aber alles deutet darauf hin, daß dies ein u.U. tödlicher Irrglaube ist: Wenn das Herz aufhört zu schlagen und das EEG auf Nullinie kommt, verklingt auch die Harmonie der Leere und dies wohl auf immer.

Um nicht mißverstanden zu werden: Ich halte Autostimulationstechniken wie Joga oder Meditation für große und entwicklungswürdige kulturelle Errungenschaften, die unser Leben enorm bereichern können und deren Potenzen für Erhaltung und Wiederherstellung psychosomatischer Gesundheit von der westlichen Medizin noch längst nicht in gebührendem Maß erkannt und genutzt werden. Man darf nur die Zweck-Mittel-Relation nicht vertauschen. Diese Techniken können nicht letzter Zweck und alles beherrschender Inhalt des Lebens sein und sie führen, massenhaft ausgeübt, auch nicht zu einer Heilung der Welt von ihren Lastern, wie dies häufig von New-Age-Anhängern behauptet wird. Sie sind hingegen willkommen als Mittel, um unsere Körperfunktionen harmonisierend unter Kontrolle zu bringen, unsere Erlebnisfähigkeit zu steigern und so letztlich auch unsere weltzugewandte Aktivität effizienter zu machen. Um es einmal sehr drastisch zu sagen: Primäre Masturbation ist in gewissen Grenzen eine sehr schöne und sinnvolle Betätigung. Gerät allerdings das physiologische Ausüben der Geschlechtsfunktion darüber in Vergessenheit, stirbt die Gattung aus. Nicht anders ist es mit dem sekundären Masturbieren, der funktionell kurzschlüssigen meditativen Autostimulation des SBS. Das »...wird durch die Tatsache verdeutlicht, daß die indische Faszination von hochentwickelten Techniken zur Selbstkontrolle auf Kosten des Lernens geht, wie man die materiellen Herausforderungen der Umwelt bewältigt. Dies hat zu Apahie und Unvermögen in einem Großteil des Volkes beigetragen, das unter einem Mangel an Ressourcen und Überbevölkerung leidet« schreibt Csikszentmihalyi (1993, S. 142) dazu. Das Differenzierte ist im Vergleich zum Undifferenzierten fast immer ein späteres und damit in gewissem Sinne höheres Produkt der Evolution. Und in diesem Sinne steht die in der weltzugewandten Tätigkeit und im differenzierten Denken sozusagen unter »voller Funktionslast« errungene Harmonie höher, als jene, die in meditativer Entdifferenzierung und in »funktionellem Kurzschluß« erreicht wurde.

Zusammenfassend: All die hier genannten Phänomene sind Variationen über ein Thema: Destabilisierung von Schranken und/oder Hyperstabilisierung von Ordnern und eine supramodale Irradiation dieser Ordner, verbunden mit intramodalem Funktionsverlust unterschiedlichen Ausmaßes. Übereinstimmend zeigen sich 1. Hypersynchronisationen im EEG – für den Fall der Grand-mal-Epilepsie ist es, wie unter 6.6.4. ausgeführt, der Arbeitsgruppe um Haken gelungen, die zugehörigen Ordnungsparameter zu bestimmen; 2. Halluzinationen bestimmter visueller Formkonstanten – für die LSD-induzierten Muster konnte der Ursprung in typischen kortikalen synergetischen Ordnungsbildungen wahrscheinlich gemacht werden; *und 3.: »Heureka«- bzw. »Aha-Erlebnisse« – in Übereinstimmung mit direkten Folgerungen aus der hier vertretenen Theorie eines Synergitätsbewertungssystems.*

9.8. Nativismus, Empirismus und das Bild der fraktalen Evolution

Wo liegt der Ursprung von Verhalten und Wissen? Was sind ihre Determinanten? Auf diese alten Fragen gibt es traditionell zwei Antworten: die Strukturen des Verhaltens und Wissens sind entweder angeboren oder erworben, sind entweder genetisch präformiert oder vom Menschen als tabula rasa in Erfahrungs- und Lernprozessen der Umwelt entnommen. Während ein extremer Nativismus nach Eibl-Eibesfeldt (1995, S. 782) eigentlich nirgendwo ernsthaft vertreten wurde, gab (und gibt) es extrem empiristische Positionen durchaus, etwa im Lager des orthodoxen Behaviorismus. Heute gilt das Problem weithin als gelöst. Die Wahrheit liegt in der Mitte, Verhalten und Wissen sind sowohl angeboren als auch erworben, entwickeln sich im Rahmen *offener* genetischer Programme, die durch Erfahrung und Lernen modifiziert werden. Stets sind beide Faktoren beteiligt und im Einzelfall ist zu klären, wie groß die Modifikationsbreite ist. Selbst für so hochmodifikable menschliche Vehaltensweisen wie das Sprechen müssen genetische Dispositionen angenommen werden; darauf verweist beispielsweise die Existenz einer sensiblen Phase für den Spracherwerb.

Doch ist das schon die ganze Geschichte? Die Determination des aktualen Geschehens wird doch hier vollständig auf alte, bereits vorbestehende Strukturen zurückgeführt, auf den phylogenetisch entstandenen genetischen Kode bzw. auf natürliche oder gesellschaftlich geprägte Strukturen der Umwelt, die im Lernprozeß angeeignet, verinnerlicht werden. Entsprechend der Computer-Metapher wird jeder Schritt aus einer vorgängigen expliziten Instruktion begründet. Diese »rückwärtsgewandte« Betrachtungsperspektive ist so eingewurzelt, daß sie selbst dort nicht aufgegeben wird, wo die Entstehung des Neuen erklärt werden soll. So stellt etwa Franz E. Weinert an eine Theorie der Kreativität die folgende Forderung: »Eine solche Theorie müßte erklären, wie durch ein Zusammenwirken von Erbanlagen und Lernprozessen jenes Wissen und Können aufgebaut wird, das die Grundlage für die kreativen Leistungen eines einzelnen Menschen bildet« (Weisberg 1989, Vorwort S. 14). Das Neue wird so zur bloßen Fortschreibung des Alten. Es ist schon merkwürdig: Das menschliche Gehirn, der »heißeste Evolutionsautoklav« im Universum scheint ziemlich blind für seine ureigene Hauptfunktion, das aktuale

Generieren neuer Struktur. Es wurde in dieser Arbeit immer wieder vor Augen geführt: Bei natürlichen Evolutionsprozessen werden keine Programme in instruktionistischer Manier wie beim Computer abgearbeitet. Jede Strukturbildung ist ein Evolutionsprozeß sui generis, der sich in jenen Schranken entfaltet, die vorgängige Evolutionsprozesse auf größeren Raum-Zeit-Skalen setzten: von der Phylogenese und Epigenese über die synaptische Evolution des primären Lernen bis zur episynaptischen Evolution des sekundären Lernens. Es erübrigt sich, dies alles nochmals auszubuchstabieren. Verhalten wäre sowohl angeboren als auch erworben? Ganz streng betrachtet, ist beides falsch. Verhalten ist weder angeboren noch erworben. Eine jede Verhaltensäußerung ist vielmehr ein unikales, emergentes Phänomen, daß es so nie gab und nie wieder geben wird. Denn in erster Linie ist ein jedes Verhalten unmittelbares, aktualgenetisches Produkt einer emergenten, dissipativen Dynamik, die infolge ihres genuinen Autoregulationsvermögens adaptiv und infolge ihres genuinen Selbstorganisationsvermögens kreativ ist. Zur Illustration sei an den etwas makaberen, aber sehr instruktiven von v. Holst angegebenen Befund erinnert, daß ein Lithobius nach der Entfernung von Beinpaaren seine motorische Koordination augenblicklich umstellt und z.B. mit zwei verbleibenden Beinpaaren im Kreuzgang wie eine Eidechse weiterläuft (vgl. Abschnitt 3.1.). Hat er dieses Verhalten geerbt? Entschieden nein – wer wollte wohl im Nervensystem eines Lithobius ein entprechendes explizites und genetisch fixiertes »Notfall-Motorprogramm« vermuten? Hat er es gelernt? Wieder nein – weder ist er dazu fähig, noch hat er eine entsprechende Gelegenheit gehabt. Es handelt sich vielmehr um das emergente Produkt einer aktualgenetischen dissipativen Selbstorganisation.

Äußeres und inneres Verhalten emergiert also, wie gezeigt, mindestens aus dem Zusammenwirken der folgenden fünf Faktoren:

1. aktualgenetische emergente Dynamik (dissipative Dynamik mit genuinem Autoregulations- und Selbstorganisationspotential)
2. akutalgenetische dynamische Schranken (z.B. die aktuale Abbildungsdynamik im Wahrnehmungsprozeß, die als dynamisches Schrankensystem für die Erkennungsdynamik fungiert – vgl. Abb. 7.5)
3. ontogenetische konservative Schranken (im primären oder sekundären Lernen veränderte synaptische Stärken)
4. epigenetische konservative Schranken (die genetisch vorgegebene, in Reifungsprozessen auch postpartal weiter veränderliche artspezifische Verschaltungsarchitektur des ZNS, die durch die epigenetische Evolution vermittelt wird)
5. phylogenetische konservative Schranken (das Genom).

Die übliche Darstellung der Ontogenese und Verhaltensdetermination auf der Dimension »angeboren-erworben« erweist sich somit als viel zu eng und läßt die wichtigste Ebene, die *emergente Aktualgenese,* vollständig außen vor. Im Bild des fraktalen Evolutionsgesamts sind die hier als konservative Schranken bezeichneten Strukturen nun nicht statisch, sondern weiter veränderlich – Phylogenese, epigenetische Reifungsprozesse, Ontogenese – all dies evolviert ja weiter, parallel zur Aktualgenese, nur eben langsamer auf größeren Raum-Zeit-Skalen. Es ergibt sich somit das faszinierende Bild vom Verhalten als resultierendem Produkt einer fraktalen Enkapsis einander durchdringender und aufeinander wirkender Evolutionssphären, die sich auf unterschiedlichen Raum-Zeit-Skalen entfalten.

10. Psychopathologie und Entwurf einer Allgemeinen evolutionistischen Psychotherapie

»Woher immer die Erneuerung der Psychoanalyse im besonderen und, in einem damit, die Vervollständigung der Psychotherapie im allgemeinen kommen mag – sie wird sich in erster Linie bemühen müssen um eine Vervollständigung des Menschenbildes der Psychotherapie, ihrer anthropologischen Grundlagen.« V. E. Frankl, 1996, S. 194

10.1. State of the art

Um die grundlagentheoretisch-naturwissenschaftliche Fundierung von Psychotherapie ist es gegenwärtig nicht gut bestellt. Das Strukturmodell der Psychoanalyse und die sich davon ableitende »Metapsychologie« muß aus heutiger Sicht als hoffnungslos veraltet und unzulänglich angesehen werden. Nicht einmal die heute aus ethologischer Sicht ableitbaren und z.T. bereits neurowissenschaftlich verifizierten biologischen Primärtriebe sind hier einigermaßen vollständig vertreten – von höheren, auf Sinn und Selbstverwirklichung bezogenen Motivationen ganz zu schweigen. Pragmatische Vertreter der Psychoanalyse räumen dies heute mehr oder weniger explizit ein und sehen Psychoanalyse denn überwiegend als Behandlungs*methode*. Andere ziehen sich auf eine rein hermeneutische Position zurück und distanzieren sich von dem ehemals sehr progressiven Anspruch Sigmund Freuds, Naturwissenschaft zu betreiben, um dem Dauerbombardement mit widersprechenden Befunden von seiten der Neurowissenschaften und der universitären Psychologie zu entgehen. Wie problematisch diese Positionen sind, soll hier nicht weiter erörtert werden. Ich bin sicher, daß die meisten der bekennenden analytischen Nur-Methodiker mehr oder weniger bewußt und eingestanden mit der Freudschen Metapsychologie insgeheim weiter hantieren. Denn gerade diese synerg-handhabbare Modellvorstellung dürfte es wesentlich sein, die den eigentlichen Reiz und Wert der Psychoanalyse ausmacht, wie wir im einleitenden Kapitel 1 näher ausgeführt hatten. In allen Lebensbereichen konstruieren sich Menschen derartige praktisch handhabbare Phase-2-Modelle – der menschliche Verstand kann auf andere Weise nicht effizient arbeiten, auch und gerade nicht der des Therapeuten. Und eine schlüssig scheinende Erklärung ist für sich schon ein unspezifisches Therapeutikum, auch, wenn sie nur eine inadäquate Scheinerklärung ist.

Wie steht es weiter um die grundlagentheoretische Fundierung der großen Gegenbewegung zur Psychoanalyse, der Verhaltenstherapie? Wenn wir wirklich ehrlich sind, nur wenig besser. Da gibt es die auf dem klassischen Konzept des Konditionierens fußende Lerntheorie. Diese kann, wie gezeigt wurde, einen untergeordneten Teilbereich menschlicher Verhaltensphänomene adäquat beschreiben, und das ist eine wichtige Leistung. Um es nochmals zu betonen: es ist wirklich nur ein *Teilbereich* menschlichen Verhaltens, und dazu noch ein *untergeordneter*, der sich diesem Erklärungsmuster fügt. Der radikale Behaviorismus hat es bekanntlich unternommen, generalisierend auch das Einsichtsverhalten des Menschen auf diese simplistischen Prinzipien rückzuschneiden. Aus meiner Sicht handelt es sich hierbei um eines der drastischsten und mahnendsten Beispiele dafür, wie grotesk die Theoriegeladenheit der Wahrnehmung das Gefühl für die Adäquatheit einer Gegenstandsbeschreibung sukzessive zu verzerren vermag. Glücklicherweise ist auch der Behaviorismus weitgehend unter den Deckmantel einer Methodologie geflohen – wobei er freilich den verzweifelt nach Erklärungen und Modellen suchenden Praktiker im Regen stehen läßt. Die »kognitive Wende« in Psychologie und Verhaltenstherapie hat dann einerseits in der Theorie befreiende Entwicklungen ermöglicht; und auch in der Praxis haben sich die kognitiven Therapien zufolge aller relevanten Studien und Metaanalysen als die wirksamsten erwiesen. Andererseits ist gerade für diesen Bereich die grundlagenwissenschaftliche Fundierung sehr schlecht; noch einmal: die klassischen Paradigmen der Lerntheorie greifen hier zu kurz. Die Zusammenhänge zwischen Verhalten, höheren kognitiven und emotional-motivationalen Prozessen auf der Integrationsebene der ganzheitlichen Persönlichkeit? Nicht allzuviel mehr an wirklich Relevantem ist dazu zutage gebracht, als der gemeine Hausverstand schon immer wußte. Es wurde und wird versucht, diese Prozeßebene mittels des Paradigmas der Informationsverarbeitung zu modellieren. Zu prinzipiell anderen Grundvorstellungen, als dem unter 7.2.6. besprochenen, höchst unbefriedigenden Vergleichs-Verknüpfungs-Denken, hat dies bisher auch hier nicht geführt. Und ich fürchte, daß die engen Grenzen dieses Paradigmas ein qualitativ wirklich neues Denken gar nicht zulassen. Gehirn und Computer (in ihrer heutigen Form) sind fundamental wesensverschieden; wir haben versucht, dies wieder und wieder zu zeigen. Der Versuch, einfache standardisiert-repetitive Verhaltens- und Entscheidungsprozesse algorithmisch zu modellieren, ist sinnvoll – solange es darum geht, Roboter zu entwickeln. Wenn es aber darum geht, kranke Menschen zu behandeln, ist jegliches Maschinendenken fehl am Platz, und der Computer ist eine Maschine, nichts als eine Maschine. Die Computer-Metapher erfaßt nicht das Wesen psychischer Vorgänge; sie führt zu einer falschen Intuition im Umgang mit dem Menschen und dejustiert damit das wichtigste Orientierungsinstrument, das uns für den Umgang mit komplexen Phänomenen zur Verfügung steht. Und das kann dem Patienten schaden. Erst kürzlich wurde mir von einer Patientin ein Buch vorgelegt, verbunden mit der Frage, ob ich ihr dessen Lektüre empfehlen könne. In diesem Buch wurde mit emphatischer Bezugnahme auf die neuesten Erkenntnisse der Neurowissenschaft verkündet, daß das Gehirn ein Computer sei. Es wurde erklärt, wie ein Computer im Prinzip funktioniert. Psychische Störungen, so wurde erläutert, ergäben sich aus einer Fehlprogrammierung unseres Unterbewußtseins in der Vergangenheit und die ständige Wiederholung dieser Negativprogrammierung in unseren Selbstgesprächen. Wir müßten also unser Unterbewußtsein positiv umprogrammieren. Es folgte dann ein Katalog mit positiven Instruktionsformeln und man wurde aufgefordert, diese im Selbstgespräch immer und immer wieder zu repetieren, ja möglichst ein Tonband damit zu besprechen und dies z.B. beim Frühstück im Hintergrund laufen zu lassen. Brave new world. Das Buch – ein Bestseller aus den USA – wurde inzwischen mehr als 30.000mal in Deutschland verkauft. Das Beispiel zeigt, wie nahe das Computerdenken dem Reflexdenken in seinem Wesen noch ist: in beiden Fällen geht es um passive algorithmische input-output-Mechanismen, nur sind eben in der Maschine eine Vielzahl interner Transformationsglieder zwischengeschaltet.

Um den grundlegenden qualitativen Unterschied zwischen Konditionierungsvorgängen im primären System und Einsichtsprozessen im sekundären System deutlich zu machen und basal zu fundamentieren, sind wir bis auf die Ebene neurophysiologischer Experimente zurückgegangen. Wenn sich funktionelle Aktivitätsmuster in größeren Neuronenverbänden auf chaotische Attraktoren abbilden lassen, dann können diese komplexen Aktivitätsmuster nicht mehr vollständig durch die synaptische Matrix determiniert sein, wie dies bei einfachen Reflexvorgängen der Fall ist. Die synaptische Matrix formiert lediglich die Randbedingungen bzw. Schranken für die eigengesetzliche Evolution der elektromagnetochemischen Aktivitätsmuster. Mit der Synergetik ist ein vielversprechender Anfang gemacht, die Gesetze dieser dissipativen Evolution zu entschlüsseln – und das sind eben nicht die kruden Prinzipien des Bedingens: »Einsicht« wird in diesem Rahmen konkret interpretierbar als Nichtgleichgewichtsphasenübergang einer dissipativen neuronalen Struktur. Dieses komplexere Arbeitsprinzip des neuronalen Substrats im sekundären System bezeichneten wir als »Prinzip der episynaptischen Evolution« und stellten es dem »Prinzip der synaptischen Evolution« gegenüber, jenem einfachen neuronalen Arbeitsprinzip also, welches im primären System die Prozesse des Konditionierens realisiert. Diese Konzeption wird durch eine Vielzahl von Experimentalbefunden gestützt, so daß damit den kognitiven Therapien eine potentielle theoretische Grundlage gegeben ist, die derjenigen der lerntheoretisch orientierten Verhaltenstherapie in nichts nachsteht. Zur neuen Schlüsselmetapher für ein emergentistisches Verständnis des Psychischen wird das Konzept der dissipativen Struktur.

Unter Nutzung des Instruments »konsequente evolutionistische Ableitung« und in Auswertung vor allem von ethologischem und humanethologischem Befundmaterial wurden in dem Phase-2-Modell »Primäres System« die biologischen Grundmotivationen des Menschen und ihre basalen Funktionsprinzipien zusammengefaßt. In Fortsetzung der evolutionistischen Ableitung unter gelegentlicher Lückenschließung durch das Instrument »kalkulierte Spekulation« und aufbauend auf dem o.g. neuen neuropsychologischen Paradigma entstand dann das Modell »sekundäres System« als Ort einsichtiger kognitiver und höherer emotional-motivationaler Prozesse, deren dynamische Wechselwirkung bei der Regulation des psychischen Wachstums von den Konstrukten KKC, SBS und AEC beschrieben wird. Beide Systeme wurden zum psychosynergetischen Strukturmodell integriert. Das vorige Kapitel versuchte, wesentliche Momente der Persönlichkeitsentwicklung auf dieses Modell abzubilden und deutete dabei bereits kritische Punkte für den Beginn möglicher Fehlentwicklungen an. Psychogenese stellt sich dar als Resultat einer fraktalen Durchdringung und Überlagerung von Evolutionsschichten verschiedener Raum-Zeit-Skalen.

In Kapitel 1 hatten wir ein Drei-Phasen-Modell für den wissenschaftlich-praktischen Umgang mit komplexen Systemen, wie dem menschlichen Gehirn, entworfen und begründet: Einzelwissenschaftliche Forschungsebene – in Systemsprache ganzheitlich integrierende Modellebene – Praxisebene. Mit dem psychosynergetischen Strukturmodell verfügen wir nun über eine ganzheitlich geschlossene und damit praktisch handhabbare Modellvorstellung auf der Basis des Evolutionsdenkens, die unter gelegentlicher Nutzung kalkulierter Spekulationen neurophysiologisches, psychologisches, physiologisches und ethologisches Wissen nach übergreifenden verbindenden Mustern strukturiert und versucht, dieses auf die pragmatisch bestmögliche Weise zu integrieren. Und damit erfüllt das psychosynergetische Strukturmodell in erster Näherung jene Anforderungen, die wir für das Phase-2-Modell formuliert hatten. Dieses Phase-2-Modell hatten wir ferner als die notwendige Grundlage einer Allgemeinen Psychotherapie (Grawe) identifiziert. Unser Strukturmodell sollte es somit erlauben, in erster Näherung die möglichen Mechanismen psychischer Störungen sowie die prinzipiellen Möglichkeiten ihrer Beseitigung aufzuzeigen. Darauf aufbauend sollte man unter den vorliegenden Psychotherapieformen jene auswählen können, denen man einen Wirkmechanismus im Sinne der o.g. Möglichkeiten unterstellen kann. Idealerweise müßten das dann genau jene sein, die über ubiquitäre unspezifische Therapieeffekte hinaus auch für sich bereits spezifische Therapiewirkungen erzielen. Es dürfte ferner nicht ausbleiben, daß sich für diese ausgezeichneten Therapieformen aus der Sicht des Strukturmodells optimierende Modifikationen ergeben und sich diese modifizierten Therapieformen dann dialektisch zu einer neuen Einheit aufheben lassen, die nun ihrerseits in erheblichem Maße Synergieeffekte freisetzt im Sinne spezifischer Therapiewirkungen. Es soll im folgenden skizzenhaft ausgelotet werden, wie weit diesem Idealbild nahezukommen ist.

10.2. Psychische Störungen als Defekte auf vier Strukturebenen der fraktalen Evolution

Die Grundkonstituante des psychosynergetischen Modells ist das duale Strukturkonzept dissipative vs. konservative Struktur. Eine psychische Störung kann damit in letzter Instanz nur als ein Strukturdefekt, also eine falsch konfigurierte Struktur und/oder eine fehlende Struktur konzeptualisiert werden. In Anlehnung an verbreitete Definitionen könnten wir damit formulieren: *Neurotische Störungen* sind anhaltende Dysfunktionen in Erleben u./od. Verhalten mit oder ohne Beteiligung physiologisch-somatischer Funktionsstörungen, die mit subjektiven Beschwerden u./od. objektiver Leistungsminderung u./od. einer beginnenden sozialen Desintegration einhergehen. Sie basieren auf einem überwiegend erlebensbedingten psychischen *Strukturdefekt*. (Wir werden aus Gründen der sprachlichen Effizienz auch den Begriff »Neurose« weiterverwenden, ohne damit freilich die enge, orthodox-psychoanalytische Neurosekonzeption implizieren zu wollen.)

Entsprechend dem psychosynergetischen Strukturmodell kann der primäre Defekt dabei auf einer (oder mehreren) der folgenden vier Strukturebenen lokalisiert sein.

1. *Somatische Strukturebene* (überwiegend phylogenetisch determiniert): Defekte auf dieser Ebene der extrazerebralen Körperstrukturen und -funktionen sind sicher zumeist von nur untergeordneter Bedeutung, können aber im Ausnahmefall ursächlich auch im Vordergrund stehen: *somatogene Neurose*. Beispiel: Libidoverlust bei Androgenmangel mit sekundären neurotischen Störungen. Therapie: alle Formen der »somatischen« Therapie, zusätzlich Psychotherapie (je nach Art der sekundären Neurose).
2. *Psychoorganische Strukturebene* (überwiegend phylogenetisch determiniert): Gemeint sind die phylogenetisch determinierten (und in bestimmten Grenzen epigenetisch modifizierten) Hirnstrukturen, über die alle Angehörigen der Species verfügen: die bekannten anatomischen Hirnstrukturen ebenso wie die phylogenetisch abgeleiteten Konstrukte des psychosynergetischen Strukturmodells und ihre hypothetischen anatomischen Korrelate. In diesem Sinne gehören beispielsweise auch alle angeborenen Verknüpfungen zwischen Elementen des Rezeptormodells (Schlüsselreize bzw. Auslöser) und den primären Antrieben auf diese Ebene. Struktur- und Funktionsdefekte dieser Ebene sind, v.a. *dispositionell* in Form von Varietäten, an der Entstehung vieler neurotischer Störungen mitbeteiligt. Im Einzelfall ist ihnen das Ursachenprimat zuzuerkennen: *psychoorganogene Neurose*. Beispiel: Störungen von Sexualpräferenz und -identität auf der Basis morphologischer Defekte im Zwischenhirnbereich und neurotische Folgestörungen. Therapie: alle Formen der »gehirnbezogenen« Somatotherapie, begleitende Psychotherapie (je nach Art der Pfropfneurose). Die psychoorganogenen Neurosen gehen mit zunehmendem Schweregrad kontinuierlich in die *Psychosen* über.
3. *Empirische Strukturebene* (ontogenetisch determiniert): Hiermit wollen wir alle ontogenetisch durch primäres Lernen entstandenen Strukturen im primären System

abstraktiv herausheben, also alle bedingten Verbindungen zwischen sensorischen (auch kognitiv-symbolischen) bzw. motorischen Tätigkeitselementen und primären Antrieben. Den eigenständigen Evolutionsprozeß, in dem sich diese Strukturen bilden, hatten wir als »Die Selbstorganisation des primären Lernens« unter 6.6.2. dargestellt. Nach dem Prinzip der synaptischen Evolution formt sich dabei eine synaptische Matrix. Es handelt sich damit genau um jene Prozeßschicht, die von der lerntheoretisch orientierten Verhaltenstherapie erfaßt wird, bisweilen leider unter Übergeneralisierung auf das psychische Gesamtgeschehen. Und natürlich handelt es sich um eine entscheidende Strukturebene, deren Defekte an den meisten, wenn nicht allen neurotischen Störungen beteiligt sind und nicht selten die Pathogenese dominieren: *empiriogene Neurosen.* Beispiel: bestimmte Phobien. Therapie: schwerpunktmäßig lerntheoretisch orientierte Verhaltenstherapie.

4. *Noetische Strukturebene* (ontogenetisch determiniert): Diese umfaßt alle ontogenetisch organisierten abstraktiv-begrifflichen Symbolstrukturen des sekundären Systems in den drei möglichen physikalisch-physiologisch-psychologischen Zuständen (konservative emergentistische Speicherstruktur, bewußte Repräsentation als emergente dissipative Struktur, unbewußt mitaktivierte dissipative Struktur), die all unsere geistigen Inhalte lebendig verkörpern. Wie geschildert, sind diese Strukturen ausschließlich und prinzipiell Produkt der dissipativen Selbstorganisation in individuellen menschlichen Gehirnen nach dem komplexen neuronalen Arbeitsprinzip »episynaptische Evolution«. Darüberhinaus akkumulieren sie aber in einem überindividuellen soziokulturellen Evolutionsprozeß in extrakorporalen konservativen Speicherstrukturen (z.B. Büchern) und können, ggf. vermittelt durch einen Lehrer, aus diesen wieder angeeignet werden. Auch dieser interne Reorganisationsprozeß muß, wie in unserem Kommunikationsexkurs dargestellt, als ein Prozeß der dissipativen Selbstorganisation verstanden werden, der nun aber durch enge Schrankensetzungen von extern geführt wird. Unlöslich hineinverwoben in die evolutive Dynamik dieser Ebene sind die Phänomene der sekundären Emotionalität. Diese sekundären Strukturen sind individuumspezifische unikale Strukturen, auch wenn es jeweils umgrenzte Teilmodelle gibt, die innerhalb von Gruppen von Individuen eine gewisse Isomorphie aufweisen, aus Kooperation entspringen und verstehende Kommunikation ermöglichen – es wurde darauf eingegangen. Das sekundäre System als Ganzes ist immer unikal und diese Ganzheit interferiert via sekundäre Emotion in jeden aktualen Lokalprozeß. Damit steht diese am höchsten integrative Ebene des Psychischen nur noch einem intuitiv-hermeneutischen Zugang offen. Nach psychosynergetischem Verständnis ist die noetische Strukturebene bei der Entstehung vieler Neurosen, noch mehr aber bei ihrer Aufrechterhaltung, von ausschlaggebender Bedeutung. Ebenso sehen wir für den Heilungsprozeß von hier die entscheidenden Wirkkräfte ausgehen. Fehlende Struktur auf dieser Ebene schafft das »existentielle Vakuum«, in das nach Viktor Frankl die »noogenen Neurosen« hineinwuchern. Falsche Struktur schlägt sich in »irrationalen Überzeugungen« nach Albert Ellis nieder oder manifestiert sich in inadäquaten, rigiden »Über-Ich-Strukturen«, die jene von Sigmund Freud beschriebenen Konflikte erzeugen und neurotische Störungen verursachen. All dies wird auseinanderzulegen sein. Stehen noetische Faktoren pathogenetisch im Vordergrund, kann man von *noogenen Neurosen* sprechen, wobei der Franklsche Begriff zu erweitern sein wird. Beispiel: ekklesiogene Neurose (Hark 1984). Therapie: kognitive Therapien, z.B. Rational-emotive Therapie nach Albert Ellis; Humani-

stische Therapien, insbesondere Logotherapie nach Viktor Frankl; Elemente der Psychoanalyse.

In praxi interagieren diese vier Ebenen natürlich in ganzheitlicher Weise: Defekte auf einer Ebene werden durch Varietäten anderer Ebenen disponiert und ziehen Folgedefekte auf weiteren Ebenen nach sich. So wird eine psychoorganogene Störung der Geschlechtsidentität inadäquate sekundäre Repräsentationen auf der noetischen Ebene zur Folge haben und primär inadäquate sekundäre Repräsentationen sexueller Wünsche (z.B. infolge inadäquater, rigider Wertemodell-Strukturen) werden Folgedefekte auf der empirischen Ebene nach sich ziehen usf., so daß bei chronifizierten Krankheitsprozessen oft ein integrierter therapeutischer Angriff auf mehreren Ebenen notwendig sein wird. Gleichwohl scheint das Auseinanderhalten dieser vier Ebenen sehr wichtig, weil sich in vielen Fällen zumindest rationale differentialtherapeutische Schwerpunktsetzungen daraus ableiten sollten. Insbesondere läßt sich bei vielen Psychotherapie-Konzeptionen ein Ausblenden der noetischen Ebene geistiger Sinn-Inhalte feststellen. Dies wurde von Frankl als »Psychologismus« bezeichnet, in dem er eine Hauptform des modernen Reduktionismus sieht.

Von psychoanalytisch orientierten Therapeuten wird zumeist die Rolle des Konflikts (bzw. Traumas) bei der Pathogenese von Neurosen betont. Aus der hier erarbeiteten Perspektive scheint dies nicht günstig. Wie oben angedeutet, lassen sich innere Konflikte als Ergebnis einer noetischen Fehlstrukturierung interpretieren. Und äußere Konflikte würden wir lediglich als Auslöser neurotischer Störungen sehen, deren eigentliche Ursache ein Fehlen kognitiver Strukturen zur Konfliktbewältigung ist. Die meisten Menschen mit konfliktreicher Kindheit entwickeln sich völlig normal. Unter psychisch Gestörten finden sich viele mit behüteter und harmonischer Kindheit. Konflikte sind etwas Alltägliches; sie sind normalerweise wichtige Stimuli für das Wachstum einer stabilen Persönlichkeit. Damit soll freilich nicht bestritten werden, daß es durchaus Fälle gibt, bei denen das Störungsbild von schweren psychischen Dauertraumatisierungen dominiert wird.

10.3. Vier kritische Prozesse in der Persönlichkeitsentwicklung

10.3.1. Die frühe Kindheitsentwicklung

Eine Vielzahl von Psychotherapieschulen, zuvorderst die tiefenpsychologisch orientierten, verorten den zumeist konflikthaft-traumatisch konzipierten Ursprung von Neurosen in früher und frühester Kindheit, bis hin zu so unhaltbaren Vorstellungen wie einem »Geburtstrauma« (Rank). Derartige Konzeptionen sind von vereinfachenden metapsychologischen Annahmen inspiriert und mit modernem Wissen über die Entwicklung komplexer Systeme nicht kompatibel.

Das Strukturmodell der Psychosynergetik bildet demgegenüber eine Enkapsis mehrerer sich spezifisch beeinflussender Evolutionssphären ab, deren evolutive Eigendynamik permanent von einer Vielzahl von Außenfaktoren auf einer Vielzahl von Ebenen mehr oder weniger eingreifend modifiziert wird. Ein Einzelfaktor kann in aller Regel nur einen umgrenzten Einfluß haben und ganzheitliche Entwicklungen lediglich in ihrer Wahrscheinlichkeit verändern. Eigenstabilität und Autoregulationsvermögen des Gesamtprozesses sind dabei ausgesprochen hoch – auch singuläre, sehr eingreifende Störungen können oft erstaunlich gut kompensiert werden. Eine manifeste Neurose wird damit zumeist als Resultat eines Zusammenwirkens mehrerer Risiko- und Pathogenesefaktoren ausgewiesen werden müssen. In der Regel wird von einer längerfristigen und nicht auf die Kindheit beschränkten Wirkung dieser Risikofaktoren auszugehen sein, wobei sich nicht selten pathologische Eigendynamiken aufpfropfen, die auch nach Fortfall der Initialbedingungen einen Pathogeneseprozeß weitertreiben können. Diese Grundvorstellung wird von einer Vielzahl empirischer Studien gestützt (z.B. Werner & Smith 1982) und ist mit moderneren Auffassungen in der Entwicklungspsychologie kompatibel (vgl. z.B. Kagan 1984).

Dennoch ist die frühe Kindheit sicher als eine *vulnerable Phase* zu betrachten, in der Störfaktoren potentiell größere Entwicklungsschäden verursachen können, als zu einem späteren Zeitpunkt. Drei Gründe lassen sich hierfür angeben:

1. Vieles spricht dafür, daß es auch in der frühen menschlichen Ontogenese sensible Phasen (z.B. für die Sprachentwicklung) und prägungsähnliche Lernvorgänge (z.B. für sexuelle Präferenzen) gibt, nach deren Ablauf Korrekturen nur noch schwer oder gar nicht möglich sind.
2. Die Entwicklung des sekundären Systems steht noch am Beginn und entwickelt noch kaum eine stabile Eigendynamik. Entsprechend haben Außenfaktoren im Vergleich zu Innenfaktoren einen relativ größeren Einfluß auf die Entwicklung. Beim Thema Werteinternalisation war dies bereits zur Sprache gekommen: Die primäre Internalisation hat in der Kindheit deutlich mehr Gewicht als die sekundäre. Entsprechend können primäre Traumen auch noch kaum sekundär aufgehoben, d.h. verarbeitet und dialektisch »abgefedert« werden.
3. Im Zusammenhang mit dem Thema »psychische Alterung« hatten wir ausgeführt, daß eine Struktur mit zunehmender Komplexität immer starrer wird, sehr durchgreifende Strukturveränderungen immer schwieriger werden und sich das Möglichkeitsfeld der weiteren Evolution mit jedem Symmetriebruch weiter einengt. Damit haben die ersten »Weichenstellungen« relativ die größte Bedeutung. Die in dieser frühen Phase grundgelegten Verhaltens- und Denkmuster kanalisieren die weitere Strukturassimilation und sind später nur mit entsprechend großem Aufwand korrigierbar.

10.3.2. Die sekundäre Aufhebung des primären Menschen und die Konstruktion eines adäquaten Psychomodells

Die Grundstruktur der tierlichen Psyche, so sagten wir, ist identisch mit dem primären System. In der menschlichen Ontogenese öffnet sich über dem primären System nun der Reflexionsraum des Bewußtseins, der mit der Entwicklung der abstraktiv-begrifflichen Strukturen des sekundären Systems sukzessive aufgeweitet wird. Dieser Prozeß ist in dreierlei Hinsicht besonders vulnerabel:

1. Störung primärer Funktionen durch (Hyper-)Reflexion: Es ist evident, daß die reflektierende Selbstbeobachtung den Ablauf primärer Funktionen beeinflußt. Nicht selten sind die primär-emotionalen Impulse aus dem primären System recht schwach, so daß eine jede Beeinflussung schon unspezifisch verfälschen kann. Zudem ist auch Selbstbeobachtung immer »theoriegeladen« und verzerrt die Selbstwahrnehmung dazu noch in spezifischer Weise (zur Abhängigkeit des Gefühlserlebens von der Ursachenzuschreibung vgl. Schachter & Singer 1962). So verhalten sich beispielsweise sehr reflektierte, übervorsichtige und deshalb gut belesene Mütter ihren Säug-

lingen gegenüber oft weniger adäquat, als »naive«, spontan reagierende Mütter, die sich von den primären Impulsen ihrer phylogenetisch vorgegebenen »Programme« leiten lassen. Man kann das Problem nicht besser veranschaulichen, als mit folgender Fabel: Ein Tausendfuß trifft auf einen Spiegel. Er erschrickt über die verwirrende Vielzahl seiner Beine und fragt sich, mit welchem davon er wohl beim Loslaufen zu beginnen hätte. Da er sich diese Frage nicht beantworten kann, ist er fortan unfähig zu laufen. Um, diesmal auf Siegmund Freud zurückgehend, im Reich treffender Metaphern zu bleiben: Es ist eine große Kunst zu lernen, wann man dem Roß am besten die Zügel schießen läßt, weil dieses den Weg besser kennt, und wann man als Reiter selbst zu führen hat. Und offenbar müssen es viele, insbesondere sekundär entwickelte Menschen, erst wieder lernen, ihre primären Impulse richtig wahrzunehmen und sich an sie hinzugeben. Darüber hinaus stellt das Bewußtsein einen Resonanzraum dar, in dem es schnell zur Ausbildung dysfunktionaler positiver Rückkopplungen (vitiöser Zyklen) kommen kann. Dieser Faktor ist bei vielen Schlafstörungen und Störungen des Sexuallebens prominent beteiligt.

2. Die verhinderte Konstruktion eines adäquaten Psychomodells (mit Bezug auf o.g. Freud-Metapher: über die längste Zeit des Rittes muß das Roß nämlich doch vom Reiter geführt werden): Bin ich ein Stadtmensch oder ein Landmensch? Welcher Partner ist für mich der richtige? Brauchen wir mehr Abstand – vielleicht getrennte Wohnungen? Wollen wir noch ein zweites Kind? Sollte ich es mal mit WG oder Kommune probieren? Fragen, die wir uns so oder ähnlich nicht selten ein Leben lang stellen; selten sind wir sicher, die richtigen Antworten gefunden zu haben. Was ist der Kern solcher Fragen? Es geht hierbei um eine adäquate Konstruktion sekundärer Repräsentationen primärer Impulse (bzw. Antriebe). Sollte ich nicht doch wieder mit dem Klavierspielen beginnen? Ist ein Mathematikstudium für mich das richtige? Ist es gut für mich, dieser Religionsgemeinschaft beizutreten? Fragen dies, die nunmehr auf die Klärung sekundärer Bedürfnisse zielen. Insgesamt geht es um die Konstruktion und Verbesserung unseres naiven Psychomodells: Was muß man bzw. ich tun, um glücklich zu werden? Auf der Suche nach dem Glück verändern wir ständig unser Leben und modifizieren entsprechend der dabei gemachten Erfahrungen unser Psychomodell. Dieses Psychomodell ist das wichtigste Autoregulationsorgan unseres Körpers. Von seiner Adäquatheit hängt die Effizienz unseres Selbstmanagements ab. Je stärker ein Mensch sekundär entwickelt ist, desto wichtiger ist die Adäquatheit dieser autoregulativen Metastrukturen des sekundären Systems. Oft trachten Menschen, insbesondere psychisch leidende Menschen, ihr Autoregulationsverhalten zu effektivieren, indem sie versuchen, mit Hilfe von Büchern oder Therapeuten aus ihrem naiven Psychomodell ein wissenschaftliches Psychomodell zu machen. Und nun beginnt das bekannte Problem: Wie oben besprochen, haben selbst die wissenschaftlich anerkannten therapeutischen Richtungen hier nur Unzureichendes anzubieten. Und eine Vielzahl anderer »Angebote« in schattigen Winkeln des boomenden »freien« Psychomarkts kann unter wissenschaftlich-theoretischem Aspekt nur als purer Unsinn bezeichnet werden. Die Suche des psychisch Leidenden nach sich selbst gerät so leicht zu einem Irrlauf in einem Labyrinth voller Trugbilder, für dessen odysseische Prüfungen er nicht im mindesten gerüstet ist. Glücklicherweise gibt es selbstheilende Eigendynamiken und unspezifische Psychotherapiefaktoren, die hier manchen Schaden begrenzen.

3. Die Äquilibration des primären und sekundären Menschen: Liegt mir nicht doch eine direktere Arbeit mit Menschen mehr als die Schreibtischarbeit? Halte ich den nächsten Karrieresprung noch als Single durch oder brauche ich dazu den emotionalen Rückhalt einer Familie? Soll ich Karriere machen oder ein Kind bekommen? Kann und darf ich diesen oder jenen primären Wünschen, Bedürfnissen und Neigungen nachgeben, sie entwickeln und kultivieren? War meine aggressive Reaktion unter diesen Umständen adäquat? Fragen dieser Art zielen auf die gleichgewichtige Entwicklung, Aussöhnung und Harmonisierung der untergeordneten primären mit der führenden sekundären Persönlichkeitsebene. Eine nur geringgradige Entwicklung des sekundären Systems ist zwar unter stabil günstigen sozialen Bedingungen mit einem genügsam-glücklichen, überwiegend sozial orientierten Leben vereinbar; einerseits läßt dies aber wesentliche spezifisch humane Entwicklungs- und Erlebnispotentiale ungenutzt, andererseits verringert es die Adaptibilität unter kritischen und sich wandelnden Umfeldbedingungen und impliziert zudem potentiell jene Risikofaktoren, die wir als »existentielles Vakuum« und – weiter unten – als »Weltenge« bezeichnen. Aber auch eine zu einseitige und spezialisierte sekundäre Entwicklung birgt Gefahren – wir waren im vorigen Kapitel bereits darauf eingegangen. Das Verhältnis beider Ebenen bestimmt sich dabei als dialektische Aufhebung des primären Systems im sekundären System: Die primären Funktionen sind in die funktionellen Strukturen der höheren sekundären Evolutionsschicht eingebunden; sie können kognitiv aktiviert werden und kognitiv-verbales Verhalten bildet ein funktionelles Äquivalent für motorisches Verhalten. Im Rahmen des sekundären Systems muß somit auf der Basis gesamtsynerger Entscheidungsstrukturen bestimmt werden, unter welchen Umständen welche Tätigkeiten phasenweise allein oder überwiegend durch primäre Impulse gesteuert werden sollen und welche Tätigkeiten unter Ausschaltung primärer Impulse – sozusagen mit möglichst kühlem Kopf – zu erledigen sind. Es muß weiter sekundär entschieden werden, welche primären Bedürfnisse bzw. Antriebe differenzierend entwickelt werden sollen, um sekundär geführte Tätigkeiten primär-motivational zu unterstützen, und welche Tätigkeiten entgegen primären Impulsen auszuführen sind bzw. welche primären Impulse unter welchen Bedingungen eingedämmt oder »umgeleitet« werden sollen (durch multiple Alltagsfrustrationen erzeugte Aggressivität z.B. beim Training einer Kampfsportart). Ein adäquates Management dieser äquilibrierenden Aufhebung des primären Menschen ist eine hohe Kunst und erfordert ein beträchtliches Maß an dialektischer Kapazität. Eine Vielzahl psychischer Störungen lassen sich als Dysäquilibration auf dieser Prozeßebene verstehen, beispielsweise auch die klassische Freudsche Neurose als Ergebnis eines Konflikts zwischen »Es« und »Über-Ich«.

10.3.3. Die Entwicklung dialektischer Kapazität und die rational-emotive Assimilation des Bösen

Ob seiner Zentralität bei der Entwicklung der Persönlichkeit wurde dieser Prozeß bereits ausführlicher in Abschnitt 9.4. besprochen. Wir hatten dort gezeigt, wie sich das kindlich-artefaktgeprägte Denken zum dialektischen Denken weiterentwickelt und das Böse nun nicht mehr ausschließlich als ein personal-intentionales Böses verstanden wird, sondern zunehmend als ein wesentlich emergentes Böses. Es wird so zu einem evolutiven

Begleitphänomen des Guten, das in seiner prinzipiellen Existenz notwendig also bis zu einem gewissen Grade unvermeidbar ist. Und in dieser Form kann es nun positiv rational-emotiv assimiliert werden. Indem das Kind allmählich seiner sauberen, artifiziell-idealen Kinderwelt entwächst, wird es zunehmend mit bedrohlichen Phänomenen des Bösen, Schlechten und Häßlichen in der »schmutzigen« Erwachsenenwelt konfrontiert. Solange die Entwicklung dialektischer Kapazität hiermit Schritt hält, können diese Konfrontationserlebnisse in Wachstumsimpulse für die Persönlichkeit umgesetzt werden. Wenn dieser Prozeß aber aus der Balance gerät und die dialektische Assimilationskapazität für das Negative überfordert wird, drohen Fehlentwicklungen: Resignation, Zynismus, Aggression oder Rückzug aus der Welt und neurotische Störungen.

Weil man nichts authentischer bezeugen kann, als das eigene Erleben, sei ein Beispiel aus meiner eigenen Entwicklung gegeben. Als ich etwa zehn Jahre alt war, erkrankte ein Mitglied meiner Familie an Krebs. Bis zu diesem Zeitpunkt hatte ich mich mit den Themen Krankheit, Tod und Risiko nie ernsthaft beschäftigt. Ich fand in unserem Haushalt einen populären »Ratgeber Gesundheit«, in dem neben den neoplastischen Erkrankungen auch noch eine Vielzahl anderer Leiden dargestellt waren, reichlich illustriert mit sehr häßlichen, naturalistischen Fotografien. Die heimliche Lektüre dieses Buches war zu diesem Zeitpunkt für mich ein durchaus protrahiert-traumatoides Ereignis. Ich entwickelte eine Karzinophobie und danach Phobien für noch einige weitere der in dem Ratgeber dargestellten Krankheiten. Jede Veränderung an meinem im Wachstum sich rasch wandelnden Körper ward nachgeschlagen, von einer angstpulsenden Phantasie verzerrt, dann im fatalsten Sinne gedeutet – und die Angstzyklen begannen sich aufzuschaukeln. Mit wechselnder und schließlich abnehmender Intensität beeinträchtigte mich dieses Geschehen gut vier bis fünf Jahre. Was hat zur Heilung geführt? Nun, die nachhinkende Konstruktion akkommodationsfähiger kognitiver Strukturen, die Nachreifung dialektischer Kapazitäten meines sekundären Systems. Dazu hat in einem längeren Prozeß vieles beigetragen. Ein einfühlsamer, der Familie verbundener Hausarzt, der mir immer wieder die von mir inkriminierten körperlichen Phänomene ausführlich erklärte, als harmlos auswies und geduldig mein immer und immer wieder auf letzte Sicherheit zielendes »Und-wenn«, »Vielleicht« und »Aber« entkräftete, ebenso die Lektüre weiterer Bücher über Biologie, Medizin und Philosophie. Ich befaßte mich mit Evolution, Dialektik und Logik; über die didaktisch ausgezeichneten Schriften von Georg Klaus wurde ich etwa mit den Gödelschen Arbeiten über unentscheidbare Sätze vertraut. So formte sich allmählich ein komplexeres und reiferes dialektisch-evolutionistisches Weltbild, an das die genannten bedrohlichen Phänomene positiv rational-emotiv assimilierbar waren, in dem sie also positiv sekundär-emotional aufgehoben werden konnten. Allmählich erstickte so die Angst unter dem zunehmend komplexer vernetzten, mithin sekundär verinnerlichten und damit sekundär emotiogenen Wissen darum, daß es in so jungen Jahren höchst unwahrscheinlich ist, so schwere Krankheiten zu bekommen und daß jede Fahrt auf der Autobahn mehr Risiko birgt, daß Krankheit und Tod notwendige Aspekte von Leben und Evolution sind, daß es keine letzten Sicherheiten in einem probabilistischen Universum geben kann und ein Leben mit solch absoluten Sicherheiten wohl auch recht langweilig wäre. Ich gewöhnte mich an das Restrisiko und lernte, mit Wahrscheinlichkeiten zu leben, lernte, das Unvermeidliche von seiner positiven Seite zu sehen und zu akzeptieren. Primäre Angst wurde in jenem sekundären Vertrauen in die Kräfte des eigenen Körpers und die »Weisheit der Evolution« positiv aufgehoben, das nunmehr aus dem tieferen elastisch-dialektischen Verstehen erwachsen konnte. Später, während meines Medizinstudiums, wo das Problem der Krankheitsphobien bei manchem Kommilitonen virulent wurde, hatte ich nicht mehr die geringsten Probleme damit. Diese phobische Neurose erklärt sich also vollständig als rational-emotive Malassimilation der Phänomene »Krankheit«, »Tod« und »Risiko«, die mit traumatischer Wucht in eine darauf nicht vorbereitete Kinderwelt eingebrochen waren. Es handelte sich um eine klassisch noogene Neurose auf Basis mangelnder dialektischer Kapazität kognitiver Strukturen; die (Selbst-)Therapie war eine rein noetisch-kognitive und hätte eine andere nicht sein dürfen. Dies war es, genau dies und sonst nichts. Und ganz sicher hatte dieses Geschehen nichts mit Konstrukten zu tun von der Art jenes Komplexes, »den selbst Ödipus nicht hatte« (Zimmer 1995).

Ein ausgewogenes und harmonisches dialektisches Denken ist eine hohe Kunst. Sie zu erwerben, wird dem Heranwachsenden nicht eben leicht gemacht. Während jedem Videorecorder eine Gebrauchsanleitung beiliegt, erfolgt unser Umgang mit den Denkzeugen fürs Komplexe ziemlich unreflektiert und wird, wenn überhaupt, überwiegend durch implizites Lernen erworben, abhängig von biographischen Zufällen.

10.3.4. Sinnfindung

Auch dieser Prozeß wurde in Verbindung mit wichtigen Begleitaspekten bereits in Abschnitt 9.6. im Grundsatz besprochen – zur Erinnerung hier nur noch einmal einige Stichworte: Entwicklung sekundärer Antriebe, hierarchische Enkapsulierung des sekundären Systems, Glücksstreben, Weltweitung, Ego-Dezentrierung, Selbsttranszendenz, Grundbedarf nach Psychodynamik (psychodynamische Deprivation, existentielle Frustration).

Das gemeinsame kritische Moment dieser Prozesse ist sicher die »Initialzündung« in der Entwicklung sekundärer Antriebe. Haben sich nach Überschreiten einer »kritischen sekundären Antriebsmasse« erst positive Rückkopplungen etabliert, kommt es mit nicht geringer Wahrscheinlichkeit auch zur Entfaltung der o.g. Prozesse – die »innere Entfaltungslogik« dieses Gesamtvorgangs wurde beschrieben. In welchem Maße diese Initialzündung stattfindet, hängt davon ab, wie gut es gelingt, bestimmte Tätigkeitsgegenstände im Tätigkeitsprozeß zu synergisieren; auf das schwierige Problem der Synergitätspotenz verschiedener Tätigkeitsgegenstände wurde in Abschnitt 7.2.5. eingegangen. Hierbei muß eine spezifische Begabung auf ihre begabungsspezifische Aufgabe treffen. Die emergentistische Psychologie sieht das Gehirn als ein komplexes, nichtlineares System, in dem schon kleinste Veränderungen große Wirkungen zeitigen können. Zudem ist jedes menschliche Gehirn, wie gezeigt, mindestens mikrostrukurell ein Unikat. Es sollte dementsprechend unikale Fähigkeiten besitzen, über die kein anderes Gehirn bzw. kein anderer Mensch verfügt. Die Frage ist, ob diese Fähigkeiten erkannt und entwickelt werden und ob sich spezifische Probleme und Aufgaben für sie finden bzw. schaffen lassen, die mit existierenden oder zu schaffenden gesellschaftlichen Bedürfnissen im Zusammenhang stehen. Die Nichtlinearität als allgemeine Grundcharakteristik des Systems sollte erwarten lassen, daß Befähigung oder Nichtbefähigung auf einem bestimmten Gebiet nicht ohne weiteres auf Befähigungen bzw. Nichtbefähigungen auf anderen Gebieten schließen läßt. Auf das deutlichste zeigt sich dies bei den sogenannten idiots savants – Menschen mit Höchstbegabung in einem umschränkten Aufgabenbereich aber nur Normal- oder Minderbegabung in allen anderen Leistungsbereichen.

Diese Sichtweise ist mit dem Intelligenzkonzept der instruktionistischen Psychologie auf der Basis der Computer-Metapher nicht kompatibel. So wie die Leistungsfähigkeit eines Computers eindeutig durch bestimmte Hardware-Daten, wie Verarbeitungsbreite, Speichergröße und Taktrate, bestimmt ist, wird hier Intelligenz als eine allgemeine Kapazität mit wenigen Basiskomponenten verstanden. In der Regel wird dann das Spektrum menschlicher Fähigkeiten auf eine Mischung logisch-mathematischer und linguistischer Kompetenzen verengt, die sich in Teilaspekten mit Standardmethoden, den sogenannten Intelligenztests, messen lassen. In den letzten Jahren hat vor allem der Harvard-Psychologe Howard Gardner (1991) einen »Abschied vom IQ« dieser Provenienz gefordert und eine »Rahmen-Theorie der vielfachen Intelligenzen« entwickelt, die mit dem emergentistischen Denkansatz gut kompatibel ist. Gardner unterscheidet die folgenden sechs voneinander relativ unabhängigen Intelligenz-Bereiche: linguistische, logisch-mathematische, räumliche, musikalische und personale Intelligenz. Und wie er selbst ahnt, könnte auch diese Rasterung noch deutlich zu grob sein. Gardner fordert für jede dieser Intelligenzen spezifische Tests mit dem Ziel, das individualspezifische *Talent-Profil* eines Menschen sehr viel differenzierter zu erfassen, als dies mit einem globalen IQ möglich ist. Auf dieser Basis ließen sich dann auch viel gezieltere Ausbildungs- und Fördermaßnahmen gestalten. Aus unserer Sicht ist zu ergänzen: Vor allem wäre auch eine gezieltere Entwicklung sekundärer Antriebsstrukturen möglich. So könnte für den Heranwachsenden oder den existentiell Frustrierten das Finden des adäquaten Lebensthemas erleichtert oder überhaupt erst ermöglicht werden, indem für seine spezifische individuelle Begabung eine begabungsspezifische Aufgabe gefunden oder geschaffen wird. Gegenwärtig ist dies ein Risikoprozeß, der in hohem Maße von biographischen Zufällen abhängt.

10.4. Pathogenesemechanismen

Wir wollen nun in einer ersten groben Skizze untersuchen, welche Einzelmechanismen der Pathogenese neurotischer Störungen sich unmittelbar aus dem psychosynergetischen Strukturmodell herleiten lassen. Es wird dabei entsprechend den oben identifizierten Ebenen zu verfahren sein.

10.4.1. Psychoorganische Ebene

Hierher gehört eine Vielzahl weitgehend unerforschter Faktoren, die entweder selbst schon Krankheitswert besitzen, viel häufiger aber wohl *dispositionelle* Bedeutung für neurotische Entwicklungen haben. Primäres System: Stärke primärer Antriebe, Differenziertheit und Adäquatheit ihrer angeborenen Verknüpfungen mit Schlüsselreizen bzw. Auslösern, Deutlichkeit und inhaltsspezifische Unterscheidbarkeit primärer Emotionen, Faktoren, die die Kontrollierbarkeit primärer Impulse durch sekundäre Prozesse bestimmen u.a.m. Sekundäres System: Von zentraler Bedeutung scheint mir hier die *Fähigkeit zur Bildung scharfer und stabiler kognitiver Strukturen* zu sein. Hiervon hängt z.B. wesentlich ab, in welchem Maße sekundäre kognitive Strukturen in Verdrängungsprozessen verzerrt und dyssynerge Kognitionen stabilisiert werden können. Darüber hinaus ist durch diese Fähigkeit im Zusammenhang mit der Sensibiliät des SBS wesentlich bestimmt, in welchem Maße starke sekundäre Antriebe entwickelt werden können und welchen Einfluß damit sekundär-emotionale und -motivationale Faktoren auf die Psychogenese gewinnen können. Des weiteren: »Weite« des Bewußtseinsfokus (»Kanalbreite« in der Sprache der Informationsverarbeitung), »Körnigkeit« der Auflösung in diesem Fokus, Sensibilität und Reichweite des SBS – Faktoren, die allesamt auch entscheidend für Fragen der Kreativität sind. Viele weitere unerforschte Aspekte des kognitiven Stils mögen ferner darüber entscheiden, in welchem Maße die Kunst eines harmonischen dialektischen Denkens erlernt werden kann.

10.4.2. Empirische Ebene

Mangelnde Stimulierung und Einübung primärer Funktionen (eventuell in sensiblen Phasen), Dauerfrustration primärer Bedürfnisse, inadäquate primäre Lernprozesse (u.U. auch inadäquate Prägungen), primäre traumatische Erlebnisse.

Diese Mechanismen und die konsekutiven Pathogeneseprozesse sind überwiegend die Domäne der lerntheoretisch orientierten Verhaltenstherapie und werden dort ausführlich beschrieben. Klassische Beispiele sind bestimmte Phobien – bekannt geworden ist der ethisch problematische Modellversuch zur Erzeugung einer Zoophobie mit dem 11monatigen Albert, den Watson im Jahre 1920 durchführte. Nicht weniger klassisch sind bestimmte Formen des Fetischismus – etwa jener von Krafft-Ebing (1924) berichtete Fall eines Schuhfetischisten, der als Kind von einer Hausangestellten mit dem beschuhten Fuß sexuell stimuliert wurde. Insbesondere die primären Aspekte des Sexualverhaltens und des Sozialverhaltens werden durch eine Kaskade von erfahrungsabhängig modifizierbaren Auslösern reguliert – Eibl-Eibesfeldt spricht in diesem Zusammenhang von einer universalen Grammatik menschlichen Sozialverhaltens. Entsprechend hoch ist das Gewicht o.g. Pathogenesemechanismen beim Zustandekommen von Verhaltensstörungen in diesen Bereichen. Beginnend mit den ersten persönlichen Kontakten in der Mutter-Kind-Dyade wird etwa jenes so wichtige »Urvertrauen« erworben (oder eben auch nicht) als eine Voraussetzung für den Aufbau von sozialen Beziehungen im späteren Leben. Ferner dürfte das so zentrale Problem eines mangelnden Selbstwertgefühls oft durch inadäquate primäre Lernprozesse in frühen Jahren fundamentiert sein, gefolgt und stabilisiert freilich durch sekundäre kognitive Fehlstrukturierungen, wie internalisierte inadäquate Wertestrukturen.

10.4.3. Noetische Ebene

Pseudosynerge Systeme

Die transsystemische Isodynamik des Denkens als physiopsychischer Gesamtprozeß gestattet es, Größen, die mindestens als relative Größen transsystemisch jeweils in gleichem Maße ausgeprägt sind wie evolutive Stabilität und Komplexität, bzw. Synergität, auf verschiedenen Ebenen und Integrationsniveaus in ganz unterschiedlichem phänomenalen Gewande zu identifizieren. Die evolutive Stabilität der dissipativen Strukturen auf der physiologischen Ebene erscheint auf der psychischen Ebene auf einem niedrigen Integrationsniveau als logische Widerspruchsfreiheit; auf höher-integrativen Ebenen muß synerges Denken jene Charakteristika aufweisen, die wir als dialektische Qualitäten bezeichnet hatten. Auf der höchsten Integrationsebene schließlich, die den Gesamtprozeß in sekundärem System und Rezeptormodell umfaßt, kommen synergem Denken die Attribute »Adäquatheit« bzw. »Wahrheit« zu. Hohe Gesamtsynergität mentaler Modelle in Interaktion mit dem Rezeptormodell impliziert einen reibungslosen Ablauf der äußeren gegenständlichen Tätigkeit sowie kognitiv konsonante Operationen der inneren Tätigkeit in der Interaktion mit der Umwelt. Und genau dies ist es, was wir von jenen mentalen Modellen erwarten, die wir gemeinhin als adäquat oder wahr bezeichnen (pragmatisches Wahrheitskriterium). *Damit ist globale Synergität (unter Einbezug des Rezeptormodells) gleichbedeutend mit Adäquatheit bzw. Wahrheit.* Dies gilt nicht schon für lokale Synergitäten. Auf lokaler Ebene können sich durchaus intern synerge Teilmodelle etablieren, die inadäquat und falsch sind, die also im Falle ihres Einbezugs in die Regulation einer entsprechenden praktisch-gegenständlichen Tätigkeit unter bestimmten Umständen zu Dyssynergitäten führen. Da diese Dyssynergitäten nur unter bestimmten Umständen aktualisiert werden, kann man von potentiellen oder virtuellen Dyssynergitäten sprechen. Oft sind diese inadäquaten, aber lokal-synergen Modelle durch folgende Merkmale gekennzeichnet: 1. Arbeit mit abstrakten, unscharf- mehrdeutigen Begriffen und Aussagen, 2. eine spezifische Struktur, die eine Falsifikation erschwert oder unmöglich macht und 3. Bezugnahme auf transzendente oder unscharf-mehrdeutige Gegenstandsbereiche wie etwa komplexe psychosoziale Phänomene. Sofern virtuelle Dyssynergitäten aktualisiert werden, können diese einmal direkt in falschen Schlußfolgerungen aus dem Modell bestehen oder aber darin, daß das Modell gar keine konkreten Schlußfolgerungen für die Problemlösung ermöglicht. Derartige inadäquate, aber lokal-synerge Modelle wollen wir als *pseudosynerge Systeme* bezeichnen. Pseudosynerge Systeme finden sich beispielsweise unter jenen kognitiven Systemen, die wir in Kapitel 1 als abgeschlossene Phase-2-Modelle bezeichnet hatten: politische Ideologien, philosophische oder religiöse Systeme, Psychomodelle, die von verschiedenen Therapieschulen angeboten werden etc. Pseudosynerge Systeme sind janusköpfig. Zum einen implizieren sie globale virtuelle Dyssynergitäten, andererseits sind sie lokal-intern synerg, d.h. positiv sekundär emotiogen. So können sie das Gefühl der Aufgehobenheit in einer chaotischen Welt in Verbindung mit Handlungs- und Entscheidungssicherheit verschaffen. Nicht selten werden diese sicheren Vorteile die – zunächst nur virtuellen – Nachteile überwiegen, deren Aktualisierungswahrscheinlichkeit zudem durch Rückzug aus der Realität und dem praktischen Handeln weiter vermindert werden kann. In der Abgeschiedenheit einer Klosterzelle oder eines Ashrams kann man die Vorteile beliebiger pseudosynerger Systeme auskosten, ohne ihrer Nachteile gewärtig sein zu müssen. Freilich kann sich diese positive sekundäre Emotiogenität bis zu hohen Antriebsstärken steigern und dann zu einem Umschlag in selbstzerstörerischen Fanatismus beitragen. Soweit eine kurze notwendige Vorbemerkung zum Verhältnis von Synergität und Wahrheit.

Dyssynerge Kognitionen auf drei Integrationsstufen (Logik, Dialektik, Adäquatheit): falsche Theorien sind kranke Organe; Reinterpretation von Verdrängung und Widerstand

Seit Mitte der 50er Jahre haben die Pioniere der kognitiven Therapien, insbesondere Albert Ellis (1993) und Aaron T. Beck (Beck et al. 1986), auf die zentrale Bedeutung *dysfunktionaler Kognitionen* bei der Entstehung und Aufrechterhaltung neurotischer Störungen hingewiesen. Die Inadäquatheit kognitiver Prozesse wird hier allerdings überwiegend auf der Dimension »logisch-unlogisch« theoretisch abgebildet (wo anderes gemeint scheint, bleibt die Charakterisierung verschwommen und theoretisch-konzeptionell schwer faßbar). Krankmachende Kognitionen sind »irrationale Überzeugungen«, beruhen auf »logischen Denkfehlern« und genügen allgemein der »wissenschaftlichen Methode« nicht. Dies ist für manche Teilaspekte eine zutreffende Beschreibung, etwa im Falle des von Beck angegebenen »willkürlichen Schlußfolgerns«. Insgesamt aber kann man unter vorrangigem Rekurs auf die Logik dysfunktionales Denken nicht zureichend charakterisieren. Schon bei Aristoteles ist nicht die Logik das eigentliche Denkzeug fürs komplexe Natürliche, sondern die Dialektik. Der psychosynergetische Ansatz legt die Beschreibung noopathogener dysfunktionaler – bzw. hier: dyssynerger – Kognitionen auf (mindestens) drei Dimensionen nahe: »logisch-unlogisch«, »dialektisch-undialektisch« und »sachlich richtig-sachlich falsch«, wobei nach meiner Auffassung den letzteren beiden Dimensionen das größere Gewicht zukommt. Die meisten der bekannten, von Ellis, Beck und anderen herauskristallisierten Grundmuster »irrationalen« Denkens sind im Kern nicht unlogisch, sondern undialektisch oder gründen schlicht in falschen Theorien. So lautet die von Ellis (1993, S. 75) angegebene »Irrationale Idee Nr. 11: Die Vorstellung, daß es für jedes menschliche Problem eine absolut richtige, perfekte Lösung gibt ...«. Aber es gibt doch artifizielle Problembereiche, in denen Lösungen absolut und perfekt sind. Die Tatsache, daß dies bei den komplexen Problemen des menschlichen Alltags nicht so ist, läßt sich nicht aus der Logik begründen – dies ist eine Frage der Dialektik im Rahmen eines evolutionistischen Weltbildes. Und die Idee Nr. 12 aus Ellis (1970) besagt, daß man keine Kontrolle über seine Gefühle habe – eine in sich keineswegs unlogische Vorstellung, der aber ein falsches Psychomodell zugrunde liegt.

Nachdem dysfunktionale Kognitionen somit in differenzierterer Form als dyssynerge Kognitionen charakterisiert sind – auf welche Weise lassen sie nun noogene Neurosen entstehen? Ganz allgemein führen dyssynerge Kognitionen zu einem inadäquaten Verhalten, das auf vielfältige Weise weitere kognitive Dissonanzen, innere und äußer Konflikte sowie Erfahrungen des Scheiterns und Versagens und damit auch negative primäre Emotionen induziert. Insbesondere muß ein dyssynerges Selbst- und Psychomodell ein ineffizientes inneres und äußeres Autoregulationsverhalten anleiten. Wenn bestimmte primäre oder sekundäre Impulse in mein Bewußtsein dringen, interpretiere ich diese emotionalen Impulse auf der Basis meines Psychomodells im Sinne bestimmter Bedürfnisse und setzte ein Verhalten in Gang, das entsprechend meinem Psychomodell eine Bedarfsentspannung zur Folge haben sollte. Wenn mein Psychomodell fehlstrukturiert ist, kann dies bereits die interpretative Bedürfniszuschreibung verfälschen und wird zu einem Verhalten führen, dem keine Bedarfsentspannung folgt. So kann es zu einer Dauerfrustration primärer und/oder sekundärer Bedürfnisse kommen. Dyssynerge Kognitionen können ferner chronische negative primäre oder sekundäre Emotionen erzeugen. Eine falsche Theorie im Selbstmodell könnte etwa lauten: »Onanieren erzeugt schlimme Krankheiten« und zu einer Dauerstimulation des primären Angstantriebs führen. Sie könnte auch lauten: »Onanieren ist moralisch verwerflich« und eine permanente Generierung negativer sekundärer Emotionen (»Gewissensbisse«) zur Folge haben. Ein weiterer entscheidend wichtiger Aspekt wurde bereits besprochen. Die dialektischen Qualitäten des Denkens erlauben die positive Aufhebung unserer unvermeidlichen Begegnungen mit dem emergenten Bösen. Ist die Reifung des Denkens vom artefaktgeprägten Denken zum dialektischen Denken nur unzureichend fortgeschritten, drohen aufgrund sekundärer Fehlverarbeitungen Frustration, Resignation, Zynismus, noogene Depression und andere noogene Neurosen. Oben hatten wir die Entstehung einer noogenen Phobie als rational-emotive Malassimilation von Negativerfahrungen infolge zu geringer dialektischer Kapazität des kognitiven Systems nachgezeichnet. Auf all dies pfropfen sich schließlich eskalierend die für nichtlineare Systeme so typischen vitiösen Zyklen auf und führen zu einer immer weitgehenderen zerstörerischen Umorganisation der Persönlichkeitsstrukturen – darauf wird gleich noch einzugehen sein. Zumeist liegen noopathogene dyssynerge Kognitionen nicht einfach in Form unlogischer, undialektischer oder falscher Einzelaussagen vor; es dürfte vielmehr in aller Regel zur Stabilisierung komplexerer pseudosynerger Systeme kommen; als klassisches Beispiel kann die »kognitive Triade« der Depression (negatives Selbst-, Welt- und Zukunftsbild) nach Beck gelten. Bestandteil solcher pseudosynergen Systeme sind ineffiziente und falsche Strategien der Problemlösung. Oftmals wird der Grundriß solcher Systeme durch Lernprozesse in der frühen Kindheit unter Beteiligung primär-empirischer Faktoren gezeichnet, der das weitere Wachstum der kognitiven Strukturen in ungünstiger Weise kanalisiert. Im späteren Leben erfolgen dann unter anderem durch Reindoktrination im ständigen Autodialog (»automatische Gedanken«) Wachstum, Stabilisierung und »Feinverstrebung« dieser pseudosynergen Systeme, wobei ihre »Binnensynergität« zunimmt und die Wahrnehmung bzw. Interpretation innerer Impulse und äußerer Gegebenheiten immer stärker im Sinne dieser Systeme verzerrt wird. Der Klient hat es nun zunehmend schwerer, aus dem Spiegelkabinett seiner lokalsynergen Weltkonstruktion herauszufinden, die ihm trotz ihrer globalen Dyssynergität ein Gefühl von Sicherheit und Aufgehobenheit in der Welt vermittelt. Therapeutischen Veränderungsbemühungen wird nun ein entsprechender Widerstand entgegengesetzt. Unter Lebensumständen, die zu einer massiven Aktualisierung der virtuellen Dyssynergitäten führen, damit zu negativen sekundären Emotionen und konsekutiv zu negativen primären Emotionen im praktischen und sozialen Versagen, kommt es dann zur neurotischen Dekompensation.

Um im buchstäblichen Sinne das »Gewicht« dyssynerger Kognitionen bei der Entstehung von Neurosen zu erhöhen, sei noch einmal an den konsequent monistischen Ansatz der Psychosynergetik erinnert. Gedanken und Gedankensysteme sind spezifisch strukturierte materielle Gebilde: zyklisch-autopoietische Systeme in Form elektromagnetochemischer dissipativer Strukturen im Gehirn. Wir waren soweit gegangen, sie als eine eigenständig evolvierende Lebensform zu betrachten, mit der wir in Symbiose leben: memcodierte Noobionten. Der organische Fluß der Gedanken ist nicht weniger materiell als der Gallefluß. *Falsche Theorien sind kranke Organe, kranke Organe der Verhaltensregulation,* deren Strukturdefekte für die Gesundheit nicht weniger bedeutsame Konsequenzen haben können, als im Falle einer kranken Leber.

Eine Vielzahl von Konzepten, die in anderen Therapieschulen erarbeitet wurden, lassen sich vom Standpunkt der Psychosynergetik reinterpretieren und aufheben. Dies gilt etwa für verschiedene Formen des Widerstandes, wie sie von der Psychoanalyse angegeben wurden. Am Beispiel der *Verdrängung* sei dies noch kurz skizziert. Kindliche Wünsche repräsentierende Triebregungen (überwiegend oder gar ausschließlich sexueller Natur) werden durch das Über-Ich nicht zugelassen und zwecks Vermeidung von Angst und Scham ins Unbewußte verdrängt, wo der Dauerdruck ihrer an adäquater Abfuhr gehinderten Triebenergie dann die verschiedensten Krankheitssymptome hervortreibt. Im Zusammenhang mit der Traumatheorie kann man dies wohl als den theoretischen Kerngedanken der Psychoanalyse betrachten. Zweierlei ist hierzu in erster Näherung zu sagen. Erstens: Es kann nicht ins Belieben eines jeden Therapeuten gestellt sein, im Unbewußten, also im »Es« bzw. im primären System, wirksame Wünsche zu erfinden.

Für derartige dauerhafte, von bewußten, ontogenetisch gewordenen kognitiven Strukturen unabhängige Wünsche ist nämlich eine phylogenetisch gewordene strukturelle Basis in Form eines primären Antriebs zu fordern. Und für diesen wiederum ist ein evolutiver Anpassungswert einsichtig zu machen, sind ethologische und neurowissenschaftliche Befunde zu erbringen etc. So postuliert etwa der Frankfurter Professor für Psychoanalyse Peter Kutter (1992, S. 140) primäre Impulse, die darauf zielen, »mit Kot zu schmieren« (in Abwehr dessen wird der so Geschlagene dann bei Kutter zum »Reinlichkeitsfanatiker«). Welchen Überlebensvorteil könnte es wohl haben, »mit Kot zu schmieren«? Es mag ja sein, daß dies kleine Kinder bisweilen tun; nur, sie tun das eben im explorativen Spiel auch mit Lehm oder Marmelade. Es gibt ganz sicher keinen speziellen, phylogenetisch gewordenen primären »Schmierantrieb für Kot«, dessen permanente unbewußte Impulse zu neurotischen Entwicklungen führen. Weiter kann man heute verlangen, daß zur Deutung primärer Impulse das gesamte Spektrum der ableitbaren primären Antriebe herangezogen wird, und das ist eben nicht nur der Sexualantrieb bzw. die für ihn postulierten rudimentär-regressiven Derivate (sondern, wie im o.g. Falle auch der Explorationsantrieb). Zweitens: Zu Zeiten einer rigiden Sexualmoral im Wien Sigmund Freuds mögen derartige sexuelle Verdrängungsprobleme in einem Maße im Vordergrund gestanden haben, daß eine Generalisierung dieses Konzepts zum Kernproblem der Neurose nachvollziehbar erscheint. Doch Tempora mutantur et nos mutamur in illis. Es gibt heute keine sexuelle Aberration mehr, die nicht schon vielfach Gegenstand der öffentlichen Talk-Runden im Privatfernsehen gewesen wäre, und das Publikum versäumt es bei solcher Gelegenheit nicht, sich seine aufgeklärte Offenheit durch reichlichen Applaus zu bestätigen. Nichts ist heute mehr derart verboten, daß es um keinen Preis ins Bewußtsein gelassen werden könnte, wenn auch vielleicht mit Unbehagen. Die große Zeit der krankmachenden rigiden Über-Ichs – sie ist abgelaufen. Anything goes, if it's fun. Die klassische Freudsche Verdrängung dürfte sich heute wohl überwiegend in transformierter Form manifestieren: primäre Triebimpulse erreichen zwar das Bewußtsein, ihre Interpretation und sekundäre Repräsentation wird aber, wie oben angegeben, durch falsche Psycho-, Selbst- oder Wertemodelle verzerrt, mit der Folge eines inadäquaten bedürfnisentspannenden Handelns. Oder aber sie werden wohl adäquat interpretiert, sind aber so stark (u./od. die sekundären Strukturen sind so instabil), daß sie eine bedürfniskonforme Verformung außenweltbezogener kognitiver Strukturen erzwingen. Im ersten Falle werden sozusagen innere, im zweiten Falle äußere Realitäten verfälscht bzw. verdrängt. Die Tendenz, negative primäre u./od. sekundäre Emotionen zu vermeiden bzw. positive primäre u./od. sekundäre Emotionen zu erlangen, ist ein ursächlicher Hauptfaktor bei selektiver Wahrnehmung, Fehlinterpretation primärer Impulse oder äußerer Gegebenheiten und bei der Formung dyssynerger Kognitionen bzw. pseudosynerger Systeme. So entstehen Wunschbilder der inneren oder äußeren Wirklichkeit, die Realitäten verdrängen. Die Pathogenität von Verdrängungen fällt dann mit den oben angegebenen noopathogenen Folgen dyssynerger Kognitionen in eins. Verdrängte mögliche und adäquatere Interpretationen der inneren und äußeren Realität werden so gleichsam als die »äußere Seite« dyssynerger Kognitionen bzw. pseudosynerger Systeme verstehbar. Der o.g. Widerstand, den pseudosynerge Systeme ihrer Veränderung entgegensetzen, erscheint dann gleichzeitig als Widerstand gegen die Bewußtmachung verdrängter Inhalte. In Abschnitt 9.7. hatten wir bereits zwischen primärer und sekundärer Verdrängung unterschieden, je nach dem, ob die Verdrängung der Vermeidung negativer primärer oder sekundärer Emotionen dient. Wir hatten dort die Interpretation von Kippbildern als Elementarparadigma einer Verdrängung bezeichnet. In diesem sehr grundsätzlichen Sinne kann man jede Symmetriebrechung in der Evolution kognitiver Systeme als eine Verdrängung einer möglichen anderen Interpretation der Welt verstehen.

Fehlende kognitive Struktur: psychodynamische Deprivation, existentielles Vakuum und Weltenge

Neben den bis hierher besprochenen dyssynergen kognitiven Strukturen geht auf der noetischen Ebene eine noopathogene Wirkung auch von *fehlenden kognitiven Strukturen* aus, von einer zu geringen sekundären »Struktur- und Antriebsmasse«, von einer Hypotrophie des sekundären Systems als Regulierungsorgan also (dazu korreliert der Risikofaktor »niedriger Bildungsgrad«, der in den meisten diesbezüglichen Studien identifiziert werden kann):

1. Fehlende sekundäre Antriebe verschärfen das in Abschnitt 9.6. besprochene Phänomen der primären psychodynamischen Deprivation. Unsere hedonistische Grundstrukturierung, so hatten wir festgestellt, erzeugt einen unter natürlichen (Mangel-)bedingungen immer erfüllten resultierenden Grundbedarf nach Psychodynamik, nach ständiger Spannung und Lösung wechselnder Bedürfnisse also. Die weitgehende existentielle Absicherung im Funktionskreis der Lebenssicherung, die zunehmende soziale Vereinzelung sowie die eintönig-routinehaften Arbeits- und Alltagsabläufe in den modernen anonymen Massen- und Wohlstandsgesellschaften frustrieren diesen Grundbedarf zunehmend. Wird die primäre psychodynamische Deprivation nicht durch sinnstiftende sekundäre Strukturen und die Eigendynamik der sekundären Antriebsentwicklung kompensiert, entsteht das von Viktor Frankl beschriebene existentielle Vakuum, das sich zu existentieller Frustration steigern und als (Auto-)aggression entladen kann und das dem Hineinwuchern einer Vielzahl von Neurosen erst den Raum gibt. Zufolge den Untersuchungen Frankls gründen ca. 20% aller Neurosen ursächlich in einem solchen Zustand der Sinnleere wie auch das, was er die »massenneurotische Trias« nennt: Jugendkriminalität, Drogenabhängigkeit und die steigenden Suizidraten bei Jugendlichen. Es sei hierzu nachdrücklich auf die brillianten Schriften Viktor Frankls verwiesen. Für eine Vielzahl weiterer grenzwertig pathologischer sozialpsychologischer Phänomene bildet besagte psychodynamische Deprivation den psychologischen Haupthintergrund: reaktiv übersteigertes Suchen und Ausleben von Sozialkontakten und Beziehungen, das eine eigenständige innere Entwicklung hemmt (»Beziehungssucht«), gefährliche Extremsportarten, die Entwicklung bizarrer sexueller Aberrationen, Horror- und Gewaltfilme, entsprechende Computerspiele etc. Aber schon das Bedürfnis nach Kriminal- und Abenteuerfilmen oder nach »Seelenmassage« durch triviale Liebesromane entspringt dem resultierenden »Hunger nach starken Gefühlen« und letztlich ist auch die Rezeption anspruchsvoller Kunst und jede sinnvolle sportliche Aktivität hierdurch mitbedingt bzw. stellt bereits eine gesunde sekundäre Kompensation der primären Deprivation dar.
2. Ein sekundäres System mit zu wenig »Struktur- und Antriebsmasse« kann als hypotrophes Regulationsorgan betrachtet werden. Entprechend wird seine innere und äußere Regulationstätigkeit ärmer und weniger flexibel in ihren Reaktionsmöglichkeiten sein. Insbesondere wird es Bereiche im Psychischen geben (primäre Emotionen, Verhaltensgewohnheiten etc.), die schlecht oder gar nicht sekundär repräsentiert sind und deshalb gar nicht adäquat in die bewußte Autoregulation einbezogen wer-

den können. Die Folge ist eine Häufung innerer und äußerer Konflikte. Die Bedeutung der dialektischen Kapazität kognitiver Systeme für die psychische Gesundheit wurde aufgewiesen – aber gerade reife dialektische Denkqualitäten setzen eine bestimmte »kritische Masse« an abstraktiv verdichteter kognitiver Struktur voraus. Ferner: Je weniger komplex kognitive Systeme sind, desto weniger stabil sind sie und desto weniger Widerstand setzen sie verformenden Kräften entgegen, insbesondere jenen oben genannten Verdrängungstendenzen. Nicht in komplexen Basisstrukturen feinvernetzte Erkenntnisse, Prinzipien und Vorsätze werden unter dem Druck primärer Bedürfnisse schnell umgedeutet oder verdrängt (was dann infolge geringer sekundärer Emotiogenität auch kaum »Gewissensbisse« macht). Wiederum sind Dyssynergitäten und Konflikte die Folge.

3. In einem wenig komplexen, hypotrophen sekundären System muß das strukturale Ich (das Selbstmodell) ganz unabhängig von der Spezifik der Strukturierung größeren und zentraleren Raum einnehmen, als im Falle komplexerer sekundärer Systeme. Ein solcher in einer »Weltenge« begründeter relativer oder struktural er Egozentrismus muß als Risikofaktor für neurotische Entwicklungen angesehen werden. Jenes reife Sich-nicht-mehr-so-wichtig-Nehmen des Selbst im Weltganzen wird erst möglich, wenn dieses Weltganze auch in der subjektiven Wirklichkeit repräsentiert ist. Sekundäre Komplexität, »Weltweite« also, ermöglicht eine strukturale Ego-Dezentrierung als wichtige Voraussetzung für Selbstdistanzierung, Selbstrelativierung, Selbstironisierung und einen humorvollen Umgang mit den eigenen Schwächen. Wie wichtig diese Befähigungen für Erhaltung bzw. Wiedererlangung seelischer Gesundheit sind, ist jedem erfahrenen Therapeuten ein Begriff und muß hier nicht weiter erläutert werden.

Unspezifische nichtlineare Systemeffekte: die Vernetzung vitiöser Zyklen

Die wichtigste Grundcharakteristik, die dem Gehirn im Rahmen der Psychosynergetik zugeschrieben wird, ist die eines nichtlinearen komplexen Systems. Nichtlinearität entsteht aus positiver Rückkoppelung. Allen Systemen dieses Typs ist die Gefahr immanent, daß positive Rückkoppelungen aufgrund ihrer Selbstverstärkung außer Kontrolle geraten bzw. daß bestimmte Prozesse unerwünscht in eine positive Rückkoppelung geraten. Sollten sich Auswirkungen solcher Effekte im Psychischen nicht als pathologische Phänomene identifizieren lassen – es wäre kaum zu glauben. Und in der Tat: Unter der Bezeichnung »vitiöser Zyklus« sind sie in der Psychopathologie wohl bekannt. Wieder ist es Viktor Frankl, der als einer der ersten und mit großer Konsequenz vitiöse Zyklen zu einer wesentlichen Grundlage seiner Pathogenesekonzepte macht (vgl. hierzu Frankl 1993). Vitiöse Zyklen können sich in den unterschiedlichsten Formen etablieren. Man kann weinen, weil man heute wieder so weinerlich ist; man kann seinen Ärger über irgend etwas dadurch prolongieren, daß man beginnt, sich darüber zu ärgern, daß man sich ärgert usw. Eine Schlüsselrolle bei relevanten neurotischen Entwicklungen spielt allerdings das Phänomen Angst. Zum einen macht Angst vegetative Symptome (z.B. Schwitzen, Erröten, Herzklopfen), die selbst wieder Angst machen können (vgl. Abb. 10.1 B). Ferner: Angst und intentionale Akte beziehen sich physiologischerweise auf außerpsychische Gegebenheiten. Richten sie sich dagegen hyperreflexiv auf intrapsychische Entitäten, induzieren und aktualisieren sie diese Entitäten. Beziehen sich z.B. Angst und Vermeidungsintentionen auf bestimmte Gedanken und Vorstellungen, werden diese

Gedanken und Vorstellungen dadurch nicht vermieden, sondern im Gegenteil immer wieder aktualisiert, so daß sie schließlich die Form von Zwangsgedanken und Zwangsvorstellungen annehmen (C). Angst und Vermeidungsintentionen können sich aber auch auf die Angstempfindung selbst beziehen: Angst vor der Angst erzeugt dann immer neue Angst. Erwartungsängste dieser Art haben eminente Bedeutung, da sie sich auf jeden psychopathologischen Prozeß eskalierend aufpfropfen können, an dem Angstkomponenten beteiligt sind, und wo ist dies nicht irgendwann der Fall. Nach Frankl entstehen bestimmte Formen der Phobie (insbesondere die Agoraphobie), wenn nun auf die Angst mit Flucht reagiert wird (D). Wie bereits festgestellt, können autonome primäre Funktionen wie die Sexualität und das Schlafverhalten durch Reflexion und Intention gestört werden, wenn diese Störung dann Hyperreflexion und Hyperintention erzeugt, ist der vitiöse Zyklus geschlossen (A). Abb.10.1 macht deutlich, wie sich Zyklen dieser Art untereinander und mit anderen pathologischen Prozessen vernetzen können.

Damit sei unsere kurze Beprechung pathogenetischer Einzelmechanismen, die sich ganz unmittelbar aus dem psychosynergetischen Strukturmodell ergeben, abgeschlossen. Wie bei der Diskussion der Strukturebenen bereits festgestellt, muß man bei komplexen

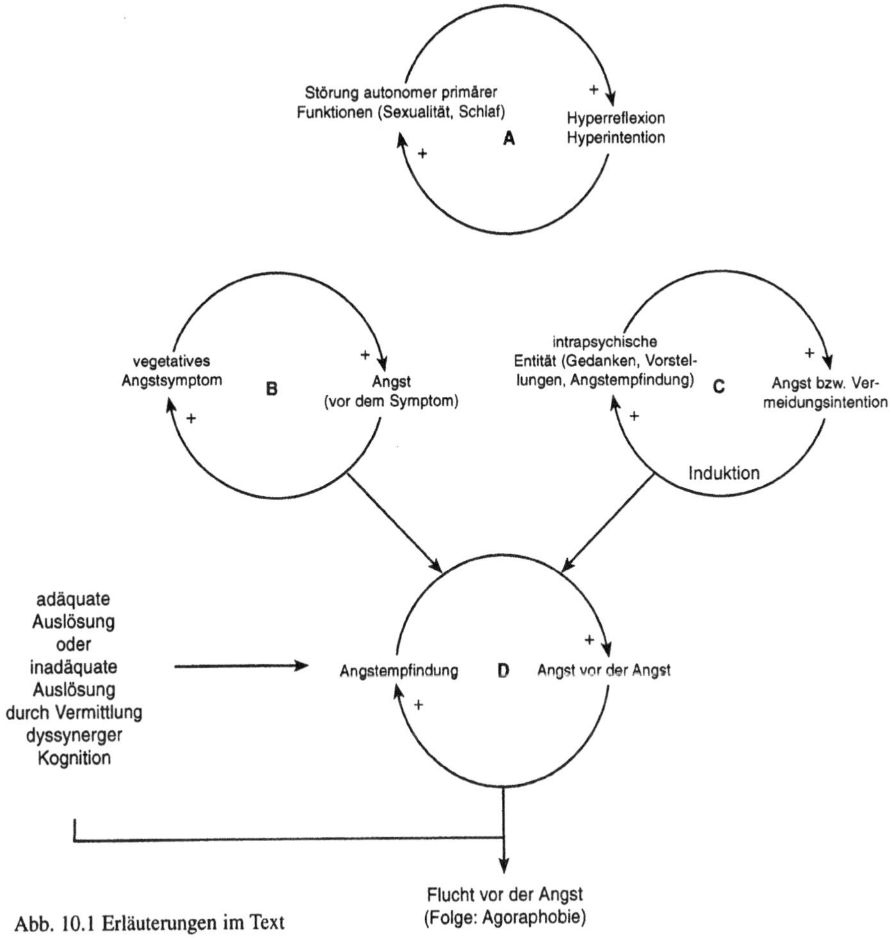

Abb. 10.1 Erläuterungen im Text

chronischen Störungen davon ausgehen, daß Strukturdefekte auf einer Ebene Folgedefekte auf anderen Ebenen nach sich ziehen und am Ende das Krankheitsbild stabilisiert wird durch die Interaktion mehrerer der hier beschriebenen Mechanismen im idiosynkratischen Zueinander mit den je unikalen Strukturbedingungen der jeweiligen Persönlichkeit. Auch ist deutlich geworden, daß die verbreitete Klassifikation neurotischer Störungen nach Hauptsymptomen keinesfalls darauf schließen lassen kann, daß es sich bei der jeweiligen Kategorie um ein monolithisches Krankheitsbild mit einer einheitlichen Pathogenese handelt. Wie gezeigt, kann beispielsweise ein phobisches Krankheitbild schwerpunktmäßig durch Pathogenesemechanismen auf empirischer, noetischer oder unspezifisch-systemischer Ebene bedingt sein. Wahrscheinlich kann man in keinem Bereich der Medizin mit mehr Berechtigung davon ausgehen, daß es ebensoviele Erkrankungen gibt wie Kranke. Es wird immer der Erfahrung und Intuition des Therapeuten obliegen, in jedem individuellen Fall zu entscheiden, welche Hauptmechanismen auf welchen Ebenen im Vordergrund stehen; und dies erfordert ein hohes Maß an »Systemkompetenz«.

10.5. Therapie und Heilungsmechanismen

10.5.1. Systemtheoretische Grundpostulate

Aus dem psychosynergetischen Strukturmodell und den dargestellten Mechanismen der Pathogenese leiten sich unmittelbar Angriffspunkte und Vorgehensweisen möglicher Therapien ab. Wieder wird der Aufstieg über die verschiedenen Strukturebenen zu nehmen sein. Zuvor jedoch noch ein Wort zum Verhältnis dieser Strukturebenen. Unser Detailwissen über Feinstruktur, Funktion und insbesondere über die komplexen ganzheitlichen Regulationsvorgänge im menschlichen Organismus einschließlich der psychosomatischen Wechselwirkungen ist noch sehr lückenhaft. In den meisten Fällen erlaubt es noch nicht, Aussagen, die von verschiedenen Therapieschulen zu Fragen von Therapiewirkung und psychosomatischer Vermittlung gemacht werden, in einer Weise zu bestätigen oder zu widerlegen, die strengeren wissenschaftlichen Phase-1-Standards entspricht. Gleichwohl fördert auch dieses lückenhafte Detailwissen bestimmte allgemeine Charakteristika zutage, die man mit einer gewissen Berechtigung »intuitiv extrapolieren« kann, um zu verallgemeinerten »systemtheoretischen Grundpostulaten« zu kommen. Für die in unserem Zusammenhang relevanten Fragestellungen würde ich diese Grundpostulate wie folgt formulieren: Komplexe dissipativ-konservative Systeme sind von einer hierarchischen Grundstruktur. Dies gilt für die genannten vier basalen Strukturebenen wie auch für die morphologisch-funktionellen Kompartmente innerhalb dieser Ebenen. Grundsätzlich gilt: Morphologisch u./od. funktionell verbundene Ebenen oder Kompartmente beeinflussen sich mit unterschiedlicher Reichweite, und zwar prinzipiell wechselseitig. Allerdings geht dabei unter physiologischen Bedingungen von hierarchisch höherstehenden Ebenen ein deutlich stärkerer Einfluß auf hierarchisch tieferstehende Ebenen aus, als dies umgekehrt der Fall ist. Die Beeinflussung von oben nach unten kann dabei sowohl spezifischer als auch unspezifischer Natur sein, der Einfluß von unten nach oben hingegen ist zumeist lediglich ein unspezifischer. Trotz dieser gegenseitigen Beeinflussung wahren die einzelnen Kompartmente in wechselndem Ausmaß eine relative funktionelle Autonomie und auf verschiedenen Hierarchielevels sind Eigengesetzlichkeiten wirksam. Ferner: Will man durch Einwirkung von außen auf einer bestimmten Strukturebene einen spezifischen Effekt erzielen, muß der Differenziertheits- und Komplexitätsgrad des einwirkenden Agens (bzw. seiner »Steuerungseinheit«) gleich oder größer sein als der Differenziertheitsgrad der betreffenden Strukturebene. Ist dies nicht der Fall, kann lediglich eine ungezielte, unspezifisch-globale Wirkung ausgeübt werden. Mit »spezifischer Wirkung« sind dabei lokale Systemveränderungen gemeint, die determiniert und koordiniert mit sehr hoher Wahrscheinlichkeit zu einer höheren Gesamtintegration des Systems führen bzw. zu bestimmten von außen oder von höheren Hierarchieebenen angezielten Lokaleffekten. Diese Postulate sind, wenn man so will, statistische Gesetze, Abstraktionen und Verallgemeinerungen, wobei aus der für die Mehrzahl der beobachtbaren Fälle gültigen Aussage ein allgemeines Prinzip formuliert wird. Sie sollen also lediglich die überwiegende Grundtendenz, das »Wesen« der komplexen organismischen Regulationsprozesse spiegeln – eine Betrachtung mit höherer Auflösung wird Ausnahmen finden und Sachverhalte, die sich von diesen Postulaten in ihrer o.g. Formulierung nicht adäquat erfassen lassen. Für die Zwecke dieses Grundlagenkapitels mag eine solche globale und intuitive Fassung zunächst ausreichend sein – eine typische »Phase-2-Formulierung« eben. Es ist klar, daß der Rekurs auf diese Postulate im Einzelfall keinen Beweiswert hat. Es handelt sich lediglich um einen »intuitiven Kompaß«, der Aussagen der folgenden Art erlaubt: Ausgehend von heutigem gesicherten Phase-1-Wissen hat eine Modellvorstellung, die den genannten Postulaten eklatant widerspricht nur geringe Chancen, irgendwann einmal eine neurowissenschaftliche (Phase-1-)Bestätigung zu erfahren.

Dies betrifft beispielsweise den »Hyperdeterminismus« und »Hypersymbolismus« vieler tiefenpsychologisch orientierter Therapierichtungen. Nehmen wir an, eine verheiratete junge Frau, die sich in einem schwachen Augenblick zu einem Seitensprung hat hinreißen lassen und nun von starken Schuldgefühlen geplagt wird, klagt über rezidivierende Schwindel- und Ohnmachtsanfälle. Eine typische tiefenpsychologische Interpretation wäre nun, diese Anfälle als symbolischen Ausdruck bestimmter abgespaltener Bereiche der Psyche für das »gefallene Mädchen« zu nehmen. Dazu müßte also das bewußte oder unbewußte kognitive Konzept »gefallenes Mädchen« von der noetischen Ebene irgendwie auf psychoorganisch-vegetativ-somatische Ebenen transferiert werden. Dort wäre es dann in Regulationsimpulse zur Erzeugung einer spezifischen vegetativ-somatischen Reaktion zu übersetzen, die dann auf der noetischen Ebene wieder als Symbol für o.g. kognitives Konzept erkennbar und rückübersetzbar sein müßte. Dies setzt eine überwiegend oder ausschließlich hochspezifische und hochdeterministische Durchkoppelung über verschiedene Ebenen hinweg voraus und leugnet zudem Autonomie und Eigengesetzlichkeiten auf verschiedenen Ebenen, die notwendig zu einer entstellenden Verzerrung eines solchen »Symboltransfers« führen sollten. Ein noch größeres Problem wären Herkunft und Natur der notwendigen »Übersetzungsprogramme« – ein Homunkulus im Unbewußten als Übersetzer wird es doch nicht sein? Jeder autogen Trainierende weiß, wie viel Übung es erfordert, von der noetischen Ebene aus selbst sehr unspezifische vegetative Effekte zu induzieren. Die Adäquatheit solcher animistisch-symbolistischen Modelle der Symtombildung wäre also vor dem Hintergrund modernen systemtheoretischen Denkens stark in Zweifel zu ziehen. Die lerntheoretischen Konzepte oder die Streßmodelle (»Bruch des schwächsten Kettengliedes«) sind hingegen mit unseren Systempostulaten gut kompatibel. Für die Darstellung eines spezifisch psychosynergetischen psychosomatischen Modells ist hier nicht der Raum (vgl. hierzu Kruse & Stadler 1990).

Ein zweites Beispiel: Von einer Vielzahl mehr oder weniger seriöser Therapierichtungen wird explizit oder implizit die Auffassung vertreten, Krankheiten seien generell psychisch bedingt. Gemeint sind alle Erkrankungen, auch schwere und lebensgefährliche somatische Leiden wie Krebs und gemeint ist nicht selten eine direkte und spezifische Auslösung dieser Erkrankungen durch bestimmte Konflikte. Auch solchen Auffassungen liegt ein Top-down-Hyperdeterminismus zugrunde, der die relative Autonomie untergeordneter Ebenen leugnet. Natürlich kann die Psyche auf unspezifischem Wege, etwa durch eine Schwächung des Immunsystems, die Entstehung von Krebs fördern; die spezifische Ursache jedoch liegt auf somatischer Ebene, und die Spezifik der Manifestation ist durch die Eigengesetzlichkeit somatischer Ebenen bestimmt. Entsprechend kann Psychotherapie hier nur unspezifisch eine kausale Somatotherapie begleiten. Nun aber zur Besprechung von Psychotherapiekonzepten entsprechend den Strukturebenen.

10.5.2. Somatische und psychoorganische Ebene

Da man phylogenetisch gewordene konservative Strukturen durch Psychotherapie nicht verändern kann, bleibt eine Intervention auf diesen Ebenen den beschränkten Möglichkeiten der Somatotherapie vorbehalten (medikamentöse, chirurgische oder neurochirurgische Therapie). Mit einem gewissen Recht kann man an dieser Stelle auch die sogenannten Körpertherapien wie Vegetotherapie (W. Reich), Bioenergetik (A. Lowen), Feldenkrais, Tai Chi u.a. besprechen – man könnte z.B. sagen, ihr Angriffspunkt liege auf dem hierarchischen Level der somatischen Strukturebene. Da wir die in den genannten Richtungen vertretenen Pathogenesekonzepte nicht teilen, wurden diese Therapieschulen bei der Besprechung der Pathomechanismen nicht erwähnt. Grob verallgemeinert gesagt, wird hier – teilweise unter Bezugnahme auf Konzepte der östlichen Medizin – von einer Blockade imaginärer »Energieflüsse« im Körper ausgegangen. Dies sei die Ursache psychischer Störungen und manifestiere sich direkt in Muskelverspannungen. Löse man in der Körpertherapie diese Muskelverspannungen, komme die »Energie« wieder zum Fließen, was dann auch die psychischen Störungen zum Verschwinden bringt. Oft wird dieser Energiefluß mit externen Einwirkungen in Verbindung gebracht und z.B. als Fluß »kosmischer Energie« gedeutet. Diese Vorstellungen verstoßen in mehrfacher Hinsicht gegen o.g. Systempostulate. Sie ignorieren Autonomie und Eigengesetzlichkeit der verschiedenen Strukturebenen bzw. konzeptualisieren diese Ebenen gar nicht erst. Wenn man dies aber tut und sieht, daß es noogene Neurosen gibt, die der Eigengesetzlichkeit der noetischen Ebene entspringen, muß man den Körpertherapien folgendes vorhalten: Sie postulieren spezifische Wirkungen von tieferen Levels auf höhere Levels und gehen davon aus, daß wenig differenzierte Agenzien wie etwa eine allgemeine »Lebensenergie« zu spezifischen Wirkungen auf Strukturebenen führen könnten, die um ein Vielfaches komplexer sind, als das einwirkende Agens selbst. Solches ist noch nirgendwo in der Natur beobachtet worden. Aus unseren systemtheoretischen Grundpostulaten folgt: *Ein Strukturdefekt auf einer Ebene ist nur durch Eingriff auf dieser Ebene selbst oder durch Vermittlung einer höheren und komplexeren Ebene spezifisch zu beheben.* Von tieferen Ebenen aus ist eine spezifische Heilung des Defekts nicht möglich, allenfalls können unspezifische förderliche Effekte von hier ausgehen.

Das bedeutet: Da die meisten Neurosen primär noogen sind bzw. sich irgendwann auf der noetischen Ebene »einschleifen«, kann der Hauptangriffspunkt der Therapie in Form einer kognitiven Therapie auch nur auf der noetischen Ebene liegen. Körpertherapie ist aus prinzipiellen Gründen nicht in der Lage, diese Neurosen zu heilen. Betrachtet man das Gesamtsetting, in dem Körpertherapien ablaufen, kommt man schnell zu dem Schluß, daß ihre Effekte wesentlich auf den empirischen und noetisch-kognitiven »Nebenwirkungen« beruhen. Gleichwohl, wir sprachen von unspezifischen förderlichen Bottom-up-Effekten – was könnte man sich hierunter vorstellen? In Abschnitt 9.7. war von einer supramodalen Ausbreitung dynamischer Ordnungscharakteristika des neuronalen Substrats (z.B. von der akustischen Wahrnehmung zur Motorik) die Rede, hervorgerufen durch Versklavungseffekte hyperstabiler Ordner, die konservative bzw. dynamische Schranken durchbrechen. Man könnte sich also in diesem Sinne ein Irradiieren von Synergität bzw. Dyssynergität auf neuronaler Ebene über die Grenzen von Kompartmenten und Ebenen hinweg vorstellen. So könnte es zu gewissen harmonisierenden und stabilisierenden »Mitnahmeeffekten« von der Motorik auf das Denken und die übrigen psychoneuralen Prozesse allgemein kommen. Unseren Systempostulaten zufolge sollten diese Effekte allerdings nur schwach und unspezifisch sein; keinesfalls können sie eine spezifische Restrukturierung dyssynerger Kognitionen leisten oder ersetzen. Es gilt: Harmonisches Denken kann sehr wirksam die Bewegungen harmonisieren, harmonische Bewegungen allein aber bewirken kein harmonisches Denken (und schon gar nicht der Einstrom »kosmischer Energie«). Harmonisches Denken aber ist nur durch intensive synergisierende Übungen auf der Ebene des Denkens selbst zu erlangen.

Über derartige sehr hypothetische Bottom-up-Synchronisationseffekte auf der Ebene neuronaler Oszillatoren hinaus können spezifisch strukturierte körperliche Übungen natürlich auf höheren Ebenen sehr effektiv genutzt werden, um auf symbolisch-ästhetische Weise bestimmte Denk- und Haltungssysteme zu stabilisieren, und so zu ganzheitlichen Erlebensweisen entscheidend beitragen. Unten wird davon im Zusammenhang mit dem Aikido noch die Rede sein. Und drittens können experimentell nachgewiesene Effekte wie die Stimulierung der intrazerebralen Endorphinausschüttung bei körperlicher Belastung (das sogenannte »runner's high«, vgl. Hollmann et al. 1996) sehr wirksam in Psychotherapie integriert werden. Insgesamt sollte damit aber klar sein: Körper- und Sporttherapie kann nicht als eigenständige Psychotherapie gelten, wohl aber als unverzichtbares Ergänzungsmoment.

10.5.3. Empirische Ebene: der Platz der klassischen Verhaltenstherapie

Über die Realisierung unspezifischer Therapiefaktoren wie Vermittlung uneingeschränkter Wertschätzung und liebevoller Zuwendung hinaus können die Verfahren der klassischen, lerntheoretisch orientierten Verhaltenstherapie als kausale Therapie von primär empirischen psychischen Strukturdefekten gelten. Einzelheiten zu diesen Therapiemethoden sind bekannt bzw. in der einschlägigen Literatur (z.B. Margraf 1996) nachzulesen – hier nur einige Stichworte: Desensibilisierung, Konfrontation, Angstbewältigungstraining, Aversionstherapie, Verstärkungspläne, Token-Programme, Rollenspiel, Selbstkontrolltechniken etc. Aus dem psychosynergetischen Strukturmodell lassen sich für diesen Bereich keine Modifikationen ableiten. Es stellt aber immerhin rationale Argumente zur Verfügung, um den Stellenwert dieser Verfahren im Rahmen einer Allgemeinen Psychotherapie zu bestimmen und ist in der Lage, theoretisch abzubilden, wie sich ihren Therapiewirkungen kognitive Therapieeffekte überlagern (Prinzip der sekundären Aufhebung – s.u.). Im Falle klassisch empiriogener Neurosen (z.B. bestimmte Phobien) wie auch bei sehr kleinen Kindern oder geistig schwer retardierten Erwachsenen kann klassische Verhaltenstherapie auch heute noch alleiniges oder schwerpunktmäßiges Therapieverfahren sein. In vielen anderen Störungsbereichen sollte sie nach den kognitiven Verfahren einen zweiten Schwerpunkt bilden, insbesondere dort, wo die Veränderung von Stereotypen des äußeren Verhaltens eine wichtige Rolle spielt, etwa beim »Training sozialer Kompetenz« in der Suchttherapie oder bei der Therapie von Zwangshandlungen. In aller Regel aber werden klassisch-lerntheoretisch begründete Verfahren ein *untergeordnetes*, additives oder integriertes Begleitmoment einer Therapie mit noetisch-kognitivem Schwerpunkt sein müssen. *Es sollte gelten, daß prinzipiell und zuerst alle Möglichkeiten des noetisch-kognitiven Therapiezugangs auszuschöpfen sind.* Dies folgt schon aus den systemtheoretischen Grundpostulaten nach einer analogen Argumentation, wie wir sie oben im Zusammenhang mit den Körpertherapien geführt haben: Sobald die noetische Strukturebene relevant affiziert ist (und das ist irgendwann bei den meisten Neurosen der Fall), kann eine spezifische Reparatur des »Gesamtschadens« nicht mehr von der untergeordneten empirischen Strukturebene ausgehen, zumindest nicht ausschließlich. Ferner: Man kann primär-empirische Defekte auch ohne »Umkonditionieren« durch eine Art »sekundäres Überschreiben« (sekundäre Aufhebung – s.u.) unter Vermittlung der noetischen Strukturebene heilen und es spricht vieles dafür, daß erst eine Verankerung jedweder struktureller Reparatur auf der noetischen Ebene dem Therapieerfolg umfassenden Charakter und Dauerhaftigkeit verleiht. Und wahrscheinlich beruht wie schon bei den Körpertherapien ein nicht unbeträchtlicher Teil des Therapieeffektes der klassischen Verfahren ohnehin auf »kognitiven Nebenwirkungen«. Dies wäre nach dem psychosynergetischen Strukturmodell plausibel und deckt sich mit neueren Ergebnissen der Prozeß- und Veränderungsforschung. Last but not least ein ethisches Argument: *Zu konditionieren, wo auch eingesehen werden kann, ist inhuman und menschenverachtend.*

10.5.4. Noetische Ebene

Die Harmonisierung des dyssynergen Denkens: Reinterpretation der Rational-emotiven Therapie (Ellis); das Prinzip des indirekten Handelns

Bei Strukturdefekten auf der noetischen Ebene finden die kognitiven Therapien sowie humanistische Therapien wie die Logotherapie (Frankl) ihren kausalen Angriffspunkt: Während erstere mit der Umstrukturierung dysfunktionaler bzw. dyssynerger Kognitionen befaßt sind, zielen letztere, grob gesagt, auf das adäquate Ausfüllen größerer Strukturdefekte. Befassen wir uns zunächst mit der kognitiven Umstrukturierung durch kognitive Therapien wie die Rational-emotive Therapie (Ellis), die Kognitive Therapie von Beck, das Selbstinstruktionstraining (Meichenbaum), das Problemlösetraining (D'Zurilla & Goldfried) oder das Personal-science-Konzept von Mahoney. Exemplarisch beziehen wir uns dabei auf die Rational-emotive Therapie (RET), die seit Mitte der 50er Jahre von Albert Ellis entwickelt wurde (Ellis 1993, Ellis & Grieger 1995, Keßler & Hoellen 1982). Sie ist eine der ersten, grundlegendsten und verbreitetsten Therapieansätze der o.g. Gruppe und scheint zudem insgesamt den Implikationen der Psychosynergetik am besten zu entsprechen. In diesem Rahmen können nur verkürzt die Kerngedanken der RET wiedergegeben werden. »Die RET basiert auf der Annahme, daß menschliches Denken und Fühlen nicht zwei disparate, verschiedene Prozesse sind, sondern daß sie sich signifikant überschneiden und in gewisser Hinsicht miteinander identisch sind« so Ellis (1993, S. 37). Will man also das Fühlen (und Handeln) verändern, muß man zuerst das Denken verändern. Gestörtes Fühlen und Verhalten wurzelt in unlogischem Denken, das in irrationalen Glaubenssystemen (belief-systems: »B«) organisiert ist. Entsprechend dem eingängigen »ABC« der RET ist B der entscheidende Vermittlungsfaktor zwischen A (activating event) und C (consequences) – eine moderne Formulierung der Lehre des Stoikers Epiktet, an den Ellis explizit anknüpft: »Nicht die Dinge selbst beunruhigen die Menschen, sondern ihre Urteile und Meinungen über sie« (Epiktet et al. 1987, S. 20). In verschiedenen Variationen hat Ellis nun die in seiner Praxis häufigsten und grundlegendsten »irrationalen Ideen« in abstraktiver Verdichtung katalogisiert (das »schmutzige Dutzend der Mußturbationen«) und Musterstrategien für eine rationale Gegenargumentation erarbeitet. Darüber hinaus wurden diese allgemeinen Prinzipien der RET für verschiedene Störungsbilder spezifiziert. Nach Ellis werden auch im frühen Kindesalter präverbal erworbene Störungen im späteren Leben in dysfunktionale Kognitionen verwandelt und durch verbale Selbstindoktrination gefestigt und aufrechterhalten. Den entscheidenden Wirkfaktor der therapeutischen Veränderung sieht die RET folgerichtig in einer Korrektur der dysfunktionalen Kognitionen. Dies geschieht durch argumentative Auseinandersetzung im »sokratischen Dialog«, wobei der Klient mit den Prinzipien und der Philosophie der RET vertraut gemacht wird, auch unter Einbezug einschlägiger Publikationen. Der rational-emotive Therapeut handelt aktiv-direktiv und versteht seine Beziehung zum Klienten wesentlich als ein Lehrer-Schüler-Verhältnis in dem es nicht zuletzt um die Vermittlung theoretischen Wissens geht. Auch die Wirkung vordergründig »emotionaler« Therapien beruht nach Ellis auf unvermeidlichen kognitiven Begleiteffekten, die von der RET spezifisch genutzt werden. Insgesamt sind die Aussagen der RET in ihrer Grundtendenz mit den Folgerungen der Psychosynergetik sehr gut kompatibel. Gleichwohl scheinen Modifikationen, Differenzierungen, Ergänzungen und Erweiterungen möglich. Vor allem aber: Eine solche Aufhebung in der Psychosynergetik stellte die RET auf ein modernes grundlagentheoretisches Fundament und behöbe damit einen ihrer gegenwärtigen Hauptmängel. Denn: Das für die RET wie für alle anderen kognitiven Therapien so entscheidende grundlagentheoretische Problem der Wechselwirkung zwischen kognitiven und emotionalen Prozessen bleibt auch bei Ellis ungelöst. Als zentrale Aussage seiner Erklärungsbemühungen formuliert Ellis (1993, S. 18 ff.), daß Menschen im Gegensatz zu Tieren nicht nur vor äußeren aversiven Reizen Angst haben können, sondern auch vor inneren Vorstellungen, verbalen Signalen und ihren eigenen Aussagen. Die Erklärungsmuster, die Ellis hierauf aufbaut, würden wir im Rahmen des psychosynergetischen Strukturmodells im Sinne einer kognitiven Projektion primärer Bedürfnisse (hier zumeist des Angstantriebs) deuten. Manche Passagen lassen zudem vermuten, daß er implizit Mechanismen annimmt, die andere später unter der Bezeichnung »verdecktes Konditionieren« in die kognitive Therapie eingebracht haben. Im Gegensatz zum Einsicht-Mechanismus der kognitiven Projektion, wo die Verbindung zwischen einer primären Emotion und Symbolstrukturen lediglich eine aktualgenetisch-passagere ist (Prinzip der episynaptischen Evolution), werden hier Vorstellungen und Symbolstrukturen dauerhaft zum bedingten Signal (Prinzip der synaptischen Evolution). Aus Sicht der Psychosynergetik sind all das die Prinzipien lediglich der primären Emotionalität, und es hätte bei Generalisierung dieser Vorstellungen alle Kritik zu gelten, die bei der Besprechung des Vergleichs-Verknüpfungs-Paradigmas in Anschlag gebracht wurde. Demgegenüber finden sich sehr interessante Textstellen, wo Ellis unter Bezugnahme auf Arbeiten der amerikanischen Psychologin Magda Arnold in etwas unscharfen Formulierungen zwischen zwei Grundtypen von Emotionen unterscheidet: »Dennoch scheint mir Dr. Arnolds Unterscheidung zwischen (relativ) spontanen und unreflektierten Gefühlen und dauerhaften und reflektierten Emotionen oder Einstellungen richtig zu sein ... Die Emotionen, um die es in diesem Buch geht, und die eine zentrale Rolle bei den sogenannten »emotionalen Störungen« spielen, zählen fast immer zur zweiten Kategorie der dauerhaften reflektierten Gefühlszustände. Sie sind das Resultat von »Einstellungen« und »Haltungen« (attitudes) und »Gesinnungen« (sentiments), wie Magda Arnold (und andere Psychologen) es genannt haben. Sie haben eine relativ schwache unmittelbar-sensorische, dafür aber um so stärker reflektiv-weltanschauliche Komponente ... Obwohl man also annehmen kann, daß Gefühle nicht immer von Gedanken begleitet sind, hat es doch den Anschein, daß anhaltende Emotionen in der Regel mit Denkvorgängen assoziiert sind, ja daß dauerhafte Gefühle, sofern es sich nicht um körperliche Schmerzen oder andere spezifische Empfindungen handelt, das direkte Resultat fortgesetzter Denkprozesse sind« (Ellis 1993, S. 42–45). Es fällt nicht schwer zu erkennen, daß hier intuitiv die psychosynergetische Unterscheidung zwischen primärer und sekundärer Emotionalität vorweggenommen ist. Leider wird diese grundsätzliche Dichotomie begrifflich nicht explizit fixiert, was an mancher Stelle Unschärfen und wohl auch gelegentlich Fehlinterpretationen verursacht – wir können darauf hier im einzelnen nicht weiter eingehen. Das o.g. latente Fortwirken behavioristischen Gedankenguts führt in Verbindung mit der Unkenntnis der Wirkprinzipien der sekundären Emotionalität dazu, daß bestimmte Konsequenzen nicht gezogen werden können, die für eine adäquate Strukturierung der Therapie wichtig scheinen. Dazu trägt ferner in entscheidendem Maße bei, daß die Charakterisierung dysfunktionaler Kognitionen, die durch Ellis auf der unscharfen Dimension »rational-irrational« erfolgt, unzureichend ist – dies wurde bereits im vorigen Abschnitt bei der Besprechung der Pathomechanismen behandelt und in unserer Drei-Ebenen-Konzeption synergen bzw. dyssynergen Denkens in einer ersten Annäherung aufgehoben. Trotz dieser Einschränkungen ist zu betonen, daß Ellis in seinem ja bereits im Jahre 1956 erschienenen Grundlagentext über weite Strecken intuitiv erstaunlich »richtig liegt« – zumindest aus der Perspektive des hier entwickelten psychosynergetischen Konzepts. Vor dem Hintergrund damals vorherrschender dogmatischer Lehrmeinungen ist in der Entwicklung der RET und ihren kognitivistischen Folgewirkungen ein bedeutender Meilenstein in der Entwicklung der Psychotherapie zu sehen.

Welche expliziten oder implizit-intuitiven Konsequenzen hat denn eine Konzeption kognitiver Prozesse nach dem Konditionierungs-Modell? Kurz gesagt: *Verstärkung durch Wiederholung immer des Gleichen.* So funktioniert das äußere Konditionieren und nur so könnte ein »verdecktes Konditionieren« vorgestellt werden; alles andere wäre theoretisch inkonsequent. Und dies ist der noch immer fruchtbare Schoß, aus dem Konzepte in die Therapie, ins Management-Training und in populäre Ratgeber gelangen, die mit der automatenhaft-stereotypen Wiederholung von Autosuggestionsformeln und ähnlichem arbeiten. Angesichts dessen kann nicht deutlich genug betont werden, daß behavioristisches Denken nach dem Prinzip der synaptischen Evolution im Bereich höherer kognitiver Prozesse nichts zu suchen hat. Es ist hier vollkommen inadäquat und führt zu fatalen praktischen Konsequenzen. Hauptanliegen dieses Buches war die Ableitung und

Begründung der Prinzipien der sekundären Emotionalität als die andere Seite kognitiver Prozesse auf der Basis des Paradigmas der episynaptischen Evolution. Es bietet sich an, diese Konzepte zu einer neuen und adäquateren grundlagentheoretischen Basis der kognitiven Therapien auszubauen. Das o.g. Verstärkungsprinzip müßte danach folgendermaßen umformuliert werden: *Zunehmende Vernetzung durch Wiederholung des Ähnlichen.* Dysfunktionale bzw. dyssynerge Kognitionen werden eben nicht durch stereotype Wiederholung immer des Gleichen verinnerlicht. Es wird hingegen lediglich Ähnliches in variablem äußeren und inneren Kontext wiederholt. Dies führt zur Herstellung ständig neuer Assoziationen zu immer anderen Wissensstrukturen (die in diesem Prozeß natürlich auch selbst verändert werden) und so zur Stabilisierung pseudosynerger Systeme. Dem muß die grundlegende Veränderungsstrategie entsprechen. Es gilt, adäquatere Kognitionen durch Synergisierung sekundär emotional und motivational wirksam zu machen. Dabei obliegt es dem Therapeuten, sich soweit als möglich in die Weltsicht des Patienten hineinzudenken und einzufühlen, d.h. das System des Klienten im Grundriß in sich zu rekonstruieren und dabei in dessen Wissensbeständen nach geeigneten »Ankerstrukturen« für die zu verinnerlichenden adäquateren Kognitionen zu fahnden. Diese Ankerstrukturen müssen zufolge unserer Theorie eine gewisse Mindestsynergität, d.h. ein minimales strukturelles Organisationsniveau und eine Mindestkomplexität aufweisen, um ihre Funktion erfüllen zu können. Sind solche Ankerstrukturen nicht vorhanden, müssen sie in einem längeren Prozeß des Persönlichkeitsaufbaus geschaffen werden (s.u. »multimediale evolutionistische Psychagogik«). In diese Ankerstrukturen sind die neuen Kognitionen nun synerg zu integrieren durch Herstellung möglichst vieler innerer Bezüge (Aufzeigen genetischer Entwicklungszusammenhänge, hierarchischer Ordnungszusammenhänge und logischer Ableitungszusammenhänge, Herstellung von Analogien, Aufzeigen allgemeiner Prinzipien u.a.m.). Da die neuen kognitiven Strukturen nun mit den Ankerstrukturen ein ganzheitliches interdependentes System bilden, wird es in der Regel in diesem Prozeß auch zu mehr oder weniger durchgreifenden Veränderungen und strukturellen »Höherordnungen« der Ankerstrukturen selbst kommen, d.h. es werden Umstrukturierungen und Umzentrierungen des Gesamtsystems hin auf mehr Einfachheit und Prägnanz (»gute Gestalt«) erfolgen. Wenn diese auf eine höhere Gesamtsynergität gerichteten Umstrukturierungen größere Bereiche des Kernmodells erfassen, kommt es zu einer Veränderung der gesamten Persönlichkeit des Klienten. Die Therapie verändert also aus dem System des Klienten heraus und treibt dieses in einen Phasenübergang.

Prägnante Formeln können dabei zur Autostimulation durchaus sehr hilfreich sein und sollten gezielt als therapeutische Technik genutzt werden. Doch wie entfalten sie ihre Wirksamkeit? Als bedingte Signale? Dies dürfte allenfalls eine untergeordnete Rolle spielen (Erinnerung primärer Emotionen ggf. unter Vermittlung visueller Vorstellungen). Entscheidend ist die latente Mitaktivierung mit der Formel verbundener sekundärer Substrukturen. Je synerger das betreffende Wissen organisiert ist, desto effektiver ist dieses Verfahren. Man tippt quasi nur noch die Spitze einer Wissenspyramide an, die ganze Pyramide beginnt zu schwingen und generiert sekundäre Emotion und Motivation. Komplexe, gut synergisierte Wissensstrukturen können so über wenige Formeln als mnemotechnische Schlüssel schnell verfügbar und intuitiv verhaltenswirksam gemacht werden. Und der Weg dahin ist eben nicht stumpfsinnige Repetition, sondern möglichst differenziertes und tiefes Verstehen!

Entsprechend unserer dreidimensionalen Beschreibung dysfunktionaler bzw. dyssynerger Kognitionen sollte dabei zum ersten sensu Ellis auf logische Folgerichtigkeit des Denkens geachtet werden. Zum zweiten ist in Verbindung mit der Vermittlung eines evolutionistischen Weltbildes in der *Kunst des dialektischen Denkens* zu unterrichten und zwar schwerpunktmäßig. Dies wirft gravierende didaktische Probleme auf. Ich bin allerdings überzeugt, daß sich in diesem Punkt durch Nutzung künftiger Multimedia- und VR-Techniken neue Perspektiven auftun werden. Wir kommen darauf zurück. Drittens schließlich geht es um eine Restrukturierung der Wissensbestände in Welt-, Selbst- und Psychomodell im Sinne sachlicher Richtigkeit, gemessen am gesicherten Wissensstand der Naturwissenschaften. Insbesondere sollte dabei auf eine solche Strukturierung, Einordnung und Zusammenführung dieses Wissens geachtet werden, daß die Konturen eines modernen *evolutionistischen Weltbildes (einschließlich einer evolutionistischen Ethik)* erkennbar werden. Wie in Abschnitt 9.3. dargestellt, ist auf diese Weise eine besonders hohe Gesamtsynergität des sekundären Systems erreichbar und damit die Erzeugung besonders starker »sekundärer Energien«. Sowohl das Selbstbild als auch das Weltbild des Klienten werden vom Evolutionismus nach jenem einheitlichen »Muster, das verbindet« strukturiert, von dem Gregory Bateson (1987) spricht. Das erlaubt es dem Klienten, sein Selbst bruchlos in die Welt einzuweben, sich von dieser tragen zu lassen und sich in ihr aufgehoben zu fühlen, was sowohl psychische Stabilität als auch ein ganzheitlich-harmonisches Welterleben ermöglicht. Wo es geht, sollte dieses Wissen ferner in »handhabbaren« Phase-2-Modellen organisiert werden. Im Rahmen des Selbstmodells geht es dabei insbesondere auch um die Vermittlung medizinischen Grundwissens: Ein junger Mensch, der über adäquates Wissen zur Koronaren Herzkrankheit verfügt, wird weniger anfällig sein, eine Kardiophobie zu entwickeln. Wer Grundlegendes über das Immunsystem und die Notwendigkeit einer adäquaten Stimulierung dieses Systems zum Erhalt seiner Funktion weiß, sowie über die Züchtung resistenter Keime, wird der Ausbildung eines Waschzwanges einen entsprechenden Widerstand entgegensetzen. Wie bereits mehrfach angesprochen, ist die Vermittlung eines adäquaten Psychomodells von besonderer Wichtigkeit. Alle Menschen reagieren auf ihr Befinden im Sinne eines autoregulativen Handelns. Und sie strukturieren dieses Handeln entsprechend ihrer »automatischen« oder reflektierten Gedanken über das Funktionieren ihrer Psyche. Von der Adäquatheit dieser Metastrukturen hängt der Erfolg der Autoregulation ab und hiervon wieder in entscheidendem Maße die psychosomatische Gesundheit. Zwangsläufig folgt, daß die Vermittlung bzw. adäquate Restrukturierung eines wissenschaftlichen Psychomodells einen der zentralen Schwerpunkte von Psychotherapie bilden muß. Das in diesem Buch entwickelte psychosynergetische Strukturmodell wäre ein mögliches Psychokonzept, das an dieser Stelle vermittelt werden könnte (selbstverständlich in einer dem Aufnahmevermögen des jeweiligen Klienten angepaßten Form). Genau in dieser Funktion eines mentalen Instruments zur Autoregulation wurde es vom Autor ursprünglich erarbeitet, und genau in dieser Funktion bewährt und entwickelt es sich zumindest beim Autor seit 15 Jahren. Zum einen verfügt das psychosynergetische Strukturmodell über jene in der Psychoanalyse seit Jahrzehnten so bewährte Phase-2-Qualitäten. Vor allem aber gestattet es ob seiner evolutionistischen Grundstruktur den o.g. bruchlosen Einbau des strukturalen Ich in ein evolutionistisches Weltbild und ist daher in besonderem Maße geeignet, jene sanierenden sekundären Aufhebungskräfte zu erzeugen, von denen unten noch zu sprechen sein wird. *Psychosynergetik ist somit nicht nur eine Anleitung zur The-*

rapie, sondern als »Denkzeug« für ein effizientes evolutionistisches Selbstmanagement selbst ein wirksames Therapeutikum.

Während ein Großteil des theoretischen Wissens im Selbststudium über multimediale Lehrmaterialien abgestuften Schwierigkeitsgrades durchgearbeitet und angeeignet werden kann, muß es Hauptgegenstand der Therapiestunden sein, dieses Wissen auf die konkrete Persönlichkeitsstruktur und Problemsituation des Klienten anzuwenden und zu erörtern, wie sich die Umsetzung in der Lebenspraxis des Klienten im einzelnen gestalten kann. Ganz sicher muß hier manches Rad nicht zum zweiten Mal erfunden werden. In der Therapieliteratur finden sich eine Menge adaptierbarer praktischer Lebensregeln, die die Weisheit vieler Generationen komprimieren. Worauf es hier ankommt, ist die Tatsache, daß all diese Lebensregeln, bei deren Aussprechen der Therapeut in sich die tiefsten Wahrheiten des Universums heraufschwingen spürt, darum noch längst nicht ähnliche Empfindungen beim Klienten erzeugen – es sei an den Exkurs Kommunikation und Verstehen erinnert. Diese Maximen können erst dann adäquat intuitiv verstanden und via sekundäre Emotionalität verhaltenswirksam werden, wenn sie synerg in entsprechenden kognitiven Basisstrukturen verankert sind.

Wenn nun o.g. Umstrukturierungen dyssynerger kognitiver Systeme soweit möglich oder notwendig im therapeutischen Prozeß gelungen sind, wie werden, in einem damit, die dargestellten pathogenetischen Effekte dyssynerger Kognitionen neutralisiert?

Ganz generell: Die Reifung des artefaktgeprägten Denkens zum dialektischen Denken ermöglicht eine *Reifung des Handelns vom direkten Handeln zum indirekten Handeln.* Kindlich-artefaktgeprägtes Denken erlaubt nur direktes Handeln, bei dem alle Dynamik und Determination vom Handelnden ausgeht. Im Umgang mit Artefakten und Maschinen ist dies auch völlig angemessen, nicht aber im Umgang mit komplexen dynamischen Systemen wie Lebewesen oder sozialen Systemen, die eine Eigendynamik entwickeln. Dialektisch zu denken heißt wesentlich, die Eigenbewegung des komplexen Natürlichen zu erfassen. Auf der höchsten Integrationsebene erlaubt es dann das dialektische Denken in Verbindung mit adäquaten evolutionistischen Modellen, die Trajektorie dieser Eigendynamik zu modellieren und ein Stück weit zu extrapolieren. Genau dies ist die Voraussetzung für indirektes Handeln. Die Zielerreichung erfolgt hier unter Nutzung der Eigendynamik des Systems. Die Evolution wird auf indirekte Weise gesteuert, indem lediglich ihre Schranken verändert werden. Indirektes Handeln spart Kraft und stört natürliche Abläufe nicht mehr als unbedingt notwendig. Inadäquates direktes Handeln im Umgang mit dem Komplexen wird oft dessen Eigendynamik abwürgen, womöglich mit zerstörerischen Folgen, oder aber das Handeln selbst wird abgewürgt und der Handelnde zerstört. Ein schönes und tiefes Symbol für das Prinzip des indirekten Handelns ist die asiatische Kampfkunst Aikido (japan. ai: »Harmonie«; ki: »Geist«; do: »Weg«). Im Aikido wird dem Angriff des Gegners kein Widerstand entgegensetzt, sondern im harmonischen Ausweichen sein Impuls ablenkend verstärkt. Dies raubt ihm das Gleichgewicht und bringt ihn schließlich zu Fall. Wichtige Voraussetzung für den Erfolg ist ein intensives Beobachten des Gegners und das richtige intuitive Vorfühlen seines Verhaltens (das häßliche Gegensymbol für inadäquates direktes Handeln wäre das westliche Boxen). Es sollte erwogen werden, ob Aikido oder ein ähnliches System nicht als Grundlage einer begleitenden Körper- und Sporttherapie für eine Psychotherapie geeignet wäre. Neben vielen anderen wichtigen Nebeneffekten wird über den Erwerb von Selbstverteidigungskompetenz auch das Selbstvertrauen gestärkt. Klienten, deren körperliche Verfassung Mäßigung gebietet, könnten Aikido auch in »abgeschwächter« symbolischer

Form als Bewegungsmeditation betreiben. Es sei an dieser Stelle an die Arbeiten Wolfgang Metzgers (1962) erinnert, der in ähnlicher Weise zwischen zwei grundverschiedenen Arten unterscheidet, ein Ziel zu erreichen. Was ich hier indirektes Handeln nenne, beschreibt Metzger als »Arbeit am Lebendigen«, ebenfalls unter Verweis auf Analogien im asiatischen Denken (vgl. auch Kästl 1990). So ähnelt dieses evolutionistische Grundprinzip des indirekten Handelns etwa jener inneren Haltung, die im Taoismus als »Wu-wei« bezeichnet wird. Indirektes Handeln steuert Evolution durch Schrankenveränderung, durch Einflußnahme also auf den Kontrollparameter oder die Randbedingungen. Dabei ist es weitaus am effektivsten, wenn es gelingt, den Kontrollparameter zu identifizieren und zu beeinflussen. In unserer Aikido-Metapher würde das bedeuten, den Gegner auf irgendeine Weise, z.B. durch eine spezifische verbale Einflußnahme, dazu zu bringen, aufzugeben und den Angriff abzubrechen. In vielen Fällen wird dies nicht möglich sein. Dann muß über die Randbedingungen gesteuert werden, wobei der Eingriff zumeist an mehreren Stellen gleichzeitig und koordiniert zu erfolgen hat. Wir wollen dies *»indirektes koordiniertes Mehrpunkt-Handeln«* nennen. Für unseren Aikido-Kämpfer könnte das z.B. bedeuten, mit Bezug auf die Angriffsbewegung des Gegners gleichzeitig und koordiniert dessen Füße zu stoppen und an seinen Armen zu ziehen (das direkte Handlungsprinzip des KO-Boxens ist demgegenüber sehr viel einfacher: »mit aller Kraft drauf«).

Die Bedeutung all dessen im Zusammenhang mit Psychotherapie ist evident: *Je stärker der Umgang eines Menschen mit sich selbst und mit seiner komplexen Umwelt den Charakter indirekten Handelns erlangt, desto besser gelingt es, unnötige innere und äußere Konflikte zu vermeiden.* Effizienz und Erfolg des Handelns wachsen; überwiegend positive primäre und sekundäre Emotionen sind die Folge.

Adäquate Psychomodelle und Wertemodelle verhindern schwere innere Dauerkonflikte, die zu chronischen Spannungen infolge permanenter negativer primärer oder sekundärer Emotionen führen – wir hatten entsprechende Beispiele angeführt.

Die zunehmende Entwicklung dialektischer Kapazität macht die rational-emotive Assimilation des Negativen möglich und befähigt so, Welt und Menschen zu bejahen und zu lieben – was immer auch geschieht unter der Sonne.

Je adäquater die verhaltensleitenden Modelle werden, desto mehr verlieren sie ihren Charakter als pseudosynerge Systeme und desto stärker reduzieren sich ihre aktualisierten und virtuellen Dyssynergitäten.

Die Ergänzung fehlender kognitiver Struktur: Reinterpretation der Logotherapie (Frankl); Weltweitung, Ego-Dezentrierung und Transzendenz; Veränderung durch »Bewußtmachung«

Wir wollen nun in fließendem Übergang zur Betrachtung derjenigen Therapiemaßnahmen kommen, die jene schwerpunktmäßig unter *»fehlende kognitive Struktur«* besprochenen Pathogenesemechanismen neutralisieren. Obwohl ein umfassender, lückenschließender Aufbau kognitiver Strukturen nicht explizites Therapieziel der bereits vielfach erwähnten Franklschen Logotherapie ist, hat sie doch – zumindest wenn man sie vor dem Hintergrund der Psychosynergetik weiter denkt – die entsprechenden Konsequenzen. Es seien deshalb hier anknüpfend an das an anderer Stelle Gesagte, noch einige ergänzende Bemerkungen zu dieser Psychotherapiekonzeption gemacht, die man überwiegend den humanistischen Ansätzen zugeschlagen findet.

Die heute als die »dritte Wiener Schule« bezeichnete Logotherapie wurde von Viktor E. Frankl in ihren Grundlagen bereits in den 20er und 30er Jahren in Auseinandersetzung mit Freud und Adler entwickelt, zu denen Frankl persönlichen Kontakt hatte. Ausgangspunkt seiner Kritik ist das unvollständige Menschenbild des kruden Psychologismus, der den Menschen mit der »Ausdruckssphäre« des Seelisch-Psychischen enden läßt und ihn nicht fortsetzt bis auf die höchste Ebene seines Menschseins: die Sphäre des Geistigen. Frankl erkennt die Inhaltssphäre des Geistigen als einen selbständigen und eigengesetzlichen Bereich und setzt ihn in einem fakultativen »noopsychischen Antagonismus« vom Somatopsychischen ab. Dieser zeige sich als »Trotzmacht der geistigen Person« beispielsweise dort, wo sich ein Mensch mit einer bestimmten Gemütskrankheit gegen diese Erkrankung auflehnt, im Gegensatz etwa zu einem somatopsychisch in gleicher Weise erkrankten Menschen, der sich »gehen läßt«. Der »Wille zur Lust« (Freud) und der »Wille zur Macht«(Adler) findet so im Noetischen seine Ergänzung durch den »Willen zum Sinn«(Frankl). Wird dieses stärkste Grundbedürfnis des Menschen frustriert, wird er also »existentiell frustriert«, können, wie besprochen, Neurosen entstehen, die Frankl ob ihres Ursprungs im Geistigen »noogene Neurosen« nennt. Das mit der Sinnleere entstehende existentielle Vakuum ist zudem jener Raum, in den auch eigentlich psychogene Neurosen so recht erst hineinwuchern können. Noogene Neurosen gründen also nicht in psychogenen »Komplexen und Konflikten im herkömmlichen Sinn« als vielmehr im »Leiden am sinnlosen Leben« wie auch in Gewissenskonflikten und Wertkollisionen. Nach Frankl gehen die Neurosen sexuellen Ursprungs zurück, während existentiell begründete Neurosen kontinuierlich zunehmen, wesentlich infolge des wachsenden Traditionsverlustes moderner Gesellschaften. Zufolge statistischer Erhebungen hat der Anteil von im o.g. Sinne definierten noogenen Neurosen in den 70er Jahren bereits bei 20% gelegen. Eine die noetische Ebene einbegreifende Therapie geht über den Eingriff am Psychischen im engeren Sinne hinaus ins Geistige und ist damit sensu striktu auch nicht mehr Psychotherapie zu nennen, sondern besser Logotherapie. Wo die existentielle Frustration und Not im Geistigen nun nicht zu klinisch-neurotischen Manifestationen im Somatopsychischen führt, wird aus der Logotherapie die Existenzanalyse. Existenzanalyse ist wesentlich Sinnfahndung, nicht als Oktroi der privaten Meinung des Arztes verstanden, sonderen als Hilfestellung für den Patienten, seinen ureigenen und konkreten Sinn im Leben selbst zu finden. Methoden sind hierbei »sokratischer Dialog« und »Einstellungsmodulation«. Weitere von Frankl zur Therapietechnik ausgebaute Methoden sind »Dereflexion« und »paradoxe Intention«, insgesamt spielt die therapeutische Nutzung des Humors eine bedeutende Rolle. Erkennbar sind hier Elemente der späteren kognitiv-behavioralen Therapien (z.B. »Symptomverschreibung«) um Jahrzehnte vorweggenommen. Über die möglichen diesseitigen Sinne (Dienst an einer über einen selbst hinausweisenden Sache oder einer Person) hinaus fragt Frankl nach einem transzendenten »letzten Sinn«. »Je umfassender der Sinn ist, um so weniger faßlich ist er. Wo es gar um den letzten Sinn geht, entzieht er sich zumindest einem bloß intellektuellen Zugriff vollends. Was un-wiß-bar ist, braucht aber nicht un-glaub-lich zu sein. Angesichts der Frage, ob alles einen, wenn auch verborgenen, Sinn hat oder aber die Welt ein einziger großer Unsinn ist, muß das Wissen das Feld räumen – es ist der Glaube, der da zu einer Entscheidung aufgerufen ist. Wo die Argumente, die für oder gegen einen letzten Sinn sprechen, einander die Waage halten, wirft der sinn-gläubige Mensch das ganze Gewicht seines Mensch-Seins, seiner Existenz in die Waagschale und spricht sein ›fiat‹, sein ›Amen‹: ›So sei es – ich entscheide mich dafür, so zu handeln, als ob das Leben einen über unser endliches Fassungsvermögen hinausgehenden – einen Über-Sinn hätte‹« (Frankl 1992, S. 99). In letzter Konsequenz synonym mit diesem Über-Sinn sind für Frankl »Gott« und »absoluter Wert«, von dem sich, vermittelt durch das Gewissen, alle anderen Werte ableiten und auf den hin der Mensch – bewußt oder auch unbewußt – ausgerichtet ist. Sind doch diese drei transzendentalen Synonyma gleichermaßen unserem Verstand nicht erschließbar, bleiben sie doch gleichermaßen »allem Diesseitigen, Irdischen, Menschlichen, Zeitlichen gegenüber, in absoluter Inkommensurabilität« und können so nur *fühlend* wahrgenommen werden. Frankl verdeutlicht dies immer wieder anhand eines »dimensionalontologischen« Bildes: Die Punkte eines Musters in der Ebene, die einem zweidimensionalen Wesen notwendig sinn- und zusammenhanglos erscheinen müssen, können sich bei dreidimensionaler Betrachtung als die Durchtrittspunkte einer die Ebene schneidenden Sinuskurve erweisen. Diese stark verkürzte Zusammenfassung der »Logotheorie« kann freilich nicht im Ansatz jene Faszination spiegeln, die von der gedanklichen und stilistischen Brillianz der Franklschen Schriften ausgeht.

Die Wirkung der logotherapeutischen Interventionskonzepte wurde in einer Vielzahl von Untersuchungen nachgewiesen – bisher sind 131 Bücher, 151 Dissertationen, eine Habilitation und mehr als 1300 wissenschaftliche Aufsätze über Logotherapie erschienen. Die 31 Bücher, die Viktor Frankl selbst verfaßt hat, wurden in 24 Sprachen übersetzt; allein eines davon (»Man's search for meaning«) wurde in den USA über neunmillionenmal verkauft und zählt laut Washingtoner Kongress-Bibliothek zu den zehn einflußreichsten Büchern in Amerika. Nicht zuletzt ob seines Lebensweges – er überlebte vier Konzentrationslager – zählt Frankl zweifelsohne zu den eindrucksvollsten Persönlichkeiten unserer Zeit. »Diese Hervorhebung der weltweiten Anerkennung Frankls schien schon deshalb angebracht, weil die Logotherapie hierzulande gelegentlich immer noch als »Geheimtip« zu gelten scheint ...« – so die Einschätzung von Jürgen Kriz (1994, S. 214), die ich voll und ganz teile.

Es kann hier keine detaillierte Auseinandersetzung mit den ontologischen und anthropologischen Grundlagen der Logotheorie erfolgen. Auf dieser sehr abstrakten Ebene ist der explizite Dualismus und latente Objektivismus des Franklschen Denkens mit einem konsequenten Evolutionsdenken sicher schwer vereinbar. Man muß all dies freilich vor dem Hintergrund der kruden Materieauffassungen und des Reduktionismus früherer Jahre relativieren. Die Franklsche Kritik am Vulgärpsychologismus jedenfalls wird von der Psychosynergetik in jeder Hinsicht geteilt.

Wir wollen hier nur in aller Kürze und in Ergänzung zu an anderer Stelle Gesagtem die Grundtheoreme der Logotheorie psychosynergetisch reinterpretieren. Für den in dieser Arbeit vertretenen Konstruktivistischen Monismus sind Materielles und Geistiges kurz gesagt nur zwei verschiedene Darstellungsmodi des konstruierenden Gehirns, die lediglich auf eine funktionelle Differenz, keinesfalls aber auf eine fundamentalontologische Differenz schließen lassen. Die Ontologie der fraktalen Evolution begreift die Welt als Überlagerung auseinander emergierender Evolutionsschichten, die einerseits Eigengesetzlichkeiten folgen, andererseits dialektisch voneinander abhängig bleiben. So werden aus den drei humanen Existentialien Frankls (Geistigkeit, Freiheit und Verantwortung) *Emergentialien des Komplexen*, die ihren Ort im sekundären System haben. In seiner auf der Basis einer nur selektiven Wahrnehmung vom Gehirn konstruierten Außenansicht stellt sich uns das Geistige dar als das »chaotische Wabern« der elektromagnetochemischen dissipativen Dynamik innerhalb der kruden Schranken des konservativ-anatomischen Substrats (wir hatten wichtige, scheinbar genuine Eigenschaften des Geistigen in Vorformen bei dissipativen Strukturen identifizieren können). Freiheit figuriert in dieser Sicht als zirkuläre Kausalität in Verbindung mit fluktuativen Symmetriebrüchen. Und Verantwortung endlich, die Stimme des Gewissens, hallt als sekundäre Emotion aus der Konsonanz bzw. Dissonanz der stabilen bzw. instabilen Entscheidungsdynamik mit der Dynamik in Wertestrukturen des Kernmodells.

Der konstruktivistische Monist glaubt zu wissen, daß alles wissenschaftliche Erkennen im letzten nichts ist als eine unvollständige *Beschreibung* der Welt. Der Physik-Nobelpreisträger Eugene Wigner formulierte dies einmal so: »Physics does not deal with reality, it just describes regularities among events« (zit. nach Schuster 1991, S. 52). Auch dort, wo die Naturwissenschaft die Illusion erzeugt zu *erklären,* befindet sie sich lediglich in der Mitte weitgespannter, von ihr selbst geknüpfter Aussagennetze, deren Ränder dann aber doch wieder nur »im Freien hängen« (»Trilemma der Letztbegründung« nach Albert). Sagen uns die Formeln der Physik, was Kraft, Energie oder Magnetismus *wirklich ist*? Macht uns die Urknall-Theorie die Entstehung der Welt wirklich *zuinnerst plausibel*? Warum gibt es überhaupt etwas und nicht vielmehr nichts? Aus tiefen prinzipiellen Gründen werden wir nie in der Lage sein, die Sphäre unseres teilabbildend-globalkonstruktiven Erkennens hin auf absolutes Erkennen zu transzendieren. Der Urgrund allen Seins muß auf immer ein Großes Geheimnis bleiben, über das wir in unserer Sprache prinzipiell nichts, gar nichts aussagen können. Entsprechend dem konstruktivistischen Grundsatz »anything goes, if it works« (hier besser:«if it helps«) hindert uns freilich nichts daran, in dieses Geheimnis im Sinne von Frankl ein Über-Sinn-Äquivalent hinein zu projizieren, und es hindert uns nichts daran, dieses dann »Gott« zu nennen. Der Konstruktivistische Monismus hält somit »Gott« als ein fakultatives Konstrukt vor, dessen Beiziehung jederzeit zur Erleichterung von Leben oder Leiden legitim ist. *Evolutionismus schließt also Religiosität nicht aus, im Gegenteil, er begründet sie erst.* Freilich wendet er sich gegen all jene, die meinen, sie könnten mit Gott direkt kommunizieren oder man könne Gottes Wort in direkter Rede aus heiligen Schriften entnehmen. Eine derartige Möglichkeit ist bereits angesichts der Vielzahl je anderslautender Verkündigungen ad absurdum geführt. »Gottes Wort« ist die Natur, die wir erkennend zu interpretieren haben.

Es ist uns aufgegeben, in Ehrfurcht vor dem Großen Geheimnis des Seins zu erkennen, was im Bereich des Erkennbaren liegt, und danach zu handeln. Was ist heute erkennbar? Die Elementarform der Schöpfung, wie sie sich unserem heutigen Erkennen darbietet, ist die dissipative Selbstorganisationsdynamik. Dies ist die Form, in der der »schöpfende Urgrund« von unseren heutigen Erkenntnismitteln abgebildet bzw. rekonstruiert wird, dies sind die Durchtrittspunkte der Franklschen Sinuskurve! Und worin besteht nun der absolute Wert, auf den hin Frankl alles höhere menschliche Sein ausgerichtet sieht? Nun, das ist die evolutive Stabilität: Evolutive Stabilität ist Überleben, und Überleben ist alles. Und genau dafür mußten wir (via SBS) sensibel werden: die Evolution des Fühlens führt zum Fühlen der Evolution. Das Wahre, Gute und Schöne sind Wertemergentialien im Komplexen, die sich auf den absoluten Grundwert »evolutive Stabilität« rücktransformieren lassen. Indem »Gott« im schöpferischen Akt aus uns spricht und wir an den Punkten höchster Synergität das Wahre, Schöne oder Gute so überwältigend erfahren, stehen wir in direktem fühlenden Kontakt mit dem Absoluten, mit »Gott«. Um es also nochmals ganz klar zu sagen: Religiosität, Glaube und Gott sollten, richtig verstanden, auch und gerade im Rahmen einer modernen, von einer konstruktivistischen Epistemologie getragenen Psychotherapie zugelassene und akzeptierte Therapeutika sein, auf die vor allem in Situationen schweren Leidens nicht aus platten ideologischen Gründen verzichtet werden darf. Wie die Anwendung dieser Sinninstrumente praktisch geht, kann man bei Frankl und seinen Schülern nachlesen.

Frankl arbeitet nicht explizit mit dem Konzept »kognitive Struktur« und so ist nicht sicher, ob er diese dem Psychischen oder dem Geistigen zugeschlagen haben würde. Für uns sind die kognitiven Strukturen (verkörpert als elektromagnetochemische dissipative Muster) nachgerade konstitutiv für das Geistige. Psychosynergetik muß die noetische Strukturebene als die Sphäre spezifischer geistiger Inhalte bzw. kognitiver Strukturen konzipieren, die in Kommunikation mit dem sozialen Raum eigengesetzlich evolviert. So kann man im Groben die Sphäre des Geistigen mit dem sekundären System des psychosynergetischen Strukturmodells identifizieren. Entsprechend hatten wir den Willen zum Sinn als eine der Resultanten der inneren Entfaltungslogik des sekundären Systems darstellen können. Der Franklsche fakultative noopsychische Antagonismus findet sich dann im dialektischen Aufhebungsverhältnis zwischen sekundärem und primärem System wieder. Dies hat dann freilich auch die von uns vollzogene Weiterung des Begriffs »noogene Neurose« zur Folge: All jene von den kognitiven Therapien beschriebenen durch dysfunktionale bzw. dyssynerge Kognitionen verursachten Neurosen haben nun konsequent ebenfalls als noogen zu gelten. Der Anteil so definierter noogener Neurosen sollte damit deutlich über den von Frankl angegebenen 20% liegen.

Weiter wird es möglich, Sinnleere wesentlich als ein Fehlen spezifischer kognitiver Struktur zu interpretieren, insonderheit als ein Fehlen sekundärer Antriebsstrukturen – diese Zusammenhänge wurden ausführlich dargestellt. So muß es eine Aufgabe von Psychotherapie sein, im Einzelfall gar die Hauptaufgabe, »Initialzündungen« sekundärer Antriebsentwicklung zu vermitteln und so eine positiv rückgekoppelte gesunde Selbstexplikation des sekundären Systems anzuschieben. Wie beschrieben gilt es zunächst, das Begabungs- und Neigungsprofil des Klienten festzustellen und dann eine begabungsspezifische Aufgabe zu finden bzw. zu schaffen. Neben der Eigenkompetenz des Klienten und der Erfahrung und Intuition des Therapeuten sollten hierbei auch vorhandene oder noch zu entwickelnde psychologische Testverfahren genutzt werden. Die in diese Richtung gehenden Bemühungen von Howard Gardner an der Harvard-Universität auf Basis seines Konzepts der multiplen Intelligenzen hatten wir erwähnt. Und es gibt ähnliche Bestrebungen auch anderenorts; z.B. wird gegenwärtig an der Ruhr-Universität Bochum ein »Bochumer Inventar zur berufsbezogenen Persönlichkeitsbeschreibung« (BIP) entwickelt, mit dem berufsspezifische Eignungen erfaßt werden sollen. Man muß all dies vor dem Hintergrund eines sich rasant wandelnden Arbeitsmarktes sehen: Der klassische Lebensentwurf mit einmaliger Ausbildung und anschließender lebenslanger Beschäftigung im gleichen Aufgabenbereich ist ein Auslaufmodell. Zum neuen Prototypen des Arbeitnehmers wird sich vielmehr der hochgebildete und hochflexible quasiselbständige Dienstleister entwickeln, der in wechselnden Arbeits- und immer neuen Ausbildungsphasen die verschiedensten Aufgaben und Projekte bearbeitet. Dies steigert einerseits die Anforderungen an den Arbeitnehmer, eröffnet andererseits aber riesige Chancen der Selbstverwirklichung: Man kann sich sukzessive an sein »Lebensthema« herantasten bzw. ein solches neu entwickeln. Wo dieser Prozeß Probleme macht, kann geholfen werden. Dabei wird der Psychotherapeut auch Kompetenzen eines Berufs-, Personal- oder Karriereberaters (»Coach«) entwickeln müssen bzw. mit diesbezüglichen Institutionen zusammenzuarbeiten haben. Es muß nicht nochmals betont werden, wie zentral die Herstellung einer solchen Passung zwischen Eignung und Aufgabe ist, hängen doch beruflicher und sozialer Erfolg und damit Selbstwertgefühl und persönliche Zufriedenheit entscheidend hiervon ab. Jede verhaltenstherapeutische oder sonstige Maßnahme zur Stärkung des Selbstwertgefühls muß auf Dauer ohne Erfolg bleiben, wenn diese Passung nicht zu einem Minimum gegeben ist bzw. durch eine zum Coaching erweiterte Psychotherapie hergestellt werden kann.

Auch die Bedeutung der Vermittlung eines evolutionistischen Weltbildes mit ausreichender dialektischer Kapazität für das Finden von Sinn wurde bereits erläutert. Es gestattet auch in einer scheinbar unkontrollierbaren komplexen Welt das Auffinden effektiver Handlungsmöglichkeiten und die Elaboration realistischer Visionen (vgl. Epilog). An dieser Stelle ist bei alledem insbesondere der quantitative Aspekt zu betonen: Die sekundären Antriebe müssen genügend komplexsynerg, damit stark sein und das evolutionistische Weltbild muß genügend umgreifend und differenziert sein. Nur wenn genügend sekundäre »Struktur- und Antriebsmasse« akkumuliert ist, sind die sekundären Kräfte stark und stabil genug, um die unter »fehlende Struktur« genannten Pathomechanismen zu neutralisieren. Gegebenenfalls hat Psychotherapie somit einen umfassenden Aufbau kognitiver Strukturen anzuleiten. Es liegt auf der Hand, daß solches nicht mehr schwerpunktmäßig im Rahmen der nun teilweise Seminarcharakter tragenden Therapiestunden erfolgen kann. Vielmehr wird man dem Klienten oft eine Art »Abendstudium in evolutionistischer Welt-, Lebens- und Seelenkunde« zumuten müssen. Hierzu könnte teils auf bereits vorliegende Literatur zurückgegriffen werden, zum größeren Teil aber wären eigene spezielle Lehrmaterialien zu erarbeiten. Es sollte einige Standardprogramme mit unterschiedlichen Schwerpunkten, unterschiedlicher Zeitdauer und vor allem unterschiedlichem Schwierigkeitsgrad geben. Angesichts der Zeitspannen etwa, die für Langzeit-Psychoanalysen zur Verfügung stehen und angesichts der Potenzen, die künfige intensiv dafür beizuziehende multimediale Lernformen freisetzen werden, muß all dies nicht als ein unrealistisches Vorhaben erscheinen. Bei alledem gilt: Der Klient muß es tun. Sekundäre Antriebe entwickeln sich nur in einer nach außen gewandten eigenaktiven Tätigkeit; ein evolutionistisches Weltbild verinnerlicht und synergisiert sich nur, wenn es immer weitgehender durchgearbeitet, intern vernetzt und mit der konkreten Erfahrung in Verbindung gebracht wird.

Hat man in dieser Weise einem strukturarmen sekundären System als hypotrophem Regulationsorgan in ausreichendem Maße zu qualitativem und quantitativem strukturellem Wachstum verholfen, setzt die beschriebene immanente Entfaltungslogik ein und die durch Strukturmangel erzeugten pathogenetischen Bedingungen entfallen sukzessive: Eine eventuelle primäre psychodynamische Deprivation wird durch die Spannungs- und Entspannungsdynamik der sich entwickelnden sekundären Antriebe kompensiert; durch die sekundär-emotionale Grundierung weiter Bereiche des (evolutionistischen) Weltbildes wird über die Entstehung sinnstiftender Erlebniswerte existentielles Vakuum ausgefüllt. In einem damit kommt es zu Weltweitung und strukturaler Ego-Dezentrierung (Ermöglichung von Selbstdistanzierung, Selbstrelativierung und Selbstironie). Ein strukturreiches sekundäres System wird aufgrund vermehrter Rekombinations- und Analogiebildungsmöglichkeiten in hohem Maße zu konfliktvermeidenden kreativen Problemlösungen befähigt sein. Ferner sind einzelne kognitive Strukturen, die in einem strukturreichen sekundären System hochvernetzt sind, sehr stabil. Sie werden damit deformierenden, z.B. primär-emotionalen Verdrängungskräften besser widerstehen. »Unvernünftige« primäre Emotionen werden zunehmend durch »vernunftgegründete«

sekundäre Emotionen aufgehoben und korrigiert, so daß ein stabileres und konsistenteres Selbstmanagement möglich wird.

Eng mit dem an dieser Stelle Besprochenen hängt ein entscheidender Veränderungsmechanismus zusammen, den man als *Bewußtmachung* bezeichnen könnte. Sekundär wenig entwickelte Menschen tun vieles, ohne weiter darüber nachzudenken. Es wird nicht ständig alles was man erlebt oder tut reflektiert, sekundär verarbeitet und konsistent eingeordnet. Die sekundären Systeme dieser Menschen sind nicht nur strukturarm, sie sind auch inkonsistent und lückenhaft. So gibt es psychische Bereiche, die nie bewußt zu den eigenen Grundsätzen und Werten in Bezug gesetzt wurden: gewohnheitsmäßige »automatische Handlungen«, unreflektiert von den Eltern übernommene »automatische Gedanken« oder primäre Emotionen und Reaktionen, über die nie nachgedacht wurde. Diese Bereiche der Psyche sind sozusagen vom (strukturalen) Ich »abgespalten«, weil sie nicht den ichnahen sekundären Bewertungsmechanismen des Kernmodells unterliegen. Und natürlich kann eine solche Abspaltung auch das Resultat von Verdrängung zum Zwecke der Vermeidung primärer oder sekundärer Unlust sein. Aber auch bei sehr reflektierten Menschen gibt es solche psychischen Bereiche, deren sekundäre Repräsentationen mit der Zeit einfach vergessen wurden oder die den Anschluß an die strukturelle Evolution des Kernmodells verloren haben, weil man lange nicht über den betreffenden Gegenstand nachgedacht hat. *Bewußtmachung in der Therapie heißt hier, den betreffenden Bereich reflektierend sekundär zu repräsentieren (bzw. diese Repräsentation zu aktualisieren) und ihn strukturell an das Kernmodell »anzuschließen«.* Die Folgen sind klar: Der betreffende Bereich, z.B. ein automatisches Verhalten, wird nun »ichnah« sekundär bewertet, die sekundären Emotionen gehen in die aktuale komplexqualitative Verrechnung ein, und es resultiert ein entsprechend veränderter Verhaltensvektor. Sofern dieser Bewußtmachungsprozeß bzw. seine Folgen eingespielte pseudosynerge Systeme direkt oder indirekt desintegieren, ist mit Widerstand zu rechnen. Die Übergänge zu all dem, was wir im Zusammenhang mit dyssynergen Kognitionen zu pseuedosynergen Systemen, virtuellen Dyssynergitäten und Konflikten, Verdrängung innerer und äußerer Realitäten und Widerstand gesagt hatten, sind natürlich fließend. Ich behaupte, daß das eben Dargestellte der Hauptveränderungsmechanismus ist, über den z.B. auch die Wirkung von Psychoanalyse vermittelt wird. Die dort verfügbaren theoretischen Instrumentarien vermögen solche Prozesse allerdings nicht in ihrer Komplexität und Differenziertheit zu erfassen.

Die Besprechung der Veränderungsmechanismen auf der noetischen Ebene abschließend noch kurz ein Wort zur Behebung der unspezifischen pathogenen Systemeffekte, wie wir sie in Form verschiedenster vitiöser Zyklen beschrieben hatten. Die in dieser Situation adäquaten Interventionstechniken wurden insbesondere von Viktor Frankl im Rahmen der Logotherapie beschrieben und entwickelt. Zum einen handelt es sich um die *Dereflektion.* Hierbei ist Ziel, daß der Patient seine Symptome ignoriert und seine Gedanken auf anderes lenkt. Dies kann insbesondere dann gelingen, wenn der Patient seine Gedanken bewußt auf Inhalte, Vorstellungen und Phantasien richtet, die besonders attraktiv, wesensnah und sinngebend für ihn sind (das Zentrum der Aktivität wird quasi von einem Attraktor abgezogen durch Aktivierung eines stärkeren Attraktors). Die zweite von Frankl in den 30er Jahren ausgebaute Technik ist die *paradoxe Intention.* Da dieses Verfahren, oft freilich ohne Frankl zu erwähnen, heute im Rahmen der Verhaltens- und Familientherapie unter der Bezeichnung »Symptomverschreibung« allgemein praktiziert wird, sind hierzu weitere Erläuterungen unnötig.

Eine letzte hier zu erwähnende Interventionsform, die in der Logik des psychosynergetischen Strukturmodells liegt, kann man als *unspezifische Destabilisierung* bezeichnen. Hierbei wird der Patient in beliebiger Weise verstört in der Hoffnung, daß sich sein psychisches System kraft seiner intrinsischen selbstorganisierenden Eigendynamik in einem neuen, adaptiveren Attraktor restabilisiert. In gewissem Umfang ist dies sicher im Zusammenhang mit Kommunikationsstörungen ein unvermeidlicher Begleiteffekt vieler vermeintlich gezielter Interventionen und hat somit als wichtige unspezifische Therapiewirkung zu gelten. In besonders gelagerten Fällen sollte es aber möglich sein, diesen Effekt auch bewußt und damit quasispezifisch einzusetzen.

10.5.5. Ebenenübergreifende Therapieeffekte: das Prinzip der sekundären Aufhebung; noetische Harmonie als »Generalschlüssel« zur psychosomatischen Gesundheit

Wir kommen nun abschließend zur Besprechung von ebenenübergreifenden Therapiewirkungen. Zufolge unserer systemtheoretischen Grundpostulate sollten hier vor allem Top-down-Effekte von der noetischen Ebene auf tiefere Ebenen relevant ins Gewicht fallen. Damit hängt zusammen, was wir für einen der zentralen Heilungsmechanismen von Psychotherapie überhaupt halten: jener Prozeß, der im Vergangenen immer als *sekundäres Aufheben* bezeichnet wurde. Gemeint ist jetzt hier in erster Linie ein dauerhaftes sekundäres »Überschreiben« primärer Defekte, eine Heilung von z.B. traumatisch bedingten Strukturschäden auf der empirischen Ebene also nicht durch verhaltenstherapeutisches Umkonditionieren auf gleicher Ebene, sondern durch Top-down-Wirkungen von der noetischen Ebene.

Dabei würden dann in diesem Falle reflektorisch fixierte negative primäre Emotionen durch starke, dauerhafte positive sekundäre Emotionen »übertönt« und damit aufgehoben. Da man wirklich authentisch nur über das selbst Erlebte berichten kann, entschließe ich mich nochmals zur Wiedergabe eigener Erfahrungen, wobei das nun folgende Beispiel zugegebenermaßen durch konstruktiven Eingriff in seiner Prägnanz geschärft und in einen fiktiven Handlungsrahmen gestellt wurde. Stellen wir uns vor, das folgende hätte sich in meiner frühen Kindheit ereignet: Ich bin als Kleinkind für einige Zeit in die Betreuung eines Onkels gegeben, der in schlechter Stimmung gelegentliche heftige Ausbrüche von Jähzorn nicht zu unterdrücken vermag. Ein herumliegendes Buch mit auffälligem Einband zieht meine Aufmerksamkeit auf sich. Es handelt sich um Max Wertheimers »Produktives Denken« (2. Auflage 1964) – große gelbe Buchstaben auf schwarzem Grund – die Warnfarben der Wespe. Kurz unbeobachtet, greife ich nach dem Buch und reiße ein gutes Dutzend Seiten aus ihm heraus. Nach Kenntnisnahme dieses Tatbestandes nutzt der Onkel das Buch als Schlagwerkzeug für einen sehr unglücklichen Hieb gegen meinen Kopf: Ich sehe das schwarz-gelbe Buch auf mich zukommen – ein starker Schmerz – eine aufgeplatzte Augenbraue – Blut im Gesicht – ein kruder Chirurg, die Spritze ... kurz, das ganze eskaliert zu einem hochtraumatischen Geschehen für mich. Viele Jahre später gelangt auf Empfehlung eines meiner Hochschullehrer ein Exemplar derselben Ausgabe dieses Buches in meine Hände. Die Erinnerung an das Kindheitserlebnis wird zunächst nicht voll aktualisiert; ich spüre beim ersten Betrachten des Einbandes unterschwellig ein Unbehagen, über das ich aber schnell hinweggehe. Das Lesen dieses Buches wird zu einem Schlüsselerlebnis und prägt meine ganze weitere geistige Entwicklung sehr stark. Wann immer ich es danach in die Hand nehme, durchblättere, die Abbildungen sehe, einige Absätze lese, werden meine synergen mentalen Modelle in ihren Kernbereichen aktiviert und es entstehen starke positive sekundäre Emotionen. Eines Abends habe ich zufällig dieses Buch wieder in den Händen, um eine bestimmte Passage nachzulesen. Während mein Blick noch auf dem schwarz-gelben Einband ruht, klingelt das Telefon – es ist der besagte Onkel, der mich mit lauter Stimme sehr erbost wegen einer bestimmten Familienangelegenheit in Anspruch nimmt. Plötzlich schlagen die verschütteten Kindheitsassoziationen wieder voll ins Bewußtsein durch. Für einen Moment sehe ich wieder das Buch auf mich zukommen; ich stoße es im ersten Affekt von meinen Knien, denn ich spüre das ganze Konglomerat aus Schmerz, Angst und Wut von damals wieder in mir aufschießen. In den nächsten Tagen und Wochen während des weiteren, zunächst hochambivalenten Umgangs mit Buch und Erinnerung werden die negativen primären Emotionen kontinuierlich schwächer. Es bleiben am Ende lediglich schwache Reminiszenzen, die ich nur noch bei intendierter Erinnerung an das damalige Geschehen evozieren kann, während mein emotionales Verhältnis zu dem Buch zunehmend und schließlich wieder vollständig durch die starke positive sekundäre Emotionalität dominiert wird. Man könnte sagen, die aktualisierte assoziativ mit dem Buchäußeren verknüpfte negative primäre Emotion ist durch eine positive sekundäre Emotion neutralisiert, »überschrieben« worden, in der sich der harmonische Gleichklang des Buchinhalts mit zentralen Strukturen des Gesamtsystems meiner Anschauungen (Kernmodell) ausdrückt. Dieses idealisierte Beispiel kann als Prototyp für eine Vielzahl psychotherapeutisch hochrelevanter Prozesse gelten: Wenn in der Kindheit negative primäre Emotionen (z.B. Scham) vermittelt durch die dazugehörigen primären Antriebe assoziativ mit Elementen des Körperschemas im Selbstmodell verknüpft wurden, kann und soll man in der Therapie positive primäre Erfahrungen mit dem eigenen Körper vermitteln. Noch wichtiger aber ist es, adäquate kognitive Wertmaßstäbe zu vermitteln und diese nicht nur als dürren Lehrsatz in den Raum zu stellen, sondern ihn in einem entsprechenden reifen Weltbild synerg zu verankern, um ein sekundär-emotionales Überschreiben zu ermöglichen. Und dies erfordert dann eben intensive, langdauernde und weitgreifende kognitive Strukturbildungsarbeit. In ähnlicher Weise ist es möglich und notwendig, die unterschiedlichsten mehr oder weniger traumatischen Primärerfahrungen im Laufe des Lebens sekundär umzubewerten und positiv aufzuheben, u.U. mit Unterstützung durch Psychotherapie.

Bei sekundär ausreichend entwickelten Menschen vermag sekundäre Aufhebung bereits aktualgenetisch der Verfestigung empirischer Strukturdefekte vorzubeugen. Vor einiger Zeit ist mir während eines außerordentlich hektischen und anstrengenden 24-Stunden Dienstes das Folgende passiert. Im Zusammenhang mit einer Reanimationssituation auf einer Intensivstation hatte ich infolge einer sehr unglücklichen Fehlinformation über die Maßnahmen eines Kollegen diesen in wirklich unschöner Weise heruntergeputzt und beleidigt. Nach Kenntnisnahme der Situation wurde mir schnell klar, daß ich mir hier wohl einen außerordentlich peinlichen menschlichen Fehltritt geleistet hatte. Ich habe dann ohne Verzug meine Fehleinschätzung eingestanden und mich noch im Beisein aller Beteiligten wiederholt und in aller Form bei dem Kollegen entschuldigt. In den Stunden danach befand ich mich in einer sehr charakteristischen emotionalen Ambivalenz. Da war zum einen die bei Erinnerung an den Vorfall immer wieder jäh aufschießende Scham über mein Verhalten. Diese Empfindung war nach Art primärer Emotionen lokalisiert, umschrieben und in ihrem Charakter deutlich definiert. Zum anderen freute ich mich aber gleichzeitig über meine Reaktion. Es war mir gelungen, trotz der großen Erregung schnell »umzuschalten«, mich selbst zu überwinden und ein Fehlverhalten einzugestehen. Dies bewirkte parallel zu der primären Pein eine positive Empfindung, die man als wenig lokalisiert-intensiv dafür aber ausfüllend-umgreifend und sehr wesensnah charakterisieren kann. Dem Charakter nach handelte es sich hierbei klar um eine sekundäre Emotion, die das Gesamterleben deutlich dominierte und in den Folgetagen noch weiter in den Vordergrund trat. Es war mir also tatsächlich gelungen, primäre Pein sozusagen sekundär zu genießen: Bestimmte sehr stark verinnerlichte Werte in meinem Kernmodell, zu denen mein Folgeverhalten synerg war, machten es mir möglich, die primäre Pein als eine Art »Wachstumsschmerz für die Persönlichkeit« insgesamt positiv zu erleben und so sekundär aufzuheben.

Weniger im (bisherigen) eigenen Erleben, mehr in Berichten anderer sowie in Literatur und Film meine ich ein verwandtes Phänomen zu erkennen, das man »die bittere Süße des Fatalen« nennen könnte. Schweres primäres Leid oder gar unabwendbares verderbliches Schicksal wird erträglicher, sobald man es als notwendig im Sinne einer unentrinnbaren ehernen Gesetzlichkeit erfährt und es damit in irgendeinem Sinne verstanden, eingesehen werden kann. Das erkennende Sich-Anheimgeben an dasjenige, hinter dessen diesseitiger Kontingenz man die sinnhafte Zwangsläufigkeit eines jenseitigen demiurgischen Radwerkes wähnt, spendet auf eine subtile Weise Lust und Trost. In kernmodellnahen Repräsentationen wird so der eigene Lebenslauf mit dem gesetzmäßigen Weltenlauf in synerge Synchronisation gebracht und damit trotz primärer Tragik zur Quelle sekundären Genusses. Exakt dies ist auch die Grundlage für die Erkenntnis Viktor Frankls, daß der sinnhaft leidende Mensch ein glücklicher Mensch sein kann, wie auch für das Bemühen Frankls, auch noch das infauste Leiden dadurch menschlich und erträglich zu machen, daß ihm ein transzendenter Sinn zugesprochen wird. Die Inanspruchnahme des fakultativen Konstrukts »transzendenter Über-Sinn« bzw. »Gott« ist das einzige, was dem Arzt in solch ultimativen Situationen zu tun bleibt; »Gott« wird an diesem Endpunkt ärztlicher Kunst zu einem hochwirksamen und wissenschaftlich begründeten Therapeutikum.

Alle hier dargestellten Phänomene sind aus den Prinzipien der sekundären Emotionalität und ihrer Wechselwirkung mit der primären Emotionaliät gut erklärbar.

Wir haben somit Pathomechanismen und Therapiemechanismen auf der somatischen, der psychoorganischen, der empirischen und der noetischen Strukturebene der Persönlichkeit dargestellt. Als die bei weitem wichtigste dieser Ebenen hat sich dabei die noetische Ebene erwiesen. Nicht, daß alle psychischen Störungen primär von dieser Ebene ausgingen, aber in relevantem Maße sekundär affiziert wird sie über kurz oder lang immer. Und: Therapeutische Eingriffe auf tieferen Strukturebenen sind zwar wirksam, aber nur lokal und begrenzt. Von der noetischen Ebene aber lassen sich psychische Störungen auf allen Ebenen effizient und dauerhaft beeinflussen. Cum grano salis könnte man formulieren: Die dialektische Harmonisierung des Denkens hat starke harmonisierende Versklavungseffekte auf alle untergeordneten Systemebenen; sie allein kann das »Chaos« der psychophysischen Prozesse in jenes harmonisch-pulsatile innere Fließen verwandeln, das wir nach Csikszentmihalyi als Flow bezeichnen. Es gibt hier sicher Beziehungen zu jenen Phänomenen des Erlebens, die im Denken Wilhelm Reichs und in östlichen Gesundheitssystemen eine so große Rolle spielen und dort als »Energieflüsse« unterschiedlichster Provenienz konzipiert werden. Wo sich östliche Philosophie, etwa in Form des im sechsten vorchristlichen Jahrhundert entstandenen Buddhismus, mit dem Denken beschäftigt, strebt sie seine Entwicklung überwiegend auf der *dialektischen* Integrationsebene an: das Widersprüchliche als Einheit denken lernen. Insgesamt aber wird die Bedeutung des analytischen Denkens relativiert; auf dem Weg zur Einheit, zum Satori ist es zu überwinden. Hauptsächlich im meditativen Rückzug aus dem Denken wird Harmonie erreicht durch Entdifferenzierung (in Verbindung mit supramodaler Irradiation, siehe unter 9.7.). Ist man heute nicht bereit, darüber hinauszugehen und auch das westliche Denken einzubeziehen, bedeutet dies einerseits, den ganzheitlichen organischen Denkprozeß auf eine seiner Integrationsebenen zu reduzieren und diese Ebene zu verabsolutieren, und es impliziert andererseits den Rückzug aus der modernen Welt. Psychosynergetik könnte den Boden für eine Aufhebung wichtiger östlicher Denkelemente bereiten: Sie bezieht »entdifferenzierende« Entspannungsverfahren ein und betont die Wichtigkeit der dialektischen Ebene des Denkens. Aber sie geht eben auch darüber hinaus und strebt eine Harmonisierung des Denkens auf allen drei Integrationsebenen (Logik, Dialektik, Adäquatheit) an. Der Einbezug der letzten und höchsten Ebene (adäquate wissenschaftliche Modelle) ermöglicht dann weiter eine Harmonisierung auch des weltzugewandten und weltgestaltenden Handelns. Ziel ist ein wirklich ganzheitliches, harmonisches Welterleben im nach außen gerichteten Handeln nicht durch Entdifferenzierung, sondern durch sekundär-intuitive Wiedereinschmelzung des zuvor synerg Ausdifferenzierten. Wenn es also so etwas wie einen »Generalschlüssel zu psychosomatischer Gesundheit« gibt, dann ist das die Kunst des dialektischen Denkens angewandt auf ein sinngebendes äußeres Ziel. *»Lehre deinen Schüler die Kunst, im dialektischen Denken Evolution zu verstehen, im indirekten Handeln das Komplexe zu managen und im Selbsterkennen der persönlichen Eignung eine individuelle Aufgabe und Sinn zu finden!«,* so könnte man knapp den wichtigsten Auftrag des evolutionistischen Therapeuten und Coachs zusammenfassen. Gelingt dies, werden sich die psychischen Probleme des Schülers bzw. Klienten mit hoher Wahrscheinlichkeit lösen, wie immer sie ursprünglich entstanden sind und auf welcher Ebene sie auch liegen.

10.6. Eine provokante Vision: evolutionistische multimediale Psychagogik

Im Unbewußten gibt es mehr oder weniger adäquat sekundär repräsentierte Primärimpulse, die von primären Antrieben generiert werden; und vielleicht gibt es dort im Einzelfall auch Primärimpulse, die gar nicht sekundär repräsentiert sind, und möglicherweise ist dies sogar das Resultat einer Verdrängung. Was aber ebenso wichtig oder deutlich wichtiger ist: Teil des Unbewußten sind gewaltige, über Jahrzehnte ontogenetisch akkumulierte kognitive »Strukturmassen«, die zu großen Teilen abstraktiv verdichtet via sekundäre Emotion in die Aktualgenese einfließen. Will man also die Aktualgenese des Verhaltens modifizieren, muß man diese komplexen Persönlichkeitsstrukturen verändern (bzw. u.U. solche zu großen Teilen erst aufbauen) und zwar in ihrer Gesamtheit, d.h. man hat auch Strukturen zu verändern, die vorderhand gar nichts mit der engeren Verhaltensstörung zu tun zu haben scheinen. Und darin zeigt sich das *»Flaschenhals-Problem«* aller Psychotherapie: Über einen engen »Bewußtseinskanal« sollen in vergleichsweise wenigen Stunden Persönlichkeitsstrukturen verändert werden, die in Jahrzehnten gewachsen und verfestigt worden sind. Wird Psychotherapie wie so oft nur in den engen Grenzen der Therapiestunde gesehen, kann diese gigantische Umstrukturierungsaufgabe zumeist nur sehr ungenügend geleistet werden. Dies ist einer der Hauptgründe dafür, daß gegenwärtige Psychotherapie oft so frustrierend und erfolglos ist. Eine der Kardinalfragen aller Psychotherapie lautet also: Wie kann man den Klienten dazu befähigen, große Teile seiner Persönlichkeitsstruktur in einem relativ kurzen Zeitraum synerger zu reorganisieren? Eine Teilantwort wurde oben bereits gegeben: Der Klient muß sich im Selbststudium intensiv mit eigens erstellten Lehrmaterialien auseinandersetzen. Allein, dies genügt nicht. Das Flaschenhals-Problem ist so gravierend, daß es sich Psychotherapie nicht leisten kann, auf irgendeine Entwicklung im Bereich »Neue Methoden des Lernens« nicht zu reagieren. Und gerade in diesem Bereich tun sich im Zusammenhang mit der Entwicklung der modernen Informationstechnologien Perspektiven auf, die man nur gigantisch nennen kann: Multimedia (MM) und Virtual Reality (VR).

Es gibt keine Arbeit zu den Themen Kreativität und Intelligenz, in der nicht die herausragende Bedeutung der visuell-räumlichen Intelligenzkomponente betont wird. So lesen wir etwa bei Gardner (1991, S. 178) über das Denken Einsteins: »›Seine Intuitionen wurzelten tief in der klassischen Geometrie. Er besaß ein visuelles Gedächtnis. Er dachte in Bildern und führte im Kopf Experimente durch.‹ Man darf sogar vermuten, daß er seine tiefsten Einsichten eher räumlichen Modellen als rein mathematischen Überlegungen verdankte.« Genau dieser visuell-räumlichen Intelligenzkomponente wachsen nun aber durch MM/VR nachgerade Flügel. Große Datenmengen werden in unterschiedlich visualisierter Form überraschende Zusammenhänge preisgeben. Beliebige Vorstellungen lassen sich quasi in vier Dimensionen, d.h. bewegt im Raum, darstellen und machen ungeahnte Einsichten möglich, ob reale Gegenstände wie ein Otto-Motor, algebraische Körper, fraktale Attraktoren oder Phantasiegebilde wie Pegasus. Zeit- und Raumraffung sowie die Möglichkeit, sich etwa auf einem »Cybercycle« in diesen virtuellen Strukturen beliebig zu bewegen, erschließen völlig neue Erfahrungsräume. Was man mit der VR-Brille eingesehen und mit dem sensitiven und kraftrückkoppelnden Daten-Handschuh begriffen hat, prägt sich auch dem Gedächtnis viel besser ein. In vierdimensional visualisierter Form werden Strukturen ihre immanenten ästhetischen Qualitäten auf das Impressivste entfalten und im Zusammenhang mit der Interaktivität dieser Medien wird dies eine nie gekannte mentale Funktionslust (Synergität) ermöglichen. Wer einmal gesehen hat, wie ein herkömmliches Computeralgebra-System (z.B. Mathematika) aus einer Gleichung einen komplizierten mehrfarbigen 3-D-Körper erzeugt, der dann im Raum rotiert, hat schon einmal einen Vorgeschmack davon, einen wirklich schwachen allerdings. Vielleicht wird VR-Mathematik einmal ein größeres sekundäres Suchtpotential entfalten, als heute Alkohol oder Heroin über somatisches Suchtpotential verfügen. Nicht nur das SBS läßt sich virtuell maximal stimulieren und autostimulieren; über virtuelle Schlüsselreize und Auslöser kann man auch nach Belieben primäre Antriebe spannen und entspannen. Die heutigen Computerspiele leben überwiegend noch von der Induktion primärer Psychodynamik, denn natürlich läßt sich der Laufkunde durch primäre Reize schneller und sicherer fangen. Entscheidend ist: *Die Grenzen zwischen Unterhaltung, Spiel, Lernen und Datenarbeit im Cybernet sind fließend und lassen sich vom User selbst, vom Chef oder Therapeuten beliebig verschieben. Auf diese Weise können Anforderungsgrad und Motivation individuell auf einem optimalen Niveau gehalten werden (Prinzip »Edutainment«).*

MM/VR ist also ein Instrument, das die Möglichkeiten des Gehirns zur *konstruktiven Autostrukturierung und primär/sekundären Autostimulation* in bisher ungekannter Weise steigert. Was eigentlich kann sich Psychotherapie besseres wünschen? MM/VR könnte sich als ein ideales Instrument erweisen, um das o.g. Flaschenhals-Problem in ausreichendem Maße zu bewältigen.

Beginnen wir auf der empirischen Ebene. Hier gibt es bereits erste erfolgreiche Ansätze. Am Georgia Institute of Technology wurde von der Psychologin Barbara Rothbaum und dem Computer-Wissenschaftler Larry Hodges ein Pilotprojekt durchgeführt, mit dem die Möglichkeiten einer VR-Behandlung der Höhenangst kontrolliert getestet werden sollten (Rothbaum et al. 1995). Die Klienten wurden dabei drei verschiedenen virtuellen Höhen-Szenarien in Form von Aufzügen, Balkonen oder Brücken ausgesetzt. Die Simulationen bewiesen ihre Wirklichkeitsnähe: Die Patienten zeigten all jene Angstsymptome, die sie in der Realität auch ausbildeten. Und: Die VR-Therapie war ebenso wirksam wie klassische »in vivo«-Desensibilisierungen. Im Gegensatz zur Kontrollgruppe waren die Patienten nach der virtuellen Therapie praktisch angstfrei. Am Darmstädter Fraunhofer-Institut für Graphische Datenverarbeitung läuft ein Projekt zur Behandlung der Aviophobie. Nach dem Vorbild der Flugsimulatoren werden nun hier die Flugbedingungen für Passagiere virtuell nachgebildet. Erste praktische Versuche verliefen erfolgreich. In ähnlicher Weise sollte es möglich sein, andere Phobien wie die Claustrophobie, posttraumatische Streßsyndrome u.a.m. virtuell zu therapieren. Für die Zukunft vorstellbar sind auch virtuelle Rollenspiele, ja virtuelles Psychodrama. Sie können mit ihrem Chef nicht umgehen? Sie haben ein Foto dabei? Okay, lassen Sie uns scannen, klonen und üben! Der Therapeut schlüpft dabei im Cyberspace in die Haut des Chefs, alle seine Bewegungen, einschließlich der Mimik, werden auf diese virtuelle Hülle übertragen. Dies wäre technisch im Prinzip bereits heute möglich, noch nicht in Echtzeit und noch nicht befriedigend realistisch. In einigen Jahren schon wird dies kein Problem mehr sein, ein technisches jedenfalls nicht. Freilich deuten sich hier ethische Probleme an: Man wird sich auf den Kodex einer »Cyber-Ethik« einigen müssen.

Ungeahnte Möglichkeiten wird VR einer *euthymen Imaginationstherapie* erschließen: VR wird zum prächtigsten Pinsel der menschlichen Phantasie, den es je gab. Phantasiereisen durch reale und fiktive Szenarien, virtuelles Malen der verrücktesten Tagträume und die Synthese positiven Erlebens aus beliebig verfügbaren und kombinierbaren primären und sekundären Lustelementen scheint möglich (für den standfesten analytischen Traumdeuter wird es natürlich auch ein VR-Remodeling von Schlafträumen geben). Es kommt die Zeit, in der niemand mehr glauben wird, daß zur Stimmungsaufhellung einmal Psychopharmaka zum Einsatz kamen.

Wir wechseln nun von der empirischen auf die noetische Ebene. MM/VR macht Zeit- und Raumraffung sowie die Simulation von Dynamik möglich und erschließt so neue Erfahrungshorizonte. Es wird möglich sein, beliebige natürliche Evolutionsszenarios aus beliebiger Perspektive mitzuerleben und sich Regulationsprozesse in komplexen Systemen komprimiert aus der Innenperspektive anzuschauen. Jeder kann in virtuellen ökologisch-sozialen Systemen beliebigen Zuschnitts die Rolle des Entscheiders, Planers und Managers einnehmen, die Eigenschaften komplexer Systeme studieren (z.B. Schwellen- und Kippeffekte, chaotische Phasen, Katastrophen, Rolle von Ordnern usw.) und unter dem Feedback auch der raum-zeitlichen Fernwirkungen Komplexitätsmanagement als indirektes koordiniertes Mehrpunkt-Handeln unter Berücksichtigung der systemischen Eigendynamik erlernen. Wie bereits erwähnt, hat Dietrich Dörner (1989) erste einfache Computer-Simulationsexperimente dieser Art durchgeführt. Dabei zeigte sich: Systemkompetenz ist nicht identisch mit Fachwissen – wir würden sagen, sie liegt auf der Integrationsebene »Dialektik« – und: Systemkompetenz ist erlernbar. Heute finden Profi-Systeme dieser Art im Management-Training zunehmend und mit großem Erfolg Anwendung. Aber dies ist eben nicht nur wichtig für das Training der künftigen Führungs-Eliten. Der Erwerb von Systemkompetenz und dialektischer Kapazität ist in der kommenden komplexen Informationsgesellschaft für jeden wichtig, zugänglich und interessant. In Anfängen erleben wir das schon heute. So hat die Firma Maxis verschiedene Computerspiele entwickelt, in denen man sich im oben beschriebenen Sinne als Manager einer Stadt (Sim City), eines globalen Ökosystems (Sim Earth) oder einer Darwin-Evolution (Sim Life) bewähren kann. Millionen Kids erleben heute sekundären Flow beim Management des Komplexen. Allein von Sim City wurden in vier Jahren mehr als zwei Millionen Exemplare verkauft! Entscheidend dabei ist: Die so erworbenen vielfältigen konkreten Systemkompetenzen werden auf abstrakteren Ebenen zu dialektischen Denkqualitäten verallgemeinert, deren Bedeutung für die psychosomatische Gesundheit hinreichend erläutert wurde. Virtuelles Dialektik-Training dieser Art kann und muß gegebenenfalls Bestandteil einer evolutionistischen Psychagogik und Psychotherapie sein.

In welchem Maße MM/VR dann auf der höchsten Integrationsebene die Vermittlung von Wissen fördern kann, ist so evident, daß sich allzu weitgreifende Erläuterungen erübrigen. Neben der Rekonkretisierung der Bedeutungen von »Einsehen« und »Begreifen« spielt sicher der Aufbau einer maximalen Lernmotivation durch Edutainment eine Hauptrolle. Neuere Studien zeigen schon bei heute verfügbaren computergestützten selbstbestimmt-interaktiven Lernformen eine enorme Effizienzsteigerung. Im Rahmen einer Untersuchung am New Jersey Institute of Technology erbrachte eine On-line-Klasse *um 50% bessere Lernergebnisse* als eine herkömmliche Vergleichsklasse (nach Decker 1995, S. 241). Eine völlig neue Lernkultur ist im Entstehen. Geschichtsunterricht? Der Schüler wird mit seinem Lehrer im alten Rom spazierengehen und sich mit zufällig vorbeikommenden Passanten über ihr Leben unterhalten. Geographieunterricht? Der Schüler kann im Cybershuttle die Erde umrunden und landen, wo immer er will (zumindest an einer Vielzahl vorgegebener prototypischer Punkte). Vielleicht wird es auch dieses Buch einmal als VR-Dokument geben. Wenn der Leser den Cyberspace betritt, werde ich ihn dort in Form eines meiner Klone begrüßen. Wir werden dann gemeinsam in die Regenwälder Südamerikas fliegen und baumlebende Affen bei ihrer Kletterakrobatik beobachten, der Leser wird im Labor dabei angeleitet, eine Belusov-Zhabotinski-Reaktion anzusetzen und wir werden in eine Schicht aus Silikonöl hinabtauchen, in der sich gerade eine Bénard-Zelle selbstorganisiert. Auch in einem in Funktion pulsierenden psychosynergetischen Strukturmodell werden wir mit dem Cybercycle herumfahren. Auf diese Weise wird man Psychosynergetik oder ein anderes Konzept auch einfachen, wissenschaftlich nicht besonders vorgebildeten Menschen nahebringen können. Ziel sollte es sein, das gesamte o.g. Aufbaustudium in evolutionistischer »Welt-, Lebens- und Seelenkunde« möglichst weitgehend zu einer einzigen euthymen »AHA-Erlebnisreise« zu machen. (Wobei natürlich zu hoffen ist, daß die Vermittlung fundierter Kenntnisse in Humanethologie, Psychologie und Selbstmanagement endlich zu einem selbstverständlichen Gegenstand schon des Schulunterrichtes wird.)

Ein letztes Beispiel für die ungeahnten Möglichkeiten, die sich hier auftun könnten: Wie oben schon angedeutet, sollte es möglich sein, sozusagen »kristalline Synergität« zu erzeugen, d.h. VR-Spiele, die das SBS optimal stimulieren und ein Höchstmaß an mentaler Funktionslust ermöglichen. Dies birgt natürlich Gefahren. Neben überwiegend somatogenen Süchten (Alkohol, Heroin) und überwiegend primären Süchten (z.B. Gewinnspiel-Automaten, Beziehungssucht) wird es auch überwiegend sekundäre »Flow-Süchte« geben. Diese sekundären Süchte haben nun zwei Vorteile. 1. Im Gegensatz zu den somatogenen Süchten zerstören sie den Organismus nicht, zumindest nicht auf direktem Wege. 2. Sie haben immer zu tun mit Ordnung und Struktur, mit der Höherordnung von Struktur, mit kreativer Gestaltung von Struktur. Künftige VR-Techniken werden es ermöglichen, zunächst abstrakte, kristallin-synerge Struktur in beliebiger Richtung sukzessive »mit Realität anzureichern«. Damit könnte man sich eine künftige VR-Therapie etwa des Alkoholismus wie folgt vorstellen: Zunächst zieht man den Klienten aus dem somatischen Suchtattraktor in einen auf pure Erlebniswerte ausgelegten primär-sekundären Suchtattraktor. Dieser wird dann unter Einbezug von Gestaltungswerten zunehmend in einen sekundären Suchtattraktor transformiert. Nach Austesten des Neigungsprofils des Klienten reichert man diesen sekundären Suchtattraktor nun sukzessive in der betreffenden Richtung mit Realität (und Sinn) an, wobei entsprechend Wissen und Fertigkeiten erworben werden. Am Ende wird der Klient dann gleitend in die Realität und u.U. in das Berufsleben entlassen: als Werbefachmann, Künstler, Landschafts- oder Städteplaner, als Mathematiker, Physiker oder Schachspieler, oder was immer es an Berufsbildern in der kommenden Informations- und Dienstleistungsgesellschaft geben wird. Sicher ist: Es werden überwiegend Kreativberufe sein, die hohe Bildung und stark sekundär entwickelte Menschen voraussetzen und hervorbringen.

Ich bin mir der großen Probleme bewußt, die sich um all das hier so kurz und glatt Formulierte ranken. Was, wenn es dem Klienten nicht gelingt, die beiden virtuellen Suchtattraktoren zu verlassen, wenn er sich weigert, in die »schmutzige« Realität zurückzukehren? Wir wissen, daß das SBS phasisch reagiert, daß also auf jedem Anforderungsniveau irgendwann Gewöhnung und Langeweile einsetzt, die den Betreffenden nach neuen Herausforderungen und höheren Schwierigkeitsgraden suchen läßt. Und genau hierin liegt die große Chance. Wenn es gelingt, das Anforderungsniveau in einem individuellen und kontinuierlichen Prozeß so zu steigern, daß die Lern- und Arbeitsmotivation nicht dauerhaft abreißt, dürften die meisten Menschen wieder an das Anforderungsniveau des realen Lebens heranzuführen sein. Einer der Hauptauslöser für Suchtverhalten bei psychisch labilen Menschen ist die Nichtbewältigung abrupter großer Anforderungs- und Belastungssprünge, und eben diese werden sich durch aufbauendes VR-Training zukünftig weitgehend vermeiden lassen. Und natürlich läßt sich in diesem Prozeß auch die Frustrationstoleranz systematisch trainieren und steigern. Hinzu kommt, daß ja insgesamt durch einen solchen gezielten Aufbau stabiler sekundärer Persönlichkeitsstrukturen o.g. psychische Labilität weitgehend beseitigt werden kann. Sollte diese Strategie im Einzelfall scheitern, bleiben die sekundären Süchte im Vergleich zu den somatogenen immer die humaneren: Sie erzeugen keine Leberzirrhose wie der Alkohol, sie sind viel reicher an Erlebnis- und Gestaltungswerten und sie bergen aufgrund der unvorhersagbaren Eigendynamik des Prozesses immer eine hohe Chance auf Spontanremission durch »realistische Spontantransformation«.

Es scheint, daß wir am Beginn einer technisch-sozialen Umwälzung stehen, die alle bisherigen sogenannten Revolutionen in den Schatten stellen könnte. Ob es uns paßt oder nicht: die Informations- und Dienstleistungsgesellschaft – sie wird kommen. Allein bis zum Jahr 2000 werden nach einer Schätzung von Roland Berger im MM/VR-Bereich 5 Millionen neue Arbeitsplätze entstehen. Schon bald wird es die ersten Klienten geben, die der »Nintendo-Sega-Generation« angehören. Fortschritt läßt sich nicht aufhalten. Auch die Dampflok kam für jene Menschen, die ihrer das erste Mal ansichtig wurden, direkt aus der Hölle. Wir werden uns an diese Veränderungen gewöhnen, ihre Vorteile nutzen und ihre Gefahren meiden lernen. Es ist dies nicht der Ort, all diese faszinierenden Fragen weiter zu erörtern.

Eines jedoch sollte bei all dem klar sein und noch einmal deutlich gesagt werden: MM/VR ist ein Gehirnphänomen. VR wird *im Gehirn und vom Gehirn konstruiert* (über das hochinteressante Problem »Künstliches Leben« wollen wir an dieser Stelle noch nicht reden). Dies hat zweierlei strikt zur Konsequenz: 1. Psychotherapie ist davon unmittelbar betroffen und muß sich damit auseinandersetzen. 2. Auch der um MM/VR-Möglichkeiten erweiterte Computer kann das Gehirn und damit den Menschen bzw. Therapeuten nicht ersetzen. Bei MM/VR handelt es sich also keineswegs um die Heraufkunft der »ELIZA-Schreckensvision« des Joseph Weizenbaum (1976). Und VR wird auch nicht die Realität ersetzen. Ich glaube nicht, daß es möglich sein wird, VR-Anzüge zu entwickeln, die man einerseits auf der Haut nicht spürt, die aber andererseits naturgetreu das Gefühl vermitteln, sich an den Partner zu schmiegen, in einem warmen Meer zu baden oder in einem Sandsturm in der Sahara zu stehen. Kurz: Zwischenmenschlichkeit und intensive Formen des Naturerlebens werden, zumindest auf absehbare Zeit, nicht virtuell zu synthetisieren sein. Nichts kann uns davon entbinden, weiter um den Erhalt der Mitmenschlichkeit und der Natur zu kämpfen.

10.7. Schlußbetrachtung und Zusammenfassung

Soweit also unsere kurze Skizze einer Allgemeinen evolutionistischen Psychotherapie, wie sie aus dem psychosynergetischen Strukturmodell abgeleitet werden kann. Schon hier sei vorgreifend auf zwei Einwände geantwortet, die man der hier vertretenen Therapiekonzeption höchstwahrscheinlich entgegenbringen wird. So könnte zum einen der Vorwurf laut werden, sie sei viel zu rational und arbeite zu wenig mit den Emotionen. Es geht zu wenig um Gefühle? Natürlich geht es um Gefühle. Es geht nur um Gefühle. Im ganzen Leben geht es letztendlich nur um Gefühle – sie geben einer jeden Lebensäußerung erst ihren Wert! Und auch im gesamten vorliegenden Buch geht es doch fast ausschließlich um die Frage, wovon unsere Gefühle im einzelnen abhängig sind. Und dabei zeigte sich nun eben: Wer kurzschlüssig nach den Gefühlen selbst greift, um diese Gefühle zu verändern, der wird ins Leere greifen! Viele Menschen mit psychischen Störungen machen diesen Fehler. Auf einem unkontrollierten Psychomarkt irren sie von Scharlatan zu Scharlaten und kochen, in sich selbst »kurz geschlossen«, den gleichen »Gefühlsbrei« immer wieder auf. Da wird geschrien, gezuckt, geatmet und gestrampelt. Und natürlich geht es vielen danach besser, kurzfristig jedenfalls. Wie sollte sich der psychodynamisch Deprivierte, der in einen seelischen Spannungszustand hineingetrieben wird, denn nicht besser fühlen, wenn die Spannung sich löst? »Es ist besser Schmerzen zu haben, als gar nichts zu empfinden. Man weiß dann, daß man lebt. Und es ist so schön, wenn der Schmerz nachläßt!«, so soll er geantwortet haben, als man ihn fragte, warum er sich immer mit dem Hammer auf den Daumen schlägt. Allein, *kein einziges* Problem wird mit dieser Methode wirklich *auf Dauer* gelöst. Eine dauerhafte Veränderung von Gefühlen kann man nicht direkt intendieren, sie er-folgt indirekt als Resultat eines langwierigen strukturellen Transformationsprozesses im Gefolge einer Veränderung der aktiven inneren und äußeren Tätigkeit, einer Tätigkeit, die auf einen das Selbst transzendierenden äußeren Gegenstand gerichtet ist. Unsere zentralen und anhaltenden Gefühle sind das Ergebnis des Zusammenklangs der hierbei akkumulierenden komplexen kognitiven

Strukturen. Man muß 1000 kognitive Schritte in die richtige Richtung tun, um nur einen emotionalen Schritt voranzukommen. Ich möchte dieses so zentrale und so gravierende Problem nochmals anhand einer Metapher verdeutlichen. Stellen Sie sich vor, auf einem Klavier, das kaputt und völlig verstimmt ist, liegt ein Buch, das davon handelt, wie man ein Klavier stimmt und repariert. Der eine blättert das Buch vielleicht nur kurz durch. Er findet darin technische Zeichnungen, Erklärungen, wie man eine komplizierte Mechanik justiert, Mathematik über Streckenteilungsverhältnisse usw. Was hat das alles mit Musik zu tun, fragt er sich und spielt einfach ein Klavierstück nach dem anderen. Manchmal ist sogar eines dabei, das deutlich besser klingt, weil darin zufällig die verspanntesten Saiten wenig zu Gebrauch kommen. Siehe, spricht er dann zu sich, du bist auf dem rechten Weg! Ein anderer ist weniger ungeduldig; er liest, denkt nach und versteht. Schließlich nimmt er es auf sich, das Klavier zu reparieren und zu stimmen. Nicht selten geht ihm während dieser mühevollen und langwierigen Arbeit der Zusammenhang verloren zwischen der rostigen Schraube, an der er gerade dreht und jenen erhabenen Melodien, von denen er eigentlich geträumt hat. Aber immer wieder wird er des zuvor tief Verstandenen inne und schraubt geduldig weiter. Die menschliche Seele ist nun ein Klavier mit hunderttausenden von Saiten. Und Psychosynergetik ist, so hoffe ich, eine geeignete Anleitung zum Stimmen dieses Seelen-Klaviers – um es mal etwas pathetisch zu formulieren.

Ich kann mir zum zweiten kaum vorstellen, daß nicht auch der Vorwurf einer Bevormundung, Manipulation oder gar Indoktrination des Klienten gegen die hier entwickelten Gedanken erhoben werden wird. Und richtig: Wer sagt, falsche Theorien sind kranke Organe der Verhaltensregulation, muß zwischen falschen und richtigen Theorien unterscheiden können und die richtigen dann vermitteln, so er heilen will. Welcher Art sind die Theorien, die hier vermittelt werden sollen? Grundlegendes Paradigma ist das Evolutionsdenken. Die Evolutionstheorie gilt weltweit als gesichert und selbst Papst Johannes Paul II. hat sich im Oktober 1996 genötigt gesehen, Charles Darwin zu rehabilitieren und seine Lehre als »mehr als eine Hypothese« anzuerkennen (wenngleich er sich natürlich noch dagegen verwahrt, auch den Geist als Evolutionsprodukt zu interpretieren). Der evolutionistische Therapeut vermittelt eine erkenntniskritische Grundhaltung. Es gibt keine mit letzter Gültigkeit beweisbaren Wahrheiten – wissenschaftliche oder religiöse Dogmen und Evolutionismus schließen einander aus. Daß es keine Dogmen gibt, ist das einzige wirkliche Dogma des Evolutionismus. Explizit wird zwischen relativ gesichertem Wissen und kalkulierten Spekulationen unterschieden. Letztere werden unabhängig von ihrem speziellen Inhalt auch unter dem Aspekt allgemein gültiger ethischer Standards bewertet. Das (relativ) gesicherte Wissen besteht aus naturwissenschaftlichen, medizinischen und systemtheoretisch-philosophischen Theorien, die von weltweit anerkannten Wissenschaftlern erarbeitet worden sind. Aus ihrem tiefsten Wesen heraus versteht Psychosynergetik die Persönlichkeitsentwicklung als einen von Eigenaktivität getragenen Prozeß der Selbstorganisation. Keiner weiß besser als der evolutionistische Therapeut: Wenn der Klient nicht wenigstens punktuell zu anderen Auffassungen gelangt als er selbst, läuft der Prozeß auf einer sehr grundsätzlichen Ebene falsch und der Therapieerfolg ist in Gefahr. In diesem Zusammenhang scheint es sinnvoll, an einem Prinzip der »Polyphonie« festzuhalten, d.h. ein großer Teil der Studienlektüre sollte aus den inzwischen in großer Zahl verfügbaren allgemeinverständlichen Originaltexten jener Autoren bestehen, die Bausteine für ein modernes evolutionistisch-monistisches Weltbild geliefert haben. Dies fördert kritische Auseinandersetzungsfähigkeit und ermöglicht dem Klienten kreative eigene Wege des Denkens. Eine Umsetzung all dessen auf

MM/VR-Medien würde am pluralistischen Charakter dieses Programms nichts ändern. Und immer wird ja nur ein recht allgemeiner Rahmen vorgeschlagen, dessen konkrete, persönlich sinnstiftende Ausgestaltung dem Klienten mit Bezug auf seine individuelle Lebenssituation selbst obliegt. Kurzum, was hier vorgeschlagen wird ist nicht indoktrinierender, als jeder Schulunterricht oder jeder herkömmliche Studiengang. Gleichwohl scheinen Inkompatibilitäten möglich in bezug auf Klienten mit sehr explizit dualistischen oder fundamentalistisch-religiösen Weltbildern, oder aber in bezug auf Klienten mit sehr festgelegten, von anderswo inspirierten Vorstellungen darüber, wie Psyche funktioniert und wie folglich Psychotherapie auszusehen habe. Dies alles sollte sich im Vorgespräch klären lassen.

Es sei an dieser Stelle auch noch einmal an unsere Bemerkungen aus dem Einführungskapitel erinnert. Die eben vollzogene Ableitung einer Konzeption für eine allgemeine Psychotherapie illustriert die Vorteile der Arbeit mit Phase-2-Modellen. Ein Phase-2-Modell reduziert einen komplexen Problemraum auf einige wenige Ordner bzw. Ordnungsparameter: im vorliegenden Fall die begrifflichen Konstituanten des psychosynergetischen Strukturmodells. Diese Konstituanten sind dann zwangsläufig sehr komplexe, oft auch etwas unscharfe Begriffe, die eine hohe Komplexität komprimieren (bildlich gesprochen: Sie stehen an der Spitze einiger hoher Pyramiden, deren breite Basen den gesamten Problemraum abdecken). Ein solcher Begriff läßt sich nicht vollständig im KKC erfassen. Seine Kontrolle erfolgt wesentlich AEC-gesteuert, d.h. intuitiv. Einerseits bringt dies Unschärfen mit sich und Kommunikationsprobleme. Und: Die Aneignung derart komplexer Begriffe erfordert erheblichen internen Rekonstruktionsaufwand sowie Aufnahme und »Mittelung« einer Vielzahl mehr oder weniger prototypischer Beispiele. Andererseits geben uns diese wenigen komplex strukturierten Ordner die Möglichkeit, den gesamten Problemraum intuitiv zu kontrollieren. Man entwickelt ein Gefühl für das komplexe Problem als Ganzes, das den mentalen Umgang mit dem im Modell repräsentierten Problem steuert. Jeder der im Bewußtsein befindlichen Haupt-Ordner hat Unter-Ordner, die sich im Denkprozeß sozusagen mental automatisiert mitbewegen. Kommt es aber auf diesen untergeordneten Problemebenen zu Störungen, werden sie sofort intuitiv aktualisiert und konkret-kognitiv ausgegliedert. Es ist klar, daß ein adäquat Phase-2-geordnetes Problemfeld per definitionem auf eine sehr synerge Weise repräsentiert ist. Mithin sollte die Arbeit mit einem Phase-2-Modell in hohem Maße mentale Funktionslust bereiten. Ein weiterer wichtiger Aspekt: Das Phase-2-Modell leistet eine implizit-genetische Beschreibung des Problemraumes. Das interne mentale »Bedienen« dieses Modells sollte es also im Idealfall erlauben, ein beliebiges Problem abzubilden und eine Lösung zu generieren. Man braucht nur das Modell und sonst nichts. Ohne Phase-2-Modell muß der gesamte Problemraum explizit beschrieben werden. Im Gegensatz zu Psychoanalyse und Psychosynergetik arbeitet die Verhaltenstherapie nicht mit einem einheitlichen Phase-2-Modell; es existiert hingegen eine Vielzahl separater störungsspezifischer Modelle auf der Basis relativ wenig komplexer Begriffe. Bei vielen VT-Lehrbüchern sticht der Preis sofort ins Auge, wenn man sie aufschlägt: Auflistungen der möglichen Prozeßverläufe, Checklisten denkbarer Problemaktualisierungen, Kataloge mit Handlungsanweisungen, Phasen, Unterphasen, Schritte, Teilschritte und Teilschritte von Teilschritten – Strukturen wie bei einem Computer-Programm. Nur, das menschliche Gehirn ist eben kein Computer, es tut sich schwer, mit derart strukturiertem Material zu arbeiten. Soll man die Checklisten auswendig lernen und dann innerlich abhaken? Man kann die einzelnen Schritte einer Therapie nicht vorinstruieren, sie sollten vielmehr aus dem »lebenden Organismus« eines Phase-2-Modells aktual emergieren.

Was die grundlegende Theoriestruktur betrifft, könnte man cum grano salis also sagen: die Psychoanalyse hat eine »gute Gestalt«, die Verhaltenstherapie dagegen eine weniger gute, sie ist weitgehend eine »Undsumme« mit dem spröden Charme des Maschinendenkens. Psychoanalyse ist eher synerg, Verhaltenstherapie eher asynerg. Psychoanalytisch zu denken, macht damit mehr mentale Funktionslust.

Wir hatten dies als die eigentliche »tiefenpsychologische« Ursache für jene von der wissenschaftlichen Sachebene her nur noch schwer erklärbare anhaltende Attraktivität der Psychoanalyse identifiziert wie auch für die sachlich vielfach ungerechtfertigten emotionalen Vorbehalte, die der Verhaltenstherapie immer noch entgegenschlagen.

Psychosynergetik versucht nun, Psychoanalyse, Verhaltenstherapie und weitere Ansätze aufzuheben und zu integrieren. Als Erbe der Psychoanalyse geht in die Psychosynergetik ein: Der konsequente materialistische Monismus Sigmund Freuds in Form des Konstruktivistischen Monismus, das Freudsche Strukturmodell als Phase-2-Modell wird erweitert zum psychosynergetischen Strukturmodell, zentrale Konzepte wie Widerstand und Verdrängung werden psychosynergetisch reformuliert. Die lerntheoretisch orientierte Verhaltenstherapie wird in einen engen Anwendungsbereich verwiesen, bleibt dort aber unverzichtbar. Den zentralen Platz bekommen in modifizierter Form die kognitiven Therapien zuerkannt in Synthese mit humanistischen Therapieansätzen, insbesondere der Logotherapie des Viktor Frankl. Bruchlos leitet sich die Notwendigkeit modernster Therapieformen ab: VR-Therapie. All dies konnte aus dem psychosynergetischen Strukturmodell gefolgert werden, das seinerseits Resultat einer evolutionistischen Ableitung ist. Alle einbezogenen Bausteine wurden in diesem Prozeß in kohärenter Weise modifiziert und zu einer neuen organischen Ganzheit verschmolzen. Man sollte daher begründet erhebliche Synergieeffekte im Sinne spezifischer Therapiewirkungen erwarten können. Und: Nichts wäre weniger gerechtfertigt, als der Vorwurf eines willkürlichen Eklektizismus. Hochinteressant ist die Tatsache, daß der evolutionistische Ableitungsgang zu Haupttherapieprinzipien führt, die in zentralen Aspekten genau jenen Therapieformen ähneln, die sich zufolge aller relevanten Studien und Metaanalysen als die wirksamsten erwiesen haben (Grawe u.a. 1994). Das durch unseren Ableitungszusammenhang aufgezeigte notwendige Ergänzungsverhältnis der genannten Therapieansätze macht gleichzeitig deutlich, in wie hohem Maße das einem jeden dieser Ansätze zugrunde liegende Menschenbild vervollständigungsbedürftig war. Aber noch immer nicht ist das einleitende Wort Viktor Frankls vollständig eingelöst. Der Mensch ist ein soziales Wesen. Zumeist lebt er in einer Sozialgemeinschaft, wobei die Integration in eine Paarbeziehung bzw. ein komplexeres Familiensystem oft so stark ist, daß sie für Verständnis und Behandlung einer psychischen Störung zu einer Größe wird, die nicht vernachlässigt werden kann. Diesem Umstand tragen die seit den 70er Jahren verstärkt entwickelten familientherapeutischen und systemischen Therapieansätze Rechnung. Es muß an dieser Stelle genügen, auf den folgenden sehr erfreulichen Tatbestand hinzuweisen. Gerade diese systemischen Therapieansätze sind es, in denen sehr weitgehend mit all den Konzepten der Theorie komplexer dynamischer Systeme gearbeitet wird, die wir hier im Rahmen der Psychosynergetik zur Modellierung individueller intrapsychischer Prozesse beigezogen haben (vgl. z.B. Kriz 1990, Schiepek 1991, Tschacher et al. 1992). Es wäre somit eine hervorragende Kompatibilität gegeben, und einer notwendigen und fruchtbaren Synthese müßten sich keine unüberwindlichen Probleme in den Weg stellen.

Was für diese Erweiterung »nach oben« gilt, trifft auch für eine Erweiterung »nach unten« zu. Es ergeben sich vielfältige Möglichkeiten zur Formulierung neuer Konzepte für die Psychosomatische Medizin wie auch für Synthesen mit bestehenden Ansätzen. Dies gilt etwa für das Konzept der »Dynamischen Krankheiten«, das seit Anfang der 80er Jahre insbesondere durch Uwe an der Heiden (1992) von der Universität Witten-Herdecke vertreten wird (in bezug auf psychiatrische Erkrankungen vgl. auch Emrich et al. 1992). Dies alles kann im hier gesetzten Rahmen nur noch angedeutet werden.

Es bleibt, die Grundstruktur unseres Vorschlags für eine Allgemeine evolutionistische Psychotherapie nochmals in einer kurzen Übersicht zusammenzufassen.

Allgemeine evolutionistische Psychotherapie

bestehend aus: **Allgemeiner Psychagogik**

Vermittlung folgender Wissensinhalte und Befähigungen über Selbststudium und Seminar: *evolutionistisches Weltbild; Dialektik und Systemkompetenz; evolutionistisches Selbstbild* (z.B. Grundlagen der Psychosynergetik, medizinisches Grundwissen); Grundprinzipien *konstruktivistischer Philosophie* (z.B. Konstruktivistischer Monismus).

Das Entscheidende ist: Das strukturelle Aufeinanderbezogensein dieser Wissenkomplexe erlaubt es dem Klienten über »Muster, die verbinden«, *sein Selbst bruchlos in die Welt einzuweben, sich von dieser tragen zu lassen und sich in ihr aufgehoben zu fühlen.* Dies führt zu psychischer Stabilität und ganzheitlich-harmonischem Selbst- und Welterleben. Das psychosynergetische Strukturmodell (bzw. seine Weiterentwicklungen oder auch verwandte Konzepte) stellt adäquates Veränderungswissen für ein effizientes Selbstmanagement zur Verfügung (auf der Basis starker »vernunftgegründeter« sekundärer Emotionen). Erwerb von dialektischer Kapazität und Systemkompetenz (Prinzip des indirekten koordinierten Mehrpunkt-Handelns) ermöglichen Flow beim Management unserer immer komplexer werdenden Welt. Mit Blick auf eventuelle umgrenzte psychosomatische Störungen heißt dies »noetische Harmonie« und ihre Top-down-Effekte (u.a. sekundäre Aufhebung primärer Strukturdefekte) als »Generalschlüssel« zur psychosomatischen Gesundheit maximal zu aktivieren (z.B. Regulierung und damit Heilung »dynamischer Krankheiten«).

Überwiegend aktiv-direktives Vorgehen. Weitestgehender Einbezug neuer multimedial-interaktiver Lernformen einschließlich VR.

und: **Individueller Fokaltherapie**

Reinterpretation der individuellen Erfahrungswelt des Klienten vor dem o.g. Hintergrund. Insbesondere psychosynergetische Deutung seines psychischen Erlebens, seiner Entwicklung einschließlich besonderer biographischer Ereignisse (u.a. der »Traumata«). Korrektur dyssynerger Anschauungen, Werte, Einstellungen und Verhaltensgewohnheiten. Umsetzung der Prinzipien evolutionistischen Selbstmanagements bezogen auf die konkrete Lebenssituation und die individuellen Lebensprobleme des Klienten. Vor allem auch: Sinnfindungsprozesse, Ermittlung des Neigungs- und Begabungsprofils, Berufsberatung. Spezielle Therapie der fokalen psychischen Störung unter Nutzung des gesamten

Inventars an adaptierten Methoden kompatibler Therapierichtungen (u.U. Kooperation mit anderen speziell ausgebildeten Therapeuten). Ein Teil davon wurde genannt, es könnten sicher weitere dazukommen.

Überwiegend »systemimmanentes« Herangehen (Tuschen & Fliegenbaum 1996) nach dem Prinzip des indirekten Handelns; aber auch aktiv-direktiv; auch unspezifische Destabilisierung. Nutzung und Weiterentwicklung von VR-Therapieformen.

Abschließend sei folgendes betont: Das hier Dargestellte erhebt keinesfalls den Anspruch, ein theoretisch ausgereiftes und anwendungsbereites Therapiekonzept zu sein. Für ein solches Vorhaben fehlte dem Autor insbesondere ein ausreichender Fundus an authentischer praktischer Erfahrung als Psychotherapeut. Es handelt sich zunächst lediglich um eine Skizze einiger wichtiger theoretischer Konsequenzen, die sich aus dem hier vorgestellten Theorieansatz für das Projekt "Allgemeine Psychotherapie" zu ergeben scheinen. Eine kritische Diskussion nicht nur dieses Kapitels, sondern des gesamten Buches sollte wohl zu mancher auch durchgreifenderen Korrektur führen. Vielleicht wird der "bodenständige Praktiker" meine Vorstellungen z.T. unrealistisch und unpraktikabel finden und vielleicht trifft dies hier oder dort auch zu. Nur: Es gibt Entwicklungen, die dies schon mittelfristig ändern könnten und Theorie sollte der Praxis immer ein Stück voraus sein. Die meinem Text zugrunde gelegten Konzepte aus dem Bereich der Theorie komplexer, nichtlinear-dynamischer Systeme sind in den modernen Naturwissenschaften inzwischen fest etabliert und dringen immer stärker auch in Neurowissenschaften, Psychologie und Soziologie vor. Die weltanschaulichen Konsequenzen dieser Konzepte werden intensiv popularisiert (Stichwort: "Chaos und Fraktale") und prägen zunehmend das Weltbild auch breiterer Bevölkerungskreise. Der soziale Wandel zur Informations- und Dienstleistungsgesellschaft wird eine große Bevölkerungsgruppe hervorbringen, die jung, flexibel, hochdifferenziert und gebildet ist und deren Weltbild mehr oder weniger weitgehend im Evolutionismus wurzelt. Dieser absehbare Trend schafft nicht nur Voraussetzungen für Psychosynergetik, er fordert nachgerade derartig strukturierte Therapiekonzepte. Denn spätestens seit Jerome D. Frank (1981) wissen wir: Einer der wichtigsten unspezifischen Therapiefaktoren ist die Kohärenz der vom vom Therapeuten angebotenen "plausiblen (Störungs-)Modelle" mit dem Weltbild des Klienten. So soll das hier Dargestellte vor allem dazu beitragen, Diskussionen anzuregen, die auf die Zukunft vorbereiten.

Epilog: Von der Evolution des Fühlens über das Fühlen der Evolution zum Management der Evolution – das Projekt einer »evolutionistischen Neomoderne«

Wie alle anderen Evolutionsprozesse kann man auch soziale Evolutionsprozesse nur beeinflussen und gleichzeitig vital, gesund und kreativ erhalten, indem man sie auf indirekte Weise durch Veränderung ihrer Randbedingungen bzw. Schranken steuert. Wir hatten dies hier als »Prinzip des indirekten Handelns« bezeichnet. Unsere westliche Kultur ist noch zu stark durch das artefaktgeprägte, mechanizistische Denken und das korrespondierende Prinzip des direkten Handelns bestimmt. Der zumeist juristisch ausgebildete Politiker alten Schlages mit »Verwaltungserfahrung« nach der »Ochsentour« durch den Parteiapparat – er ist oftmals blind für das kritische Fluktuieren des Komplexen und taub für das emergente Kreißen der Evolution. Weder verfügt er über die richtigen Konzepte, um die immer komplexeren Prozesse in unserer zunehmend vernetzten Welt adäquat abbilden zu können noch hatte er Gelegenheit, genügend »intuitive Kompetenz« für den Umgang mit ihnen zu erwerben. Und eine derartige Systemkompetenz würde ihm auch nicht viel »nützen« – die Mehrheit seiner Wähler könnte einschlägig formulierten Argumenten gar nicht folgen. Entsprechend neigt zeitgenössische Politik, sehr verkürzt gesagt, zu einem ziellosen »Herumtorkeln« zwischen zwei Extremen: völlige Entschrankung der Marktdynamik mit der Folge eines brutalen »Manchesterkapitalismus« oder direktivistisch-zentralistisches Abwürgen jeder freien und kreativen Dynamik (»Rechts« vs. »Links«). Auf dem schmalen Grat dazwischen ausdauernd zu balancieren, dies ist die Kunst, die es zu lernen gilt: die Kunst eines subtilen indirekten Steuerns der sozialen Evolution durch ganzheitlich-koordinierte Schrankenveränderungen in einer Weise, daß einerseits die evolutive Stabilität und prospektive Evolutionsfähigkeit des sozialen Systems für die Zukunft gesichert bleibt und andererseits die Bedürfnisse möglichst vieler so weit wie möglich befriedigt werden.

In diesem Zusammenhang könnte man das Prinzip der fraktalen Evolution etwa in folgender Richtung weiter ausdeuten: Durch die Einfaltung einer kleineren und schnelleren Evolutionssphäre wird es möglich, Prozesse der äußeren Sphären zu simulieren, die Ergebnisse ihrer Informationserzeugung vorwegzunehmen und sie als »Erfahrungssphäre« damit partiell zu ersetzen. Die dargestellte Entstehung von Einsicht auf der Basis der episynaptischen Evolution gestattet Probehandeln im Virtuellen und damit das Vermeiden u.U. letaler Fehler im realen Verhalten. Der »Brennpunkt« des evolutiven Geschehens wird also quasi auf eine höhere Ebene verlagert, wobei selektiv nur seine positiven Ergebnisse an die untere Ebene zurückgegeben werden. Extrapoliert man dieses Prinzip in die soziale Sphäre, sind interessante Schlußfolgerungen möglich: Man kann in der Entstehung von Computernetzwerken die Herausbildung eines sozialen »Nervensystems zweiter Ordnung« sehen, das einen virtuellen Raum zur Vorwegnahme und Simulation komplexer sozialer Prozesse eröffnet. Unternehmen könnten ihre Produkte vor Investition und Produktion auf einem »virtuellen Markt« vortesten, dann nur gemäß individueller Order produzieren und so Fehlkalkulationen mit Konkursfolge sowie Energie- und Rohstoffverschwendung vermeiden: »virtueller Kapitalismus« also, dessen Negativwirkungen im Virtuellen verbleiben, dessen Segnungen aber selektiv und planvoll materialisiert werden können, mit der Folge eines »realen Sozialismus«. Unvermutete Synthesemöglichkeiten linker und rechter Gesellschaftskonzepte könnten am Horizont der Informationsgesellschaft heraufdämmern. Ferner: Das sich durch die Vernetzung und Globalisierung formierende System »Weltgesellschaft« könnte durch Simulationen in dieser virtuellen Meta-Sphäre seine innere Organisationsstruktur und seine Integration mit der Biosphäre in einem zum Überleben ausreichenden Maße optimieren und so auch auf der globalen Ebene die Negativwirkungen der Evolution außer Kraft setzen. Denn Selektion auf dieser Ebene wäre gleichbedeutend mit der Apokalypse.

Soziale Marktwirtschaft und Demokratie sind überlegene und unverzichtbare soziale Organisationsformen, weil ihnen der evolutive Grundmechanismus eines Wechselspiels von Variation und Selektion inhärent ist. Für den Untergang des »real existierenden Sozialismus« werden von verschiedener Seite alle möglichen »Ursachen« ins Feld geführt. Die eigentliche Ursache ist, daß mit Abschaffung von Markt und Demokratie der einzige und universelle kreative Mechanismus des Universums, die Evolution, stillgelegt wurde (und zwar ohne »virtuellen Ersatz« auf höherer Ebene): Von vornherein und unvermeidlich mußte dies zu Stagnation und Zerfall führen. Hier zeigt sich, wie wichtig es ist, diese Argumentation in einem solchen evolutionstheoretischen Kontext zu formulieren; nur hier gewinnt sie ihr wirkliches Gewicht und jene eherne Unausweichlichkeit, die keinerlei »Aber wenn man ... hätte!« mehr zuläßt.

Allerdings: es gibt nicht »die Demokratie« und »die soziale Marktwirtschaft«. Beides sind riesige Schubladen, in denen sich eine Vielzahl möglicher struktureller Varianten verbirgt. Soziale Organisationsformen, die spontan-historisch gewachsen (oder gewuchert?) sind und in Zeiten des Überflusses gut »funktioniert« haben, sind damit nicht für alle Ewigkeit legitimiert und unantastbar. Zur Zeit hat man etwa in der Bundesrepublik den Eindruck, daß sich das politische System auf eine Weise selbst blockiert, die ein Zustandekommen in sich kohärenter und gesamtgesellschaftlich sinnvoller Problemlösungen nicht mehr zuläßt. Wenn es um das Thema »Zukunft« geht, steht zumeist die Diskussion um den wissenschaftlich-technischen Fortschritt im Zentrum. Wichtiger aber scheint mir das Nachdenken über adäquatere Organisationsstrukturen sozialer Systeme vor dem Hintergrund moderner evolutions- und komplexitätstheoretischer Konzepte. Diese innere Struktur »sozialer Organismen« ist es letztlich auch, die dann bestimmt, in welchem Maße technologischer Fortschritt statthaben kann. So ist es z.B. Neuseeland kraft eines beispiellosen Reformprogramms gelungen, eine scheinbar ausweglose Krise zu meistern und binnen weniger Jahre wieder zu einem Vorzeige-Industrieland zu werden. Und führende neuseeländische Politiker haben nun interessantermaßen die Überzeugung geäußert, daß ein solcher Wandel auf der Basis des deutschen Verhältniswahlrechts nicht möglich gewesen wäre. Die wichtige Frage, welches der vielen vorfindlichen spontan-historisch gewachsenen Wahlrechts- und Politiksysteme unter welchen Bedingungen ein optimales Verhältnis zwischen Stabilität und Veränderungsfähigkeit bietet, ist ein genuin komplexitätstheoretisches Problem, das mit den klassischen Instrumenten der Politikwissenschaft nicht gelöst werden kann. Hochvirulent werden diese Fragen vor allem auch im Zusammenhang mit der Gestaltung der Politik- und Verwaltungsstrukturen des geeinten Europa. Lösungen oder Antworten? Vielleicht müssen wir erst einmal lernen, die richtigen Fragen zu stellen. Auch den Sozialwissenschaften steht ihre »Darwinsche Krise« erst noch bevor.

»Evolutionistisches Komplexitätsmanagement« – so könnte man diese Hauptaufgabe für das nächste Jahrtausend nennen. Es wird dazu neben einem erheblichen Ausbau bestehender komplexitätstheoretischer Ansätze für die Sozialwissenschaften (Anderson et al. 1988, Haken 1996a, Mainzer 1996) aufwendiger Computersimulationen bedürfen und wohl auch eines systematischen, vorsichtig-kleinschrittigen »sozialen Experimentierens« mit verschiedenen Organisationsformen von Gesellschaft und Politik (»kleinschrittig« meint: keine zerstörerischen »Revolutionen«). Und es wird wohl ferner nicht gehen, ohne eine neue, postgradual speziell nachqualifizierte Elite von »System-Generalisten«; denn bei »Systemkompetenz« handelt es sich um ein Set rational-emotiver Befähigungen, die zunehmend definierbar, lehrbar und lernbar werden.

Um dabei aber – als Voraussetzung für die Vitalität der demokratischen Grundstruktur – die Kommunikation zwischen »Experten« und »Masse« nicht abreißen zu lassen, ist ein weiteres von prominenter Wichtigkeit: die Schaffung und globale Popularisierung eines modernen evolutionistischen Weltbildes (Mainzer 1996, Bublath 1992, Götschl 1990). Die großen Weltreligionen sind hier auf dem Rückzug bzw. degenerieren dort in einen aggressiven Fundamentalismus. Zufolge einer vom Spiegel in Auftrag gegebenen Emnid-Umfrage gab es 1996 in der Bundesrepublik erstmals mehr Atheisten und Agnostiker als Gott-Gläubige (Der Spiegel 52/1996). Die Insuffizienz des klassischen, durch das Maschinendenken geprägten naturwissenschaftlichen Weltbildes ist gleichfalls hinreichend offenbar. Und die westliche universitäre Philosophie sieht sich in dieser Situation weitgehend von der Aufgabe absorbiert, die Klassiker ein aberletztes Mal zu reinterpretieren.

Wie ausführlich dargestellt, läßt sich demgegenüber, ein »Heraufwachsen« moderner System- und Komplexitätstheorien (z.B. die Synergetik) aus den Naturwissenschaften feststellen, die komplexe Phänomene gerade der biopsychosozialen Sphäre sehr adäquat zu beschreiben vermögen und deshalb berechtigtermaßen zunehmend nach Problemen greifen, die ehedem Terrain ausschließlich der Geisteswissenschaften waren. Gerade auch für Psychologie und Psychotherapie eröffnet das Fortschreiten dieses Prozesses, wie dargestellt, die Chance, Zersplitterung und Schulenbildung zu überwinden. Und vielleicht wird es auf diesem Wege zu einem allgemeinen evolutionistischen Weltbild auch möglich sein, Elemente sowohl der westlichen Philosophie als auch des östlichen Denkens aufzuheben und dabei eine reife, durch konstruktivistische Epistemologie ermöglichte, apersonal-kosmische Religiosität im Sinne Spinozas oder Einsteins zu integrieren. Auf all diese hochinteressanten Probleme konnte in diesem Buch leider nur andeutungsweise eingegangen werden.

Soziale Variation in Form von soziokultureller Vielfalt ist eine wichtige Voraussetzung von sozialer Evolution. Allerdings dürfen die Gräben zwischen den Kulturen auch nicht zu tief sein, bleiben oder gar werden; der »Clash of the Civilisations« (S.D. Huntington) wird sonst zu einer realen Gefahr. Wechselseitiges Verstehen und Konsensbildung erfordern ein Minimum an gemeinsamen Grundanschauungen bzw. Grundwerten. Und Konsensfähigkeit ist die Voraussetzung für die notwendige, wenigstens partielle Synchronisation globaler Aktivitäten unter Fokussierung auf die Überlebensprobleme unseres Planeten. Muß die Weltgesellschaft als Ganzheit handlungsfähig werden, wird eine gewisse innersystemische »Standardisierung« von Grundelementen und Grundfunktionen unausweichlich. Bestimmte kulturelle Globalisierungstendenzen, oft als »Verwestlichung« oder »Amerikanisierung« verschrien, haben aus dieser Sicht auch ihre positiven Seiten. Sie könnten den Boden bereiten, für eine Verbreitung auch geistiger Produkte im Sinne einer zweiten, »evolutionistischen Aufklärung«. Dieses Projekt einer »evolutionistischen Neomoderne« – es kann gelingen und es muß gelingen, wenn wir überleben wollen. An mancher Stelle mag das oben Angedeutete gefährlich klingen – es klingt nicht nur so: es ist gefährlich. Nur, in einer Zeit der Beschleunigung und Komplexitätszunahme aller Prozesse (und damit immer stärkerer und schwerer kontrollierbarer Emergenzeffekte) abzuwarten und auf den Erwerb der immer imperativer eingeforderten Gestaltungskompetenz des Komplexen angstgebannt zu verzichten, dies ist noch gefährlicher; es könnte tödlich sein.

Warum beende ich mein Buch über Psychologie und Psychotherapie mit einem solchen globalen und vielleicht etwas »schwarmgeistig« anmutenden Ausflug in »ideologisch vermintes« Gelände? Weshalb gehe ich das Risiko ein, mit derartigen, in ihrer Unvollständigkeit und Verkürzung leicht mißverständlichen Bemerkungen unnötige Kritik auf mich zu ziehen? Weil ich zutiefst davon überzeugt bin, daß weder Individuen noch Gesellschaften auf Dauer gesund bleiben und überleben können, ohne eine einigende Vision, die Sinn stiftet, Handlungsmöglichkeiten eröffnet, Zukunft schafft (vgl. Csikszentmihalyi 1995). Und nicht weniger bin ich davon überzeugt, daß dies der Rahmen ist, in dem allein Psychotherapie im Ganzen dauerhaft und durchgreifend von Erfolg sein kann: Der Therapeut muß seinem Klienten etwas zeigen, muß ihn etwas vorfühlen lassen, für das es sich lohnt, dysadaptive, aber gewohnt-eingefahrene Verhaltensweisen und Süchte aufzugeben; nur dann kann der Klient zum einen jene Energien aufbringen, die zur Veränderung notwendig sind und zum anderen – bei enormem Leidensdruck – der Versuchung widerstehen, sich diesem durch Suizid zu entziehen. Ich bin mir bewußt, daß damit ein ungeheuerer Anspruch an Psychotherapie formuliert ist, der allenfalls auf dem Wege einer langsamen asymtotischen Annäherung eingelöst werden kann.

Anhang

Ergänzungen zum Abschnitt 7.2.3: Die Intuitionen des Henri Poincaré

Die nun folgenden Zitate sind einem Aufsatz des genialen französischen Mathematikers, Physikers und Philosophen Henri Poincaré (1854–1912) mit dem Titel »Die mathematische Erfindung« entnommen. Poincaré, der als einer der größten Mathematiker gilt und insbesondere wichtige Grundlagen auch für die »Mathematik der Selbstorganisation« geschaffen hat, gibt hier eine der authentischsten Darstellungen und Deutungen des kreativen Prozesses aus der Introspektionsperspektive, die der Kreativitätsforschung zur Verfügung stehen. In einer anderen Sprache und unscharf im Detail nimmt Poincaré in seinem Aufsatz die wichtigsten Grundkonzepte der Psychosynergetik vorweg. In Anbetracht der sonst üblichen Diversifikation der Autorenmeinungen auf dem Gebiet der Psychologie und insbesondere dem der Emotionspsychologie halte ich diese erstaunlichen Konvergenzen für bemerkenswert, insbesondere deshalb, weil sie im Ergebnis zweier unabhängiger und signifikant verschiedener Erkenntniswege stehen (der Poincarésche Aufsatz gelangte erst nach weitgehender Ausformulierung der psychosynergetischen Konzeption in die Hände des Autors). Doch hören wir nun Henri Poincaré:

»Ein mathematischer Beweis ist nicht eine einfache Aufeinanderfolge von Syllogismen, sondern es handelt sich dabei um Syllogismen, die in eine gewisse Ordnung gebracht sind, und die Ordnung, in welcher die einzelnen Elemente hier erscheinen, ist viel wichtiger als diese Elemente selbst. Wenn ich die Intuition, d.h. das Gefühl für diese Ordnung, besitze, so kann ich mit einem Blick das Ganze der Beweisführung überschauen und brauche nicht zu fürchten, ein einzelnes Element zu vergessen; jedes Element wird sich von selbst an den Platz stellen, für den es bestimmt war, ohne daß ich irgendwie mein Gedächtnis anzustrengen brauchte. ... Nicht jeder kann offenbar diese Intuition, dieses Gefühl für mathematische Ordnung besitzen, welches uns verborgene Relationen und Harmonien erraten läßt. Die einen besitzen weder dies feine und schwer zu definierende Gefühl noch eine über das Gewöhnliche hinausgehende Gedächtnisstärke und Konzentrationsfähigkeit, dann sind sie gänzlich unfähig, über die Anfangsgründe hinaus mathematische Entwicklungen zu verstehen; ...« (Poincaré 1973, S. 221). »Andere endlich besitzen die von mir erwähnte Intuition in größerem oder geringerem Grade, und dann können sie die Mathematik nicht nur verstehen, selbst wenn ihr Gedächtnis nicht besonders stark ist, sondern sie können auch schöpferisch tätig sein und mit größerem oder geringerem Erfolge versuchen, Neues zu finden, je nachdem ihre Intuitionsgabe mehr oder weniger entwickelt ist« (ebd. S. 222).

Die Zahl der möglichen neuen Kombinationen, die aus feststehenden mathematischen Sachverhalten gebildet werden können, ist unendlich groß. »Erfinden heißt ausscheiden, kurz gesagt: auswählen. ... In unserem Fall würden die Muster (die möglichen Kombinationen – D.H.) so zahlreich sein, daß ein ganzes Menschenleben nicht genügen würde, um sie zu prüfen. So verhält sich die Sache nicht. Die unfruchtbaren Kombinationen werden vom Geiste des Erfinders nicht beachtet. Ihm kommen nur die wirklich nutzbringenden Kombinationen zum Bewußtsein und einige andere, die er zwar verwirft, die aber etwas vom Charakter dieser nutzbringenden Kombinationen an sich haben. Das spielt sich alles ab, als wäre der Erfinder ein Examinator zweiten Grades, der nur noch die aufgrund einer ersten Prüfung als fähig zugelassenen Kandidaten befragt« (ebd. S. 222). »Das unbewußte Ich, oder wie man sagt: das sublime Ich, spielt eine Hauptrolle bei der mathematischen Erfindung; ... Das sublime Ich steht keineswegs tiefer als das bewußte Ich, es arbeitet nicht rein automatisch, es hat die Fähigkeit zu unterscheiden, es hat Feingefühl; es kann auswählen, es kann ahnen. Es kann sogar besser ahnen als das bewußte Ich, denn es hat dort Erfolg, wo jenes versagt« (ebd. S. 225). (Das »sublime Ich« entspricht in unserem Konzept der Ebene der Generatordynamik in Funktionseinheit mit dem SBS/AEC und das »bewußte Ich« dem Fokus/KKC.) Poincaré meint, daß das »sublime Ich« viele viele Kombinationen bildet und eine »erste Auslosung« vollzieht, wobei es nur die nützlichen und wichtigen Ideen bewußt werden läßt. Dabei »... gilt allgemein das Folgende: Die bevorzugten unbewußten Erscheinungen, welche befähigt sind, ins Bewußtsein zu treten, sind diejenigen, welche unsere Sensibilität direkt oder indirekt am tiefsten beeinflussen. Mit Verwunderung wird man bemerken, daß hier bei Gelegenheit mathematischer Beweise, die doch nur von der Intelligenz abhängig zu sein scheinen, die Sensibilität in Betracht kommen soll. Aber man wird es verstehen, wenn man sich das Gefühl für die mathematische Schönheit vergegenwärtigt, das Gefühl für die Harmonie der Zahlen und Formen, für die geometrische Eleganz. Das ist ein wahrhaft ästhetisches Gefühl, welches allen wirklichen Mathematikern bekannt ist; dabei ist in der Tat die Sensibilität im Spiele. (Die hier angesprochene Beziehung zwischen Intuition und Schönheitsempfinden wurde unter 7.2.4. abgeleitet und in differenzierter Weise definiert.– D.H.)

Welchen mathematischen Gebilden legen wir nun diesen Charakter von Schönheit und Eleganz bei und welche besitzen die Fähigkeit, in uns eine Art ästhetischer Befriedigung auszulösen? Offenbar diejenigen, die sich aus harmonischen Elementen zusammensetzen, so daß unser Geist ohne besondere Anstrengung das Ganze erfassen und gleichzeitig in die Einzelheiten eindringen kann. Diese Harmonie bietet unseren ästhetischen Bedürfnissen Befriedigung und ist zugleich eine Hilfe für unseren Geist, den sie unterstützt und leitet. Indem sie vor unseren Augen ein wohlgeordnetes Ganzes ausbreitet, läßt sie uns ein mathematisches Gesetz vorausahnen« (ebd. S. 226).

»Wir kommen somit zu folgendem Schlusse: Die nützlichen Kombinationen sind gerade die Schönsten, ich meine diejenigen, welche unsere Sensibilität am besten erregen können, jene besondere Sensibilität, welche allen Mathematikern bekannt ist, von der aber die Laien so wenig wissen, daß sie oft in Versuchung kommen, darüber zu lachen. Was geschieht dann weiter? Von den sehr zahlreichen Kombinationen, die das sublime Ich blindlings gebildet hat, sind fast alle ohne Interesse und ohne Nutzen; aber gerade dadurch sind sie ohne Einwirkung auf die ästhetische Sensibilität geblieben; sie treten niemals in das Bewußtsein; nur einige von ihnen befriedigen das Bedürfnis nach Harmonie und sind deshalb nützlich und schön zugleich; sie werden fähig, jene besondere Sensibilität des Mathematikers zu erregen, von der ich eben gesprochen habe und die unsere Aufmerksamkeit, sobald sie einmal geweckt ist, auf diese harmonischen Kombinationen lenkt und ihnen dadurch Gelegenheit gibt, in unser Bewußtsein zu treten.

Das ist nur eine Hypothese, sie wird indessen durch die folgende Beobachtung bekräftigt: Wenn der Geist des Mathematikers eine plötzliche Erleuchtung erfährt, so wird er dadurch in der Regel nicht irregeführt; aber, wie ich schon gesagt habe, geschieht es doch manchmal, daß der so eröffnete Weg eine exakte Probe nicht besteht; und in diesem Falle bemerkt man fast immer, daß diese falsche Idee unser natürliches Verlangen nach mathematischer Eleganz geschmeichelt hätte, wenn sie richtig gewesen wäre. ...

(Hier klingt es an und an anderen nicht zitierten Stellen wird es expliziert: auch Poincaré erlebt den Problemlösungsprozeß deutlich in zwei Phasen gegliedert. Die erste [Inkubations-]Phase endet mit einer plötzlichen »Erleuchtung«, woran sich eine zweite Phase des bewußten systematischen Ausgliederns und Verifizierens der Lösung anschließt. – D.H.)

Aber damit sind noch nicht alle Schwierigkeiten beseitigt; das bewußte Ich ist eng begrenzt; über die Grenzen des sublimen Ichs wissen wir nichts, und deshalb können wir ruhig voraussetzen, daß es in kurzer Zeit mehr verschiedene Kombinationen zu bilden vermag als ein bewußtes Wesen während seines ganzen Lebens zu erfassen vermag« (ebd., S. 227).

Ferner wird aus den Zitaten deutlich, wie stark Poincarés Vorstellungen bereits vom Evolutionsdenken geprägt sind und unseren heutigen Konzepten von Fluktuation und Selbstorganisation im Wechselspiel von Variation und Selektion ähneln. Dies wird dann noch einmal durch folgende Analogie unterstrichen: Poincaré vergleicht die Elemente unserer gedanklichen Kombinationen mit den hakenförmigen Atomen des Epikur, die im inaktiven Zustand an der Gefäßwand haften, im aktivierten Zustand aber, Gasmolekülen gleich, durcheinanderwirbeln und im Raum des sublimen Ichs Zufallskombinationen bilden.

Ergänzungen zum Abschnitt 7.2.4: Probleme der Kunstpsychologie

Ergänzend zu unseren Ausführungen unter 7.2.4. sei hier noch kurz ein Modell für die Rezeption komplexer Kunstwerke skizziert, um die Fruchtbarkeit des psychosynergetischen Ansatzes für Grundfragen der Kunstpsychologie deutlich zu machen.

Ein komplexes Kunstwerk ist zunächst einmal eine materielle Struktur, eine Form also: formale Ebenen (vgl. Abb. 1). Fakultativ können sich dem mehr oder weniger explizit inhaltliche Ebenen überlagern: In der bildenden Kunst kommen definierte Formen zur Anwendung, die in einer bestimmten Kultur als ikonische Symbole gelten; in Dichtung, Literatur und Film werden Inhalte zusätzlich direkt sprachlich ausgedrückt. Der Rezeptionsprozeß besteht nun darin, daß das Kunstwerk mit seinen verschiedenen Ebenen im Gehirn des Betrachters rekonstruiert wird. (Auf das Problemkonvolut »Kommunikation und Sprachverstehen«, das wir im Falle der Literaturrezeption in hochvirulenter Form im Kauf haben, kann hier jetzt nicht näher eingegangen werden - Grundsätzliches dazu wurde unter 9.2. dargestellt.)

Die Grundeinstellung der Tätigkeit ist dabei eine ästhetische. Es geht um die Optimierung des sekundären Erlebens unter Konzentration auf dynamisch-strukturelle Aspekte, wobei eine möglichst hohe Gesamtsynergität als Selbstzweck angestrebt wird. Wenn Synergität nun aber gleichbedeutend mit evolutiver Stabilität und Komplexität ist, sollte es grob zwei Wege zur Maximierung des ästhetischen Genusses durch autotelische Synergitätssteigerung geben. Einerseits sollte man den Prozessen optimale Bedingungen zu ihrer Selbststabilisierung schaffen, indem eine möglichst »reine« Ausprägung der dynamischen Selbstordnungstendenzen zugelassen wird (vgl. Abschnitt 9.7.) unter weitestgehender Unterdrückung von »Verzerrungen« durch pragmatische Beschränkungen (Wissen um Logik, sachliche Richtigkeit oder praktische »Machbarkeit«; z.B. kann man die Gesetze der Physik »außer Kraft setzen« und akzeptieren, daß Pferde fliegen oder Uhren zerfließen) sowie durch mehr oder weniger ausgeprägte abstrahierende Lösung aus den Schranken des Gegenstandes (»abstrakte Kunst«). Noch wichtiger vielleicht ist andererseits die Synergitätserhöhung via Komplexitätssteigerung. Dies erfolgt insbesondere durch Konstruktion möglichst vieler Querverbindungen der unterschiedlichsten Art, wobei wiederum infolge der Autotelie völlige Freiheit von pragmatischen Beschränkungen wie sachlicher Richtigkeit, Nützlichkeit usw. besteht. Zur Konstruktion dieser nichtpragmatischen Verbindungen muß intermittierend freilich auf eine quasipragmatische KKC-geführte Tätigkeit umgeschaltet werden, wobei sich nach »Rückschalten« auf AEC-Führung im Regelfall ein intensiveres ästhetisches Erleben einstellen sollte. In diesen quasipragmatischen Interpretationsphasen wird der im Kunstwerk selbst angelegte Beziehungsreichtum rekonstruiert, es werden Querverbindungen zu kunsthistorischem und kunsttheoretischem Wissen gezogen, vor allem aber wird nach Parallelen gesucht zur eigenen Erfahrungswelt und den ihrer Interpretation zugrunde liegenden verinnerlichten Wissensbeständen und Werten. Dies alles sind bewußte KKC-Konstruktionen. Vieles spricht nun dafür, daß es auch zur Bildung nichtpragmatischer Querverbindungen auf unbewußten Prozeßebenen kommt. Aufgrund heutigen neurophysiologischen Wissens hatten wir als kalkulierte Phase-2-Spekulation bezüglich der Repräsentation psychischer Inhalte die Vorstellung neuronaler Synchronisations-Desynchronisationsmuster in Form zeitcodierter Resonanz-Hierarchien vorgeschlagen. In irgendeiner Weise müssen die vielfältigen phänomenalen Oberflächenstrukturen der verschiedenen Sinnes- und

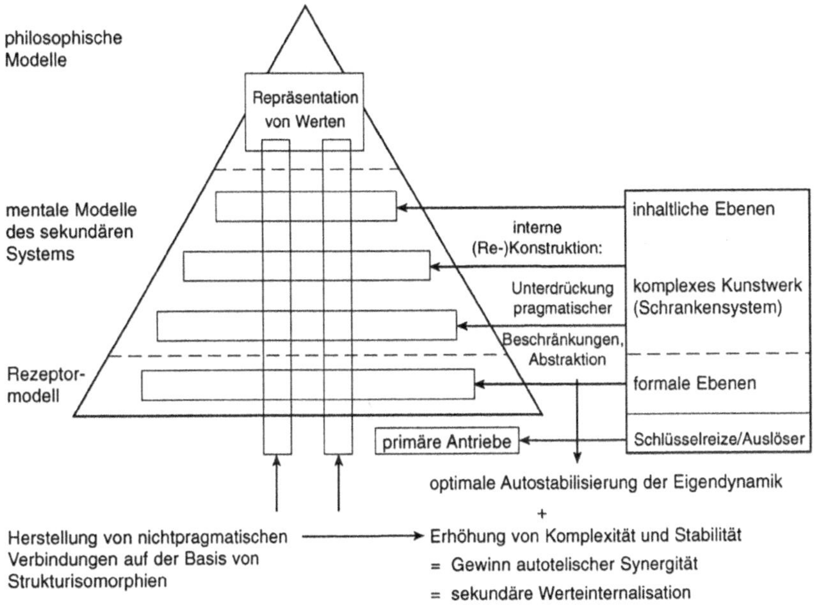

Abb. 1 Erläuterungen im Text

Tätigkeitsmodi über zunehmend abstrakte Verarbeitungsstufen heruntertransformiert werden auf ihre gemeinsame prozessuale Basis in Form neuonaler Oszillationen. Man kann sich nun vorstellen, daß es auf verschiedenen dieser subphänomenalen Transformationsstufen zu Querresonanzen aufgrund abstrakter Strukturisomorphien kommt. So können auf der Bewußtseinsebene schwer erklärbare Querbezüge zwischen allen Sinnes- und Tätigkeitsmodalitäten entstehen, die eine wesentliche Basis für Metaphern und Analogien im kreativen Denken und eben auch für das ästhetische Erleben bilden. Abb. 2 bietet ein von Wolfgang Köhler (1935) angegebenes Beispiel. Fragt man, welche der Figuren »Maluma« heißt und welche »Takete«, zögert kaum jemand mit der richtigen Zuordnung. Der Versuch sollte zeigen, daß sich dieselbe Gestaltqualität an Gegebenheiten aus verschiedenen Sinnesgebieten verwirklichen kann. Wesentlich durch Prozesse dieser Art wird das für ästhetisches Erleben so wichtige Empfinden einer *Übereinstimmung von Inhalt und Form* bei einem Kunstwerk erzeugt. Wie Abb. 1 zeigt, ziehen sich diese nichtpragmatischen bewußten und unbewußten Querverbindungen über alle Ebenen des mentalen Modells von der konkreten Repräsentation der Wahrnehmungsinhalte (im Rezeptormodell) bis hinauf in die abstrakten Bereiche philosophischer Modelle und Wertrepräsentationen. Damit wird deutlich, wie Kunst neben der Erzeugung ästhetischen Genusses durch autotelische Synergitätserhöhung auch noch andere Funktionen wahrnehmen kann: Sie löst Prozesse aus, die zu einer Integration und Stabilisierung des gesamten Weltbildes führen und so in entscheidendem Maße zur sekundären Verinnerlichung von Werten beitragen.

Wir hatten immer wieder zwischen verschiedenen Integrationsebenen psychischer Strukturbildungsprozesse unterschieden: neuronale Ebene, Subschema-Ebene, Schema-Ebene und Modell-Ebene. Es ist sinnvoll, diese Differenzierung auch im hier betrachteten Zusammenhang zu beachten, da die Fokusse der Dynamik, die Synergitätszentren

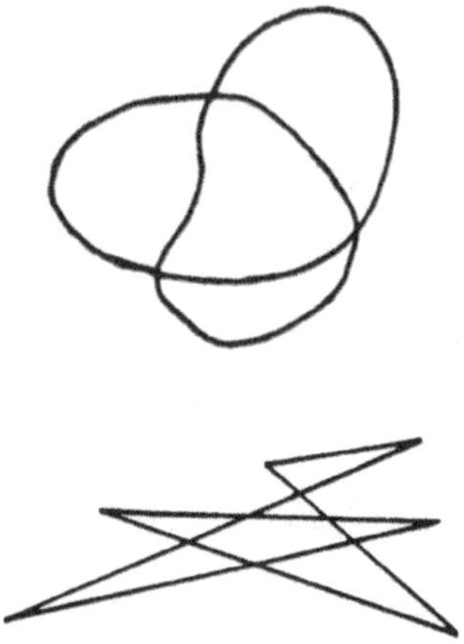

Abb. 2 (nach Köhler 1935)
Erläuterungen im Text

Abb. 3 M. C. Escher's »Ripple«

also, die das Kunsterleben tragen, zumeist recht inhomogen im Gesamtsystem verteilt sind. Der Rezeptionsprozeß von Ornamentik beispielsweise reicht, sofern sie nicht stark symbolgeladen ist, von der neuronalen Ebene bis zur Subschema-Ebene (Abbildungsdynamik im Rezeptormodell; Erkennungsdynamik für konkrete Begriffe bzw. »Anschauungsbegriffe«, vgl. Abb. 7.5). Die Prozesse auf diesen Ebenen sind nun noch sehr stark durch die Evolutionssphäre der Phylogenese geprägt, so daß der Versuch einer Anwendung nomothetischer Methoden sinnvoll erscheint. Im Rahmen einer »Objektiven Ästhetik« wird etwa versucht, eine formale Beziehung zwischen Merkmalen des Reizes und dem ästhetischen Erleben herzustellen. So spricht beispielsweise vieles für das Vorliegen einer umgekehrt U-förmigen Beziehung zwischen Komplexität (z.B. Birkhoffscher Polygone) und ästhetischer Präferenz. Dies wäre aus unserem Ansatz erklärlich: Von einem bestimmten Punkt an kann die zunehmende äußere Reizkomplexität nicht mehr in stabile Komplexität des inneren Prozesses und damit in Synergitätszuwachs umgesetzt werden. Gleichwohl sind schon auf dieser Ebene die Befunde insgesamt recht widersprüchlich. Ontogenetisch erworbene Anschauungsbegriffe und beginnende Querresonanzen hinauf in individuell bedeutungshaltige Modellebenen beginnen die Voraussetzungen nomothetischen Arbeitens zu untergraben. Je mehr ikonisch-symbolische oder gar sprachsymbolische Ebenen komplexe Kunstwerke dann enthalten, desto stärker wird das Kunsterleben zu einem unikalen Prozeß, der von Resonanzen zu komplexen, hochindividuellen Modellstrukturen und akutalgenetischen Fluktuationen geprägt wird und nur noch einem hermeneutischen Zugang offen steht. Hierzu paßt der Nachweis, daß die ästhetische Bewertung elementarer geometrischer Formen gegenüber Fremdbeeinflussung stabiler und im ontogenetischen Langzeitverlauf sehr viel konstanter ist, als die Bewertung z.B. komplexerer Design-Formen (vgl. Kobbert 1986, S. 26 f., der diesbezügliche Untersuchungen referiert).

Die Relevanz o.g. Ebenen-Einteilung wird auch deutlich, wenn es um die alte Streitfrage geht, ob schöne Kunst immer wohlgefällig, harmonisch und frei von Widersprüchen zu sein habe. Das ganzheitliche ästhetische Erlebnis resultiert, wie bei der Synergitätsbewertung generell, aus der »verrechneten« Gesamtsynergität aller Ebenen. Damit kann eine Struktur, die auf der Ebene der Abbildungsdynamik asynerg ist oder gar Dyssynergitäten auslöst, die also z.B. nicht den erworbenen Anschauungsbegriffen entspricht, auf höheren Modell-Ebenen durchaus höchstgradige Synergitäten induzieren, so daß ein positives ästhetisches Gesamterlebnis resultiert

Betrachten wir als Beispiel M. C. Eschers Linolschnitt »Gekräuseltes Wasser« aus dem Jahre 1950 (Abb. 3). Als ich als Teenager Anfang der 70er Jahre erstmals »Die Welten des M.C. Escher« durchblätterte, faszinierten mich vor allem die vielfältigen Unmöglichkeiten und Paradoxien – o.g. Linolschnitt habe ich dabei oft überblättert, ohne daß er mir besonders aufgefallen wäre. Er war zu jener Zeit für mich nicht mehr als ein »hübsches Muster«, der ästhetische Prozeß verließ die Ebene der Abbildungsdynamik nicht, es gab keine Querresonanzen zu bedeutungshaltigen Schichten meiner Persönlichkeit. Auch als Abiturient blätterte ich an diesem Schnitt noch vorbei – es waren nun vor allem die Darstellungen von Evolution, die mich ansprachen. Bei expliziter Befragung zu »Gekräuseltes Wasser«, hätte ich vielleicht geantwortet wie eine Kunststudentin, die mich kürzlich besuchte – inzwischen hängt das Bild an zentraler Stelle in meinem Arbeitszimmer: »Die Idee ist ganz interessant, aber für meinen Geschmack zu plakativ-naturalistisch umgesetzt.« Und heute ist es für mich eines der genialsten Kunstwerke, die ich kenne. Mein Weltbild hat sich seither in einer Weise entwickelt, daß es zu außerordentlich starker Resonanz aufgrund abstrakter Strukturisomorphien zu diesem Kunstwerk kommt. Für den Leser dieses Buches ist dies nicht schwer nachzuvollziehen: Das Gestirn (Mond oder Sonne?) steht für die Kosmogenese, der Baum für die Phylogenese und die Wasserwellen symbolisieren für mich die psychische Aktualgenese. Alle drei Sphären der fraktalen Evolution durchdringen sich auf die natürlichste Weise. Es gibt eine Vielzahl weiterer struktureller Isomorphien: in dem Baum kann man den alten Stammbaum der Evolution sehen oder ein modernes Bifurkationsdiagramm oder die Hervorbringung einer Gleichung der fraktalen Geometrie. Schwingungen und deren Synchronisation spielen in meinem Buch (und meinem Weltbild) an vielen Stellen eine zentrale Rolle. Diesen Interpretationen sich nochmals überlagernd sehe ich den »blinden Fleck« auf einer aderndurchzuckten Netzhaut – ein schönes Symbol für die vom Konstruktivismus aufgezeigten prinzipiellen Erkenntnisgrenzen. Der blinde Fleck als »Großes Geheimnis«, als jene ewige Lücke, die wir nur mit dem apersonal-kosmischen Konstrukt »Gott« zu überbrücken vermögen, aus dem sich der Strom der fraktalen Evolution ergießt. Ich kann mir schwer vorstellen, daß man heute Wissen und Geheimnis um unsere Welt auf eine einfachere und vollkommenere Weise darstellen kann. Die genannten und weitere nichtpragmatische Querverbindungen durchziehen mein gesamtes Weltbild (mentales Modell, sekundäres System), verbinden alles mit allem, können so auch alles latent aktivieren und zur Induktion sekundärer Stimmigkeitsgefühle anregen. Wenn ich das Bild betrachte, kann es mir gelingen, große Teile meiner Persönlichkeit harmonisch zu innerem Schwingen zu bringen, verbunden mit entsprechend intensivem ästhetischen Erleben. Dieser Prozeß wird dabei ganz überwiegend von den »inhaltsschweren« Modellebenen getragen. Wie sich mein »Geschmack« entwickelt hat, welches System von Anschauungsbegriffen ich inzwischen erworben habe, d.h. welche formalen künstlerischen Mittel ich üblicherweise präferiere, spielt in diesem besonderen Falle kaum eine Rolle; diese Prozesse auf untergeordneten Ebenen werden nahezu vollständig von der überwältigenden inhaltlichen Resonanz übertönt.

Wir sehen, ästhetisches Erleben erwächst aus den Spezifika einer besonderen Tätigkeitseinstellung in Verbindung mit speziellen Techniken zur autotelischen Synergitätserhöhung: AEC-Führung, Unterdrückung pragmatischer Beschränkungen, Abstraktion, Konstruktion nichtpragmatischer Querverbindungen auf der Basis abstrakter Strukturisomorphien. Es handelt sich um einen vorwiegend innenbestimmten Konstruktionsprozeß, der im Grunde durch beliebige Gegenstände ausgelöst werden kann (die Komposition Eschers hätte mir ja auch in natura zufällig begegnen können). Ästhetische Kompetenz und vor allem der Persönlichkeitsreichtum des Betrachters ist dabei mindestens ebenso wichtig, wenn nicht wichtiger, als die »Potenz zur Induktion innerer Beziehungen« die vom Kunstwerk ausgeht, das ein Schrankensystem für die inneren konstruktiven Prozesse bildet. Ein Kunstwerk kann immer nur das zu resonantem Schwingen bringen, was im Betrachter bereits angelegt ist, es ist ein Resonanzraum, ein Spiegel des Selbst. In Ästhetik und Kunstpsychologie wird die Quelle des ästhetischen Erlebens in der Regel viel zu stark in das Kunstwerk und seine besonderen Eigenschaften verlegt. Was der Interpret in das Kunstwerk hineinprojiziert, kommt großenteils aus ihm selbst und seiner ganz persönlichen subjektiven Wirklichkeit. Man könnte auch sagen, der vom Künstler geschaffene Kunstgegenstand ist eigentlich gar nicht das Kunstwerk. Dieser Kunstgegenstand bildet vielmehr Schranken für die jedesmalige unikale Neuerschaffung des Kunstwerks im Betrachter; denn nicht nur von Künstler zu Betrachter und von Betrachter zu Betrachter ist dieser Prozeß verschieden, bisweilen dramatisch verschieden, auch ein und derselbe Betrachter sieht den Kunstgegenstand zu verschiedenen Zeiten »mit anderen Augen«. Sowenig, wie mein heutiges Erleben des Escherschen Bildnisses mit jenem zu vergleichen ist, das ich als Teenager hatte, so wenig ist es mit dem Erleben jener o.g. naturwissenschaftlich völlig uninteressierten Kunststudentin zu vergleichen oder mit dem Erleben Eschers, aus dem heraus das Kunstwerk im Jahre 1950 entstand.

Aus Gründen der Vollständigkeit sei noch angemerkt, daß sich dem spezifisch ästhetischen Erleben in Form sekundärer Emotionen auch primär-emotionale Komponenten zumischen können, sofern der Künstler Strukturen verarbeitet, die zu Schlüsselreizen oder Auslösern in Beziehung stehen (vgl. hierzu Eibl-Eibesfeldt 1995, S. 899 ff.).

Eine Vielzahl weiterer kunstpsychologischer Probleme und Befunde läßt sich im Rahmen des psychosynergetischen Ansatzes interpretieren. Dies sei abschließend wenigstens noch an einem wichtigen Beispiel gezeigt. Es entspricht der Alltagserfahrung und wurde auch experimentell bestätigt, daß allein die Vertrautheit mit einem Reiz schon eine gewisse ästhetische Präferenz erzeugt (»mere exposure«-Paradigma, Zajonc 1968). Wie in Kapitel 5 schon kurz angesprochen, erklären wir dies so: Im Prozeß des Vertrautwerdens mit einer Reizkonfiguration formt sich ein konkreter Begriff, ein »Anschauungsbegriff«, der durch ein dynamisches dissipatives System (und seinen Attraktor im Phasenraum) sowie durch das zugehörige Schrankensystem als emergentistischen Speicher repräsentiert wird. Erfolgt nun die Wahrnehmung des Reizes, wird die emergente aktualgenetische Dynamik von zwei Seiten stabilisiert: vom Reizmuster, das ja im Wahrnehmungsprozeß lediglich die Funktion eines Schrankensystems erfüllt und zusätzlich nun noch vom speichernden Schrankensystem des zugehörigen Anschauungsbegriffs. Der evolutive Gesamtprozeß gewinnt dadurch an Stabilität und Komplexität, mithin an Synergität und damit an positiver sekundär-emotionaler Qualität. Diese Vorstellung läßt sich nun weiter ausdifferenzieren. Nehmen wir an, es handelt sich um ein in vielen Variationen auftretendes, einigermaßen komplexes Reizmuster von hoher Relevanz, dem daher zumeist eine hohe Aufmerksamkeit zu teil wird. Betrachten wir als Beispiel die Ausformung des Anschauungsbegriffs »Gesicht« unter der Vorstellung, die unter 6.7.2. vom Lernen konkreter Begriffe im Rahmen der Besprechung des synergetischen Computers entwickelt wurde. Kugeln, deren Position in einem (n+1)-dimensionalen Raum einer spezifischen Kombination von n Merkmalen entspricht, fallen in eine plastische n-dimensionale Ebene (anschauliche Vorstellung: n = 2). An Stellen mit besonders häufigen Merkmalskombinationen fallen die Kugeln entsprechend häufig und dellen die Ebene dort am tiefsten ein. Der tiefste Punkt der sich allmählich ausformenden Mulde, der Attraktorpunkt also, entspricht somit einem Prototyp, in unserem Beispiel also dem »durchschnittlichsten« Gesicht. Dieses Durchschnittsgesicht ist dann auch genau jenes, welches bei Aktivierung der inneren Vorstellung »Gesicht« aus dem emergentistischen Speicher des Anschauungsbegriffs »Gesicht« emergiert; sein repräsentierendes dynamisches dissipatives System »läuft« innerhalb des entsprechenden Schrankensystems am stabilsten. Es folgt unmittelbar, daß wir ein wahrgenommenes wirkliches Gesicht um so schöner finden sollten, je ähnlicher es dem Prototypen ist, weil der von zwei Seiten beschränkte dynamische Gesamtprozeß der Wahrnehmung dann am wenigsten verzerrt würde. Am allerschönsten müßte das imaginäre Durchschnittsgesicht selbst sein, denn dann wären beide stabilisierende Schrankensysteme kongruent, es gäbe keinerlei Verzerrungen, der dynamische Prozeß wäre am stabilsten und die Synergität mithin am größten. Exakt dies scheinen experimentelle Befunde zu bestätigen. Abb. 4 zeigt rechts das Durchschnittsgesicht, das durch Übereinanderkopieren der 20 Gesichter im linken Teil der Abbildung resultiert. Es kommt dem mitteleuropäischen Schönheitsideal deutlich näher, als die Einzelgesichter, aus denen es entstand (Daucher 1967).

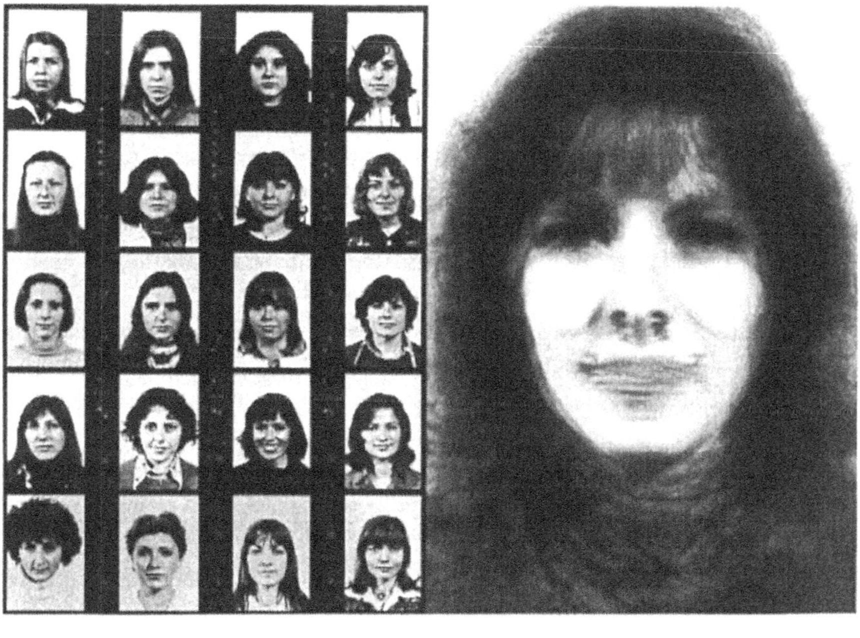

Abb. 4 (nach Daucher 1967) Erläuterungen im Text

Literatur

Abernethy, B. & Sparrow, W.A. (1992): The Rise and Fall of Dominant Paradigms in Motor Behaviour Research. In: Summers, J. (Ed.): Approaches to the Study of Motor Control and Learning. Amsterdam u.a.: North Holland

An der Heiden, U. (1992): Chaos in Health and Disease – Phenomenology and Theory. In: Tschacher, W./ Schiepek, G. & Brunner, E.J. (Eds.): Self Organization and Clinical Psychology. Berlin u.a.: Springer

Anderson, P.W./ Arrow, K.J. & Pines, D. (Eds.) (1988): The Economy as an Evolving Complex System. Santa Fe Institute Studies in the Sciences of Complextity, Vol. 5. Redwood: Addison Wesley

Babloyantz, A./Nicolis, C. & Salazar, M. (1985): Evidence of chaotic dynamics of brain activity during the sleep cycle. In: Phys. Lett. (A) 111, 152-156

Babloyantz, A. & Destexhe, A. (1986): Low dimensional chaos in an instance of epilepsy. In: Proc. Natl. Acad. Sci. USA 83, 3513-3518

Barnett, S.A. (1948): Experiments on »neophobia« in wild and laboratory rats. In: Brit. J. Psychol. 49, 195–201

Barsalou, L. (1989): Intraconcept similarity and its implications for interconcept similarity. In: Vosniadou, S. & Ortony, A. (Eds.): Similarity and Analogical Reasoning. Cambridge, Mass.: Harvard University Press

Basar, E./Flohr, H./Haken, H. & Mandell, A.J. (1983) (Eds.): Synergetics of the Brain. Berlin u.a.: Springer

Basar, E. (1983): Synergetics of neuronal populations. A survey on experiments. In: Basar, E./ Flohr, H./ Haken, H. & Mandell, A.J. (Eds.): Synergetics of the Brain. Berlin u.a.: Springer

Basar, E. (1990) (Ed.): Chaos in Brain Function. Berlin u.a.: Springer

Basar, E. (1992): Epilogue: Brain Natural Frequencies are Causal Factors for Resonances and Induced Rhythms. In: Basar, E. & Bullock, T.H. (Eds.): Induced Rhythms in the Brain. Boston: Birkhäuser

Basar-Eroglu, C./Strüber, D./Stadler, M./Kruse, P. & Greitschus, F. (1995): Slow Positive Potentials in the EEG During Multistable Visual Perception. In: Kruse, P. & Stadler, M. (Eds.): Ambiguity in Mind and Nature. Berlin u.a.: Springer

Bateson, G. (1987): Geist und Natur. Eine notwendige Einheit. Frankfurt/M.: Suhrkamp

Beck, A.T./Rush, J./Shaw B.F. & Emery, G. (1986): Kognitive Therapie der Depression. Weinheim: PVU

Begg, I. & Denny, J.P. (1969): Empirical reconciliation of atmosphere and conversion interpretation of syllogistic reasoning errors. In: Journal of Experimental Psychology, 81, 351-354

Bernstein, N.A. (1967): The co-ordination and regulation of movements. Oxford: Pergamon Press

Bieri, P. (1993) (Hg.): Analytische Philosophie des Geistes. Bodenheim: Athenäum

Binnig, G. (1989): Aus dem Nichts. Über die Kreativität von Natur und Mensch. München u.a.: Piper

Borsellino, A./Carlini, F./Riani, M./Tuccio, M.T./DeMarco, A./Penengo, P. & Trabucco, A. (1982): Effects of visual angle on perspective reversal for ambiguous patterns. In: Perception 11, 263-273

Bower, T.G.R. (1981): Mood and Memory. In: American Psychologist 36, 129-148

Bräuer, R. (1926): Rhythmische Studien. In: Arch. f. Psychol. 56, 289–396

Brandl, R.M. (1985): Musik und veränderte Bewußtseinszustände. In: Bruhn, G./Oerter, E. & Rösing, H. (Hg.): Musikpsychologie. München u.a.: U&S

Bublath, J. (1992): Das neue Bild der Welt: Chaos, Relativität, Weltformel. Wien: Ueberreuter (Abenteuer Forschung)

Bühler, K. (1922): Handbuch der Psychologie. 1. Teil, Jena: Fischer

Bunge, M. & Ardila, R. (1990): Philosophie der Psychologie. Tübingen: Mohr

Chistovich, L.A. (1962): Temporal course of speech sound perception. In: Proc. 4th Int. Congr. Acoust. Copenhagen

Cowan, J.D. & Ermentrout, G.B. (1979): A Theory of Drug-induced Visual Hallucination Patterns. In: Haken, H. (Ed.): Pattern Formation by Dynamic Systems and Pattern Recognition. Berlin u.a.: Springer

Csikszentmihalyi, M. & Csikszentmihalyi, I.S. (Hg.) (1991): Die außergewöhnliche Erfahrung im Alltag. Die Psychologie des Flow-Erlebnisses. Stuttgart: Klett-Cotta

Csikszentmihalyi, M. (1993): Flow: Das Geheimnis des Glücks. Stuttgart: Klett-Cotta

Csikszentmihalyi, M. (1995): Dem Sinn des Lebens eine Zukunft geben. Eine Psychologie für das 3. Jahrtausend. Stuttgart: Klett-Cotta

Cytowic, R.E. (1989): Synesthesia. A Union of the Senses. New York u.a.: Springer

Dahme, C. (1997): Systemanalyse menschlichen Handelns. Grundlagen und Ansätze zur Modellbildung. Opladen: Westdeutscher Verlag

Daucher, H. (1967): Künstlerisches und rationalisiertes Sehen. Schriften der pädagogischen Hochschulen Bayerns. München: Ehrenwirth

Dawkins, R. (1978): Das egoistische Gen. Berlin u.a.: Springer

Decker, F. (1995): Die neuen Methoden des Lernens und der Veränderung. Lichtenau/München: Lexika

Deutsch, D. (1980): The processing of structured and unstructured tonal sequences. In: Perception and Psychophysics, 28, 381–389

Deutsch, D. & Feroe, J. (1981): The internal representation of pitch sequences in tonal music. In: Psycholog. Rev. 88, 503–522

Deutsch, D. (1985): Verarbeitung und Repräsentation von Tonkombinationen. In: Bruhn, H./Oerter, R. & Rösing, H. (Hg.): Musikpsychologie. München u.a.: U&S

Devereaux, G. (1966): An unusual audio-motor synesthesia in an adolescent. In: Psychiatric Quaterly, 40 (3) 459–471

Dirac, P.A.M. (1982): Pretty Mathematics. In: Int. J. Theor. Phys. 21, 603-605

Ditzinger, T. & Haken, H. (1995): A Synergetic Model of Multistability in Perception. In: Kruse, P. & Stadler, M. (Eds.): Ambiguity in Mind and Nature. Berlin u.a.: Springer

Dörner, D./Kreuzig, H.W./Reither, F. & Stäudel, Th. (Hg.) (1983): Lohhausen: Vom Umgang mit Unbestimmtheit und Komplexität. Bern: Huber

Dörner, D. (1983): Empirische Psychologie und Alltagsrelevanz. In: Jüttemann, G. (Hg.): Psychologie in der Veränderung. Weinheim: Beltz

Dörner, D. (1989): Die Logik des Mißlingens. Strategisches Denken in komplexen Situationen. Reinbek: Rowohlt

Dowling, W.J. (1985): Entwicklung von Melodieerkennen und Melodieproduktion. In: Bruhn, H./Oerter, R. & Rösing, H. (Hg.): Musikpsychologie. München u.a.: U&S

Drill, R. (1938): Der Hammerschlag. In: Krueger, F. & Klemm, O. (Hg.): Motorik. (N. Psychol. Stud. 9), München: Beck

Duncker, K. (1963): Zur Psychologie des produktiven Denkens. Berlin u.a.: Springer

Ebeling, W. & Feistel, R. (1982): Physik der Selbstorganisation und Evolution. Berlin: Akademie

Ebeling, W. & Feistel, R. (1994): Chaos und Kosmos. Prinzipien der Evolution. Heidelberg u.a.: Spektrum

Eberlein, R. (1990): Theorien und Experimente zur Wahrnehmung musikalischer Klänge. Frankfurt/M. u.a.: Lang

Eberlein, R. (1993): Konsonanz. In: Bruhn, H./Oerter, R. & Rösing, H. (Hg.): Musikpsychologie. Reinbek: Rowohlt

Ebert, D. (1989): Physiologische Aspekte des Joga. Leipzig: Thieme

Eckhorn, R./Bauer, R./Jordan, W./Brosch, M./Kruse, W./Munk, M. & Reitboeck, H.J. (1988): Coherent oscillations: A mechanism of feature linking in the visual cortex? Multiple elektrode and correlation analysis in the cat. In: Biol. cybernetics, 60, 121-130

Eckhorn, R. & Schanze , Th. (1991): Possible neural mechanisms of feature linking in the visual system: stimulus locked and stimulus induced synchronisations. In: Babloyantz, A. (Ed.): Self-Organization, Emerging Properties and Learning. New York: Plenum

Edelman, G.M. (1988): Topobiology: An introduction to molecular embryology. New York: Basic Books

Edelman, G.M. (1993): Unser Gehirn – ein dynamisches System. Die Theorie des neuronalen Darwinismus und die biologischen Grundlagen der Wahrnehmung. München u.a.: Piper

Edelman, G.M. (1995): Göttliche Luft, vernichtendes Feuer. Wie der Geist im Gehirn entsteht – die revolutionäre Vision des Medizin-Nobelpreisträgers. München u.a.: Piper

Ehrhardt, K.J. (1975): Neuropsychologie des »motivierten« Verhaltens. Antriebe und kognitive Funktionen der Verhaltenssteuerung. Stuttgart: Enke

Eibl-Eibesfeldt, I. (1987): Grundriß der vergleichenden Verhaltensforschung. München u.a.: Piper

Eibl-Eibesfeldt, I. (1995): Die Biologie des menschlichen Verhaltens. Grundriß der Humanethologie. München u.a.: Piper

Eigen, M. & Schuster, P. (1979): The Hypercycle – A Principle of Natural Self-Organization. Berlin u.a.: Springer

Eigen, M. & Winkler, R. (1983): Das Spiel – Naturgesetze steuern den Zufall. München u.a.: Piper

Ekeberg, Ö./Lansner, A. & Grillner, S. (1995): The Neural Control of Fish Swimming Studied through Numerical Simulations. In: Adaptive Behavior, Vol. 3, Heft 4, 363-384

Ellis, A. (1970): The essence of rational psychotherapy. New York: Inst. f. Rat. Living

Ellis, A. (1993): Die rational-emotive Therapie. Das innere Selbstgespräch bei seelischen Problemen und seine Veränderung. München: Pfeiffer

Ellis, A. & Grieger, R. (Hg.) (1995): Praxis der rational-emotiven Therapie. Weinheim: Beltz

Emrich, H. & Hohenschutz, C. (1992): Psychiatric Disorders: Are They »Dynamical Diseases«? In: Tschacher, W./Schiepek, G. & Brunner, E.J. (Eds.): Self Organization and Clinical Psychology. Berlin u.a.: Springer

Engel, A.K./König, P. & Singer, W. (1994): Bildung repräsentationaler Zustände im Gehirn. In: Singer, W. (Hg.): Gehirn und Bewußtsein. Heidelberg u.a.: Spektrum

Engel, K. (1995): Meditation. Geschichte, Systematik, Forschung, Theorie. Frankfurt/M. u.a.: Lang

Epiktet, Teles, Musonius (1987): Wege zum Glück. Zürich u.a.: Artemis

Erpenbeck, J. (1984): Motivation. Ihre Psychologie und Philosophie. Berlin: Akademie

Festinger, L. (1978): Theorie der kognitiven Dissonanz. Bern u.a.: Huber

Fraisse, P. (1956): Les structures rhythmiques. Bruxelles u.a.: Erasme

Fraisse, P. (1966): L'anticipation de stimulus rythmiques. Vitesse d' établissement et precision de la synchronisation. In: L' Annés Psychologique 66

Fraisse, P. (1975): Is Rhythm a Gestalt? In: Ertel, S./Kemmler, D. & Stadler, M. (Hg.): Gestalttheorie in der modernen Psychologie. Darmstadt: Steinkopf

Frank, J.D. (1981): Die Heiler: Wirkungsweisen psychotherapeutischer Beeinflussung; Vom Schamanismus bis zu den modernen Therapien. Stuttgart: Klett-Cotta

Frankl, V.E. (1992): Der unbewußte Gott. Psychotherapie und Religion. München: dtv

Frankl, V.E. (1993): Theorie und Therapie der Neurosen. Einführung in Logotherapie und Existenzanalyse. München u.a.: Reinhardt

Frankl, V.E. (1994): Die Sinnfrage in der Psychotherapie. München u.a.: Pieper

Frankl, V.E. (1996): Der Wille zum Sinn. Ausgewählte Vorträge über Logotherapie. München u.a.: Pieper

Freeman, W.J. (1975): Mass Action in the Nervous System: Examination of the Neurophysiological Basis of Adaptive Behavior Through the EEG. London: Academic Press

Freeman, W.J. (1990): Nonlinear Neural Dynamics in Olfaction as a Model for Cognition. In: Basar, E. (Ed.): Chaos in Brain Function. Berlin u.a.: Springer

Freeman, W.J. (1994): Physiologie und Simulation der Geruchswahrnehmung. In: Singer, W. (Hg.): Gehirn und Bewußtsein. Heidelberg u.a.: Spektrum

Friedrich, R./Fuchs, A. & Haken, H. (1991): Spatio-Temporal EEG Patterns. In: Haken, H. & Koepchen, H.P. (Eds.): Rhythms in Physiological Systems. Berlin u.a.: Springer

Gabrielsson, A. (1985): Rhythmus und Zeiterleben. In: Bruhn, H./Oerter, R. & Rösing, H. (Hg.): Musikpsychologie. München u.a.: U&S

Gardner, H. (1991): Abschied vom IQ. Die Rahmen-Theorie der vielfachen Intelligenzen. Stuttgart: Klett-Cotta

Gell-Mann, M. (1994): Das Quark und der Jaguar. Vom Einfachen zum Komplexen – die Suche nach einer neuen Erklärung der Welt. München: Piper

Gibson, J.J. (1979): The ecological approach to visual perception. Boston, MA: Houghton-Mifflin

Gierer, A. & Meinhardt, H. (1972): A theory of biological pattern formation. In: Kybernetik, 12, 30–39

Glansdorff, P. & Prigogine, I. (1971): Structure, stabilité et fluctuations. Paris: Masson

Götschl, J. (1990): Zur philosophischen Bedeutung des Paradigmas der Selbstorganisation für den Zusammenhang von Naturverständnis und Selbstverständnis. In: Krohn, W. & Küppers, G. (Hg.): Selbstorganisation: Aspekte einer wissenschaftlichen Revolution. Braunschweig: Vieweg

Grawe, K./ Donati, R. & Bernauer, F. (1994): Psychotherapie im Wandel. Von der Konfession zur Profession. Göttingen u.a.: Hogrefe

Gray, C.M. & Singer, W. (1987): Stimulus-dependent neuronal oscillations in the cat visual cortex area 17. In: 2nd IBRO-Congress, Neuroscience Supplement 1301 P

Gray, C.M./ König, P./ Engel, A.K. & Singer, W. (1989): Oscillatory responses in cat visual cortex exhibit inter-columnar synchronisation which reflects global stimulus properties. In: Nature, Band 338, Heft 6213, 334-337

Greenfield, P. (1991): Language, tools and brain: the ontogeny and phylogeny of hierarchically organized sequential behavior. In: Behavioral and Brain Sciences, 14, 531–595

Grillner, S. (1996): Bewegungssteuerung im Wirbeltier-Rückenmark. In: Spektrum der Wissenschaft, 3

Haas, R./ Fuchs, A./ Haken, H./ Horvath, E./ Pandya, A. & Kelso, J.A.S. (1995): Recognition of Dynamic Patterns by a Synergetic Computer. In: Kruse, P. & Stadler, M. (Eds.): Ambiguity in Mind and Nature. Berlin u.a.: Springer

Haferkorn, W. (1938): Über die zeitliche Eingliederung von Willkürbewegungen. In: Krueger, F. & Klemm, O. (Hg.): Motorik. (N. Psychol. Stud. 9), München: Beck

Haken, H. & Graham, R. (1971): Synergetik – die Lehre vom Zusammenwirken. In: Umschau in Wissenschaft und Technik, 6

Haken, H. (1978): Synergetics. An Introduction. Berlin u.a.: Springer

Haken, H. & Olbrich, H. (1978): Analytical Treatment of Pattern Formation in the Gierer-Meinhardt Model of Morphogenesis. In: J. Math. Biol. 6, 317-331

Haken, H. (1983): Advanced Synergetics. Berlin u.a.: Springer

Haken, H. (1984): Erfolgsgeheimnisse der Natur – Synergetik: die Lehre vom Zusammenwirken. Stuttgart: DVA

Haken, H. (1985): Synergetik. Selbstorganisationsvorgänge in Physik, Chemie und Biologie. In: Naturwissenschaftliche Rundschau. 38, 5

Haken, H. (1988): Information and Selforganization. Berlin u.a.: Springer

Haken, H. (Ed.)(1988): Neural and Synergetic Computers. Berlin u.a.: Springer

Haken, H. & Haken-Krell, M. (1989): Entstehung von biologischer Information und Ordnung. Darmstadt: WBG

Haken, H. (1990): Synergetics as a Tool for the Conceptualization and Mathematization of Cognition and Behaviour – How Far Can We Go? In: Haken, H. & Stadler, M. (Eds.): Synergetics of Cognition, Berlin u.a.: Springer

Haken, H. & Stadler, M. (Eds.) (1990): Synergetics of Cognition. Berlin u.a.: Springer

Haken, H. (1991): Synergetic Computers and Cognition. Berlin u.a.: Springer

Haken, H. & Koepchen, H.P. (Eds.) (1991): Rhythms in Physiological Systems. Berlin u.a.: Springer

Haken, H. & Wunderlin, A. (1991): Die Selbststrukturierung der Materie. Braunschweig: Vieweg

Haken, H. & Haken-Krell, M. (1992): Erfolgsgeheimnisse der Wahrnehmung. Synergetik als Schlüssel zum Gehirn. Stuttgart: DVA

Haken, H. & Mikhailov, A. (Eds.) (1993): Interdisciplinary Approaches to Nonlinear Complex Systems. Berlin u.a.: Springer

Haken, H. (1996): Principles of Brain Functioning. A Synergetic Approach to Brain Activity, Behavior and Cognition. Berlin u.a.: Springer

Haken, H. (1996a): Synergetik und Sozialwissenschaften. In: Ethik und Sozialwissenschaften, 7, Heft 4, 587-594

Hansch, D. (1987): Die Neuropsychologie von Emotion und Motivation aus der Sicht der Theorie der Selbstorganisation und der dissipativen Strukturen. Humboldt-Universität, Diss. A

Hansch, D. (1988): Psychosynergetik – neue Perspektiven für die Neuropsychologie? Grundriß einer psychosynergetischen Theorie emotionaler und motivationaler Prozesse. Z. Psychol. 196, 421–436

Hansch, D. (1996): Konstruktivistischer Monismus. Versuch einer Reformulierung des Geist-Körper-Problems unter besonderer Berücksichtigung ontologischer und epistemologischer Grundfragen. In: Gestalt Theory. Vol. 18, Heft 2, 115-142

Hark, H. (1984): Religiöse Neurosen. Ursachen und Heilung. Stuttgart: Kreuz

Harlow, H.F. & Meyer, D.R. (1950): Learning motivated by a Manipulation Drive. In: J. Exp. Psychol. 40, 228–234

Hebb, D.O. (1946): On the nature of fear. In: Psychol. Rev. 53, 259–276

Henry, F.M. & Rogers, D.E. (1960): Increased response latency for complicated movements and a »memory drum« theory of neuromotor reaction. In: Research Quarterly, 31, 448-458

Hesse, H.-P. (1972): Die Wahrnehmung von Tonhöhe und Klangfarbe als Problem der Hörtheorie. Köln: Volk

Hesse, H.-P. (1985): Konsonanztheorien. In: Bruhn, H./Oerter, R. & Rösing, H. (Hg.): Musikpsychologie. München u.a.: U&S

Hillmann, K.-H. (1989): Wertwandel. Zur Frage soziokultureller Voraussetzungen alternativer Lebensformen. Darmstadt: WBG

Hinton, G.E. (1984): Wie neuronale Netze aus Erfahrung lernen. In: Singer, W. (Hg.): Gehirn und Bewußtsein. Heidelberg u.a.: Spektrum

Hofstadter, D.R. (1985): Gödel, Escher, Bach. Ein endloses geflochtenes Band. Stuttgart: Klett-Cotta

Hollmann, W. et al. (1996): Gehirn – hämodynamische, metabolische und psychische Aspekte bei körperlicher Arbeit. In: Dt. Ärztebl. 93: A-2033-2038 (Heft 31–32)

Holst, E. v. (1939): Die relative Koordination als Phänomen und als Methode zentralnervöser Funktionsanalyse. In: Ergebn. Physiol. 42, 228–306

Holst, E. v. (1948): Von der Mathematik der nervösen Ordnungsleistung. In: Experientia, 4, 374–381

Holst, E. v. (1955): Periodisch-rhythmische Vorgänge in der Motorik. In: 5. Conf. Soc. Biol. Rhythms. Stockholm, 7–15

Holst, E. v. (1969): Zur Verhaltensphysiologie bei Tieren und Menschen. Gesammelte Abhandlungen I. München: Pieper

Holzkamp-Osterkamp, U. (1981): Grundlagen der psychologischen Motivationsforschung. Band 1, Frankfurt/M. u.a.: Campus

Horsthemke, W. (1980): Non Equilibrium Transitions induced by External White and Colored Noise. In: Haken, H. (Ed.): Dynamics of Synergetic Systems. Berlin u.a.: Springer

Hunt, J.McV. (1965): Intrinsic motivation and its role in developement. In: Levine, D. (Ed.): Nebraska Symposium on Motivation. Lincoln: Univ. Nebr. Press

Huntington, S.P. (1996): Kampf der Kulturen. München: Europaverlag

Husmann, H. (1953): Das Wesen der Konsonanz. Heidelberg: Müller-Thier

Jantsch, E. (1982): Die Selbstorganisation des Universums. München: dtv

Jersild, A.T. & Tasch, R.J. (1949): Childrens interest and what they suggest for education. New York

Jirsa, V./Friedrich, R./Haken, H. & Kelso, J.A.S. (1994): A theoretical model of phase transitions in the human brain. In: Biological Cybernetics. 71, 27-35

Johnson, M. (1987): The body in the mind: The bodily basis of meaning, imagination and reason. Chicago: Univ. of Chicago Press

Johnston, Th.F. (1977): Auditory driving, hallocinogenes and music-color snythesis in Tsonga-ritual. In: Du Toit, B.M. (Ed.): Drugs, rituals and altered states of consciousness. Rotterdam

Kagan, J. (1984): The nature of the child. New York: Basic Books

Kainz, F. (1927): Gestaltgesetzlichkeit und Ornamententstehung. In: Z. f. angew. Psychol. 28, 267–327

Kanizsa, G. & Luccio, R. (1990): The Phenomenology of Autonomous Order Formation in Perception. In: Haken, H. & Stadler, M. (Eds.): Synergetics of Cognition. Berlin u.a.: Springer

Katchalsky, A.K./Rowland, W. & Blumenthal, R. (1974): Dynamic Patterns of Brain Cell Assemblies. Massachusetts: MIT Press

Katz, D. (1969): Gestaltpsycholgie. Basel: Schwabe

Katz, P.S. & Harris-Warrick, R.M. (1990): Actions of identified neuromodulatory neurons in a simple motor system. In: Trends in Neurosciences. 13, 367-373

Kelso, J.A.S./Holt, K.G./Rubin, P. & Kugler, P.N. (1981): Patterns of human interlimb coordination emerge from the properties of nonlinear, limit-cycle oscillartory processes: Theory and data. In: Journal of Motor Behavior, 13, 226-261

Kelso, J.A.S. & de Guzman, G.C. (1988): Order in Time: How the Cooperation Between the Hands Informs the Design of the Brain. In: Haken (Ed.): Neural and Synergetic Computers. Berlin u.a.: Springer

Kelso, J.A.S. (1995): Dynamic Patterns. The Self-Organization of Brain and Behavior. Cambridge, MA: MIT Press

Kelso, J.A.S. & Fuchs, A. (1995): Self-organizing dynamics of the human brain: intermittency, antimonotonicity & Silnikov chaos. Chaos. in press

Kern, G. (1938): Motorische Umkreisung optischer Gestalten. In: Krueger, F. & Klemm, O. (Hg.): Motorik. (N. Psychol. Stud. 9), München: Beck

Keßler, B.H. & Hoellen, B. (1982): Rational-emotive Therapie in der Klinischen Praxis. Weinheim: Beltz

Klix, F. (1992): Die Natur des Verstandes. Göttingen u.a.: Hogrefe

Klix, F. (1993): Erwachendes Denken. Geistige Leistungen aus evolutionspsycholgischer Sicht. Heidelberg u.a.: Spektrum

Kobbert, M.J. (1986): Kunstpsychologie. Kunstwerk, Künstler und Betrachter. Darmstadt: WBG

Köck, W.K. (1987): Kognition – Semantik – Kommunikation.: In: Schmidt, S.J. (Hg.): Der Diskurs des Radikalen Konstruktivismus. Frankfurt/M.: Suhrkamp

Köhler, W. (1920): Die physischen Gestalten in Ruhe und im stationären Zustand. Braunschweig: Vieweg
Köhler, W. (1940): Dynamics in Psychology. New York: Liveright
Köhler, W. (1955): Direction of processes in living systems. In: Scientific Monthly, 80, 29-32
Köhler, W. (1971): Die Aufgabe der Gestaltpsychologie. Berlin u.a.: de Gruyter
Koenig, O. (1970): Kultur und Verhaltensforschung. Einführung in die Kulturethologie. München: dtv
Koepchen, H.P./ Lazar, H./ Klüßendorf, D. & Hukuharar, T. (1986): Medullary Apneusis by Lesions and Cooling in the Ventrolateral Solitary Tract Region and Genesis of Respiratory Rhythm. In: J. Autonom. Nerv. Syst. Suppl. 63-69
Koepchen, H.P. (1991): Physiology of Rhythms and Control Systems: An Integrative Approach. In: Haken, H. & Koepchen, H.P. (Eds.): Rhythms in Physiological Systems. Berlin u.a.: Springer
Koffka, K. (1909): Experimental-Untersuchungen zur Lehre vom Rhythmus. In: Z. Psychol. 52, 1-109
Koffka, K. (1925): Psychologie. In: Dessoir, M. (Hg.): Lehrbuch der Philosophie. Berlin: Ullstein
Kohlberg, L. (1996): Die Psychologie der Moralentwicklung. Frankfurt/M.: Suhrkamp
Kortlandt, A. (1968): Handgebrauch bei freilebenden Schimpansen. In: Rensch, B. (Hg.): Handgebrauch und Verständigung bei Affen und Frühmenschen. Bern u.a.: Huber
Krafft-Ebing, R.v. (1924): Psychopathia sexualis. Stuttgart: Enke
Kriz, J. (1990): Synergetics in Clinical Psychology. In: Haken, H. & Stadler, M. (Eds.): Synergetics of Cognition. Berlin u.a.: Springer
Kriz, J. (1994): Grundkonzepte der Psychotherapie. Eine Einführung. Weinheim: Beltz
Kriz, J. (1996): Fraktale Codierung und Gestaltprinzipien. In: Gestalt Theory, Vol. 18, 148–157
Krohn, W. & Küppers, G. (Hg.) (1990): Selbstorganisation. Aspekte einer wissenschaftlichen Revolution. Braunschweig: Vieweg
Kruse, P. & Stadler, M. (1990): Stability and Instability in Cognitive Systems: Multistability, Suggestion, and Psychosomatic Interaction. In: Haken, H. & Stadler, M. (Eds.): Synergetics of Cognition. Berlin: Springer
Kruse, P./ Stadler, M. & Strüber, D. (1991): Psychological Modification and synergetic modelling of perceptual oscillations. In: Haken, H. & Koepchen, H.P. (Eds.): Rhythms in Physiological Systems. Berlin u.a.: Springer
Kruse, P. & Stadler, M. (Eds.) (1995): Ambiguity in Mind and Nature. Multistable Cognitive Phenomena. Berlin u.a.: Springer
Kruse, P./ Strüber, D. & Stadler, M. (1995): The Significance of Perceptual Multistability for Research on Cognitive Self-Organization. In: Kruse, P. & Stadler, M. (Eds.): Ambiguity in Mind and Nature. Berlin u.a.: Springer
Kugler, P.N./ Kelso, J.A.S. & Turvey, M.T. (1982): On coordination and control in naturally developing systems. In: Kelso, J.A.S. & Clark, J.E. (Eds.): The developement of movement control and coordination. New York: Wiley
Kugler, P.N. & Turvey, M.T. (1986): Information, natural law and the self assembly of rhythmic movement. Hillsdale, N.Y.: Erlbaum

Kuhnert, L. (1986): A new optical photochemical memory device in a light-sensitive chemical active medium. In: Nature, Vol. 319, 393–394

Kutter, P. (1992): Moderne Psychoanalyse. Eine Einführung in die Psychologie unbewußter Prozesse. Stuttgart: Klett-Cotta

Lakoff, G. (1987): Women, fire, and dangerous things: What categories reveal about the mind. Chicago: Univ. of Chicago Press

Lang, P. (1979): Emotional imagery: Theory and experiment on instructed somatovisceral control. In: Kimmel, H.D. (Ed.): Biofeedback an selfregulation. New York: Erlbaum

Lange, V. & Pickenhain, L. (1986): Zur Bedeutung von Lernprozessen für die Bewältigung chronischer psychosozialer Belastungen. In: Z. Psychol. 194, 2, 247–255

Langton, C.G. (Ed.) (1989): Artifical Life. Santa Fe Institute Studies in the Sciences of Complexity, Proceedings 6, Redwood: Addison Wesley

Lawick-Goodall, J.v. (1975): Wilde Schimpansen. 10 Jahre Verhaltensforschung am Gombe-Strom. Reinbek: Rowohlt

Lazarus, R.S. (1991): Emotion and Adaptation. New York u.a.: Oxford Univ. Press

Leontjew, A.N. (1973): Probleme der Entwicklung des Psychischen. Frankfurt/M. u.a.: Campus

Leontjew, A.N. (1982): Tätigkeit, Bewußtsein, Persönlichkeit. Berlin: Volk und Wissen

Lewis, M. & Haviland, J.M. (Eds.) (1993): Handbook of Emotions. New York u.a.: Guilford Press

Leyhausen, P. (1971): Über die Funktion der relativen Simmungshierarchie. In: Lorenz, K. & Leyhausen, P.: Antriebe tierischen und menschlichen Verhaltens. Gesammelte Abhandlungen. München u.a.: Pieper

Liebowitz, M.R. (1983): The Chemistry of Love. Boston u.a.: Little Brown

Lorenz, K. (1966): Evolution an Modification of Behaviour. London: Methuen

Lorenz, K. (1977): Die Rückseite des Spiegels. Versuch einer Naturgeschichte menschlichen Erkennens. München: dtv

Lorenz, K. (1978): Vergleichende Verhaltensforschung. Grundlagen der Ethologie. Wien u.a.: Springer

Mach, E. (1910): Die Leitgedanken meiner naturwissenschaftlichen Erkenntnislehre und ihre Aufnahme durch die Zeitgenossen. In: Physik. Z. II, 599–606

Mainzer, K. (1996): Thinking in Complexity. The Complex Dynamics of Matter, Mind, an Mankind. Berlin u.a.: Springer

Malsburg, C.v.d. & Schneider, W. (1986): A Neural Cocktail Party Processor. In: Biological Cybernetics, Band 54, Heft 1, 29-40

Mandl, H. & Huber, G. (Hg.) (1983): Emotion und Kognition. München u.a.: U&S.

Margraf, J. (Hg.) (1996): Lehrbuch der Verhaltenstherapie. Band 1: Grundlagen, Diagnostik, Verfahren, Rahmenbedingungen; Band 2: Störungen, Glossar. Berlin u.a.: Springer

Marx, K. & Engels, F. (1960): Die deutsche Ideologie. Berlin: Dietz

Matthaei, R. (1929): Das Gestaltproblem. München: Bergmann

Maturana, H.R. & Varela, F.J. (1975): Autopoietic Systems. A Charakterization of the Living Organization. Urbana

Mc Culloch, W.S. & Pitts, W.H. (1943): A logical calculus of ideas immanent in nervous activity. In: Bulletin of Mathematical Biophysics. 5, 115-133

Mc Graw, K.O. (1978): The detrimental effects of reward on performance: A literature review and a prediction model. In: Lepper, M.R. & Greene, D. (Eds.): The hidden costs of reward. Hillsdale, NJ: Erlbaum

Meili, R. (1975): Von der Gestaltpsychologie zur Psychologie. In: Ertel, S./ Kemmler, D. & Stadler, M. (Hg.): Gestalttheorie in der modernen Psychologie. Darmstadt: Steinkopf

Meinel, K. (1977): Bewegungslehre. Berlin: Volk und Wissen

Meinhardt, H. (1991): Bildung geordneter Strukturen bei der Entwicklung höherer Organismen. In: Küppers, B.-O. (Hg.): Ordnung aus dem Chaos. München u.a.: Pieper

Merser, C. (1987): A thoroughly modern identity crisis. In: Self, Octobre 1987

Merzenich, M.M./ Allard, T.T. & Jenkins, W.M. (1990): Neural ontogeny of higher brain function. Implications of some recent neurophysiological findings. In: Franzn, O. & Westman, P. (Eds.): Information processing in the somatosensory system. London: Macmillan

Metzger, W. (1962): Schöpferische Freiheit. Frankfurt/M.: Kramer

Metzger, W. (1971): Psychologie in der Erziehung. Bochum: Kamp

Metzger, W. (1975): Gesetze des Sehens. Frankfurt/M.: Kramer

Metzger, W. (1986): Gestaltpsychologie. Ausgewählte Werke aus den Jahren 1950 bis 1982, herausgegeben und eingeleitet von Michael Stadler und Heinrich Crabus. Frankfurt M.: Kramer

Meyer-Holzapfel, M. (1940): Triebbedingte Ruhezusände als Ziel von Appetenzhandlungen. In: Naturwiss. 28, 273–280

Morgan, L. (1894): Introduction to comparative psychology. London

Moulins, M. & Nagy, F. (1985): Extrinsic inputs and flexibility in the motor output of the lobster pyloric neural network. In: Selverston, A.I. (Ed.): Model Neural Networks and Behavior. New York: Plenum Press.

Mpitsos, G.J. (1990): Chaos in Brain Function and the Problem of Nonstationarity: A Commentary. In: Basar, E. (Ed.): Chaos in Brain Function. Berlin u.a.: Springer

Nagashino, H. & Kelso, J.A.S. (1991): Bifurcation of oscillatory solutions in a neural oscillator network model for phase transitions. In: Proceedings of the 2nd Symposium on Nonlinear Theory and Its Applications. Shikanoshima, 119-122

Nagashino, H. & Kelso, J.A.S. (1992): Phase transitions in oscillatory neural networks. In: Science of Artifical Neural Networks. SPIE, 1710, 279-287

Nicolis, J.S. (1986): Dynamics of Hierachical Systems. An Evolutionary Approach. Berlin u.a.: Springer

Nicolis, J.S. (1987): Chaotic Dynamics Applied to Biological Information Processing. Berlin: Akademie

Nicolis, J.S. (1991): Chaos and Information Processing. Singapore: World Scientific

Nietzsche, F. (1988): Also sprach Zarathustra. München u.a.: dtv/de Gruyter, KSA 4

Oeser, M. (1938): Über den Speerwurf. In: Krueger, F. & Klemm, O. (Hg.): Motorik. (N. Psychol. Stud. 9), München: Beck

Offe, S. & Schurian, W. (1981): Selbstorganisation und Gestalt. In: Gestalt Theory, 3, 79-91

Ogden, C.K. & Richards, I.A. (1923): The Meaning of Meaning. London: Routledge & Kegan Paul

Pais, A. (1986): »Raffiniert ist der Herrgott...« Albert Einstein. Eine wissenschaftliche Biographie. Braunschweig u.a.: Vieweg

Penrose, R. (1995): Schatten des Geistes. Wege zu einer neuen Physik des Bewußtseins. Heidelberg u.a.: Spektrum

Persinger, M.A. (1993): Transcendental Meditation and General Meditation are associated with enhanced complex partial epileptic-like signs: Evidence for cognitive kindling. In: Perceptual and Motor Skills, 76, 80–82

Piaget, J. (1975): Gesammelte Werke in 10 Bänden. Stuttgart: Klett-Cotta

Piaget, J. (1976): Die Äquilibration der kognitiven Strukturen. Stuttgart: Klett-Cotta

Piaget, J. (1983): Biologie und Erkenntnis. Frankfurt/M.: Fischer

Planck, M. (1928): Wissenschaftliche Selbstbiographie. Leipzig: Barth

Poincaré, H. (1910): Der Wert der Wissenschaft. Leipzig u.a.: Teubner

Poincaré, H. (1973): Die mathematische Erfindung. In: Ulmann, G. (Hg.): Kreativitätsforschung. Köln: Kiepenheuer & Witsch

Portele, G. (1984): Max Wertheimers »Produktives Denken«, Gestalttherapie und »Selbstorganisation«. In: Gestalt Theory, 6, 42-54

Prigogine, I. & Stengers, I. (1980): Dialog mit der Natur. München u.a.: Piper

Prinz, W. (1994): Fünf Thesen zur sogenannten Erneuerung der sogenannten Psychologie. In: Schorr, A. (Hg.): Die Psychologie und die Methodenfrage. Göttingen u.a.: Hogrefe

Pryor, K. (1975): Lads before the wind. New York u.a.: Harper & Row

Reykowski, J. (1973): Psychologie der Emotionen. Donauwörth: Auer

Rips, L. (1989): Similarity, typicality and categorization. In: Vosniadou, S. & Ortony, A. (Eds.): Similarity and Analogical Reasoning. Cambridge, Mass.: Harvard University Press

Roederer, J.G. (1993): Physikalische und psychoakustische Grundlagen der Musik. Berlin u.a.: Springer

Rosch, E. (1978): Principles of categorization. In: Rosch, E. & Lloyd, B.B. (Eds.): Cognition and categorization. Hillsdale, N.Y.: Erlbaum

Rothbaum, B.O./Hodges, L.F./Kooper, R./Opdyke, D./Williford, J. & North, M.M. (1995): Effectiveness of computer-generated (virtual reality) graded exposure in the treatment of acrophobia. In: Am. Journ. of Psychiatry 152, 4

Sander, F. (1933): Über Gestaltzerfall. In: Ber. ü. d. 13. Kongr. f. Psychol. Leipzig

Sander, F. & Jinuma, R. (1938): Beiträge zur Psychologie des stereoskopischen Sehens. In: Arch. f. d. ges. Psychol. 65, 191-207

Sander, F. (1962a): Gestaltwerden und Gestaltzerfall. In: Sander, F. & Volkelt, H. (Hg.): Ganzheitspsychologie. München: Beck

Sander, F. (1962b): Gestaltpsychologie und Kunsttheorie. In: Sander, F. & Volkelt, H. (Hg.): Ganzheitspsychologie. München: Beck

Schachter, S. & Singer, J.E. (1962): Cognitive, social and physiological determinants of emotional state. In: Psychol. Rev. 69, 379–399

Schiepek, G. (1991): Systemtheorie der Klinischen Psychologie. Braunschweig: Vieweg

Schmidt, R.A. (1986): Toward a better understanding of the aquisition of skill: Theoretical and practical contributions of the task approach. Paper presented at the symposium »Future directions in exercise and sport research«. Exercise and Sport Science Institute, Arizona State University, Janurary 9–12 1986

Schmidt, R.A. (1975): A schema theory of discrete motor skill learning. In: Psychological Review, 82, 225-260

Schmitt, W. (Hg.) (1980): Aphorismen, Sentenzen und anderes. Leipzig: Barth

Sejnowski, T.J. & Rosenberg, C.R. (1987): Parallel networks that learn to pronounce English text. Complex Systems, 1

Selverston, A.I. & Moulins, M. (1987): The Crustacean Stomato-gastric System. A Model for the Study of Central Nervous Systems. Berlin u.a.: Springer

Sève, L. (1972): Marxismus und Theorie der Persönlichkeit. Frankfurt/M. u.a.: Campus

Shatz, C.J. (1994): Das sich entwickelnde Gehirn. In: Singer, W. (Hg.): Gehirn und Bewußtsein. Heidelberg u.a.: Spektrum

Singer, W. (1993): Synchronization of Cortical Activity and its Putative Role in Information Processing and Learning. In: Annual Review of Physiology, Band 55, 349-374

Singer, W. (Hg.) (1994): Gehirn und Bewußtsein. Heidelberg u.a.: Spektrum

Sinz, R. (1978): Zeitstrukturen und organismische Regulation. Berlin: Akademie

Skarda, C.A. & Freeman, W.J. (1987): How Brains make Chaos in Order to Make Sense of the World. In: Behavioral and Brain Sciences, 10, 161-195

Smith, L.B. & Thelen, E. (Eds.) (1993): A Dynamic Systems Approach to Development: Applications. Cambridge, MA: MIT Press

Sokolow, A.N. (1972): Inner speech and thought. New York: Plenum

Stadler, M. & Kruse, P. (1986): Gestalttheorie und Theorie der Selbstorganisation. In: Gestalt Theory, 8, 75-98

Stadler, M. & Kruse, P. (1990): The Self-Organization Perspective in Cognition Research: Historical Remarks and New Experimental Approaches. In: Haken, H. & Stadler, M. (Eds.): Synergetics of Cognition, Berlin u.a.: Springer

Stadler, M./ Vogt, S. & Kruse, P. (1991): Synchronization of Rhythm in Motor Action. In: Haken, H. & Koepchen, H.P. (Eds.): Rhythms in Physiological Systems. Berlin u.a.: Springer

Stadler, M. & Kruse, P. (1994): Gestalt theory and synergetics: from psychophysical isomorphism to holistic emergentism. Philosophical Psychology, Vol. 7, No. 2, 211-225

Stadler, M. & Kruse, P. (1995): The Function of Meaning in Cognitive Order Formation. In: Kruse, P. & Stadler, M. (Eds.): Ambiguity in Mind and Nature. Berlin u.a.: Springer

Stein, N.L./Trabasso, T. & Liwag, M. (1993): The Representation and Organization of Emotional Expierience: Unfolding the Emotion Episode. In: Lewis, M. & Haviland, J.M. (Eds.): Handbook of Emotions. New York u.a.: Guilford

Stern, C. (1949): Children discover Arithmetics. New York: Harper Bros

Stimpel, E. (1938): Der Wurf. In: Krueger, F. & Klemm, O. (Hg.): Motorik. (N. Psychol. Stud. 9), München: Beck

Summers, J.J. (Ed.) (1992): Approaches to the Study of Motor Control and Learning. Amsterdam u.a.: North Holland

Tembrock, G. (1961): Verhaltensforschung. Jena: Fischer

Tembrock, G. (1971): Grundlagen der Tierpsychologie. Berlin: Akademie

Thelen, E. & Smith, L.B. (1994): A Dynamic Systems Approach to the Development of Cognition and Action. Cambridge, MA: MIT Press

Tichomirow, O.K. (1975): Struktur der Denktätigkeit des Menschen. In: Bruschlinski, A.W. & Tichomirow, O.K. (Hg.): Zur Psychologie des Denkens. Berlin: DVdW

Tschacher, W./ Schiepek, G. & Brunner, E.J. (Eds.) (1992): Self-Organization and Clinical Psychology. Berlin u.a.: Springer

Tuschen, B. & Fliegenbaum, W. (1996): Kognitive Verfahren. In: Margraf, J. (Hg.): Lehrbuch der Verhaltenstherapie I. Berlin u.a.: Springer

Tversky, A. & Kahnemann, D. (1990): Probability, Representativeness and the Conjunction Fallacy. In: Psychological Review 90, Nr. 4, 293–315

Vester, F. (1988): Leitmotiv vernetztes Denken. Für einen besseren Umgang mit der Welt. München: Heyne

Voigt, E. (1938): Über den Aufbau von Bewegungsgestalten. In: Krueger, F. & Klemm, O. (Hg.): Motorik. (N. Psychol. Stud. 9), München: Beck

Walker, E.L. (1980): Psychological complexity and preference: a hedgehog theory of behaviour. Monterey, Calif.: Brooks/Cole

Weisberg, R.W. (1989): Kreativität und Begabung. Heidelberg: Spektrum

Weizenbaum, J. (1976): Computer Power and Human Reason. San Francisco: W.H. Freeman & Co.

Welker, W.J. (1956): Some determinants of play and exploration in chimpanzees. In: J. Comp. Physiol. Psychol. 49, 84–89

Werner, E.E. & Smith, R.S. (1982): Vulnerable but invincible – A lonitudinal study of resilient children and youth. New York: Mc Graw-Hill

Werner, H. (1919): Über optische Rhythmik. In: Arch. f. d. ges. Psychol. 38, 115-164

Wertheimer, M. (1933): Zum Problem der Unterscheidung von Einzelinhalt und Teil. In: Z. Psychol. 129, 353–357

Wertheimer, M. (1957): Produktives Denken. Frankfurt/M.: Kramer

Whiti, J./Vogt, S. & Vereijken, B. (1992): Human Skill and Motor Control: Some Aspects of the Motor Control – Motor Learning Relation. In: Summers, J. (Ed.): Approaches to the Study of Motor Control and Learning. Amsterdam u.a.: North Holland

Wildgen, W. (1995): Ambiguity in Linguistic Meaning in Relation to Perceptual Multistability. In: Kruse, P. & Stadler, M. (Eds.): Ambiguity in Mind and Nature. Berlin u.a.: Springer

Woodworth, R.S. & Sells, S.B. (1935): An atmosphere effect in syllogistic reasoning. In: Journal of Experimental Psychology, 18, 451–460

Zajonc, R.B. (1968): Attitudal effects of mere exposure. In: J. of Personality and Social Psychology Monograph Supplement 9, 2, Part 2, 1-27

Zimmer, D.E. (1995): Tiefenschwindel. Die endlose und die beendbare Psychoanalyse. Reinbek: Rowohlt

GPSR Compliance

The European Union's (EU) General Product Safety Regulation (GPSR) is a set of rules that requires consumer products to be safe and our obligations to ensure this.

If you have any concerns about our products, you can contact us on ProductSafety@springernature.com

In case Publisher is established outside the EU, the EU authorized representative is:

Springer Nature Customer Service Center GmbH
Europaplatz 3
69115 Heidelberg, Germany

Batch number: 10809468

Printed by Printforce, the Netherlands